广东省高校人文社会科学重点研究基地
深圳大学传媒与文化发展研究中心文集

传播与文化研究

吴予敏 主 编
林晓光 丁 未 副主编

北京大学出版社
PEKING UNIVERSITY PRESS

图书在版编目（CIP）数据

传播与文化研究／吴予敏主编．—北京：北京大学出版社，2008.1
ISBN 978-7-301-13213-5
Ⅰ.传…　Ⅱ.吴…　Ⅲ.传播学—文集　Ⅳ.G206-53

中国版本图书馆CIP数据核字（2007）第190576号

书　　　名：传播与文化研究
著作责任者：吴予敏　主编
责 任 编 辑：徐文宁
标 准 书 号：ISBN 978-7-301-13213-5/G·2267
出 版 发 行：北京大学出版社
地　　　址：北京市海淀区成府路205号　100871
网　　　址：http：//www.pup.cn
电　　　话：邮购部 62752015　发行部 62750672
　　　　　　编辑部 62750112　出版部 62754962
电 子 邮 箱：pw@pup.pku.edu.cn
印　刷　者：三河市欣欣印刷有限公司
经　销　者：新华书店
　　　　　　720毫米×1020毫米　16开本　34.5印张　615千字
　　　　　　2007年12月第1版　2007年12月第1次印刷
定　　　价：58.00元

目 录

一 传播史论与文化研究

传播学知识论三题

● 吴予敏

传播学是关于社会精致化管理的知识，也是反思性知识。这种悖论关系，决定了传播学内在的思维张力。本文试图从学科特征的角度，讨论传播学如何成为开放的知识平台，根据不同的文化环境找到多元的知识起点。同时，也试图分析多元的知识可能形成的价值论和方法论的吊诡以及思想创造的活力之源。

一、控制与反思

人文社会科学，就其本质来说，是关于人类生存与发展状况的反思。自启蒙哲学诞生以来，原有的知识传统、权威和信念不断祛魅，代之以理性的觉悟。形而上的普遍性知识被束之高阁，世俗化的知识如雨后春笋，蓬勃生长。在世俗化知识的王国里，传播学是后起之秀。她的学术本性与其说是创新，不如说是寄生性或延展性的成长。构成现代社会科学知识殿堂的台柱显然是经济学、法学、地理学、文学、社会学（人类学）、语言学、历史学、心理学等，传播学只是从这些学科主干上发出的新枝，或者说是沿着这些学科的理论体系与方法论攀援而上的一支青藤。传播学之所以能够独树一帜，得益于现代知识形态的演变。

现代社会科学知识的进化，归根到底，是受到支配社会生活的技术力量的推动。这里，我们不只是把工具的进化看作技术，也把社会管理看作技术。如果说传统的普遍性智慧型知识企图塑造人的心灵，给予宇宙和生命一个整体的终极的解释，那么，现代的社会知识显然放弃了这个野心，仅仅试图控制人的社会行为。

人与动物的本质区别之一，就是人能够创造复杂的符号－意义系统，借助这一系统进行交流，这是人类文明社会存在和发展的基础条件。传播，是人类的生命本质的显现。传播现象与人类的历史一样古老。在中文传统里，圣贤必须是精通传播的。“天垂象，见凶吉，圣人象之。河出图，洛出书，圣人则之。”[1]《说文》解释：“圣（聖），通也，从耳。”圣人和圣王，是掌管口耳传播权力的大巫师和政治军事首领，其主要的传播范围，广及天人之际、神鬼之间、四方之域，决定着人们的时空感觉和意义理解。在西方，古希腊的哲学家把演讲术当作最崇高、最精致的学问，掌控语言是贵族垄断政治权力的重大技术。在传播学诞生之前，人们关于传播的知识，大量存在于语言学、文学、宗教和哲学里。媒介与人本身合为一体，人们可以大量地讨论语言、绘画、诗歌、商贸甚至战争，却无须特别建立一门学问来讨论无所不在的传播，就像人们呼吸着空气，却无须考虑空气在哪里。

现代社会科学多半从关于人性的某种基本设定开始其知识的建构。正如经济学可以把人定义为“理性的追求利益最大化的动物”、社会学把人定义为“全部社会关系的集合”、法学把人定义为“天生的政治动物”、心理学把人定义为“由本能欲望和潜意识支配的动物”，传播学为何不能依据“人是制造运用符号来传播信息的动物”这样明白的事实，建立起和经济学、社会学、心理学那样的社会科学主干学科？传播学的诞生，根源于媒介与人的关系的异化。因此不管人类对于传播有如何深远的认识，传播学只能是一门现代学科。它产生于媒介与人的分离和对立，产生于不是人来自由地运用分享媒介，而是由媒介控制人这一残酷的社会事实。就是说，传播学产生于媒介对人的外化和异化的现代性境况。报纸、杂志、广播、电影、电视、网络……越来越丰富的媒介世界，将人们带到无限宽广的信息的汪洋大海。媒介代替了令人敬畏的长老、威严的国王、风骚的荡妇。媒介正在控制人们对于世界的认知，对于幸福和恐惧的感受。

从另一个意义上说，传播学既是社会精致化管理技术的一部分，也是人们试图摆脱这种媒介控制，挽救言论和思想自由的一种努力。这种内在的悖论关系，决定了传播学的领域始终存在着两个对立的思维动力。20 世纪现代性的重要特征就是，民族国家的中央机构坚持控制着主权范围内的整体媒介环境；国家的媒介体系——电讯服务、大众流行报刊、广播电视网等——伴随着大众产品和消费组织一同发展起来；全球化的资本主义体系建构了全球化的媒介系统，并控制着信息资源和娱乐市场的分配，进而重构着人类的文明面貌。[2] 传播学面对着新的现实和危机，一方面寻求精致化的管理控制，另一方面又寻求着反控制。这导致传播学的经验学派（也称管理学派）与批判学派的知识视角的对峙。传播学深受杜威实用主义思想的影响，注重效果考察和证据收集，认为对于效果的考察较之固定的一般定理更加准确。从 60 年代开始，以信息技术为先导的新技术革命成为人类社会发展变化的最大动因。传播媒介技术迅速发展及伴随而来的社会管理问题，必然成为传播学的新经验主义知识探求的核心。这种研究，不仅具备纯粹知识的认识论意义，而且必然成为国家管理技术最重要的内容，甚至成为国际竞争和战略思想的组成部分。从这个意义上说，传播学的社会功利性是其学科的本质特性，它也必将成为主流知识和权力知识。但从另一个角度来看，还在现代社会的媒介控制技术初现端倪的时候，就出现了知识的反抗。法兰克福学派、伯明翰学派、巴黎学派和政治经济学派都从批判的角度出发研究大众媒介，他们揭示了媒介与权力的关系，提供了大量的观察论证以证明媒介对社会意识形态的建构、媒介作为经济利益和国家利益的聚合体。媒介技术的现实正在和日益紧密的社会控制相结合，构成对个体自由和多元文化一种根本性的威胁。这种否定性理路深受后现代各种人文学科理论的影响，如反思社会学、符号人类学、女权主义、受众反应理论、批判的文化研究、依附理论和世界体系理论等，它们正在建构新的与传统的经验主义传播理论背道而驰的知识。从全球化趋势来看，这一套知识形成了对于主流知识和权力知识的挑战，处于边缘地位。因此，强化控制技术和强化反思力量是传播学一对内在的矛盾。有时人们也将这两个维度理解为乐观主义和悲观主义的风格歧异，或者理解为社会科学背景和人文学背景的冲突。但我认为这些概括并没有对传播学内部矛盾的本质作出解释。在我看来，一种比较适当的概括是：控制的知识与反思的知识的对立。这种知识的分野首先不是源于方法论，而是源于价值论。也就是说，控制的知识相信社会群体生活的基本价值超越于个体生活的价值，而群体生活必须建立在有效传播沟通的基础上，这一有效性取决于对传播技术的适当掌控。与此相反，反思的知识则相信个体独立的智性认知是判断社会价值的尺度，从本体论意义上来说，传播沟通是非本真的，只有摆脱外在的制度和技术的控制，人类才能更真实地感受存在的现实，从而才能更自觉地矫正其社会实践，获得相对自由。传播学无法逃离这种基本的价值选择。

二、纵深与广延

当年，施拉姆雄心勃勃企图建构传播学的学科体系的时候，他所做的一项工作，就是把各类社会科学家讨论传播问题的报告、论文汇集起来。这些学者没有人承认自己是传播学家，但是他们的著作却被称之为传播学的早期文献。施拉姆看到了传播研究的趋势必然是多学科的交汇，而且看到了，社会科学必然会从不同角度去观照人类关于自身与媒介的关系。没有这个汇集，传播的知识就永远处于分散和朦胧的状态。

这样一来，问题就又回到了现代学术建构的聚合效应和离散效应。一方面，传统学科始终是在围绕着它的基本设定运行。可以说，每一个传统的和主干的学科，都有一种谋求终极解释的野心，无论其视界展开得多么辽阔，最终都要回到她对人性的基本设定上来。这就是所谓的聚合效应。另一方面，知识视界的展开，必然导致分支研究的活跃，于是，在知识向心力的相反的方向就产生出强大的离心力：每个分支问题的研究，都开发出一门新的学问，可谓“子子孙孙无穷尽也”。这些分支的学问，不仅与原来的知识母体分庭抗礼，还旁门左道，改祖悖宗。学科分化导致新的学科建制和知识资源分配的新格局。这种复杂的现代学术局面，有点像一个迅速膨胀的城市。最初在这里居住的人们，彼此还经常走动，互相熟悉，各家的掌故、城南城北无不了然于心。如今满城繁华，却都是陌生面孔，彼此不关痛痒。城中管制又是如此之严，居家行路，皆要有身份，因此，最讨巧最安稳的做法便是偏安一隅，所谓各人自扫门前雪。偶尔有点扩张的野心，也不过是将邻里的篱笆或栅栏挪动挪动而已。社会科学在这个需要形形色色专家的时代，在这个学科建制直接关系到资源分配的时代，渐渐变得鸡零狗碎，小肚鸡肠，成了地地道道的管窥之学。

传播学未必不想变成理想中的专家摇篮，事实上，她已经是培养媒体专家、广告专家、公关专家的摇篮了。她也未必不想效法经济学追求数学般的精致和优雅，事实上，她也已经制造了过多的模型。模型的意义在于将复杂的概念变成可以套用的公式，便于实践操作。结论被置放在公式的另一边，无需人的关怀，排除例外的干扰，在等号的那一边，客观真理的幻像，就会如同生产罐头的流水线，自动地吐出成果来。因此，传播学可以毫不愧疚地证明，自己也是一门货真价实的“科学”，是不容置疑的客观真理的显现形式。这种仅仅根据逻辑的因变量和自变量，按照数学公式建构的模式，正在成为所谓纯粹知识的纯粹形式。北美传播学在学科建制的大趋势下，在表明自己也有能力提供这种纯粹形式以外，同时窒息了学术反思的力量，形成了事实上的知识垄断。

尽管这样，传播学还是作为后现代一个活跃的学科领域，得到了一些激进的社会科学家的青睐。古本根基金会重建社会科学委员会在他们的报告中把传播学看作新创的带有跨学科色彩的领域。这个领域的出现被认为是“朝着更具综合性的社会科学的方向汇合”，有助于改变过度分化的知识困境，重建一种开放的社会科学。这是世界著名的历史学、社会学、哲学、人类学、地理学、语言学、政治学、物理学、化学权威们的一个观察结论。[3] 也就是说，传播学的学术禀性要求她成为新型的多学科知识交汇的平台之一。现今的社会科学已经有了多个这样的知识平台，如地区研究、女性研究、发展研究、现代性研究、文化研究、环境研究、公共管理研究等等。这些新的知识领域给人一种特殊的平面感。对于受过系统的传统学术训练的人来说，颇有点莫衷一是，不大适应。这里没有基本的人性设定，从而也就没有固定的价值选择；方法和学术套路多种多样，好像四面八方都是门，而没有既定的通道，也就没有固定的程序。这些知识平台，与其说是知识的殿堂，不如说是知识的竞技场和表演场。传统学科都可以派出自己的代表队，演出自己的路数，展示自己的发现。问题是，这些知识平台的搭建，确实有其充分的根据。这就是人类对于现存社会各类问题的聚焦。不是形而上的那些悬念挑战人们的智力，而是各种紧迫的社会问题要求人们进行反思。所有反思都是用来调适人们紧迫的社会实践。

传播学长期以来一直困惑于自己的学科边界。如果按照“人是制造符号—意义系统从事信息传播的动物”这一设定来建构学科边界，那么传播学简直可以并吞大多数社会科学。事实上这是过度的自我夸张。现在的传播学分类，勉强可以划分出人类传播（human communication）和大众传播（mass communication）两个大类，其中人类传播实质上是以研究人的言语行为和非言语行为为中心。大众传播则相对集中于现代媒介技术、媒介制度及由此决定的社会进程与文化。我们说，社会科学的分类，可以有一个简明的概念。一类学问从基本的人性设定出发，并且通过特定的知识探索，最终丰富对于人性的认知。另一类学问，则是从人类的境况出发，描述境况的形成，多角度地探求其根源，寻求改善的途径。前者是由终极关切的智慧冲动来推进的知识，构成严格的学科边界和知识传统；后者则是社会实践的反思性或策略性的需要。因此，前者形成纵向性积淀的学问，后者形成多学科交汇的知识平台。传播学与以上提到的各类开放的知识平台可能有所不同的是，它还有机会将自己发展成一门纵向积累的学问（新的基础学科）。如果说传统学科是从纵深走向广延，传播学则很有可能从广延走向纵深。走向广延的传播学，即传播学的广义概念，是从人的从事信息传播行为的本质出发，研究传播对社会文明的建构以及对人的认知—心理系统的建构。走向纵深的传播学，即狭义的传播学，是从媒介与人的外化和异化着眼，研究媒介的工具存在、社会存在对于现代社会中人的影响，包含着控制的知识和反思的知识两个方面。当然，这里所说的纵深度和广延度也是相对的。广延的传播学，恰恰是超越了具体的社会管理问题，而将知识的探触头伸向人性的和文化的本质层面，试图从信息交换的形式这一角度作出一个根本性的解释。然而纵深的传播学，却是执著地追踪最敏感的社会问题，将知识从高空拉向地面。著名社会学家吉登斯说："传播的技术已经毫无疑问地影响到全球化的所有方面……[并且]已成为现代性的反向和造成将现代与传统分离的非连续性的基本因素。"[4] 这就是说，传播研究必然成为现代知识的焦点。

目前，传播学正在通过借用其他学科的方法和理论形成新的跨学科的研究态势（new transdisciplinary border conditions），不同于传统传播研究的是，它不是为了达到意义建构的目标来研究如何实现满意的传播效果的控制途径，它也不只是强调大众化、世俗的和日常的研究，而是高度关注一个成熟的体制性的课题：认识媒介在现代性、在工业化发展和当今全球化过程中所扮演的角色；以及它在各种争论不休的变化——后工业社会、信息社会和后现代社会——中所扮演的角色。今天许多学者都普遍关注大众传媒，从更广的视野将它看作社会再生机体的一部分，它能够将信息和娱乐进行社会分享、引导和再分配，并将这一切作体制化的安排，使之更紧密地贴近现代性的核心。[5] 因此，传播学显然正在游离开经验主义的微观知识架构，通过反思性的社会理论的启迪进入宏观视野。

三、多元与吊诡

如果按照知识社会学的标准，任何学术都不能不申明它和现行体制的关系。西方的各派传播学与资本主义的政治经济文化体制的关系，可以分为亲和、对立和中立三类。在著名的《关于报刊的四种理论》以及大量的经验研究里，我们看到的是亲和色彩；在批判学派的著作中，我们看到的却是对资本体制的无情解构。但是追根究底到这两大知识模式的背后，却是同一个自由主义的乌托邦信念，所不同的只是双方对于现实社会制度的态度。亲和派不是没有批判性，而是把批判性的矛头转向外部；对立派也不是只有否定性，而是通过对现实问题的揭露去肯定本体意义上的自由。传播研究企图证明，现行制度究竟是保护了自由还是妨害了自由。然而，今天的传播理论似乎开始扬弃片面性的观念。其中一个突出的现象就是，经验学派和批判学派的分野已经不那么清晰。在传播的议题设置、沉默的螺旋、知识沟、培植理论等经典的经验研究中，其结论恰好构成对体制的知识批判。在文化研究、第三世界传播模式的研究中，经验性的观察、统计已经成为一种基本方法。也就是说，构成传播知识的探索和陈述的形式，已经有了某种公约性。我认为这是传播学一个整体的进步，证明了多学科方法的融合是有效的。一个学科的成熟，不是体现在它的公理设定，而是体现在它的方法论的特殊与完备。如果要划分传播学的发展阶段，我宁愿说，40 年代到整个冷战时期的传播学，是一个由信念支持的系统，距离它所标榜的科学性还比较远，与意识形态还有深刻的联系；传播学真正的独立发展是科技革命成功、经济体制转型的结果，这时候它的知识系统从模式化走到方法论的形式化。所以，即便是经验学派可以突出其科学性、客观性，它也会从形式的解释中暴露社会的被掩盖的真实。由此，传播学获得了其特有方法的严密性和确定性。80—90 年代以后，可以说信念与方法开始彼此结合。难以回避的是，无论你采取什么信念，都会有人问：你凭什么方法得到这个信念？证明这个信念？反过来，无论你采取什么方法也都会有人问：这个根据方法推出的结论，是基于什么价值信念？

中国引进传播学已有近 30 年的历史。传播学在中国的命运比较坎坷，她一直被当作可能会挑战本国意识形态体系的自由资产阶级的学说而受到防范和挑剔。这多少有点像社会学曾经遭遇过的情况。意识形态的防御机制，一直是中国借鉴和建设传播学的思想障碍。这主要是由于知识方面的不完整所形成的假象。其次，传播学在中国发展遇到的另一个障碍是学科建制的惯性。长期以来，我国一直都是有新闻学而没有传播学，随着传播学的崛起，也就出现了新闻学与传播学孰大孰小的争论。从美国的大众传播学来说，原本的知识起点，在社会学、政治学、心理学、信息通讯学；从加拿大来说，传播学却最先和政治经济学、人文地理学、经济文化史有着不解之缘；从英国来说，传播学不仅是政治经济学的主题，也和文学批评、社会学、政治学相关联；从德国来说，传播学是哲学现象学、解释学、符号学、社会学的派生物；从意大利来说，传播学是语言学、符号学的应用；从法国来说，传播学是解释学、符号学、社会思想及语言学发展融合的结果。[6] 长期以来，传播学界过分夸大了欧洲和美国的传播研究的差别，并且有意无意地掩盖了欧洲对美国传播学发展的深刻影响，以及传播学的多元性的知识起源。就学科的交叉和包容状况来说，人类传播研究的知识起点，多是在语言学、修辞学、文化人类学、历史学、人文地理学等等；大众传播研究的知识起点，多在社会学、心理学、政治学、政治经济学、管理学等等。目前国内的学术争论，缺少基本的知识性的前提。如果说新闻学在前就应当是传播学的母体，那么广告学好像有更大的理由来做这个母体。在北美，最早的广告学大学课程是在 19 世纪末开始的，足足比传播学要早半个多世纪。[7] 但是很少有人据此推论说，传播学来源于广告学。传播学的发生，完全依赖于某个国家或文化环境的学术思想的传统及其发展水平，也就是说，无论从哪个学科进入，只要是回应人类的现代性状况，就不能不正视和反思传播现象。传播学，除了开展功能性知识追求外（如强调传播效果和媒体管理研究），还必须展开价值性的知识反思。唯有通过这种深切的知识反思，才能敏锐地观察人类的自由权利与传播体制、传播技术之间的张力的表现形态。单纯的工具理性在知识层面不可能完成反思的任务，更不可能取代基本的价值追求。相反，某一学科如果过度地依赖工具理性，势必会将普遍意义的社会价值问题，扭曲为一种权力控制意识。这种观念，不仅有悖于启蒙时代以来先进文化的发展方向，也有悖于马克思主义关于人类解放的崇高理念。

中国内地的传播学研究要面对的真正的困难是价值论和方法论的吊诡。也就是说，由于特定的社会政治体制和意识形态缘故，很难将某种理论方法作为贯穿一切的知识逻辑。例如我们信奉的马克思主义理论，在当今世界的传播学研究领域是一种极具活力和批判性的思想资源。批判学派在运用马克思主义学说批判资本主义的传播体制和文化方面，无论其面对的是全球化的传播秩序，还是本国的传播体制都以一贯之。在中国，我们往往将其用来批判全球化的传播秩序，采用的是“文化帝国主义”、“媒体资本批判”的视角，而一旦回到本国实际中，对于媒介权力与社会公义的关系往往就讳莫如深，只好采用管理学派和纯粹经验性或形式化的研究。换句话说就是：对外研究强调的是传播权力平等，对内研究则强调社会控制和权力主导。再如，我们可否采用议题设置和沉默的螺旋模式研究舆论主导机制的形成？可否用创新扩散模式解释地区间传播与发展的不平衡？可否用知识沟模式的研究解释新的社会分层和信息资源分配的关系？可否结合中国社会发展的实际情形研究特定的危机传播、生态传播、健康传播的规律？如果在价值观和方法论上不能确立基本的选择，就不可能避免研究的吊诡，不可能避免传播学知识形态的某种扭曲。用单纯的意识形态障碍来解释传播研究的困难，是难以自圆其说的。因为我们在经济学、社会学、甚至政治学领域里都取得了长足的知识进展，意识形态并没有成为知识探索中一道不可逾越的障碍。在我看来，国内的传播研究之所以难以深入其中，主要是随着全球化、市场化和都市化的快速发展，人们的生活正在告别由单一意识形态和思想权力绝对控制的状况，人们的价值选择和知识兴趣都趋于多元化，主导的社会观念和政治文化制度也由于一定的多元化而变得更有活力。对于中国传播学来说，是回到人本立场的时候了。

注释：

[1] 《周易·系辞》。

[2] Alfred Chandler：*The Visible Hand*, Harvard University Press, 1977。

[3] 〔美〕华勒斯坦等，《开放社会科学》，刘锋译，三联书店，1997年，第50页。

[4] Anthony Giddens：*The Consequences of Modernity*, Stanford University Press, 1990, p.77.

[5] David Crowley and David Mitchell 编：*Communication Theories in Today*, Polity Press, 1994, p.2.

[6] 梳理传播理论的发展脉络，描绘传播理论的地图分布，主要依据下述权威性著作或书目资料汇编：E.M.Rogers：*A History of Communication Study*，Macmillan Inc.，1994；E.E.Dennis & E.Wartella 编：*American Communication Research*，Lawrence Erlbaum Associates Inc.，1996；Michael B.Salwen & D.W.Stacks 编：*An Integrated Approach to Communication Theory and Research*，Lawrence Erlbaum Associates，Inc.1996；D.E.Phillips 编：*Human Communication Behavior and Information Processing An Interdisciplinary Sourcebook*，Garland Publishing，Inc.1992。

[7] 广告学的分类模式由 E. St. Elmo Lewis 在1898年建立，参见 S. Fox：*The Mirror Makers*：*A History of American Advertising and Its Creators*, New York：Morrow, 1984。

（原载《深圳大学学报》2001年6期）

20 世纪 80 年代以来中国传播史研究回顾

◎ 王 琛

20 世纪 80 年代我国传播学界提出传播学“本土化”的概念后，从中国历史文化传统中发掘传播的理论观念与史实，成为努力的方向之一。20 多年来，这一学术方向经历了一个从零星到众多、从自发到自觉的发展过程，研究成果不断丰富，知识视野不断拓展。本文试图对我国古代传播史已有的成果进行盘点，以便进行学术总结，更好地推进这一方向的学术进展。

一、关于中国传播史研究概念的说明

谈到作为传播学研究一个分支的中国传播史研究，我们应先厘清其知识边界。事实上，要做到这一点有相当的困难。检阅已出版的论著会发现，围绕中国历史上的“传播”现象所进行的研究庞杂多样，除了传播思想史、新闻史、媒介史等领域，还涉及到修辞史、广告史、教育史、文学史、中外交流史、翻译史、旅游史、邮驿史、印刷出版史等；范围再拓展一些，还可涉及到民俗史、礼仪史、社会史、政治史、宗教史等。可以说，几乎各个领域都涉及到无比丰富的信息交流现象。因而，如果中国传播史的研究包罗万象，无所不及，则学科界限不能统一，也就无从谈起专业领域和课题进展。所以笔者将传播史的领域初步界定为：

(1) 传播媒介史，涵盖文字史、印刷史、出版史、编辑史的相关内容，这是传播的物质技术层面；

(2) 传播制度史，研究传播者的角色、身份、组织、制度、机制等，这是传播制度层面的研究；

(3) 传播观念史，是对历史上人们关于传播的认识、理念、伦理、习惯等的研究。

物质、制度和观念这三个彼此关联、相互作用的层面，基本能反映出我国传播史的主体内容。不过由于 20 多年来的中国传播史的研究，还不能说已经在研究领域方面取得了共识，因此，在这里尚不能将所有研究成果都纳入上述三个概念范围中分别进行叙述；但是，我们会尽量照顾到这一概念区别，以便能对研究状况的知识兴趣和进展有所了解。

本文主要回顾中国大陆学者对中国古代传播史的研究，关于海外及港台学者的研究，可以参见邵培仁、黄星民等学者的相关文章。另外，由于近现代新闻事业的研究文章数量较多，限于篇幅，此处不予讨论。

二、大陆学者中国传播史研究回顾

从20世纪80年代开始的中国传播史研究，发展至今大致分为三个时期。现按阶段进行归纳，同时为了便于对比论述，偶尔也会将不同时期的论著放在一起一并讨论。

1. 20世纪80年代初—1992年，中国传播史研究的起步阶段

20世纪80年代中以美国学者施拉姆等所著的《传播学概论》、联合国教科文组织的报告《多种声音，一个世界》等中译本出版为标志，传播学开始受到我国学术界的关注。某些学者开始运用传播学这一新视角来观察中国的历史和文化传统，从而开始了对中国历史上传播现象和观念的研究。吴予敏在1988年出版了专著《无形的网络——从传播学的角度看中国的传统文化》。作者有意识地将传播学方法引入对中国传统文化的研究中，认为传播形态和文化形态具有直接同一性，将二者结合起来进行研究，不仅有助于使传播学这一技术性很强的社会科学获得人文科学的特质，而且有助于文化研究获得“工具模式”。该书主要对古代传播媒介的进步、社会组织及其传播方式、政治领域的传播和传播理论观念四个方面进行了研究，进而归纳出反映中国传统文化模式特征的三种传播结构形态。该书从传播学角度对中国文化进行“形式结构”分析的尝试是独到的，它初步规划了传播媒介史、传播制度史和传播观念史的基本雏形和理论框架。[1]这部著作在出版的时候还是作为“传统文化反思”的成果，没有在新闻传播学科内部引起足够的重视。此书在1991年由台湾云龙出版社出版了海外版。

沙莲香主编的《传播学——以人为主体的图像之谜》（1990）中，也涉及到“中国传统传播方式及特点”等中国古代传播的一些内容。早期的研究成果还有个别研

究论文。[2] 可以说，在90年代初以前，关于中国传播史的研究屈指可数。

2．1993—2000年，中国传播史研究进入有组织有计划的推进阶段

经过香港传播学者余也鲁、台湾学者徐佳士的大力倡导，1993年在厦门大学召开了“首届海峡两岸中国传统文化中‘传’的探索座谈会”。来自两岸四地的文学、哲学、历史学、语言学、民俗学、人类学、经济学、新闻传播学等领域的22位学者首次进行了跨学科的深入讨论，拉开了有计划、有组织地开展中国传播史研究的序幕。会后出版了《从零开始：首届海峡两岸中国传统文化中“传”的探索》一书，集中反映了会议成果。这次会议在学科建设上的重要意义在于，第一次将中国传播史研究纳入跨学科的研究视野中；第一次联合大陆、香港、台湾、澳门等地学者共同聚焦于中国传统文化中的传播史实；第一次对这一新兴学科领域的未来发展作了规划和部署。

从书中的论文来看，不同的专业背景呈现出不同的研究视角。在传播媒介史方面，民俗学者高国藩讨论了中国古代的借物传声和以声传艺现象，历史学者张学洪讨论了古代的邮驿系统和功能，郭峰讨论了物象传媒体系，经济史学者叶世昌讨论了古代商业传播媒体，广告学者陈培爱讨论了古代的广告传播；在传播制度史方面，新闻学者朱增朴讨论了中国朝野政治传播制度，历史学者黄金贵系统地论述了流传、书传、纪传、教传、驿传等制度形态；在传播观念史方面，传播学者吴予敏从文化结构与传播结构相结合的层面，概括出影响中国政治的三条传播思想路线，新闻学者孙旭培从传统的谚语格言入手，分析其中浓缩的对传的民间认识，人类学者乔健分析了古人有关言语或传的计策行为等等。

厦门会议之后，孙旭培组织两岸28位多学科学者编写了《华夏传播论》(1997)[3]。该书分为绪论、传播与媒介、各领域的传播、传播的主体是人、传播体制、中外传播交流6章。在这本概论性的书中，学者们探索了中国传播史研究的广泛领域。这部著作是根据厦门会议规划的拓展性成果，受到传播学界的关注。但由于是多学科学者成果的汇集，该书缺乏一个统摄性的理论概念系统。

这一阶段出版的个人专著有李敬一的《中国传播史》(先秦两汉卷)。该书重点研究了上古、春秋战国、秦、西汉、东汉五个时期的传播方式，对“焚书坑儒”等历史上重要的传播现象做了细致的分析，并对先秦两汉的传播思想做了专章论述。正如有的学者所指出，该书在理论架构上还是传统史学模式，史论多于对传播学的

诠释[4]。李敬一在2003年出版了《中国传播史论》，对研究框架作了进一步探索，从史实论、人物论、思想论、技术论、发展论五个方面对古代传播进行了专题式的论述，每个专题也有纵向的历史描述[5]，展现了专题研究的形态。此外，周月亮的《中国古代文化传播史》基本上是对文化扩散的中国史研究[6]。

值得注意的是，这一阶段在学术期刊上出现了不少论文。学者们关注的问题主要有以下数端：

（1）在传播观念研究方面，首先是关于孔子的传播思想的研究。陈力丹对吴予敏的《无形的网络》进行了回应和补充，指出周代创制，完成了伦理权力化，孔子的传播思想以人伦为基础，将已存在的社会秩序赋予了合理的灵魂，实现了权力伦理化，通过长期灌输最终成为封建社会老百姓的道德自觉，"身—家—国—天下"的社会生活传播结构由此被建立[7]。马鸿盛分析了孔子的编辑思想，指出孔子的编辑理论有"述而不作"的客观原则，"隐寓褒贬"的主观意图，"多闻阙疑"的求实精神，"排斥虚妄"的科学态度[8]。其次是关于先秦诸子的传播研究。何庆良根据各派的传播实践特征及对传播功能的论述，划分出儒家"政教派"、墨家"功利派"、道家"无为派"、法家"监控派"、纵横家"外交派"五大功能学派[9]。廖声武分析了先秦儒家卓有成效的传播方式，包括游说诸侯，办学授徒，编辑整理古籍和著书立说等[10]。值得注意的是，邵培仁研究了中国古代受众的信息接受特色，认为"观""味""知"是具有中国特点的接收概念，并具体分析了中国古代受众信息接受的特色[11]。这一研究反映出关于传播观念的研究开始注重中国传统中传播观念的总体特点。

（2）在传播制度研究中，一些学者从宏观上概括了中国古代文化传播的特点，如秦志希所分析的"定于一尊"的一元格局的传播体制，止于至善的价值追求，凝结东方智慧的传播技巧以及独特神韵的传播媒体"汉语"[12]。周月亮指出中国古代文化传播的根本性特征在于它的大一统体制所规定的自上而下的垄断性、封闭的开放性等[13]。黄星民从词义比较出发，探讨了中西方传播观的异同，指出产生于现代工业社会的西方传播观具有"空间倾向"性，重视横向传播；产生于东方农业社会的中国传统传播观具有"时间倾向"性，重视纵向传播[14]。关于古代新闻传播，比较显著的是尹韵公的系列研究，他根据有关三国的古籍中的近百条史料，对该时期的新闻信息传播进行了初步探讨[15]；从史料出发论证了南宋临安出现的发达的新闻活动[16]，以及明代的邸报和急选报[17]。李彬对唐代的官方传播网络"进奏院"以及进奏院状报进行了研究[18]，他关于唐代在传播史上历史地位的论述，引起了争鸣。

李彬认为唐代的传播发展为后来的新闻史营造了历史氛围，进奏院状、笔记小说与讲唱活动这三种早期的原始媒介，使新闻传播全方位地从无序走上有序，实现了意义重大的一次飞跃[19]。李斯颐对李彬的看法提出了质疑，认为唐代社会的种种变化只是给新闻事业的产生提供了可能的条件，将其看作实现了新闻传播意义重大的“飞跃”实不恰当[20]。关于古代的出版，徐枫对宋代的出版传播及其管理和控制进行了研究，指出宋代出现了许多编辑人和刻书机构，促使编辑传播正式取代以往文学传播以自然传播为主的局面，编辑出版了许多当代作家的作品，并开始了主动约稿的活动[21]；在出版管理上，宋代制定各种法令、条例；进行严格的书报检查等，用行政的、法律的以及纠察的手段进行[22]。

3. 新千年以来，中国传播史研究向深度和广度拓展

进入新千年以来，中国传播史研究呈现出前所未有的丰富局面，显示了向深度和广度拓展的特点。

2001 年，“中国传播研究资助项目”“五史六论”中的“三论”由文化艺术出版社出版[23]。郑学檬的《传在史中：中国社会传播史料初编》汇集了一批传播历史资料，编者采取评析的形式来阐释中国传统社会的若干传播原则与原理。史料整理是一项基础性的工作，郑著在这方面做出了有益的尝试。不过该书的编撰在分类和框架上亦有值得商榷之处，这也反映了一个重要问题，就是如何界定历史资料的取舍，与如何规范传播概念、如何界定研究对象有很大的关系。黄鸣奋的《说服君主》集中论述了中国古代讽谏传播，分别从讽谏传播的流变、主体、手段、方式、对象、内容、环境、启示分八章进行综论，这是关于政治传播方式研究的深化。李国正的《汉字解析与信息传播》，主要从“汉字的哲学解析与信息传播”和“汉字的艺术解析与信息传播”两大方面进行传播研究。该书以汉字为基本传播符号，从中解释独具特点的中国传播观念。2005 年，由金冠军、戴元光主编的四卷本《中国传播思想史》由上海交通大学出版社出版。该书采用编年史的体例，分古代卷（上、下）、近代卷、现当代卷，分别由余志鸿、徐培汀和戴元光主笔。这套著作可称为近年来从传统文化中爬梳中国传播思想和理论的大制作，是关于中国传播史的第一本有较完整体例的通史著作。然而，该书还不能称得上是一部立足于坚实的专题研究基础的精审著作，内中不无庞杂之处。

这一时期学术期刊上关于中国传播史研究的论文迅速增多，反映了专精的专题

性研究成为这一阶段的特点。其主要议题有：

（1）先秦诸子的传播活动和传播思想研究

一些学者探讨孔子关于传播与政治、传播的内容与形式、传播与反馈等的传播观念[24]。学者们还论及了孔子的“有教无类”、以“仁”为核心的教育传播思想及其对传统文化的贡献[25]。关于孟子的传播思想，张昆等指出孟子的传播思想建立在人性善的基本假设上，主要目的是传播孔子之道，正人心，息邪说，推行政治教化，争取民众认同，强调士作为传播者要养浩然之气[26]。学者们指出，儒家的传播思想与实践的核心是传播与现实政治紧密相连，掌握传播话语权，借助传播实现对道德的规范，引导社会舆论[27]。黄星民从传播过程的角度讨论儒家的礼乐传播[28]。这是将礼乐文化制度和传播行为规范分析联系起来的一篇较为深入和独到的观察。

关于其他诸子学派传播观念的研究，遍及道家、墨家、法家等，既有专门研究，又有比较研究，研究中学者互有辩难。例如，余晓莉认为道家的传播思想不能简单地从“愚民”的角度去理解，道家“反传播”的观点不能成立[29]。张翅分析了法家在传播的功能、内容、体制、策略等方面的创造性认识[30]。黄星民比较了墨子与韩非子的传播效果观，认为墨子的方法论为“兼”，在传播效果上提出了“染论”；韩非子的方法论为“矛盾”，在传播效果上提出了“难论”[31]。蔡安延分析了儒道两家对“言说”的不同理解。儒家主“言”，认为一切皆可以言说，并通过言语书籍进行教化；道家从“道”出发，认为“言而无言”“不可言说”，因而在“怎么说”上进行了艺术化的追求[32]。武汉大学胡小洁的硕士论文《先秦儒、法两家传播思想的比较研究》（2005）从儒家和法家思想产生的不同历史背景和思想渊源出发，分析了两者不同的道德体系、传播思想和治国方略。

（2）政治制度与传播的关系研究

专制政治是中国传统社会运转的杠杆，传的形态是直接表现着社会政治文化的活的机制，吴予敏分析了帝制中国的媒介权力，指出它是通过控制信息载体来传播特定的“符号—意义”体系，建构人们的认知概念世界、价值系统，形成对人们社会行为的隐性支配[33]。孙顺华分析了中国古代专制政体下的传播控制特点，以思想统制和暴力强制并用的手段来控制人们的思想和舆论，导致社会信息流动的不均衡[34]。陈谦揭示了“一言兴邦，一言丧邦”中蕴含的政治传播观，认为它是中国式的“魔弹论”[35]。此外，侯东阳分析了中国封建社会朝廷的一种舆论形式——朝议制[36]。

个案研究方面，朱至刚对古文献《盘庚》的上中篇进行了传播学的解读，认为盘庚在进行说服的过程中使王权对社会信息传播的控制作为一项制度被公众接受，最终达到迁都的目的[37]。还有学者讨论了宋代的新闻控制以及古代新闻法规的形成及其特点[38]。尹韵公通过对“喉舌”的历史考察，认为刘勰是“喉舌”观念的创始人，其《诏策篇》实为古代“喉舌”观念的集大成者[39]。

（3）关于媒介、信息传播方式的研究

传播是信息的流动。一些学者分析了我国古代信息传播方式、历史演进、模式以及不同时期的信息传播方式和特点，其中较具代表性的研究有：黄星民以中国礼乐传播为主线，追溯大众传播中非语言符号传播形式的演化过程，分析了这些非语言大众传播与语言大众传播形式之间的关系[40]；聂付生研究了晚明社会前所未有的文化传播活动和波及全国的传播网络[41]。另外，王冰从媒介生态的角度出发，归纳出中华媒介生态文化史的三个维度[42]。

在古代，书籍是一种重要的信息贮存形式。学者们研究了我国古代的出版传播方式及其价值[43]。值得注意的是两篇硕士论文：苏州大学刘海的《冯梦龙编辑思想研究》(2002)，分析了冯梦龙以读者为主体的市场意识、以图书为载体实现人文教化以及对通俗的追求等编辑思想；河南大学仝冠军的《中国古代编辑生存状况研究及其理论分析》，则从历史和理论分析两个视角，对中国古代编辑的生存状况进行了全面观照。

媒介史的研究与古代报业和新闻事业的发展联系起来。比如陈力丹讨论了“府报”[44]；杨立新对《开元杂报》提出质疑[45]；张涛认为汉简制书应是西汉的木简报，是我国古代成制度的官方新闻传播的开始[46]等。关于宋代邸报的研究较多，主要讨论其性质与功能。主要观点有宋代邸报具有官报与民间报纸的双重性[47]；宋代邸报发挥的舆论监督的功能以及在朝廷与地方间文字传递的作用、官员与邸报之关系[48]。

（4）专门领域中的传播研究，比较集中于教育和文学传播方面

古代中国的教育体制分官学和私学两种，学者们的研究主要集中在私学尤其是书院方面的教育传播特点上。蒋华指出先秦私学打破了政教合一的旧体制，成为独立于王室政务之外的教学场所，促进了学术的平民化和教育的社会化，开创了文化传播的新途径，是延续中国传统文化的非官方因素[49]。河北大学王晓龙的硕士论文《南宋理学传播活动研究——以教育传播为中心》，分析了南宋理学传播的阶段和特点，指出理学家开创了新的教育传播形式，其传播活动多有创新，表现为形式的多样性、内容的系统性、一定的宗教色彩和排他性强等特点，将书院教育与理学传播相结合，拓展了理学的发展空间。这一研究，论证了古代教育传播作为传统伦理哲学载体的作用。

近年来，对中国古代文学的传播研究，成为一个不可忽视的现象。为数不少的古典文学方面的学者开始从传播学角度来研究古代的文学传播，在此不欲全面列举，仅举数例以说明研究的视角：

宏观性的研究主要包括：中国古代文学传播方式与传播思想[50]、古代文学传播目的[51]、模式及主要动力[52]。微观性的研究比较多，涉及各个历史时期的各种文学体裁。具体研究角度包括，某一时期某种文学体裁的传播与接受，比如明清时期的小说传播研究[53]；某一种文本或作家作为"传播媒介"的作用，比如诗话家在诗歌传播中的"意见领袖"作用[54]；还有一些学者从传播学角度对古代文本进行了"另类"解读，比如魏晋"志怪"文体[55]。

2005年出版的王运涛的《中国古代贬谪文化与经典文学传播研究》，因研究对象和写作视角独特而成为研究古代文学传播的新颖之作。近些年还出现了许多文学传播方面的学位论文，如华东师范大学赵春宁的博士论文《〈西厢记〉传播研究》(2001)、山东大学刘明怡的硕士论文《先秦〈诗经〉的传播学研究》(2003)、内蒙古大学唐宋的硕士论文《行人南北尽歌谣——唐诗在唐代传播的特点及其意义》(2000)、河北大学李佳的硕士论文《盛唐诗歌的传播模式》(2000)、福建师范大学杨蓓的硕士论文《论东坡词在宋金元的传播与接受》(2004)等。这一批集中涌现的博士、硕士论文反映出在中国古代传播史研究中，加入了一批主要来自古典文学研究领域的学术新生代。这既是古典文学研究视角的转变，又是传播史研究对象和方法的更新。与既往的传播史研究不同的是，古典文学的传播研究，更加注重传播与审美的关系、传播与民间文艺的关系。

三、关于中国传播史研究态势的几点观察

客观地说，对中国传播史的研究并不是一件轻松容易的工作。古代关于传播的思想与实际散见于浩繁的各种文献典籍中，需要一字一句爬梳剔抉地寻觅。因此，在短短的十数年里，涌现出如此丰富的研究成果，实属可贵。概括地说，迄今为止中国传播史的研究做出了如下方面的贡献：

1. 开辟了一个极为重要的学术研究方向。对中国传播史的研究源自于传播学

"本土化"的学术动力和中国学者为传播学作出自己独特贡献的学术抱负。文化与传播是同一的，文化的传承与延续依赖于传播，特定文化又对传播行为进行规范，起到深层的制约作用。中国文化经历五千年没有中断，无疑有自己特殊的文化传播特点和规律。研究中国的传播历史，不仅有助于丰富和发展传播学的研究，而且关系到中国传播学的建立，是一个极有价值的研究领域；

2. 在研究过程中体现了多学科研究的优势和成绩，研究者多元的专业背景使得研究涉及的题材十分丰富、知识视野相对开阔；

3. 非常可贵的是，学者们能始终坚持从中国既有的文献资料出发，寻找中国传播学自己的话语和规律，而没有简单套用外国传播学的概念；

4. 就现在来说，对中国传播史的研究，在传播观念、政治传播、社会传播、文艺传播和教育传播等领域进步比较突出；

5. 研究队伍不断扩大，新生力量不断涌现；目前，在厦门大学、中国社会科学院、武汉大学、深圳大学、复旦大学、上海大学等机构中形成了比较稳定的中国传播史研究的队伍；

6. 在此领域开展了海内外华人华文学者的合作与交流，开始阶段是以港台学者输入的方式影响大陆研究，今后的趋势则显示了大陆学者的人力资源优势和多元格局。

就不足而言，可能表现在，一是议题相对不够集中。作为一个多学科平台，传播史的研究需要相关学科学者的知识视阈，但学术交集是学术进展和讨论的前提条件，学术规范需要建立在基本的学术概念的基础上。正如本文前面所提到的，缺乏学科的知识边界，就难以形成明确的专业领域和知识架构。二是专论性的深入研究亟待开展，传播史的许多"时段"还未被触及、许多领域还是空白，需要系统地开展研究；等。

任何一门学科的发展都有一个过程，20年来，中国传播史研究呈现出一个不断拓展、持续深入的发展态势。目前，许多相关学科的研究也在丰富成熟起来，出现了许多著作，如郑子瑜的《中国修辞学通史》(1999)、肖东发的《中国编辑出版史》(2001)、姚福申的《中国编辑史》(1990)、宋原放等的《中国出版史》(1991)，还有广告史、旅游史、邮驿史等方面的成果。所以，我们有理由相信，在已有的各种开创性著作的基础上，更为成熟的中国传播史的通论、通史类著作定能呼之欲出，中国传播史的研究将会进入一个新的层次，其成果将会对中国特色的传播理论的建设产生一定的影响。

注释：

[1] 吴予敏，《无形的网络——从传播学角度看中国传统文化》，北京：国际文化出版公司，1988 年。

[2] 参看黄星民，《华夏传播研究刍议》注（4），《新闻与传播研究》2002 年第 4 期。

[3] 孙旭培，《华夏传播论：中国传统文化中的传播》，北京：人民出版社，1997 年。

[4] 杨永军，《论我国“传播学本土化”的理论建构》，《学术论坛》2005 年第 3 期。

[5] 李敬一，《中国传播史（先秦两汉卷）》，武汉：武汉大学出版社，1996 年；李敬一，《中国传播史论》，武汉：武汉大学出版社，2003 年。

[6] 周月亮，《中国古代文化传播史》，北京：北京广播学院出版社，2000 年。

[7] 陈力丹，《论孔子的传播思想——读吴予敏〈无形的网络——从传播学角度看中国传统文化〉》，《新闻与传播研究》1995 年第 1 期。

[8] 马鸿盛，《孔子在我国编辑史上的开拓性地位和贡献》，《国际关系学院学报》1998 年第 3 期。

[9] 何庆良，《先秦诸子对传播功能的认识与应用》，《新闻与传播研究》1995 年第 1 期。

[10] 廖声武，《论先秦儒家的传播思想》，《湖北大学学报（哲学社会科学）》2000 年第 5 期。

[11] 邵培仁，《论中国古代受众的信息接受特色》，《杭州大学学报》1998 年第 3 期。

[12] 秦志希，《论中国古代文化传播的基本特性》，《现代传播——北京广播学院学报》1996 年第 4 期。

[13] 周月亮，《中国古代文化传播的基本现象》，《现代传播——北京广播学院学报》1999 年第 5 期。

[14] 黄星民，《略论中西方传播观念的异同：“Communication”与“传”词义比较》，《厦门大学学报（哲学社会科学版）》2000 年第 3 期。

[15] 尹韵公，《三国时期的信息传播》，《新闻与传播研究》1996 年第 1 期。

[16] 尹韵公，《南宋都城临安的“卖朝报”与“消息子”及其他》，《新闻与传播研究》1998 年第 3 期。

[17] 尹韵公，《明代邸报与明代历史》，《新闻大学》1997 年第 3 期。

[18] 李彬，《新闻信：唐代进奏院状报新解》，《中国青年政治学院学报》1998 年第 3 期；李彬，《唐代进奏院述略》，《现代传播——北京广播学院学报》1998 年第 1 期。

[19] 李彬，《从传播史到新闻史：唐代的新闻传播及其历史意义》，《新闻与传播研究》1998 年第 1 期。

[20] 李斯颐，《历史应当与逻辑统一：读〈从传播史到新闻史〉一文的看法》，《新闻与传播研究》1998 年第 3 期。
[21] 徐枫，《试论宋代文学的编辑与出版》，《新闻与传播研究》1995 年第 1 期。
[22] 徐枫、朱绍秦，《宋代对出版传播的管理和控制》，《新闻与传播研究》1999 年第 3 期。
[23] “五史六论”的具体内容可参阅黄星民，《堂堂小溪出前村》，载许清茂主编，《海峡两岸文化与传播研究》，厦门大学出版社，2005 年。
[24] 陈岳芬，《从〈论语〉解读孔子的传播思想》，《汕头大学学报（人文社会科学版）》2004 年第 1 期；陈燕、张文彦，《孔子的传播活动与传播思想探析》，《齐鲁学刊》2003 年第 6 期。
[25] 赵伟、孙晓莹，《孔子教育传播思想与实践探析》，《沈阳师范大学学报（社科版）》2005 年第 5 期。
[26] 张昆、肖娟，《浅论孟子的传播思想》，《湖南大众传媒职业技术学院学报》2004 年第 4 期。
[27] 樊葵，《先秦儒学传播控制思想刍论》，《南昌大学学报（人文社会科学版）》2004 年第 3 期；高翔，《儒家思想的传者本位回归与超越》，《江汉大学学报》2002 年第 2 期。
[28] 黄星民，《礼乐传播初探》，《新闻与传播研究》2000 年第 1 期。
[29] 余晓莉，《反传播还是愚民政策？——试论道家的传播观》，《阜阳师范学院学报（社科版）》2004 年第 2 期。
[30] 张翅，《先秦法家传播思想述论》，《安庆师范学院学报（社会科学版）》2002 年第 3 期。
[31] 黄星民，《“染论”与“难论”：从哲学方法论的角度探讨墨翟与韩非的传播效果论》，《新闻与传播研究》2005 年第 1 期。
[32] 蔡安延，《儒道两家的言意冲突：立言与立意——浅析儒家的“说什么”与道家的“怎么说”》，《贵州社会科学》2005 年第 4 期。
[33] 吴予敏，《帝制中国的媒介权力》，《读书》2001 年第 3 期。
[34] 孙顺华，《中国古代专制政体下的传播控制特点》，《聊城师范学院学报》2001 年第 3 期。
[35] 陈谦，《传播学视野中的中国古代政治：以“一言兴邦，一言丧邦”的传播观为例》，《东方论坛》2005 年第 4 期。
[36] 侯东阳，《封建统治集团的重要舆论机制：朝议》，《郑州大学学报》2001 年第 4 期。
[37] 朱至刚，《〈盘庚〉别传——对一个上古文本的传播学解读》，《新闻与传播研究》2003 年第 2 期。
[38] 郎国华，《宋代的新闻控制现象浅析》，《华南师范大学学报》2000 年第 2 期；钟瑛，《论中国古代新闻法规的形成及其特点》，《华中科技大学学报（社会科学版）》2001 年第 1 期。
[39] 尹韵公，《“喉舌”追考——〈文心雕龙〉之传播思想探讨》，《新闻与传播研究》2003 年

第 3 期。

[40] 黄星民，《从礼乐传播看非语言大众传播形式的演化》，《新闻与传播研究》2000 年第 3 期。

[41] 聂付生，《晚明文化传播网的形成与文人的作用》，《西北师大学报（社会科学版）》2004 年第 5 期。

[42] 王冰，《中华媒介生态文化史的三个维度》，《广州大学学报（社会科学版）》2005 年第 4 期。

[43] 田建平，《中国古代出版传播方式及其价值》，《河北大学学报（哲学社会科学版）》2002 年第 4 期。

[44] 陈力丹，《发现“府报”：中国古代报纸的历史前推 800 年》，《当代传播》2004 年第 1 期。

[45] 杨立新，《〈开元杂报〉质疑》，《新闻大学》2003 年第 1 期。

[46] 张涛，《论西汉“木简报”》，《新闻与传播研究》2001 年第 2 期。

[47] 郑传斌，《论宋代邸报的双重性特征》，《河南大学学报（社会科学版）》2002 年第 6 期。

[48] 游彪，《宋代朝廷与地方之间的“文字”传递》，《河北大学学报》2003 年第 3 期。

[49] 蒋华，《先秦私学的特点和影响》，《盐城师范学院学报》2003 年第 2 期。

[50] 曹萌，《文学传播学的创建与中国古代文学传播研究》，《沈阳师范大学学报（社会科学版）》2004 年第 5 期；林红《中国古代文学传播方式及其影响略论》，《现代情报》2004 年第 10 期。

[51] 张次第，《略论中国古代文学的传播目的与方式》，《郑州大学学报（哲学社会科学版）》2004 年第 2 期。

[52] 王运涛，《略论创造性模仿和古代文学传播》，《沈阳大学学报》2005 年第 5 期。

[53] 王平，《论明清时期小说传播的基本特征》，《文史哲》2003 年第 6 期；姜子龙、曹萌，《禁毁与传播——关于明清小说的一种另类传播方式》，《理论界》2005 年第 9 期。

[54] 白贵，《略论诗话传诗中的“意见领袖”现象》，《山西师大学报（社会科学版）》2003 年第 2 期。

[55] 赵振祥，《魏晋“志怪”的社会新闻文体论证》，《厦门大学学报（哲学社会科学版）》2004 年第 5 期；赵振祥，《论干宝〈搜神记〉的社会新闻性质》，《厦门大学学报（哲学社会科学版）》2002 年第 4 期。

（原载《当代传播》2006 年 6 期）

试论《庄子》的传播观念

◎王　琛

在中国传播史的研究中，庄子及道家给人以观念保守、无为、甚至“反传播”的印象，虽然也有一些研究肯定了庄子的语言传播技巧及对语言符号的独到认识，总的看来对庄子传播观念的研究还显得比较肤浅薄弱。道家思想是中国文化的根（鲁迅语），研究中国传播史，致力于传播学本土化，庄子是不可或缺的一个重要部分。本文试图从传播学角度审视《庄子》[1]（下引该书只注篇名）一书，剖析其传播观念及在中国传播史上的独特价值。

一、交流的屏障：“本位”局限

约翰·彼得斯在《交流的无奈：传播思想史》中指出，交流是一个理想的乌托邦，完美的交流是不可能实现的。在信息技术日趋发达的当代，人们却如同在“不同的频道上”，“我们在这里得到的，就是交流的失败”[2]。交流的渴望困扰着现代人，然而对于交流的困境以及交流障碍的思考，庄子已有深刻的认识。

庄子的学说在当时并不为人们所理解，以为怪诞，惠子曾言，“今子之言大而无用，众所同去也。”庄子并不以为然，他觉得“小知不及大知”，不被世人理解是因为智识境界的不同。从沟通的角度看，在《庄子·秋水》中“井蛙不可以语于海者，拘于虚也；夏虫不可以语于冰者，限于时也；曲士不可以语于道者，束于教也”一段话，其实概括出了三种无法沟通的情况，也可以说，庄子认为造成沟通障碍的原因主要有三种：

首先是时间的限制带来的认识局限，就像只生存在夏天的虫子无法理解冬天的冰一样，就像“朝菌不知晦朔，蟪蛄不知春秋”（《逍遥游》）一样，人很难真切认识自身经历以外的事情，也很难了解自己生命时段以外的事情，这会形成沟通的障碍。

其次是空间的限制带来认知的局限。其实每个人也都像“井底之蛙”一样，生活在一已的生存空间里，对自我空间以外的世界和事物很难真正了解和认识。

最后是个体所受的教育所带来的认知局限。教育是个体最重要的社会化途径之一，教育模塑人的思维方式，并造成不同个体认知境界的差异，如庄子所言“小知不及大知”，造成无法理解和沟通。

对于个体而言，上述三个因素是联系在一起的，它们共同构成个体在社会化过程中的环境。人们会因自身经验及兴趣、立场、阅历和接受教育程度的不同而有不同的认识能力和体悟境界，从而形成交流的障碍。

此外，庄子还指出，人的劣根性、偏私与利害争执也会影响人们对事物的正确认知与沟通态度，从而造成无法正确认知和沟通。庄子最为摒弃的是人性的疵垢，《渔父》篇中指出“人有八疵”“事有四患”，其所谓“莫之顾而进之，谓之佞；希意道言，谓之谄；不择是非而言，谓之谀；好言人之恶，谓之谗；析交离亲，谓之贼；称誉诈伪以败恶人，谓之慝；不择善否，两容颊适，偷拔其所欲，谓之险”，这些人性中的恶劣普遍存在于人际日常交往中。

最后，语言作为表达工具的有限性也是制约完美沟通的瓶颈。庄子在这方面的论述是深刻的：“可以言论者，物之粗也；可以意致者，物之精也”（《秋水》），最微妙精准的认识只能“得之于手应于心，口不能言，有数存焉于其间”（《天道》），微妙的感觉是无可言喻的。庄子借“轮人”之口说桓公所读之书是“古人之糟粕”，固然有些偏激，但他对于语言工具常常“文不逮意”的认识在当时是独到的。

二、出于崖涘，可与语大理

交流的障碍无形地存在着，无论是时空的限制，还是所受教育带来的认知能力的局限，这些都是一个人与外界和他人沟通交流的“围墙”，不能走出自我的立场和本位，就无法彻底了解身外之事物。在《秋水》篇中，庄子借北海若之口评价河伯说，“今尔出于崖涘，观于大海，乃知尔丑，尔将可与语大理矣”。当河伯走出自己的领地，看到另一番境界的大海，才意识到自己的狭隘。这段话无疑很内在地表达了庄子的一种思想认识，即个人本位的视角是有局限的，会阻碍理解和交流，要想走出局限，达到真正的沟通，必须“出于崖涘”，走出原来的“本位”。

“本位”是指一个人的思考立场。就个体来说，固然无法穿越时空隧道，与不同时代的人交流，但当他可以通过阅读进行交流时，如果他无法体会写作者的内心世界的话，交流仍告失败；人固然可以像河伯一样通过迁移流动来跨越地理空间，但如果他仍拘守原有的思维观念，就无法领略那个空间的文化境界，所以，走出自我的本位，就是指必须抛弃以自我的标准来衡量他人的思维定势。于是，我们看到，庄子鲜明地否定存在一个绝对标准，《齐物论》中：

> 民湿寝则腰疾偏死，鳝然乎哉？木处则惴慄恂惧，猨猴然乎哉？三者孰知正处？民食刍豢，麋鹿食荐，蝍蛆甘带，鸱鸦耆鼠，四者孰知正味？猨猵狙以为雌，麋与鹿交，鳝与鱼游。毛嫱丽姬，人之所美也，鱼见之深入，鸟见之高飞，麋鹿见之决骤。四者孰知天下之正色哉？

自然万物“不一其能，不同其事”，各有其生活环境及与环境相适应的自然习性与生存方式，这些特点能帮助它们更好地生存和适应；对一者有用的，不一定对他者适用，所谓“鱼处水而生，人处水而死”（《至乐》），但谁又能说自己的方式比别人的更正确呢？他否定把人类的标准视为“正统”，指出人不应该以人类自我中心来衡量事物，而应尊重万物自身的“自然之道”：

> 昔者海鸟止于鲁郊，鲁侯御而觞之于庙，奏九韶以为乐，具太宰以为膳。鸟乃眩视忧悲，不敢食一脔肉，不敢饮一杯，三日而死。此以己养养鸟也，非以鸟养养鸟也。（《至乐》）

以鸟的方式养鸟，应该让其栖之深林，游于江湖，食之鱼、鳅；以己养养鸟，则鸟三日而死。对于大树来说，“有用和无用”的标准是从人的角度来衡量的，人们都知道有用的东西是好的，庄子以为，这恰恰是世俗的“陋见”，楸树、柏树、桑树都有用，可在很细小的时候就被人砍去当拴猴的桩子，大了后或被砍伐作栋梁，或被整治成棺木，反而使自己的生命遭到了夭折。而无用的大树却可以享尽天年，过完自己快乐的一生，由此庄子发出慨叹：“人皆知有用之用，而莫知无用之用也！”（《人间世》）有用之“用”是人类的角度，无用之“用”则从人的角度站到了树的角度与立场。

通过这些寓言，庄子意欲表明的是，标准是相对的，人类的标准只是从人类的角度出发来制定的，它不是唯一的标准，那么，相应的，每个人也都有个人的角度和标准，它同样是相对的，要达到认识的沟通，只能抛弃个人本位的狭隘标准。就思维方式来说，跳出以人为本位的思维圈子，使庄子能够从多方变换角度思考和比较认识问题，比如对于“贵贱”，世俗有一套评价标准，庄子则说，“以道观之，物无贵贱。以物观之，自贵而相贱。以俗观之，贵贱不在己。”（《秋水》）也就是说，从“道”的观点来看，世间万物无所谓贵与贱，是平等而自在的；就物本身而言，则往往“自贵而相贱”；世俗是以人在社会上的地位、阶级来分别贵贱，因此“贵贱不在己”。

相反，如果不能走出自我的立场和本位去理解他人的立场和观点，则思维狭隘局限而不开阔，其结果只能是争论不休。庄子所批评的诸子各家的争论便是这样：“故有儒墨之是非，以是其所非而非其所是”（同上），各以其“个体本位”的观点去否定他人。“与己同则应，异于己则反。同于己为是之，异于己为非之”（《寓言》），各派各以自己的一孔之见，肯定对方否定的东西，否定对方肯定的东西，既失之片面而不能观照事物的本来面目，同时又无法达到真正的理解与沟通。

庄子推崇的“天籁”境界是：“夫天籁者吹万不同，而使其自己也，咸其自取，怒者其谁邪？”（《齐物论》）天籁者，万般不同，但纯乎自然，非由强加。在《交流的无奈》中，彼得斯为走出交流失败的梦魇寻找出的办法是，他建议人们以追求彼此的关爱来代替追求完美的交流，与其追求不可能实现的交流，不如相互关爱，公正而宽厚地彼此相待：“我们的任务是认识他者的特性，而不是按照自己的喜好和形象去改造他人。”[3]《庄子》中体现出的是毫不逊色的沟通观。从这一点来看，庄子是先秦最具有双向平等沟通意识的思想家。

三、始于言而终于无言：和之以是非

庄子认为从自己角度去判断别人是不可能达到有效沟通的，因而主张走出自己本位局限，从不同的立场和不同的角度来认识问题和进行价值判断。站在这样的高度上，他激烈地反对、批评当时的杨朱、墨翟等学派及一些辨士。论辩之盛在当时堪称“显学”，《庄子》书中常有多处都对当时的辩士们进行了批评。

首先，“辩也者，有不见也”（《齐物论》），他认为各派都是站在自己的本位上，故会囿于一己之偏见而表现出认识的不全面，“物无非彼，物无非是，自彼则不见，自是则知之”（同上），从不同的角度看问题，会得出迥然不同的结论，就像瞎子摸象一样，看到一面看不到另一面。因而这样的辩论就会流于穿凿文句：“骈于辨者，累瓦结绳窜句，游心于坚白同异之间，而敝跬誉无用之言非乎？而杨墨是已。故此皆多骈旁枝之道，非天下之至正业。”（《骈拇篇》）他们就像堆积瓦块、结绳一样地穿凿文句，成天在离坚白、别异同的理论上用心思，而耗费精神去追求一点点无用的小名誉，这些都是一些旁门左道，不是天下的正途。就在人们各执一端的偏执之见中，“道隐于小成，言隐于荣华”（《齐物论》）。道消失了，言论也在浮华的词藻下失去了真正的意义。

其次，当彼此看法的交流沦为口舌之辩，当辩论成为一种夸耀和张扬显示时，这样的争辩常会伤和气，造成人际关系的不和谐，这更是庄子所不赞成的。庄子描述惠施在被人提问时，“不辞而应，不虑而对，偏为万物说，说而不休，多而无已，犹以为寡，益之以怪。以反人之实而欲以胜人之名，是以与众不适也”（《天下》），庄子尖锐地批评惠绝以违反常理的东西作为实情，从而超过别人获取名声，这样的结果就是和众人不相调适，难以和谐融洽。所以庄子惋惜他“弱于德，强于物”，“卒以善辩为名”，没有达到更高的境界。

庄子主张调和是非：“是以圣人和之以是非而休乎天钧；是之谓两行”（《齐物论》）。“不敖倪于万物，不谴是非，以与世俗处”是他追求的境界，他非常反对当时的一些辩士，为虚名而一味驰骋口舌之快，摆出反常理的辩论姿态，“然不然，可不可”，常识认为不然者，彼然之；常识以为然者，彼不然之，“治怪说，玩琦辞”，乐在其中。“饰人之心，易人之意，能胜人之口，不能服人之心，辩者之囿也。”（《天下》）

庄子更反对语言不实，深恶人情的奸诈与虚伪，卖弄口舌，制造事端，于己于人都祸患无穷。《人间世》曰：

> 夫两喜必多溢美之言，两怒必多溢恶之言。凡溢之类妄，妄则其信之也莫。莫则传言者殃。故法言曰：“传其常情，无传其溢言，则几乎全。”……言者，风波也；行者，实丧也。夫风波易以动，实丧易以危。故忿设无由，巧言偏辞。

“溢美之言”“溢恶之言”都是不实之词，而带来灾难、引起忿怒的，往往是花言巧语而非由其他。庄子最重“真”：“真者，精诚之至也。不精不诚，不能动人。故强哭者虽悲不哀，强怒者虽严不威，强亲者虽笑不和。真悲无声而哀，真怒未发而威，真亲未笑而和。真在内者，神动于外，是所以贵真也。”（《渔父》）他认为真正可以打动人的，是言语背后的真诚。

在庄子看来，这些汲汲于口舌之辩的人是目光狭小、缺乏大智慧的，一旦遇到真正的“知者”，就会无言以对。公孙龙虽自言能“困百家之知，穷众口之辩，吾自以为至达矣。”但却被庄子堵得说不出话，这是因为“井底之蛙”的小聪明难以理解庄子的境界：“欲观庄子之容，是犹使蚊负山，商蚷驰河也，必不胜任矣”（《秋水》），而庄子的学问“始于玄冥，反于大通”，那些自矜其辩者欲“索与之辩，是直用管窥天，用锥之地也，不矣小乎”（同上）。在庄子看来，个人对待不同观念的正确态度应该是，“自外入者，有主而不执；由中出者，有正而不距”（《则阳》）。若能“名止于实，义设于适，是之谓条达而福持”（《至乐》）。

正是在透彻地认识到个体本位的局限并清醒地看到当时论辩的流弊基础上，庄子站在一个超越的视角上，否定那些是非不清、互相攻讦的争辩，提出“大道不称，大辩不言”（《齐物论》）“夫知者不言，言者不知，故圣人行不言之教”（《知北游》）的观点。关于庄子对待语言传播的态度，冯友兰先生曾指出：“庄子则于言之外，又言‘无言’；于知之外，又言‘无知’”；又云，“庄学实始于言而终于无言，始于辩而终于无辩，超乎‘是非’之境而‘反于大通’”[4]，这几句比较准确地概括了庄子的精神实质。

四、沟通的境界：精神四达并流

传播作为信息的流动，广泛地存在于自然界和人类社会中。在人类社会信息系统中，信息的获取与流动不仅存在于人与人、人与社会之间，人类沟通交流的对象还包括人类生活于其间的自然环境。人与自然的沟通，接受天地自然的讯息，同样构成了人类精神文化的一个重要来源及组成部分。

洞悉人性的局限后，庄子追求一种博大恒久的境界，于是他师法自然，从自然中获取对他而言是真正有价值的信息。《知北游》：

> 天地有大美而不言，四时有明法而不议，万物有成理而不说。圣人者，原天地之美而达万物之理，是故至人无为，大圣不作，观于天地之谓也。

大自然不言不说，而圣人，是推究天地之美，并通达万物生成的道理，所以圣人无为，大圣不做什么，他只是取法于天地万物。在《庄子》中，我们看到的是一种与天地自然万物沟通的鲜明姿态。《天下》篇中庄子概括自己的“道术”：

芴漠无形，变化无常，死与生与，天地并与，神明往与！芒乎何之，忽乎何适，万物毕罗，莫足以归。古之道术有在于是者，庄周闻其风而悦之……独与天地精神往来而不敖倪于万物，不谴是非，以与世俗处。

庄子闻而悦之的是一种与天地并存、与神明同往、无所不包、也不知所终的学问；他追求与天地精神往来、“上与造物者游，而下与外生死无始终者为友”（《天下》），与自然万物进行交游、沟通。

在人际交往中，我们需要利用、甚至延伸我们的感官去观察获取信息，但与“大美无言”的天地自然进行沟通交流，只能是“收视反听”，庄子提出了“心斋”与“坐忘”：

若一志，无听之以耳，而听之以心，无听之以心而听之以气！听止于耳；心止于符。气也者，虚而待物者也。唯道集虚。虚者，心斋也。（《人间世》）

仲尼蹴然曰：“何谓坐忘？”颜回曰：“堕肢体，黜聪明。离形去知，同于大通。此为坐忘。”（《大宗师》）

心志要高度专一，对外界事物不要用耳朵去听而要用心灵去领会，不要用心灵去领会而要用声气去感应。耳朵只能聆听外物之声，心灵只能感应外物的概念，只有“气”才能以纯净空虚的状态去容纳万物。达到这种纯净空明的“虚”的境界，才叫“心斋”。而“坐忘”，也是要抛弃属于人的欲望与智识才能“同于大通”。庄子所谓“至人无己，神人无功，圣人无名”（《逍遥游》），实际上也就是摈弃人世所看重的功名利禄与熙攘纷争，以虚静之心去蔽、去障、去除自我中心，超越人的本位，以空灵的心境去观照事物的本来面目，达到与“天地精神”相往来。

追想庄子当年与惠子在濠梁上的“鱼之乐”之辨，当看到鱼儿在水底悠游的时候，庄子定然是感受到了他所追求的“精神四达并流”（《刻意》）的境界。

五、澡雪精神：返归自我沟通

某种程度上，人类是作为自然的对立面而存在的。人类在其发展过程中，在大自然中建构了一个“文明世界”而离自然越来越远，越来越背离。庄子深刻地揭示了人类社会的反自然性质，他经常将自然的角度与人的角度进行对比。比如，“畸人者，畸于人而侔于天。故曰：天之小人，人之君子；人之君子，天之小人也”（《大宗师》），从自然的观点来看是小人，到人世间却当成了君子；而人们认为是君子的，在自然大道的眼光来看却是小人。

在这个意义上，自然就不仅是人类赖以生存的外在环境，而进一步成为人类反思自我的一面镜子，并以此调整修正自我的行为。不难想象，当真正面对自然的那一刻，涌上人心底的几乎都是否定人的生存状态。与自然进行沟通的实质是人的自我沟通。当然，庄子及道家与自然天地进行沟通的最终归宿也在于人的内在沟通、自我沟通。

首先，庄子揭示、发阐了天地自然大美大爱与和谐的精神内质，使世人在面对尘世污浊纷扰与功名的困扰时，能反观自然，“疏瀹而心，澡雪而精神”，保持一份心灵的宁静与纯真的精神自守。人生状态有得意与失意，失意时人的情绪更倾向于逃离人类社会而走向自然，自然大爱无疆，包容平等，无论贵贱贤愚，都秉受同样的阳光山水。此后，我国古代士大夫在不得意时，往往放浪江湖，恣情山水，在自然中寻找人生的意义。典型如苏轼的《前赤壁赋》就贴切地发挥了庄子的思想，也生动地表现了失意时的人生转向：

> 且夫天地之间，物各有主，苟非吾之所有，虽一毫而莫取。惟江上之清风，与山间之明月，耳得之而为声，目遇之而成色，取之无禁，用之不竭，是造物者之无尽藏也，而吾与子之所共适。

通过对比人世，突出了自然的博美，最终让心灵与自然相浑契，心无系累，心无滞碍，在自然中进行心灵的呼吸、修复与超越，使心灵、心态、心境与自然时空同其空阔无边、虚静而跃动。某种意义上说，庄子为古代知识分子提供了一个心灵的过渡仪式。

其次，转换角度的思维方式。多角度看问题，开阔而不狭隘、不局限，使人在多个角度的比较与思考中，化解心灵冲突，实现自我沟通，进而达到内在的心理平衡。试看《秋水》篇：

> 天下之水，莫大于海，万川归之，不知何时止而不盈，尾闾泄之，不只何时已而不虚；春秋不变，水旱不知，此其过江河之流，不可为量数。而吾未尝以此自多者，自以比形于天地而受气于阴阳，吾在天地之间，犹小石小木之在

大山也，方存乎见少，又奚以自多！计四海之在天地之间，不似垒空之在大泽乎？计中国之在海内，不似梯米之在大仓乎？号物之数谓之万，人处一焉；人卒九州，谷食之所生，舟车之所通，人处一焉。此其比万物也，不似毫末之在马体乎？五帝之所运，三王之所争，仁人之所忧，任士之所劳，尽此矣。

拉开了一个无穷的时空系统，站在无限的宇宙俯视人世，四海在天地之间，就像蚁穴在大泽里一样，中国在四海之内，就像小米在大仓里一样；而个人在万物之中，就像一根毫毛在马身上一样。那么，历朝历代帝王们、仁人、志士们所争夺、忧劳的，也就是这点事（毫毛尖般的小事）啊。在角度抬升、视野扩大的同时，人的欲求与苦难、功名利禄带来的烦恼就被消解了、简直不值一提。苏东坡在被贬黄州的挫折期间完成了心灵对现实的“突围”，所用的就是庄子的思维方式，《前赤壁赋》中一番“变”与“不变”道理的阐发就体现了同样的思维过程。在思维角度调整后，从内心消解了人生所无可奈何的问题。这的确如冯友兰所指出，“它（指庄子思想）不能解决问题，但它能使人有一种精神境界。对于有这种精神境界的人，这些问题就不成问题了，它不能解决问题，但能取消问题。人生之中有些问题是不可能解决而只能取消的。”[4] 这无疑是一个很内在地自我沟通的过程，“横看成岭侧成峰”，取消问题的关键就是思维角度的调整与变换。

六、传播史上的贡献

传播是人类社会的基本构成方式，人与人之间正是通过各种形式的传播才建立联接、形成凝聚，在实现个体社会化的同时，建构出社会群体的认同。因此，传播是将社会上无数个体凝结为一体的“结构”手段。在我国古代关于传播的理论观念中，儒家和法家即属于这种“结构性”的观念。儒家的礼法观念就是要利用人际交流来构筑严密的社会网络，而法家也提出了对社会舆论进行甄别和控制的理论。进而，从维护统治的角度，正如吴予敏先生指出的，儒家以“概念驾驭传播”的思想观念，将传播行为制约于道德伦理教化的大前提之下，法家则谋求传播与专制政治的结合，开辟了将传播与政治体制直接等同的传统，对我国古代封建社会政治传播的影响很大。

这种传播的观念立足于集体性和公共意义上，强调传播对于社会控制的作用。

另一方面，与这种结构性的约束相独立的，是个体的能动性实践。个体性是“文化的一项基本事实”[5]（布里奇，1979，116）按照利奇的说法，人类的本质，是怨恨他人的控制和现存结构的控制[6]。总有个体命定是“独自”地与他者互动，以非预先设定的方式抵抗来自传统的约束，反抗现有体系。庄子与道家的传播观是立足于个体性上的，具有鲜明的“反结构”意味。洞悉了人性的争斗、褊狭与虚伪之后，他将交流的对象锁定为自然万物，意欲突破人世间的罗网，解放出活泼真实的性灵。庄子以师法自然的取向、跳出人本位的姿态、多角度的思维方式、相对价值的观念和开放和谐的胸襟，给红尘中的心灵提供了一条超越的路径。从天道出发最终落实为现实人生，从“与自然沟通”进而达到“自我的内在沟通”，终于在“天人合一”中刻画出生命的开阔与恬静。这些共同构成庄子完整而有效的个体自我传播机制，也是庄子在传播史上最重要的价值。

注释：

[1] （清）郭庆藩撰，王孝鱼点校，《庄子集释》，北京：中华书局，2004年第2版。

[2] 〔美〕彼得斯，《交流的无奈：传播思想史》，何道宽译，北京：华夏出版社，2003年，第2页。

[3] 〔美〕彼得斯，《交流的无奈：传播思想史》，何道宽译，北京：华夏出版社，2003年，第25页。

[4] 冯友兰，《中国哲学史》，上海：华东师范大学出版社，2000年，第154页。

[5] Burridge, K. *Someone, No one. An Essay on Individuality*, Princeton, NJ: Princeton University Press, 1979, 116.

[6] Leach, E.R. *Custom, Law and Terrorist Violence*, Edinburgh: Edinburgh University Press, 1977, pp.19–22.

（本文部分内容发表于《深圳大学学报》2007年4期）

从出土简牍看汉帝国中央的信息发布

——兼评张涛先生的“府报”说

◉ 黄春平

汉代是否存在“邸报”，对此一直有着不休的争论。近年来学者张涛据出土汉简先后撰文，提出汉代存在着正式的官方的信息发布形式——“府报”。[1]“府报”之说能否成立，为保证研究材料的全面性和结论的可靠性，本人对近年来整理出土的《敦煌汉简》、《敦煌悬泉汉简释粹》、《居延新简》、《居延汉简释文合校》、《散见简牍合辑》、《疏勒河流域出土汉简》等汉简材料进行了全面的检读，发现张涛先生的“府报”说尚有可置疑之处。单从出土的简牍来看，汉代确实有着一定的信息发布媒介，存在着一定的发布程序，有着特有的信息发布方式。但这种媒介不是“府报”，而是带有告示性质的布告。下面我将对此展开深入的论述，并将就张涛先生“府报”说的纰漏之处加以解析。

一、“府报”说的缘起

关于汉代报纸这一问题早就已经有人讨论过。新闻史学家方汉奇先生认为比较可靠的说法是中国报纸始于唐朝，汉朝有报纸的说法是不能成立的。[2]另外姚福申先生也曾根据敦煌马圈湾烽燧遗址出土的简牍考察了汉代的新闻传播活动，得出的结论是汉代确实有向群众发布新闻的简牍，但它的发布形式和传递途径完全不同于前人所推测的“邸报”，它只是以简书的形式向基层军政单位传播官方的文件。[3]

近人张涛对此却有着不同的看法，他先后撰文提出“府报说”。我们收集了他的数篇相关的论文资料，发现这种观点的提出与发展大约经历了这样一个过程：

1998年，张涛以出土简牍为研究材料，根据西汉时期居延和敦煌两个地区的烽燧遗址出土的大量汉简，提出西汉末年已经有了报纸的新观点。

2001年，他对西汉有系统的官方新闻传播作了论证和说明，进一步提出西汉“木简报”一说。他从传播的广泛性、内容范围、手写抄传的发行方式等方面对“木简报”作了详细的论证，通过对比汉简制书和唐宋以后的邸报，分析了二者除了书写材料不一致外，在传播的广泛性、内容范围、手写抄传的发行方式等方面都很相似；认为西汉“木简报”具备了唐宋以后的“邸报”的特征，如有广泛传播的特点，内容主要是刊登皇帝的制书和诏书，发行通过抄传的方式等等；从而确认这些汉简制书实际上就是西汉时期的木简报，并提出：“似可认为，我国古代成制度的官方新闻传播，起始时期不应是较晚的唐代，而应定位在西汉，即推前约 1300 年。”[4]

2003 年，张涛在《新闻春秋》上进一步对前面两篇论文作了补充，澄清了一些同行专家的质疑，以确证西汉报纸的存在。他指出：[5]

一，与烽燧没有任何关系的制书、诏书、朝廷职能部门的文告由朝廷把它们发送到烽燧上，这完全是西汉朝廷有意识的行为，完全具有广泛传播的特点，因而汉简文告是西汉报纸；

二，而且这些汉简文告确实已经发行到烽燧上，并非朝廷专门发给边境的戍卒看的，而是在全国广为发行；

三，由于当时的文告都是御史府发出的，是“府下文告”，于是将报纸命名为“府报”。

2004 年，陈力丹先生发表《发现“府报”——我国古代报纸的历史前推 800 年》一文，对张的看法表示认同，并在大家一致认同我国现有邸报是公元 8 世纪的《开元杂报》的基础上提出我国报纸历史前推 800 年的看法。[6]

“府报说”的核心观点在于将西汉时期由御史府发行至西北边境的木简文书等同于当时的报纸，因为它具备广泛传播、手抄传写发行、以皇帝制诏为主要内容等特点，具有唐宋以后邸报的特征，由御史府发出，所以张涛认为它是西汉时期的“府报”。

由御史府发行出来的具备了以皇帝制诏为主要内容、手抄发行、广泛传播等特征的官文书，真的就类似或等同于唐宋以后的邸报吗？西汉时期发行至西北边陲的木简文书，到底是不是当时原始状态的报纸？

二、汉帝国中央的信息发布——布告

首先，我们来考证张涛先生所认为的将皇帝制诏传播到最基层军事单位——烽燧的传播媒介到底是什么。

单从出土的简牍来看，汉代确实有着一定的发布到各地的信息传播媒介，而且存在着一定的发布程序，有着特有的信息传布方式。但这种媒介不是张涛先生所言的“府报”，而是布告。

诚如张涛先生所言，居延与敦煌烽燧的汉简中确实存在大量的制书和诏书。这些制诏绝大部分是常规的官文书，但也有少量的带有信息发布性质的制书、诏书等文告。这些制诏大都要求“扁书乡亭市里高显处”或“明白布告”，以向天下的臣民通报。这类制诏就是当时皇帝下令发布的各种晓谕和布告。对臣民而言，它已具备了相当的新闻性。除了其极高的权威性之外，有时候还有相当强的法律效力。出土汉简中像这类布告性质的制诏文告有很多。《汉书》、《后汉书》中有数十道皇帝的诏令，就以“布告天下，使咸知朕意”的形式出现。这些汉简中提到的“布告”，就是对史书记载的最好印证。下面我们从传播内容、传播方式、传播范围三个方面来简要论述这种传播媒介。

传播内容

“布告”作为当时的一种信息发布媒介，其使用是非常普遍和频繁的。就其传播内容而言，它的发布内容多以告老、赦免、登基、改元，以及其他重大事情为主。以下就是一枚有关皇帝赦令的布告：

> 一五一　五月壬辰，敦煌太守疆、长史章、丞敞下使都护西域骑都尉、将田车师戊己校尉、部都尉、小府官县、承书从事下当用者。书到白大扁书乡亭市里高显处，令亡人命者尽知之，上赦者人数太守府别之，如诏书。（II0115 ②：16）[7]

这枚简牍是敦煌太守向下转发的一篇有关皇帝赦令的下行之辞。诏书的具体内容在简牍中没有出现。文告要求下一级的属吏将皇帝的赦令信息发布到乡亭市里，让亡人命者尽知。然后再由太守府来处理上报被赦免的人数。由此我们可以知道它是一道颁行天下的皇帝赦令。

除了一些有关皇室的重大事情以布告的形式发布之外，有时候一些法律法令的颁布也多以布告的形式来公布。如

> ☑史大夫广明下丞相承书从事下当用者如诏书书到言
>
> ☑□郡大守诸侯相承书从事下当用者如诏书书到明白

布告☐

☐到令遣害郡县以其行止□如诏书律令书到言／丞相

史☐

☐下领武校居延属国部农都尉县官承书☐ 65・18[8]

这道诏书的具体内容我们不太清楚，很有可能是一道以诏书布告形式公布的律令。我们可以知道它由丞相府下到郡一级行政单位后，再由郡太守继续转发，在转发过程中要求下一级单位“书到，明白布告”。由这样的下行之辞我们可以知道这封诏书也是对外公开发布的。而且其发布的形式是“布告”，以让人人皆知。

从文书的类别上讲，以上涉及的都是诏书，其实有时还有汉简制书也以布告的形式公布天下。而且其内容根本与上面的不同，它涉及与农事相关的“出贷”和“税息”等具体问题。这份策书总共由十六支简组成，它由当时西汉的丞相翟方进、御史大夫孔光就此问题提出解决的方案和措施并上奏给汉成帝，汉成帝再下令将此奏连同御批一起下发。制书在下达的过程中，有这样一支简：

十一月辛亥，肩水候宪下行尉事谓关啬夫吏，承书从事，明扁亭燧□☐处，如诏书。士吏猛。《释粹》七四 EJF16・1—16[9]

由其中的“明扁亭燧□☐处，如诏书”可知，这份制书也下达到了最基层并在民众中进行了公开宣布。

由此可见，当时布告的发布内容不只是告老、赦免、登基、改元等一些重大事情、法令制度等，有时还有一些具体的政策措施也以布告的形式发布全国。

传播范围

就其传播范围而言，布告的发布范围带有全国性，它的发布对象是天下的百姓子民。那么它是如何从帝国中央传播到西北边陲的烽燧的呢？它一般是由上一级机关开始，然后按照汉代固有的行政级别逐级下达，最后直达乡亭烽燧宣布。

当时面向全国发布的诏令如养老诏和赦令诏，这类诏书大都具有公报性质，需要人人都知道。按照一般的诏书颁行程序，它先由皇帝下达御史府，再由御史府附下行之辞（如承书从事，下当用者如诏书）将文告下达丞相。丞相签署后附下行之辞再将诏令下发给各郡国以及京师的有关官府。如：

元康五年二月癸丑朔癸亥御史大夫吉下丞相承书从事

下当

用者如诏书 10・33[10]

这篇诏令首先由御史府下给丞相的。诏令之所以要经过御史丞相这一关，据汪桂海先生的研究，他认为：丞相掌丞天子助理万机，御史大夫是副丞相，他们当然有一定权力对国家所颁布的新政令是否合适预作审查。[11] 审查的目的主要可能还在于考察诏令的颁布与国家固有的法令制度、大政方针有无冲突等等。

诏令到达郡国这一级部门后，再由郡国附下行之辞向县道、侯国、都尉府传达。如：

三月丙午张掖长史延行太守事肩水仓长汤兼行丞事下

属国农部都尉小府县官承书从事

下当用者如诏书／守属宗助府佐定 10・32[12]

这是郡国接到诏令后，再下发给部都尉、农都尉、属国都尉以及县道候的文告。

同样的程序，县又要向所辖乡亭抄送发布，都尉府则向候官以下各部燧转抄下发诏书的行文，按候官、烽燧这样的行政层级转抄下去。要求各部燧将诏书悬挂于明白显处，“令吏民尽知之”。一般而言，这篇转抄诏书的文书与诏书是同时下发去的。如：

闰月乙亥，张掖肩水都尉政、丞□曰，系书从事，下当用者。书到，明白扁令显处，令吏民尽知之。严教。如诏书律令/掾半属政、书佐风（74.E.J.F31：64）[13]

这篇简文是肩水都尉府向候官以下各部燧转抄下发诏书的行文。

诏令最后是否已经到达了最基层的军事单位——烽燧呢？请看：

凌胡隧、厌胡隧、广昌隧各请输札两行隧五十，绳廿丈，须写下诏书。1684A[14]

这枚简的大意是，基层的烽燧报请上级部门输给札与绳子，以便“写下诏书”。由此简可以知道，诏书已经传到了最基层的单位烽燧。而且在传达之后，基层单位烽燧还要进行抄写与登记等。

当然，这里主要是诏令的一般下发程序。有时候诏令也有先下其他官署，再经丞相府后下百官执行的，还有皇帝自宫中直接下发给丞相府的，这两种情况在汉简中出现的不是很多。

另外，大庭修先生曾将居延出土的元康五年诏书册进行了复原，[15] 该则复原的诏书册可以为我们补充论证当时的中央诏令是怎样逐级下达和传播到基层的。根据该材料可以发现当时诏书的下达和传播程序依次可以图示为：

御史大夫→丞相→车骑将军、将军、中二千石、郡太守、诸侯王国相→属国都尉、农都尉、部都尉、小府、县、官→侯、城尉→尉、侯长

由以上的分析我们可以知道，布告的传播一般是按照帝国行政组织逐级地传播和下达，最后直达基层的乡亭、烽燧等。这种“布告天下”的传播媒介确实使皇帝的制诏无远弗届，天下尽知，其传播的范围不可谓不广。

传播方式

从出土汉简来看，汉代布告的传播方式主要是转抄、宣读、挂壁、题壁。

转抄是发生在由上而下的行政部门之间的一种布告传播方式，它是一种信息的纵向传播。宣读、题壁与挂壁则是发生在基层行政组织与大众之间的布告的最后公布形式，它是一种信息的横向传播或扩散。

转抄　汉代尽管出现了纸张，但当时的纸还处于原始形态，纸张正式用于传播信息的情况在当时是少之又少。当时的主要信息传播材料都是简牍。这就决定了当时不可能像后来那样以印刷的方式对信息进行快速复制和广泛发行。所以，当时的信息复制与传递存在很多不方便之处。但正是这种以简牍为传播材料的情况，形成了当时的信息传播过程中特有的转抄制度。

一般而言，在诏书的下达过程中，下一级部门将上级的布告原件保存下来存档，而将其抄件再向下级部门传达。在汉简中有很多“写移书”的例子，写，即抄写、誊写。仿照正本誊写文书称写书。写移书是誊写后使之运行的文书，也就是我们今天所说的传抄本。[16] 这可以说明，当时的布告都是以抄件的形式层层传递和发布的。

以一份诏令的公布为例：西汉郡国在平帝时有 103 个，东汉郡国在顺帝时有 105 个。加上京师的其他官署，一份诏书至少要有 100 多份抄本。[17] 每份抄本诏书的后面都附有御史丞相府转发给郡国的行下之辞。诏令到达郡国后，郡国又另外附上行下之辞，再抄录多份，按照前面提到的发布程序，一级一级地发往更基层的单

位。这时候转抄的规模是非常庞大而复杂的。

按《汉书·百官公卿表》记载，西汉时全国乡数为6622乡，县数为1587县。到东汉时据《后汉书·郡国志》记载，全国有县邑道侯国1186个，注引《东观汉记》则记东汉永兴元年凡乡3681个。汉制"十里一亭，十亭一乡"。一份需要公布天下的诏令最后到达亭里这一基层单位时，辗转抄录的份数，西汉与东汉至少有数万份，[18]如此多的份数足足相当于今天一份发行全国的报纸了。而由郡国自身颁布、发往乡亭里的文告，也有数万份，足见当时布告传播范围之广，帝国传播事业之庞大。

这样，诏书在逐级行下的过程中就形成了不同的抄写本。随着各级政府部门在下行文的过程中所发的行下之辞逐级垒加，最后诏书到达最基层的时候，形成了一个以诏书为塔尖的金字塔型信息结构的转抄文告。这种转抄的文书最突出的一个特点是最重要的信息——诏书，置于文告前面，然后是各级政府部门的行下之辞。这些行下之辞的主要作用在于督促下一级部门落实好诏令。例如二七二《使者和中所督察诏书四时月令五十条》[19]，原诏书的内容很多，这里我们不加以摘录，只把各级政府部门的行下之辞抄录如下：

> 五月……大司徒官、大司□……大师、承书从事下当用……
> 到言。
> 五月辛巳，羲和丞通下中二千石，二千石下郡太守、诸侯相……
> 从事下当用者，如诏书。【书】到言。/兼掾恽□……
> 八月戊辰，敦煌长史护行太守事……护下部都尉、劝□□……
> 隆文学史崇□□□崇□县、承书从事下当用事者□□……
> 【显见处,】如诏书、使者书，书【到】言。
> 使者和中（仲）所督察
> 诏书四时月令五十条

这篇诏书是西汉元始五年下发的。到达敦煌悬泉置后，题记于泥墙之上。它先下到中央政府各部门，然后下到郡太守，诸侯相，再下到县，再由县下到基层。层层照抄照转，到达敦煌悬泉置后它最后的文告形式中负载了至少五次行下之辞。

这种在布告下发过程中所形成的逐级转抄制度，以及由这种转抄制度所产生的金字塔型文告结构——诏书（布告）+行下之辞，确实算得上是当时中央信息发布过程中的一大特色。

汉代布告的发布，除了通过转抄来实现信息在各级部门的纵向传播之外，有时还通过宣读、题壁、挂壁等方式来实现信息的横向传播和扩散。

宣读　由于现代技术的成熟，我们发布信息时一般通过电视广播进行宣告即可。古代不存在广播电视这种先进的传播工具，当时的布告信息是怎样公布的呢？有文献材料证明，当时还存在着一种有据可考的信息发布形式——宣布或讽读（宣讲，布告）。《汉书·黄霸传》载：

> 时上垂意于治，数下恩泽诏书，吏不奉宣。太守霸为选择良吏，分部宣布诏令，令民咸知上意。

这里黄霸为奉宣好诏令，专门选择良吏，分部去“宣布”，宣布的目的不是让下层吏知道，而是“令民咸知上意”，由此可以知道当时诏令的发布可能还存在小吏下到民众中去宣讲的情况。

那么宣讲是如何进行的呢？《汉书·贾山传》载：

> 臣闻山东吏布诏令，民虽老羸癃疾，扶杖而往听之。

由这条文献史料可进一步知道，诏令的发布可能是由基层官吏把民众召集一起，再进行口头宣读和宣讲，将诏令信息以人际传播的方式向民众发布和告知。

在一些军事基层单位（如烽燧）人口不是特别多而密的情况下，这种宣读诏令的情况会不会存在呢？在汉简中我们只发现一条类似这样的记载，如：

> ☐写移书到明告吏卒☐ 225·31[20]

这里的“明告”，是以宣告的方式还是其他方式，由于出例很少，我们只能暂时存疑。

至于其他诏令，是否也要求吏卒民如此熟记或知道呢？上面提到的“甘肃敦煌酥油土汉简”，就要求下级部门将文告重新“写移书到，各明白大扁书市里官所寺舍门亭燧候中，令吏卒民尽讼知之，且遣都吏循行，问吏卒，不知令者案论尉丞令丞”。其中的“令吏卒民尽讼知之”（讼，即公开、明白的意思。如《淮南子·兵略》“天下讼见之”），即让吏卒民尽知道明白律令的内容。同时为了检查律令的颁行效果，还派都吏下去巡行抽查，问吏卒，不知道的话则对尉、令加以追究。

宣读作为当时布告发布的一种重要方式，属于一种一对多的人际传播，具有很强的灌输性、鼓动性。当时政府之所以施行这种方式，目的都是为了利用人际传播来实现传播内容最广范围的知情，以取得预期的宣传效果。

布告在宣读、宣讲之后，还要题壁或者是挂壁。陈盘对汉简中反复出现的“扁书乡亭市里高显处”中的“扁书”深有研究。他认为“扁”有两义：[21]

其一，《说文·册部》：扁，署也。（段玉裁注：署者，部署，有所网署也。）从户册，户册者，署门户之文也。（段玉裁注：署门户者，秦书八体，六曰署书。萧子良云：汉高六年，萧何所定，以题苍龙白虎二阙。）

其二，册即简册。简册之文县于门户者，皆可以扁称之。上引汉简之所谓扁是也。

这里陈盘指出了扁书的两种含义，其一是题字于门户之上，即一般所说的题壁。其二是将字书于木版或简册，再将其挂于显要处，即今天所说的扁。这种方式在古代称为挂壁。

陈说是否正确呢？《太平御览·卷五九三》引《风俗通》佚文：

> 光武中兴以来，五曹诏书题乡亭壁，岁补正，多有阙误。（顺帝）永建中，衮州刺史过翔笺撰卷别，改着板上。

这里的板即“扁”。由“诏书题乡亭壁”可以知道，当时很多的诏书一般题于亭壁之上。后来改为书于板，再加以悬挂。由此可见，汉代信息的发布确实存在着题壁与挂壁这两种方式。

先说挂壁。这种信息发布方式非常古老。《周礼》曾记载，“始和布治于邦国都鄙，乃悬治象之法于象魏，使万民观治象。”其意思是，太宰将六典八法等官法书于版而悬于宫廷的门阙，使万民观知。《周礼·秋官》“皆以木铎徇之于朝，书而悬于门闾”，也是以挂壁的方式公布信息让吏民熟知。汉代题壁、挂壁的信息发布方式很可能就源于这里。崔寔《政论》中有言：“里语云：州郡记，如霹雳。得诏书，但挂壁。”这里的挂壁虽然有夸张之嫌，但据此可知当时的诏令很有可能也是先书扁，然后再挂于壁。

再说题壁。在敦煌悬泉置遗址出土的《四时月令诏条》，是汉代诏令题壁最好的实物例证。不只是诏令有挂壁、书壁的传统，地方政府所发的需要人人皆知的文告有时候也有书壁的传统。我们找到的文献例证是《后汉书·王景传》中记载的：庐江太守王景“又训令蚕织，为作法制，皆着于乡亭，庐江传其文辞”。这里王景将法令著于乡亭让百姓皆知，就是地方信息发布过程中典型的题壁现象。

以上是文献佐证，其实在出土的汉简中，类似这样的记载有很多。如：

⍁□如牒书到壹以广大札明书与烽 EPT59・132[22]

甘肃敦煌酥油土汉简　写移檄到具写檄扁传输亭燧高显处令吏卒明 189[23]

五月甲戌居延都尉德库丞登兼行丞事下库城仓⍁

用者书到令长丞候尉明白大扁书乡市里门亭显见⍁ 139・13[24]

敦煌汉简 1365 及 1376 都在文书的结尾处标明“明白大扁书市里官所寺舍门亭燧候中，令吏卒民尽讼知之”、“扁书乡亭市里高显处”等等，这些都可以说明当时确实存在着题壁与挂壁的情况。

以上简牍都提到要把文告信息最后传布到乡亭、市门、里门、烽隧，为什么都强调要将文告书写或悬挂在乡亭、市门、里门、烽隧等处呢？汉代最基层的行政单位是里，其次是乡、亭、市等。《风俗通》曰：“里有司，司五十家共居止”。又《银雀山竹简・田法》：“五十家而为里”。因为这些地方是汉代最基层单位的治所所在，其附近人口密集，人的往来流动较为频繁，因此是公布政令的最好场所。这很类似于后来将告示张贴于城门街道等繁华地段或者是政府的驻地所在。此外，这些基层部门直接负责对百姓的管理，所以信息发布到这一级，已经实现了最大范围的传布和扩散，传布到“家”，家再到户，户再到人。这样就完全实现了“令吏卒民尽知”的宣传和告知目标。

综上言之，汉代皇帝的制诏有相当多是以布告这种传播媒介来传播和宣告天下的。布告这种传播媒介的传播内容主要是有关皇帝的制书和诏书，具体涉及告老、赦免、登基、改元，以及其他重大事情、法令法律制度，有时甚至是一些具体的政策措施等。布告是对全天下吏民的一种重大宣告，布告传播的范围遍及全国各地的乡亭里、西北边陲的烽燧等。布告传播的方式主要以手抄传写为主，其最后的公布形式有宣读、题壁、挂壁等。

转抄能实现信息的上传下达，突破信息传播过程中空间的壁垒。题壁和挂壁都属于文字昭示，大多是在文告口头宣读之后进行。口头宣读作为一种信息发布方式，具有转瞬即逝的特点。题壁和挂壁正好可以弥补其不足，它们不仅可以在公共场所长期地昭示信息，还可以长久保存信息，从而突破了信息传播过程中时间的壁垒。

由此可知，帝国中央已经有着比较固定的信息发布媒介——布告，这种媒介有着固定的传播程序和发布方式。在某种意义上说，汉代政府已经建立了比较完整发达的信息发布制度，从而保证和实现了政令的上下畅达。

三、为什么不是“府报”

由前面的讨论我们可以知道，汉帝国中央的信息发布，很多情况下都是以“布告天下”的形式出现的。布告这种传播媒介有着传播广泛、手写抄传及以传报皇帝制诏命令为主要内容等特点。后来唐宋时期的邸报也具备这些特点。为什么不能将二者等同起来，将这类传播皇帝制诏命令的布告视为西汉最初期的原始报纸呢？换句话说，具备这些传播特点的布告在当时为什么不属于张涛先生所言的“府报”范畴？布告这种传播媒介与张涛先生所言的“府报”有何区别？

这个问题我们分三个方面论述：

首先，汉代布告与邸报有着本质的不同

汉代布告，它是以皇帝为首的官僚集团向普通百姓传播和发布信息的一种重要媒介。其转抄与发布的权力都由官方控制。这种媒介的性质属于告示的范畴。这种告示因其“布告天下”而具有广泛传播的特点。就传播内容而言，它传播的是国家或政府的政令、政策、规章制度以及重大的事情，既有一定的新闻性，宣传性，同时还具备了相当的重要性。

既然布告在传播内容、传播范围、传播方式三个方面和唐代以后发展起来的邸报有着共同的相似点，能否将其视为原始形态的汉代报纸呢？

我们既要承认布告确实和邸报有着很多类似之处。像一些告示类的文告经过反复的手写转抄，形成了不同的抄本。传抄的份数就诏令类的颁发而言，可达数万份。这点可能与后来邸报的发行份数多少有点雷同，甚至是早已有过之而无不及。同时它能达到最基层的单位如烽燧和乡亭里，这点甚至还超过了邸报的传播范围。其内容也以大臣章奏、皇帝诏令以及政府各部门的文告为主，这点与邸报的传播内容也非常类似。

但我们更要看到，汉代的布告尽管在上述三个方面很类似于邸报，可它暂时还不具备邸报的成熟形态。它和后来的邸报存在着明显的不同：

首先，就传播目的而言：邸报传抄的目的是为了让邸报的获取者（各级官员以及文人士大夫等）从中得到有用的政务信息，非重要的信息则不予传抄；布告传抄的目的则是为了执行以皇帝为首的中央政府的命令，以让天下所有的百姓都对皇帝颁发的政令有所知。

其次，就传播特点而言：邸报的传播具有非强制性，它是一种自上而下的自觉的、主动的信息流动，有受众（各级官员以及文人士大夫等）需要；布告的传播则带有很强的强制性。它是一种自上而下的、不自觉的、被动的传播。这种传播具有很大程度的宣传性与灌输性。百姓不一定有这方面的信息需要，而且百姓对布告信息的需求也是无目的的。

再次，就传播的受众而言，邸报的受众一般主要为各级官员以及文人士大夫等，布告的受众则为全天下的吏民。所以，两者享有知情权的受众范围是完全不同的。

正因为两种传播媒介的受众不同，所以其传播范围也有区别。邸报的传播范围不是全国性的，主要在官员士人中传播，所以它根本不存在要告示全国百姓的问题，更用不着要发行到最偏远的烽燧中去。而布告则要遍及全国各地的乡亭以及边境的烽燧等，传播的范围要远远超过邸报。

最后，就刊期而言，邸报有着相对稳定的发行刊期，布告则完全不同，它无固定的刊期，也根本无刊期可言，根据皇帝个人意愿和中央政策的需要，可以不定期地发布。

因此，汉代的布告和后来的邸报尽管在很多地方都有相同之处，但还是有着本质区别的。

在汉代尚无报纸的时期，这类诏令布告起着沟通上下的信息传播作用，它不断地将新事情、新情况、新信息向全国、全民发布，履行着报纸的功能。因此从某种意义上来说，它具有汉代中央政府公报的性质，但却始终不属于报纸。我们决不能因为二者在传播范围、传播内容、传播方式上的大致雷同而将汉代的布告提升到“邸报”的认识层面上。

其次，汉代布告的官文书特点决定了它难以纳入“府报”的范畴

将皇帝制诏公开传播到最基层的烽燧，为什么在张涛看来传播这样内容的媒介是“府报”，而在我们看来却是古代很普通的“布告”？其本质区别是什么？“府报”说的纰漏之处是什么？

正如张涛先生所言，邸报向下抄传时，各级官府并不写转抄文书同时下发。“木简报”在转抄下发时，各级官府都要写转抄文书，这些各级官府写的转抄文书连同制书一起到达烽燧。张涛认为这种差别说明了，和“邸报”比起来，西汉“木简报”带有更浓厚的官文书色彩，它显示了中国古代有系统的官方新闻传播逐渐进化的缓慢过程。这种认识固然不无道理，但我们更应深刻地认识到汉代布告的官文书本质决定了它难以纳入报纸的范畴。也就是说，这种布告性质的官文书与张涛所言的“府报”（被认为类似于唐宋以后的邸报）存在着本质的区别，它不可能归属于报纸的范畴。

一方面，从布告文书的传播特点来看，它有着较强的行政性质，难以纳入邸报范畴。这主要体现在布告下发和传布时一般都附有转抄文书。我们前面已经指出，汉代的制诏文书在逐级下达的过程中各级官府为了督促下级部门按要求贯彻和执行好皇帝的命令，一般都要在制诏文书的末尾再另附——转抄文书（即前面提到的下行之辞）。这样的转抄文书明显带有上级对下级施行行政命令的性质，它要求下级遵照宣传或执行。转抄文书的行政性质很强，对普通民众它毫无信息价值可言，更不用谈新闻性。我们不能因为它传播的广泛性和公开性而否认它官文书的行政本质。因此，将这样毫无新闻性的内容附同原来的制诏文书一起纳入报纸范畴，明显欠妥。另外，唐宋时期的邸报尽管也带有相当强的行政性质，但与布告转抄文书那样的行政命令性质相比，完全是两码事：前者强调的是官僚系统内部的行政告知，后者强调的则是行政命令，官文书性质更强。

另一方面，从布告文书的结构与格式来看，它也有着较强的官文书性质，完全不同于后来的邸报。这点可由其公务式的行文格式反映出来。“邸报”向下抄传时，各级官府除了转抄文书之外，不再另附督促下级贯彻执行的文书，如我们前面的例子中所指出的，这类布告到达基层最后公布时，形成了以制书为金字塔尖，以多级行下之辞为塔底的金字塔型文书结构。对信息接收者而言，这类文书的信息重点在于塔尖部分，因为后面的都是有关该文书的逐级督促执行的内容。这样的文书结构明显地与后来刊载朝廷政务信息的唐宋邸报相差很远，它不是张涛所说的带有“浓厚的官文书色彩”，而是根本尚未走出或超越官文书的范畴。

再次，具备“广泛传播”特征的制诏未必一定就属于报纸范畴

张先生用和烽燧戍卒没有任何关系的文告能传播和发行到边境烽燧这个事实来说明文告传播的广泛性，以此来证明这类文告具备报纸广泛发行和传播的特征，从而属于报纸范畴。

张涛先生以“广泛传播”作为判断依据：广泛传播，是区别中国古代官文书和有系统的官方新闻传播的主要根据，官文书不具有广泛传播的特点，而官方新闻传播媒介具有此特点。[25] 熟不知，以此为判断依据犯下了一个逻辑错误。古代的官文书当中，有相当一部分是要求传播到全国各地的基层组织后公开发布的，这是一种很正常的广泛传播。所以，有时部分官文书也具备广泛传播的特点。我们上面提到的布告，它是官文书中需要向全天下普遍告知的一类，也有广泛传播的特点，前面已经论述了布告也能发行到最基层的军事单位烽燧，但它仍属于官文书的范畴。我们能因其具备了广泛传播的特征就说它是报纸吗？

那么当时有若干汉代制书和诏书以及朝廷职能部门的文告，它们与烽燧戍卒没有任何的关系，却被传播到边境的烽燧，这又说作何解释呢？

张涛先生认为，“答案只有一个，让戍卒知道这些事，造成强大的舆论态势，达到广泛传播的目的”[26]。张涛先生例证的史料是汉简中安众侯刘崇被杀的制书、武帝末之养老诏书、车师前部问题讨论的中央职能部门文告等。[27]

从历史事实来说，汉代驻守烽燧的戍卒，他们并非都是独自一人来戍守边境。有相当一部分人出于某些原因都还带了家眷或仆人，有时甚至连自已的家产如牛马及其他日常生活用品等都运转到了边境，在烽燧附近进行安顿。如很多汉简都详细记载了这些戍卒向侯部或烽燧借贷钱粮及其日常生活用品的数量，用以开支其眷属。有些简牍甚至还对其眷属的情况都一一作了登记。限于篇幅我们在这里不再举例。这些史料可以说明，当时驻扎烽燧的不只是戍卒本人，还有相当一部分眷属可能跟随在烽燧附近生活。这很可能与当时政府实行的屯田固边制度有关。

既然存在这种情况，朝廷发布下来的文告，可能也就并不排除与烽燧戍卒存在一定的关系，某些内容也许还是他们非常关心的，如前面提到的养老诏书，对汉代的养老规格待遇有严格的规定，这样的信息肯定与戍卒眷属有关。另外，汉代的养老诏一般都布告天下，传播到边境烽燧，这也是很自然的事情。

那么像另一类情况，比如说刘崇谋反被杀和关于车师前部问题讨论这样的简牍发布到了边境烽燧，又该作何解释呢？

刘崇谋反被杀这样的大事很可能是当时王莽以布告天下的形式传播到烽燧去的。安众侯刘崇与相张绍在南阳起事反对王莽，起事立即被镇压下去，刘崇被杀。事后可能王莽以制书的形式把刘崇被杀一事向全国布告，一直转抄到西北烽燧。此事《汉书·王莽传》就曾有载。刘崇的叔父刘嘉上书请求将刘崇宫室掘为污池，设刘崇之社于各诸侯国，用以为戒，并将此事下公卿大夫议，“以明好恶，视四方”。公卿大夫都表示同意刘嘉的做法。这里的“视四方”，就是公布于四方。据此我们可以推测刘崇谋反被杀事件，王莽肯定以布告的形式将真相和结果最后告知了天下。所以这类事件尽管和烽燧没关系，但传播到烽燧，可能还是朝廷出于对百姓进行宣传和告知的目的才这样去做的。

关于车师前部问题讨论，张涛先生认为这属于西域事宜，敦煌地方官无权干涉和参与，可是这样的简牍要是跟烽燧的戍卒没有什么关系的话，又怎么会流落到敦煌的烽燧中去呢？此事不排除两种可能：

一种可能是，这一简牍不排除是敦煌与西域两个军政部门之间的文书转发或者是朝廷直接将西域文书转发给敦煌。由于西域和敦煌都属于边境，有时可能出于政治或军事方面的考虑，有关在西域发生的情况也需要敦煌有关部门予以考虑和重视甚至协助。所以，西域军政部门发出的文书，有时也由朝廷中央或者西域转发到敦煌。这完全是有可能的。此外，我们还发现汉简中确实存在文书转发的情况，如：

> 地节五年正月丙子朔丁丑肩水候房以私印行事敢
> 言之都尉府府移大守府所移敦煌大守府书曰故大司马
> 博 10·35A
> 令史拓尉史义 10·35B（《居延汉简释文合校》）

这是敦煌太守府的文书转发到居延地区，到达居延地区后肩水候再转发的一枚汉简记录。文书的具体内容我们不得而知。类似的例子可能还有：

> 胪野王丞忠下郡右扶风汉中南阳北地太守承书从事下当用者以道次传别书相报不报
> 书到言　掾勤卒史钦书佐□（《居延汉简释文合校》203·22）

另一种可能是，在这些基层烽燧之所以能够发现这些异地文书，不排除它是这些烽燧在逐级传递异地文书的过程中所作的传递记录或文书摘要。因为汉代边境的烽燧除了负责守卫之事外，有时还兼有传递文书的职责。在传递文书时每个烽燧都要对自己经手传递的文书作记录，记录的内容可能包括前后到达和传送出去的时间、文书的大致内容等等，以备上级部门查考文书在中途的运行情况，有时也好追究责任。类似的例子如：

> ☑书七月己酉下V一事丞相所奏临淮海贼V乐浪辽东

☐得渠率一人购钱卌万诏书八月己亥下V一事大 33·8（《居延汉简释文合校》）

又如：

▨建昭元年十月尽二年九月

大司农部丞簿录簿

算 82·18A

▨建昭元年十月尽二年九月

大司农部丞簿录簿算

及诸簿十月旦见 82·18B（《居延汉简释文合校》）

这两篇简牍记载的内容都与烽燧无关或者是关系不大。所以，也就不排除这些与烽燧没有任何关系的文书简是文书传递过程中烽燧所作的简单记录或文书摘抄。

结合上面的分析我们认为，和烽燧戍卒没有任何关系的制诏及朝廷职能部门的文告简牍之所以能手抄发行和传播到烽燧去，有这么几种可能：文书本身就带有布告性质，要求布告天下；可能是文书在异地传递过程中烽燧所作的记录或摘要；边境军政部门之间或者是中央和边境军政部门之间存在的正常文书转发。因此，具备"广泛传播"特征的未必一定就如张涛先生所言属于报纸范畴。

张涛先生自己也承认，如何区别古代的官文书和官方新闻传播媒介，是一个很困难的问题。通过上面的分析我们可以看到，张涛先生所认为的"府报"，其实不过是当时最常见的一种官文书而已，这种官文书与当时一般的官文书相比，其独特之处在于它的公开告知性。它公开对外发布和传播，一般发布到最基层，让全天下的吏民尽知，传播范围极广。张涛先生在考察时，可能忽视了汉代中央下发的官文书中还有带告示性质的布告，而误将传布天下的"布告"认作"府报"。

实际上，"布告"和"邸报"是有着本质区别的。也正是这一点，决定了它只能归属于告示的范畴，而不能属于报纸范畴。

结　论

以上论述，回答了汉帝国的中央信息如何发布以及"府报"之说为何不能成立的问题。

当时帝国中央的新闻传播系统非常发达，皇帝的很多诏令都以"布告天下"的方式传遍各地。布告是当时一种使用频率非常高的传播媒介，它有着传播广泛、手抄传写、专门报道皇帝的制诏命令等特点，张涛先生曾考虑到它这三方面的特点很类似于后来唐代的邸报，于是把这类文告命名为“府报”。事实上，它并没有超出当时官文书的范畴，它在传播目的、传播范围、传播受众与传播特点等方面都与邸报有很大区别，另外，它还有着较强的行政命令性以及独有的行文格式，这些都决定了它终归是官文书，而不是当时原始形态的报纸。

我们的结论是：汉代不可能存在着府报。所以我国最早的报纸出现的时间，不应该是在汉代，而是在唐代，这个结论是不应质疑的。

注释：

[1] 张涛，《“府报”探源》，见方汉奇主编，《新闻春秋》，四川大学出版社，2003 年，第 55—61 页。

[2] 参方汉奇，《中国报纸始于唐代考》，见《新闻史的奇情壮彩》，华文出版社，2000 年，第 31—35 页。

[3] 见姚福申论文，《从敦煌马圈湾烽隧遗址出土的简牍看汉代官方新闻传播》，《学海泛舟二十年——对新闻学与编辑学的探索》，香港语丝出版社，2001 年，第 7，14 页。

[4] 原文见《新闻传播与研究》2001 年第 2 期。

[5] 张涛，《“府报”探源》，方汉奇主编，《新闻春秋》，四川大学出版社，2003 年，第 55—61 页。

[6] 原文见《当代传播》2004 年第 1 期。

[7] 胡平生编撰，《敦煌悬泉汉简释粹》，上海古籍出版社，2001 年，第 115 页。

[8] 谢桂华等，《居延汉简释文合校》，文物出版社，1987 年，第 113 页。

[9] 李均明、刘军，《简牍文书学》，广西教育出版社，1999 年，第 219 页。

[10] 谢桂华等，《居延汉简释文合校》，文物出版社，1987 年，第 17 页。

[11] 汪桂海，《汉代官文书制度》，广西教育出版社，1999 年，第 153—154 页。

[12] 谢桂华等，《居延汉简释文合校》，文物出版社，1987 年，第 17 页。

[13] 《中国西北文献丛书》第八辑，《西北考古文献》第八卷，第 191 页。

[14] 甘肃省文物考古研究所，《敦煌汉简》，中华书局，1991 年，第 63 页。

[15] 见大庭修，《秦汉法制史研究》，上海人民出版社，1991 年，第 193—201 页。

[16] 李均明，《简牍文书学》，广西教育出版社，1999 年，第 170 页。

[17] 汪桂海，《汉代官文书制度》，广西教育出版社，1999 年，第 125 页。

[18] 此推算参考汪桂海，《汉代官文书制度》，广西教育出版社，1999 年，第 125 页。

[19] 胡平生编撰，《敦煌悬泉汉简释粹》，上海古籍出版社，2001年，第193页。

[20] 谢桂华等，《居延汉简释文合校》，文物出版社，1987年，第363页。

[21] 陈盘汉晋遗简识小七种“扁书”条中央研究院历史语言研究所专刊之三十六，1975年，第95页。

[22] 甘肃文物考古研究所等，《居延新简上·甲渠候官》，中华书局，1994年，第160页。

[23] 李均明、何双全编，《散见简牍合辑》，文物出版社，1990年，第21页。

[24] 谢桂华等，《居延汉简释文合校》，文物出版社，1987年，第230页。

[25] 张涛，《论西汉“木简报”》，《新闻与传播研究》2001年第2期，第70页。

[26] 张涛，《“府报”探源》，方汉奇主编，《新闻春秋》，四川大学出版社，2003年，第55页。

[27] 分别见甘肃省文物考古研究所，《敦煌汉简》，中华书局，1991年，第51页；甘肃文物考古研究所等，《居延新简上·甲渠候官》，中华书局，1994年，第254页；天津古籍出版社，《居延汉简研究》，第100页；甘肃人民出版社，《敦煌汉简释文》，第9页。

（原载《新闻与传播研究》2006年4期）

艺术自律性与大众文化时代的乌托邦

◎ 刘晓燕

在大众传媒构建出的当代文化语境中，所有的文化都成了大众文化，所有的文化研究都不得不冠上“大众”的名义。文化的大众化将给文化带来怎样的后果，也就随之成为大众文化研究的逻辑起点，同时也决定了大众文化研究的终点：人类在大众化后的文化中能够获得自由和解放吗？人类能够得到拯救吗？人类能够实现始终无法放弃的对乌托邦的渴望吗？乌托邦是推动人类历史变革的精神源泉。20世纪以来，伴随着文明的危机迭起，面对着大众文化的无边蔓延，乌托邦遭到强烈的质疑。然而，质疑并不意味着放弃，而是更为审慎、更为隐秘、更为艰难的追求。实际上，乌托邦始终是大众文化研究最终的归旨，是研究不可缺少的内在关怀。

从大众文化研究的乌托邦归旨出发，很有必要重新审视阿多诺的文化理论。其因有二：一，在阿多诺生活的年代，大众文化作为一种现象刚刚浮现。阿多诺是西方学界最早一批对大众文化进行敏感洞察和理论研究的思想家。他的理论是一开始面对大众文化的震惊体验和最初判断。因为当时大众文化方兴未艾，他的体验和判断更为鲜活可靠。然而，国内学界对他的大众文化理论的接受却始终未能敞开其中丰富、辨证的内涵，所以显得简单化、割裂化。二，阿多诺的大众文化理论是其思想体系的一部分，这一部分是与其他思想，如美学理论、哲学理论、音乐理论纽结在一起的。只有在整体上把他的大众文化理论与美学和哲学思想关联起来，才能还原其文化理论丰富的辨证的内涵。本文认为，阿多诺思想体系的基本脉络是：反启蒙的逻辑起点→否定的辩证法的哲学思想→大众文化批判理论→艺术自律性→审美乌托邦。其中，艺术自律性概念是阿多诺文化理论的基石，审美乌托邦是终极追求目标。通过艺术自律性来确证和实现审美乌托邦，是阿多诺文化理论的深层逻辑，也是阿多诺对于当代大众文化研究真正具有启迪的地方。

一、否定的辩证法与辩证的艺术自律性

现代资本主义社会的启蒙最终走向反启蒙，这是阿多诺美学思索的逻辑起点。从资产阶级意识形态的视角，《启蒙辩证法》论证了以自由、平等为起点的启蒙理念是如何最终走向压制和蒙昧的。阿多诺的启蒙概念并不局限于18世纪欧洲启蒙运动时期的启蒙，而是泛指近代资产阶级意识形态观念，即人类用主体理性对客观世界和自然进行认知和征服改造。这种启蒙思想最终走向了悖论：启蒙最初抱有的美好愿望，是用文明战胜神话和野蛮，用理性控制自然，用文化洗汰愚昧，实现自由平等。然而，20世纪以来，启蒙的一切愿望仿佛也被商品交换原则魔法般的“交换”了。主体理性为了控制自然客体而压抑自身的自然本性，原本要抵制愚昧的文明和理性则引发了更恐怖更野蛮的非理性。阿多诺深刻地洞察到，启蒙悖论的根源在于启蒙理性改变了主体与客体之间的关系。

在《否定的辩证法》中，阿多诺对主体与客体之间的关系有了进一步的更富于建构性的思考。自笛卡尔提出心物二元论以来，主体便习惯用思维认识存在物，把存在的客体变为主观意识的产物。这就导致真正的客体被主观意识强奸，被主体遗忘。要改变这种状况，就必须将主体与客体、理论与实践分离。当代社会救赎的首要任务不是现实的斗争，而是文化层面的批判、反思和认知。惟有反思能够使主体和客体摆脱奴役的虚假关系，进入辩证的互相依存状态。因此，否定的辩证法不是一种认知方法，而是理性批判的媒介、表达矛盾的方式，是反思的工具。

真正的主客体的辩证存在必须坚持“客体优先性（the primary of object)”。这种优先性的客体就是真正的客体，是摆脱了主体理性压制的、摆脱了同一性牢笼的“非同一性”。“辩证法是始终如一的对待非同一性的意识。它预先并不采取一种立场。”[1] 阿多诺把是否能够认识或表现非同一性作为现代人文社会科学存活的关键。那么，否定的辩证法如何认识到非同一性呢？已经戴上概念同一性眼镜的认知主体采用什么样的认知方式才能够不至于淹没、忽视同一性世界中的非同一性契机？主体又如何根据这种非同一性的客体来调整自己的认知和行动？否定的辩证法采用“系统认知方式”，这种认知方式是与近代哲学的“体系认知方式”相对立的。系统的精神可以把思想的力量从体系中解放出来，去面对单个的要素（individual element)，进入一个开放域。[2]“理解一个事物，不仅仅要做到以合适的名字称呼它或给它贴标签，而且要做到在个别要素与其他要素的联系中去知觉个别要素。”[3] 要

真正认识到这个总体社会的解放力量，必须打破僵化的、同一性的、本质主义的、体系性的认知方式，而站在一种系统、结构、互动的立场来看待这个虚假的总体社会的各要素。社会整体的结构存在于不同因素的特殊的连接。整体是在诸因素的特殊的连接方式中运作的，而诸因素也在这种特殊的连接中获得存在的意义。

在阿多诺的理论体系中，否定是什么、否定是否可能、非同一性是否能够被主体认知是哲学问题，而否定能否表现出来、非同一性之物如何表现出来则是文化和美学的问题。文化和美学是比哲学更深层的领域。从系统认知方式的角度，阿多诺分析了艺术自律性与社会性的辩证依存关系。社会整体与艺术之间的关系，如同星座与星星之间的关系。艺术一方面是社会的一部分，艺术属于社会；但同时又是一个独立的要素。艺术作品作为无窗的单子（windowless monad），一方面是无窗的、封闭的、自律的；另一方面，现实社会又能通过艺术单子这种无窗之窗进入作品内部。总之，艺术的自律性和社会性是辩证统一的，如同一枚硬币的两面，一面是自律性，一面是社会性。艺术的他律性、社会性是艺术自律性的动力，艺术的社会性又只能通过自律性来实现。

艺术的这种自律性与社会性的辩证统一性，使得艺术能够表现出非同一性之物。艺术要表现不同于现实虚假客体的非同一性和真正的客体，这并不意味着艺术需要采用现实之外的材料，事实上，也不存在不同于现实事物的材料。非同一性的表现要以同一性的现实世界中的具体事物为起点。非同一性需依赖于同一性之物而存在，非同一性不可能得到直接的、可见的、实证性的表现，非同一性就是对同一性之物的否定。艺术把同一性的社会内容从现实母体中抽出，用自律的形式围墙包围起来，以便认知主体能够摆脱现实的惯有的认知方式，在艺术的自律王国中，用另一种感知模式去反思现实的同一性。

二、艺术自律性与社会性之间的关系

艺术属于社会，便不可避免地会被社会同化。艺术的辩证法类似于社会辩证法，两者的辩证法都是在生产力与社会关系的矛盾冲突中展开的。艺术与现实一样，都具有一个动态的、内在的历史，这个历史是在自然与控制自然之间的辩证的冲突中展开的。艺术家在控制它的创作对象——艺术作品时，很容易像外界贪婪的主体一样，把自我的意志强加于艺术客体。主体的压制与客体的反压制是艺术与现实共有的矛盾。艺术生产力与社会生产力具有同一个目的系统——产品的自律存在。“拜物化一词，可用来概括艺术在基本的非确定状态中的那种背谬或自相矛盾的特征。即艺术作为人工制品何以能够为其自身而生存？这一悖论可谓现代艺术的生命液。”[4]所以，艺术品对资本主义社会生产力与生产关系之间的辩证法的表现，不是前者有意识地去模仿后者，而是以前者的自律存在去体现后者。艺术辩证法与社会辩证法的类似，使艺术有可能以一种孤立的、单子的、自律的状态来再现外部世界。

艺术自律性是艺术的自我同一。但这种同一性不同于现实的同一性，“它意在协助非同一的事物来抵制那统治外部世界的、具有约束性的同化强制力量。正由于艺术作品脱离了经验现实，从而能够成为高级的存在，并可依自身的需要来调整其总体与部分之间的关系。”[5]在同一性的艺术作品内部，各构成要素之间是平等的、互相沟通的。构成艺术作品审美同一性的艺术家的整合力量是独特的，它不同于外部世界中贪婪的、想把自身的同一性强加于客体之上的主体，通过精神对世界的主宰。艺术家对艺术作品中诸要素的“整合过程并非是某种秩序强加于艺术作品要素的过程。更确切地说，艺术作品要素彼此互动具有重要意义，因而便有如此感觉：整合不过是复制既定要素的互相依存关系。”[6]艺术作品诸要素的互相依存关系是对现实世界诸要素在非同一性状态的模仿，是通过特殊的主体运作达到的纯然客观之物。艺术同一性是对现实同一性的否定，艺术自律性是对现实社会中诸要素非自律性的批判，艺术要否定的不是社会本身，而是社会的同一性，这种同一性的实质是资本主义社会的生产关系。艺术自律性不是先验地来自于艺术作品内部，而是通过对艺术之外的社会生产关系的否定来实现的。社会生产关系的同一性、压制性激起艺术的反抗。这种对社会关系的压制性的反抗，就是艺术自律性的动力。

自律艺术在现代社会的生存方式类似于商品。艺术必须遵照资本主义社会消费品新奇性的历史特征，通过不断否定自己的历史，寻求新的事物，来获得竞争能力。自律艺术对外在社会的否定，同时也是对自身历史的否定。“反艺术”这个概念在阿多诺美学中占有非常重要的地位。反艺术首先是一种艺术意识，是以反艺术的精神和反艺术的状态对现存非艺术状态的反抗，是对虚假总体社会的否定。其次，反艺术是现代艺术对传统艺术的否定。现代艺术不再是美的、和谐的、精致的、形象的、连贯的、有意义的，而是丑的、不和谐的、粗糙的、抽象的、碎片性的、无意向的（unintentional）、荒诞的。在现代艺术彻底打破了传统艺术的存在样态之后，在失去了传统的、公认的标准和规范之后，现代艺术家们不得不持续地进行艺术实验。但任何新艺术都不可能迅速成为艺术的标准，因而现代艺术发展便只能采用创新这一方式。阿多诺认为，在现代艺术发展过程中，实验的观念（concept of experimentation）已经有了根本改变。“实验的原义是指自愿地着手探索未知而违禁的做事方法。在此观念中，包含着一种潜在的传统性先决条件，即：只要根据现成规范能够证明实验的结果，那就可以允许实验。……（然而，如今的）实验难以预料艺术主体所采用的方法所产生的结果。……难以预料的东西不仅具有一种意外的效果，而且是客观性的一种契机。”[7]

社会生产关系的发展总是落后于生产力的发展，艺术必须敏感地表现生产力与生产关系之间的最新矛盾。这种最新矛盾就是阿多诺所说的“客观性的契机”。艺术实验的必要性正是基于这种不断变化的矛盾。历史是瞬息万变的，某艺术作品能够否定的当下现实的历史时间是短暂易逝的。一个艺术作品的死亡就是她反抗历史的能力的终结。现代艺术作品的生命是短暂的。自律艺术必须放弃对绵延的渴望。一旦追求绵延，艺术就失去了自身短暂的时间性，也失去了由这种时间性所决定的自律性。“艺术如果放弃长期非神秘化的绵延的幻想，并出于对短命物（即生命）的同情而将必死性（mortality）纳入其中，那么，它就会够得上真理性概念。”[8] 自律艺术在社会变化的压力下，如同礼花（fire works），在瞬间的光华迸射后，便悄然消逝。这是艺术时间性和自律性的基本存在模式。

艺术实验的动力是社会的最新矛盾，艺术实验的阻力则是以往的艺术，准确地讲，是艺术对绵延的渴望。如果说艺术实验是对艺术生产力的探索的话，那么以往艺术则通过积淀在艺术形式和艺术观念中，成为阻碍艺术生产力发展的艺术生产关系。阿多诺认为，美学研究的主要对象就是艺术生产关系与艺术生产力之间的矛盾。“所谓美学的构成问题是由艺术的动力与艺术作为以往历史之间的张力来划分的。”[9] 艺术的动力就是艺术的反社会生产关系性，这种动力是一种历史的力量，是社会矛盾发展的呼唤。而艺术作为以往历史指已经形成的被接受的艺术作品，尤其是某种固定下来的艺术形式。这种形式是历史客体的逻辑的显现。曾经是历史性的东西一旦获得一种逻辑的表征，就意味着死亡。艺术的历史性的动力永远充满否定的勇气，而逻辑性的以往的艺术形式则总是与僵化、死亡和过时相连。美学的主要问题就是在艺术的历史动力与其逻辑形式显现之间的张力中展开的。自律艺术作为一个自我同一的存在物，总是倾向于追求自身生命的永恒。因此，现代自律艺术必须以社会性为驱动，在不断否定自我的过程中求得发展。美学将成为艺术否定自我的推动力。

三、现代及后现代语境中的阿多诺思想

阿多诺思想多维、驳杂和融合的特质，使之能够同时成为不同理论派别的共同理论资源和论争对象。20 世纪 80 年代西方思想界对阿多诺的兴趣更多地集中在哲学方面；而 90 年代则转向阿多诺的美学思想。80 年代以哈贝马斯为代表的现代主义者和以利奥塔、福科、德里达、布迪厄为代表的后现代主义者对阿多诺思想采取了“各取所需”的褊狭态度。90 年代，由于大众文化的迅速扩张，阿多诺的艺术自律性观念在被采纳中呈现出泛化和淡化的现象。但阿多诺的艺术自律性观念和审美乌托邦观念，在当今大众文化时代仍具启发意义。

1968 年 5 月，由于在革命青年学生运动中上诉警察的“反革命”举动，阿多诺在学术界遭到了长期的冷落。20 世纪 70 年代，对阿多诺仅有的一些研究也主要集中在左派阵营内部对阿多诺背叛马克思主义事业的指责。这些指责来自包括后来对阿多诺的态度发生了 180 度大转弯的詹姆逊等人。[10] 与这部分左派人士对阿多诺的指责态度不同，当时还有两种以施密特（Schmidt，A.）和哈贝马斯（两人当时也属于左派范围内）为代表的两种态度。两人之间展开了长达十年之久的争论。阿多诺指导的博士施密特全力反击左派对阿多诺的指责，维护自己导师的马克思主义者的形象和其理论的唯物主义特质。而作为阿多诺的最后一个弟子的哈贝马斯却开始了对阿多诺的含蓄的批评：阿多诺对理性的批判走得太远了，从实践退缩回理论，走向审美的乌托邦救赎。

自阿多诺晚年的巨著《美学理论》的英文版于 1984 年出版以后，经欧美一些学术团体的宣传推广，学术界对阿多诺理论的兴趣日渐浓厚起来。在此期间，哈贝马斯研究批判阿多诺的著作《关于现代性的哲学演讲》[11] 的德文版和英文版相继出版。哈贝马斯本人在学术上的世界性名望极大地推动了阿多诺研究。哈贝马斯坚持艺术的重要性不在于它的内在的表达，不在于它的自律性，而是在于作为一个既定的推理性的共同体的主体间性的中介。20 世纪 80 年代中后期，阿多诺成为哈贝马斯与利奥塔之间著名的现代性论争的论域之一。阿多诺在利奥塔的眼里由“恶魔”变成了“亲属”。利奥塔（Lyotard，Jean-Francois，1924—　）在 1973 年写作《作为恶魔的阿多诺》时，曾以尼采式的手法激烈批判阿多诺的否定哲学。然而，在与哈贝马斯的争论中，利奥塔却摇身一变，坚持自己与阿多诺理论之间的亲缘关系。在同一时期，大批的英美学者都开始站在后现代主义的立场来研究阿多诺。

1990年，詹姆逊发表了《晚期马克思主义——阿多诺，或对辩证法的坚持》，开创了对阿多诺的晚期马克思主义研究模式。詹姆逊认为，阿多诺的作品是90年代辩证法的典型代表。其否定的辩证法是晚期资本主义时代真正的马克思主义理论。他坚持把阿多诺看作现代主义者，而且把阿多诺的现代主义本身看作是描绘后现代状况的理论透镜。詹姆逊既反对哈贝马斯的观点——阿多诺对理性的批判走的太远，从实践彻底退缩到理论；也反对后结构主义对阿多诺反总体性和非同一性的理解。但学界普遍认为，詹姆逊是在利用阿多诺来阐发自己的晚期马克思主义理论，把阿多诺理论作为自己的"认知测绘"主张的一种工具，至于阿多诺自身的思想客体则被遗忘了。不过詹姆逊在著作中认为，卢卡奇的美学是一种已经过时了的再现美学，在当下的"历史性危机"的语境中，恢复阿多诺的美学是一项迫切的任务。这种呼吁在客观上成为阿多诺在90年代复兴的契机。

阿多诺研究中有一个现象就是，研究者之间的互相不满意（不是对自己的研究的不满意）。伴随这种研究格局而来的必然的结果，就是去看一看阿多诺本人到底怎么说。20世纪90年代晚期，以Lambert Zuidervaart、Peter Osborne、p.Hohendahl、T.Huhn、Robert Hullot-Kentor（阿多诺《美学理论》1997年英文版的翻译者）、J.M. Bernstein，Andrew Bowie等为代表的一批学者，开始重视对阿多诺思想史真实性的研究。[12] 他们高度重视阿多诺辩证的自律性理论，视阿多诺为激进的现代审美主义者，认为阿多诺的自律性是从本体角度提出的审美范畴。自律性艺术作品中这种对感官和精神之间的和解的先验的许诺，成为艺术中真理因素的基础。艺术中康德所说的非强迫性的劳动或无目的的合目的性，艺术作品的虚构的无用性能够唤回观赏者的人性的、非工具性目的的理性。正是艺术作品的人工特征拯救了它的自律性，因为这种人工性建立了征服工具理性的审美理性的可能性。但他们也指出，阿多诺把资本主义笼统地概括为总体化世界，缺乏对资本主义内在矛盾的深入分析。其次，在体系上忽视了他律性艺术，并站在大众文化日益复杂多样化的时代背景下，提出自律性的实质不是艺术传达真理性内容，而是艺术（包括哲学、学术）的自我参照性（self-referential），对艺术的评价不能只采用自律性一个标准，并通过区分功能（function）和目的（purpose），指出标准要多样化（complex normatively）。

阿多诺的思想处于古典主义、现代主义和后现代主义的张力场中。他是康德和黑格尔的后学，也是西方马克思主义的重要人物，是激进的现代主义者，同时也是后现代主义思想的先驱。任何试图用"主义"来为阿多诺的思想作历史性定位的尝试都是徒劳的。阿多诺思想的含混性、复杂性，必然使阿多诺的接受史以论争的形态呈现。

在20世纪80年代，阿多诺成为哈贝马斯和利奥塔之间著名的现代性论争的论域之一。这个论争扩展到哈贝马斯与利奥塔、德里达、福柯、布迪厄（Bourdieu, Pierre）这四位法国后现代思想家之间的冲突，冲突的焦点集中在对待现代性和普遍性的态度上。哈贝马斯抨击后者背弃了法国大革命和启蒙运动的积极方面，从而陷入非理性和反理性。他认为，批判理性的目的不是为了彻底否定理性，而是为了捍卫理性。现代性是一个理性化的过程，理性的困境、启蒙的悖论只是现代性过程中的一个病变。现代性的病变呼唤理性批判。总之，哈贝马斯持坚定的现代主义立场，把现代性作为一项未竟的设计。现代性在当代重建的唯一出路在于理性批判和文化现代性，现代性的发展是通过交往行为实现的。交往理性是一种普遍性的批判范式和行为准则。利奥塔认为，哈贝马斯的理性有简单化和绝对化的倾向，不存在一个不断发展的有自我疗救功能的巨大而唯一的理性。与哈贝马斯共享了言语行为理论的德里达，在理论取向上与哈贝马斯大相径庭。语言活动建立的是一个延异游戏的语言世界，这个世界除文本外一无所有，没有意义，没有中心，没有秩序，没有主体和客体。福柯挑战哈贝马斯交往行为理论的理论前提——话语的伦理学。福柯认为，不存在一种不受权力影响的话语，更不可能用这种受权力影响的话语作为理性批判的工具。批判和权力都属于话语（discursive）实践，哲学话语要分离批判和权力，用批判来搁置权力。而布迪厄则从场的角度研究哈贝马斯的普遍性规范是如何被创造出来的。

作为现代主义的哈贝马斯与后现代主义者之间的冲突源于一种批判的困境。在意识哲学（哈贝马斯语，指主客二元对立的认识论哲学）被颠覆后，宗教、形而上学、主体理性都不能够再成为“批判”证明自身合法性的普遍性的准则。批判在失去了外在的标准和依靠之后，如何建立一种能够被认同的批判范式，来作为现代性哲学话语的基础？所以，我认为阿多诺之成为现代主义与后现代主义的论域，阿多诺在80年代之后复兴的根本原因是，理论家试图在阿多诺那里寻找一种使自身意识形态合法性的理论武器。阿多诺思想的混融性，极大地方便了论争各方各取所需，为己所用。毫无疑问，阿多诺能够同时成为对立各方的理论资源。正是对理论资源的不同取向，最终导致了阿多诺思想成为哈贝马斯与后现代主义者之间的论域。

哈贝马斯汲取的是阿多诺思想中肯定的建构的一面。首先，在阿多诺那里，具有合法性、真理性、普遍性和救赎性的是艺术。艺术在现代社会的最大生存困境，类似于哈贝马斯寻求批判的普遍性规范的困境。艺术或批判都不可能从艺术或批判之外寻找到存在的基石，艺术的合法性和批判的普遍性只能来自于艺术和批判自身。在艺术中，艺术真理性、救赎性的根源在于艺术的自律性。类似地，哈贝马斯把交往行为对现实世界的批判性和合理性理解为自我参照（self-reference）性的。其次，艺术的自律性和批判的自我参照性是如何实现的？一个自我同一的内部的世界要得到认同，得到合理性，必须改变这个内在性的世界之外的现实世界中，因权力、主体、资本等力量的压制所导致的不平等。也就是说，自律性和自我参照性的世界中的诸要素，必须是平等的、自由的、非压制性的。

在阿多诺美学中，艺术自律性实现的途径是充满裂痕的形式整一体。用模仿思维建构出的艺术形式，有效地驱除了压制性的主体力量，实现了艺术世界诸要素的自由共存。在哈贝马斯的理想状态——生活世界中，交往理性构筑了生活世界的自我参照性，确保了生活世界对系统社会的批判的合法性。在某种意义上，哈贝马斯将意识哲学和语言哲学否定辩证地统一起来。他认为，语言哲学粗暴地放弃了意识哲学中的主体自我意识、自我实现和自我决定，我们不能因为启蒙出现悖论就放弃启蒙的理想。但是，哈贝马斯也从语言哲学中看到了自由的可能性，重要的是，这种自由具有现实的可能性。语言学分为句法学、语义学和语用学。句法学研究符号与符号之间的关系，这种关系的实质是语言逻辑和语法。语义学研究符号与符号所传达的对象之间的关系，语用学研究的是符号与符号使用者之间的关系。哈贝马斯所吸收的语言学理论主要是语用学。语用学探讨语言的先验逻辑在经验语境中的意义问题，与句法学的研究对象——语言逻辑不同，语用学要研究的是言语逻辑。哈贝马斯认为，符号使用者在具体的使用符号进行言说的过程中，也是遵从一定的规范的。语用学的基本问题不是语言学行为主义（即言说行为），不是信息传递模式，而是意义的主体间性问题。哈贝马斯所说的语用学中的言语逻辑，与人类的先验认知能力是相通的，他重建语用学的目的，实际上是要把交往经验规范化、普遍化和一般化，是要为交往理性寻找一个合法性的基础。语用学中的言语逻辑，是主体之间互相沟通、认同和辩论、商榷的基础和合理形式逻辑，是言语行为基础上的主体间性结构，是交往理性。哈贝马斯把交往理性在生活世界中运作的空间称为公共领域。文学公共领域是公共领域一个很重要的组成部分。

后现代主义者多把阿多诺视作一个解构主义的先驱。后现代主义的各个流派是新崛起的中产阶级里不同利益集团的代表。他们试图用自身的文化趣味和文化需求来反抗现代主义中主流的、非为我性的文化，通过反抗实现自己的某种功利目的。但是他们的文化反抗很容易遭到攻击。文化的解放为什么只能通过这个边缘阶级而不是另一个边缘阶级实现呢？后现代主义最需要的是为自己的理论寻找一个合法性的根基。他们在阿多诺的“否定”思想中找到了极好的理论支持。阿多诺把历史分为传统和非传统两个时期，“传统作为历史演进的媒介，其本身随着经济与社会结构的变化，也发生了性质变化。……在一个本质上非传统的社会里，审美传统观念从一开始就是含糊暧昧的；相反的，新事物的权威似乎采用了历史必然性的形式。”[13]新事物的合法性就在于对传统的否定。对新事物而言，没有任何固定的道德或审美准则、权威的约束和批判与谴责。

我们看到，哈贝马斯和后现代主义者继承的都只是阿多诺思想中的一个部分。与哈贝马斯相比，阿多诺更多后现代色彩。阿多诺处于现代主义的巅峰，对现代主义的困境有着深刻的体会，他悲观地预感，启蒙的理念是不可能得到现实的实现的，救赎只能在文化和审美的层面上，而不可能在操作和现实的层面实现。总体是虚假的，这是一个意义空缺的时代，这是一个主体性丧失、客体性被遗忘的时代。哈贝马斯通过交往理性试图为现代主义的理念开创一种合理性的空间。这种对启蒙理念的合理性的探寻是社会哲学层面上的，它首先是一种现实的可实现的合理性。

与后现代主义者相比，阿多诺则更多现代色彩。阿多诺对非同一性、个性、偶然性、特殊性、碎片性的呈现，是通过对其对立面——同一性的辩证的否定实现的。非同一性与同一性是同一个事物，只是两者的结构不同，一个是自由的平等的排列和互动，一个是压制性的整合。非同一性首先是对同一性的否定、批判和颠覆，通过对同一性的批判，非同一性拥有了真理和救赎的契机。而后现代主义者则把碎片、分裂看作一种自然而然的状态，这种状态不是通过其对立面获得的，而是本然存在的。后现代主义的分裂是与最终的和解、救赎彻底分离的。失去了对立面，失去了救赎的渴望，后现代主义所张扬的非同一性，也就失去了潜在的批判力度和真理的可能性。后现代的解构，只是对阿多诺的解构思想在截去了根部之后的无限止的戏仿。

四、艺术自律性内涵的变化

相比而言，20 世纪 80 年代西方思想界对阿多诺的兴趣多表现在哲学方面；进入 90 年代，则开始转向阿多诺的美学方面。阿多诺思想的复杂性、多维性，使他的理论为后学提供了不竭的理论资源。从 80 年代到 90 年代，对阿多诺接受重点的转移，也是理论家们从自身的理论需求出发对阿多诺理论的再借鉴。

翻开 90 年代阿多诺接受史第一页的是，晚期马克思主义的代表詹姆逊。詹姆逊把现实主义、现代主义、后现代主义分别定义为资本主义工业发展阶段、帝国主义和垄断资本主义经济阶段、全球跨国资本主义阶段这三个资本主义发展阶段特有的文化形式。后现代主义表示艺术的一种全新的社会定位，是艺术充分进入商品社会。现实主义是对资本主义的第一次文化反应，旨在提供理解这个新经济发展阶段的表现形式。现代主义意识到，任何对现实的表现都可能会屈从于社会和经济形式，为此，它用一种具有明显常有创新色彩的艺术形式来使艺术独立于现实。现代主义隐含着一种先锋的批判和拯救的伦理。詹姆逊强调，后现代主义经济与文化的统一，只有文化生产与经济生产完全统一，文化从根本上干预经济的文化政治才有可能实现。在对后现代主义艺术的论述中，詹姆逊完全放弃了阿多诺对艺术自律和他律的区分。他用本雅明的名言“任何一部记录文明的史册无不同时又是一部记录残暴的史册”来证明自己的辩证法：“意识形态即乌托邦，乌托邦即意识形态”。一切阶级意识，无论属于哪个阶级，都是乌托邦的。大众文化在履行意识形态功能的同时，在性质上也含有乌托邦冲动。

伊格尔顿（Eagleton，Terry）明确地反对詹姆逊的这种观点，他认为，詹姆逊惊人地声称能在一般包含法西斯联盟在内的任何一种人类集体性中辨识出预期的乌托邦意识，这是极其荒唐可笑的，具有极大的欺骗性。这种“预期的乌托邦”概念出自布洛赫（Bloch，Ernst，1885—1977），他把乌托邦看作“预期的意识”源于把乌托邦作为一种功能的定义，而非作为特定的形式和内容，而要区别乌托邦的预期效果和补偿效果则只能依据在内容方面的实践而定。詹姆逊进而提出，美学和艺术批评的基本任务就是认知的测绘（cognitive mapping）。通过建立一个真正的马克思主义和历史主义的阐释学，通过对艺术与现实关系的认知测绘，我们能够摆脱历史和文化中冲突的、多维度的现实，从而把看似相互分离的事件和过程关联起来，创造有序的体系。这种对合理有序的体系的追求，使詹姆逊在《晚期马克思主义，或对辩证法的坚持》一书中，惊人地把强调非同一性的哲学家阿多诺称为同一性的哲学家。詹姆逊关于艺术与社会之间认知测绘的观念，是对马克思主义的僵化的、肤浅的应用。他没有看到艺术在表现乌托邦时的内在性和复杂性。

80 年代是哈贝马斯现代性设计建立的时期；90 年代，是他的现代性设计暴露出问题和矛盾，并得到修整和补充的过程。90 年代哈贝马斯遭到的最大攻击，来自于神学领域和女性主义。哈贝马斯与鲍依克特（J.B.Peukert）之间展开了长达数年的关于"公共领域"与"政治神学"的笔争。哈贝马斯的现代化就是合理化和世俗化。宗教教会作为"代表型公共领域"，只有精神专制，没有任何公共平等的商讨。因此，80 年代哈贝马斯的宗教观是全然否定性的。现代"市民阶级公共领域"的出现，是公共领域概念历史上的一个大革命。市民公共领域主要包括政治公共领域和文化公共领域，文学是政治公共领域的前身，是"代表型公共领域"向"市民公共领域"过渡的一个中介，因为文学和艺术在市民公共领域的文化机制（咖啡馆、沙龙、文学团体）中所引发的思想革命和观念革新，是社会革命的导火索。神学在公共领域中是缺席的。从 80 年代末期，哈贝马斯开始改变其对宗教的否定态度。1988 年，哈贝马斯发表《后形而上学思想》，反对以迪特·亨利希（Dieter Henrich）为代表的复归形而上学的复辟思潮。但哈贝马斯在主张形而上学批判持久化和彻底化的同时，并没有把宗教列入批判范围。相反，"交往理性并没有像施舍慰藉的宗教的苍白否定那样，最终成为一种审美理论。它既没有宣称离开了上帝的世界毫无希望，也没有充当救星。交往理性抛弃了排他性。只要它在有说服力的言语媒介中找不到更好的语词来表达宗教所言说的内容，它就会保持克制，与宗教共存，既不支持宗教，也不反对宗教。"[14] 后形而上学时期的人，依然需要超验事物作为精神支柱。人与人之间的关系，可以通过自律的艺术得到调节，人与超验之物之间的关系则需要宗教来维持。交往理性与宗教之间是互动的。80 年代的哈贝马斯把宗教和形而上学均作为现代性的他者，制造了神圣与世俗、公共与私人等一系列二元对立。90 年代他把宗教与艺术并立，这是对主张取消意识哲学主客二元对立模式，以话语和沟通为主导的开放性的多元协调模式的"交往理性"的进一步运用和深化。

哈贝马斯之所以改变他对宗教的态度，一个直接的原因是他的交往理性不能有效地缓解人的超验的宗教冲动。在阿多诺的美学中，艺术自律性能够提供一种超越性的审美乌托邦的可能性，因此，神学在阿多诺美学中的缺席并未引出神的再次浮现。神学与艺术的关系在阿多诺这里，不是如哈贝马斯所说的平等互动关系，神学是无需在场的。神学与审美乌托邦关系人的救赎问题，是任何理论都不能回避的。哈贝马斯用交往理性来消除意识哲学的二元对立，其理论意义之重大是显然的，但作为现代性方案的交往理性为什么不能解决人的救赎问题？交往理性的中介——艺术——有没有审美的乌托邦的功能？

阿多诺、德里达和哈贝马斯都强调要坚持艺术自律性。在阿多诺那里，艺术自律性是审美乌托邦的必要前提与合法性的确证。德里达认为，艺术的超越性是西方现代性的一种建制和发明。文学文本在言述方式和言述内容上是自由开放的。“我们所说的文学（并非美文或诗歌）意味着作家被给予特权，他可以讲述他想要讲或能够讲的一切，而同时得到保护，免受一切检查，无论是宗教的还是政治的。”[15]“文学是一种允许人们以任何方式讲述任何事情的建制。”[16]这种越界的自由的文学行动决非文学的本然，换言之，文学并不是内在地、天然地将自己显现为一种以任何方式讲述任何事物的言述现象。德里达将艺术严格地置于文本性限度内，而不是再现性关系中来加以思考。艺术作品的基本功能就是切断物与它所归属的幽灵这种所属关系，让物本身作为物（脱离所有在世关系的纯然一物）而显现。真正的艺术自律性如同画框，它提示我们不能像看待画框之外的事物那样看待画框内的事物。艺术自律性是艺术文本的非意指性、自指性，艺术与艺术之外的东西无关。艺术文本是一个语言世界，一个自足的、封闭的、非再现性的、延异（difference）游戏的世界。

哈贝马斯认为，艺术的自律性使艺术能够在文化公共领域中发挥一种中介作用。个体通过创作建立起自己的主体性。但是，主体性不仅仅是主体的自我认同和自我关怀，它还渴望他者对自我的认同。通过阅读和艺术的接受，个体性获得他者的认同，私人进入公共领域。艺术就是私人与公共之间的中介，艺术提供了公共领域中主体与主体之间的交往，发挥了交往理性的作用。艺术能够摆脱物质和道德束缚的独特性，艺术使人从一切关系的枷锁中解放出来，艺术的自律性使艺术能够成为交往的中介。我们要注意，哈贝马斯所说的艺术自律性，已不仅仅是艺术作品自身的自律性，而且还包括艺术生产、艺术接受、艺术公共领域的自律性。这种自律性的实质是交往理性的自由性。艺术自律性的意义，不再是阿多诺所说的对现实的批判和否定，而在于启发和挑起了一场读者与作者、主体与主体之间沟通、交往的革命。审美主义在交往理性的发展过程中具有某种优先性。哈贝马斯主张审美的优先性，并不是说他也坚持审美乌托邦。他认为，作为一项事业的现代性的成功的标志，是各种理性的充分完全的发展，而审美只是诸理性之一。他认为，审美乌托邦的一个基本错误在于，在反对工具理性的绝对化和片面化的同时，变成了审美理性的绝对化和片面化。

在阿多诺看来，总体虚假的社会里，真理就是对现实的否定，因此，作为对现实的否定的艺术自律性，就与真理、乌托邦有了必然性的关联。而哈贝马斯则把真理作为主体间通过商榷达成共识的结果。真理是生成性的、论辩性的、相对的、暂时的。因此，乌托邦在哈贝马斯那里便没有必要了。

五、大众文化时代的乌托邦

哈贝马斯在 90 年代改变对宗教的态度这一现象，很隐晦地说明：乌托邦问题，或者说形而上学问题是始终不能回避的。阿多诺的审美乌托邦同时也是主体（主要是艺术家、哲学家）体验和主体感觉的乌托邦。审美乌托邦强调的是，由艺术世界所导致的乌托邦的实现；而主体感觉的乌托邦强调的则是，人在精神和肉体上的真正的独立自由，是人在认识到异化、摆脱异化之后，真正地呈现出独一无二的主体性。艺术和审美乌托邦由于更远离现实，更容易实现，便往往是主体感觉的乌托邦的先导或中介。阿多诺认为，主体感觉的乌托邦必然是个体性的。“在贝多芬和伦勃朗这样的艺术大师身上，对现实的强烈意识已掺合在一种同样强烈的现实离异感之中。……（艺术心理学的）任务在于揭示出艺术作品作为某种事物，为何与艺术家既相同又相异，这恐怕因为作品再现了花费在另一对抗物上的劳动。……从这些潜隐在对强力的原始心理需求底层的幻想中，闪现出一个旨在建构一个更为美好的世界的愿望，能使艺术与社会的全部辩证关系得以解救。”[17] 艺术家的痛苦是艺术家强烈的主体自我意识的结果，它隐含着乌托邦的可能性。从属于封建宫廷的巴赫总是遭到宫廷权贵的批判，说他的创作太多随意和新奇；歌德“心中经常进行着天才诗人和法兰克福市议员的谨慎的儿子、可敬的魏玛的枢密顾问之间的斗争，前者厌恶周围环境的鄙俗气，而后者却不得不对这种鄙俗气妥协，迁就。”[18] 在资本主义的早期阶段，艺术家与现实的不和谐、艺术家的生存焦灼还是个体性的。

在 90 年代大众文化繁荣的新的历史语境下，阿多诺对大众文化的断然否定，显然有些过时了。不少理论家发现，大众文化也隐含着乌托邦的契机和救赎的可能性。阿多诺思想的意义在于，不管是大众文化还是现代艺术，要表现出乌托邦的瞬间，其前提必然是自律性。大众文化与现代艺术之间的界限在逐渐模糊甚至消除，但自律性始终是艺术存活的前提和保证。同时，由于大众文化的普及所带来的审美乌托邦的泛化，也必然使这种个体性的主体感觉的乌托邦普遍化。

本雅明已经敏感到了既有艺术家个体的乌托邦冲动，同样也有艺术家群体的共同的乌托邦追求。在《巴黎，19 世纪的都会》中，通过展示现代城市文化的总体形象，本雅明着重描绘了现代城市的游荡者（flaneur）——艺术家群体，首次关注了自波德莱尔以降的一批社会的边缘人、拾荒者、游荡者、流氓、花花公子和“精神病患者”。18 世纪末以来，以落拓不羁为主要风气的作家和艺术群体的诞生，把一种个体性的存在焦虑变成了集体性的。艺术家群体的形成，使先锋艺术拥有了作为生存前提的微小的生产和接受的独特空间。这个空间是哈贝马斯所谓的公共空间的最初现实原型。

19 世纪末 20 世纪初，西美尔的社会生存感觉学的研究，把艺术家群体的生存感觉进一步地扩大为现代市民的感觉样态、生存方式和精神气质。与马克思和韦伯不同，西美尔对现代社会政治经济的研究，意在把握资本主义经济活动带来的生活感觉的变化。经济生活转变的最终意义，是生活感觉的转变。“因交往形式、生活态度和评价原则受制于货币交换的抽象性而产生的理性心理只是‘防御工具’而已，个体生命的终极依托在种种飘浮性的感觉形态中。……当金钱经济和都市机制把个体存在从传统的亲情关系中抽离出来，个体生命仅靠工具理性不足以维系自身的平衡。于是，飘浮性的感受和心性（傲慢、冷漠、矜持、孤僻）就产生出来，其心性品质趋向是返回内心性世界，生活冷感与对实在的全然感觉化的理解连结在一起。”[19] 现代生活感受中，人的孤独感增强，人与人之间的距离越来越大，私人空间迅速膨胀。

哈贝马斯的公共领域概念作为一个生活空间，打破了个体生活感觉的孤独封闭状态，这是对现代社会个体感觉的批判和否定，更是极富乌托邦色彩的建构。在西美尔那里，个体生活感觉与艺术体验之间只是一种比喻关系。通过文化公共领域的详细分析，哈贝马斯有效地解释了个体感觉与艺术之间的关系、主体感觉乌托邦与审美乌托邦之间的关系。艺术与个体的感觉连结的实质，是传统乌托邦思想中一直处于分裂状态的审美乌托邦与主体感觉乌托邦的结合。审美乌托邦和主体感觉的乌托邦，都意在人的救赎和自由。艺术在公共领域中的中介性和交往理性作用，使审美乌托邦成为主体感觉乌托邦的基础和前提。主体感觉的乌托邦，是个体感觉在交往过程中的普遍化。这种普遍化是以审美体验的普遍化为基础的。

晚期资本主义时代文化的一个基本特征是传播媒体的迅速发展和大众文化的极

度繁荣，这为审美体验的普遍化提供了可能性的基础。西方学界有越来越多的人对大众文化持乐观的态度，而反对对大众文化进行彻底的、精英式的批判。比如以阿历克塞·克吕格和奥斯卡·尼格特为代表的新电影学派的理论。新电影学派认为：大众文化形成了一种新的生产性的公共空间（the bourgeois public sphere）。在这一空间中，普通民众以独立的身份参与文化，在一定程度上摆脱了文化精英和政治因素的约束。这一空间的文化形式与人们日常生活的物质性及物质生产相联系，能够传达出一定程度的生存经验。

在哈贝马斯的公共领域中，主体之间平等、自由的关系隐含着主体的真正解放。主体摆脱了私人性的焦灼和离异感，主体的自我关怀和他者认同是主体性的圆满实现，这是主体感觉的乌托邦。但由于哈贝马斯对意识哲学二元对立的彻底否定，对主体间性的强调，对现代性的社会目标的认同，普遍性的主体感觉的乌托邦在很大程度上被忽略了。

要实现普遍性的主体感觉的乌托邦，大众文化必须真正具有乌托邦的潜质，必须具有辩证的自律性。在后人看来，阿多诺似乎认为大众文化不可能具有自律性，阿多诺对大众文化的态度是过于吹毛求疵的，他的大众文化批判正在变得臭名昭著。实际上，阿多诺始终是辩证地看待大众文化与现代艺术的关系的。大众文化与现代艺术的区分不是先验的。在自律性这一点上，两者才有了本质的区别。在资本主义时代，任何艺术产品都不可避免地要与现实社会发生关系。阿多诺要批判的不是艺术与现实发生关系，而是艺术完全被现实操纵而丧失了对现实的批判和否定。这就意味着，大众文化一旦摆脱他律的状态，便会具有审美乌托邦的潜力。同时，对现代艺术自律性的深入认识，也在方法上为大众文化摆脱他律提供了借鉴和启发。

在《美学理论》中，阿多诺曾批判本雅明把自律艺术与机械复制艺术截然二分，忽视两者之间的辩证关系。尽管如此，后人却简单化地、绝对化地理解了阿多诺对大众文化的批判，认定阿多诺是一棍子把大众文化打死，忽视了阿多诺对大众文化与自律艺术之间关系的辩证理解。

在《机械复制时代的艺术》中，本雅明先觉性地认识到，由于艺术作品生产和接受中革命性的新技术，艺术的整个领域已被触动至核心深处，其程度使艺术几乎否定了整个前史——灵氛（aura）[20]和膜拜的外观。本雅明认为，所有艺术作品都是社会事件，其形式部分取决于“审美生产力”的发展水平，而审美生产力又归结于社会技术生产力的发展水平。由于物质生产的迅猛发展，任何艺术形式、类型都是短暂易逝的、历史性的。对艺术灵氛的丧失这一历史事件，本雅明是乐观的。灵氛指艺术作品中一种优美和谐的氛围和精神超越价值，尤其指19世纪以前艺术的审美特征。与艺术的灵氛相应的是古典式的审美静观，是物我交流的审美体验。艺术作品的灵氛这种"一定距离之外的独一无二的现象"使艺术显得遥不可及，而成为一种崇拜对象。在现代主义的机械复制时代，复制技术的普遍化使灵氛依赖的独一无二性彻底消失。艺术与现实之间的距离也随着摄影技术而荡然无存。电影的蒙太奇手法使观众在电影屏幕的画面快速转换中体验到一种全新的审美感受——震惊。在震惊的心理状态中，观众体验到现实社会生活的破碎、灾难，艺术作品的深层结构和真理内涵得到迸发。因此，本雅明认为，电影媒介是革命性的，能够使电影观众获得潜在的可能的阶级意识。与此相反，所有的灵氛性的自律艺术都是天生反革命的。

阿多诺认为，本雅明对灵氛的否定性评价，非常有助于揭示真正的现代艺术，但仍存在很多问题。在《美学理论》中，阿多诺系统地表述了他对本雅明复制艺术论的批判："首先，本雅明对有灵氛的艺术与机械复制艺术的二分法，为了简单起见而忽视了两种类型之间的辩证关系；另外，他成了一种艺术观点的牺牲品，结果把照相术实体化为一种样式，这与把艺术家视为创造者的观点一样糟糕。"[21]

阿多诺认为，本雅明一方面低估了自律艺术的当代意义，另一方面则高估了机械复制艺术的进步性。在本质上，阿多诺赞同本雅明对于灵氛消失的解释。但简单化和绝对化使本雅明的理论出现了严重的偏颇。把本雅明的灵氛论辩证化，也就是要在自律艺术和机械复制艺术这两类艺术中分别加入因简单化而丢失的东西。由于机械复制艺术极易被现实诸要素所操纵，被意识形态所整合，因此，需要融入批判性否定性的要素；在自律艺术一方，应当看到，艺术自律性观念有一个转化的过程，从灵氛性的自律性转向批判性的自律性。这是自律艺术自身合理化的一个过程。

本雅明艺术观念的偏颇的实质在于，他把艺术发展中的某一现象作为根本性的现象来解释所有艺术。对艺术的根本性的解释必须立足艺术内部，任何外部的与艺术有关的因素一旦被化约为一种基本的艺术观念，就会偏离艺术实际。比如作为创造者的艺术家对于艺术来说，始终是一个外部因素；同样，艺术发展中的复制技术也只是艺术发展的一个要素而已。阿多诺之所以认为本雅明把照相术实体化为一种样式，其深层原因在于他与本雅明在审美生产力上的不同认识。本雅明认为审美生产力的发展最终是由社会科技发展水平所决定的。与本雅明相比，阿多诺对艺术生产力、艺术技法（artistic technique）的认识更符合艺术发展的规律。阿多诺并不排斥审美生产力与科技生产力之间的联系，但两者并无必然的联结。审美生产力的主要目的是要通过先进的艺术技法创造出一种艺术形式，这种艺术形式一方面能够容纳现实诸要素，另一方面又不同于现实世界中精神对诸要素的压制，艺术形式要能够释放出在现实中被压抑的非同一性之物和异质之物。阿多诺的审美生产力是与艺术的内在世界、艺术的真理等要素密不可分的。

阿多诺与本雅明的差异在最根本的意义上，是哲学基础上的差异。在整体虚假的固有观念下，阿多诺认为，在商业化的运作中，大众文化只剩下了交换价值，艺术技法的运用完全是为了操纵大众的目的，艺术的内在品质和深层生命力在迎合大众审美趣味的过程中被掏空。艺术的这种变化，反过来又导致了艺术消费者审美认知能力的退化。本雅明以丧失艺术的批判功能为代价去维护艺术的政治效能。在这里，阿多诺对卢卡奇和布莱希特的批判似乎又重现了。本雅明把艺术中纯粹的技术力量拜物化，忽视这一技术在现实中的可操纵性。他对大众的革命倾向和真正工人的觉悟的盲目乐观，与卢卡奇和布莱希特何其相似！在阿多诺看来，大众媒介不是有利于大众一方，而是直接受资产阶级操纵的。媒介的发达或许会使已建立的强权在操纵和诱导上更隐秘，更深入，更普遍。阿多诺的艺术自律性观念，为当代人文社会科学提供了一个批判性的、同时也是建构性的起点。

六、阿多诺在现时代的意义

然而，阿多诺在当下却似乎变得臭名昭著。他的精英主义的姿态，他对大众文化几近吹毛求疵的批判，显得越来越不合时宜。阿多诺过时了吗？阿多诺的理论对于当下的大众文化研究还有什么意义？

有学者委婉地指出，阿多诺的意义在于曾经导引了大众文化发展的方向，但他的理论已经过时了。“文化研究理论对大众文化的新的解释，并不是说明阿多诺等的文化批判理论是错误的，而是由于时代发生了变化，大众文化出现了新的特征。文化研究的工作是在文化批判的基础上继续进行的。没有文化批判的解析和提醒，大众文化的发展可能会出现很多弯路，实际上，可以说，正是由于文化批判的进行，大众文化的发展才受到更多的监督和抑制，才能发展到今天这种状况。”[22] 这样的观念在国内学术界是非常普遍的。

笔者认为，大众文化研究的最终问题是乌托邦问题，是真理、精神和救赎问题。阿多诺对于现时代的根本意义，在于他率先在大众文化的时代背景下探索乌托邦问题。他不仅仅是最早一批对文化工业和大众文化进行批判思考的思想家，更是最早、最深刻地研究大众文化社会中人类出路的思想家。

在当代文化中，大众文化与现代艺术的对立是引人注目的。与此类似，很多研究者都把阿多诺视为现代艺术的歌者与大众文化的批判者。实际上，正如因研究阿多诺而享誉学界的马丁·杰所说，“20 世纪的知识分子，很少像阿多诺那样，对文化这个词的多重含义及矛盾含义那样敏感。”[23] 阿多诺对大众文化和现代艺术关系的认识，是非常丰富且富于辩证色彩的。“这并不意味着我们可以把大众传播同自律艺术之间的二元对立简单地看作是天经地义的。我们都知道它们之间的关系是非常复杂的。今天这种硬性的区分完全是历史发展的结果。把一般的艺术看作是彻底纯粹的，认为创造性的艺术家只考虑艺术品的内在联系，而不考虑它对欣赏者的影响。这是浪漫的幻想。相反，审美所要求的一些自律性的特点，一个自足的世界，甚至在某些普通的大众文化产品中也能看到。事实上，目前把艺术区分为自律的和商业性，主要是出于商业化的功能。19 世纪上半叶在巴黎打出为艺术而艺术的旗号时，正是文学第一次变为一种商业活动的时候，这绝不是偶然的。”[24]

阿多诺认为，现代艺术和大众文化的产生与发展，都与资本主义的发展紧密相关。他对现代艺术和大众文化的研究，始终是着眼于它们与社会的关系问题上的。物化已经渗透到同一性社会的角角落落，文化已经彻底地意识形态化。阿多诺的深刻之处在于认识到，不仅仅大众文化需要批判，现代艺术同样也需要批判。他的《美学理论》中最常见的字眼之一就是“艺术的原罪”。

在整体物化的社会中，大众文化与现代艺术在文化批判的旗帜下统一起来。阿多诺主要是用文化工业（cultural industry）一词指涉大众文化的。文化工业的工业性不是指文化的生产过程，而是传播意义上的“产品的标准化和分配技巧的理性化”，是彻头彻尾的商品性。现代艺术为了摆脱无所不在的物化控制，不得已采用了自杀的方式，用碎片化的、不和谐的、黑色的表现形式努力在偶然的、细节性的瞬间显现出非同一性和真理。现代艺术的反艺术性是需要通过文化批判来认知和实现的。现代艺术批评始终先于和深化着现代艺术的发展，这在现代艺术发展史中是不争的事实。现代艺术和大众文化“在他们的存在中都提出幸福的观念和可能性的问题，却都没有提供真正的幸福；但是其中之一通过强调它的不可能性，以一种否定和苦难的方式忠实于它，而另一方面则向我们保证它已经出现了。”[25]大众文化产品中包含有艺术性的因素，现代艺术产品中则包含有商品性的因素。文化批判就是一个不断否定的过程，是现时代我们应当采取的唯一的文化形式。文化批判不仅仅指出大众文化产品中的虚假性和现代艺术产品中的罪恶，它的最终目标在于提供一种不断否定性的精神力量，最终实现艺术对幸福的承诺和对乌托邦的追寻。

只有在文化批判的立场上，把阿多诺的现代艺术研究和大众文化研究沟通起来，我们才能敞开阿多诺对于现时代的意义。在大众传媒日益精细化和成熟化的今天，大众文化与现代艺术的界限日渐模糊甚至趋于消泯。在摆脱他律的状态中，不管是大众文化还是现代艺术都会具有乌托邦的潜力。阿多诺始终表现出一种追求人类精神和社会出路的努力，而且这种追求是在大众文化的时代背景下展开的。这切中了当代文化批判和建设的根本问题和最终目标。

注释：

[1] T. W. Adorno, Subject and Object [A]. Edited by Andrew Arato & Eike Gebhardt, *The Essential Frankfurt School Reader* [C]. New York: Urizen Books, 1978. p.3.

[2] 〔德〕阿多诺，《否定的辩证法》，张峰译，重庆出版社，1993年，第23页。

[3] 同上，第24页。

[4] T. W. Adorno, *Aesthetic Theory* [M]. Translated by C. Lenhardt. Edited by Gretel Adorno and Rolf Tiedemann. London, Boston, Melbourne and Henley: Routledge & Kegan Paul, 1984, p.33.

[5] Ibid, p.6.

[6] Ibid, p.10.

[7] Ibid, pp.42–43.

[8] Ibid, pp.51–52.

[9] Ibid, p.4.

[10] 詹姆逊在《马克思主义与形式》(百花文艺出版社，1995年版)中明确指出：“否定辩证法是一个巨大的失败。”但在90年代初，他又试图通过深入研究阿多诺的“否定的和启蒙的辩证法”来重现“辩证的马克思主义的生机”。

[11] 〔德〕哈贝马斯，《关于现代性的哲学演讲》，德文版于1985年由苏尔卡姆帕出版社出版，英文版于1987年由剑桥Polity出版社出版。

[12] 中国南京大学的博士张亮在他的研究中认为西方学者在对阿多诺的研究患了“集体失忆症”，他列举了一些政治事件和现实问题作为“集体失忆”、作为对阿多诺的忘却的

代价。他主张，"'否定的辩证法'需要用自己的历史来界说自己的合法性。不管出于什么样的动机，理解阿多诺的关键就在于理解'否定的辩证法'，而理解'否定辩证法'的唯一选择就是回到'否定的辩证法'的历史本身。"他从哲学角度回归阿多诺的路线不同于英美学者从美学角度的回归。引自张亮，《"崩溃的逻辑"的历史建构》，南京：南京大学哲学系资料室，2001年。

[13] *Aesthetic Theory*, p.30.

[14] 〔德〕哈贝马斯，《后形而上学思想》，曹卫东、付德根译，南京：译林出版社，2001年。

[15] 〔法〕德里达，《文学行动》，赵兴国等译，北京：社会科学出版社，1998年。

[16] 同上，第3页。

[17] *Aesthetic Theory*, p.16.

[18] 《马克思恩格斯全集》，北京：人民出版社，1956年，第四卷第256页。

[19] 刘小枫，《现代性社会理论绪论》，上海：三联书店，1998年，第340—341页。

[20] 关于本雅明的aura这一术语，国内学界的翻译不一，有译为：韵味、气息等。本文译为灵氛。

[21] *Aesthetic Theory*, p.82.

[22] 陈刚，《穿越现代性的苦难》，北京：中国工人出版社，2002年，第74页。

[23] 〔美〕马丁·杰，《阿多诺》，瞿铁鹏等译，北京：中国社会科学出版社，1992年，第169页。

[24] *Aesthetic Theory*, p.137.

[25] Jameson, Fredric, *Late Marxism: Adorno, or the persistence of the dialectic*, Verso, 1990, p.147.

文化：作为传播的双向过程

——威廉斯的文化传播观念评述

● 韩水仙

一、文化即传播

威廉斯扬弃了理想的和文献的文化定义，文化对于他不仅是一套意义和价值，而且是意义和价值在生活实践中的延续和变迁，是传统被继承又被调适的过程。“感觉的结构”作为对文化的另一个表述，体现了文化的深层次控制与个体经验的内在联系，它既强调了占支配地位的主流的文化对于个体经验的巨大作用，也保留了个人的主体性。通过强调文化是一种实践、一个双向的过程，威廉斯强调的是文化的传播属性。威廉斯认识到：个体的经验并不是纯粹个人的意识，生活于社群中的个人必然要接受一些既定的意义和价值，才可能进行观察和交流。这些既定的意义通过选择性的文学传统，通过宗教、教育、语言、媒体等社会机制进入个体的意识，形成个体经验的基础。因而，个人“看到的”现实，也即所有的经验，总是我们所居住之世界的“一个”版本。但是，尽管受到种种规则的约束和限制，个体的创造性并没有因此而泯灭，因为个体将在经验中检验、调整接收的意义，并产生新的判断。“我们可以学会用新的方式看待事物，用新的方式描述它们，并且将它与他人交流。”[1] 这构成了文化传播的另一个方向，也即新的意义的产生、分享。文化的发展、生活方式的变迁，依赖于两个方向的传播过程。传播，在威廉斯看来，因此立即具有了至关重要的意义。它并非像人们通常认为的那样仅仅是“第二手的”、边缘的、发生于事实之后的东西，相反，它决定了我们的经验和实践将以何种方式被呈现和解释，决定了各种不同的意义和价值被强调或被省略的状况。“正是通过这些传播的制度，关于我们自己的、我们社会的现实才得以形成并被解释。”[2] 特定的文化必须通过相应的传播结构向文化中的个体言说意义，而且传播决非单纯的传输过程，传播的形态对于文化的形态至关重要，事实上，它是特定文化得以维系的基础。

威廉斯在这里所说的传播的制度，绝非仅仅是报纸、广播、电视等所谓的大众传播，尽管它们占据了重要的地位，它包括了“一个群体的语言和所有的制度——宗教的、信息的、有时是支配的、说服的、娱乐的和艺术的制度”，直至更广泛的内容。[3] 经验和意义的描述必须在社区中才能完成，共同意义之发现及共同传播工具的建立则促进了社区的成长。唯有在社区中，传播才可能，而唯有经过传播，社区才能形成，因此：

> 个人原创性的描述是惯例与制度的创建过程之一，透过此过程，社区所重视的价值活络起来，而为成员所分享，这是文化的现代意义，强调了共享过程（Community of Process）。
>
> 传播是个人独特经验转变成共同经验的过程……我们对自己经验的描述，组成了人际关系的网络，所有的传播系统又是社会组织的一部分。我们对经验的描述中，必然有选择和解释，从而蕴含了我们的态度、需求、利益和兴趣，他人的描述亦然……这样说来，我们看事情的方式即是生活的方式，而传播的过程也就是共享的过程：共同意义的分享，然后分享共同的活动、共同的目的，更有新意义的提出、接受与比较，导致了张力、成长和变迁。[4]

“人类的危机往往是理解上的危机”[5]，威廉斯对传播的重视源于对文化的关注，他看到一种民主参与的共同文化的达成有赖于一种民主的、共享的传播模式。将传播置于文化的整体视野中进行考察，是威廉斯传播思想中一以贯之的原则。早在写作《文化与社会》时，他就对“求助于应用心理学和应用语言学的零星知识”、将传播“变成渗透大众心灵的科学”的经验主义做法提出了置疑。[6] 在《关键词》一书中，威廉斯对传播的两种定义进行了区分：

> “communication”作为一个行动的名词，其颇有争议的意义范围界于发送，一个单向的过程，和分享，一个共同的或双向的过程之间，“周知”、“告知”是一种调和的定义，这时传播导向的选择就尤其重要。[7]

根据前者，传播传递已有的意义和价值，其重要性在于使这些意义深入人心，形成控制；根据后者，传播是学习、创造、分享和交流的过程，其重要性在于它是意义产生和改变的唯一场所。威廉斯显然取了后一种解释，对于他来说，传播之意是透过意义之分享，创造共有的生活方式，他倡导通过文化分析，重新发现和阐释各种文化因素之间的关系和本质，使各种意义和价值得以显现、沟通和传播。威廉斯所做的区分实际上代表了两种不同的传播研究取向：经验的或批判的，功能的或意义的，控制的或反思的。詹姆斯·凯瑞（James Carey）也做了类似的区分，指出两种传播观所关心的问题的差异：

> 欧式研究关心文化与社会、表达形式（如艺术）与社会间的关系，因此探讨的中心便在于：表达形式与社会秩序的关系；这些表达形式的历史变迁；表达形式进入主观世界的过程；这些表达形式彼此间的关系及他们在创造共同文化（生活方式与意义型式）的过程中所扮演的角色……而美式研究则关心在何种情况（在何种社会学及心理学的条件下），说服最有效，因此表达形式只有在与态度改变有关时，才被探究。”[8]

正如凯瑞所说：“在此情形下的文化研究，其实就是传播研究，因为文化研究的主题就是经验转变成了‘了解’，进一步加以传播、颂扬、分享的过程。”[9]

罗杰斯指出，随着威廉斯的著作而在英国得以开始的文化研究，提供了关于传播的另一个可供替代的观点：

> 文化研究的学者经常关注那些由于种族、性别或社会等级等原因而在社会中处于不利地位的个人的授权问题。更加广泛地说，文化研究领域侧重文化，特别是作为影响传播的，以及被传播所影响的个体文化。[10]

边缘文化形式由于体现了主导文化的控制企图与抵抗形式之间的矛盾和冲突，得到了文化研究者的青睐。保罗·威利斯（Paul Willis）对青年工人文化、科翰（Cohen）对东伦敦建筑的人种志的记述，就属于威廉斯所定义的传播研究，类似于阐释学派的方法。但文化主义一系的学者由于强调“活生生的文化”，对于媒体并没有给予特别的重视。威廉斯所倡导的文化分析，即通过对媒体产品和媒介制度的细致分析，发现其中呈现的社会关系的研究方法，主要是由伯明翰当代文化研究中心的批评实践实现的。随着 1964 年中心的成立，威廉斯、霍加特等人倡导的理解特定阶级的日常的、活生生的文化的研究目标，逐渐被对于媒体的兴趣所取代。中心在 70 年代后深受欧陆思潮的影响，他们放弃了实证主义的研究方法，转而借用符号学和意识形态理论，使文化分析成为可以揭示媒体与社会权力的关系的强大武器。电视、电影等大众媒体被视为“主要的文化与意识形态力量”，“在定义社会关系和政治问题以及在观众中制造和传递流行意识形态方面占据主导地位”。[11] 中心的文化研究集中于研究媒体的意识形态效果。他们的媒体研究使文化研究作为一种文化取向的、批判的传播研究方法蔚为大观，与美国的经验主义研究形成分庭抗礼之势。

斯蒂文·小约翰准确地归纳了文化研究学派传播研究的特点：

> 文化研究的这一理论运动在方向上完全是改革主义的。这些学者们想在西方社会中看到变革，而且，他们把自己的研究看作是社会主义文化斗争的工具。他们认为这样的变化会以两种形式进行：(1) 找到文化中的矛盾，矛盾的解决会导致与压迫相反的积极的变革，(2) 提供帮助人们认识统治和希望的变革的解释。……媒体是占支配地位的意识形态的有力工具。此外，媒体有潜在的能力来提高人们对阶级、权力和统治的意识。[12]

文化研究理论的主要目的是“揭示权势集团的意识形态被不知不觉地维持下来的方式和抵制它们的方式，从而破坏这种剥夺了某些集团的权利的权力制度”。[13] 一旦中心不再把意识形态对于媒介的作用视作所向披靡的静态结构，而是葛兰西意义上争夺文化霸权的动态过程，他们便在内在的精神上与威廉斯的传播思想一脉相承。

最后，鉴于威廉斯对于意义共享与共同文化的构想，大众媒体，无论如何重要，都只是传播研究的一部分，在这一点上，中心的研究难免有顾此失彼之嫌。传播研究不仅要揭示社会权力关系实施压迫的方式，还要发现个人与弱势群体抵抗的力量与希望，而这一双向的过程将远不仅是通过对媒介文本的解读进行的，它包括更为广泛的社会进程，包括文学的常规、公共领域、教育、社区交往在内的众多形式，以至于从某种意义上来说，传播将不得不被扩展至包括所有的文化活动。

二、戏剧化社会的电视经验

威廉斯敏锐地注意到，新的传播媒介与当代经验和文化样态之间存在着深刻的联系。他重视经验和感觉的结构，对意识形态理论和符号学的方法持保留态度，这使他的媒介研究别开生面。威廉斯发现，现代社会是一个高速流动的社会，信息的交流与更替以及人们活动的范围都得到了前所未有的扩展。但这又同时是一个越来越私人化和家庭化的社会，社区的联系更加疏远而非更加紧密，人与外界的接触和联系依靠新的媒介形式进行，其中电视尤其占据了重要的地位，我们在很大程度上正是通过电视来看世界。威廉斯用“流动的私人化”来描述当代社会的感觉结构。

电视的出现，不仅使发生在遥远的地方的事情即时呈现在屏幕上，使原来只能在特定场合、特定时间、由少数人观看的戏剧被当作日常习惯和需要而吸纳到生活的节奏之中，而且产生了专为电视的呈现而发生的各种活动，如：赛马等体育项目的盛行、政治访谈类的电视节目等等。这就使流动的私人化或私人化的流动成为可能，体现了传播形式与整体生活方式之间的对应关系。这是一个戏剧化的社会：

> 生活的侧面，以前是在自然主义戏剧中生动表现的，现在成为一种自愿的、习惯性的、内在的节奏；情节和表演的流动，戏剧性再现和表演的流动，提升为一种新的常规，一种基本需要的常规。[14]

甚至，意识自身也戏剧化了。电视中，各种声音互相穿插和交织在一起，但却没有一种声音能说得清晰明确：

> 它是一种听说方式，一种特殊意识的特定节奏；最终是未结束的、短暂的、令人焦虑的关系的一种形式，它出现在舞台上或文本中，但是，它也是当代世界、在具有那种熟悉的和复杂的转瞬即逝特征的历史时期普遍存在的一种感觉结构。[15]

那么电视的经验是如何融入日常生活的经验的呢？威廉斯提出了一个“串播”的概念：“在所有发达的广播系统中，独特的组织以及因此而产生的独特的经验，都是一种序列的或是流动的组织和经验。于是这种有计划的流动的现象，便可能把广播的特征同时限定为技术和文化形式。”[16]故事片、商业广告、公告、节目预告等节目类型之间没有明显的分隔，打断了节目自身的完整和独立，节目因为不断的串播图象、声音和情感内容而使观众有“被淹没”的感觉。威廉斯对美国电视的印象正是这样：

> 我打开电视看一部故事片。起初，费了好一番劲才适应频繁插播的商业广告。不过与后来的情况相比，这只是区区小事。这时，两部准备在后几个晚上于同一频道上播出的预告片被插播进来。《旧金山的犯罪》（原片）开始播放。这个内容不仅与插播的除臭剂和谷类食物的商业广告形成强烈反差，而且与插播的巴黎的一个浪漫故事和毁掉纽约的一个史前怪兽的突然出现形成强烈对比……插播的内容完全不同，因为由故事片向商业广告片、由故事片甲向故事片乙和故事片丙之间的转折过渡效果不明显。总之，某些类别的故事片十分相

似，有几类故事片与“情景”广告也一样，因为这些广告片常常有意识地模仿故事片。[17]

这形成了一种超乎寻常的效果：

电视提供的因而不是旧的说法所说的独立单位的节目加上特定的插入，而是一个计划好的“串播”，其中，真正的序列不是公开的节目顺序，这个序列因为融入其他的序列而被改变，以致这些序列一起形成真正的流动，即真正的“广播”。[18]

电视技术固然为这种串播提供了基础，但节目串播绝非任意的或杂乱的，而是受两种串播机制所调控：首先是由于电视频道之间的竞争，电视台为了争取广告收入，采用串播不停地许诺更好的节目，来使观众锁定在屏幕前，提高收视率。“新闻的平均长度由广告所设立的时间单位所确定。没有东西可以得到充分的报道……强调要点的重复手段在新闻和广告的串播中十分普遍。”[19] 目的还是要抓住观众一闪而过的注意力。更难觉察的一点，是要依据文化价值观和威廉斯所称的感觉结构来赋予节目的串播以某种整体性。威廉斯这样分析意义和价值在广告形式和其他节目之间的双向转化：

新闻片段中的胶囊信息转化为介绍一种猫粮的方式：“高蛋白……非合成的”；比较“小片的保留地……非常紧张和暴躁”和“仍是总统……巨大彻底的变革”。室内剧的形式与头疼片的广告之间的互动，和广告中“紧张……对你是最糟糕的事情”的重要解说。资产借贷公司依赖于历史剧的记忆：“坐在金矿上……取金子出来”。猫粮广告中猫的品种在动物趣味的电影中出现。头疼片广告中“神奇力量”的“教导方式”与教育电视和演讲的互动。示范的住宅和从中不断涌出的金币与儿童娱乐节目的互动。引诱拨一个电话（从贷方向借方）的姑娘使用的是普遍化的“个人”（部分是性的）诱惑的表情和声音。……所有这些方式，以及它们本质上的结合，表现为特定文化意义和价值的串播。[20]

“再现”在威廉斯的电视分析中具有至关重要的地位。因为根据威廉斯的传播思想，我们的世界正是在传播中被呈现和解释的，但电视呈现的世界并非真实的世界，相反，很多真实的经验、观点都没有得到反映。这正显示出“主导的”与“反抗的”或“替代的”文化形式之间的矛盾以及相应的权力关系，威廉斯通常使用文本分析的方法对此进行考察，他看到：选举、议会讨论的实况转播和政治访谈类节目，似乎都体现了一个民主的过程，但事实上，导致矛盾和争议的社会结构本身从不会在此被讨论和质疑；新闻之间的串播，包括内容、画面的设置以及画外音的插入，被用以强调和导向一种主流的正统的有选择性的意义指向，同时却为了使之具有真实感和客观性而力图“自然化”；广告充满“利润”算计的本质却表现为一种艺术化的形式，从而使劝说方式更为隐在。例如：某一品牌的咖啡被与妻子留住丈夫的渴望联系起来，尽管这样的指示并不具有必然的现实性；经由职业编剧展示的职业生活，如医生、警察和律师的生活，本是一种都市的、上层的视角，却被装扮成日常生活的真实形态，而工人阶级真实的生活状况却没有得到充分和客观的反映；警察在剧集中总被塑造成为秩序的维护者，而实际中则可能被视为自由的压制者；一些政治评论家处处声称“代表英国讲话”，但他们代表的显然并不是所有的英国。如此等等。[21]

威廉斯对电视文本和接受经验的分析，并没有摆脱利维斯文学批评的知识背景。这种倾向在他对节目内容的讨论中尤为明显。正如尼克·史蒂文森（Nick Stevenson）指出的：

> 威廉斯常常仿佛像分析文学文本一样来对电视镜头作出判断。与利维斯一样，威廉斯着力于通过慎密的检视来发掘蕴藉于文本的价值观。尽管这可能是有益的，可他以利维斯的美学理论为其知识背景，这意味着他认为，意义是一个可能通过聚神阅读来获知的稳定特性。这种观点不仅假设，受众“解读”已经得到协调的文本的方式类似于富有学养的学者，而且还把意义当作文本里固定不变的东西。[22]

威廉斯对于电视串播的讨论，是将自己对文本的阅读与一般受众的阅读相提并论，没有充分阐述通俗媒介文化在话语方面的开放特性和读者可能具有的差异性阅读的程度。

三、大众传播的文化社会学批判

威廉斯强烈地感受到，传播的诸种新形式（报刊、电视、广播和电影），能为民主参与和意义共享创造一种现实的基础。但他显然也注意到了商业化的趋势对于电视民主化潜力的侵害。他对商业电视的内容分析显示，电视能提供更具有社会性和教育意义的节目，但电视串播的用意是吸引住晚间消遣的受众。因此，威廉斯关注的是：作为一种文化和政治的形式，传播的意图和模式、意义被强调和忽略的方式及其与整个社会制度和机构的关系。威廉斯将传播制度看作重要的文化制度，认为它具有同政治与经济制度同样重要的意义，因为它们不仅反映了而且在事实上决定了现实的社会权力关系。在威廉斯看来，传播的体制有四种：专制式的、家长式的、商业式的和民主式的。家长制有很多优点，它是一个善意的负责任的体制。然而它的缺点是对一般的民众缺乏信任，认为他们无法为自己找到真正富有价值的生活方式，而主观地相信自身持有拯救他们的方向和目标。商业体制宣称：人们有自主选择的自由，少数人不应该把自己的趣味加于大众之上。商业体制在反抗专制与特权时，具有进步的一面。然而，威廉斯指出它强加了一种新的控制，现在的问题不是允许说什么，而是说什么可以获取利润。在这种市场法则的控制之下，文化被等同于商业运作的机制。他希望的是民主的体制，在这种体制下：传播属于整个社会而不是属于少数集团，它被分散为许多不同而又独立的系统，每一个系统都能保证自身的发展。传播不再被视为出于某种商业或政治利益而试图控制大众的工具，它鼓励参与和分享，使以往遭到排斥的经验和观点都能得到表达和实现。[23] 民主的体制不是要围绕所有公众建立起一个庞大的核心机构，相反，它鼓励由所有公众准许的独立的生产机构。这样，整个的传播体制虽为公众所有，但却存在独立的演员群体、独立的电影制片、独立的电视台和独立的记者团体，他们不是受雇于少数的利益集团而是进行独立的艺术创造。

对于文化工业的商业逻辑，阿多诺早有洞察，哈贝马斯也道出了公共领域的商业化趋势。哈贝马斯指出，在自由资本主义阶段，个人见解可以通过公共领域的理性—批判论争而形成公共舆论，并独立于文化支配和公共权威之外，但现代社会的一体化发展消解了公共领域的批判潜能，公众从文化批判的公众变为文化消费的公众，公共领域已经名存实亡，舆论与传播的技术与资本主义的现存体制合流，使公共性转化为管理化的统一原则：

> 随着商业化和交往网络的密集，随着资本的不断投入和宣传机构组织程度的提高，交往渠道增强了，进入公共交往的机会则面临着日趋加强的选择压力。这样，一种新的影响范畴产生了，即传媒力量。具有操纵力量的传媒褫夺了公共性原则的中立特征。大众传媒影响了公共领域的结构，同时又统领了公共领域。于是，公共领域发展成为一个失去了权力的竞技场，其意旨在于通过

各种讨论主题和文集既赢得影响，也以尽可能隐秘的策略性意图控制各种交往渠道。[24]

布迪厄进一步从社会学角度以其独特的“场”理论来分析这一现象：

新闻界是一个场，但却是一个被经济场通过收视率加以控制的场。这一自身难以自主的、牢牢守制于商业化的场，同时又以其结构，对所有其他场施加控制力。[25]

通过收视率这一压力，经济在向电视施加影响，而通过电视对新闻场的影响，经济又向其他报纸、包括最“纯粹的”报纸，向渐渐地被电视问题所控制的记者施加影响。同样，借助整个新闻场的作用，经济又以自己的影响控制着所有的文化生产场。[26]

布迪厄认为社会文化可以区分出不同领域，不同领域的运作是由内部和外部的各种力的作用构成的。他也关注商业逻辑（经济场）对各个文化生产场的侵蚀和渗透，而新闻场“与政治场和经济场一样，远比科学场、艺术场甚至司法场更受制于市场的裁定，始终经受着市场的考验”。[27] 商业逻辑通过由收视率所决定的广告市场份额来操纵电视的运作。收视率对电视的直接作用是对轰动的、耸人听闻东西的追求，于是最有收视效果的社会新闻取代了电视的文化品位和政治功能。收视率决定了电视对现实事件的选择和排斥，它把各种信息都依照社会新闻的模式来处理和表现。公众行使民主权力应掌握的重要信息没有得到充分的展示，他们的注意力被吸引到一些“没有政治后果的事件上去”，社会的生活被化为“轶闻趣事和流言蜚语”。[28] 电视还因为它所具有的影像手段而具有强有力的煽动性和情绪效果。在政治场和商业场的的制约下，电视，作为一种象征（符号）资源，成为大众社会一种反民主的暴力工具，它失去了文化上的自律性，而沦为被商业逻辑所控制的媒介形式。从演播程序到主持人的角色行为到谈话内容和时间的限制，无一不在行使着电视的符号暴力，形成对于自由交流和深度思想的压制和束缚。同时，电视并非一个封闭的领域，在影像文化尤为发达的后现代社会，电视作为一种强大的传媒力量正在逐渐渗透到科学领域和艺术领域。在一些场合，它俨然以公众舆论和仲裁者的角色出现，对科学成果和艺术作品或褒或贬，扰乱视听。传媒与学者或艺术家合作，达成“共谋”，使科学和艺术的自律性也岌岌可危。一些人为了得到传媒的承认和好评，频频在电视上亮相以获得知名度，而电视也借此取得了某种形式的权威性和合法性。布迪厄揭示了这里的矛盾在于“纯粹”与“商业化”、“先锋”与“通俗”的对立，科学和艺术要保持自身的独立性就必须拒绝来自外部的“他律”，坚持自身的评判标准。

布迪厄更多地诉诸社会科学的分析而不是主观的情感和经验，他的方法使威廉斯所开创的文化社会学在后现代时期得以延续和拓展。但布迪厄提供的策略是“建筑一种象牙塔”，即一个“专家城邦”，其中的生产者、接受者和评判者都是具有自主性的行家，他们根据自律的标准和原则来创作和欣赏，而不会屈从于外在的压力，也无须迎合一般公众的趣味。这种“象牙塔”策略显然是精英式的退守。这恰恰就是威廉斯认为首先要改变的家长式姿态，他假设有健康的平民文化的存在，认为最好的机制就是要保证这些文化形式得到平等的表现。所以，他关注的焦点一直是传播体制的现状，他的传播和媒介研究与现实的文化与政治斗争息息相关，带有明显的左翼性质，这使他能不断地把民主的精神带入文化批判。他区分好的节目和不好的节目，致力于推进教育，倡导民主传播的模式，实现传播资源的共享，这些都是具体务实的策略。威廉斯曾批评美国学者的效果研究，妨碍了对特定传播情境、特定的现代传播惯例和形式的分析。[29] 同时，对于那种将对现实关系的批判转变为语言—符号的批判的学院风气也深为不满，认为这将导致通俗文化研究的精英化倾向和历史想象力的丧失。[30] 后现代主义的受众解读策略研究在威廉斯看来不具备大众传播的社会结构所保留的政治重要性。史蒂文森公允地指出，威廉斯的文化社会学批判“的确以在更为当代的批评里所没有的形式，将对媒介、民主和共同体等问题的一些重要观点联系在一起。他认为，媒介文化迄今为止还没有完全发挥民主的作用。只消联系他对文化生产和内容的思考，我们便可发现他的这一观点是一种极为深刻的见解。”[31] 威廉斯的方法使他能将政治经济学的批判与对当代意识的深刻洞察结合起来。建立在民主传播模式之上的共同文化是威廉斯的目标，尽管他也意识到这是一场漫长的革命。传播模式的研究为文化变革提供了一种以体制为基础的方法论，因为长期革命包括了工业革命以来发生于经济、政治和文化领域的三种彼此联系的变化在历史上的缓慢进程。长期革命的辩证关系，是由资本主义解放出来的生产力与人类交流本性之间的矛盾构成的。随着识字人数、使用标准英语人数和接触教育体系机会的增多，大众媒介影响范围的扩大为共同文化提供了背景。占主导地位的劳资关系和社会再生产形式，对民主地使用文化诸形式起到了阻碍作用。民众真正的学习和创造禀性，只有通过社会变革来推动，民主的传播体制的建立是其中的重要内容。

四、走向传播理性

后现代主义理论从根本上宣布了包括真理、事实、主体等在内的一系列范畴的死亡。后现代主义拒绝深度，淡化历史，认为一切文化产品都是“拟像”(Simulacra)，是对从不存在的本源的复制。[32] 鲍德里亚（Jean Bardrillard）认为政治经济学的批判已经结束，应该转向象征符号的批判。因为符号本身成为商品，一切的文化生产都融入总体的商品生产，商品被以符号的形式生产，符号被以商品的形式生产，表象与事实、虚构与真实、上层建筑与经济基础的界限彻底消失了。[33] 威廉斯的“复制”（Facsimile）概念提出了反模仿的可能性。他认为对新兴文化的迅速的归并在早期现代主义时期已经十分明显，然而“突显的因素也许真的会被归并，但同样经常的情况是：被归并的形式只是真正突现的文化实践的模拟。任何超越或反对主导形式的重要的新兴文化在这种情况下总是十分困难的；难在它自身与复制的或新的归并阶段的不断的混淆。然而，在我们的时期，正如在其他的时期，新兴的文化实践的事实是无可否认的”。[34] 威廉斯提供了一个关于新兴文化形式的乌托邦概念，可以通过欺骗主导的文化接受一个自身的复制，使主导的文化满足，从而逃脱归并。对威廉斯来说，超越后现代主义的希望在于想象，在于包括更多集体形式的民主的传播模式。

主体的死亡是一个纯粹消极的命题，如果不是以一个社会的主体或“交往社区”（communication of community）来代替个人化的主体。麦克卢汉认为新的历史主体是大众媒介。鲍德里亚认为大众只是媒介生产的商品，没有祛魅和解放的可能性，也就没有关于大众的政治。费斯克认为大众文化基本上是意识形态化的，但流行文化包括着多种抵抗的因素，可以构建自己的价值和意义。文化研究总的来说认为大众并没有完全处于资本主义体制的控制之下。詹姆逊对后现代的评估有效地拓展了威廉斯的理论，认为大众文化作为新的主体，借助于一种微观政治学可以在晚期资本主义的限制中寻找指向乌托邦救赎的“真理的瞬间”。对于巴赫金来说，意义和主体性既不是超验的绝对的产物也不是个人的产物，而是产生于“交往实践”(communicative praxis）——最简单的如交谈行为，是不可消解的社会关系。威廉斯对于主体本质和需要的思考类似于巴赫金，不过他没有巴赫金式的乌托邦希望：对霸权的狂欢化的嘲弄和破坏。他将变化的可能与新技术联系起来，重新思考传播活动，鼓励独立的制作；实行全国范围内的资源共享网络；发展建立于多种公共信用制度之上的电子信息贮存和发行制度。他认为新技术没有决定任何东西，但是新系统的一个重要特征是它提供了新的文化关系的可能性，这是旧系统所不能提供的。[35]他认识到后现代社会大大扩展的传播系统和知识自身的商品化所导致的问题没有简便的解决方法，但认为新型的传播系统所采取的各种集中化的方式，可以通过区域性的控制形式，削弱大规模资本的优势，使传播系统在保持社会有机联系的同时，持续不断地民主化。[36]

威廉斯和哈贝马斯在传播的概念中发现了解放的潜力，但不是以麦克卢汉技术决定论式的单纯乐观态度。在《作为生产方式的传播方式》中，威廉斯指出："我们可以合理地和可行地将马克思意义上的共产主义理解为'一种特定的传播方式的产生'，那里，随着传播生产的方式中劳动分工的消失，个体将作为完整的人像个体一样谈话"[37]，强调传播就是强调语言的使用，强调通过语言互相交往和理解。与法国解构主义的语言观相反，哈贝马斯认为语言保留了历史的秩序，确定了道德的基础，提供了社会的救赎，它包含民主的因素，保留了真理、道德、政治和历史的可能性，因此他认为理论上寻求一种透明的、理性的、完全解放的"公共领域"是现代民主的核心概念。威廉斯对于民主的看法与哈贝马斯不谋而合，他认为只有参与性的民主社会，才适合人的交流本性，才能充分发挥人的创造力和作为个体的独特性，其他任何限制自由交流的社会结构都是对人的潜力的浪费，是对共同文化过程的破坏。威廉斯与哈贝马斯都没有将抽象的语言作为最终的决定因素，他们更接近巴赫金，把语言看作是主体与客体之间的联系，将认识和理解的过程建立在人们日常交流过程中共享的平常语言的使用方式上，而不是超验的可疑的自我概念上。他们避免了总体化的分析本身的逻各斯中心主义倾向，对于他们的传播理论而言，重要的是"没有确认传播自动是一种理性的活动，可以治疗历史的所有疾病。也不像结构主义和后结构主义那样认为传播和历史无可避免地是非理性的，将走向深渊"。[38]专业化的学术已经超出大众可以把握的界限，乌托邦的想象中蕴含着逃脱意识形态的真正力量。传播实践可以将社会与个体捆绑在一起，这正是变革的希望所在。

哈贝马斯认为，"理性的传播潜力在资本主义现代化的过程中既得到了发展也被扭曲了”。[39]发展一种没有扭曲的、自由的、平等的、理想化的、透明的意义交流，为哈贝马斯的理论提供了分析的中心和乌托邦的力量。威廉斯也提出了一种自由传播的理想状态：“一个良好的社会有赖于事实和观点的自由畅通，也仰仗于对意识和想象力的发展——明确地表达人们的实际所见、所知和所感。”[40]威廉斯把传播作为反对主导霸权的斗争形式，而非逻各斯中心主义寻求最终真理的工具。他所创立的文化分析方法，试图分析从交谈行为到大众媒介的传播工具和体制，揭示扭曲的和未扭曲的意义被产生的复杂方式，重新建构这些工具和体制的历史，揭示它们为何采用目前的形式，以及提供使用和发展的替换道路。他认为，尽管在后现代主义的限制下，新的传播方式的潜力还没有完全得到发展，但大众无疑已经受益于此，民众的声音即使被意识形态所控制和扭曲，也仍然举足轻重，因为他们意味着民主和解放的方向。威廉斯认为电影和电视在民主化变革的过程中扮演着重要的角色，一些新的艺术家正在运用它们建立一种新颖的现实主义的感觉结构。在长期革命的进程中，这些艺术家将最终会荡涤其通俗文化的肤浅，创造伟大之作。他们创作的自由对于整个社会的自由因而至关重要。[41]

回顾威廉斯对文化作为一个传播的双向过程的界定，能更好地理解他所提出的长期革命的宗旨。首先，威廉斯渴望为一个有启迪作用、适合于有教养者、吸引参与的民主政体创造物质条件。唯有经济、政治和文化体制内部的诸种社会关系得到根本性的民主化，这才能得以贯彻。其次，威廉斯主张，艺术和文化、科学和社会理性化的形式，必须向所有人开放、分享。[42]共同文化仍是最终的目标。哈贝马斯这样评价威廉斯：“威廉斯的交往社会学研究的主要是早先以文化批判为特征、由受过教育的市民组成的文学公共领域向大众传媒和大众文化操纵的领域的转型过程。威廉斯的研究很有启发意义。”[43]早期的哈贝马斯几乎没有考虑到主流资产阶级公共领域之外受压制的其他亚文化公共领域或者其他阶级的公共领域。相反，英国文化研究学派的著作，例如汤普森的《英国工人阶级的兴起》在这方面则具有开创的作用。哈贝马斯修正了将民众视为代表型公共领域背景的观点，认识到大众文化的内在动力：

> 大众文化显然绝不仅仅是背景，也就是说，绝不是主流文化的消极框架，而是定期出现、反抗等级世界的颠覆力量，具有自身的正式庆典和日常规范。这一惯常看法揭示出，排挤机制在进行分野和压制的同时，也唤起了无法抵消的抵抗力量。[44]

审美的维度对于威廉斯和哈贝马斯都很重要，但既不是作为激进意识的保留领域，也不是作为乌托邦可能性的特权保留地。他们认为高雅艺术并不比大众文化更激进更自由，相反，二者都有微妙的特征且构成复杂。文学文化遗产和文化生产的诸种新形式，应该向每一个人的批判实践开放，而不是仅仅局限于少数几个享有特权的人。

注释：

[1] Raymond Williams, *Communications and Community* (1961), ed. Robin Gable, *Resources of Hope*, Chicago: The University of Chicago Press, 1981, p.22.

[2] Ibid, pp.22–23

[3] Ibid, p.22.

[4] Raymond Williams, *The Long Revolution*, Chatto and Windus, 1961, pp.38–39.

[5] 〔英〕雷蒙德·威廉斯，《文化与社会》，吴松江、张文定译，北京大学出版社，1991 年，第 416 页。

[6] 同上，第 392 页。

[7] Raymond Williams, *Keywords*, New York: Oxford University Press, 1976, pp.63.

[8] James Carey, *Mass Communication Research and Cultural Studies: An American View*, ed. James Curran, *Mass Communication and Society*, London: Edward Arnold, 1977, pp.413–414.

[9] Ibid, pp.414.

[10] 〔美〕E.M. 罗杰斯，《传播学史：一种传记式的方法》，殷晓蓉译，上海译文出版社，2002 年，第 518—519 页。

[11] Stuart Hall, *Introduction to Media Studies at the Centre*, ed. Stuart Hall etc., *Culture, Media, Language*, *London*: Hutchinson, 1980, p.117.

[12] 〔美〕斯蒂文·小约翰，《传播理论》，陈德民、叶晓辉译，中国社会科学出版社，1999 年，第 419 页。

[13] 同上，第 423 页。

[14] Raymond Williams, *Drama in a Dramatised Society*, ed. Alan O' Connor, *Raymond Williams on Tevelision*, London: Routledge, 1974, p.5.

[15] Ibid, p.13.

[16] Raymond Williams, *Television: Technology and Cultural Form*, London: Routledge, 1975, p.86.

[17] Ibid, pp.91–92.

[18] Ibid, p.90.

[19] Ibid, 1975, p.116.

[20] Ibid, pp.117–118.

[21] 举例见 *Raymond Williams on Tevelision*, ed. Alan O' Connor, London: Routledge, 1974.

[22] 〔英〕尼克·史蒂文森，《认识媒介文化》，王文斌译，商务印书馆, 2001 年，第 44—45 页。

[23] Raymond Williams, *Communications and Community* (1961), ed. Robin Gable, *Resources of Hope*, Chicago: The University of Chicago Press, 1981, pp.23–31.

[24] 〔德〕哈贝马斯，《公共领域的结构转型》，曹卫东等译，学林出版社，1999 年，第 15 页。

[25] 〔法〕皮埃尔·布迪厄，《关于电视》，许钧译，辽宁教育出版社，2000 年，第 62 页。

[26] 同上，第 65—66 页。

[27] 同上，第 87 页。

[28] 同上，第 59 页。

[29] Raymond Williams, *Communication as Cultural Science*, ed. Bigsby, *Approaches to Popular Culture*, London: Edward Arnold, 1974, pp.27–38.

[30] 〔英〕吉姆·麦克盖根，《文化民粹主义》，桂万先译，南京大学出版社，2001 年，第 30 页。

[31] 同注 22，第 45 页。

[32] 詹姆逊的后现代理论见他的《晚期资本主义的文化逻辑》、《文化转向》等著作。

[33] 鲍德里亚的后现代理论见《拟像》(*Simulations*) 等著作。

[34] Raymond Williams, *Marxism and Literature*, Oxford University Press, 1977, p.126.

[35] Raymond Williams, *Problems of Materialism*, New Left Review, 1978, p.135.

[36] 同注 22 书，第 35 页。

[37] Raymond Williams, *Problems of Materialism*, New Left Review, 1978, p.57.

[38] Patrick Brantlinger, *Crusoe' s Footprints: Cultural Studies in Britain and America*, New York and London: Routledge, 1990, p.185.

[39] Habermas, Jürgen, *The Philosophical Discourse of Modernity*, MA: MIT Press, 1987, p.317.

[40] Raymond Williams, *Communications*, Harmondsworth: Penguin, 1962, p.124.

[41] 相关论述见《现代主义的政治》。

[42] Raymond Williams, *Communications*, Harmondsworth: Penguin, 1962, p.115.

[43] 〔德〕哈贝马斯，《公共领域的结构转型》，曹卫东等译，学林出版社，1999 年，第 4 页。

[44] 同上，第 6 页。

网络读写的主体重构

孙海峰

尼采在《善恶之彼岸》中写道："当你长久地窥视着深渊时，深渊也在窥视着你。"这句话可以作为网络浏览与写作的生动写照。对坐在电脑前的当代人而言，屏幕就是这样一个深渊：它既是镜头又是眼睛，既是自我又是他者。在这种看与被看的无限反馈中，居于权力中心的言说主体日益分解，消散于缥缈无际的赛博空间。这对当代文学活动来说，意味着一种新型话语关系的产生。

电脑：记忆的技术延伸

电脑网络的人类学意义在于，它使神经活动远远超出身体的自然尺度，将表象的发生外化到技术装置中。这从主体内部改造着当代人的知觉和思维模式，提供了前所未有的"电子记忆"和"远程体验"，将此前须借助想象才能显现的情境变得随时可以"在场"，进而将历史与现实、异地与本地的生活直接纠缠为一体。其中关键的环节便是海量电子记忆体，其处理文字与形象的效率令博闻强记者望尘莫及，使口若悬河者自惭形秽。

在艺术传播史上，记忆（memory）的形式对于文学主体建构至关重要。从柏拉图、奥古斯丁到胡塞尔，记忆一直是打开心灵与语言之门的钥匙。柏格森在《材料与记忆》中更是明确指出："记忆实际上与知觉不可分割，它把过去引入现在，压缩成为许多绵延瞬间组成的单一直觉。"[1]在现象学而非心理学与物理学的意义上，记忆与时间性的内在体验有关，它比感觉、知觉和想象更坚实地谱写着历史。正如胡塞尔所言，记忆使意义世界成为可能。"我们生活在记忆之中，以再现的方式实现着体验的关联。记忆是知觉的痕迹，这痕迹又能转化成为知觉表象，因此存在着记忆中的记忆——第二层第三层以至任何层次的再现。"[2]最直接的记忆介质是头脑，其次是肢体与言语，再次是图画、文字等铭刻于外物中的印迹，直到如今的磁盘、闪存等电子设备。这些媒介形式的根本意义在于，通过对不在场者的持存与显现而使之重新在场（represent）。然而完全的再现是不可能的，在现的不过是替补性的印迹。这种“能指的滑移”被德里达称为延异（différance），延异包含了空间上的差异（differ）和时间上的延搁（deffér），使意义处于不断的解构与重构运动之中。

从“延异”的角度来看，记忆本身包含着遗忘，这是任何媒介形式的天命。电脑作为记忆装置的当代形式，也必然带来某种形式的遗忘，这就是无法数字化编码的那些知觉与体验。也就是说，电子记忆强化了心灵中的某些东西，同时又遮蔽了另外一些东西，这正是它备受指责的原因。在目前对网络文学的众多责难中，最常听到的一种声音是：电脑损害了人的记忆力，使主体不再像书写时代那样活跃地生产意象，因此在对机器的依赖中日益白痴化。实际上，记忆技术的革命并非电子时代所专有，文化本身便产生于记忆与遗忘的辩证运动。柏格森指出，语言过滤了无意识与感觉的丰富性，是人类的第一次遗忘；[3] 语言之后的文字，则是记忆技术带来的第二次遗忘。在柏拉图的著作中多次提到口语文化的捍卫者——苏格拉底对书写这一技术的质疑，认为文字败坏了心灵的记忆力。《斐德若篇》（*Phaedrus*）中苏格拉底攻击文字的那个著名故事，生动地暴露了记忆技术变迁带来的精神恐慌。在柏拉图们看来，用文字来辅助记忆，意味着对真理的进一步遗忘。[4] 柏拉图主义关于理念 / 形象的双重世界，实际上正是口语 / 书写两种文化的矛盾在哲学上的反映。

当初苏格拉底对文字的指责，正是当代网络文化的批评者们当之无愧的先驱——对于后者而言，纸和笔已经成为身体的一部分，而电脑则被认为是记忆的破坏者（在更深层的意义上则是既有文化权力结构的颠覆者）。这种质疑当然很有道理，前提是原始的交流方式一成不变而且永远正宗。但苏格拉底对文字可能导致失忆而表示的忧虑，一旦置于新的媒介语境下便失去了现实意义。文字确实导致对口语文化的某种失落（现代学者中已鲜有西塞罗式的大演讲家），但书写与印刷却开辟了新的意义空间，创造出口语交往无法企及的文化高度。同样，在电脑读写对传统书面文化的颠覆中也蕴含着深刻的创造，这些意义空间也许无法全部被上一时代的人所理解，却有其坚实的经验基础。既然文字和语音都无法还原一种无意识层面的“真实”，那么指责电子记忆歪曲了现实岂非五十步笑百步。在这一意义上，电脑技术使世界敞开为新的秩序，使心灵获得更深层视域的清晰性。

屏幕：漂浮的读写界面

对于任何媒介而言，界面（interface，直译为“互相照面”）形式无疑都是重要的。这是我们与事物接触时首先要到达的地方，我们每天都是在与它打交道而非与其后面的“物”本身。这在某种程度上是对康德现象哲学的诠释：人通过感官界面所提供的现象来把握世界，而无法直面物自体。我们借助于界面了解事物，借助于界面相互交流，界面构成了一切活动发生的直接现场。最原始的界面自然是人的身体——五官、四肢和全身各处的皮肤，其次才是身体之外的材料媒介和各种人造的技术界面。电脑屏幕正在成为当代人最经常面对的交流界面，当我注视着电脑屏幕时，它向我敞开了一个看世界的窗口，同时整个世界（无数他者）也通过这个窗口看着我。当代人在这种不断的看与被看中生活着，其主体性也在相互注视中不断改变其内涵。

作为一个阅读界面，电脑显示器的空间构成与纸张大不相同，其呈现于主体的感觉与意义也大异其趣。这不仅意味着文字的载体发生了变化，也意味着主体的感知方式正在经历一个决定性的转变。正如麦克卢汉所言：媒介即讯息，意义解读的模式取决于符号环境的时空结构，解读的模式又在很大程度上决定了意义本身。[5]一本书打开在面前时，同时打开的还有隐隐的墨香与翻动的质感，文字坚实地“在那里”，透着材料的惰性和气息，偶尔还可以见到由于误印或渍染而留下的点点墨迹。这些都让我们感受到一种与坚实而脆弱的肉体有关的东西，这是电脑屏幕中闪烁飞逝的图像世界所不具备的。一个叙事的展开也是一个时间性的诉说，目光在字里行间流连时拾回对无数意象的记忆。意象从空白处氤氲生发出来，形成一个无限流动的场。目光的流连和想象的飞翔给许多读书人带来的美感，远胜于醉醇饫肥以至游山玩水的乐趣。而当阅读发生在电脑屏幕上时，这一切深邃性便都消逝不见了。对于电脑屏幕的显像而言，一切变化都几乎不存在过程问题。字符和图形瞬息闪现，转眼间又无影无踪，并无一个“来自”和“去往”（海德格尔用语）的地方。这与脑海中的想象过程非常相似，是完全没有物质惰性而灵动飞扬的。这是对原先被认为只有人脑才有的想象和记忆的严重僭越，也是对书籍的无限深邃感的取消。

在传统的纸笔写作中，文字作为一个材料性的印迹，一旦产生便顽强地存留在原地，抵抗任何修改和抹杀的企图。即使某段文字内容最终被删除，其痕迹仍会以物质的形式顽强地存留“在那里”，见证着一个曾经发生在头脑中的意象，并且成为主体自我建构过程中不可或缺的标记。正如巴尔特在《写作的零度》中所强调的，文本中有作者的“过去和身体”，是一个对话和斗争的战场，而笔迹正是它作为历史记忆的重要组成部分。中国传统文人的“书”与“写”更是浑然不分，书写是一个富有神圣意味的事件，关乎天地宇宙与生命之气的贯通。过程是郑重而神圣的，书写之前涵咏、虚静和沉吟的打腹稿过程，其价值则与写作中大墨狂书的淋漓爆发同样重要。个性在纸笔相触中氤氲生成，使文字不是作为一个标准化的符号，而是作为一幅独一无二的图画“在那里”。本雅明将这种非齐一化的、与此时此地的“在场”有关的个体性称为“灵韵”(aura)，认为它是独一无二的存在而不可化约。

如果手写相对于口语来说是对语气、体态与神情等非文字因素的遗忘，那么键盘写作对于手写来说便遗忘了不可数字化的一切——记忆拥有了空前统一的技术形式（数字编码），如此方便而准确（无损）地巨量传递。键盘写作将文字标准化，几乎不再带有丝毫个人身体的痕迹。在更内在的意义上，这导致了主体自我认同的齐一化。手指在空间中的运动被简化为一维的上下敲击，作者的个人风格不再能从空间形象的直观中得到体现。在语言风格的层面上，技术因素的影响没有像字形层面那么显性，但也在相当程度上消解着作者的个体色彩。当写作中想要输入“消解”这个词时，拼音输入法的提示框却总先跳出“小姐”让我们选择，表明写作工具本身承载着某种庸常的社会偏好。这样一来，陌生化的文学用词也就难以顺利输入，海德格尔所说的“诗性语言”便在工具的抗拒与挫折中日益遭到遗忘。与此同时，日常用词却在指尖飞舞中畅通无阻，鼓励了口语化乃至口水话的盛行。（当然个人也可以在写作中形成自己的词库，但这不过是从一种空间上的齐一化转向了时间上的齐一化而已——诗性语言永远是反陈规的。）因此，电脑读写不知不觉地改变着主体的思维习惯和语言方式，进而造就了一类基于共同的“电子无意识”的文风。古人云“言为心声”，这些用词粗糙的语句背后是不是也晃动着一个个扁平的灵魂？深刻的思想能否借助于它们得以生成和传达，甚至化约为 0 与 1 的极简形式？这是一个充满诱惑的语义学问题。

网络：作者与读者的辩证

在现象学意义上，电脑网络不仅是个体阅读与写作的工具，更是当代主体间关系的展现形式。按照海德格尔的看法，工具含有敞开与遮蔽的双重性质，意味着自我、他人与世界的交互生成。“这些在周围世界上手的用具联络中如此‘照面’的他人不能简单地被联想到一个首先只是现成的物上去，这些‘物件’是从这样一个世界方面来照面的。”[6] 这句话有两层意思：首先，工具是此在操持烦忙着“在世”的方式，当代人在电脑写作中揭示世界并自我建构；其次也是更重要的是，工具也是“他人”现身的契机，当代个体通过屏幕和键盘等共同的“上手之物”为中介而相互照面。于是问题的核心暴露了出来：人与工具的关系在根本意义上是主体间交往关系的历史形态，我们在对屏幕阅读与键盘写作这共同的“操持”中领会主体在世的彼此关联性。对电脑网络而言，这种关联性的直接层面便是文学活动中作者与读者（包括潜在读者）的对话。相比之下，书写时代的文学对话是想象性的，时间与空间的隔离使实时互动成为不可能。因此，作者（author）一词长期以来一直与“权威”的概念有关，正如福柯所表明的，写作不仅意味着表达，更意味着一种单向话语播撒权的行使。

因此在文学媒介的演进中，电脑网络的出现是一个标志性事件。远程实时互动作为新的对话形式，使读者的主体性得以充分展现，开始在更直接的意义上（而非仅仅在阐释学的“视域融合”意义上）参与作品的生成。作者与读者的角色和诠释权正在发生着根本的转移，由传统知识精英所把持的文学领域发生着急剧的权力分化与重组。阅读和写作变得平民化而不再神圣和遥远，更多人有机会随时参与从而消解了作者的权威。超链接的跳跃性、多媒体界面的灵活性，则使得阅读过程不再受制于印刷品的线型模式，作者借由媒介掌控读者的格局让位于众声喧哗的多元对话。网络作为对印刷媒介的否定之否定，在一定程度上恢复了主体间实时互动的可能。然而与口语时代不同的是，网络互动是以机器为中介的，这就意味着新的读写关系实际上是经由电脑这个“主体间性客体”而发生。经由电脑的沟通（CMC）改变的不仅是人们所读到的内容，更是阅读和写作着的主体本身。电脑网络在作者与读者之间所充当的角色是双重和双向的：一方面，它既代表自我（屏幕前的自我镜像）又代表他人（叙事的直接对象），另一方面，它既带来沟通（跨越空间的普遍联系）又造成隔离（口语表情与书写感觉的过滤）。

巴尔特在《作者之死》中指出：读者的诞生是以“作者之死”为代价的——作者不仅是一个写作的主体，而且从根本上来说也是意义垄断的主体，所以宣判作者之死也就促成读者的诞生和意义的解放。由于超文本索引的高度交叉性，文本在不同的浏览序列中被完全重构，因此它提供的不再只是互文性的诠释自由，更是文本重塑的自由。这样，网络文本经过重重转贴、援引和拼合，往往成为一种多作者（实际上也就是无作者）的“无主”文本，传统的作者话语便在多重声音的干涉中依稀难辨了。作者与读者之间的区分日益模糊，产生了一种基于电脑网络交流的“写读者”（wreader，由“作者”与“读者”两个词拼合而成）。这个概念是波尔特在《书写空间》一书里提出的。波尔特在《电脑、超文本与写作史》中进一步认为：究竟什么是阅读和什么是写作，取决于载体的特征。[7] 电子文本的常态恰恰在于不断刷新。无材料性的电磁信号可以易于切割和重组而产生新的解读方式，因此读者可以透过网络进行解构、转化和再生产。这种易变性带来新的语义分割方式，帮助读者与作者快速重组阅读空间。在充满流动和拼贴的“马赛克”（mosaic）式传播中，“剪接”的过程也可以视为另一种形式的创作。读者透过这种方式与作者及作品产生对话，作品便不再只是作者的声音。读者也可以同时发言甚至与作者平起平坐，从而作为文学活动中一个关键的行动要素，深刻地介入了对话关系的建构。在网络电子文本的阅读中，由于对话关系具有更充分的实时性和现场性，波尔特将这种具有双重行动特征的话语身份定义为“写读者”。它的出现意味着，电脑读写已经产生了一种新型的话语结构与文学主体形态。

结语：媒介与文学话语

当使用话语（discourse）这一概念来分析文学活动的主体间关系时，其深层背景是口语交流时代的权力结构。在发生学的意义上文学起源于口语，以身体为基本媒介。正如海德格尔指出的，神话与诗史作为对世界的第一次命名，具有将心灵（此在）从混沌（存在）中召唤出来的使命。这种源始的诗性语言以身体为边界，建构了自我与他者的最初区分。因此，主体（subject）的概念首先蕴含着世界的空间性。这种空间性经过共同的上手之物而现实化，体现为具体媒介文本中的话语结构。在这个意义上，福柯所谓的话语暴力（权力），其根据正是文学与身体的原始关联性。在演说、辩论等口语交流形式中，身体的出场保证了实时干预的可能，话语主体（支配者）是口若悬河而血肉丰满的现实存在；在书写、印刷等单向传播形式中，读写主体在时间和空间上的双重分离，保证了文本结构的稳定性与作者形象的彼岸性，由此建构了强记博闻却孤栖书房的现代文学主体；而在电子网络交流中，身体缺席为主体建构带来了新的方式——多窗口对话式的屏幕界面使“分身有术”的虚拟出场成为可能，在时间和空间两个维度上，主体呈现出多重化和离散化的特征。话语结构的这种裂变不能单纯地理解为一个解构过程，在更深层的意义上是对“主体”这一概念的重构与回归——由独白性的现代主体性美学向对话性的后现代主体间性美学的螺旋上升。

由此可见，主体作为一种历史建构，本身依赖于文学媒介所构造的交流语境。网络读写只是这个历史链条中的一环，但它以更尖锐的方式揭示了精神活动与技术形式的深层关联。一千多年前，刘勰在《文心雕龙》中充满神往地写道：“寂然凝虑，思接千载；悄焉动容，视通万里！”表现了古人对于时空尺度的深切敬畏。如今人类已借由电脑网络而进入一个“视通万里”的虚拟世界，不必凭空想象便可实现“神与物游”。麦克卢汉早在上世纪中叶曾宣称：“在电子时代，我们以全人类为自己的肌肤”，这句话在网络时代尤其显出惊心动魄的意义。借助于在线互动这一身体缺席的在场方式，个体的感性经验正在空前地联结起来，自然的神经系统不再有效决定知觉的界限，交流者作为“无处不在”却又无处可寻的幽灵，游荡在鬼影重重的电子空间。面对电脑网络的阅读与写作，当代人作为交流主体已经极度地多重化与分散化，不再要求时间与空间上的同一性（identity）。在这一远程互动中，智能通讯机器与人工记忆装置不仅是在线交流的技术媒介，更是作为当代人本身的存在方式。在这个意义上可以说，电脑网络对文学而言最重要的内涵，在于使主体的“在世”（in der Welt Sein，海德格尔用语）拥有了一种全新的方式——由在场变成了在线。

实际上，这种“缺席的在场”在千百年来的文学活动中一直都在发生，但电脑读写和网络交流的语境使其得到了最为充分的展现。马克思曾经指出，人体解剖对理解猴体解剖而言是一把钥匙，这一具有现代反思精神的方法论，是理解媒介变迁中潜在的“合目的性”的关键。网络读写中的主体重构，恰恰提示着对以往一切文学活动之合目的性的反思——在这一进程中，电脑网络不仅作为材料性的技术中介，更作为主体精神活动的基本形式，重建着文学话语的内容、意义与作用途径，这使文学不断回归（而非日益远离）其根本的内涵——主体间交流。由于记忆的电子化延伸，人类集体无意识获得了新的历史形态——网络数据库，进而为意象生产提供了新的模式；由于交流界面的屏幕化，文学活动中的心物关系、读写关系、图文关系也都随之重组，为意义生成提供了新的空间；由于网络化的远程实时交互，话语主体间的基本关系由纵向支配的压迫结构让位于横向互联的对话结构，使作者/读者之间的关系体现出更深层的动态建构性。电子记忆、屏幕界面和网络对话这三个层次，构成了这个充满着流动和变化的“读屏时代”里文学活动的现实语境。考察其中的主体裂变问题，有助于辩证地理解“阅读”与“写作”的内涵，历史地理解文学、语言、思维乃至人本身的定义，更可使界面、互动、超文本等概念超出纯技术的视域，真正进入文学、美学与文化研究的理论版图。

注释：

[1] 〔法〕柏格森，《材料与记忆》，肖聿译，北京：华夏出版社，1999 年，第 57 页。

[2] 〔德〕胡塞尔，《纯粹现象学通论》，李幼蒸译，北京：商务印书馆，1995 年，第 254 页。

[3] 〔法〕柏格森，《时间与自由意志》，吴士栋译，北京：商务印书馆，1997 年，第 89 页。

[4] 〔古希腊〕柏拉图，《文艺对话集》，朱光潜译，北京：人民文学出版社，1963 年，第 169 页。

[5] 〔美〕麦克卢汉，《理解媒介》，何道宽译，北京：商务印书馆，2000 年，第 33 页。

[6] 〔德〕海德格尔，《存在与时间》，陈嘉映、王庆节译，北京：三联书店，1999 年，第 145 页。

[7] D.Bolter, *Writing Space: the Computer, Hypertext, and the History of Writing* (M). Hillsdate, New Jersey: Lawrence Erlbaum, 1991 年，第 11 页。

（原载《深圳大学学报》2007 年 1 期）

网络空间的三重内涵

孙海峰

网络空间（Cyberspace）一词最早由吉布森在其1984年出版的小说《神经漫游者》中所造，指将电子设备接入人体神经网络后产生的幻境。随着全球互联网的兴起，网络空间已不再是一个科幻名词，而是作为一种深刻影响当代生活的现象进入了日常经验和学术视野。所谓日常经验中的网络空间，也就是人们通过电脑、电话等通讯网络而进行交流的那个"空间"。然而这一空间究竟"在"哪里？它是如何经由网络而产生，又如何被体验为一个有效的"空间"？这提示我们对网络、空间等概念进行追问，为阐释当代传媒文化寻求尽可能有效的视角。

一、网络空间的语义分析

宽泛而言，网络一词可以指任何物质、能量与信息流通回路。在这个意义上，人类生活完全建立在由诸多层次的自然与技术物所构造的网络中。20世纪后期最重要的科学哲学方法论如老三论（系统论/控制论/信息论）、新三论（耗散结构论/协同论/突变论）等，都是建立在世界的网络性这一事实之上；而在人文哲学领域，则有胡塞尔现象学对生活世界（Lebenswelt）之"主体间性"的反思、海德格尔存在论对人之"共在"（Mitsein）处境的揭示，以及哈贝马斯与后现代主义之间关于"话语/权力"之关系的争辩，它们无一不是对这一巨型网络的探掘和阐释。具体到本文来说，则是取当代传媒领域中狭义的网络概念，即全球互联网（Internet）作为其主要所指。这不仅是为了便于行文，更是因为互联网是当代网络系统中一种最复杂、最富代表性的技术形态。

"空间"这一范畴更是历史性的，大致可以将其分为三种历史表述：1. 在古典的实在论阶段，亚里士多德将空间理解为物体运动的场所，是世界的客观形式；2. 在近代认识论阶段，参照笛卡尔与牛顿的绝对时空框架，康德将空间阐释为人类感知的主观形式；3. 在现代语言论阶段，爱因斯坦将空间定义为物质在不同参照系中表现出的相对属性，海德格尔的现象学存在论则把空间还原为此在（人）生存境遇的不断揭示，即“在之中”（Da-sein）的关系。[1]20 世纪后期，随着社会学、地理学、人类学等领域空间理论研究的兴起，吉登斯、福柯、布迪厄、列斐伏尔、哈维等思想家都对空间作过别开生面的探索，并已使作为一种关系而非实体的空间观念成为基本共识。

在“关系”这一现代视角下，空间又可以阐释为三组基本关系：客体性的物—物关系、主体性的人—物关系，主体间性的人—人关系。受启示于胡塞尔对科学世界 / 意识世界 / 生活世界的现象学反思，以及海德格尔对此在的生存论结构的揭示，本文将网络空间还原为三个层面：客体性的技术空间、主体性的体验空间和主体间性的交往空间。

二、网络的技术空间

技术意义上的网络空间，首先体现为通讯节点之间的电磁场。通讯（communication，源自希腊语 commūnis，即“在……之间分有”）本身意味着交互性的空间关系——在客体层面表现为机 / 机之间的信号交换，在主体层面上则表现为人 / 机之间的信息交互，在本体层面则是人 / 人之间的意义交流。网络通讯所依据的物理材料比较简单，但其数据结构及节点间的拓扑关系却相当复杂。通过特定的算法和协议（protocol），非反思性的经验与构想被表现为特定的瞬时电位或磁场组合，以数字脉冲的形式编码、贮存、传递与解码，由此建立一幅数字化的世界图像。正如佛经所云，“以三千大千世界入芥子，令诸山河日月星宿悉现”。在这个意义上，网络是由一系列计算终端与连线构成的电子回路，其中流动着对世界的数字化描述。

古希腊哲学家毕达哥拉斯曾断言“数是万物的本原”，这句话在网络时代的语境下显得尤为惊心动魄。对世界的抽象化操作，是近代数学以至一切自然科学的理想，其所构造的物化关系已构成现代世界的关键维度。海德格尔将现代技术的物化本质归结为“座架”（Gestell），所谓座架是一种“令世界会聚（ge-）到面前来的摆置（stellen）”，使事物呈现为可统治、可预测的对象。[2] 网络的数字通讯技术正是这样一种现代座架，它将物理实体抽象为数学符号，将事物属性抽象为信息代码，将质的区别抽象为量的差异。最后，自然空间的物—物关系被转换成技术空间中的数—数关系，使世界被当作一个数据库来操作。地址、链接、通讯协议和数字化服务作为对现实事物关系的“摆置”，在经验空间之外构造出一套逻辑上的虚拟空间。

然而正如胡塞尔所指出的，科学世界作为生活世界的理性图像，虽然构成每个时代的知识背景，却并不拥有反思性的源始意义。在作为知识基础的个体意识领域，存在着感觉、知觉、想象与统觉等无法编码的空间；而在作为沟通基础的群体无意识领域，更有无数魅影重重不可化约的“他者”，不断提示着现实世界的超概念性质。对网络空间进行现象学还原，首先便要“悬置”客观化态度所预设的外部世界的实在性，在纯粹体验领域寻求其本质。于是便触及个体的审美/感知领域，即体验空间及其基础——主体意向性。

三、网络的体验空间

在主体意向性的层面，网络空间呈现为一种直觉体验。所谓意向性，即任何意识总是关联于某物，这种关联性构成直觉经验的基础，进而使想象成为可能。当人们在线交谈时，谈话显然不是在自己桌上的设备中进行，同样也非在对方的机器中。它似乎发生在两者“之间”的某个地方，却又无法在地理上进行定位。这个虚拟的空间在现象学上却完全真实，正如胡塞尔所指出，空间在此是“直观地呈现的，而且是作为诸显现的、空间描述性呈现方式的统一体而被‘构成’的。”[3] 所谓“描述性呈现”正是一种基本的意向性结构，它关联于具体的记号、指示和兴趣点而经验化，呈现为知觉层面的空间感。由于数字仿真和远程通讯对意识活动的模拟，网络比书籍、广播与电视向人敞开更深广的知觉空间，纯粹虚拟性的“遥在”（telepresentation）也已不再专属于神话中的幽灵。

从个体（此在）的现身方式上看，空间感决定于与之打交道的工具的上手状况。微软公司的网络操作系统 Windows（窗口，本身隐喻一种特殊的空间结构）之所以取得成功，关键就在于容易“上手”的知觉界面。界面（interface，面对面）作为自我与他者世界的相会之处，使主体与世界的“照面”获得了场所。互联网的兴起，在很大程度上应该归功于界面与身体经验的融合。海德格尔指出：“位置本身是由操劳寻视指派给上手事物的……它在何处上手，这是向有所计较的操劳活动提供出来的，并向着其他上手事物制订方向。”[4] 在网络浏览中，网页上作为定向标志的“节点”与地理上的“位置”同构，网页上的“链接”也同样是现实中“道路”的同构。主体基于意向性的寻视而不断“去远”和“定向”，将超文本潜在的召唤结构提示为空间路径。当某个链接受到关注而被鼠标所指向时，箭头便变成手指——随着轻轻一触，一个遮蔽的空间豁然展现。

吉布森曾将理想的网络空间定义为电子数据在人体内造成的幻境，这种震撼性的快感正是朋克文化的美学追求。但如今cyberspace这个词已不专指技术错觉，而是获得了更丰富的现象学内涵，指涉着网络冲浪、聊天和游戏中等电子交往活动中的空间体验。随着知觉的投射界面由大脑皮层转移到电脑屏幕，整个网络成为人类神经的电子化延伸。[5] 在人机交互的空间经验中，身体不再是知觉的绝对界限，审美主体也成为一个无处不在（遥在）的幽灵游荡于整个网络。因此，电脑屏幕等界面真正的内涵在于：它既作为眼睛又作为镜头，在主体与世界/他人的对视中，展开了一个现身、领会和言谈的场所。

四、网络的交往空间

网络提供了与他者照面的“场所”，这使之成为有效的交往空间。具体来说，它使主体的“在世”以新的方式即远程在线的方式具体化了。海德格尔在《存在与时间》中将空间阐释为“在……之中”的生存论结构，指出世界总是主体间“共在”的世界。与时间性的此在相比，“共在”体现了自我与他者不可化约的空间性(Raumlich)。因此，仅从个体体验层面去理解网络空间，不足以揭示其深层的意义关联，而应推进到主体间性层面，将网络空间理解为自我与他者照面的场所。海德格尔曾就场所空间的生成进行过现象学分析，对理解当代网络空间富有启发意义。他以桥为例来进行说明，“桥是独具方式的一物；因为它以那种为（天地人神）四重整体提供一个场所（Statte）的方式聚集着四重整体。”[6] 也就是说，并不是桥被建在某个位置上，而是相反因为桥的存在才使某地点作为位置被揭示，由此敞开一个空间。离开这一意义网络，空间也就无从生成。

以此对照当代世界可以发现，Internet正是架起一座网络之桥，它将全球亿万节点关联为一个个有效的位置。这些位置在复杂的语义网络中伸延组合，便构成了具有场所性的意义空间。网民借助超文本网络参与“言谈”，赋予虚拟空间以文化实践的意蕴。卡斯特在《网络社会的崛起》中曾用“流动的空间”一词来描述这一状况，指出：空间作为结晶化的时间（历史），其结构体现着社会实践的展开方式。[7] 在日益凸显象征互动性的全球化时代，超越朴素的语义学而进入现象学视域，还原“此在”的生存论结构，会发现网络提供了一把猴体解剖的钥匙，使我们能够更清晰地把握传媒世界的内在逻辑。我们生活在一个由货币、化身、影像等符号所构成的虚拟世界，虚拟不是对现实的解构，而恰恰是建构现实的基本方式。实际上一切交往都依赖虚拟空间，网络互动只是使之呈现为更直接的技术和心理形式，并使生活世界中不可编码的部分得到更尖锐的提示。

综上所述，网络空间并非文学性的隐喻，而是一种现实的生存结构，它深刻地影响着当代生活世界的建造。在客体性的技术层面，网络空间作为通讯场，发生着世界的数字化描述；在主体性的意识层面，网络空间作为感知场，发生着主体的意向性体验；在主体间的交往层面，网络空间作为语义场，其中发生着社会的符号性互动。由此构成一个三位一体的3i结构：Internet（网络）/Interface（界面）/Interaction（互动）。“Inter-”这个词根的意思就是“在……之间”，它体现了互联网的文化底蕴——它在物与物、物与人、人与人之间架起生存论关联，使其在当代生活世界中获得现实的位置。按照马克思“人体解剖是理解猴体解剖的钥匙”这一方法论，揭示网络这一充分形式所体现的空间关系，可以启发对以往一切媒介的潜在结构的反思。

总之，本文从技术现象学的视角，以客体性、主体性和主体间性三个范畴阐释网络空间的基本内涵。在客观的技术层面，网络空间作为通讯场，体现科学世界的数学结构；在主观的体验层面，网络空间作为感知场，体现意识世界的直觉结构；在主体间性的交往层面，网络空间作为意义场，体现文化世界的符号结构。这三个层面彼此依存而不可化约，使网络成为当代空间建构的代表性形式。

注释：

[1]〔德〕海德格尔，《存在与时间》，生活·读书·新知三联书店，1999年，第118页。

[2]〔德〕绍伊博尔德，《海德格尔分析新时代的技术》，中国社会科学出版社，1993年，第12页。

[3]〔德〕胡塞尔，《纯粹现象学通论》，商务印书馆，1996年，第362页。

[4]〔德〕海德格尔，《存在与时间》，生活·读书·新知三联书店，1999年，第120页。

[5]〔加〕德克霍夫，《文化肌肤》，河北大学出版社，1998年，第8页。

[6]〔德〕海德格尔，《海德格尔选集》下册，上海三联书店，1996年，第1197页。

[7]〔美〕卡斯特，《网络社会的崛起》，社会科学文献出版社，2001年，第504页。

（原载《国际新闻界》2006年1期）

时尚的面孔：时装影像中的性、性别与权力

● 杨莉莉

在制造美丽幻象的时装摄影中，把“性”和“性别”作为标贴是一种常用的表现手法。尽管大多数时装摄影师和美术指导都声称，这些噱头只是一些亘古不变的花招而已，但我们还是从中发现了一些有趣的秘密：在服饰和面孔背面的主流意识形态的隐秘控制。实际上，在性和性别外衣的幻象下，一直都严峻地挺立着权力的阴影。就像福柯说的那样，“权力总是不动声色地发出它的呼喊，并迫使人们能够理解这一声音。”

性镜头的变迁

性是人类观看和研究领域内的重要母题，也是许多摄影师乐于拍摄的经典题材。把色情摄影的拍摄手法用于拍时装，拓展了时尚语言，点中了人性的死穴。

根据美国《ICP 摄影百科全书》中有关色情摄影的说明，那些描绘人体，并引起人们性欲反应的照片叫色情照片。然而色情摄影并非是拍那种下三滥的黄色图片。色情照片和淫秽照片之间存在的区别是：淫秽照片既显示直截了当的性交行为，又企图引起人们的性欲；而前者则既无需显示裸体，也不一定包含直截了当的性暗示，甚至仅仅用一朵花或一条狗来表达什么是色情。

通过对意大利时装品牌 SISLEY 从 1999 年至今的摄影广告的解读，不难发现，无论是直露或含蓄表达出来的性总是赤裸裸的。这些年来，SISLEY 倚仗所属的著名 BENETTON 时装公司的广告运动团队，多年聘用红牌摄影师 Terro Richadson 出产“性镜头”，成为设计不出位广告却很出位的知名大众成衣品牌之一。它的广告多季如一季的以性为主题的孜孜表现，在滥打性牌的时装界也并非多见。

SISLEY 早期的广告主题基本是直白或暗示的女性情色表现。一般多为骚首弄姿，衣着暴露的花哨女人，不但要面对广大消费者的肆意端量，有时候还会被照片中的男人摸之舔之，已示身处弱势，好让男性观者萌发快感（图 1），享受视觉权

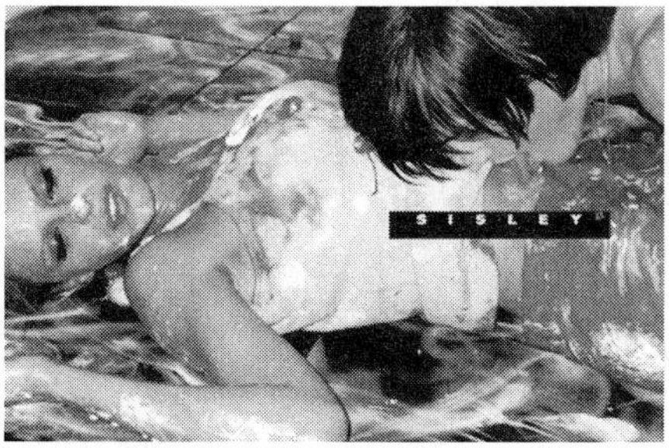

图1

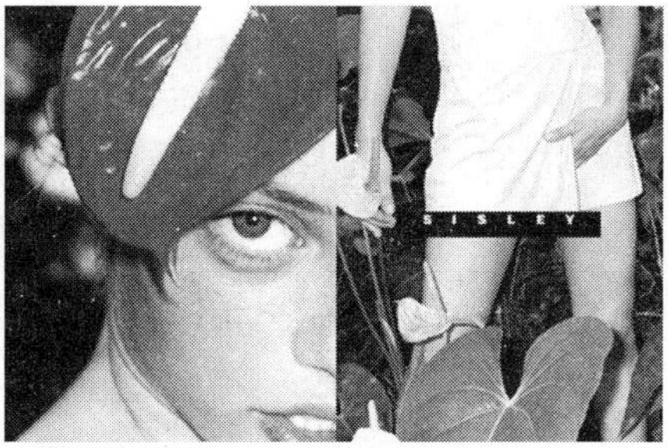

图2

欲。如果照片拍的太过大胆，以致引起政府的注意的话，Terro Richadson 就改拍花草蔬果，猪狗走兽。要么是香蕉，要么是桃核，暗示着两性拥有的那点儿本质的东西（附图 2）。有时美女会和猪、牛、羊相遇，似乎她们可能会发生一段不同寻常的故事。

时尚界潮流滚滚，不进则退，SISLEY 发觉一味拍等着被观淫的女人也太单调，于是就翻着花样大打性别牌，集当今世界思想意识大全，把性取向、性权力和各种性别主义搅和在一起，男女通吃，极尽性别情色的时尚影像之能事。比如它会若无其事地表现男同志或女同志之间的亲昵喜爱，或者展示把男人踩在脚底下的强势女人和温顺俊美的年轻男人，以博得激进女性主义者的欢心（附图 3、4）。把思想都拿

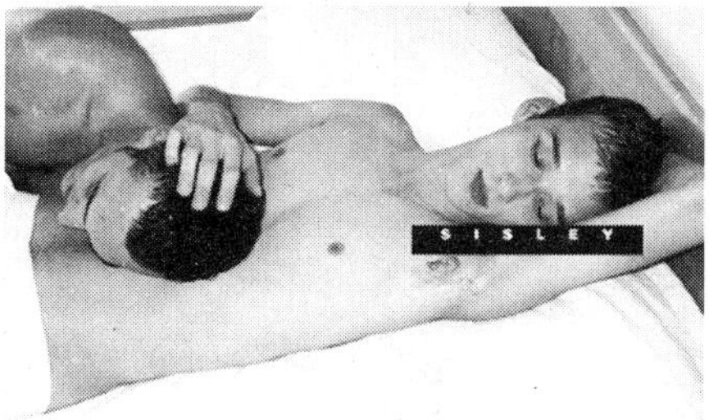

图3

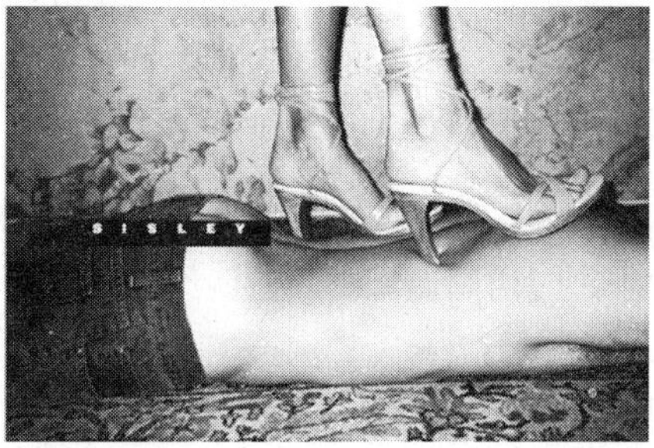

图4

来使用了一把后，这个创意团队也有思维疲软的时候，再说广大消费者胡吃海喝了这么多视觉油荤，也难免消化不良。于是，最近几年 SISLEY 又回归它的传统，拍柔弱温顺但不乏性感的女人，不过饶有趣味的是，照片中的男人也变得低眉顺眼了（图 5、6）。

图5

图6

影像权力的谱系

从 SISLEY 近年的广告中我们发现，男人的形象越来越软，越来越低，低到时尚的灰尘里。翻翻杂志里的男性服饰广告，到处都是温柔性感的美少年代言产品。

男人视觉形象的“软包装化”和“可消费化”，证明了女人消费能力的旺盛和不可忽视。为了适合女性主义者的口味，时尚制造者创造了超级女人形象，她们都是争强好胜、独立自信的，无论在工作还是家庭方面都是全能，绝不表现出哪怕是一点点对男性的依赖。性别运动的蓬勃发展，别说女人，连同志都快解放了。传统型强硬粗犷的男人面孔已经被时尚工业所抛弃，时尚工业需要嘴角温柔，衣着紧身，顾盼丰姿的男人，必要时还需牺牲色相，“面首”示人，勇于露点（图 7）。新男人面孔的时尚影像投放广泛，诉求复杂，一边要顺从日益强势、咄咄逼人的大女人，一边又要讨好逐步翻身、理直气壮的男同志，时尚制造者需腹背两线作战，力求左右逢源，其苦心经营着实不易。

图7

时尚界的一线品牌 PRADA 在五年前的平面广告中，就懂得用小男人陪衬大女人来与时俱进。影像中的女人衣着华丽，风韵成熟，岁月洗练出一身从容，身边的年轻俊美男孩则眼神崇拜，亦步亦趋，嫩得快能掐出水儿来（图 8、9）。PRADA，这个中年女性设计师的品牌迎合了目标消费女人群体的隐秘愿望，和老男人喜欢年轻幼稚女孩一样，现在的强势女人也认为粉嫩未经沧桑的年轻男孩很合乎心意。

而同样是女性设计师品牌的 JILSANDER，简约风格的代表品牌之一，干脆就刷

图8

图9

图10

新了性别规则，抽掉传统的女人味，创造出一种中性形象。她的平面广告中的女人，身段硬朗，面孔尖削，表情犀利，还经常以黑白高调影像示人。抽离了色彩，图像变抽象了，面孔也随之抽象起来。对于观看的男人来说，这个面孔没有给他们留下任何幻想的可能性，除非男人们重新调整他们的消费的眼光，因为这些女人比男人还强硬（图 10）。

以上的一些尝试，往往是一种失去均衡的操作。实际上，我们不得不承认，尽管这些尝试可以扩大某种“视域”，但除了那些主张以暴治暴的视觉文化激进分子，大多数广告受众其实对超级强势女人的形象并不那么感兴趣。可以试想，如果强势女人谈了恋爱，她们的女人固有的温柔质地难道不会被唤醒吗？她们还会穿着这些不能凸显女性性魅力的衣服吗？她们难道愿意把恋爱当作气质较量的战场吗？而且，许多广告商为了不让自己的广告给女性主义者留下声讨批判的把柄，不惜借贬低男人来抬高女人，这有违女性主义“平等”的底牌，也侵犯了男性权力的正常诉求。

于是，伟大的时尚制造者给我们找到了一条伟大而折中的出路：性别权力的多元混搭，英文就是为时尚界津津乐道的“MIX&MATCH”。单一的强权的男女形象被隐去，也没有谁向谁示弱的必要，这个混搭的形象是将各种权力需求混杂在一起，构成了一个庞大的权力系图谱，各种权力的分界晦涩而含糊。在这种多元权力网中，女人的影像就像光谱一样，红橙黄绿青蓝紫，合成在一起，但又是可以解析的。或者像部落兼并后的大部落图腾，例如龙，本身就是蛇、凤凰、鳄鱼等部落图腾的综合物。权力混搭下的女人，往往有少女的清白面孔（纯洁的肉体），敢于穿着最性感的衣服（是可欲的），看似开放的表情姿态（纳入社会交往规则的），但却又是那么的冷静独立、乱世绝尘（独立性和反控制的）。

时尚的权力混搭

福柯有一句著名的话："性"无关道德，"权力"才是核心。自从亚当夏娃弄了块遮羞布以来，主流意识形态就通过人的着装渗透等级观念、性别观念。

时尚千变万变，卖得最好的还是那些人们习惯上认为有男人味或女人味的衣服。谁有权力谁就能规定穿衣的游戏规则，消费者都跟着以为这是本来就天经地义的事。然而现在的世界越发的多元混杂，各类性别运动此起彼伏，各种价值体系和权力观念也在矛盾冲突中保持平衡，时尚界也不得不摒弃陈旧老土的男人看女人的一元性别观点，强作欢笑地开出多元态的视觉之花。

仅仅说女人被物化已经是一种失去精确解说力的陈词滥调。现在的时尚影像中的女人，有着低龄化的面孔和身材，性感妖艳的打扮和混世魔王的气质，它是多种权力交错冲突的混合体，儿童或少女的清丽面孔和身材用以迎合女人希望自己年轻的欲望基底，还顺便服贴于老男人的审美；性感妖艳的衣着则是主流男性权力欲的隐形和强制的体现，男人还是希望女人是可以被消费的，俨然如一种商业上的包装，他们称之为女人要有女人的样子；而或理性或不羁的表情和肢体语言，则是都市里那些受教育多、薪水丰厚的高智力女人的投射，这样的女人在工作中生活里都是说了算的，怎么能再容忍华服低眉的女人面孔呢？

在本季的PRADA摄影广告中，Miuccia Prada女士聘用了时尚界最走红的少女模特Sasha Pivovarova，这位被评论为具有精灵气质的女孩竟然也具有多种面孔的可塑性，尤其是高贵或冶艳的形象让人觉得新鲜。在PRADA的广告中，Sasha Pivovarova扁扁的少女身材套上Miuccia Prada设计的深色晚装，清纯的脸上画着浓重的黑色烟熏眼妆容，手拿PRADA的招牌手袋。摄影师使其身处在暗调背景中，用浓重的三角光阴影来让她的稚嫩小脸成熟一点。她的衣着品味明显大于她的年龄，华丽而沉稳，掩不住的青涩好奇表情里却透着疏离和冷漠，仿佛已经提前对这个复杂的社会做好了面对的准备。这样一个被时尚界绝妙制造出来的少女妇人，和主流的男权趣味保持一些距离，对男人热切注视的眼光有点不屑和拒绝，似乎浑身上下充满了不和谐的因素，却正好是这个时代的见证面孔。（图11、12、13）

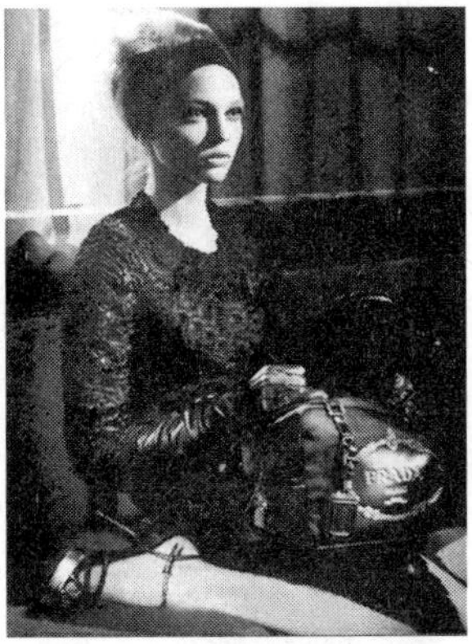

图11

图12

图13

热时尚和冷时尚

从过去的单一强权到现在的权力相持，时尚影像似乎不可能离开权力二字，那么时尚真的是要永远带着强权限制的隐形枷锁，或者成为各种权力厮杀过后相互妥协的牺牲品吗？

然而，这个世界的人们只要有自醒意识和偏好的存在，主流中就会有另类，和另类中的另类，总会有某些无意义但不多余的东西存活于世。时尚权力观的视角尽管可以覆盖广大但并非能占有一切，也就是说，总会有一些时尚的影像文本是模糊的，难以规类的，不知所踪的，沉没于暗角的，无意投奔于某一类权力的，自给自足的，自娱自乐的，精彩于苟活、沉迷于误解的。

于是，我们也就可以根据影像文本的权力体现得清晰与否，把时尚分为热时尚和冷时尚两类。

热时尚是一种带有确定的权力信息和权力运作的时尚，比如我们可以从设计师的衣服里发现情欲和口味：一个模特穿着色彩比较艳丽的职业套装，职业套装意味着她是纳入职场权力的、顺从的和处理事务高效的。艳丽的色彩，则是可以让这种在权力序列里顺从的形象获得某种消费性，一般而言，职场中的中老年男上司会喜欢这种女人的形象。这时，一种确定的、高清晰度的权力信息和运转就完整地投射到影像上。实际上，当我们能将权力混搭的影像光谱解析还原的话，那就意味着我们正在同热时尚打交道。而冷时尚则是模糊的、不确定的权力信息的展示。同时，也反映出设计者对热时尚的一种反抗，一种故意的模糊化，一种弱清晰度，或者一种需要靠想象和直接，甚至多种嫁接的观看要素才能理解的用心。

冷时尚存在吗？或许我们能从日本设计师山本耀司的时装设计中看出一点点端倪。山本耀司在时尚界以独特的裁剪、永恒的黑色和哲学思考而著名，是时装界的艺术家。据说他的衣服能使穿着的人更像他们自己。山本耀司本人也强调他希望人们穿他的衣服时，更喜欢的是他们自己，而非他的衣服（图 14）。这样的一种装扮，有意识地摆脱主流意识对穿着者的洗脑和归类，使他们凸显自己的个性，而不是自觉地把自己放在权力厮杀的终端。

图14

冷时尚代表着一种丰富的共产主义化的审美精神，一种先锋精神。它憎恨迎合，极大限度地减少权力的介入深度，各种权力形成一个序列，有如权力间的股份有限公司。马克思阐释的共产主义社会，最基本的微观基础是一种个人所有制（并非有权力等级强调交换关系的私有制），而冷时尚则也鼓励形成一种时尚个人所有制，“各取所需”，无需权色交换。张扬各自，无需社会之认同。欲望的投射找不到归宿，人们只是他们自己。

结　语

我曾经构想过一个美妙的时尚乌托邦时代。到了那个时候，衣着不再作为主流意识形态用以区分、限制性别的手段，衣着只有面料、色彩、款式、版型的差异，而非分成男装、女装。男人可以和女人一样穿着裙子和蕾丝内衣，时装设计师面临的问题是如何把一件衣服分成适合男女不同身材的两种版型来设计。中性风格不再是一种风格，因为首先人们不会把男人味或女人味当作对立的东西。权力仍旧存在，但多方的权力并存，在被限制的冲突里融合，以求彼此谅解，有权力而无权威。乌托邦时代的时尚面孔没有绝对的主流，只有相对的偏好。

我不得不提醒自己，贴着地面行走，也许时尚的乌托邦时代永远不会出现，从某种意义上说，也许没有必要出现。社会的主流价值体系存活得很坚固，但冷时尚所指涉的时尚乌托邦的幻象，其最可贵之处在于——希望从坚硬的时尚权力体系中，能够产生反对它、疏离它的另一种体系。让我们给过分确定的世界一些不确定的机会，给单调线性生长的世界一点点想象力，有如知识的边界是信仰，商业的尽头是爱情。

（原载《东方艺术》2006 年 2 期）

海滨旅游空间的符号学与文化研究

● 李蕾蕾

一、海滨旅游空间的研究视角：从自然科学到文化研究

1. 自然科学的海滨模式

偏重于自然科学的地理学将海滨看成一块独特的土地，因此有其自然的空间结构。地理学将海滨的自然环境划分为由 5 种地块组成的地理空间[1]（图 1）：古老海蚀陡崖以上的陆地区、由水填充的泻湖区、由沙以及沙地植被构成的沙丘区、界于海潮高低水位之间的冲刷区，以及低水位以下的离岸海面区。

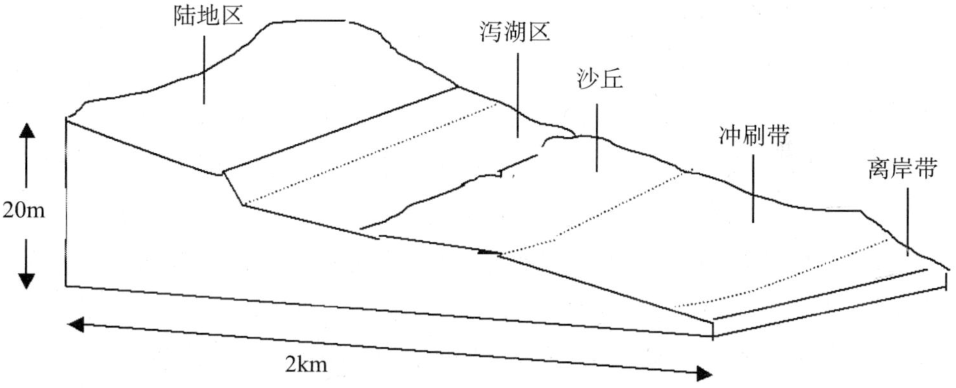

图1　海滨的自然环境空间结构（据Haggett，1979：p.6[1]，稍有修改）

大部分海滨的自然结构都满足上述模式，自然科学家对海滨的形成、发育和演变规律特别感兴趣，往往将解释为什么海滨会呈现以上的空间结构当作自己的科学任务。当然，对于旅游型海滨而言，除了风、浪、沙、土、动植物等自然因素以外，人（主要是游客）对海滨的影响也很重要。于是，地理学家就通过测量游客在海滨活动的时空分布，来研究人与海滨的关系，也就是人地或人与环境的关系，包

括人与人关系、人与地关系以及环境与环境关系，所有这些关系都有正面和负面之分。对海滨进行自然科学研究的最终目的是建构一个良性的、可持续的海滨人地系统（图 2）。

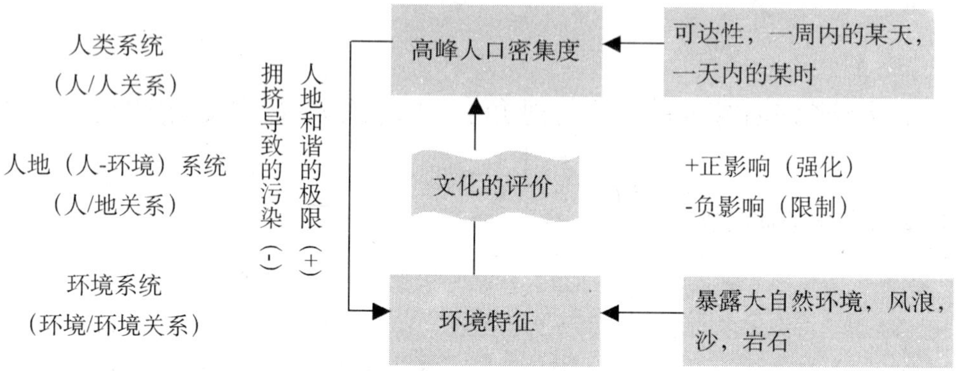

图2　海滨空间的人地关系系统（据Haggett，1979：p.15[1]，稍有修改）

2. 文化研究的海滨模式

与自然科学不同的是，人文和社会学科对海滨的研究采用的是文化分析的视角，以 John Fiske 为代表，他在其著名的《解读流行》一书中，专辟一章“解读沙滩”[2]。他将海滨沙滩比喻成文本，任何文本都有作者和读者，因此海滨也可以分析其作者和读者，以及作为文本的海滨的符号和意义。海滨的空间结构并不像自然科学家描绘的那样是一个自然环境的结构，反而是一种在自然—文化双轴作用与对抗关系中所形成的空间结构：海滨是由深水区、浅水区、沙滩区和沙丘区，以及将城市与海滨分割的道路构成的（图 3）。每一个不同的区域都意味着人类的不同活动类型，有些活动只能在一定的区域进行，而有些活动则被禁止在一定的区域进行，城市意味着是文化作用最强的地方，深水区则意味着是文化限制最少、最自然和最自由的地方。因此，离城市中心越近的沙滩往往是最大众的沙滩活动地，这里的沙滩的禁示牌以及人工设施也最多；离城市越远的“荒芜”沙滩，则可以从事诸如“裸泳”之类文化禁忌比较少的活动。

文化分析的视角在海滨模式的基础上进一步建构起海滨沙滩的意义系统，这个系统其实是一个建立在二元分类基础上的控制系统（图 4）。

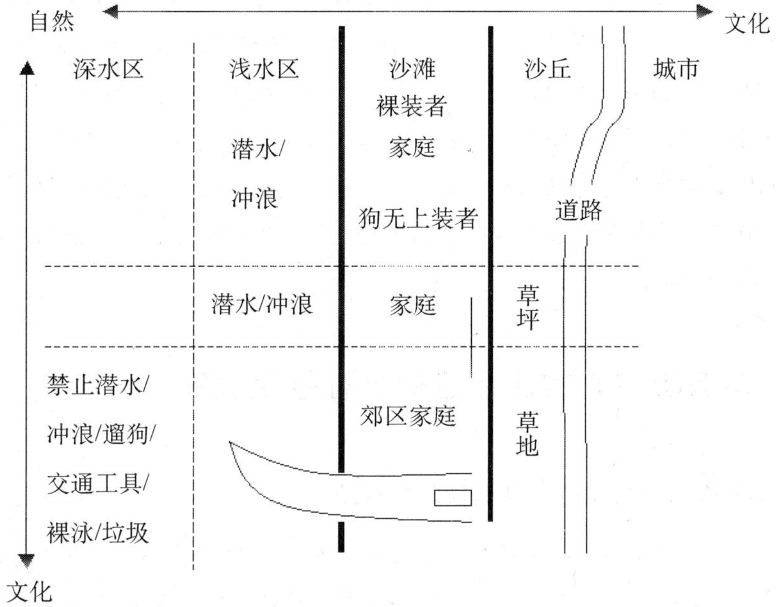

图3　海滨沙滩的文化空间模式（据Fiske，1995：p.54[2]，稍有修改）

A类别	反常类别	非A类别	自然	文化
海洋	沙滩	陆地	身体	头脑
自然		文化	感官	概念
裸体	无上装/泳装	穿衣	能指	所指
皮毛	日光浴后褐色肤	皮肤	愉悦	意识形态
游泳	冲浪	划船	不规范语言	规范语言
鱼	水中呼吸器	人	无政府状态	统治状态
动物	宠物（狗）	人	危险	安全

图 4　海滨沙滩的意义系统（据 Fiske，1995：p.57[2]，p.63）

由此可见，海滨沙滩本质上是一个在人类普遍的二元认识论中，属于中间不规则类别，因此在海滨沙滩这种反常空间中，人类所有的行为和活动也属于中间性活动，包括可以穿泳装或无上装，可以为追求半自然半人工的褐色肤而进行日光浴，可以冲浪、潜水，甚至可以在界于海滨沙滩与城市住区之间的道路上遛狗。John Fiske 通过对海滨沙滩这种工业化时代逐渐流行起来的大众旅游、休闲空间的解读，不仅为海滨旅游地的空间规划和活动安排提供了一个参考框架，更重要的是揭示了看似自然的海滨，其实是实现着主流文化和价值观对大众的基本控制的工具之一，是传递主流价值和维护主流社会的一个场所。在海滨这个中间型或不规则、反常的空间“文本”中，充满着作为“作者”的主流社会阶层与作为“读者”的大众游客阶层之间的文化张力，海滨旅游地的形成实际上为流行文化的实践提供了一个抗争的场所。在这个场所中体现着社会建构各种主体之间的较量，并形成海滨独特的文化意象空间和形象。

二、海滨旅游空间的社会建构与符号化过程

1. 海滨从自然空间到旅游空间的社会建构史

从历史的维度来看，海滨成为大众心目中的旅游目的地，或者说，海滨之旅游形象和意象的形成，事实上经历了200多年的社会建构史。在17 18世纪，当温矿泉疗养地已经兴起的时候，海滨在人们的心目中仍然是蛮荒的自然地理空间，直到罗素医生开始宣传海水浴有益健康，人们才开始关注海水以及海水浴场[3]。大约在1750年代，海滨才逐渐成为西方意识形态中持久的旅游和休闲资源[4]。

值得注意的是，早期的工业化和城市化的发展，极大地推动了海滨旅游开发与旅游意象的形成。海滨可以说完全是工业化时代社会建构的产物。这一点可以从海滨建构的源头典范Blackpool海滨的分析中展现出来。英国是世界工业革命的发源地，英国也是世界上最早开发海滨旅游资源、建构海滨旅游目的地的国家。早在1781年，位于英格兰东北部的Blackpool就已经是一处非常知名的海滨旅游地了。该地的象征性铁塔兴建于1891年[5]，与法国巴黎1889年建成开放的Eiffel铁塔[6]属于同时代著名的标志性建筑。Blackpool从一个边远的小渔村发展成为一个“闪耀着娱乐和创新精神”[5]的世界著名海滨度假城市，经历了长达200多年的社会建构史。然而，这个著名的海滨城市在经历了150多年的繁荣之后，却于上世纪七八十年代，随着整个英国的海滨一起走向了衰落。Blackpool目前是一个令地方政府头疼的海滩，同时也逐渐被当地居民和旅游者遗弃和淡忘。Blackpool在当地人的心目中成为一个让人感受复杂的词和地方。今天，如果外来者提出要去那里旅游的话，英国人会觉得很奇怪，他们会迫不及待地介绍你去更北一点的著名湖区（Lake

District）——一个充满了英国自然美学和浪漫意识的乡村景观地区。

Blackpool 的社会建构过程，是工业化时代海滨旅游开发的典型代表。它所形成的海滩景观和城市化形象，是资本主义私有制主导之下、工业化推动和城市化发展、旨在吸引工人大众的海滨开发的一个案例。对于当前我国海岸带正在如火如荼开发海滨旅游资源、建构旅游度假地的实践，具有深刻的启示意义。然而，工业化时代的旅游开发所逐渐形成的海滨旅游地，除了具有城市化、大众性与衰退的形象之外，还存在一些隐含的意象。对这些意象的认知和理解，反过来又会自觉或不自觉地影响和指导着更多的海滨旅游开发与社会建构的实践。因此，揭示海滨的隐含意象与认识海滨的显在形象一样，对于海滨旅游开发与形象建构具有重要的价值。

2. 海滨旅游空间的符号化过程

新社会学和社会建构理论认为：社会现实就是个人和集体行动者历史和日常的建构[7]。在这个进程中，社会现实的建构由于被客观化、日常生活化，以及内在化了，因此往往不为人注意，成为一个看不见的隐形过程。作为客观现实的地理空间，例如旅游目的地，它实际是什么，或者人们认为它是什么，即它的形象是什么，都是社会建构的，就像游客的经验也是社会建构[8]的一样。揭示旅游地的社会建构过程，有助于更深地理解、更合理地指导旅游目的地的开发、规划与形象建构。正如旅游学家麦肯内尔（MacCannell）[9]的研究指出的：任何旅游地或景点，都要经过 5 个阶段的发展过程，才能从“非旅游地”转变为旅游地。这 5 个阶段分别是：命名阶段、围圈与提升阶段、供为圣物阶段、机械复制阶段、社会复制阶段。

海滨也是如此，举例来说，拥有 256 公里海岸线的深圳有 20 多个海滩[10]，比较早完成命名阶段的是小梅沙。小梅沙原为一个百余人的客家小渔村，1980 年设立青少年度假营，1985 年修建旅游中心、小梅沙宾馆等，此后，年接待游客量最高达 80 万人次[11]，完成了小梅沙的“围圈和提升阶段”。小梅沙因此从原来荒芜的小海滩，演变成为一个收费的海滨浴场，同时也成为深圳这个日益现代化的城市中，那些从事会议、商务、旅游等特殊活动的人群的一个特殊地点。人们必须在特殊的时节、以特殊的心情、用特殊的价格、经过特殊的旅行过程等等，去到那里、呆在那里、进行特殊的休闲、会议、旅游、度假、娱乐等活动，小梅沙因此变得特殊而神圣，成为一个游离于日常工作和起居生活空间的旅游者的“圣物”。继小梅沙之后，深圳周边海滩的开发也得到了发展，比较明显的是大梅沙的开发，大梅沙成为既小梅沙之后一个新的投资空间，而整个深圳有“21 个‘大小梅沙’‘隐藏’在东部”[12]，由此深圳海滨旅游开发将进入“机械复制阶段”；随着整个社会对海滨以及海滨旅游的认知、偏好、需求、消费和开发，特别是人们对那些与海滨有关的各种意象的使用，例如，房地产商对海滨的青睐、海滨食品和海鲜饮食文化的发展、海滨美容与健康用品的营销等等，将推动海滨的“社会复制”过程。

海滨在日常的和历史的社会建构中变成了旅游地，并因此成为大众文化的一部分[2]。用 John Fiske 的术语来分析，海滨从一个自然地理单元演变为一个旅游休闲和度假地，实际上是在进行着从“初级文本”，到“次级文本”，再到“第三级文本”的过程。John Fiske 曾举例说：原初的文化商品如一条牛仔裤，可以被当作初级文本分析；而与初级文本直接相关的如牛仔裤的广告、有关牛仔裤的媒体故事和评论，是其次级文本；牛仔裤持续存在于日常生活过程，如活跃在人们的对话、影响人们穿牛仔裤的方式以及居住公寓的方式等等，都是牛仔裤这种大众文化的第三级文本[13]。大众文化三级文本之间的互文性（intertextuality），实现了大众文化意义的建构。同样，海滩从命名到社会复制的一系列过程，与作为初级文本的海滩发展到第三级文本的海滩，其实反映了 MacCannel 与 John Fiske 两人观点的相似性。

如果进一步从符号学与文化研究，以及新文化地理学的角度来观察海滩，同样有助于加深我们对旅游地社会建构过程的理解。文化符号学家把一切文化，从语言到城市、聚落、景观都看成符号，海滩也是一种符号，具有特殊的意义，也存在着符号化过程[14]、[15]。因此，海滩的社会建构，在本质上就是社会行动者对海滩中的自然与人文要素的符号意指过程、编码过程和神圣化过程。海滨并不仅仅是一个具有独特地理空间结构的单元，它还反映着人与环境、游客与海滩、人与人之间的关系。于是，海滩的“迷思”（myth）浮出水面，即海滩以及任何一个旅游点和目的地的形象、意象、意义和神话由此形成。而大众旅游者对海滨的旅游消费，其实就是一个社会“解码”（decoding）（解读旅游地的形象和意义）和“去神圣化”（de-mythification）（消费旅游地的形象和意义）的过程。

从编码到解码、从神圣化到去神圣化，隐含着社会建构过程中各种行动主体（如政府、房地产开发商、当地居民、游客、商人等等）的复杂性和互动性。社会建构的主体、也就是个人和集体行动者，是社会建构理论关注和分析的核心。它将”主体性”（subjectivity）的讨论，以及社会关系的讨论纳入到对社会事件，包括象海滨旅游开发这样的社会空间事件等议题中，是空间实践也是空间研究的另一个维度。

简言之，旅游地的开发和形成表面上看是土地、资本、政策、需求等推动和规划执行的一系列资源开发和经济活动及其结果，实际上则隐含着社会建构的过程，不论这种建构是日常的还是历史的，是个人的还是集体的，都包含着多元主体的参与，以及主体与旅游地之间的社会空间关系。对海滨旅游开发与旅游形象的研究采取社会建构的理论视角，有助于社会空间的行动主体对海滨空间的本质认识，以及对人类所投射在海滨上的各种开发实践活动的认识，从而可以更全面地指导和开展海滨旅游开发与形象建构的具体实践。

三、海滨旅游空间的符号学形象

海滨旅游地经过历史的与地理的社会建构过程，逐渐形成当今世界海岸带版图上大大小小、各种各样的度假、休闲、娱乐等海滨目的地。这些地方虽然早已经从边远的小渔村或人烟罕迹的土地，演变成了现代社会趋之若鹜的旅游地，至少完成了从“非”（不是旅游地）到“是”（是旅游地）的命名阶段，以及围圈、提升、复制或神圣化和去神圣化的过程，但其旅游形象的具体意含却丰富而深刻，值得进一步解析。

海滨旅游开发与旅游形象的社会建构虽然是西方工业革命时代的产物，但也同时是西方殖民历史过程的产物。若从殖民话语的视角来看，海滨旅游开发是在旧殖民体系中的社会架构中完成和延续的。这一点特别体现在发展中国家，以及被发达国家曾经“控制”的殖民地海滨，例如东南亚国家的海滨、牙买加等加勒比海湾地区的海滨等等。这样的海滨旅游空间往往被构建为以下形象特征，使海滨不仅具有旅游、休闲和度假的意象，还同时隐含着更丰富的意涵：

1. 海滨的边缘性和过渡性形象

不论从自然地理区位还是从文化地理区位来看，都可以发现海滨具有边缘性（marginal）和过渡性（liminal）的特点[2]、[16]、[17]。海滨处于陆地和海洋之间，它既不属于人类集聚的陆地生活系统，也不属于浩淼无垠的海洋生态系统。海滨既是陆地的边缘，也是海洋的边缘，因此，长久以来它都不是人类活动的核心空间。陆地和海洋对应着文明与自然的关系、现在与过去的关系、西方与东方的关系，因此，海滨总是具有陆地与海洋、文明与自然、现在与过去、西方与东方这种“二元论”

的过渡性和复杂性。正是这样的意象，使得边缘性的海滨总存在着一种无限的魅力，既吸引儿童也吸引成人，既安全也危险，既规矩又浪漫……

2. 海滨的天堂形象

海滩总是被描绘为Paradise，海滩的旅游广告常常以此为主题和诉求。海滨和海滩总是充满着伊甸园的浪漫景象，是自然的、美好的、没有被人类浸染的，因此具有梦幻色彩和超现实的特征。在这样的地方，也只有在这样的地方，那些打破文化规约的行为才具有了合理性和合法性，例如，比基尼和“天体运动”，通常只有在海滩上是被允许的。从海滩的文化史来看，海滩已经成为一个对抗和挑战西方社会有关经济、美学、性欲、宗教、技术等文化范式的里程碑式标志[18]。也只有在海滩、面对海滩，人类才可能得到身体的和心灵的自由释放。因此，海滩是人间天堂、海市蜃楼。

3. 海滨的女性化形象

女性主义地理学认为：景观、地理空间也有性别。景观的性别化正是空间之社会建构的结果。例如，“征服自然”隐喻着“自然”常常被女性化，并成为被人类征服的对象；“祖国母亲”隐喻着国家和民族的女性化；未开发的处女地更是表达了未知土地的女性意象。海滨旅游地常常被若干个“S”所表征：阳光sun，沙滩sand，海洋sea，海鲜seafood，岩石stone，冲浪surf，性sex等等，都是自然和女性的组合。因此，海滩具有很明显的女性化形象，她是性感的（sexual）女郎，充满着感性的（sensuous）魅力，是两性浪漫的栖息地[16]、[17]。

4. 海滨的殖民地形象

海滩的旅游者通常是来自西方世界、中产阶级的、异性恋的、白种男性[18]，这样的客源结构隐含着海滩旅游地不仅具有女性化特点，同时也具有殖民地色彩。海滨是男性对女性、西方对东方的“凝视”[19]。海滩极生动地揭示了国家、民族、人种、性别和阶级的权力关系及其在空间和旅游当中的表现。东南亚的海滩，以及加勒比海区的所谓“异国情调”，正是上述海滩意象的综合指说。在异国情调的公众形象之下，海滨隐含着更深刻的人与自然之间、社会主体之间的抵抗和斗争关系。

所有上述这些在历史和日常生活中所建构起来的海滨形象或意象：“边缘性”、“过渡性”、“浪漫性”、“女性化”、“感性”、“异国情调”和“殖民性”等，构成了从地方政府、土地开发商和投资者、乃至大众游客所普遍认同的海滨意识以及潜意识。正是这些意识和潜意识，指导和推动着海滨作为旅游、休闲和度假地的命名、围圈、提升、机械复制和社会复制的社会建构过程，以及神圣化和去神圣化的符号化过程。因此，但凡商业上成功的海滨，都是在特定的历史和地理背景中，对海滨形象的边缘性、过渡性、天堂形象、女性化、感性魅力、浪漫色彩和殖民性的深刻体察和现实展现。

四、结论与讨论

海滨是一个值得从符号学和文化研究的角度进行分析的独特地理空间和旅游空间，虽然自然科学的海滨研究可以帮助我们理解海滨的自然发育过程以及规划和建立可持续的海滨人地系统模式；但文化研究视角却极大地丰富和加深了我们对于海滨的社会建构过程的理解和认识。200 多年来工业化时代的世界海滨旅游开发，推动了海滨从“自然”到“旅游地”的社会建构过程，形成了海滨的“边缘性”、“过渡性”、“浪漫天堂”、“感性”、“女性化”、“异国情调”和“殖民性”等共同的形象特点，也出现了海滨的城市化、私有化、整体衰落等问题。运用海滨的社会建构理论和符号化过程的话语和视角，重新评估和思考海滨旅游开发和形象建构问题，可以得到一些新的启发。作为文本的海滨分析，还揭示了海滨旅游空间的意义建构过程中的主体冲突、文化价值对抗和权力控制机制，这些主体冲突和对抗可以表现在文化与自然（或人与环境）之间的对抗、当地居民与大众游客之间的对抗，不同游客群体之间（如年轻冒险者与中产阶层家庭游客之间）的冲突，私人海滩与公共海滩之间的冲突等等。文化分析的海滨研究提醒了海滨的旅游开发者和规划师们，要将视野投向海滨旅游开发的社会主体问题，这也许会成为未来我国的海滨理论研究与开发实践过程中的一个新课题。

注释：

[1] Haggett, Peter, *Geography: a modern synthesis*, 3rd edition, New York: Harper International Edition, 1979: 3–25.

[2] Fiske, John, *Reading the popular*, London: Routledge, 1995: 43–76.

[3] 〔英〕A. J. 伯卡特，S. 梅特利克，《西方旅游业》，同济大学出版社，1990：7。

[4] Hall, C.M. and Stephen J. Page, *The geography of tourism and recreation: environment, place and space*, 2nd edition, London and New York: Routledge, 2002.

[5] Rothwell, Catherine, *Blackpool: in old photographs*, England: Budding Books, 2000: 7.

[6] Michelin TyrePlc Tourism Department, *Tourist Guide Europe*, 1st edition, France: Michelin. 1999: 183.

[7] 〔法〕菲利普·柯尔库夫,《新社会学》, 社会科学文献出版社, 1995 年, 第 14—15 页。

[8] 〔英〕罗宾·科恩、保罗·肯尼迪,《全球社会学》, 社会科学出版社, 2001 年, 第 317 页。

[9] MacCannel, Dean, *The Tourist: A new theory of the leisure class*, New York: Schocken, 1973.

[10] 蔡良焕、唐顺铁,《共建美丽海滨旅游城市》,《深圳特区报》, 2003 年 1 月 17 日 A7 版。

[11] 深圳后花园, 浪漫小梅沙, http: //www.lib.szu.edu.cn/szulibhtm/AD_tqzl/BD_tqjshwm/jshwm46.htm.

[12] 季杰、刘丹,《我市东部海滨地区发展规划蓝图绘就, 23 处海滩可供你游玩》,《深圳商报》, 2002 年 7 月 24 日。

[13] 〔美〕约翰·费斯克,《理解大众文化》, 中央编译出版社, 2001 年, 第 150—151 页。

[14] 〔法〕罗兰·巴特,《神话——大众文化诠释》, 上海人民出版社, 1999 年。

[15] Fiske, John, *Introduction to communication studies*, New York: Methuen & Co. Ltd, 1982.

[16] Hughes, George, *Tourism and the semiological realization of space*, in Ringer, Greg & Gregory D.Ringer, *Destinations: Cultural Landscapes of Tourism* (Routledge Advances in Tourism 4), London: Routledge, 1998: 17–32.

[17] Pritchard, Annette and Nigel J. Morgan, *Constructing tourism landscapes: gender, sexuality and space*, Tourism Geographies, 2000, 2 (2): 115–139.

[18] Lenclek, L. and G.Bosker, *The Beach: the history of paradise on earth*, London: Pimlico. 1999.

[19] Urry, John, *The Tourist gaze: leisure and travel in contemporary societies*, London: Sage publication, 1996.

(原载《城市规划汇刊》2004 年 2 期)

信息时代的“数字媒介设计”

田少煦

进入21世纪以来，计算机技术以前所未有的速度和规模渗透到文化、生活的各个方面。在艺术和设计领域，数字化正在改变我们的组织形式、设计程序、传播方向、阅读方式，它给我们提供了一种全新的创作方法和多维的向度，建构了一个可以供所有传统意义上的艺术造型和表现语言的交叉事例的崭新平台，同时也促进了新的艺术与媒介革命。“设计”作为艺术与科技以及其他文化要素的结合体，正面临一场大调整、大改组，如果我们不能正视这种新的媒介和崭新的设计样式所导致的各种变化，以及由此裹挟而至的各种新问题，我们就会在这场前所未有的变革中迷失方向。

一、不同时代的设计样式

“设计”是人们生产和生活中不可缺少的一项文化活动，它贯穿人类社会的各个时期，反映了一个时代的生产力水平、审美意识和文化状况。“设计”的目的是“为人造物”，它在不同的时代有着不同的内涵和表现形式。

农耕社会——“工艺美术”

人类在遥远的童年时代，就跟“设计”结下了不解之缘。开始是石器的打制，逐渐发展到石器的磨制，使人掌握了最初的征服自然的工具。彩陶的出现，标志着原始社会人类造物的进步，大量的彩陶及纹饰，给我们的祖先带来了驰骋想象的广袤空间，也反映了我国古代工艺美术中一种卓越的创造力，孕育着最初的“设计”意念。

进入农耕社会后，几千年的农业社会及其农耕文化，造就并成熟了古代的设计形式——工艺美术（arts and crafts）。在生产力不发达的农耕社会，跟人们的生活息息相关的工艺美术，主要表现为衣、食、住、行、用的设计和生产。工艺美术的一个显著特征，是设计与制造的合二为一，工艺美术的设计者也是生产者，这在民间工艺中尤为突出。由于工艺美术是自给自足的自然经济发展的产物，是为满足自身的精神与物质文化需要的一种自发的造物活动。它一直保持了实用和审美分化之前的初始状态和“本元文化”的特征，也反映了中国古代混沌的哲学思想。

工业社会——“艺术设计”

人类文明进入工业社会后，设计的内容与形式发生了天翻地覆的变化。“工艺美术”中的大部分行业和设计形式跟现代化的工业生产紧密结合，而离传统手工艺的“工艺美术”越来越远。工业化的大机器生产奠定了现代设计的社会物质基础，设计与制造的分工、造物与使用的分离，为现代设计的发展起到了积极的催化作用。从20世纪70年代起，西方现代设计思潮开始全面地影响我国，设计界逐渐使用“设计”、“平面设计”、“工业造型设计”等概念。到了90年代，“工业设计”的呼声日益高涨，甚至发展到把一切工业化条件下的设计活动都称作“工业设计”。“工业设计”的内涵从最初的“工业美术设计”、“工业造型设计”，扩展至“平面设计”、“环境艺术设计”、“广告设计”、“服装设计”……几乎所有的非手工艺设计生产的领域，大有替代一切视觉设计的趋势。直到20世纪的最后两年，我国教育界才正式启用“艺术设计”的名称来替代传统的“工艺美术”，并在博士、硕士学位的专业目录中用“设计艺术学”涵盖了“工业设计”方向。

工业社会“设计”样式的称谓界定基础，是由它的大机器生产性质和与之适应的工业行业所决定的。我们可以把这一时代的设计样式概括为“艺术设计”（Art and Design），它是工业社会“设计”的主体样式。

信息社会——“数字媒介设计”

随着21世纪的临近，人类社会逐渐步入信息社会。以计算机科学为标志的数字技术给“艺术设计”带来了空前的繁荣。从20世纪末至21世纪初，计算机介入的设计形式以惊人的速度席卷了包装、广告、印刷、影视、互联网、建筑、景观、工业造型、纺织、服装等几乎所有的视觉设计领域。“设计艺术”融入了崭新的数字化时代。

信息社会“设计”的“数字化”技术，以及由此带来的设计思维和设计方式的改变，是这一时期“设计”样式区别于工业社会“艺术设计”的突出因素。“数字化”反映了信息社会“设计”领域的共性及其生产力的特征。

因此，我们可以把信息社会具有数字化特征的“设计”概括为“数字媒介设计”(Digital Media Design)，它跟农业社会的“工艺美术”、工业社会的“艺术设计”具有基本相同的概念表述，是信息社会“设计”的主体样式。它应该是信息时代以数字科学为基础的跨行业的新兴的设计样式和设计学科的统称。

我们所说的不同时代的设计样式，是指每个时代都有它代表性的、主体的“设计”样式，但不是绝对的样式。在我国，工业社会有相当一段时期都是“工艺美术”与“艺术设计”共存（国家标准 2007 年还是把视觉设计类的学科统称为“工艺美术”）；信息社会同样会出现“艺术设计”、“工艺美术”与“数字媒介设计”共存的局面，但“数字媒介设计”是信息社会的设计主流。

二、“数字媒介设计”的模糊界定

有关数字化“设计（Design)”的概念和学科认定，至今在全世界学术界还没有一个统一的定义和权威的理论体系，各家评说不一，国际教育界对它的称谓及学科方向的设定也不尽相同。日本有称“情报设计”、“界面设计”和“信息设计”的，美国和欧洲也有称“传达设计”、“多媒体设计”、“网络设计”、“媒体与虚拟现实设计”等。正是这种学科的不确定性，数字化设计才得以摆脱一些人为的羁绊而空前地、自由地发展。

关于现代科学理论或学科的界定与构建，通常要用到两种基本方法——“公理论”和“模型论”。

“公理论”是建构科学理论目前应用较多的一种方法，它与“构成论”相联系。由于它便于建立概念体系的结构模式，适合于几何描述，而几何形式又易于发展演绎推理，于是形成了西方传统科学的结构的、几何的、公理论的特征。在工业社会里，我们的学科分类基本上是按照“构成论”的模式建立的。如几何学对线的定义：线是点移动的轨迹，准确而肯定。

建构科学理论的另一种方法是“模型论”，它跟“构成论”有所不同。它把理论看作一簇与经验同构的模型，以模型化而非公理化的方法表达理论，用“同构”的概念来说明理论与客观对象之间数学的和物理的关系，作为一种抽象的形式反映客观对象。发现诸结构的这种同构关系的最大意义在于，可以从原始观察陈述出发推论出尚未观察到的一些有关的命题，而这些推论的结果又可以成为新的初始命题，不断地去寻找越来越多的可观察性质。“模型论”出自中国传统哲学的自然观，是与“生成论”相联系的[1]。

现代科学哲学的研究表明，作为建构科学理论的方法，“模型论”比“公理论”更适合于现代科学[2]。从这个意义上讲，不使用西方“公理论”的方法来给数字化“设计”下一个完美的科学定义，以及建立起一个固定的概念体系的结构模式，而采用“模型论”的方法给它构建一个混沌的概念体系的功能模式，也许更适合数字化“设计”这门与时俱进的新兴学科的不断创新和延拓。

由于信息社会数字化“设计”对象的非行业化、“设计”范围的模糊性，以及其内容的错综复杂，致使我们不大可能再按照工业社会的线性思维，在生产性质和行业范围内去寻找信息社会数字化“设计”的确切的界定元素。想要得到与之相应的较为合适的设计样式和设计学科的称谓，我们不妨借鉴当代国际科学界的前沿理论——浑沌论和非线性理论的思维方法，也许信息社会数字化“设计”本身所涉及的“数字”技术是这一特定时期“设计”样式较为合适的模糊的界定基础，因为“数字”反映了信息社会“设计”领域的共性及其生产力的特征，是区别于工业社会物理“设计”的突出因素。

大机器生产是工业社会的物质基础。“物质性”表达了人们的生活方式和生活内容的基本方面，也是工业社会设计样式的表达基础。信息社会的数字化设计则不再关注设计对象的“物质性”，而更趋向“非物质”的表达或“非物质性”设计，“非物质性”是社会信息化的必然结果。数字化“设计”是一种典型的“非物质”媒介，是沟通人与人、人与社会、人与自然、人与物质的中介和桥梁。数字化“设计”实质上是一种“媒介设计”[3]。

《辞海》中有关“媒介”词条的解释是：(1) 使双方发生关系的人和事物。(2) 指各种信息的传输手段。如新闻广播等。(3) 在艺术范畴指艺术家所采取的表现手段或技法。如油画、雕塑、版画等的表现手段或技法。《辞海》中没有“媒体”的词条。“媒介”与“媒体”虽然在英文中都是Media，但其中文的意义却有明显差异。“媒介”是指手段或技法，含有“非物质”的意味，跟“虚拟现实”的属性相吻合；而“媒体”之“体”，是指身体、物体、实体，“媒体”一般用来指传媒界的实体单位，如：电视台、报纸、杂志都称作“媒体”。从字面上讲，“媒介”与“媒体”二词的主要区别是：“媒介”为虚、“媒体”为实。再则，“媒介”的社会化（拥有稳定信息源）才能形成“媒体”。因此，用“媒介”比用“媒体”更接近我们数字媒介设计的实质，更好地体现了数字化设计的“非物质”和“虚拟现实性”的特性。

从国际学术界和教育界对数字化“设计”的诸多称谓及学科内容的设定来看，主要涉及视觉艺术、艺术设计、信息传播、人机界面、多媒体、网络、动画、游戏、虚拟现实等等，其主要范围都可用“数字媒介设计”来囊括，它能基本涵盖21世纪数字化“设计”的科学范畴。因此，用“数字媒介设计”（Digital Media Design）来称谓有关数字化“设计”的学科或专业，既基本体现了这个专业领域所涵盖的内容和专业实质，也较符合现代人的思维习惯及理解能力。

对“数字媒介设计”的定义，我们可以借鉴生物学中对“生命”定义的方法来处理。在生物学中，“生命”并没有严格和明确的定义，但可以列出一系列生命物的特征：譬如繁殖能力、运动能力以及对周围环境的相对独立的存在能力等。大部分生物都具有上述特征，虽然一些生物在上述某些性质上有所例外。

同样，我们可以把“数字媒介设计”建构起一个这样的功能模式：它由核心内容、关键技术、存在方式、表现形态、载体、原作状态和艺术语言七部分构成。我们可以把这个模型看作是具有下列性质的集合“D”，而不去寻找精确的定义，因为任何精确的定义几乎总要排除一些有趣的情形。

集合“D”具有下列典型的性质：

（1）D的核心是数字内容创意；

（2）D的关键技术是以信息科学为基础的计算机技术；

（3）D的存在方式是计算机生成的、或通过数字转化得来的符码——比特（bit）；

（4）D的表现形态以视觉艺术和视觉设计为主，它具有交互性、非物质性和虚拟现实性；

（5）D以数字化及延伸设备为其呈现与应用的载体；

（6）D具有原作的复数性并可实现广泛共享；

（7）D的艺术语言是融合了艺术与设计思维的计算机程序、数字图形图像，以及相关的多媒体。

简言之，“数字媒介设计”指的是那些利用数字技术进行有关数字媒介的计算机程序和以数字图形图像为主的多种媒介的综合设计，以及与之相关的专业活动。

考虑到目前国内信息产业、新闻传媒都把Digital Media翻译成“数字媒体”，几乎没有“数字媒介”的提法。为了公众的认知统一，我们在行业上还是把Digital Media称之为“数字媒体”，而在学科和学术上称之为“数字媒介”。就象民众称

Computer为“电脑”，学术界称Computer为“计算机”一样，这样既照顾到大众的语言习惯，又保持了学科和学术的准确性及科学性。

三、“数字媒介设计”的文化属性

“数字媒介设计”跟“工艺美术”和“艺术设计”具有基本相同的文化属性。它在民族文化的构成中属于经济基础的范畴，处于生产力的层面，表现为一种富有特色的物质文化形态。信息社会的电子计算机是人类社会进入较高阶段的生产力的代表，它是人类劳动的物化，是比手工劳作更先进的工具，它跟工业社会的大机器生产和农耕社会使用弓箭、刀斧等工具在本质上是同一的。

由于设计文化的特殊性，一方面，它的外在形式依赖于造型艺术，其表现形式主要为艺术化形态；另一方面，它又是工业产品的预想方案和实现基础，或营销、传播的重要手段，属生产力不可分割的组成部分，尤其是数字化的CAM（计算机辅助制造）——设计与制造的一体化应用，已经很难把设计与制造人为地分割开来。从文化学的意义上讲，“数字媒介设计”的本质是实实在在的物质文化。

辨别一种文化的属性，不是看它的外在形式如何，而是要透过现象观其本质。这里涉及民族文化的层次问题：我们把一个民族的文化整体视为一个三维的立体系统，那么它的结构应包含三个层面，即：外层——物，中层——心物结合，核心层——心。这三个层面彼此关联，形成一个完整系统，构成了民族文化的有机体。“文化的物质层是最活跃的因素，它变动不居，交流方便；理论、制度层是最权威的因素，规定着文化整体的性质；心理的层面最为保守，是文化成为类型的灵魂”[4]。受现代物理学耗散结构理论的影响，文化学的耗散结构论认为：文化体系存在和变迁的过程是开放性的，有它自己的耗散结构，它不停地与别的文化系统进行物质、能量、信息的交流，不断地吸进新的文化特质，又不断地耗散旧文化特质。正是这种吐故纳新，文化既不断发展，又维持了一种特殊的有序稳定结构，为自身进一步的发展提供了条件。当两个不同的文化系统进行耗散交流时，首先是外在的物的层面，其次是理论、制度等中间层，最后才是心理的核心层。设计文化处于外在的物的层面，因此它是最活跃的文化要素之一。

由于我们以前在对待设计的文化属性这个问题上的模棱两可，致使我国高校的设计教育长久徘徊在传统美术教育的阴影下而不能自拔，总认为自己在从事纯艺术教学，在从事高雅的“上层建筑”而非低下的“经济基础”。因此，脱离实际、远离生产的纸上谈兵成了大部分高校设计教育的一大“特色”，因为人们对在认识上属于上层建筑的设计艺术有没有必要非得跟属于经济基础的工业生产紧密结合，始终报有消极的态度。

四、“数字媒介设计”的非物质趋向

在农耕社会和工业社会，“工艺美术”和“艺术设计”都是围绕着造物活动而展开的。农耕社会的造物主要是为了满足造物者自身的生存需要，工业社会的造物则是为了满足社会的物质文化需要，是以满足人类“物质欲望”和“消费主义”为核心的活动。“物质性”表达了人们的生活方式和生活内容的基本方面，产品的所谓“艺术性”和“精神性”是附着在产品的物质性上的。因此，现代主义设计提出了“形式服从功能”的设计原则，这里的“服从”其实是指服从产品的物质性。[5]

信息社会是一个把工业化的结果推向极端的社会，是一个基于提供服务和非物质产品的社会，也是物理现实和社会现实充分信息化的社会。在信息社会，因为“数字媒介设计”会导致一个较为显著的发展趋势，就是它不再局限于对象的“物质性”设计，而逐渐趋向设计对非物质的表达或“非物质性”设计，非物质设计对非物质性的表达也就成为社会信息化的结果。“非物质”不是物质，但“非物质”是基于物质的，只不过是脱离了物质的层面。

从工业社会的物质文明向后工业社会的非物质文明转变，将是21世纪设计发展的总趋势，而推进这一转变的关键就是信息技术。21世纪的设计将从有形（tangible）的设计向无形（intangible）的设计转变；从物（material）的设计向非物（immaterial）的设计转变；从产品（product）的设计向服务（service）的设计转变；从实物产品（product）的设计向虚拟产品（less product）的设计转变[6]。

信息社会的“数字媒介设计”与前两个社会的设计样式的显著区别之一，在于它的“非物质趋向”和“虚拟现实性”。数字化符码决定了它的“非物质趋向”，而“非物质”又导致了“虚拟现实性”。

由于“数字媒介设计”与设计的“非物质趋向”在很多方面的契合，它使概念的、方法的、精神的、人文的要素在设计中凸现，让我们有更多的机会和可能脱开物质的层面来思考深层的文化和哲学问题。这对于我们从哲学思想、设计观念、审美意识诸方面发扬中国传统的设计文化，实现我国优秀的传统工艺与当代设计的有机结合，具有了真正的现实意义。

五、“技术至上”及其根源

在信息技术飞速发展的今天，科学技术给社会带来的影响是前所未有的，从高技能到高科技确实让数字媒介设计受益匪浅，数字媒介设计中的技术含量也大大高于以往的设计样式。但我们应该清醒地看到，现阶段技术因素的凸显，只是数字媒介设计初级阶段技术不成熟的暂时现象，一旦技术发展趋于同质化，这种现象就会消减。过于神化技术的趋向一旦成为数字媒介设计发展的主流，就会把人们引入歧途。这并不是什么前卫意识，实际上是人类对技术的利用和控制上的失当所导致的技术负面的功能后果，是工业社会“技术至上”传统观念的延续。

有关艺术与技术的关系，表面上看是一种学术争论，但它却反映出一个深层的文化命题：“两种文化”。上个世纪50年代，英国学者C.P.斯诺提出了“两种文化”的命题。在之后的半个世纪中，“两种文化”的冲突和隔离并没有因文明的发展而中止，这种现象在设计界表现得尤为突出。“唯人主义”的兴起和“技术理性”的泛滥，加剧了这种悲剧的蔓延。

所谓“唯人主义”，是指一种特定意义上的“人道主义”。它在强调人的自我塑造具有无限的可能性时，开始背离了人的自由，这就是人的“本质化”的过程。这种过程必然损害人与世界之间的自由关系，并最终反过来损害人自身的自由发展和自由创造。“技术理性”的泛滥与唯人主义紧密相关。它展现了近代科学的一个崭新维度：实施力量化、控制化和预测化，服从于人类的“权力意志”。服从“力量”的要求，允诺“无限”的可能性，构成了技术理性的两大要素，并最终表现为对理性具有无限“力量”的肯定。技术理性使人们相信：科学技术具有无限发展的可能性，科学技术可以解决一切问题。

在这一意义上，技术理性与唯人主义开始合流：唯人主义得到弘扬的地方，也就是技术理性大展宏图之处，两者互为手段，互为目的。唯人主义在与技术理性的相互渗透和相互促进中，陷入了一个历史的吊诡：技术发达了，人们却丧失了劳动的乐趣甚至权利；科学发展了，人类对于生命和存在的意义却越来越迷茫[7]。

在工业化时代，人的思维模式建立在牛顿经典物理学理论基础之上，反映了传统的经典物理思想体系。到了21世纪，我们不应该继续停留在用牛顿的观念来审视世界，而应该从观念、思维方式上吸收人类文明的优秀成果，这样才能更加接近和准确地把握今天的世界。比如：我们可以学习用量子观念来审视世界。在量子观念中，世界是实体性极弱的、不连续的、波动的，甚至有很多不可预测的因素，其因果关系也具有非线性的特征。如果我们用传统的思维模式来看待一个新的世界，就会产生很多思想困惑。这也就要求我们树立起科学的世界观，用新的眼光去审视身边的一切，并将其应用到我们的设计和创造活动中，让艺术与科学从思想观念和形式与内容上再次联姻。

注释：

[1] 董光璧，《中国传统文化对于未来科学的意义》，《光明日报》，2001年1月23日。

[2] 董光璧，《中国传统文化对于未来科学的意义》，《光明日报》，2001年1月23日。

[3] 赵江洪，《非物质、非物质主义与设计教育》，www.dolcn.com，2001年。

[4] 覃光广、冯利、陈朴，《文化学辞典》，中央民族学院出版社，1988年。

[5] 赵江红，《设计艺术的含义》，湖南大学出版社，2005年第11期。

[6] 赵江红，《非物质、非物质主义与设计教育》，www.dolcn.com，2001年。

[7] 邬波涛，《科学之魂：自由精神的吟唱》，《中华读书报》2004年5月第26期。

符号消费社会的包装设计语义学探析

◉ 陈振旺

包装设计语义学的研究，主要是指包装造型、视觉图形、色彩与字体等符号语言在包装设计中的运用。符号的语义学意义成为商品与使用者之间沟通的媒介，传达商品内涵和设计思想，赋予商品新的生命。符号学家索绪尔认为，符号是通过符号之间的差异而具有意指作用，商品的符号价值也正存在于商品之间的差异。这些差异不仅是商品性能上的，而且是符号上的，包括造型、装饰、文字、色彩等感性特征。这种符号上的差异，构成特定商品的独特性和差异性。罗兰·巴特认为，设计的对象及其形象不仅仅代表设计品的基本功能，同时还载有“隐喻”（meta-meaning）的意义，它们带着广泛的联想，起着“符号”的作用[1]。在消费文化中，商品承担着广泛的文化关联与制造幻觉的功能，设计正是借助系统的符号语言诱使人们认同，并在这些过程中把自身重新构造为一个充满诱惑的集合体。设计不仅要塑造商品符号的独特性，而且要体现特定消费者群体的生活品位和审美趣味。包装设计对语义学的借用，正是在符号学理论基础上发展起来的。商品包装的外部形态，实际上就是一系列视觉符号的传达。包装设计的实质就是对商品信息进行编码，构成商品包装的造型、视觉图形、色彩和肌理等视觉要素以表述产品的功能和特征，通过使用者的参与而解码，具有符号传播的普遍意义，其过程如下：

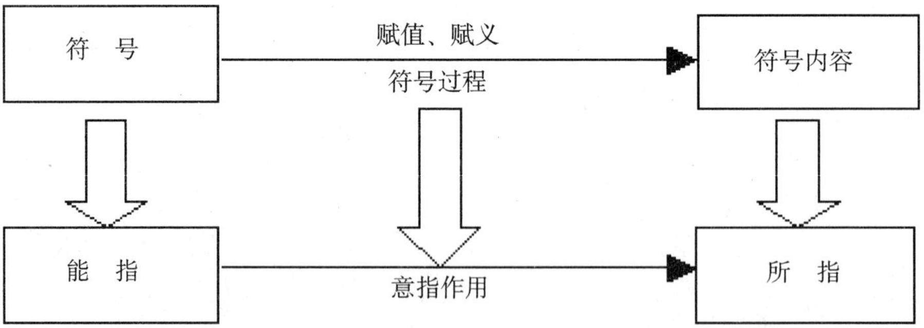

符号消费

鲍德里亚认为，消费社会是一个以符号经济为主要特征的社会：第一，符号取代实物成为消费主体，具有独立的符号价值；第二，符号的生产也是意义的生产，追求符号价值的获得与追求身份地位的认同具有同构性；第三，符号意义引导符号消费，它是一种集体话语，并非个人行为[2]。符号属性是消费活动重要的社会属性，它是一种体现人与人之间的社会交往、社会沟通、社会互动和社会竞争的社会活动，是人们建立社会关系、反映个体在社会关系中地位的一种重要方式，符号化消费行为具有促进社会交往和沟通的作用，因此成为了社会成员表现其独特的社会地位和身份、进行认同与区隔的重要手段。在大众化商品大量充斥的今天，符号的差异性能更多地在微小的形式层面展开。符号的差异性功能在当代社会是人与人最重要的区分标志，人们消费的不仅是商品，更是形形色色的符号，这是符号消费社会的最显著特性。符号商品充斥于日常生活，强调商品形象的观赏效果，并通过大众传媒和商品展示技巧，操纵人们对趣味和时尚的追求。社会生产能力远远超出社会的有效需求而显得商品过剩，这是消费社会的基本特征。在物质丰裕的社会背景下，商品的“使用价值”在消费的意义中逐渐隐退，“符号价值”则日受瞩目，广告传播愈来愈侧重于物的“符号”象征意义。法国社会学家鲍德里亚在《物的体系》一书中指出：物必成为符号，才能成为被消费的物。简明地说就是商品具有两面性，其一是“使用价值”，它给消费者带来实用的价值，其二可称为“符号价值”，是由商品的品牌、包装、广告及企业形象等所塑造出来的价值，这些形成了商品的意象，形成了附加价值并成为消费者感性的选择对象[3]。日本广告符号学家星野克美说，一种产品要想成为商品被消费，首先必须转化为能在现代信息社会中流通的符号。在当下的市场环境下，消费心理和社会文化等方面的变革日复一日地改变着人们的消费观，设计师同时面临机遇与挑战：竞争日趋激烈，消费者需求渐趋复杂，产品开发周期缩短，产品同质严重等。因此，设计师必须面对现实的设计环境探寻有效的应对策略。设计语义学的有益观念适合消费社会发展趋势，有益于企业和设计师制订正确的新产品开发计划和形象设计策略，因而引起了设计界的广泛关注。

商品形象与消费的互动

从大众传媒角度来看，消费是一种系统化的符号操作行为：广告离不开传播，传播离不开视觉符号，所以商家必须在该产品上嫁接一套与该产品相关联的意义才能将其卖掉。在这个过程中，设计师把既定信息进行编码，受众通过解码而接受信息（如图 1 所示[4]）。因此，商品包装是否能够达到良好的传播沟通效果，主要依赖于设计师编码过程和接受者解码过程的一致与否。如前所述，物要成为“消费”对象必须成为“符号”，商品在消费社会中已不仅仅是社会劳动产品，而且作为符号成为欲望的对象。符号的秩序是统治集团和大众传媒合谋的结果，实际上，消费者已被大众传媒“洗脑”[5]。广告宣扬的消费者自由和主权无疑是个骗局。所有的广告技巧都是为了使消费者对消费命令不由自主地服从，而消费者也总是在无意识间完成了商家希冀的消费行为。因此任何商品要想成功占领市场，必须将顾客的幻想凝聚为特定的编码即商品的形象，然后才有可能成功地卖给顾客。正如法国著名符号学家皮埃尔·杰罗所说，在很多情况下，人们并不是购买具体的物品，而是在寻求青春与时尚、梦想与成功的象征。随着生产力发展水平的不断提高和人类对自然界和自身认识的不断深入，物品（包括后来产生的商品）的象征念义也越来越丰富，符号化消费行为成为了当代人表达思想、寄托情感的重要乎段。

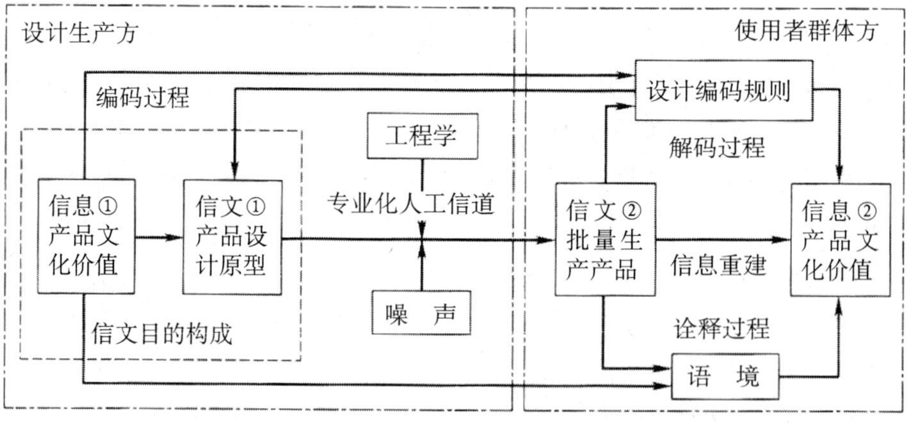

图1　设计的传达过程

因而作为消费符号，产品形象成为生产者与消费者之间交流和交换的对象，形象元素则是交流的媒介。消费文化使用的商品影像和符号体现着消费者的梦想、幻想和欲望，暗示着自恋式的自我满足。而任何风格、形象都必须借助包装和广告将其引入消费之中，包装能够通过类像在商品与人类欲望之间建立虚幻的联系，物质的感性因素与精神因素的结合必然带有符号成分，其间的每一次表述都构成了特定含义的符号体系[6]。学者鞠慧冰指出："消费符码是超越商品本身而存在的价值体系，它的价值在于为消费者提供象征性的符号意义而非具体的使用价值。消费者对商品的理解并不局限于功能上，往往根据自己的感受给商品塑造意义。品牌形象就是一种消费符码，广告在这里的作用就是将其中特殊的含义从外部世界传递给品牌，而后当消费者购买和使用这一品牌的时候，相同的含义又从品牌传达给了消费者"[7]，客观情况促使企业和设计师否定以生产为导向、无视消费者情感的盲动，确立以消费者为中心的产品研发策略。进入新世纪，情感的沟通与互动将更受重视并成为产品包装设计的主题之一。设计将更多地从消费者的情感的慰藉、心理的满足、价值的实现来考虑，例如晨星化妆品包装设计（图2），湛蓝的星空和一轮明月营造出富于诗意的气氛，给人无限的遐想，其独特的包装形态也是产品的无形价值。包装设计的符号是对产品属性的诠释，现代商品必须具有功能性内核和包装符号系统的表现性外壳才能满足现代社会对商品的基本要求。商品包装形象由资讯的符号和文化的符号这两个部分所构成，前者传达商品情报而成为信息本身，后者则获得受众的共鸣，成为如同文化一般被消费的东西。广告人古迪说："广告所反映的并非总是人们正在进行的活动，倒是人们的遐想，总出现在广告里。"包装设计和广告传播要做的就是把消费者的情绪包装起来，然后回卖给消费者。在消费社会中，无论是商品包装还是广告诉求，其差异化的重点已经从物的使用价值转移到在符号的象征价值。

图2　晨星化妆品包装

包装设计的符号营销

设计语义学在80年代引起人们的关注并成为世界性的潮流，有着深刻的历史原因和现实背景，在以批量生产为支持的大众消费时代，人们对商品的需求除物质功能之外还要包括精神功能。自70年代中后期以来，全球先后进入重视精神需求的时代，批量生产带来的物质丰富促使人们向社交、自尊、自我实现的精神需求转变。在这种客观条件下，消费者日趋成熟，消费观念日趋多元而又极具个性化特征。同时由于技术的发展，各企业的产品在功能上的差距大大缩小，视觉形象的差异成为竞争的重要手段，从而出现了追求象征价值的"符号消费现象"。设计的"符号化"表征，首先是与功能主义相对立的。上世纪初逐步形成的现代主义设计主张形态追随功能，认为形态与功能之间有着必然的联系，追求单纯明快的造型以适合批量生产，"形态与功能合一"成为造型的法则。其后在现代主义基础上衍生而来的国际主义，则在全球泛滥而造成了世界范围内的设计风格相似，出现了"文化类同化"、"造型失落"等诸多问题，体现在产品包装设计上则出现诸如"缺乏个性的商品特征"、"彼此相似的形态"和"模糊不清的商品卖点"等现象。现代主义设计宣扬广泛性和标准性，采用类同的方法、同一的设计方式去对待不同的问题，以简单的中性方式来应付变化的设计要求，从而忽视了个性的要求和审美趣味，以"功能至上"为最高美学原则的现代主义设计在消费主义环境中遭遇到前所未有的困惑和矛盾。要想避免这种矛盾，产品设计必须造就一种特殊的知觉态度，帮助人们获得审美"诗意生存"的生活形态。"艺术化生存"使得设计向艺术靠拢，设计的艺术品质得到高扬，越来越多的产品都超越了功能，"形式服从功能"变成了"形式服从趣味"，如图3和图4所示。因此，设计由现代主义的"生产"理想转向了"生活"理想，从过去宣扬设计的广泛性和标准化，转向如今的尊重消费者，尊重个性，使设计适应消费者生理和心理的要求。"消费者化"（consumerization）成为设计的必要特征，重视消费者需要成为高水平设计的首要标志。消费者不再是商业之神被动的牺牲品，他们在商品的选择和使用上越来越被认为具有实质性的且不可预测的决策权。消费社会中的消费活动不仅是以商品的使用功能为目的，还是以商品的新奇性、意义性、传播性等符号化功能为目标而进行的。消费文化中符号价值对使用价值的僭越，造成功能主义设计的溃散，以形象为核心的消费文化已成为当代大众生活的一个重要表征[8]。

在消费社会，商品的"功能性"被视为理所当然，"符号性"则成为同质化商品之间寻求差异性的手段，并逐步演化为满足消费者心理文化层面需求的价值形式，设计者自然会受到消费文化的支配和影响，从而消费观也会直接或间接、积极或消极地影响并形成新的设计观。当今消费者日趋感性而又多元化，他们希望商品能够

图3 音乐播放器设计

图4 时钟设计

适合他们对设计审美和功能的理解，通过购买实现他们的价值取向。消费文化导致的新的感性风潮，使人们对设计提出了新的希望。“式样意识”（styleconscious）是消费社会的重要特征之一，因此包装设计必须在提高沟通效率上发挥更好的作用。设计师必需了解哪些设计构成元素对消费者的评价有重大影响力，消费者如何认知产品形象并决定购买行为，在设计初期了解使用者的特征和他们的需要，这样才能提高包装设计信息传达的准确性和成功率。但必须指出，并不是所有的商品都是符号商品，只有被赋予了象征意义、具有象征价值的商品才能成为符号商品。从这个意义上来理解，作为商品信息最主要传播途径之一的形象包装，其核心任务就是最大限度地创作商品的象征价值。包装设计就是在社会文化和世俗生活中抽象出典型的社会场景和意义并转化为象征符号，然后把这种象征符号艺术地呈现在商品上。符号的使用具有约定俗成的特性，一个符号的意义要成为价值，就必须得到社会的认可，成为大众理解的符号。由于广告创作中赋予商品的象征意义带有一定的强制性，并不是约定俗成的，所以需要通过大众媒体向社会公众进行广泛的传播，把这一符号以及符号所表达的意志灌输给消费者，从而将生产者所制造的需要转化为消费者自身的需要，并最终使消费者确信这些正是自己的需要，而对消费者产生了潜移默化的影响，使这一符号的象征意义转变为商品的象征价值——这就是广告的符号操作行为。

因此，在上述社会文化背景下，市场营销表现出强烈的符号化特征，符号差异化策略成为商家主要的营销手段。在现代消费社会中，商品从来不是赤裸裸地出现，它总是被赋予一个二次度意义，一个社会延伸意义。这样的复合价值在消费意识中可以建构超越物品实用功能之外的品牌形象，它所体现出来的意义就是通过设计营销挖掘并满足人们深层意识中的欲望与需求，这是当代设计营销的真正价值。设计营销其实就是一种符号学工程，借助可以被感知的符号载体对产品价值进行编码，使我们身边的事物呈现“新”的价值，进而影响我们的消费行为。设计与营销的“符号表征”现象，使得当代设计必须密切关注消费观念的变化，使原来专注于客体结构与使用功能的设计理念、美学标准和设计形式，转向了更具有生活情调和大众文化观念的符号化场景。企业决策者和设计师必须思考如何通过符号设计将产品的内在信息有效地传达给消费者，而语义学正好迎合了信息社会产品作为传递复杂信息的载体这一客观现象，以信息传播的视点来审视产品的开发和设计，利用传播的概念和方法解决这一问题，成为产品包装设计的发展方向[9]。因此，包装造型设计的语义应具有一定的逻辑性和科学性，能够传达准确的信息，足以表达内容和形式之间的有机联系，例如男性与女性香水包装的色彩和形态语言的区别（图5）。这需要设计师知晓设计心理学、设计文化学、市场营销学等相关设计领域，通过符号表征等多种方式向使用者传递品牌信息及理念，使产品功能和使用者联想达到一致。正如著名设计师拜耶（Bayer）所说：“视觉设计的作用是使人类和世界变得更加容易理解。”

图5 化妆品包装设计

注释：

[1] 〔法〕罗兰·巴特，《神话大众文化诠释》，许蔷蔷，许绮玲译，上海人民出版社，1999年。
[2] 〔法〕鲍德里亚，《消费社会》，南京大学出版社，2001年。
[3] 〔法〕鲍德里亚，《物的体系》，南京大学出版社，2001年。
[4] 张宪，《设计符号学》，化学工业出版社，2004年。
[5] 鞠惠冰，《品牌的秘密》，《天涯》，2003年。
[6] 顾琛，《商品包装设计中的符号意义》，《包装工程》2006年第1期，第242—243页。
[7] 鞠惠冰，《商品生命与消费符号的转换》，《中国广告年鉴》，2001年。
[8] 鲍懿喜，《消费文化风潮下的设计走向》，《美术观察》2005年第10期，第86—87页。
[9] 刘胜志，《产品语义学和产品设计》，《包装工程》2006年第1期，第182—183页。

（原载于《包装工程》2007年1期）

深圳精神文明建设与文化发展史纲（1980—2006）

吴俊忠

一、深圳特区建立初期的精神文明建设与文化发展（1980—1984）

特区建设初期，百废待兴，物质文明与精神文明建设的任务都很繁重，文化建设几乎从头开始。深圳市委市政府在党中央和广东省委的领导下，坚决贯彻落实邓小平同志“要两手抓”的指示，在经济建设高速发展的同时，努力推进精神文明建设与文化发展。

1. 党中央对深圳特区精神文明建设与文化发展高度关注，大力支持

深圳特区能否在大力发展经济的同时，切实抓好精神文明建设和文化建设，事关特区的形象与改革开放的大局，党中央高度关注深圳特区的精神文明建设与文化发展，并给予大力支持。

1984年1月24日至26日，已经80高龄的邓小平同志，与王震、杨尚昆等中央领导同志到深圳视察。经过三天的实地考察，邓小平对深圳几年来的建设与发展非常满意。他在离开深圳后的2月1日（农历大年三十）上午，在广州珠岛宾馆，应深圳市委市政府的请求，欣然挥毫题词：“深圳的发展和经验证明，我们建立经济特区的政策是正确的。”

1984年2月24日，邓小平视察深圳、珠海等地后回到北京，同中央几位领导同志座谈，明确指出：“特区是个窗口，是技术的窗口，管理的窗口，知识的窗口，也是对外政策的窗口。从特区可以引进技术，获得知识，学到管理，管理也是知识”，“听说深圳治安比过去好了，跑到香港去的人开始回来，原因之一是就业多，收入增加了，物质条件也好多了，可见精神文明说到底是从物质文明来的嘛！”

小平同志的题词和讲话，高度评价了特区的地位与作用，深刻阐明了物质文明

建设与精神文明建设的辨证关系，为特区在对外开放条件下加强精神文明建设指明了方向。

1984 年 5 月 23 日，时任中共中央总书记的胡耀邦在广东省委领导同志的陪同下视察深圳特区，欣然题词："特区特办，新事新办，立场不变，方法全新"，为特区的精神文明建设和文化发展开阔了新视野和新思路。

2. 深圳市委确立两个文明一起抓的指导思想

深圳市委从特区建立之初就遵循邓小平同志的指示，确立了物质文明与精神文明一起抓的指导思想，积极采取各项措施，开展精神文明建设工作。

（1）坚定不移地贯彻执行中央关于兴办特区的战略方针和各项政策。

1982 年 2 月 6 日，市委召开干部会议，强调各级党组织要明确指导思想，坚持办特区的正确方向。要求各级干部一定要懂得："我们是社会主义国家办经济特区，目的是通过积极吸收外资和引进先进技术、设备及科学管理经验，发展生产，扩大对外贸易，积累资金，培养人才，为社会主义'四化'建设服务。这和资本主义国家办的经济特区，是有本质区别的。因此，我们在各项工作中，必须坚定不移地贯彻执行中央和省委对办特区的一系列重要指示。"

（2）坚定不移地执行改革开放的方针，正确处理好"引进与抵制"、"引导与堵塞"、"放开搞活与加强管理"的关系。

市委坚定不移地采取了"有所引进，有所抵制"、"排污不排外"的方针。对于国外一切先进的科学技术、管理经验和人类文明包括资本主义文明所创造的优秀成果，都采取"拿来主义"，大胆引进，认真学习、借鉴、消化和吸收。对于那些黄、赌、毒、黑的东西，则坚决抵制，狠狠打击，绝不手软。与此同时，在思想政治工作方面，采取"堵导结合，以导为主"的方针，在文化工作方面，实行"放开搞活与加强管理"相结合，从而为特区的社会主义精神文明建设奠定了较好的基础和较高的起点。

3. 出台《关于深圳特区思想文化建设的初步意见》

遵循中央领导同志的指示，1981 年 3 月，广东省委组织调查组来深圳调查思想文化建设情况，深圳市委组织有关部门积极配合调查组开展工作。在各方面共同努力下，4 月 14 日，省委宣传部起草了给省委并报中宣部的报告，提出了《关于深圳特区思想文化建设的初步意见》。《意见》认为，深圳特区发展很快，但相应的思想文化设施却十分缺乏。在特区经济建设的同时，必须大力抓好思想文化建设。《意见》提出，要把宣传、文化、教育、科学、体育、卫生等事业建设纳入特区的总体规划，实行远期与近期相结合，从长远着眼，从近处入手，因地制宜，量力而行。《意见》为特区初期的精神文明建设和文化建设勾画了初步轮廓。

4. 制定《深圳特区经济社会发展规划大纲》

1982年2月，深圳市委市政府制定的《深圳经济特区经济社会发展规划大纲》正式出台。《大纲》明确将“在建设高度物质文明的同时，努力建设高度的社会主义精神文明”作为特区建设的指导思想，专门列出《精神文明建设》一章，阐述了特区社会主义精神文明建设的目标和步骤。《大纲》的制定，对将深圳建设成为综合性特区发挥了重要的指导作用，有力地推动了特区初期精神文明建设的稳步发展。

5. 决定兴建“八项重点文化设施”

1983年，深圳市委市政府重新核定了发展项目，决定新建科学馆、博物馆、图书馆、大剧院、电视台、深圳大学、体育馆、新闻中心等八项重点文化设施（俗称“八大文化设施”）。市委书记梁湘在干部大会上说，我们就是勒紧裤带，也要把八大文化设施建设搞上去，并确保这些设施50年后不落后，留给后人一个艺术精品。深圳图书馆于1983年11月动工兴建，1986年7月完工并于同年12月20日开馆；深圳博物馆于1984年2月开始兴建，1988年10月建成，同年11月1日正式开馆；深圳科学馆于1983年兴建，1988年投入使用；深圳体育馆于1984年动工兴建，次年12月25日落成；深圳大剧院于1984年2月动工，1991年8月音乐厅交付使用，1993年全面开业；深圳大学1983年5月经国务院批准成立，9月27日正式开学，首期主体工程于1984年2月破土动工，同年9月交付使用；深圳新闻中心大厦于1984年下半年开始动工兴建，后成为当时深南中路突出的现代化高层建筑；深圳电视台于1988年6月动工兴建，1990年底投入使用。

6. 召开深圳市第一次思想政治工作会议

为了总结特区初期思想政治工作的经验，1983年9月，市委召开了深圳市第一次思想政治工作会议。会议总结、交流了深圳特区建立以来的思想政治工作经验，确定了当前和今后一段长时期内思想政治工作的任务与重点：坚持四项基本原则，宣传贯彻党中央关于特区问题的一系列方针政策和指示，培养一代新人，树立一代新风，搞好特区的两个文明建设。

7. 加强深圳本土主流媒体建设

深圳电视台大厦虽从 1988 年 6 月才开始兴建，但从 1984 年 11 月 1 日开始，深圳电视台就利用简单的场地制作和播出节目。从此，深圳市的广大观众，可在每周二、四、六、日晚上看到深圳电视台自己的节目了。

1982 年 5 月 24 日，中共深圳市委机关报《深圳特区报》创刊，第一期周报正式出版。1983 年 12 月 1 日，该报由周报改为日报，向国内外公开发行。

1982 年 6 月 15 日，市委组织部主办的《特区党的生活》创刊，市委书记梁湘撰写了发刊词。

1982 年 5 月 1 日，市文联主办的大型文艺季刊《特区文学》创刊，国内外公开发行。

1983 年 4 月，《特区经济》试刊，1985 年 9 月公开发行。

1984 年 2 月 2 日，《深圳青年报》（周报）正式创刊（1987 年 5 月停刊）。

1984 年，《特区工人报》正式创刊（后因故停刊）。

8. 提出“教育必须与特区经济同步发展”的方针

深圳市委市政府把教育摆在重要的战略位置，提出了“教育必须与特区经济同步发展”的方针。1983 年 4 月，市委市政府发出了《贯彻省委省政府〈关于努力开创我省教育事业新局面的决定〉的意见》，要求各级党政领导结合深圳实际，切实抓好教育改革工作。

二、深圳特区精神文明建设与文化建设的新发展（1985—1991）

1985 年，邓小平明确提出并鼓励深圳特区要“发展外向型经济”。同年 12 月 25 日至 1986 年 1 月 5 日，国务院在深圳召开全国特区工作会议。会议对建立经济特区五年来的工作作了认真的回顾和总结，并就如何进一步办好经济特区、特区今后发展的方向与目标等问题进行了深入研究和讨论。1986 年 2 月 7 日，国务院批转的《经济特区工作会议纪要》强调指出：特区领导的指导思想和工作重点要放在建立以工业为主的外向型经济上，要从前几年铺摊子、打基础转到抓生产、上水平、求效益方面来。邓小平的讲话和《经济特区工作会议纪要》，标志着深圳特区的发展进入了一个新的阶段。与此相适应，深圳的精神文明建设与文化建设，也有了新的发展。

1. 制定并实施《深圳经济特区社会主义精神文明建设大纲》

1985年11月20日至23日，深圳市召开了全市“四有”（有理想、有道德、有文化、有纪律）教育经验交流会议。会议讨论通过了《深圳经济特区社会主义精神文明建设大纲（草案）》。《大纲》进一步明确了特区社会主义精神文明建设的战略地位、中心任务、总体目标及具体任务和措施，是新形势下深圳特区精神文明建设的纲领性文件，也是全国第一个关于社会主义精神文明建设的总体规划性文件。《大纲》为探索社会主义精神文明建设开辟了新思路，为建设有中国特色社会主义作出了贡献，得到了全国上下的广泛关注和好评。《大纲》的颁布实施，标志着深圳特区精神文明建设走上了系统化、规范化、目标化管理的轨道。

2. 召开首次深圳市科学技术工作会议

1985年11月26日，深圳市召开首次科学技术工作会议。市委书记梁湘在会上作了题为《加速发展特区科技事业，发挥窗口和扇面作用》的报告。报告强调，深圳特区要发展外向型经济，起决定作用的是科学技术的发展和应用，特区科学技术发展水平如何，是特区成败的重要标志之一。

3. “蛇口风波”引发关于思想政治工作的深入思考

1988年1月13日，深圳蛇口举行了一场“青年教育家与蛇口青年座谈会”，出席座谈会的有中国青年思想教育研究中心的曲啸、李燕杰、彭清一、郭海燕和蛇口近70名青年。座谈会上，与会的年轻的特区建设者们，对某些一向未曾被质疑过的思想工作模式，发起了挑战，座谈会不欢而散。1988年8月6日，《人民日报》发表《“蛇口风波”答问录》，并表示愿意为更多的人参与“共同探索新时期思想政治工作问题”提供版面。自此，更多的人关注“蛇口风波”，引发了关于思想政治工作的形式与方法等方面的深入思考。

4. 召开深圳市第二次思想政治工作会议

深圳市委市政府对改革开放新形势下如何做好思想政治工作，进行了一系列大胆的探索。1987年6月至8月，市委采取集中与分散相结合的方法，召开了全市第二次思想政治工作会议。会议期间，市委书记李灏作了题为《保持清醒头脑，进一步发展大好形势》的讲话，市委副书记秦文俊作了《关于加强思想政治工作的几点意见》的总结讲话。会议讨论了市委提出的《坚持党的十一届三中全会以来路线的两个基本点，加强和改进特区思想政治工作》的征求意见稿。会议要求，特区思想政治工作要自觉坚持两个基本点，要结合特区实际，有的放矢，讲究实效。会议还对特区精神进行了概括。

5. 培养与弘扬“深圳精神”

1987年6月召开的全市第二次思想政治工作会议，经过认真讨论，决定用“开拓、创新、献身”6个字来概括特区精神。1990年下半年，市委常委会通过讨论决定将特区精神加以补充、完善，作出新的概括，增加“团结”二字，并将“献身”改为“奉献”，提出“开拓、创新、团结、奉献”的新精神。同时把“特区精神”改为“深圳精神”，以增强深圳人的自励自豪感和使命感、责任感。

6. 推行“文化网络枢纽规划”

1985年，市委市政府推行“文化网络枢纽规划”，以图书馆、新华书店、电影公司、艺术中心为主干，建立读书指导网络、电影发行放映网络、图书发行销售网络、群众文化辅导网络。1989年又发展艺术广场网络。到1990年，全市形成了条块结合、纵横交错、政府与企业合办文化的格局。实施“文化网络枢纽规划”，使特区群众性的文化活动由自我封闭型转向开放型，由文化部门主办转向社会参与共办，由强制灌输转向群众自娱自教，从而使整个特区的文化工作从“小文化”向“大文化”转变，从单纯群众文化向多样化的高雅文化方向发展。

7. 电视政论片《世纪行》产生广泛影响

1990年5月12日，由深圳市委宣传部主持拍摄的电视政论片《世纪行》，在北京人民大会堂举行首映式。中央领导同志观看后，对此片给予充分肯定。8月4日，中央电视台在晚间节目开始播出《世纪行》。在此前后，《人民日报》、《经济日报》、《光明日报》、《中国青年报》及《深圳特区报》刊登了《世纪行》解说词。11月21日至25日，中央电视台再次播放《世纪行》。中宣部发出《关于推荐电视政论片〈世纪行〉的通知》，要求各地重新组织发行。1991年2月24日，国家副主席王震在深圳接见电视政论片《世纪行》摄制组主要创作人员杨广慧、吴松营、刘奇光，市委领导李灏、厉有为、林祖基参加接见活动。5 月 2 日，王震同志为《世纪行》题词：祝影视界有更多的佳作问世。李先念同志为《世纪行》题词：百年奋斗求真理，历尽沧桑世纪行。5 月 20 日，江泽民同志为《世纪行》题词：人民创造历史的颂歌，社会主义优越性的明证。6 月 8 日，李鹏同志为《世纪行》题词：光辉的历程，时代的强音。6 月 25 日，中国文联、中国电视艺术家协会、中央电视台联合举办《世纪行》研讨会。中央电视台、深圳电视台重播《世纪行》。

8. 制定并实施《深圳市社会主义精神文明建设“八五”规划》

1991 年 9 月 21 日，深圳市委举行一届二次全体（扩大）会议，总结头十年经验，描绘今后十年蓝图。会议审议通过了《中共深圳市委关于深圳市国民经济、社会发展十年和第八个五年计划的建议》、《深圳市社会主义精神文明建设“八五”规划》和《中共深圳市委关于加强党的建设的意见》等三个决议。这标志着在新的形势下，深圳的社会主义精神文明建设和文化建设又有了新的规划和部署。

9. 海天出版社正式复业与《深圳商报》复刊

1985 年 7 月，海天出版社成立，从此，深圳有了本土的出版社。1990 年 6 月 1 日，经国家新闻出版署和省新闻出版局批准，海天出版社正式复业。

1989 年 1 月 8 日，《深圳商报》创刊，当年 10 月，因违规停刊整顿。1990 年 9 月 14 日，经国家新闻出版署同意，省新闻出版局批准，《深圳商报》定于 1991 年元旦正式复刊。复刊后的《深圳商报》为周二刊，宗旨是：立足深圳，宣传特区，辐射内外，服务经济。

10. 电视专题片《希望之窗——中国深圳》首次打进美国电视网

1991 年 11 月 8 日，由深圳市委宣传部组织、深圳电视台摄制的电视专题片《希望之窗——中国深圳》，在美国纽约中文电视台播出第一期。这是深圳市首次打进美国电视网络的电视片。11 月 23 日，深圳电视台与美国纽约中文台在纽约、曼哈顿地区有线电视台开辟《希望之窗——中国深圳》宣传栏目。

三、深圳特区精神文明建设与文化发展全面提升的新阶段(1992—1995)

1992 年元月，邓小平同志南巡并发表重要讲话。此后召开的党的十四大，将建设精神文明和发展市场经济、建设民主政治并列为建设有中国特色的社会主义的三大目标。1994 年 6 月，江泽民总书记视察深圳，代表党中央、国务院重申经济特区的“三个不变”，鼓励深圳“增创新优势，更上一层楼”。这一切，不仅极大地鼓舞了深圳人民，也把深圳的精神文明建设和文化建设推进到一个全面提升的新阶段。

1. 邓小平南方讲话对特区精神文明建设的新论述与新要求

1992 年 1 月 19 日至 23 日，邓小平再次视察深圳、珠海等南方城市，并发表重要讲话。他指出：“要坚持两手抓，一手抓改革开放，一手抓打击各种犯罪活动，这两只手都要硬。”“广东二十年赶上亚洲‘四小龙’，不仅经济要上去，社会秩序、社会风气也要抓好，两个文明建设都要超过他们，这才是有中国特色的社会主义。”小平同志关于精神文明建设的重要讲话，深刻阐明了物质文明建设与精神文明建设的辩证关系，是对特区精神文明建设的新论述和新要求，具有十分重要的意义。

2. 深入开展创建文明城市活动

早在 1990 年 2 月 23 日，深圳市委书记李灏就在市委工作会议的总结讲话中强调，要广泛深入开展“做文明市民，创文明单位，建文明深圳”的活动，“努力造成讲文明、讲团结、讲奉献的良好风气，共同努力，把深圳建设成一个经济繁荣兴旺，社会全面进步的社会主义文明之城”。小平同志视察南方并发表重要讲话之后，深圳进一步加大了创建文明城市的力度。深入开展文明市民评选活动和文明单位达标评比活动，明确提出建设文明城市是整个 90 年代深圳经济和社会发展的总目标，确定了深圳建设文明城市的总体要求。

3. 在全市农村开展社会主义思想教育

深圳特区建立后，逐步实现“农民向工人转变，农村向城市转变”。但是，农村在思想建设、组织建设、经济建设等方面仍存在一些薄弱环节，不能完全适应特区建设和形势发展的需要。为此，遵照中共中央、国务院和广东省委关于农村社教的有关指示精神，深圳市委决定在全市农村分期分批开展社会主义思想教育。1991

年5月24日，市委发出《关于在全市农村开展社会主义思想教育的通知》，1992年3月3日，市第一批社教工作总结表彰暨第二批社教工作动员大会召开。这次社教把邓小平南方讲话精神贯穿全过程，坚持正面教育为主，自我教育为主，着重解决“勤劳致富”和“富了之后如何坚持社会主义方向，艰苦奋斗建设新农村”这两个问题，收到了比较好的效果。

4. 实施科教兴市战略，把教育放在优先发展的战略地位

1990年，在深圳进入第二个十年的重要时刻，市委制定了深圳教育发展战略，提出“教育要适度超前发展”的战略思想。尔后，在市委一届五次全会上，又提出要“把教育摆在优先发展的战略地位”，1994年，明确提出“科教兴市”战略。到1994年，全市基本普及高中阶段教育，比国家规划的大中城市和发达地区普及高中阶段教育的时间提前了6年。至1995年底，全市基本“建立起适应特区经济建设和社会发展的、具有深圳特色的社会主义教育体系”。形成了高度普及的幼儿教育，快速推进的基础教育，适合特区需要的职业教育（1993年创办高等职业技术学院），广泛实现公民受教育权利的成人与特殊教育，和寄托科教兴市希望的高等教育协调发展的大教育体系。1995年市预算内教育经费投入12.78亿元，比1990年增长501.6%，高于同期市预算内财政收入增长305.7%的速度。

5. 加快文化设施建设，构筑现代城市文化景观

深圳市在前10年发展中兴建了八大文化设施，初步打下了文化事业发展的基础。但是，随着经济的快速增长和人口的急剧膨胀，文化基础设施不足与人民群众文化需求日益增长的矛盾又凸显出来。1994年2月，市文化局向市政府呈交了《关于我市在第二个十年发展中急需兴建的重要文化设施的请示》。此举得到市人大常委会的重视，4月，市一届人大六次会议提出了《关于加强我市文化设施建设的议案》。1995年9月15日，市政府发出《印发关于加强我市文化设施建设的议案办理情况报告的通知》。市委市政府将公共文化设施建设纳入城市发展总体规划，重新修订并严格执行《深圳市城市规划标准与准则》，拟在“九五”期间乃至下个世纪的头10年，分期兴建一批面向未来、具有较高文化科技含量的标志性文化设施，以提高城市的文化品位。90年代中后期，文化设施建设的力度明显加大，速度明显加快。至1997年底，深圳画院、深圳书城、电影大厦、关山月美术馆、市中心图书馆、深圳国际文化中心、市少儿图书馆、何香凝美术馆、罗湖区图书馆、南山区图书馆、宝

安区文化馆等新建文化设施，全部进入或立项招标、或主体完工、或建成竣工的阶段。这些文化设施布局合理、功能齐全，构筑出深圳全新而富有活力的现代城市文化景观。

6. 成立特区文化研究中心，加强文化理论研究

1993 年 12 月，由国家文化部和深圳市文化局联合创办的深圳市特区文化研究中心正式成立。研究中心业务上接受文化部、广东省文化厅指导，其主要职能是："承担文化部门委托的项目，开展特区文化的应用研究和对策研究；开发文化信息资源，促进国内外文化交流"。

特区文化研究中心成立以后，成为深圳文化研究的重要阵地，在组织文化研究队伍，推进文化理论研究，开展文化现状调研，协助市委市政府制定文化发展战略等方面，发挥了重要作用。

1998 年，由广东省文化厅与深圳市文化局联合创办的"广东省邓小平文艺理论研究基地"在深圳成立，"基地"办公室设在研究中心。

2005 年，研究中心被批准为"国家文化部对外贸易文化研究基地"。

7. 实施以"五个一工程"为龙头的文艺精品创作工程

深圳市委市政府高度重视文艺精品创作，大力实施以"五个一工程"为龙头的繁荣文艺创作的精品工程，创作精品不断涌现。

在影视艺术方面，重点推出了反映时代精神、具有鲜明艺术特色的主旋律作品，一批优秀影视作品相继在国际国内获奖。电影《你好，太平洋》、《联手警探》、《一家两制》、《过年》、《找乐》、《兰陵王》、《花季·雨季》等获得包括国家政府奖在内的国内国际多项大奖；电视剧《深圳人》、《泥腿子大亨》、《特区少年》、《北洋水师》、《侯门之女》、《母亲》、《花季·雨季》等多部作品获得了包括"飞天奖"、"金鹰奖"在内的国内和国际上的多个奖项；政论片《世纪行》、《亚细亚之光》、《走向新世纪》等一批有影响的电视专题片在全国获得广泛好评。

在文学戏剧方面，创作了多部反映深圳改革开放题材的长篇小说、报告文学及戏剧作品。如入围参评"茅盾文学奖"的《世纪贵族》以及《老街》、《无土流浪》、《水之华》、《别人的城市》、《斯芬克思之谜》、《深圳传奇》、《老家的雪》等一批优秀作品。长篇小说《花季·雨季》荣获"五个一工程"奖和国家图书奖提名奖、第四届全国优秀儿童文学奖。粤剧《情系中英街》荣获"五个一工程"奖和文化部第七

届“文华奖”。

在音乐舞蹈及其他艺术方面，歌曲《春天的故事》、《我属于中国》、《共圆一个梦》、《我站在摩天楼上》、《走向新时代》，交响乐《春到深圳湾》等一批作品在全国获大奖；摄影艺术在深圳得到迅速发展普及，先后有146件作品在国际国内获奖；舞蹈《穆斯林礼赞》、《一样的月光》获“二十世纪华人经典作品提名奖”和“五个一工程”提名奖；一批反映深圳生活的美术作品也在全国引起关注。

8. 制定文化发展规划，推进特区文化发展

1995年，深圳市文化工作会议召开。会议提出了未来文化发展的目标与措施，并讨论了《深圳市1995—2000年文化发展规划》。市委常委、副市长李容根在《增创深圳文化优势，建设现代文化名城》的报告中，首次提出将深圳建成“现代文化名城”战略目标。1997年初，市委市政府组织文化问题调研，决定在原有规划的基础上，制定出一个既符合实际又鼓舞人心的文化发展规划，规划定名为《深圳市文化事业发展（1998—2000）三年规划及2010年远景目标》。《规划》经市委二届六次全会审议通过并于1998年3月2日正式颁布。《规划》确定的深圳文化事业发展的总体目标是：与建设现代化国际性城市的要求相适应，努力把深圳建设为社会主义现代化文化名城。《规划》提出的实施文化发展战略的步骤是：3年打基础（1998—2000年），10年上水平（2001—2010）。《规划》还对文化建设的具体工作任务进行了明确规定。

9. 增创特区新优势，探索特区精神文明建设新路子

1994年6月19日至21日，江泽民总书记到深圳视察，并发表了关系经济特区前途命运的重要讲话。首先，江泽民充分肯定了经济特区的巨大成就和历史性贡献，再一次明确指出：中央兴办经济特区是完全正确的。其次，江泽民代表党中央、国务院重申了经济特区的“三个不变”，即中央对发展经济特区的决心不变，中央对经济特区的基本政策不变，经济特区在全国改革开放和现代化建设中的历史地位和作用不变。要把发展经济特区贯穿于社会主义现代化建设的整个过程，基本实现国家的现代化要搞多久，经济特区就要搞多久，对这一点不能有任何疑问和动摇。在谈到深圳特区如何增创新优势时，江泽民明确提出了五点要求，并进一步指出：“增创特区优势，既包括增创经济优势、物质文明优势，也包括增创精神文明优势、思想政治优势、社会全面进步优势”；“要像抓物质文明那样抓精神文明……在任何时候

任何情况下，发展物质文明都不应以削弱甚至牺牲精神文明建设作为代价，而应积极促进精神文明的发展，既满足人民的精神生活需要，又反过来为发展物质文明不断提供动力和智力支持。”

江泽民同志关于特区精神文明建设的指示，激励深圳人民在增创精神文明优势方面，探索新路子，开创新局面。1994 年 7 月 29 日，中共深圳市委召开工作会议，厉有为作了题为《增创新优势，更上一层楼》的讲话，要求全市认真学习，贯彻落实江泽民同志的指示精神。市委工作会议后，各行各业、各个单位都在“增创新优势”、“两手抓，两手都要硬”上面下功夫，出现了一派生气勃勃的新气象。

10. 开展“怎样做个深圳人”大讨论

1994 年 3 月 14 日，《深圳商报》和《深圳晚报》同时在一版头条显要位置刊登一位名叫王大可的读者来信。王大可在信中热情赞扬了深圳特区建设成就和深圳人的良好形象，同时也尖锐地指出了在一部分深圳人当中客观存在的道德观念淡漠、创业精神减退、贪图享乐思想抬头等不良现象，建议在报纸上开展“怎样做个深圳人”大讨论，通过讨论激励广大市民发扬深圳精神，再创辉煌。两报对这封读者来信非常重视，加了“编者按”，决定接受建议在报纸上开展“怎样做个深圳人”大讨论。讨论引起广大市民的共鸣和积极参与，前后延续达 8 个月之久。市委宣传部、文明办、市总工会、共青团市委、市妇联等单位都发出关于组织开展大讨论的通知。市委领导高度重视，热情支持，使这场大讨论不断引向深入。市委副书记林祖基在 10 月 26 日的《深圳商报》上发表长篇文章《做人准则与行为规范——“怎样做个深圳人”大讨论回顾与思考》，对这场大讨论进行了理论总结，指出大讨论是发扬人民民主的一种好形式，对提高精神文明水准很有意义。

11. 制定《深圳市民行为道德规范》

1994 年 5 月，市委组织部、市精神文明建设办公室组织有关方面专家起草《深圳市民行为道德规范》（以下简称《规范》），经过一年多的讨论修订，《规范》于 1995 年 6 月 26 日正式颁布。

整个《规范》由基本准则、社会公德、职业道德、家庭道德、个人品德等 5 个部分组成，共 24 条 1600 余字，条目 4 字一句，易诵好记。《规范》既继承了中华民族的传统美德，又吸收了整个人类进步的文明成果；既符合深圳人的实际，又具有一定的超前性。如“有约守时，无约不访”、“不干涉别人隐私”等提法，均体现出新的思想文化观念。

12. 深圳市社会科学联合会成立

1995 年 11 月 16 日，深圳市社会科学联合会第一次代表大会召开，来自全市各社科团体的代表及社科界的专家学者出席了会议，市五套班子领导厉有为、李海东、林祖基、李容根、黄丽满出席了会议。这次会议宣告了深圳市社会科学联合会正式成立，标志着深圳市社科理论研究工作迈上了新的台阶，对于促进深圳学术文化建设，提升深圳文化品位，具有十分重要的意义。彭立勋当选为社科联主席，马导明、郭祥焰当选为社科联专职副主席。

四、世纪之交的深圳精神文明建设与文化发展（1995—2000）

1994 年 6 月，江泽民视察深圳发表重要讲话后，深圳经济特区进入提高整体素质、增创新优势的历史新阶段。深圳市委号召全市人民更新观念，转变立足点，进行“第二次创业”，把深圳建设成为现代化国际性城市。在第二次创业中，深圳的精神文明建设与文化发展，以更恢弘的气度和更坚实的步伐，走向崭新的 21 世纪。

1. 提出“第二次创业”口号，把精神文明建设提高到更加突出的地位

1995 年 4 月 25 日至 28 日，中国共产党深圳市第二次代表大会在深圳召开。大会明确提出了“第二次创业”的响亮口号，宣布再用 15 年或者更长一点时间，进行第二次创业，把深圳建设成为富裕、文明、民主的社会主义现代化的国际性城市，向全世界展示中国特色社会主义的无限光明前景。为实现这一宏伟目标，大会提出今后 5 年要增创“社会主义精神文明建设新优势”等十大优势，在精神文明建设上，深圳要成为善于吸收人类社会文明成果，促进社会全面进步的先进地区。

1995 年 10 月 4 日，中共深圳市委召开常委扩大会议，学习讨论《中共中央关于制定国民经济和社会发展“九五”计划和 2010 年远景目标的建议》，并遵照《建议》中关于“要把社会主义精神文明建设提到更加突出的地位”的思想，明确提出“要把深圳特区社会主义精神文明建设提到更加突出的地位”，把深圳建设成为社会主义物质文明和精神文明的“示范区”和现代化的高度文明的城市。

2. 制定深圳精神文明建设“九五”规划

1996年初，中共深圳市委决定制定精神文明建设“九五”规划，并成立了起草小组。经过8个月反复讨论修改，1996年11月9日召开的市委二届四次全会审议通过了《深圳市社会主义精神文明建设“九五”规划》(以下简称《规划》)。制定《规划》既是世纪之交深圳精神文明建设的实际需要，也是贯彻落实《中共中央关于加强社会主义精神文明建设若干重要问题的决议》的具体行动。《规划》对深圳16年来社会主义精神文明建设的显著成就与存在问题进行了客观的基本评价，明确了深圳市社会主义精神文明建设的指导思想与奋斗目标，提出了深圳市精神文明建设的基本任务和保障措施，具有鲜明的深圳特色和时代特征，是推进世纪之交深圳精神文明建设的纲领性文件。

3. 深入开展群众性精神文明创建活动

1996年9月3日，《中共深圳市委深圳市人民政府关于进一步开展创建文明城市活动的意见》下发。《意见》指出，要“突出抓好安全文明小区和文明村镇创建工作，努力提高社会文明程度”。按照《意见》精神，创建活动在城乡同时展开：在城市，大力创建安全文明小区，争取用三年时间基本覆盖全市；在农村，积极创建文明村镇，针对农村城市化进程中出现的“四不青年”和食利者阶层，以及不知“富裕以后怎么办”，封建迷信思想仍有较大影响等现实问题，切实加强教育引导，并将其拉到创建文明村镇的轨道上。宝安、龙岗两区在创建文明村镇方面创造了不少好的经验和做法，如把精神文明建设与农村股份合作制经济分配制度相结合，就是一个创造。

4. 推进企业文化建设，培育企业精神

早在1989年5月，深圳市就正式成立了企业文化研究会，创办了全国公开发行的刊物《特区企业文化》，研究和探讨企业文化的理论与实践，推进全市的企业文化建设。市委宣传部和企业文化研究会先后多次召开企业文化研讨会，举办各种类型的企业文化培训班。1995年底，召开全市企业文化研讨会，全面总结企业文化建设的经验，研究今后发展的思路，提出企业文化建设增创新优势、再上新台阶的目标。这次会议标志着深圳企业文化建设进入了提高水平的新阶段。

深圳企业文化建设有效地提高了企业管理水平，培育了企业精神。康佳集团、

万科企业股份有限公司、华为技术有限公司等企业，都取得了企业文化建设的成功经验，形成了各具特色的企业精神。总体而言，深圳企业文化建设具有鲜明的特色：一是科学管理与文化管理相结合；二是传统文化与现代文明意识相结合；三是个体差异与群体认同相结合；四是观念文明建设与行为文明建设相结合。这些特色显示出深圳企业文化建设的核心是培育企业精神，展现深圳企业改革创新的精神风貌。

5. 树立先进典型，充分发挥精神文明建设先进单位和先进个人的示范作用

深圳市委市政府高度重视先进单位和先进个人在精神文明建设中的示范、带头作用，把他们视为深圳精神的突出体现者，有选择地树立先进典型，积极地在全市乃至全国推广。在群众性精神文明创建活动中，先后树立了“共同富裕的南岭村”、“爱的熔炉——元平特殊教育学校”、“精神文明好六连”、“沙头角模范中队”、“中英街上的活雷锋——陈观玉”等先进典型，宣传他们的先进事迹，弘扬他们的创造精神与奉献精神。1997 年，南岭村作为建设社会主义新农村的重要典型推向全国后，引起很大反响，被中宣部确定为全国文明村镇创建活动示范点。

江泽民、胡锦涛等中央领导同志都先后到南岭村视察，高度赞扬南岭村共同致富和致富思源、富而思进的精神风貌。

五、深圳精神文明建设与文化发展全面创新的新阶段（2001—2006）

进入 21 世纪后，深圳的精神文明建设与文化发展进入了一个全新的阶段。这一阶段以文化创新为主要特征，其中包括文化发展理念创新、文化形式创新、文化体制创新、文化产业创新等各个方面。这一系列创新，使深圳经济特区在保持经济快速发展的同时，凸现出文化创新功能。

1. 进一步凝炼和充实“深圳精神”的内涵

2002 年，在深圳市委市政府的引导下，在全社会开展了“深圳精神如何与时俱进”大讨论。经过讨论，普遍认为在新的形势下，应进一步提炼和充实“深圳精神”的内涵，使之更符合深圳发展的实际。2003 年 12 月，在深圳市委三届六次全会上，

对“深圳精神”进行了新的概括和表述，保留了经过历史和实践验证的“开拓创新、团结奉献”，增加了“诚信守法、务实高效”，形成了新形势下“深圳精神”的完整表述：“开拓创新、团结奉献、诚信守法、务实高效”。新的表述从新的高度体现了深圳干部群众强化法制观念，加强道德修养的自觉意识，反映出新形势下反对虚夸浮躁、盲目自满，追求高效率高境界的科学态度。

2. 实施“文化立市”战略，努力建设高品位文化城市

2003年1月初，中共深圳市委三届六次（扩大）会议召开，市委书记黄丽满同志在会议报告中提出“努力建设……高品位的文化城市”，“确定‘文化立市’战略”。2004年3月2日，深圳市实施文化立市战略工作会议召开，市委书记黄丽满同志发表了《大力实施文化立市战略，努力把深圳建设成为高品位文化城市》的重要讲话；市长李鸿忠同志也发表了主持讲话。两位市领导的讲话阐明了实施“文化立市”战略，建设高品位文化城市的重大意义，体现出市委市政府面对新形势所作出的重大战略决择。

“文化立市”战略从根本上体现了城市发展战略和文化发展战略的内在统一，是增强深圳市的城市综合竞争力和可持续发展能力，树立深圳的文化形象的重大决策。建设高品位文化城市是实施“文化立市”战略的发展趋势和必然要求。时任深圳市文化局长的王京生同志在接受记者采访时阐明，高品位文化城市必须具备七个“高”，即市民的整体文化素质高；城市文化标志性设施档次高；文艺精品和优秀艺术人才的产量高；文化产业所占城市国民生产总值比例高；市民享受文化权利的程度高；公共文化行政体制的运作效率高；在借鉴和吸收世界先进文化的同时，捍卫文化主权，使中华民族的传统文化在国际上的威望高。这一阐述，使高品位文化城市的建设目标具体可感，形象鲜明。

3. 倡导建设“两城一都一基地”

深圳在实施“文化立市”战略和建设高品位文化城市的进程中，于2004年提出建设“图书馆之城”、“钢琴之城”和“设计之都”、“动漫基地”的发展理念（简称“两城一都一基地”），以此作为深圳文化发展的重要战略支撑点和具有深圳特色的文化品牌，从而彰显城市的文化个性，提高城市的国际知名度，树立深圳的国际形象。

建设“两城一都”的发展理念将图书馆事业、钢琴艺术和设计产业、动漫产业的发展与城市今后一段时间的文化发展目标联系在一起，既有与世界文化接轨的普

遍价值，又有一定的现实基础和相对优势，创造性地将实施“文化立市”战略和建设高品位文化城市落到了实处。

4. 努力实现市民文化权利，构建公共文化服务体系

2002年初，时任深圳市文化局长的王京生同志在接受记者采访时，提出了文化工作的根本目的是“实现市民文化权利”的观点，引起各界强烈反响。随后，深圳特区文化研究中心组成课题组，对如何实现市民文化权利进行专题研究，明确市民文化权利是指市民对城市公共文化资源最低限度的获取能力，参与社会文化的能力，以及在文化生活领域的决策和执行能力。具体体现为市民的四种权利：(1) 享受文化成果的权利；(2) 参与文化活动的权利；(3) 从事文化创造的权利；(4) 保护知识产权的权利。

深圳市委市政府对实现市民文化权利高度重视，积极推进。首先，要求各级政府和文化教育管理部门按照实现市民文化权利这一目标要求，调整改革文化行政方式，并以市民文化权利实现程度作为衡量政府文化工作绩效的基本指标。其次，积极构建公共文化服务体系，为公民文化权利的实现创造良好的环境和条件。市委领导同志明确指出，构建公共文化服务体系的指导思想是一个目的，两个重点，三个突破，即以实现公民的文化权利为目的，以服务外来劳务工、服务基层为重点，努力使文化体制改革获得新的突破，社会化运作获得新的突破，和社团文化管理获得新的突破。在这一指导思想指引下，从加快公共文化设施建设、创新公共文化活动形式、加强文艺精品创作、开展文化进社区活动、加强公共文化信息服务、完善公共文化服务的保障体制等6个方面，探索和构建公共文化服务体系，取得了明显成效。

5. 文化体制改革成效显著

2001年9月，国务院体改办领导要求深圳在文化体制改革方面进行超前探索。为保证文化体制改革工作的顺利开展，2001年底成立了由市委副书记庄礼祥任组长，原市委常委、副市长王顺生，市委常委、宣传部长白天任副组长的文化体制改革领导小组，并组建了由市体改办牵头，市委宣传部、市文化局、市委党校等单位参加的文化体制改革课题组，进行重点调研。2003年6月，中宣部召开全国文化体制改革试点会议，确定深圳为全国8个文化体制改革试点城市之一。

深圳的文化体制改革从一开始就有明确的指导思想和改革目标。深圳市委常委、

宣传部长王京生同志在一篇文章中指出：深圳的文化体制改革，着力于建立与社会主义市场经济体制相适应，与社会主义政治体制相协调，与社会主义精神文明建设要求相符合的文化管理体制和文化产品生产经营机制，形成有利于文化发展的社会环境。通过有效的制度和机制设计，建立新形势下保证"党委领导、调控适度、运作有序、促进发展的宏观管理机制"。

几年来，深圳的文化体制改革在转变政府职能、搞活文化事业单位、推进文化企业改革和文化产业创新等方面进行了有效的探索，取得了令人瞩目的成就，得到了国家文化部的肯定和党中央与广东省委领导同志的赞赏。

6. 创办读书月

深圳自2000年开始创办读书月，由市委宣传部、市文化局、新闻出版局联合主办。每年一届，至今已经办了7届。首届读书月成功举办后，时任深圳市文化局长的王京生同志《在深圳特区报》发表文章，阐明创办读书月是为了推动城市文化建设，实现市民的文化权利，创造深圳文化的"新传统"，扩大深圳的文化辐射力和文化影响力。第六届读书月组委会发布读书月宣言：《我们爱读书》，提出"让深圳成为一个因爱读书而受人尊重的城市"。每届读书月都有一个鲜明的主题。第一届为：营造书香社会，共创美好未来；第二届为：探求科学真理，弘扬人文精神；第三届为：建设公民道德，实现文化权利；第四届为：读书、品位、健康；第五届为：提高市民素质，面向城市未来；第六届为：阅读、进步、和谐。第六届读书月结束时，组委会决定：把营造书香社会，共创美好未来，作为今后每届读书月的永恒主题。

读书月逐渐发展成为深圳的文化品牌，产生了广泛的社会反响，具有强大的文化辐射力。全国先后有近万个单位前来考察，20多个省市借鉴其运作模式开展读书活动。

7. 创办社会科学普及周

深圳市首届社会科学普及周创办于2003年9月14—20日，此后，每年举办一届，至今已举办了5届。一届又一届社科普及周越办越好，影响也越来越大，成为又一个深圳文化品牌。

深圳创办社会科学普及周的基本理念是："发展走向社会的社会科学"，"实现社会科学社会化"。宗旨是："宣传普及社会科学知识，推广社会科学研究，营造崇尚科学的良好人文氛围和社会风气”。

每一届社会科学普及周都有一个围绕社会科学发展和深圳文化建设中心任务相关的主题。明确的思想理念与明确的宗旨与主题，为社会科学普及周的成功举办确定了方向和内涵，也界定了社会科学普及周的文化品位。

8. 创办“文博会”

2004 年 11 月，深圳举办“中国（深圳）国际文化产业博览会”（简称“文博会”）。由国家文化部，广东省人民政府，深圳市人民政府共同主办。首届“文博会”确定了“政府支持、社会参与、市场运作、规范管理”的十六字办会方针，开创了“企业办展、政府办会”的新模式。首届文博会成功打造了文化产品展示平台、文化项目交易平台和文化信息交流平台，扩大了深圳的文化辐射力和影响力。

2006 年 5 月和 2007 年 5 月，第二、第三届“文博会”相继举办。第二、第三届“文博会”改名为“中国（深圳）国际文化产业博览交易会”，冠“交易”名，强化了交易功能，力图打造成资源最丰富，品种最齐全，规模最宏大，集国际化、市场化、专业化为一体的综合性文化产业交易平台。主办单位也由第一届的三个增加到五个，即增加了国家广电总局和国家新闻出版总署。

“文博会”受到了党和国家的高度重视。中共中央政治局常委李长春同志先后两次到“文博会”现场视察，国务委员吴仪到会讲话。“文博会”现已成为深圳又一个文化品牌。

9. 创办“市民文化大讲堂”

深圳市民文化大讲堂创办于 2005 年 6 月，由深圳市委宣传部、市社科联和市文联主办，聘请国内著名学者和文化、艺术大家主讲，为方便市民免费听讲，基本上安排在周六、周日进行。讲授内容涉及人文修养、文学欣赏、书画艺术、戏剧欣赏、电影欣赏、音乐舞蹈欣赏、婚姻家庭、保健养生等各个方面，受到广大市民的热烈欢迎和积极参与。至 2006 年底已成功举办了 100 多讲。

深圳市委宣传部等主办方把市民文化大讲堂明确定位为：鉴赏、品位，表明市民文化大讲堂旨在提高市民的鉴赏能力和文化品位。它既不是单纯的学术讲座，也不是文化知识普及讲座，而是介于这两者之间，深入浅出，通俗易懂，贴近市民的日常生活，引导市民提高文化修养，努力实现人生的诗化和艺术化。

10. 创建全国文明城市，发布城市文明指数

2004 年 4 月，深圳市委市政府发出动员令：深圳争创首批全国文明城市。一年后，市文明委召开（扩大）会议，就建设首批全国文明城市工作进行了再部署、再动员。市委领导反复强调，深圳在争创首批全国文明城市荣誉称号的同时，要高度重视文明城市的丰富内涵，既要看重闪亮的“金牌”，更要看重人民群众的口碑，力争以过硬的创建成绩既得到“金牌”，又赢得口碑，不辜负中央和省对深圳的期望。深入扎实的创建活动，最终结出了硕果。2005 年 10 月 26 日，全国精神文明建设表彰大会在北京人民大会堂举行；会上，深圳市与张家港市、厦门市等 12 个城市荣获了“全国文明城市”称号。许宗衡市长参加表彰大会并领回“全国文明城市”奖牌。回到深圳后，面对欢迎群众，许市长激动地说：光荣属于我们这座城市！光荣属于全市人民。

4 月 29 日，即在许市长领回“全国文明城市”奖牌的第三天，深圳市召开新闻发布会，宣布由市文明办和市社会科学院联合研究并在国内率先完成的“城市文明指数评级指标体系”，其中关爱指数、幸福指数、人文指数、安全指数、诚信指数、环境指数、廉洁指数等七个指数达到一级指标。深圳城市文明指数科学地反映了深圳创建文明城市的过程以及所取得的成就。它表明，“文明”这两个字已经融入了深圳的城市品格和人文精神之中，成为宝贵的精神财富。

11. 组织开展“关爱行动”

2003 年 9 月 19 日，按照市委领导的指示精神，拟在全市开展“关爱行动”，市文明办起草了《关于开展关爱行动活动的方案》；11 月 14 日，市文明办起草了《关于开展“深圳关爱行动”活动的请示》，市委主要领导同志批示同意开展此项活动。11 月 21 日，市委宣传部刘庆生副部长主持召开“深圳关爱行动”活动方案论证会，正式确定“深圳关爱行动”活动由市文明委主办，市委宣传部、市文明办、深圳特区报业集团、深圳电视台、深圳广播电台承办，文明委全体成员单位以及社会各界 50 多家单位协办。12 月 18 日，首届“深圳关爱行动”启动仪式在福田区委北广场举行。仪式由市委常委、宣传部长王京生主持，市委副书记李意珍发表讲话。这次活动的主题确定为：“用爱拥抱每一天，用心感动每个人”，活动项目共有 147 项。第二、第三届关爱行动分别在 2005 年 1 月和 2005 年 12 月举行。活动越办越好，影响越来越大。

“深圳关爱行动”内容广泛，包括资助困难职工、救助病患儿童、慰问孤寡老人、帮助困难家庭、为外来工办实事等。关爱行动同时还带来了深圳市民奉献意识和道德水准的提高。以第二届关爱行动为例，各种活动超过1000项，参加人次近千万人，爱心账户共收到捐款4225.9万元。深圳市委常委、宣传部长王京生同志在第二届关爱行动启动仪式的讲话中，热情洋溢地指出：“在这座崭新的城市里，我们正在缔造一种新的传统——爱的传统！”“这座城市因爱而感动！”

12. 颁发《深圳市文化发展规划纲要（2005—2010）》

2005年1月11日，深圳市委市政府颁发了2005年1号文件《深圳市文化发展规划纲要（2005—2010)》。《纲要》立足于将深圳建设成为国际化城市、文明城市和高品位文化城市的发展目标，提出了深圳文化发展的目标定位、主要任务、实施步骤及保障措施等，特别是其中提出的“六大发展战略”和“五大主要任务”以及关于节庆等创新性规定，对于实施“文化立市”战略和深圳未来的文化发展具有十分重要的意义。

13. 召开文化产业工作会议，出台关于大力发展文化产业的决定

2005年9月9日，市委、市政府召开文化产业工作专题汇报会，市委领导听取了文化产业的总体情况汇报，明确了未来发展思路。11月10日，深圳市文化产业工作会议召开，市长许宗衡做工作报告，与会代表对许市长的报告和即将出台的《深圳市委市政府关于大力发展文化产业的决定》、《深圳市文化产业发展“十一五”规划》等文件进行了认真讨论。会议决定把文化产业确定为与高新技术产业、金融业、现代物流业并重的第四支柱产业，大力建设企业示范基地、孵化基地和教学与培训基地等三类文化产业基地。

2005年12月，经过会议讨论和修改的《中共深圳市委深圳市人民政府关于大力发展文化产业的决定》正式出台。《决定》确定了深圳市发展文化产业的总体目标：到2010年形成以文化产业集团为龙头、多种所有制文化企业共同发展，体系完备、结构合理、特色鲜明、竞争有序、市场繁荣、效益显著的文化产业发展格局，全市文化产业总值占GDP比重达10%以上，城市居民人均文化娱乐消费支出占全部消费支出的比重达20%左右，文化产业成为重要支柱产业。深圳成为具有国内领先地位和国际影响力的文化产业发展中心城市之一。《决定》还就创新文化管理体制和运作机制作出了明确规定。

14. 举办深圳城市/建筑双年展

2005 年 12 月 10 日，在深圳市文化局创办的“创意 12 月”活动期间，首届深圳城市 / 建筑双年展在华侨城 OCT 艺术中心开幕。开幕式由双年展组委会主任、副市长闫小培主持。市长许宗衡致辞。国家和省市有关方面领导，以及来自世界各地的艺术家、建筑师设计师出席。

“双年展”是当今世界常见的一种制度化的艺术展览形式，旨在反映当代世界艺术的前沿探索和当前面貌；成为全球文化互相融合的一大枢纽。由深圳市人民政府主办的“深圳城市 / 建筑双年展”，是第一个以城市（或城市化）为固定主题的、具有专题性和周期性的国际艺术展览，是双年展览的新品种。本次展览的主题为“城市，开门！”旨在向观众揭示当代城市发展的现状。共有 82 件海内外优秀作品参展，展现出艺术家、建筑师、设计师们对于城市建设、城市精神、城市内涵的思考。许宗衡市长在致辞中表示，在海内外朋友的大力支持和帮助下，双年展必将茁壮成长，成为深圳实施“文化立市”战略，打造“设计之都”的标志性品牌。

15. 深圳大学获得博士学位授予权

2006 年 1 月，经国务院学位委员会第二十二次会议审议，深圳大学晋升为博士学位授予单位，新增光学工程、政治经济学、信号与信息处理等 3 个博士点和中国哲学等 26 个硕士点，形成了从学士到硕士再到博士的完整人才培养体系，办学水平迈上了一个崭新的台阶，同时也提升了深圳的学术文化地位。截止 2006 年初，深圳大学已经拥有 3 个博士点和 66 个硕士点。

16. 文艺创作凸显“深圳制造”的文化个性

2005 年 11 月，深圳市作协主席彭名燕以其长篇小说《杨门家风》为母本改编的 22 集电视连续集《家风》，登陆中央电视台一套黄金时段，获得巨大反响，位居中央电视台 2005 年平均收视率最高的电视剧之第七位。此外，由深圳专业作家苏曼华担任编剧、市文联参与投资拍摄的电影《我们手拉手》获得了 2005 年国家文化部的“华表奖”；深圳动画人自主开发制作生产出中国首部三维动画电影《莫比斯杯》，惊动了国际动漫界。

二 媒体与社会研究

从博客传播看中国话语权的再分配
——以新浪博客排行榜为个案

● 丁 未

一、前言

在人类历史上，每一次媒介技术革命都会带来集体的精神狂欢。从19世纪的电报到20世纪的电视、互联网，再到21世纪的博客，都概莫能外。原因很简单：技术的可能性往往与我们人类的理想产生了某种契合，而且这种理想又与信息超越时空达到人人共享、从而促进社会民主和人类进步有关。

2005年被称为中国博客元年，因为中国博客的人数开始呈“井喷状”增长。在这一年中，“想唱就唱”的中国超女和“想写就写”的博客时代来临，不仅同属值得记取的两大“媒介事件”，而且在许多知识分子和博客先行者眼中，它们又都与“草根民主”挂上了钩。博客作为一种互联网技术，以“零进入壁垒”的网上个人信息（知识）制造与发布方式，以及“源代码开放”和链接等技术功能，引发了集体性的幻想，“自媒体”、“共享的交流平台”、“Web2.0”、“新闻媒介3.0”等极富创意的新潮概念，伴随着中国博客先驱方兴东等人有了Blog，“任何一个人都可以成为专栏作家”[1]、“第一次实现了‘所有人面对所有人的传播’的人类理想”[2]的蛊惑，又一次拉开了关于媒介技术带来“开放、共享、自由”的神话。

我们并不否认技术对一个社会所产生的种种可能性。博客在个人表达、人际互动、信息共享等方面可能带来的革命性意义，即使在今天博客尚且作为新生事物之时，就已有目共睹。但是，我们也看到了博客的传播特性决定了它既有个人性的一面，又有公共性的一面。你可以说博客是私人卧室，但它的墙却是由透明玻璃组成，而且门户洞开；它可以是个人自编自导自演的场所，但它同时又展示在公共的舞台上。博客推广者往往强调个性互动、写作与交流的快感，多少忽略了博客可能作为公共媒体的一面。短短几年的中国博客传播实践证明，博客在一定意义上不是作为“自媒体”，而是作为一种有着自身文化特质与传播模式的公共平台而存在着。这不仅表现在越来越多与博客有关的人物、事件被传统大众媒体竞相报道，更表现在目前整个博客江湖早已不再处于自然状态，而是经过了专业博客网站和门户网站的多种信息管理和推广策划，而那些上了首页的博客，便是其作为公共媒体的最好例证。

如果说博客们拥有了信息发布和知识生产的自主权的话，那么，在这一特殊的场域，我们无法回避博客作为公共平台的话语权问题。话语权作为社会学的一个概念，在后现代思想家福柯看来："话语意味着一个社会团体依据某些成规将其意义传播于社会之中，以此确立其社会地位，并为其他团体所认识的过程。"[3] 因此，(1) 话语权并不是指博客技术所能提供的自言自语式的表达和展示权，而是在公共空间的意义上，博客（blogger）的声音能否被听见、被多少人听见、能否引起共鸣并产生社会影响的问题。有人把 BBS 比喻成一个众声喧哗的广场，那么中国目前上千万的博客也同样面临着谁的声音能传出去、谁的声音更响亮的问题。(2) 话语权作为一种现实的权力，不仅反映了某种社会关系、社会阶层结构，而且通过话语的传播，有可能对这些关系与结构产生作用，从而在确立，甚至加强社会团体的权力地位和影响力方面带来一系列的变化。因此，博客传播的出现，一方面离不开中国当代社会关系、社会阶层本身所固有的权力分配的现行结构；另一方面，它也可能带来中国话语空间权力的再分配，即重新洗牌的可能性。正因为如此，2005 年，在公众的眼中，博客是一个颇具阶级色彩的词语，精英博客与草根博客分界与相关的博客实践，是我们考察现今中国博客传播与话语权再分配的一个切入点。

二、精英博客与草根博客之争

尽管第一个中文博客网站"博客中国"在 2002 年开张之初，就动员了著名经济学家汪丁丁等一大批名人先开博客，但"精英博客"对"草根博客"的划分和提法，源于国内第一门户网站新浪网 2005 年 9 月以名人博客、明星博客开始的一系列商业推广活动，作家圈、娱乐圈、体育圈、地产圈的名人纷纷以实名在新浪安家落户，一时达 300 人之多。这本身只是一种普通意义上的营销行为，正如新浪副总裁侯小强所言："表面上看，新浪名人博客是个创新，因为别人没搞过，但是所有人都知道做广告要请名人，所以你说它是创新，其实它也是复制。"[4] 事实上，新浪这种门户加 BPS 的模式，决定了在这样一个经济实体平台上，"最大化原则"才是它的本意。名人开路为的是最广大的草根，为的是流量和点击率以及今后可能有的盈利模式，所以在大兴名人博客的同时，新浪的另一个企划便是目标受众针对草根的博客大赛。当初突发奇想搞名人推销术的始作俑者——新浪总编辑陈彤此时话锋一转："博客真正吸引人的地方在于它的草根性……因为博客至少在表达方式上实现了一些平等互动的传播本质。"[5]

从名人博客到意在草根的博客大赛，引发了对"精英博客"与"草根博客"的划分与激烈的评论。出身草根的"博客名人"王小峰的言论具有一定的代表性："'名人博客'违背了博客自由的草根精神，新浪意欲通过强势建立博客新的游戏规则，最终建起的只可能是玩物丧志的'博客废墟'！"[6] 另一网民在《博客时代的悲哀》中感叹：博客"天然的草根性决定了它属于草根文化，如今越来越多的名人到网上开博客，赢得了越来越多的点击率，这气势必将会把绝无仅有的草根连根拔起，取而代之的是博客的精英文化，这不能不说是一种悲哀。"[7]

之所以说是"一种悲哀"，是因为博客文化从一开始就以"草根性"为基调。据称早在1996年，科幻作家威廉·吉普森就预言："人人都能书写的网络表达，真正的生命力在于最大多数的草根，职业的网络书写者将在草根中萌芽。"国内博客草根论者如吕欣欣从博客的"个人性"角度得出：博客"无须置疑是一项草根行为，每个人都有倾诉的机会。"[8] 中国博客教父级人物方兴东则认为："在博客里面我认为没有什么精英、草根之分，精英也有博客的权利，草根也有博客的机会。"因为在他看来："2.0最大的特点就是以个人为中心，你的博客，你的主权是你自己的，所有的内容、所有的文章、所有的读者是你自己的，你在上面发表也好、仓储也好，都是你自己主动做的，主权是你自己的。"[9] 可见，方兴东不提精英与草根之分，强调的是博客的个人性与自主性，但他的观点与那些博客草根论者并无实质差别：博客传播能给所有个体提供机会。

但事实是，在以新浪为代表的网络空间上，名人博客与草根博客立刻呈现出冰火两重天的景象。当女演艺人徐静蕾在短短的112天创造了1000万点击率的时候，任何有点头脑的人都会发现：那些在传统媒介上已经风光无限的少数人，如今摇身成了时髦的博客，只不过多了个地盘又来吸引更多的眼球。作家叶永烈做过一个有趣的实验，他应邀在新浪博客上开了"叶永烈的BLOG"，平均每天的点击率超过五千；他以其孙女的名字也在新浪博客上注了册，结果平均每天只有一位访客[10]。同样出自一人的文笔，但从知名度与点击率的关系不难看出名人与草根境遇之大不同。对此，学者彭兰的看法多少说到了点子上："所谓精英与草根之间的界限最终落在话语权上。那些倡导博客草根性的人，无非是强调要给平民以话语权。……一个名人博客可以动辄几百万的点击量，其实基本上不是博客的功劳，而是名人效应的一种映射，把罪名都放在博客头上，似乎有些不妥。”[11]

事实上，精英博客与草根博客之分与新浪名人开道的营销术无关，甚至也与博客技术本身无关。从某种意义上说，这种分界及由此带来的话语权的再分配，是一种现实的投影和现实的必然。博客只不过一种媒介技术，当名人们以实名显身博客在点击率上 PK 草根时，即意味着开博客的人已有精英与草根之分。名人本身在现实中就是地位、职业、声望占优势的群体，他们本来就是现实话语权的主导者；而草根便是现实社会中的芸芸众生，是公共空间中沉默的大多数。因此，博客只是一个技术平台，每个人在登上这个平台之初，由于身份地位、职业阶层的不同，在话语权上先天地就有天壤之别。

三、从新浪博客排行榜看话语权分配

今天，在号称“百万博客俱乐部”的“新浪博客”专栏里，点击率统计可能最能说明所谓精英与草根的话语权之争，因为点击率即是人气，是在作为公共空间的博客上发出的声音影响力有多大、也就是拥有多少话语权的问题。据我们对 2006 年 9 月 23 日“新浪博客总流量排行榜”TOP100 排名的统计，发现如下结果：

2006 年 9 月 23 日新浪博客 TOP100 排名中博客不同职业身份所占人数统计表

职业身份	演艺人员	媒介从业人员	作家	专家学者	企业名人	团体	草根	总计
人数（人）	36	29	9	6	5	4	11	100

表中，演艺人员（包括影视演员、歌星、模特）占 36 人；媒介从业人员（包括记者、主持人、自由撰稿人）共计 29 人；作家 9 人；专家学者 6 人；企业名人 5 人；团体博客（包括“中国明星羽毛球队”、“中国第一公安”、“新东方”、“全家总动员”）占 4 个；剩下的草根占 11 人。除团体博客以外，演艺人员本身就是媒体曝光率最高的人群，而 TOP100 中的媒介从业者、作家、学者、企业名人也都是经常在传媒曝光的“知名人士”，他们本来就是传统媒体或大型门户网站这些公共空间的

发言者和话语权威，在号称百万之众的新浪博客俱乐部排名榜上，前100名中知名人士占85%之多，其“名人效应”可见一斑。

有意思的是，这85位名人的身份职业差不多反映出他们在现实公共空间（指传统媒体和大型门户网站）的知名度和曝光率，即反映了这些群体在公共空间话语权的配置情况。其中，演艺界明星独占鳌头：挤上“百强”人数最众（36%），且名列前20位、点击数超过680万的就有10位。博客对于明星来说，无非是制造话题、拉拢粉丝的手段，它是明星价值的衍生产品。博客使娱乐新闻进入了“后八卦时代”——从狗仔队千方百计挖新闻，到如今明星在博客上“自我曝光”，他们撰文、贴图、自曝隐私或另类评述他人，一时忙得不亦乐乎，博客这一白吃的午餐成了他们在原有的光彩下增加人气的又一法宝。在媒体和粉丝们的呐喊助威下，一场点击数竞赛正如火如荼地进行，而明星博客节节攀升的点击率也充分反映了当下“眼球经济”加“娱乐经济”的消费主义文化本性。

其次是媒介从业人员（共29位）。媒介从业者本是职业传播者，他们在信息源、传播能力、在媒体上发声露脸的机会等方面，具有得天独厚的资源和话语优势，正如持“博客精英论”的媒介名人安替所分析的：媒体人本身重视的是传播效果，他们拥有语言和传播的优势，用最有针对性的文字迅速吸引注意力，然后和同行结成圈子，把知名度打出去；媒体人的另一个优势是他们能接触到名人，给普通人展示官样文章背后的东西[12]。因此，对那些媒体“名嘴名记“（如吴小莉、杨澜、李咏、闾丘露薇、柴静等）来说，多了个博客也就是多了个施展其看家本领的场地，他们的话语权往往因其与信源的接近性、传播技能的专业性而显得更为强大有力。

值得一提的倒是作家群体。新浪最初推出作家群，提出“打造文字英雄”的口号，以正在写作《兄弟》、被媒体热炒的余华首开博客，余秋雨、陈染、虹影、叶永烈、陆天明等作家陆续登台，“博客文学”曾经风光一时。但好景不长，正当印刷时代的末路英雄们期盼博客时代的到来能让“文字书写时代”起死回生时，他们的梦想很快就破灭了。Web2.0技术远不只是文字书写工具，在如今的多媒体时代，“眼球经济”讲的是读图、视觉冲击，文字的魅力远远不敌形象的光彩。最典型的例子莫过于2006年7月13日，徐静蕾在博客里发了标题为《战利品之：鞋》的帖子，里面仅有一张图片，居然也有近5万多的访问量，回贴也有800人之多[13]；几乎同时，当红作家余华一篇题为《音乐的叙述》的艺术随笔却只有7000多的点击量[14]。因此，不足为奇的是，新浪博客刚开张时的博客文学热，不久就被张靓影和徐静蕾占据新浪博客排名前两位的现实所浇灭。而且，随着新浪名人博客圈的不断扩大，名作家们，尤其是那些非“80后”的“老”作家们的博客点击率就开始江河日下，他们的博客即使与一些二三流的演员、主持人相比也相去甚远——本次唯一入榜的老作家只有柯云路，且排名仅列96位。但作家中，韩寒（第二）、郭敬明（第四）和郑渊洁（第十三位）却是例外，郭敬明和韩寒都是80年代以后出生的作家，其反叛不羁的言行和偶像型形象吸引了大批的粉丝，尤其是郭敬明的博客，几乎每篇必有其年青俊朗、比明星更酷更帅的大幅肖像照，可见“卖相”是他博客高居榜首的秘诀；年过50的光头郑渊洁本是“童话大王”，如今到处“触电”上镜，以娱乐调侃的方式大讲脱口秀，与那些不喜欢抛头露面的传统作家大异其趣。

当我们将新浪博客视为一个公共话语空间时，或许我们更应关注那些被传统媒体称为思想精英、社会良心的专家学者，他们人数不多，但凭借其专业、学识的权威性和对社会的洞察力而在公共领域拥有特殊的话语权和影响力。在新浪博客们的众声喧哗中，专家学者上榜的有孔庆东（第23位）、余秋雨（第35位）、马晓年（第70位）、薛涌（第79位）、李银河（第88位）、易中天（第100位）共6位。众所周知，余秋雨是文人“触媒”的先行者；易中天是传媒新宠且正如日中天；孔庆东这位北大教授是“凤凰卫视·锵锵三人行”的嘉宾主持，社会学家李银河以其性学专家的身份常以大胆出位的话语成为近几年大众媒体的“话题明星”。学者上榜，对博客江湖来说是一大幸事，多少说明理性的声音也还有一席之地，但值得注意的是，上榜的学者几乎也都借了传统媒体的光。在这张排行榜上，真正以公共事务为主要选题、以严肃的笔调和思想见长的博客只有旅居美国、近年来在《南方周末》、《南方都市报》常以专栏作家身份出现的薛涌（排名79，点击数238万）。由此可见，在现今的博客传播热中，娱乐远远大于时政、形象远远高于思想。

TOP100中草根博客入选的占11位，也就是说差不多10位上榜的博客中就有一个草根，所占比例不可小觑。但如果从百万新浪博客绝大多数是普通民众看，与这庞大的基数相比，草根博客上榜的比例仍是微乎其微。这里，我们不得不提一个例外，出身草根的Acosta（极地阳光博客）高居第三的宝座，且有将近3000万的点击数。据称这是国内第一个点击数突破一千的草根。表面上看，他是藉藉无名之辈借博客技术的东风一举成名的典范，但其实不然。据报道，Acosta有着非常特殊的背景，除了年青、帅气、神秘、文字穿透力强等特点外，从其博客中所透露的信息看，他与一些影视和文化名人（如袁立、海岩等）颇有交情与来往，其博客图片中的别墅等豪华场景，也说明这位脱颖而出的草根其实并非一般的普罗大众；而且，新浪总编陈彤承认："在 Acosta 博客点击量飙升的过程中，新浪确实做过一些推广。"[15] 事实上，借名人之光加新浪的策划推广，这种带着商业炒作痕迹的草根变名人的模式，并不能反映草根博客的真实力量。

四、结论与分析

一张新浪百万博客 TOP100 排行榜，恰似一张地图，标识出作为公共空间的博客江湖上，不同地位阶层、身份职业者话语权的分配与抗衡。总的看来，一个所谓的"全民博客"时代，最终起作用的却是"眼球经济"＋"娱乐至上"的市场游戏规则。在这场大合唱中，偶像、明星唱主角；媒介名人和作家学者各自守着一块阵地，发出自己的声音；虽然也不乏草根的身影，但作为公共舞台的博客决非草根的天下，他们多少是个陪衬，绝大多数都被湮没在这嘈杂的博客江湖中，自娱自乐，但寂静无声。这洋洋百万人之众的新浪博客俱乐部最后呈现的，其实也就相当于市场化程度比较高的都市报的一个翻版，除主流政治话语缺席外，打着草根之名的博客事实上正是大众传媒公共空间话语权分配格局的一个投影。换言之：从这张 TOP100 的排行榜上，我们看到了博客与大众传媒在权力格局和资源分配上的某种同构。

问题是：是什么机制导致了这一同构？从前文的分析中我们不难看出，新浪的名人博客采用的是实名制，而排行榜中起关键作用的恰好是博客们来自大众传媒的知名度和曝光率，这就说明大众传媒在目前的博客话语权分配中起着主导作用。博客刚出江湖之时，有人急于发掘 blog 的意义与价值，其中最蛊惑人心的说法是：博客将成为"第五种力量"，将颠覆传统媒介的权威。[16] 但至少目前我们还看不出这种端倪，倒是方兴东的断言比较符合眼下的媒体实践："博客要想获得一般大众传播所能获得的大规模的社会轰动效应，根本的渠道还是要依靠大众媒体这部机器的威力。"[17] 事实上，由博客事件经传统大众媒体或门户网站报道扩大，从而从"小众化"事件走向"大众化"事件的案例确实有那么几件，其中也不乏像木子美、芙蓉姐姐、Acosta 这样的草根，经过大众媒介这一放大器而一举成名的个案。但我们在大众媒体与博客的互动借势和"接力传播效应"中，更多看到的是名人们借博客作秀在传媒上更加频繁的曝光——在传媒对以徐静蕾为代表的众多明星博客的报道、对"韩白之争”和洪晃借前夫陈凯歌之名的博客内容的报道，以及随后这些名人博客点击数的节节高升中，我们不难发现这种接力传播所产生的效应，而今年，博客已然成了大众传媒最炙手可热的一个炒作概念；所以说，在大众传媒与博客的这种互动机制中，它们之间的关系不是博弈，而是绝对的双赢。因此，在大众传媒的“威力”之下，名人博客（blogger）们只会更多地占据公共空间，拥有更为强大的话语权。

其次，是以新浪博客为代表的博客首页运作模式的作用。博客一旦成为网站的博客首页，立刻从其自然的状态变成经过信息管理、策划推广的人为状态。目前新浪的博客首页已是一个真正意义上的公共媒体，从它的编排形式与内容分类看，专栏、专题、分类排行、最新文章、百万博客俱乐部等，都是经过幕后人员精心的编排设计，事实上，TOP100、500强这类排行榜就是这种信息管理和策划推广的产物。用明眼人的话来说，新浪博客的优势是找到了“有组织传播和个性传播的平衡点”，而博客首页作为组织传播的运作机制无疑是以用户数、流量、点击数、影响力为基准，这才是新浪这样的大型门户网站操作博客网页及博客大赛的真正用意所在。于是，一方面，像把关、议题设置这类信息管理与控制方式，像利润这样的市场终极追求，便以一种更隐形的方式存在着；另一方面，这也正是大众传媒的一拨名人目前能叱咤博客江湖的真正原因所在。安替在第二届新浪中国博客大赛的致辞中认为，中国名人博客的出现，是因为中国缺乏像好莱坞这样的影视工业机制和文化经济机制[18]。这两个机制的缺乏或不健全，是中国名人热衷开博客的原因，当然也乏一小部分草根借此而“一博成名”，但结果就像经过海选的层层淘汰，几个超女脱颖而出，但真正主导娱乐圈的，仍是赢利模式和市场最大化规则；而且邻家少女一旦成为超女，也就由草根而成名人。可见，选拔机制的改变，并没有在本质上改变名人与草根天然分界，也没有因为几个草根摇身成了名人，而使草根们的社会资源、权力有了真正意义上的扩大。

再次，值得思考的是，草根在这张TOP100排行榜中起了什么样的作用？换言之，名人的话语权是谁赋予并认同的？博客上的每一个点击数从某种角度回答了这个问题：是草根成就了名人，正如追星族成全了狗仔队。在这场名人点击率比赛中，那些狂热的粉丝不正是草根吗？新浪博客策划者说：“名人的博客也就变成了草根聚集的平台，因为在那里发贴看的人会比别的地方多，会更有影响力。新浪的名人博客与草根是一种互生关系。”[19] 但事实是，名人博客上虽然不乏草根的经典评论和自我推荐，但总体上说，精英与草根更多的是发言者和倾听者、表演者与窥视者的关系，博客技术并没有改变草根主要是“看客”的身份。更何况，在一个娱乐偶像的时代，名人博客上的草根大多只是充当吹捧、抬轿的角色，而不是真正意义上的交流者和评论者。最极端的例子如韩寒的一篇只有一个句号（“。”）的博客（2006年9月4号），竟引来了5万多的点击，在多达1027条评论的第一页，粉丝们大多表达的只是“抢沙发”、“头一次第一页”、“爱你，加油”、“支持一下”、“支持老大”、“这次靠前了”、“难得第一页”之类的一惊一乍[20]。正是这些粉丝们后现代行为主义的幽默表演，使得博客舞台上，那些已经用尽了传统公共空间资源的偶像明星们，如今能在博客上兴风作浪，将草根们挤到边缘。而这一局面，也正是当下大众媒体中受众作为信息消费者的某种集体非理性的真实写照。

博客传播仍处在初创阶段，要从目前的博客实践预测未来中国博客的发展格局或模式，无疑是一种妄想。我们清楚地看到了博客文化的特殊性，但从阶段性的实践中反映出来的博客与大众传媒在资源和权力分配上的某种同构，或许对我们理解媒介技术与现实社会结构及其资源分配的关系问题，不失是一种启示。至少从目前来看，博客作为一个技术平台，它所能提供的“开放、自由、共享”仅仅只是一种技术上的可能性。我们并不否认博客为普通大众提供了一个自我书写、自我表达和沟通交流的渠道，但任何媒介技术的运用都离不开现实的社会关系与社会结构（包括话语权结构）的构形（configuration），虚拟空间反映的更多是现实的权力格局，传媒技术的先进，有时甚至可能导致权力再分配中两极分化的“马太效应”——在传媒与博客的互动中，名人与草根的分野，包括话语权的鸿沟，正在进一步扩大而不是缩小。而这则往往是传媒技术决定论者所视而不见的。

注释：

[1] 方兴东、孙坚华，《blog：个人日记挑战传媒巨头》，《南方周末》2002年9月5日。

[2] 方兴东、张笑容，《大集市模式的博客传播理论研究和案例分析》，《现代传播》2006年第3期。

[3] 王治河，《福柯》，湖南教育出版社，1999年，第159页。

[4] http：//tech.sina.com.cn/i/2006-04-29/1731924295.shtml.

[5] 《全民博客：40个月博客在中国的流变》，《三联生活周刊》2005年第42期。

[6] http：//info.biz.hc360.com/2006/03/21103144159.shtml.

[7] http：//www.yndaily.com/html/20060615/news_89_263071.html.

[8] 《全民博客：40个月博客在中国的流变》，《三联生活周刊》2005年第42期。

[9] 《方兴东：没有精英草根 未来博客将是个人门户》参见
http：//news3.xinhuanet.com/newmedia/2005-11/29/content_3852842.htm.

[10] http：//blog.sina.com.cn/u/470bc6dd010000sa.

[11] http：//news3.xinhuanet.com/newmedia/2006-02/13/content_4173717.htm.

[12] 《安替：博客不能让草根成为精英》，http：//tech.sina.com.cn/i/2005-11-10/1106762229.shtml.

[13] http：//net.chinabyte.com/51/2504051.shtml，另据2006年9月30日，《战利品之：鞋》上的阅读数已近8万，但图片已经被徐静蕾鲜花村博客的链接所取代。

[14] 据作者写作本文时2006年9月28日新浪上的余华博客阅读数统计。

[15] http：//tech.sina.com.cn/i/2006-07-05/08291021767.shtml

[16] 《全民博客：40个月博客在中国的流变》，《三联生活周刊》2005年第42期。

[17] 方兴东、张笑容，《大集市模式的博客传播理论研究和案例分析》，《现代传播》2006年第3期。

[18] http：//tech.sina.com.cn/i/2006-04-20/1156911514.shtml.

[19] http：//tech.sina.com.cn/i/2006-04-29/1731924295.shtml.

[20] http：//blog.sina.com.cn/u/4701280b010005sb.

（原载《同济大学学报》2006年6期）

媒体·家园·和谐社会
——报纸接受对深圳移民城市归属认知的影响

● 王晓华　蒋淑君

研究背景

大众传播在移民文化融合中的作用是传播学研究的一个重要领域，90 年代后我国区域经济发展不平衡引发的农村人口向城市的大量转移、中西部人口向沿海发达地区的迁移，已经引发了城市一系列的社会问题。本文的研究集中在深圳，通过深圳的个案研究，期望能给已经形成和正在形成中的国内越来越多的移民城市相关的研究提供一定的借鉴。

深圳经过短短 26 年的高速度发展，社会经济基础和人们的生活水平都走在了中国的前列，城市人口由建立特区之初的 30 多万猛增到 2005 年的 1200 万，其中 95% 以上是由从全国各地引进的各类高素质人才和大量文化层次较低的打工者构成的移民，包括 200 多万户籍人口和 1000 万左右平均年龄只有 25 岁的流动人口。[1] 这些移民被特区朝气蓬勃、敢为天下先的精神所吸引，共同汇聚到这片热土；深圳本地的客家文化、广府文化对移民的影响有限，各地移民逐渐形成了开放、包容、不断发展变化的特区文化；移民作为城市文化的创造者和消费者，他们如何理解和认同这一独特的移民城市文化，并将自己归属于这个城市，直接影响到他们对城市文化的营造和维护的积极性。

移民对城市的归属感，是移民城市社会稳定发展的基础，也是形成城市内在精神资产的前提。心理归属感，即是否把自己的身份归属于这个城市，是移民对城市认同程度的反映。一个城市，一旦她的社会群体对她产生美好的情感依赖，就会迸发出巨大的力量。把握移民对城市归属的认知状况，是培养社会群体的城市归属感、加强城市精神资产积累的基础，也是维持社会和谐、城市长期稳定发展的保证。生活在深圳的移民，究竟如何认同自己对这座城市的归属？是把她看成自己的家园？还是认为自己只是这座城市的匆匆过客？

在媒介高度发达的现代社会，大众媒体对建构城市文化、确立城市归属感有重要作用。早期传播学研究就曾指出，报纸使社会“由受‘习惯和传统’支配的时代，前进到以‘流行和革新’为主流的时代”。[2] 尤其是在移民社会中，在“习惯和传统”不占支配地位的情况下，媒介将构成社会“流行和革新”的主导，因此，大众媒介的信息传播，将在很大程度上影响人们对城市归属的定位。本研究首先考察深圳移民的城市归属认知状况，并进一步以报纸阅读为例，通过对城市中三个不同群体对报纸接触情况的分析，探索大众媒体在深圳移民城市归属认知上的影响，以期对城市媒体的未来发展提供一些借鉴，共同致力于建设一个和谐的移民社会。

需要指出的是，我国的户籍制度对人们的身份归属有着重要的影响。合法身份的获得，是移民建立对移入地心理归属感的基本条件。伴随户籍制度而来的经济利益、社会福利、安全保障上的差异，是形成人们对自我认同和社会认同最直接的因素。在深圳的移民中，那些从全国各地引进的，主要分布于政府机关、企事业单位的中高级管理阶层的高素质人才，他们多数拥有深圳户口，而占人口90%以上，构成城市体力劳动者主体的打工者群体，基本上都没有深圳户口，而且深圳的人事政策也决定了他们中的绝大多数人很难获得深圳户口。因此，本文以“户籍”和“出生地”为标准，把城市中的人群分为三类：本地人（建特区前就生活在这里的人），户籍移民，非户籍移民，重点分析非户籍人口在城市中的归属状况，因为他们是深圳人口的主体，而且相对于本地人和户籍移民，非户籍移民在城市中的归属状况最受争议，他们对城市的融合程度是影响社会和谐最重要的因素。

本文所使用的数据来自2005年“深圳移民文化调查”[3]，有效样本容量1130人，样本的性别、年龄结构保持了与深圳人口的总体水平接近。调查中以“户籍”为核心对各种人口进行了一定的配额，其中本地人113人，户籍移民406人，非户籍移民611人，分析中各群体作为独立的子样本进行比较。

“镜中我”理论与深圳人的心理归属

实证资料证明，深圳移民对城市归属感的建立与法律身份并不完全一致[4]。随着社会的发展，非户籍因素对人们的影响日益显著，例如平等竞争机制，经济利益的共享，保险业的普遍兴起，医疗保障的健全，人生安全保障体制的完善，政府和社会对非户籍人口的关爱，以及户籍制度的相应调整，人们对自我身份的认同已经不再只局限于持什么样的“户口”；因此，较之于户籍制度对身份的标识，更为重要的是人们在心理上对城市归属的真实定位。心理归属感是指人们把城市文化所体现的价值观、思想、信仰等当成自己心理文化的一部分，并把自己完全融入这种文化中。本文的研究对象是深圳的移民，移民的心理归属感体现在很多方面，其中最重要的是是否把自己看作是城市的一员，认同移入地的文化，认同自己是城市的一分子。

心理认知是一个复杂的过程，美国社会学家库利提出“镜中我”（Looking Glass）的概念来解释自我认知的形成。[5] 他认为，人对自我的认识，主要是通过与他人的社会互动形成的，他人对自己的评价和态度是反映自我的一面“镜子”，个人透过这面“镜子”认识和把握自己。库利认为，“镜中我”也是社会我，传播——特别是初级群体中的人际传播——是形成“镜中我”的主要机制。一般来说，这种以“镜中我”为核心的自我认知状况取决于与他人传播的程度：传播活动越活跃，传播对象越广泛，个人的“镜中我”也就越清晰，对自我的把握也就越客观、越准确。库利的“镜中我”理论主要是用来说明个体的人际传播对形成自我认识的作用，其角度是从某一个主体出发，反映某一主体的自我认知，包括两个方面，该主体对自我的认知以及他对别人评价的认知。

在本研究中，我们把城市中的三个群体——本地人、户籍移民和非户籍移民分别看作一个主体。根据“镜中我”的理论，我们提出这样的假设：对于某个群体而言，他们对自身心理归属的认知不仅来自自我的认识，而且也是社会上其他群体对他们身份归属的反映。因此，在本研究中，要考察的就是：

问题一：户籍移民、非户籍移民和本地人各自的归属认知状况如何？其中包括：

1. 本地人对自身归属的认知，户籍移民和非户籍移民两个群体对本地人归属的认知。
2. 户籍移民对自身归属的认知，本地人和非户籍移民两个群体对户籍移民归属的认知。
3. 非户籍移民对自身份归属的认知，本地人和户籍移民两个群体对非户籍移民归属的认知。

在问卷中，我们把在心理上认为“深圳是自己的城市”看作是对城市的心理归属，分别测量每个群体在这个问题上的看法，和其他两个群体猜想该群体在这个问题上所持的观点。下表列示了认为“深圳是自己的城市”的人在各自群体中所占的比例以及其他两个群体猜想的比例：

表 1　三个群体对城市归属感的自我认知和相互猜想比较

			群体间相互猜想归属认知		
		自我归属认知	户籍移民对其他群体的猜想	非户籍移民对其他群体的猜想	本地人对其他群体的猜想
深圳是自己的城市（%）	本地人	83%	75%	80%	——
	户籍移民	76%	——	75%	69%
	非户籍移民	44%	36%	——	27%

各群体的自我认同及对其他群体认同的猜想

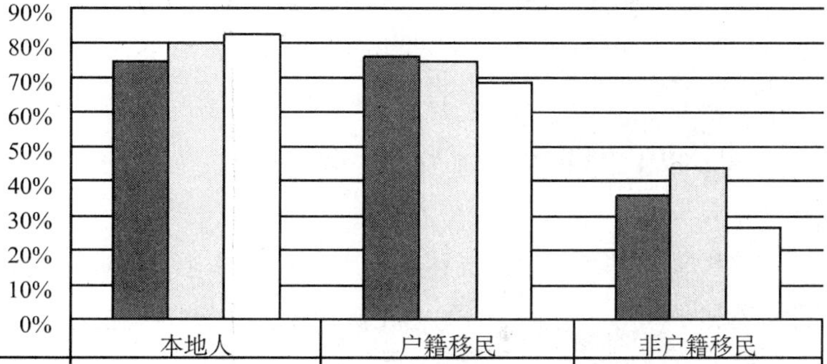

	本地人	户籍移民	非户籍移民
■ 户籍移民对其他群体的猜想	75%	76%	36%
□ 非户移民对其他群体的猜想	80%	75%	44%
□ 本地人对其他群体的猜想	83%	69%	27%

上述数据显示：

1. 本地人（83%）和户籍移民（76%）中都有 80% 左右的人认为“深圳是自己的城市”，反映出比较明确的城市归属感；非户籍移民中只有 44% 的人认为“深圳是自己的城市”，显示归属感不明确；三组群体中，本地人自认归属感最高。

2. 每个群体自己对城市归属感的认知都高于其他组对它的认知，而且非户籍移民看户籍移民或本地人的城市归属感比户籍移民和本地人两者之间的相互认知要高。（非—本 80% > 户—本 75%，非—户 75% > 本—户 69%；这些差别在统计上可能不显著）户籍移民比本地人对非户籍移民的城市归属感认知程度要高（户—非 36% > 本—非 27%）。

这一调查结果显示：非户籍移民还没有完全建立起对城市的归属感

（44% ＜ 50%；即未到半数的非户籍人口对深圳有归属感）；另外，本地人和户籍移民之间由于存在对城市所有权的争执，因此在相互认知对方对城市的所有权时都有所保留，即随着户籍移民对城市管理的广度和深度的加大，本地人群体边缘化的趋势势不可挡，作为土生土长的深圳本地人，心理的失落和对城市移民管理者的复杂情感使其对户籍移民城市归属权的猜测有所保留。而户籍移民在管理深圳的同时享受深圳发展的成果，在深圳建立的是与本地人文化截然不同的移民文化，社会语言、游戏规则、习俗文化与本地人的原有文化几乎是割裂的。因此在户籍移民的视野中，本地人与现代化的城市生活有很大的距离，他们对本地人城市归属感的猜测有所保留也就在所难免。至于户籍移民和非户籍移民之间相互的认同和理解程度高于本地人对这两个群体的认同，原因是两者有类似的经历和背景，甚至非户籍移民的生存状态在一定程度上可能是户籍移民曾经经历过的生活，表现为户籍移民在心理上更同情和倾向于非户籍移民，因此会比本地人更愿意承认非户籍移民对城市的归属感。

“互动认知”理论与和谐社会

考察城市中不同社会群体对城市归属的认知，除要了解某个群体的自我认知，我们还需要把握不同群体间的相互认知和影响。“传播的基本功能是使两个或更多个体相互之间对外部环境中的物体同时保持意向。”[6]

一个个体对某一事件的态度通常受到他对别人是如何看待同一事件的认识的影响，这个过程被纽科姆称为“互动认知过程”（Coorientation Process），他提出“ABX 模式”用来说明两个不同个体之间的传播[7]：其模式为一个三角形，三个点分别代表两个个体 A 和 B 以及他们共同环境中的 X 事件（如图 2）。这个模式表示以下三种关系：

1. A 对 X 的看法

2. B 对 X 的看法

3. A 和 B 之间相互猜测的看法

纽科姆认为，“A 对 X 的看法与 B 对 X 的看法相关，A 有可能影响并且猜测出 B 对 X 的看法”[8]。

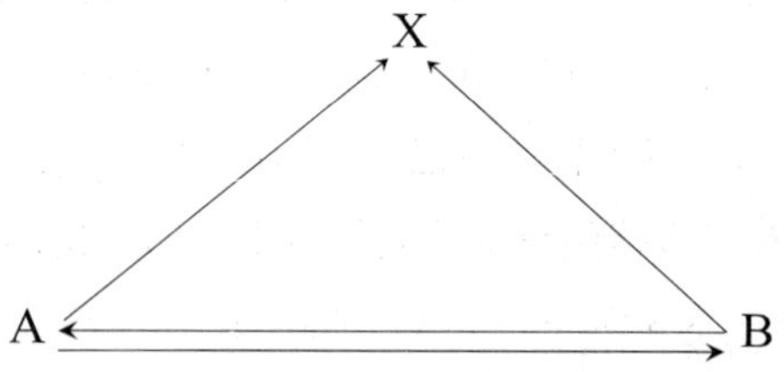

图 2　A-B-X（Newcomb，1953，p.394）

McLeod 和 Chaffee 在此基础上发展了一个“互动认知测量模型”（Coorientation

Measurement Model)。[9] 正如图 3 所示，在两个主体共同认知某一事件的过程中，“互动认知过程”至少包含了两个层面的四个可以测量的概念：A 对 X 的看法（A-X），B 对 X 的看法（B-X），A 猜想 B 对 X 看法（A-BX），B 猜想 A 对 X 的看法（B-AX）。四个概念可以构成以下三组关系。

1. A-X 和 B-X 的差异性：这种差异表达的是两个主体对同一事件看法的同意程度（agreement），可用公式表达为：

agreement of A and B =（A-X）–（B-X）

2. A-X 和 A-BX 之间（或是 B-X 和 B-AX 之间）的差异：这种差异表达的是同一主体自己的看法和他猜想别人的看法之间的一致性（congruency），可用公式表达为：

congruency of A =（A-BX）–（A-X）

congruency of B=（B-AX）–（B-X）

3. A-X 和 B-AX 之间（或者 B-X 和 A-BX 之间）的差异：这种差异表达的是主体自己的看法和他人猜想该主体看法之间的准确度（accuracy）。可用公式表达为：

accuracy of A about B=（A-BX）–（B-X）

accuracy of B about A=（B-AX）–（A-X）

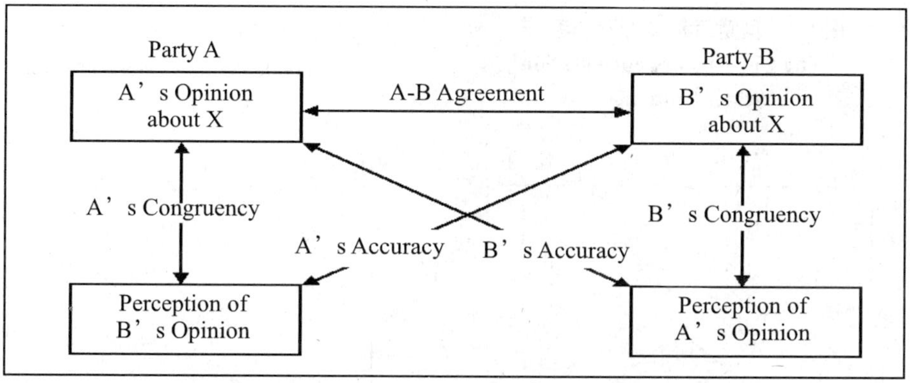

图3　互动认知测量模式（Mcleod & Chaffee，1973）

“互动认知”（Coorientation）和传播紧密相关，它既是传播的前提也是传播的结果。个人或者群体之间的有效沟通需要具备两个前提条件：共同的环境和相互能理解的语言或符号。一定程度的相互理解和共识是传播的先决条件，离开这一点，持不同观点的传播双方就失去了互动和相互理解的基础。同样，没有能够相互理解的语言或符号，传播双方也无法进行互动。

此外，传播双方在传播前不同的互动认知情况，有不同的互动认知状态系统（Coorientation States System）相对应，每一类互动认知系统都决定了一定形式的传播结果。图 4.1—图 4.4 显示了不同的互动认知状态系统（Hak Soo Kim，1986）。在每个系统中，互动状态的每一个三角模型都是独立的（Mcleod and Chaffee，1972），并且三者之间存在着密切的关系，归纳起来可以分为“高准确度”和“低准确度”两类关系。

A. 高准确度（图 4.1—图 4.2）三角关系的两种表现形式：

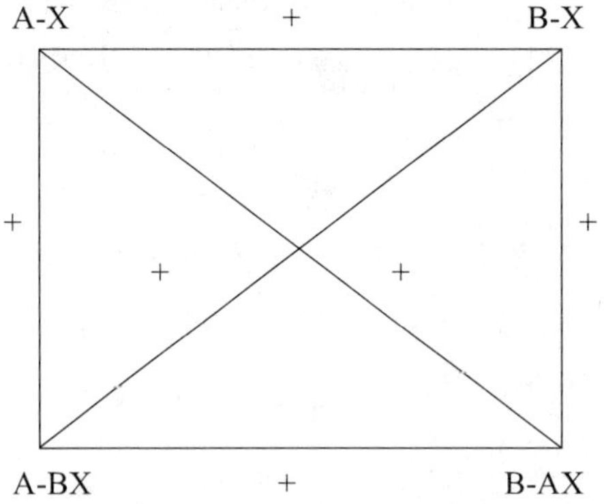

图4.1　同意互动认知状态系统（The Consensus Coorientation States System）

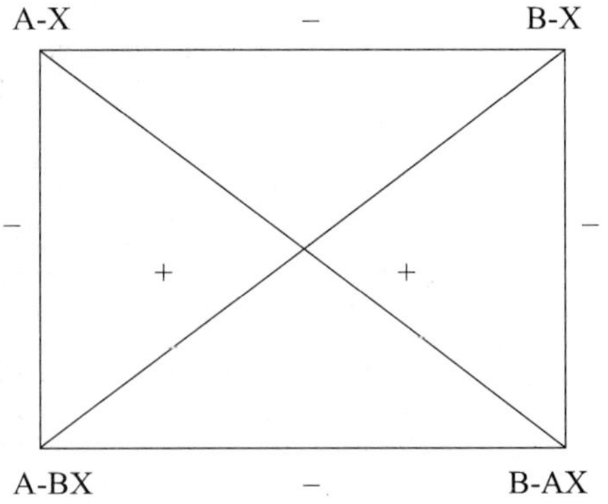

图4.2　不同意互动认知状态系统（The Dissensus Coorientation States System）

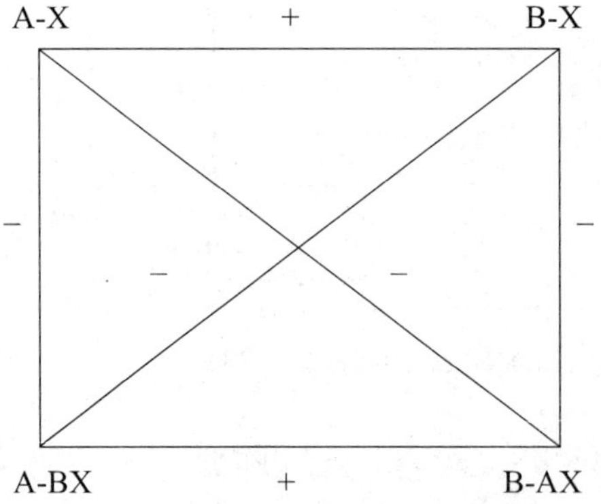

图4.3　忽视互动认知状态系统（The Ignorance Coorientation States System）

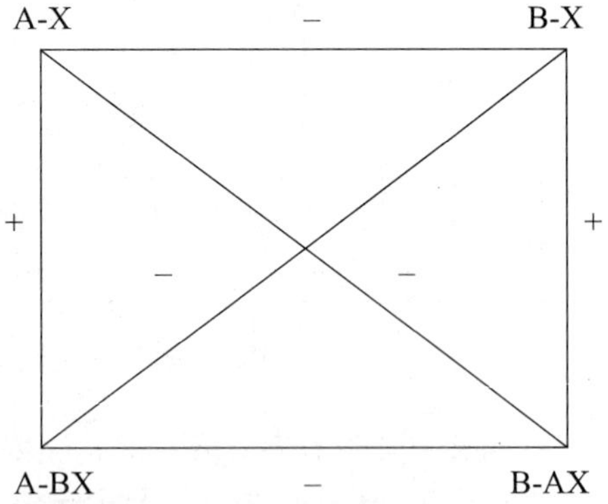

图4.4　错觉互动认知状态系统（The Pseudo-Consensus Coorientation States System）

图 4　互动认知状态系统（Coorientation States Systems）

（Hak Soo Kim, *Progress in communication science*, 1986）

1）高同意度（agreement）和高一致性（congruency）决定了高准确度（accuracy）；

2）低同意度（–）和低一致性（–）决定了高准确度（+）；

B、低准确度（图 4.3—图 4.4）三角关系的两种表现形式：

1）高同意度（+）和低一致性（–）决定了低准确度（–）；

2）低同意度（–）和高一致性（+）决定了低准确度（–）；

可见在三角形的三对关系中，其中两对相同的关系推出第三对关系为正，两对相异的关系则推出第三对关系为负。由此我们推出四种互动认知状态系统分别为：同意互动认知状态系统（the consensus coorientation states system），不同意互动认知状态系统（the dissensus coorientation states system），忽视互动认知状态系统（the ignorance coorientation states system）和错觉互动认知状态系统（the pseudo-coorientation states system）。

下表列出了四个系统在同意度（agreement）、一致性（congruency）和准确度（accuracy）之间的关系程度。

同意互动认知状态系统：A 与 B 对 X 的看法很接近，并且 A 猜 B 对 X 的看法和 B 对 X 的实际看法接近。这一模型反映 A、B 两者有很高的共识，而且他们也清楚彼此的一致性，这是一种理想的前传播状态，传播双方有共同的观点和背景，他们之间的交流也会更加顺利。

不同意互动认知状态系统：A 与 B 对 X 的看法不同，并且 A 知道他自己的看法和 B 的看法有差别，因此他猜 B 的想法也比较准确。如果社会各群体之间对某些事情的看法属于这种状态，说明社会群体之间存在很大的疏离感，人们的集体意识不强，社会融合度不高，社会凝聚力较弱，可能社会各阶层之间会形成所谓“鸡犬之声相闻，老死不相往来”的局面。

忽视互动认知状态系统：A 与 B 实际上对 X 的看法相同，但是他们之间以为彼此的观点不同，因此在猜想对方观点时产生错误的判断。这种情况说明 A 和 B 之间沟通不充分，彼此不了解，需要增强彼此的沟通以消除误解。

表 2　各个互动认知模型在同意度、一致性和准确度三方面的分布情况

（Hak Soo Kim, *Progress in communication science*, 1986）

	同意度（agreement）	
	高	低
一致性（congruency）		
高	同意互动认知状态系统（The Consensus Coorientation States System）	错觉互动认知状态系统（The Pseudo-Consensus Coorientation States System）
低	忽视互动认知状态系统（The Ignorance Coorientation States System）	不同意互动认知状态系统（The Dissensus Coorientation States System）
准确度（accuracy）		
高	同意互动认知状态系统（The Consensus Coorientation States System）	不同意互动认知状态系统（The Dissensus Coorientation States System）
低	忽视互动认知状态系统（The Ignorance Coorientation States System）	错觉互动认知状态系统（The Pseudo-Consensus Consensus States System）

（根据 Hak Soo Kim 的互动认知状态系统（Coorientation States Systems）绘制）

错觉互动认知状态系统：它与忽视互动系统恰好相反，A 和 B 对 X 的看法实际上不一致，但是 A 错误地认为他和 B 的意见相同，因而他猜 B 的观点和 B 实际的想法之间就存在差异。造成这个状况的原因之一是：客观上两者确实存在差异，但是由于两者势力不均，强势的人更容易夸大彼此的相同点，而弱势的人对彼此的差别更加敏感，因此在强者猜想弱者时会忽视两者的差异性，错认为双方持相同观点；二是两者之间的沟通不充分或者不准确，对差异认识不足。在这种情况下，他们之间的差异被隐蔽，双方处于暂时的平静。一旦两者通过交流发现彼此的差异，双方的矛盾就可能突显出来。这种差别可能体现在物质上，也可能体现在精神上。认知差异将会引起群体之间相互排斥的态度，甚至可能成为矛盾或冲突的潜在危机，不利于群体之间的和睦与稳定以及社会的长期健康发展。

在一个社会里，如果各阶层在某些方面差别比较大，如薪酬或者福利待遇，并且这种差别通过各种方式如群体间的人际沟通、大众媒体的报道等成为明确的认知，这种差异性就可能成为引起社会不稳定的因素；同时，如果媒体在反映社会不同群体时存在一定的倾向性，不同的倾向性同样会夸大或者缩小各群体间认知的差异性。

用互动认知模型来分析深圳本地人、户籍移民和非户籍移民三个群体对深圳城市归属问题上的相互认知状况，如果同时以三个群体为主体做分析，情况过于复杂。在三个群体中，非户籍移民对城市的归属感最弱，并且这个群体的身份归属问题也最有争议，因此本文只以“非户籍移民”为分析主体 A，把“深圳是属于非户籍移民的城市”作为对象 X，将本地人和户籍移民分别定义为三角关系中的 B（分别用 B1 和 B2 来表示），模型建构如图 5。

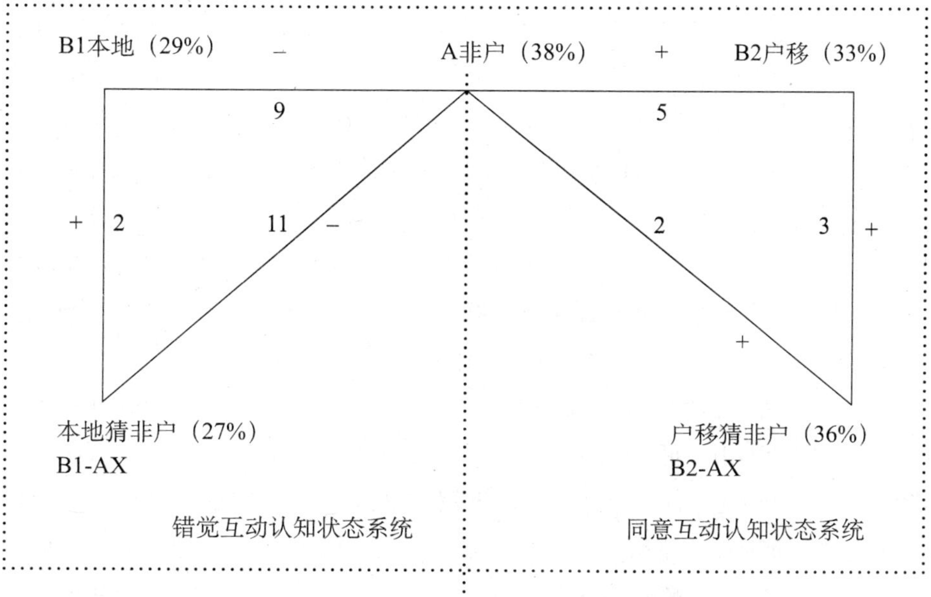

图5　本地、户籍移民和非户籍移民的互动认知状态系统

根据互动认知理论，需要测量三个群体之间的同意度（agreement）、一致性（congruency）和准确度（accuracy），相关统计结果见表 3。

表 3　本地、户籍移民和非户籍移民的互动认知模式测量值

“深圳是非户籍移民的城市”	本地（29%）：非户（38%）	户移（33%）：非户（38%）
agreement of A and B	本地（29%）－非户（38%）=–9%	户移（33%）－非户（38%）=–5%
congruency of A	本地猜非户（27%）－本地（29%）=–2%	户移猜非户（36%）－户移（33%）=3%
accuracy of A about B	本地猜非户（27%）－非户（38%）=–11%	户移猜非户（36%）－非户（38%）=–2%

注：三个群体中持“深圳是非户籍移民的城市”这一观点的人在各自群体中所占的比例数表示

上表显示：本地人、户籍移民和非户籍移民中分别只有29%、33%和38%的人认同“深圳是非户籍移民的城市”。三个群体之间的不同意度（disagreement）和不准确度（inaccuracy）都很大，分别为9%和11%，不一致性（incongruency）相对较小（2%）；根据互动认知理论，即他们之间呈现了高一致度、低同意度和低准确度的关系，构成了“错觉互动认知状态系统”。图形的左边显示：本地人和非户籍移民各持不同的观点，而本地人认为自己和非户籍人口持同样的观点，因此本地人在估计非户籍移民对深圳的归属感时与实际情况出入比较大（相差11%）。本地人群体同意“深圳是非户籍人口的城市”这种说法的比例，明显低于非户籍移民群体自己的认知，而本地人群体认为非户籍移民和他们的同意程度一样，都比较低，本地人在猜测非户籍移民的想法时，把自己的观点强加于非户籍移民身上，产生了和非户籍移民自我估计的差别。客观上，这种差别的存在是可以理解的，因为本地人作为深圳土生土长的居民，当看到城市渐渐被更多的外来人口，尤其是没有户口的打工者所占领，而他们在城市中的地位由中心走向了边缘，因此无论从情感上还是从实际的利益上，他们都不愿意承认“深圳是非户籍移民的城市”。相反，非户籍移民则是带着梦想与憧憬来到这个城市，他们用自己的辛勤劳动创造了城市的繁荣和兴盛，即使这个城市并没有赋予他们法律上的合法身份，他们在情感上也更愿意把深圳看作是自己的城市。两者在这个问题上的差异是社会现实的折射。而导致本地人忽视这种差异、形成认识错误的原因，或者是两者之间的直接交流较少，或者是间接传播的影响。

图形的右边显示：户籍移民和非户籍移民之间的互动认知关系为高同意度、高一致性和高准确度，形成了“同意互动认知状态系统”。说明他们之间的观点比较接近，而且户籍移民对非户籍移民群体的想法比较了解，因此在猜测非户籍移民的想法时比较准确。

从上述结果可以看出，户籍移民和非户籍移民之间形成了“同意互动认知状态系统”，本地人和非户籍移民之间构成了错觉互动认知状态系统，这两个群体就“深圳是非户籍移民的城市”这一问题看法有很大的差别。在一个媒介高度发达的现代社会，媒体是间接传播中的主体，因此我们将以阅读报纸为例，进一步考察媒体的使用对城市中不同人群在城市归属认知上的影响。

报纸的接受与归属感的形成

使用与满足理论家之一的麦奎尔曾提出，人们的媒介接触动机包括：对环境的监测，培养人际关系和形成个人的身份认知。[10] 此外，有关移民社会的实证研究证实，媒介的使用有助于移民对社会的适应[11]、交往能力的提高，以及对自身在移入地的发展拥有更为积极乐观的态度[12]。早期的芝加哥学派对移民社会的研究发现，报纸有利于移民和移入地主流文化的融合和同化。[13] 在前人有关移民的报纸使用情况的研究中发现，移民若更倾向于接触本地报纸，则表示他们更愿意接近移入城市的文化，对移入地的身份认同感越强。如果他们更倾向于接触非本地报纸，则表示他们对移入地仍怀有一定的疏离感，没有真正建立归属感。[14] 虽然对移民社会的研究较多的研究对象是跨国移民，媒介的使用中除了社会文化习惯的差异，还存在语言能力的问题；深圳的移民作为国内移民，他们在语言、文化和习惯上和移入地区的差异并不像跨国移民那样显著，但是不同媒介的使用同样会对移民的身份认同产生影响。本地报纸很重要的职能是协助政府促进社会各阶层的和谐与稳定，因此在反映城市不同群体的立场上，会倾向于弱化各群体直接利益的冲突和矛盾，并尽力通过媒体表达强势群体对弱势群体的关注，以达到社会稳定的目的，如深圳“关爱行动（指关爱外来工）”是报纸经常报道的主题；而外地报纸则更多从如何吸引读者的角度考虑，他们往往更愿意触及社会各种矛盾的话题，在报道倾向上多数时候都是站在弱势群体的立场上，为弱势群体争取权利和话语，并不关注由此可能引起的群体之间的矛盾。因此，对于生于斯长于斯的本地人而言，愿意接受本地媒体的人可能对本地事件比较关注，体现自己对城市的拥有感；他们中愿意接受外地报纸的人，可能具有比较宽容、开放的心态，排他性小，愿意接受不同文化，因此越接受外地媒体，则越可能产生对外来移民群体的同情，并接纳他们为城市的一分子。户籍移民和非户籍移民同属于移民群体，报纸接触对他们的影响会比较接近上述境外移民的情况。基于以上分析，我们做出如下假设：

假设一：对于户籍移民群体，接受本地报纸的人更倾向于认同“深圳是非户籍移民的城市”。

假设二：对于户籍移民群体，接受外地报纸的人更倾向于不认同“深圳是非户籍移民的城市”。

假设三：对于非户籍移民群体，接受本地报纸的人更倾向于认同“深圳是非户籍移民的城市”。

假设四：对于非户籍移民群体，接受外地报纸的人更倾向于不认同“深圳是非户籍移民的城市”。

假设五：对于本地人群体，接受本地报纸的人更倾向于不认同“深圳是非户籍移民的城市”。

假设六：对于本地人群体，接受外地报纸的人更倾向于认同“深圳是非户籍移民的城市”。

深圳的本地报纸包括《深圳特区报》、《深圳商报》、《深圳晚报》、《晶报》、《深圳都市报》、《深圳法制报》，外地报纸非常多，但是在深圳覆盖率最高的是《南方都市报》，而《南方都市报》之所以能在深圳立足、发展，很重要的原因是其以都市报的轻松风格、坚持“为市民说话”的报道立场，成为在深圳外来工中覆盖率最高的报纸媒体[15]。例如 2004 年 11 月 14 日的一篇关于深圳人口问题的报道中提到，“深圳市社科院教授某某某认为，大量低素质人群拥入了深圳，人口的急剧膨胀使深圳实现现代化的时间推后了 5 年”。这篇报道被网上转载，引来了人们对深圳的一片骂声，认为深圳有人口歧视等。事后该学者拿出会议的录音证明向政府主管部门解释绝对没有这样的言论，但是舆论已经形成。类似的敏感话题在南方都市报时常出现，如深圳曾发生过本地人一个村的祖先阴宅多次被迫外迁让出土地给城市发展用的问题，最后一次迁移地点是距政府公务员的一个福利房区较近的地方，阴宅动工兴建有一段时间该社区居并民没有太注意，但是《南方都市报》的一篇大篇幅图文并茂的报道被福利房区居民放大复印贴在小区，引起了小区居民联名签字抗议此事，酿成了本地人的祖先阴宅用地与户籍移民住房用地的尖锐矛盾。

因此本研究将《南方都市报》作为外地报纸的代表，将风格、读者群和市场定位与《南方都市报》最接近的《晶报》作为本地报纸的代表，研究三个群体接受不同报纸的人对“深圳是非户籍移民的城市”这一观点的认同是否有差异。分析的自变量有三个：是否喜欢阅读这份报纸？是否信任这份报纸？是否是这份报纸的订户？三个变量之间存在着一定的相关，即喜欢一份报纸的人通常对这份报纸的信任程度会比较高[16]，订阅这份报纸的可能性最大。但是三个自变量无法相互替代，本研究以三个自变量分别与因变量进行交互分类统计，在组合的十八种关系中，以下五种关系呈显著。

1）订阅本地报纸的户籍移民和信任本地报纸的户籍移民更认同“深圳是非户籍移民的城市”，检验假设的三个自变量中有两个与因变量的关系显著，假设一得到验证。但是订阅和喜欢阅读外地报纸的户籍移民对该观点的认同没有显著性差异，信任外地报纸的户籍移民与信任本地报纸的人在该观点上有显著差异，但是与该观点的认同与“不信任任何报纸”的户籍移民相比明显要高，假设二没有得到验证，即接受外地报纸并没有使户籍移民对“深圳是非户籍移民城市”的认同度降低。参见表4和表5。

表4　订阅本地报纸的户籍移民认同“深圳是非户籍移民城市”情况

	本地报纸的来源		
“深圳属于非户籍移民的城市”	非订户	订户	Total
不同意	65.7%	55.6%	64.0%
同意	34.3%	44.4%	36.0%
合计百分比	100%	100%	100%
有效样本容量	333	66	399

$x^2 = 4.468^{(b)}$，df = 1，$p < 0.1$

表5　户籍移民信任报纸与认同“深圳是非户籍移民的城市”交互分类统计

	对报纸的信任			
“深圳属于非户籍移民的城市”	晶报	南方都市报	都相信	都不信
不同意	51.1%	65.2%	64.3%	65.5%
同意	48.9%	34.8%	35.7%	19.6%
合计百分比	100	100	100	100
有效样本容量	45	89	14	46

$x^2 = 8.672^{(b)}$，df = 3，$p < 0.1$

表 6　非户籍移民喜欢阅读报纸与认同“深圳是非户籍移民的城市”交互分类统计

“深圳属于非户籍移民的城市”	喜欢阅读报纸	
	喜欢阅读晶报	喜欢阅读南方都市报
不同意	50.9%	59.8%
同意	49.1%	40.2%
合计百分比	100	100
有效样本容量	106	184

$x^2=2.14^{(b)}$，df = 1，$p<0.1$

表 7　非户籍移民对报纸信任情况和城市归属认知的交互分类统计

	对报纸的信任			
“深圳属于非户籍移民的城市”	晶报	南方都市报	都相信	都不信
不同意	50.2%	59.8%	45.8%	75.8
同意	49.8%	40.2%	54.2%	24.2
合计百分比	100%	100%	100%	100%
有效样本容量	219	184	24	33

$x^2=8.099^{(b)}$，df = 3，$p<0.1$

3）本地人群体在六组关系的检验中都不显著，即在对本地报纸和对外地报纸的订阅、信任和喜欢三个方面都没有对其是否认同“深圳是非户籍移民的城市”产生显著影响，假设五和假设六没有得到验证。

综上，我们可以得出如下结论：

首先，媒体能够一定程度影响人们对城市归属的认知：不同媒体（如本地报纸和外地报纸）由于角度和立场不同，其影响也不同；即使同一媒介对不同群体（如本地人、户籍移民和非户籍移民）也会产生不同的影响。

其次，从前文的假设得到部分论证这一情况说明，媒介对移民的身份认知有影响，但其影响并不是决定性的，这符合客观现实：因为移民对城市归属感认知的形成是一个复杂的过程，它受到多种社会因素的影响，包括户籍制度、社会保障体制、医疗保险服务等等。而我们的研究恰恰说明媒介作为一种无形的力量，正起着日益重要的作用：媒体能在一定程度影响人们对城市归属的认知，而且媒体角度的不同，如本地和外地的报纸，其产生的社会影响也不同。在今后的研究中，如果能加入对不同报纸有关移民（更多以打工者为对象）报道的内容分析，则能更好地揭示不同的报纸倾向是如何影响移民的城市归属认知。

在一个移民城市中，媒体对于形成和谐社会、增强城市的内在凝聚力发挥着极为重要的作用。格伯纳认为，大众传播是缓和社会各异质部分的矛盾与冲突的“熔炉”(melting-pot)，在形成现代社会的“共识”方面，有着巨大的影响力，它可以超越不同的社会属性，在全社会范围内形成人们关于社会的共同印象。因此，移民城市的大众媒介要继续加强树立城市形象，创造和传播城市主体文化，同时给予各群体更多切实的关怀和积极的反映，培养移民对社会的心理归属感和认同感；为建设和谐融洽的社会环境，为整个城市健康发展提供良好的社会基础。

需要指出的是，本文上述的数据分析是以双元分析为基础的，在控制读者的其他人口变量（包括性别、年龄、教育水平、收入、职业）对三组人口分别进行 Binary logistic regression 分析时，没有发现上述媒体接触对身份归属的显著影响；同时，在双元分析和回归分析中，只在一个变量上对本地报纸和外地报纸的影响进行同时考虑，其他两个变量在本研究中没有考虑两份报纸同时影响的问题，这是本文在分析中存在的局限，期望在今后的研究中能得以改进。

注释：

[1] 王晓华，《深圳新移民合法身份与心理归属感》，《深圳大学学报》，第 17 卷，2000 年 4 月第 2 期。

[2] 〔法〕G. 塔尔德，《舆论与群集》，1901 年；转引自郭庆光，《传播学教程》，中国人民大学出版社，1999 年，第 122 页。

[3] 该调查由王晓华主持，于 2005 年 2 月在深圳特区内的 4 个区完成，采用街头定点访问的形式。

[4] 王晓华，《深圳新移民合法身份与心理归属感》，《深圳大学学报》，第 17 卷，2000 年 4 月第 2 期。

[5] Charles Horton Cooley：*On self and social organization*, The university of Chicago press, Chicago and London, 1998, pp. 155–175.

[6] T. 纽科姆，转引自祝建华，武伟译，〔英〕丹尼斯·麦奎尔，〔瑞典〕斯文·温德尔，《大众传播模式论》，上海译文出版社，1997 年，第 32 页。

[7] Newcomb, T. M.（1953）, An approach to the study of communicative acts, *Psychological*

Review, 60, pp.393– 404.

[8] 同上，第 395 页。

[9] Mcleod, J.M., & Chaffee, S. H. (1973), Interpersonal approaches to communication research. *American Behavioral Scientist*, 16: 4, pp.469–499.

[10] McQuail, D. (1987), *Mass communication theory: an introduction*, London, UK: Sage Publisher.

[11] Lee, W. N., David K. (1994), Changing media consumption in a new home: Acculturation patterns among Hong Kong immigrants to Canada, *Journal of Advertising*, Vol. 23, Iss. 1, pp.57–72.

[12] Doug Walker (1999), The media' s role in immigrant adaption: how first-year Haitians in Miami use the media, *Journalism and communication monographs*, Vol.1, Iss.3, pp.157–197.

[13] Martin Bulmer, *The Chicago School of Sociology: Institutionalization, Diversity, and the Rise of Sociological Research*, The university of Chicago press, Chicago and London, 1984.

[14] Doug Walker (1999), The media' s role in immigrant adaption: how first-year Haitians in Miami use the media, *Journalism and communication monographs*, Vol.1, Iss.3, pp.157–197.

[15] 王晓华主持 2003 年深圳读者调查结果。

[16] 王晓华，《深圳晚报读者研究报告》，2005 年。

参考文献：

1. 郭庆光，《传播学教程》，中国人民大学出版社，1999 年第 122 页。
2. 王晓华，《深圳新移民合法身份与心理归属感》，《深圳大学学报》第 17 卷，2000 年 4 月第 2 期。
3. 〔英〕丹尼斯·麦奎尔，〔瑞典〕斯文·温德尔，《大众传播模式论》，祝建华、武伟译，上海译文出版社，1997 年。
4. Ball-Rokeach, S., & DeFleur, M. (1976), A dependency model of mass media effects. *Communication Research*, 3, pp.3–21.
5. Charles Horton Cooley (1998): *On self and social organization*, The university of Chicago press, Chicago and London.
6. Doug Walker (1999). The media' s role in immigrant adaption: how first-year Haitians in Miami use the media. *Journalism and communication monographs*. Vol.1, Iss.3. pp.157–197.

7. Gerbner, G., Gross, L. Morgan, M., & Signoriellie, N. (1994). Growing up with television: The cultivation perspective. In J. Bryant & D. Zillmann (Eds.), *Media effects: Advances in theory and research* (pp. 17–42), Lawrence Erlbaum Associates.

8. Hak Soo kim, Coorientation and communication. In Brenda Dervin & Melvin J. Voigt (Eds): *Progress in communication science* (pp.31–54), Norwood, NJ: Ablex publication, 1986.

9. Lee, W. N., David K. (1994). Changing media consumption in a new home: Acculturation patterns among Hong Kong immigrants to Canada. *Journal of Advertising*. Vol. 23, Iss. 1, pp.57–72.

10. Martin Bulmer: *The Chicago School of Sociology: Institutionalization, Diversity, and the Rise of Sociological Research*. The university of Chicago press, Chicago and London, 1984.

11. Mcleod, J. M., & Chaffee, S. H. (1973). Interpersonal approaches to communication research. *American Behavioral Scientist*, 16: 4, pp.469–499.

12. Newcomb, T. M. (1953). An approach to the study of communicative acts. *Psychological Review*, 60, pp.393– 404.

13. Stuart Cunningham & John Sinclair (2000): *Floating lives: the media and Asian Diasporas*, University of Queensland Press.

14. Zhu, J. J. H., Chen, H. L., & Guo, Z. S.. Coorientation theory and public opinion process: perceptions and mutual perceptions of Hong Kong Residents' National Identity 1997—1999, presented at *Annual Conference of WAPOR*, 2000.

（原载《新闻与传播研究》2005 年 3 期）

网络不良信息管理研究
——第三者效果分析之运用

● 周裕琼　潘晓慧　严丽娜

文献回顾

第三者效果理论

在传播学领域，“第三者效果”（third-person effect）是一个相对年轻的理论。美国学者 Davison（1983）在一系列研究中发现，大学生们普遍认为媒介信息对他人的影响大于对自己的影响。Davison 把这种现象命名为第三者效果。随后十几年，研究者证明第三者效果适用于色情、暴力、广告、选举新闻等各类媒介信息（Gunther，1995；McLeod，Eveland，& Nathanson，1997；Rojas，Shah，& Faber，1996；Youn，Faber，& Shah，2000）。其中，Gunther 以全美调查数据为基础所进行的拓展最有意义。他指出，第三者效果包括认知和行为两个层面，且两者之间存在关联。在认知层面，人们倾向于夸大媒介信息（尤其是不良信息）对他人的影响；而这种偏见又会进一步导致人们在行为层面支持政府对不良信息的监控。

虽然第三者效果所揭示的现象是如此简明扼要，但隐藏在其后的理论解释却颇为复杂多样。学者们首先想到的是归因理论（Heider，1958），即，个人往往把自己的行为归因到客观条件，而把他人的行为归因到主观特质。因此，在推测不良信息所产生的影响的时候，人们对自己和对他人采用不同的标准，从而导致认知偏差（Gunther，1991；Rucinski & Salmon，1990 ）。另外一种解释来自于心理学上的“乐观偏见”（optimistic bias），即，人们认为自己与众不同，比他人聪明、理性、坚定（Weinstein，1980）。因此，不良信息对自己的影响会小于对他人的影响。总而言之，出于提升自尊和营造正面自我形象的需要，人们会采用上述自我保护机制来对不良信息的媒介效果做推测（Perloff，2002）。

在不同的情境下，第三者效果的强度也有所不同。研究者总结了以下三个方面的决定因素：1）媒介信息越负面，越背离社会期许（social desirability），它所能引发的第三者效果就越强烈（Salwen & Dupagne，1999）；2）自我和他人之间的社会距离（social distance）越大，则第三者效果越明显，比如，人们认为不良信息对陌生人的影响超过对亲朋好友的影响（White，1997）；3）被测者本身的人口因素，如性别、教育程度、文化背景等（Lee & Tamborini，2005）。

网络环境下的第三者效果

当前，互联网上泛滥成灾的不良信息已经引起各国政府的高度重视，同时也引发了学术界的深切关注。有趣的是，政府为控制网络不良信息所采取的行政和法律手段，恰好能从第三者效果理论的学术研究中获得支持。比如，Lee 和 Tamborini（2005）针对韩国和美国大学生的比较研究，验证了网络环境下的第三者效果：受访者认为网络色情对他人的影响大于对自己的影响，并因此支持政府加强对互联网的管理。在台湾学者针对璩美凤性爱光碟事件的研究中，第三者效果不但在认知层面有所表现（即，认为他人受此光碟的影响大于自己）；而且在行为层面，人们在强烈支持政府严惩色情媒介的同时也加强了自我约束，不愿参与性爱光碟的传播（Chia，Lu，& McLeod，2004）。

可以预见，在网络环境下，第三者效果会成为一种解释力强、应用范围广的理论。现有的实证研究多集中于网络色情，而忽视了暴力、虚假等不良信息。而且，研究者在网络使用的自我效能感（Internet self-efficacy）这一关键变量的作用上也存在争议。Chia et. al.（2004）发现，在新技术使用上拥有更多自信的人，更愿意向陌生人传播性爱光碟，而 Lee 和 Tamborini（2005）却没有发现类似的关联。

案例分析

在文献回顾的基础上，我们将结合一些具体案例，来分析第三者效果理论给网络不良信息管理所带来的机遇与挑战。

理论演绎：在网络环境下，第三者效果将使人们产生认知偏差，即，虽然自己不会受到网络不良（色情、暴力、虚假）信息的影响，但他人（尤其是缺乏辨别力的未成年人）会受到这些信息的恶劣影响。而这种认知偏差又将进一步诱发人们采取以下行为：1）在网上大声疾呼，使他人提高警惕、坚定立场；2）在网下先他人一步采取行动；3）督促政府加强网络管理，尤其要保护青少年。

“众人皆醉我独醒”——流氓外教通缉令与第三者效果

2006年“网络通缉令”频频出现。其中，以8月25日上海社会科学院社会学所张结海副教授所发布的《网络追逐流氓老外大行动》一文最为引人注目。张结海在文中呼吁国人群策群力，揪出玩弄中国女性、侮辱中国男性的流氓外教Chinabounder。该外教把自己在中国的风流韵事公布在“欲望上海”（Sex & Shanghai）个人博客上。这个通缉令迅速激起网民公愤，并引发媒体关注，一时风声鹤唳草木皆兵，在沪外籍男士人人自危。然而，几个月过去了，流氓外教究竟是谁，仍然不得而知，不少人都对其真实性提出质疑。

这场网络闹剧虽然已经不了了之，但它为我们考察第三者效果提供了一个有趣的案例。或许是因为张结海意识到“欲望上海”博客中的色情信息对他人会产生极恶劣的影响，一种“众人皆醉我独醒”的优越感和责任感迫使他站出来大声疾呼，发布网络通缉令，提醒广大国人注意。从这个案例中我们不难看出，第三者效果有如一把双刃剑，一方面，来自有识之士的呼吁可以激浊扬清，维护社会伦理道德；另一方面，人们也很容易被个人偏见所迷惑，弄假成真，无意间传播甚至炮制了不少网络虚假信息。

“先下手为强”——网络谣言与第三者效果

网络虚假信息最极端的表现就是网络谣言。“比尔·盖茨遇暗杀”、“清华学子遭毒打”、“唐山男孩被活埋”，无论贵贱贫富，人人都有可能成为网络谣言的靶标。有些谣言甚至从网上蔓延到网下，扰乱社会的安定和谐、影响人们的现实生活。传统研究认为：1）谣言是社会群体在经历混乱时期，为解决问题、获得社会认知而展开的一种集体互动；或2）处于焦虑状态的个人为了消除不确定性而展开的一种尝试（参见Rosnow & Foster，2005）。上述发现对网民造谣传谣行为背后的社会和心理动因给出了较合理的解释。而第三者效果理论则为网络谣言所造成的虚假新闻、社会恐慌和民众哄抢提供了最有力的诠释。

基于第三者效果，网民普遍高估谣言对他人的影响力，而低估谣言对自己的影响力。以非典时期漫天飞舞的网络谣言为例，虽然网民自己不相信商品会短缺，但是他们认为别人会轻信此类谣言而囤积抢购。正因为此，自己反而要“先下手为强”。人同此心，抢购成风，最后导致真正的商品短缺。类似的逻辑也适用于网络谣言所造成的假新闻。面临未经证实的网络信息（如比尔·盖茨遇刺），虽然记者们各自都是将信将疑，但第三者效果使他们认为其他同行会相信该信息并予以报道。因此，出于抢新闻的需要，自己不妨先发制人。结果，2003 年 3 月 29 日，以《中国日报》网站为首的一系列媒体争相报道“比尔·盖茨遇刺”这则假新闻（闵大洪，2003）。

“救救孩子”——网络管理与第三者效果

第三者效果的现实意义在于，人们会督促政府控制不良信息的传播。因此，它能为政府加强网络管理提供民意支持。2006 年 4 月，各大门户网站联合发出《文明办网倡议书》，而中国互联网协会也发布了《文明上网公约》。在政府的主导下，“大兴网络文明之风”的运动得到了社会各界的认可，取得显著成效。

面对洪水猛兽般汹涌的网络色情和暴力信息，有不少痛心疾首的家长喊出了“救救孩子”，呼吁政府通过法律和技术手段来保护青少年。在西方国家，网络立法和网络过滤软件的首要保护对象是未成年人；而在中国，专家们也认为应该制定青少年使用互联网的专项法规，并通过技术创新来引导未成年人正确上网（新华网，2005 年）。

但是，第三者效果并非无条件地支持网络管理。由于人们认为自己不会受到不良信息的影响而他人会，所以，网络管理（或保护）的对象应该是别人，而不包括自己。这种“多管别人少管我，多管孩子少管我”的心态，无疑会给网络管理的实施造成困难。

数据分析

毋庸讳言，上述案例分析存在“以点概面、以偏概全”的局限。究竟网民在多大程度上受制于第三者效果？调查数据能给出更全面深入的解答。因此，我们在 2006 年 12 月，使用电脑辅助电话调查（CATI）系统对深圳市 793 位市民进行访问，使用年龄和上网与否作为过滤指标，得到 518 位 14 岁以上的网民作为样本。其中，共有 420 位完成了所有提问，构成最终的有效样本。

根据文献回顾和案例分析，我们提出了以下几个假设（hypotheses）和问题（research questions），逐一进行验证或回答：

假设 1（第三者效果在认知层面的表现）：受访者认为网络不良信息会对不同人群产生不同程度的影响。

假设 1a：受访者认为网络不良信息对自己的影响显著小于对普通百姓（他人）的影响。

假设 1b：受访者认为网络不良信息对普通百姓的影响显著小于对未成年人的影响。

在问卷中，我们分别请受访者在 5 级量表（1 表示影响很小，5 表示影响很大）上估计网络色情、暴力、虚假等不良信息对自己、对普通百姓和对未成年人的影响程度。统计分析表明，受访者认为网络不良信息对自己的影响程度最小（均值 Mean = 2.31，方差 SD = 1.46），对普通百姓的影响较大（均值 Mean = 3.32，方差 SD = 1.16），而对未成年人的影响最大（均值 Mean = 4.56，方差 SD = 0.77）。如图 1 所示，将近一半（46%）的受访者认为网络不良信息对自己的影响很小；相对而言，绝少受访者认为网络不良信息对普通百姓或未成年人的影响很小（分别只有 8%和 1%！）。而在另外一个极端，有将近七成（69%）的受访者认为不良信息对未成年人的影响很大，只有 17%的人认为普通百姓会受到很大影响，14%的人认为自己会受到很大影响。

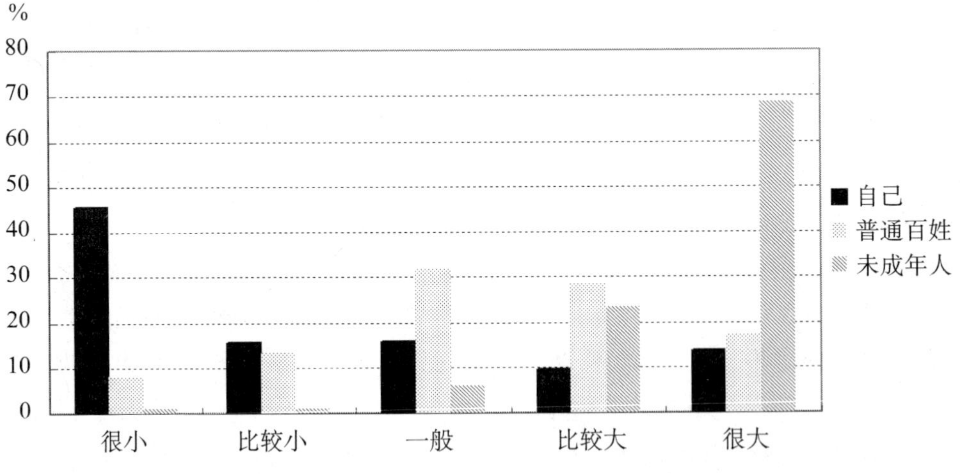

图1 网络不良信息对自己、普通百姓、未成年人的影响

我们使用配对样本 T 检验（paired-samplest test）来考察两两之间的差别。结果显示，在受访者心目中，网络不良信息对自己的影响程度显著低于对普通百姓的影响程度（t = –10.689，df = 327，p = 0.000），假设 1a 得到充分支持；同时，在受访者心目中，网络不良信息对普通百姓的影响程度也显著低于对未成年人的影响程度（t = –20.043，df = 330，p = 0.000），假设 1b 得到充分支持。由此可见，受访者对网络不良信息影响力的认知，受到第三者效果的强烈影响。

假设 2（第三者效果在行为层面的表现）：受访者对政府加强网络管理的支持程度与他们对不良信息影响力的认知差异有关。

假设 2a：认为网络不良信息对普通百姓和对自己的影响差异越大的人，越支持政府加强网络管理。

假设 2b：认为网络不良信息对未成年人和对普通百姓的影响差异越大的人，越支持政府加强网络管理。

我们询问受访者："政府有无必要加强对网络不良信息的管理？"其选项为 5 级量表（1 表示完全没必要，5 表示非常有必要），借此测量人们对网络管理的支持程度。统计分析显示，受访者强烈支持政府加强网络管理（均值 Mean = 4.60，方差 SD = 0.68）。如图 2，近七成（69%）的受访者认为政府非常有必要加强网络管理，认为有一定必要的占 26%，认为完全没有必要的竟然一个也没有！可以说，在网络管理方面，政府获得了压倒性的民意支持。

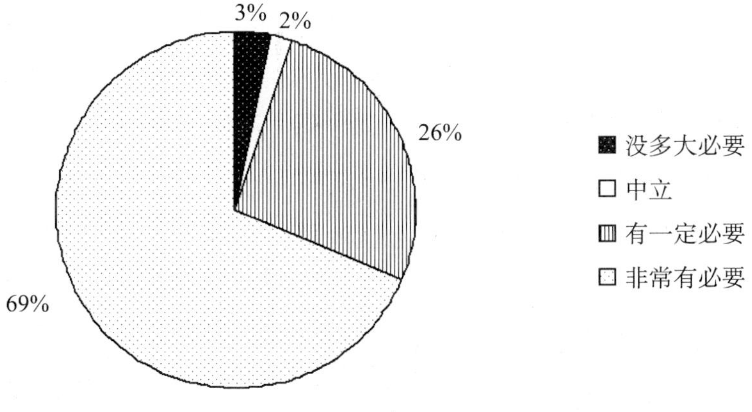

图2　对政府加强网络不良信息管理的支持程度

为了验证假设 2，我们计算了第三者效果在不同人群中的认知差异（普通百姓—自己、未成年人—普通百姓），然后考察它们与支持政府加强网络管理的程度之间的相关性。双变量相关分析（bivariate correlation）显示，对政府网络管理的支持率与认知层面的差异无显著关联（相关系数r分别为–0.08和–0.03，N.S.），假设2没有获得支持。但耐人寻味的是，第三者效果行为与认知之间却存在显著关联：认为网络不良信息对自己、对普通百姓、对未成年人影响程度越大的人，越支持政府加强网络管理（r分别为0.18、0.13、0.22；p分别为0.001、0.015、0.000）。总而言之，第三者效果在行为层面的表现与认知差异无关，却与认知本身有关，这符合Lo和Paddon在2000年所提出的第三者效果修正模型，理应引起进一步的探讨。

传统研究发现人口变量和媒体接触在一定程度上决定了第三者效果的大小，这在网络环境中能否继续适用？我们提出了下面的研究问题：

研究问题1：人口变量（年龄、教育程度）和网络使用的自我效能感（Internet self-efficacy，以网龄和日均上网时间为指标），分别能在多大程度上决定第三者效果的认知和行为表现？

我们对上述变量进行两两相关分析，表1综合报告了统计结果。第二行涵盖了所有因变量。其中，第三者效果在认知层面的表现包括1）受访者心目中网络不良信息对自己、对普通百姓、对未成年人的影响程度；2）自己和普通百姓受不良信息影响的差异程度、普通百姓和未成年人受不良信息影响的差异程度。第三者效果在行为层面的表现是指受访者对政府加强网络管理的支持程度。而第一列则报告了所有自变量：年龄（小于18岁的未成年人群、18—35岁之间的青年人群、36—60岁之间的中年人群、60岁以上的老年人群）、教育程度（小学、初中、高中/中专、大专、本科、硕士、博士及以上）、网龄（最长为12年，即1995年上网；最短为1年，即2006年上网；均值Mean = 5.64，方差SD = 3.05）、上网时间（受访者平均每天花3.68小时上网，方差SD = 3.05）。

表1　人口因素和网络使用的自我效能感与第三者效果之间的相关分析

相关系数	对网络不良信息影响力的认知			对不同人群受不良信息影响程度的认知差异		行为表现
	自己	普通百姓	未成年人	普通百姓—自己	未成年人—普通百姓	对政府网络管理的支持程度
年龄	–0.12*	–0.09	–0.04	0.04	0.03*	–0.02
教育程度	–0.24**	–0.04	–0.00	0.21**	0.06	–0.11*
网龄	–0.12*	0.02	0.04	0.16**	0.00	–0.13*
上网时间	–0.08	–0.05	0.02	0.06	0.06	–0.12*

注：* $p<0.05$，** $p<0.01$

在四个自变量中，教育程度和网龄的表现最为突出，它们与第三者效果的三项指标显著相关。具体而言：教育程度越高、网龄越长的人，越有可能低估网络不良信息对自己的影响、在把自己和普通百姓做对比的时候认知差异越大、对政府加强网络管理的支持程度越低。年龄与两项指标显著相关：年长者更有可能低估网络不良信息对自己的影响、在把未成年人和普通百姓做对比的时候认知差异越大。而上网时间只与第三者效果在行为层面的表现显著相关，即，每天上网时间越多的人，越不支持政府加强网络管理。

一般而言，教育程度高、互联网使用熟练的人，自信心较强，所以他们会低估不良信息对自己的影响而高估对他人的影响。出于对言论自由和网民自治的认同，他们希望政府采用更灵活的网络管理手段，而不是单方面的限制。这是我们对统计分析结果所进行的“事后解释”，其效度有待未来研究（尤其是深入访谈）的检验。

最后，结合案例分析，我们针对网络谣言和网络警察设计了两个情景提问，看看受访者的回答是否体现了第三者效果的影响。

研究问题2：面对艾滋针的网络谣言，受访者的相信程度有多高？会采取什么样的行动？

艾滋针谣言流传广泛且经久不衰（景军，2006），在网络上频频出现各种变异版本，深圳闹市区（如东门、华强北）的公交车常常成为该谣言的靶标。针对这一现象，我们询问受访者：“如果您在网上看到一则关于‘公交车上有艾滋病针头’的消息，会在多大程度上相信？（1表示完全不相信，5表示完全相信）”结果显示，22%的人完全不相信、18%的人比较不相信、37%的人半信半疑、13%的人有点相信、10%的人完全相信。平均而言，受访者对这则网络谣言的相信程度为2.70（即，处于比较不相信和半信半疑之间，方差SD = 1.23）。

然后，我们把受访者归为三类：不相信的（40%）、半信半疑的（37%）、相信的（23%），看看不同人群在采取后续行动的时候是否会受到第三者效果的影响（参见表2）。

表 2　不同人群面对艾滋针拟采取的行动

	不相信的人群（%）	半信半疑的人群（%）	相信的人群（%）
在网上予以驳斥	5.6	2.0	0
从其它渠道核实	9.3	7.4	2.2
提醒亲朋注意	9.3	13.5	14.6
自己坐车提高警惕	12.3	36.5	37.1
一笑了之，不予行动	51.2	31.8	29.2
不知道该怎么办	12.3	8.8	16.9
One-way ANOVA检验结果：F＝1.700，df＝2，p＝0.184			

从表 2 可以看到，对网络谣言相信程度不同的人群，在后续行动的选择上也有所差别。大体看来，随着相信程度的增加，人们更多地提高自我警惕或提醒亲朋注意。即便在不相信该谣言的人群中，也有超过五分之一的人会自己提高警惕或提醒亲朋注意。这种“虽无心动却有行动”的现象虽然不像非典期间抢购风潮那么极端，背后的逻辑却颇为类似，都受到了第三者效果的影响。选择在网上驳斥该谣言的人出乎意料的少（仅占不相信人群的 5.6%），这与前述“流氓外教通缉令”案例中张结海副教授的表现有很大差距。可见，普通人较难在第三者效果的影响下“大声疾呼”，唯有社会精英才能担此重任。最后，有必要指出的是，单因素方差分析显示，三组人群在后续行动选择上不存在统计显著性的差别（F=1.700，df=2，p=0.184）。第三者效果消弭了人群差异，无论相信与否，面对突如其来的谣言，人们在行动上往往会随波逐流、趋同一致。

研究问题 3：深圳于 2006 年元旦推出了网络虚拟警察，其标识出现在深圳各类网站。经过近一年的时间，市民对其知晓度、接受度有多高？是否存在网络警察“应该多管别人少管我”的心态？

我们的调查显示，在 420 名受访者中（均为网民），仅有 24%的人在深圳的网站上看到过网络警察的标识；而这 99 名网民中，仅有 22%的人曾经点击过该标识。由此可见，虚拟网络警察在其目标民众中的知晓度较为有限，未来推广可谓任重道远。

同时，我们还请受访者在 5 级量表（1 表示很不赞成，5 表示很赞成）上对以下看法打分，考察他们对网络警察的接受度。

表 3　受访者对网络警察的接受度

对网络警察的不同看法		平均分值	方差
正面	有了网络警察，我觉得上网比以前安全多了	3.67	1.29
	有了网络警察，我觉得网上不良信息得到有效控制了	3.68	1.32
负面	有了网络警察，我上网总是有被监视的感觉	2.52	1.31
	我觉得网络是一个自由空间，不应该设网络警察	2.46	1.35

由表 3 可知，受访者对网络警察的评价是正面积极的，他们支持政府设立网络警察且认为这有助于控制不良信息，保障网民权利，这符合第三者效果的推断。最后，为了探询网络管理可能面临的挑战，我们设计了一道“陷阱题”，问受访者在多大程度上赞同“网络警察应该多管别人少管我”。三分之二的受访者（67%）表示不赞成这个说法，19%的持中立态度，约 15%的表示赞成。这些数据与支持网络管理的压倒多数（95%）之间形成了较强的反差。受第三者效果影响，人们虽然支持政府举措（如网络警察），但“乐观偏见”又使部分人相信自己比他人更具有自控能力和是非意识，因此，网络警察不妨“多管别人少管我”！

结论与讨论

运用第三者效果理论，本文分别采用定性（案例分析）和定量（问卷调查）等实证研究方法探讨在中国进行网络不良信息管理所面临的机遇与挑战。虽然有海外学者尝试研究网络环境下的第三者效果，但他们多聚焦于网络色情和暴力。本文是中国大陆学者在这个领域的首次尝试。相对而言，我们的关注更为广泛，考察了网络谣言等虚假信息所带来的影响；我们的关注也更为深切，探讨了政府网络管理行为（如网络虚拟警察）的成效与局限。

本文的案例分析部分对近年来的著名“网事”予以述评，呈现出第三者效果所促发的不同心理和行为：1）“众人皆醉我独醒”背后的救世情结导致社会精英分子的大声疾呼；2）“先下手为强”背后的从众心理导致普通民众在网络谣言下惊慌失措；3）“救救孩子”背后的社会关注导致民意对加强网络管理的绝对支持。

同时，以对深圳 420 名网民的电话调查数据为基础，我们对第三者效果认知和行为层面的假设进行了统计检验。结果表明，在人们心目中，网络不良信息对自己、对普通百姓、对未成年人的影响力存在显著差别。上述认知本身（而非认知差异）进一步决定了人们对政府加强网络管理的支持率。我们的发现对第三者效果的传统模型提出了一定的修正。值得一提的是，我们还考察了人口变量和网络使用的自我效能感对第三者效果的影响，凸显了教育程度和网龄的重要性，这有待将来展开更深入的研究。

最后，我们设计的两个情景提问也获得了有意义的发现，从侧面证明了第三者效果。面对艾滋针这则网络谣言，不管人们相信与否，他们在后续行动的选择上往往殊途同归；而推出近一年的深圳网络虚拟警察在民众中的知晓度虽然有限，却获得较充分的民意支持。但部分人存在"多管别人少管我"的心理，个体心理与集体意识之间的沟壑势必挑战网络管理的实效。如果政府不予以充分关注和引导，则无论管理手段多先进、监控系统多周全，在落实到具体每一个网民的时候都有可能面临"竹篮打水一场空"的尴尬。

参考文献：

1. 景军，《艾滋病谣言的社会渊源：道德恐慌与信任危机》，《社会科学》，2006 年 8 月。
2. 闵大洪，《从网络谣言到网络假新闻》，2003 年 6 月发表于新华网"传媒在线"。
3. 新华网，《网络立法：用法律为青少年打造健康的网络空间》，2005 年 3 月 6 日。
4. Chia, S. C., Lu, K., & McLeod, D. M. (2004). Sex, lies, and Video Compact Disc: A case study on their-person perception and motivations for media censorship. *Communication Research*, *31* (1), pp.109–180.
5. Davison, W. P. (1983). The third-person effect in communication. *Public Opinion Quarterly*, *47* (1), pp.1–15.
6. Gunther, A. C. (1991). What we think others think: Cause and consequence in the third-person effect. *Communication Research*, *18*, pp.355–372.
7. Gunther, A. C. (1995). Overrating the X-rating: The third-person perception and support for censorship of pornography. *Journal of Communication*, *45* (1), pp.27–38.
8. Heider, F. (1958). *The psychology of interpersonal relations*. New York: John Wiley.
9. Lee, B., & Tamborini, R. (2005). Third-person effect and Internet pornography: The influence of collectivism and Internet self-efficacy. *Journal of Communication*, *55* (2), pp.292–310.
10. Lo, V., & Paddon, A. R. (2000). Third-person perception and support for pornography restrictions: Some methodological problems. *International Journal of Public Opinion*

Research, *12* (1), pp.80–89.

11. McLeod, D. M., Eveland, W. P., & Nathanson, A. I. (1997). Support for censorship of violent and misogynic rap lyrics: An analysis of the third-person effect. *Communication Research*, *24*, pp.153–174.

12. Perloff, R. M. (2002). The third-person effect. In B. Jennings & D. Zillman (Eds.) *Media effects: Advances in theory and research*. Hillsdale, NJ: Mahwah.

13. Rojas, H., Shah, D. V., & Faber, R. J. (1996). For the good of others: Censorship and the third-person effect. *International Journal of Public Opinion Research*, *8*, pp.163–186.

14. Rosnow, R. L., & Foster, E. K. (2005). Rumor and gossip research. *Psychological Science Agenda*, *19* (4), http://www.apa.org/science/psa/apr05gossipprt.html.

15. Rucinski, D., & Salmon, C. T. (1990). The other as the vulnerable voter: A study of the third-person effect in the 1988 U.S. presidential campaign. *International Journal of Public Opinion Research*, *2*, pp.345–368.

16. Salwen, M. B., & Dupagne, M. (1999). Third-person effect: Perceptions of the media's influence and immoral consequences. *Communication Research*, *26*, pp.523–549.

17. Weinstein, N. D. (1980). Unrealistic optimism about future life events. *Journal of Personality and Social Psychology*, *39*, pp.806–820.

18. White, H. A. (1997). Considering interacting factors in the third-person effect: Argument strength and social distance. *Journalism and Mass Communication Quarterly*, *74*, pp.557–564.

19. Youn, S., Faber, R., & Shah, D. (2000). Restricting gambling advertising and the third-person effect. *Psychology and Marketing*, *17* (7), pp.633–649.

权衡需求理论与网络受众实证研究

◎ 王晓华

研究背景

中国的报业正经历着前所未有的困境，这种困境集中表现在报纸广告营业额的持续下滑和其覆盖率的下降。而导致这种困境的重要原因之一就是网络媒体的崛起。经过几年的集团化发展，多数报纸“做强”的愿望成了美丽的泡影，表面规模的扩大无法代替经济效益的持续下滑。2004 年中国广告营业额增长 17.2%，就在电视、网络、广播、户外媒体广告营业额全面增长的情况下，报纸广告营业额却以 –5.1% 的幅度下滑。广告营业额的下滑从市场的角度直接反映了报纸受众市场的萎缩，而同时 2004 年互联网广告的市场规模则比上年增加了 75.9%（马春，2004）。这种一增一减的变化给报纸媒体带来了空前的压力。同时，报纸媒体的覆盖率也以惊人的速度在下降。以深圳的受众市场为例，2005 年报纸月覆盖率比 2003 年下降了 6.3 个百分点。而网络媒体覆盖率却提高了 12.8 个百分点（王晓华，2005）。网络媒体覆盖率和广告营业额的大幅度提高，与报纸媒体的下降形成了鲜明的对比。于是报业界很多人都对报纸的未来产生了担忧，甚至有人质疑互联网会不会取代报纸？在新的媒体生态环境下报纸的生存空间究竟在哪里？业界和学者们都在积极地寻求答案。

本研究试图以定量分析的方法来探讨上述问题。研究的理论框架基于媒体使用时间符合“零和游戏”的特点，并应用权衡需求理论，以 2005 年《深圳特区报》的委托研究课题《互联网时代报纸的生存与发展趋势研究》中所采集的数据为基础进行统计分析，目的是客观揭示在全球化的媒体生态环境下，传统媒体与新媒体的关系。

理论框架

人们之所以在直观上将报纸媒体面临的困境归因于互联网的崛起，是基于“零和游戏”的心理，所谓“零和”，是博弈论里的一个概念，意思是参与博弈的各方总是有输有赢，赢家所赢的都是输家所输的，所以无论输赢多少，正负相抵，最后游戏的总和都为零。在报纸与互联网的竞争上，“零和”游戏表现在两个方面，即媒体使用时间和广告市场总量的相对稳定。在媒体使用时间上，受众每天只有 24 小时，时间总和是固定的，能用到媒体上的时间相对也是稳定的，使用的媒体越多，必然平均使用在每种媒体上的时间越少。而互联网的加入必然争夺人们使用传统媒体的时间。广告市场总量的特点是在一定时间内相对稳定，承载广告的载体越多，每种载体获得的份额必然减少。

在媒介发展史上，任何一次媒体技术的变革，都会给受众行为带来巨大的转变。传统媒体一直都在经受着新媒体的挑战。作为新媒体的代表，互联网技术的发展给传统媒体带来的冲击更加明显。因此，各媒体都在寻找与互联网的嫁接。在研究互联网的扩散和使用上，“新媒体权衡需求理论”(Zhu & He，2002；祝建华，2004)，提供了一个很好的分析框架。

该理论认为：当且仅当受众发觉其生活中某一重要需求无法被传统媒体所满足、并且认为某一新媒体能够满足该需求时，他们才会开始采纳并持续使用这一新媒体。(祝建华，2004)

新媒体权衡需求理论解释了所有新媒体与传统媒体的关系，本文以互联网为新媒体的代表，以报纸为传统媒体的典型，认为受众在使用互联网和报纸时也应该遵循权衡需求关系。人们使用互联网的情形是：受众只有感觉报纸无法满足其某种需求，同时又觉得互联网有满足这种需求的能力时，才会考虑使用互联网。互联网与报纸媒体竞争受众的过程如图 1：

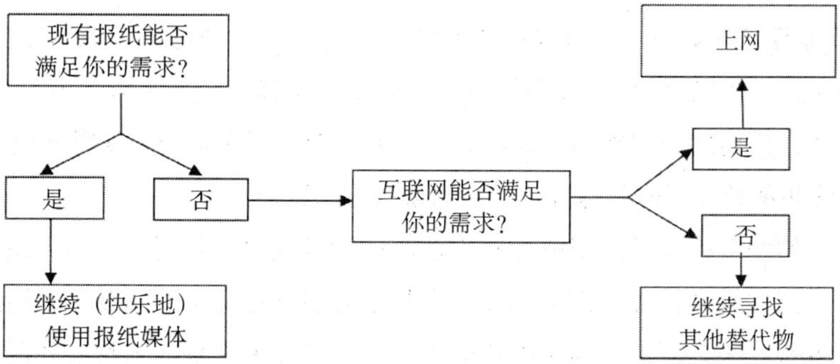

图1　互联网权衡需求过程

按照该理论，受众选择报纸媒体还是互联网媒体主要受两个方面的影响。其一是媒体之间的竞争，即报纸和互联网在满足人们需求方面的竞争情况。基本思想是能够满足人们需求的媒体更具有竞争优势。这一思想来源于经典的“使用—满足理论”（“Use and Gratification,” Blumer & Katz，1974；Rosengren，1979），根据这一理论，受众会根据自己不同的心理需求选择和使用不同的媒体（Rubin，1994）。

其二是受众对各种需求重要性的判断，即受众会首先寻求能满足重要需求的媒体。权衡需求理论认为权衡需求对采纳和使用互联网的影响作用是纯粹的，是独立于个人特征和社会经济特征之外的。

根据上述关系，本文提出如下假设：

H1：受众对互联网的权衡需求值越大，使用互联网的时间可能越长，相反，读报的时间就可能越短。

H2：受众对互联网的使用只受权衡需求的影响，不受个体间差异的影响。

H2-1 年龄对读报时间没有影响

H2-2 年龄对上网时间没有影响

H2-3 教育程度对读报时间没有影响

H2-4 教育程度对上网时间没有影响

H2-5 年龄对权衡需求没有影响

H2-6 教育程度对权衡需求没有影响

研究方法

为验证这一推论是否成立，2005 年 10 月在深圳特区内的四个区的 37 个指定地点进行了问卷定点调查。调查采用访问的方式完成，调查对象是 16 岁及以上、在深圳生活工作 1 年以上的人口。因此本研究的数据来源于成年人群，不包括 16 岁以下的青少年，他们属于报纸和互联网共同的使用者。本次调查共获得有效问卷 1208 份，本文采用的数据没有特殊标明的，都来自这次调查。

本研究的测量指标借用了权衡需求理论创建者祝建华教授采用的六组指标来测量受众在不同的媒体内容方面对互联网和报纸可能满足需求的判断，并通过六组指标重要程度排序来判断不同需求的优先性。同时增加了测量报纸和互联网使用代价和两者可信度的指标，用以研究报纸和互联网在争夺受众的过程中，媒体本身的型态特征和受众个体化差异对媒体选择行为的影响。

用于测量报纸和互联网预期满足个人需求的指标如下。

A：您觉得报纸能否满足您在下列各个方面的需求？

(1＝完全不满足　2＝大半不满足　3＝一半满足、一半不满足　4＝大半满足　5＝完全满足)

A1 了解国内外新闻	1	2	3	4	5
A2 获得有关个人生活的信息	1	2	3	4	5
A3 有关获得工作、学习的信息	1	2	3	4	5
A4 娱乐或个人爱好	1	2	3	4	5
A5 发表个人对各种公众事物的看法、意见	1	2	3	4	5
A6 结交朋友，增进感情交流	1	2	3	4	5

B：您觉得互联网能否满足您在下列各个方面的需求？

B1 了解国内外新闻	1	2	3	4	5
B2 获得有关个人生活的信息	1	2	3	4	5
B3 有关获得工作、学习的信息	1	2	3	4	5
B4 娱乐或个人爱好	1	2	3	4	5
B5 发表个人对各种公众事物的看法、意见	1	2	3	4	5
B6 结交朋友，增进感情交流	1	2	3	4	5

用于测量各项需求重要性的指标：

C：上述六个方面，对您而言各项的重要程度如何？请按重要程度排序。

最重要＝1. 排序：1　　2　　3　　4　　5　　6

用于测量报纸和互联网使用情况的指标包括

D1 您每天用来读报纸的时间是多少分钟？

D2 您每天用来上网的时间是多少分钟？

D3 如果网上的新闻与报纸的报道不一致，您通常会相信哪类媒体？

1 报纸　　2 网络　　3 不知道　　4 都可信　　5 都不可信

D4 如果报纸已经能够满足您的信息或娱乐休闲的需求，您还会不会使用互联网？

1 会　　2 可能会　　3 没想过　　4 可能不会　　5 不会

D5 您未来有没有可能不再读报纸了？

0 不会不读报　　1 有可能不读报

样本最小年龄 16 岁，最大年龄 82 岁，男性占 51.4%，根据深圳市第五次人口普查资料，就样本的年龄分布进行了加权处理，使得样本年龄分布保持与深圳市 16 岁及以上年龄群体的人口年龄分布一致。本文使用的是经过加权处理后的数据。在本文的研究中，考虑到年龄因素的影响，将样本根据年龄大小按照三等分的原则分为三组，分别是 16—24 岁年龄段（共 404 人），25—33 岁年龄段（共 403 人）和 34 岁及以上年龄段（共 401 人）。

研究结论

关于假设一，受众对互联网的权衡需求越大，使用互联网的时间可能越长，相反，读报的时间可能越短。

受众的权衡需求值=（预期互联网满足程度—预期报纸满足程度）× 需求重要程度。根据权衡需求理论，权衡需求程度决定了媒体的选择和使用。为检验这一假设，以权衡需求值为自变量，以读报和上网时间为因变量，研究权衡需求值与上网时间是否呈现正相关，与读报时间是否呈现负相关。在这里，受众对互联网的权衡需求值将在六项需求的综合值和单项需求值两个层面进行分析。

检验结果见表 1，在综合权衡需求值层面，权衡需求值与读报时间的相关系数是 –0.15，在 0.05 水平上呈显著负相关；权衡需求值与上网时间的相关系数是 0.237，在 0.01 水平上呈显著正相关。可见，受众对互联网的权衡需求值与使用互联网的时间正相关，与读报时间负相关，假设一得到了验证。

在具体各类需求与上网和读报时间的关系分析层面，在六个方面的需求中，受众对互联网的权衡需求值与上网时间都呈显著正相关，与读报时间在五个方面呈现显著负相关。可见在具体需求层面，假设一也得到了充分的验证。

表 1　权衡需求值与媒体使用时间相关分析

	新闻信息	个人生活信息	工作、学习信息	娱乐	意见表达	人际交往	综合
读报时间	−0.043	−0.075*	−0.115**	−0.100**	−0.101**	−0.070*	−0.150*
上网时间	0.112**	0.151**	0.193**	0.180**	0.152**	0.153**	0.237**

** Correlation is significant at the 0.01 level 2-tailed .
* Correlation is significant at the 0.05 level（2-tailed）.

在这里，自变量“权衡需求值”是由两部分决定的，即受众对互联网和报纸在满足需求方面的期望值差异和不同需求对受众而言的重要程度。假设一是将“权衡需求”作为自变量，研究其对媒体选择的影响。根据祝建华等的研究，权衡需求对新媒体选择与使用的影响是纯粹的、不受个体差异的影响的，即作为个体差异的年龄、文化等因素对新媒体的选择和使用没有影响，而是需求起到了决定性的作用，但是在报纸和互联网的竞争中，需求能否纯粹对媒体选择起决定性作用，需要做进一步的检验。

关于假设二，受众对互联网的权衡需求完全不受个体间差异的影响。

个体差异表现在很多方面，在这里以受众的年龄和文化程度作为个体之间人口学差异的主要指标，以受众对媒体的信任度作为可能影响媒介选择的态度指标，研究这三个指标对权衡需求及对使用互联网和报纸是否有影响。

检验的基本逻辑结构见表 2：假设一已经证明了“权衡需求对报纸和互联网使用的影响”，根据权衡需求理论，权衡需求是不受个体差异的影响，同时受众使用互联网或者报纸也不受个体差异的影响。

假设二将检验三个变量：年龄、文化程度分别对权衡需求、对报纸及互联网使用是否有影响。

表 2

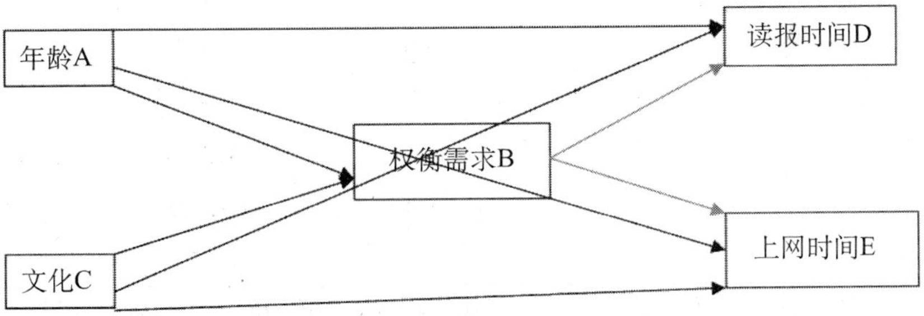

为研究这组复杂的关系，采用多元回归的方法，将“读报时间”和“使用互联网时间”作为因变量，将年龄、文化程度作为自变量，将权衡需求作为中间变量，通过多元回归分析研究两个自变量对中间变量及对因变量是否存在影响。

假设一已经证明了 BD 和 BE 关系的存在，假设二需要验证以下六组关系。

1）AD ＝年龄与读报时间的关系

2）AE ＝年龄与上网时间的关系

3）CD ＝教育程度与读报时间的关系

4）CE ＝教育程度与上网时间的关系

5）AB ＝年龄与权衡需求的关系

6）CB ＝教育程度与权衡需求的关系

在多元回归分析中，由于自变量、中间变量、因变量都是定比层次的测量变量，采用 stepwise 的分析方法逐步将权衡需求、读书年限和年龄三个变量纳入模型，可得到如下分析结果。

由表 3 可以看出，权衡需求、读书年限和年龄三个变量对互联网的使用都有显著性影响，其中权衡需求和教育程度对使用互联网时间的影响是正向的，年龄对使用互联网时间的影响是负向的，即：权衡需求大，使用互联网的时间会长，教育程度高的人使用互联网的时间会长，年龄大的人使用互联网的时间会少。这一结果表明，受众在选择和使用互联网与报纸时，并非只受权衡需求的影响，同时也受个体间的某些差异如年龄、读书年限的影响。

表 3　各变量对使用互联网时间的多元回归系数

	B	Beta	T	P
权衡需求	1.286	0.237	6.345	0.000
权衡需求	1.113	0.205	5.4	0.000
读书年限	7.195	0.142	3.727	0.000
权衡需求	0.939	0.173	4.518	0.000
读书年限	8.452	0.166	4.377	0.000
年　龄	–2.277	–0.157	–4.183	0.000
常数项	54.516		1.875	0.061

Adjust R Square = 0.095, N = 677, F = 24.584, (df1 = 675, df2 = 674, df3 = 673), $P < 0.001$

分析自变量及中间变量对读报时间的影响，得到如下结论：综合权衡需求和年龄两个变量对读报时间有影响，权衡需求大的人读报时间少，权衡需求小的人读报时间常；年龄大的人读报时间长，读书年限对读报时间没有影响。教育程度对读报时间没有显著性影响，在逐步回归分析中无法纳入模型。具体见表 4。

表 4　各变量对读报时间的多元回归系数

	B	Beta	T	P
权衡需求	−0.191	−0.15	−4.276	0.000
权衡需求	−0.163	−0.128	−3.561	0.000
年　龄	0.324	0.092	2.571	0.010
常数项	33.463		8.353	0.000

Adjust R Square = 0.031, N = 677, F = 12.513, (df1 = 794, df2 = 793), P < 0.001

直接对比分析不同年龄段的人读报时间和上网时间也验证了回归分析的结论。随着年龄的增长，受众读报时间增加，上网时间减少，具体见表 5。

表 5　不同年龄群体读报时间和上网时间的比较（单位：分钟）

年龄段	每天平均读报时间	每天平均上网时间
16—24 岁	36.27（n = 339）	142.7（n = 308）
25—33 岁	42.32（n = 349）	125.9（n = 254）
34 岁以上	52.46（n = 346）	89.29（n = 179）

个体差间的异不同程度地影响着受众对互联网的使用，作为解释新媒体选择的权衡需求是否受个体间差异的影响呢？分析年龄、教育程度与权衡需求的相关性发现，受众年龄与权衡需求具有显著的负相关，教育程度与权衡需求具有显著的正相关，可见年龄大的人权衡需求小，受教育程度高的人权衡需求大。这两个变量对权衡需求都具有显著的影响。具体见表 6。

表 7　个体差异与权衡需求的相关关系

	权衡需求	年龄	读书年限
权衡需求	1		
年龄	−0.229 ** (n = 904)	1	
读书年限	0.247 ** (n = 903)	−0.152 ** (n = 1206)	1

** P < 0.05

在假设二检验的六组关系中，有五组关系存在，因此否定了假设二：受众对互联网的使用只受权衡需求的影响，不受个体间差异的影响。

在报纸与互联网的竞争中，权衡需求是影响受众选择互联网的重要因素，但是同时个体间的差异也在影响着人们的媒体选择，权衡需求本身也受个体差异的影响。

可见，将新媒体权衡需求理论应用在分析报纸与互联网对受众的争夺研究上，发现这一理论在一定程度上得到了验证：当人们感觉报纸无法满足其某种需求，同时又觉得互联网有满足这种需求的能力时，才会考虑使用互联网。但是是否真正使用互联网以及使用互联网的时间等还要受到个体间差异的影响，其中年龄和文化程度是重要的影响因素，其他方面的因素是否还影响人们的选择，本文不再讨论。在后续的研究中，诸如媒体信任度、媒体使用习惯、经济状况等因素是否影响人们对新媒体的采用，都是值得研究的。

结论与讨论

在互联网与报纸媒体的权衡中，权衡需求不是媒体选择的纯粹因素，受众到底是选择互联网还是选择报纸受到个体差异的影响。究其因，可能是因为在权衡需求理论的研究中，传统媒体包括了报纸、电视、广播等多种媒体与互联网对比，而本研究只比较了报纸和互联网两种媒体。

从六个方面权衡需求及报纸与互联网在满足各方面需求的情况，能够得出如下基本结论：

1. 互联网在各个方面满足受众需求上都有一定的优势，这种新媒体对报纸媒体的冲击是一种不可阻挡的潮流。但是它并不能取代报纸媒体，在新的媒体环境下，报纸媒体需要做适当的调整和改变以适应新的媒体环境。

2. 报纸媒体在不同的方面有着自己的生存空间，报纸媒体在新闻信息传递功能上具有独特的优势，尤其是在本地新闻方面具有互联网无法替代的优势。

3. 互联网在娱乐和休闲及满足人们学习、工作需求、人际交流及媒体参与等方面具有比传统媒体更大的优势，因此传统媒体需要寻找与互联网嫁接的途径，克服传统媒体的不足，需要开拓基于传统媒体与互联网媒体结合的新的传播途径。

4. 不同媒体在不同年龄群体中具有不同的市场，互联网占领的是年轻人的市场，报纸媒体在中、老年人市场中还占有一定的优势，报纸媒体需要吸引更多的青年人。

参考文献：

1. 祝建华，不同渠道、不同选择的竞争机制，新媒体权衡需求理论，《祝建华研究案例汇编》，2004 年。

2. Zhu, J.J.H, & He, Z (2002) .Perceived Characteristics, Perceived Needs, and Perceived Popularity: Diffusion, use, and impact of the Internet in Hong Kong: A chain process model. *Journal of Computer-Mediated Communication*, 7, 2. Retrieved February 18, 2002.

3. 马春，《2004 年度中国广告业发展分析》，http：//www.istis.sh.cn/list/list.asp

4. 王晓华，《2005 年深圳媒体市场研究报告》，《深圳特区报》采用。

5. Blumler, J.G., & Katz, E (Eds), The *Use of Mass communication*. Beverly Hills, CA: Sage.

6. Robin, A.M. (1994) . Media Uses and Effect: A use and gratification perspective. In J, Bryant & D. Zillman (Eds) . *Media Effects: Advances in Theory and Research* (pp.417–436), Hillsdale, NJ: Lawrence Erbaum Associates.

规制与竞争

——中国传媒产业政府规制改革的主题

● 黄玉波

一、规制改革：公平与效率

公平与效率是人类经济生活中的一对基本矛盾。在传媒产业政府规制实践中，公共利益是政府规制的理论原点，传媒资源的配置效率也是政府规制者追求的目标。公平与效率引发了规制改革过程中规制与竞争的关系问题，政府规制既要公平，又要充分发挥市场竞争在传媒资源配置中的作用。公平是否会导致规制的成本增加和效率损失、如何在规制与竞争过程中协调公平与效率的关系，也是规制改革过程中必须面对的一对基本矛盾。

1. 公平规制的复杂性：传统规制自我扩展逻辑

研究表明，追求规制的公平性使得规制行为的复杂性增强成为一种必然趋势，因此，在最初的政策制定中就应该考虑到这种极有可能出现的情况。正如一开始的美国FCC仅仅只是为了保护广播电视频率资源在商业化运作过程中为公共利益服务的目的，但到了现在却演变成一大册厚厚的法律规章制度和判例说明。1790年的美国关税法典的税率可以全部包括在一张美国海关交纳的清单中，而现在的美国关税法典则是包括8753种税率在内的整整两大卷条文。这其中既有经济和技术不断复杂演化的因素，也是规制体制不断复杂化的结果。

对政府规制演变过程的研究发现，规制复杂性的不断增强有三方面的明确原因：第一，规制的平等问题；第二，官僚的自身利益；第三，阻挠决策者意图的市场对规制的反应。正是它们之间的相互作用，使得规制复杂性的不断增加成为一种不可避免的趋势。正如安妮·O. 克鲁格、罗·邓肯描述的那样："市场对规制的反应导致了规制的改变；这些变化反过来又引起那些认为这些变化对他们'不公平'的人的抗议，他们的压力又造成进一步的修改；由此形成的复杂化的增强又使得规制这些条令的官僚机构规模扩大，使相应的中间人数量增多。这些人数量的增多增强了他们将复杂性永久化的影响。更大的复杂性增加了规制的社会成本，并为至少减少了私人成本的市场反应提供了更大的机会。但这些市场的反应又进一步诱导了由决策者和官僚们进行的规制规则的改变。”[1]

我国著名经济学家张维迎也认为，规制的一个严重弊病，就是它具有自我膨胀的趋势，越规制，规制就越多，最后完全扼杀了市场经济的活力。“为什么越规制，规制就越多？一个原因是被规制者变成了既得利益者，它会以维护社会利益的名义要求政府不断加强规制，来保护自己。这些法定垄断者没有挑战者，没有监督者，不会受到威胁。尽管他们的利益最大化与社会利益最大化不兼容，却会编出好多说法，证明市场是多么的不完善，规制是多么的好，多么的重要，糊弄老百姓。所以规制的自我膨胀是很自然的。”[2]

西方主要资本主义国家的历史经验表明，即使成熟的市场经济也不能自动免除“规制自我扩张的逻辑”。物极必反，过多的政府规制直接干预市场进入和企业定价，不能不阻碍市场机制正常发挥资源配置的作用、抑制企业家的创新精神、助长官僚主义和各种专家自己行为不良后果的道德风险。1960年代，甚至连在罗斯福新政时代为创建美国式规制体制作出重要贡献的兰迪斯，也开始指责规制体制的僵化和无能，他断定“拖沓已成为联邦规制的标志”。

2. 传统规制理论困境：成本与效率

（1）规制与成本

规制失灵现象的存在，引致了人们对政府规制有效性与价值的重新审视。人们不得不承认，政府规制固然是一种有效的治理工具，但规制也存在成本过大的问题。政府规制带来的外部成本至少有三种：

行政成本，即政府规制部门进行规制规则的制定与规制执行中所消耗的人力、物力、财力，规制的数量与密度越大，政府财政的开支也随之激增。此外，规制执行中还会导致巨大的反腐败成本，包括事前的防范成本，事中的监督、制约成本，和事后的处理成本；服从成本，规制者对被规制者的行为进行限制与约束，被规制者为了服从政府规制而调整自己的行为，承担了部分效率与公平的损失；潜在成本，即规制对社会经济间接造成的损失，过度的规制窒息了市场竞争与社会创造力，导致了社会总福利在较长时期内的损失。

如果复杂性及与其相连的社会成本在改革的努力中依然无限度地增加下去，其结果显而易见："政府开支增长速度大大快于收入增长的速度。另一种解释可以是规制成本的上升速度大大高于收益的增长速度。"[3] 如此下去，传统的规制行为终将被时代所抛弃。

（2）规制与效率

布坎南曾经指出：人们必须破除凡是政府都会全心全意为公众服务的观点，不应该认为政府是会按公众要求提供公共物品的机器，而要看到政府是由个人选出也是由个人组成的群体，政府也存在缺陷。它不仅表现为政府工作的低效率，也表现为政府官员的寻租。

20 世纪 70 年代以后，规制失灵的种种弊病逐步被各国政府所认识；为克服规制失败，各国都进行了不同程度的规制改革。这场规制改革的目的在于提高政府规制效率及其适应变化的能力，维护自由竞争，并切实提高政府实现公共政策目标的能力。这场规制改革的覆盖面非常广，自 20 世纪 80 年代开始，放松规制（Deregulation）成为这场规制改革的主旋律，特别在西方发达国家的改革进程中，大量削减政府规制，以市场化与民营化代替政府规制的"繁文缛节"。

在此影响下，从 1970 年代末开始，美国广播电视媒体的规制机构联邦通讯委员会（FCC）开始以"市场"为根据，对公共利益标准作出重新解释。认为只有在市场确实无法保护公共利益时，才有必要进行规制。曾任联邦通讯委员会主席的 Mark Fowler 清晰地表达了他打算采取市场化的广播规制进路的想法：

> 简单来说，我坚定地认为我们正处于终结公共信托模型下的广播规制的时刻。无论你将其称为"父爱主义"也好，还是"保姆主义"也罢，如此专制的"老大哥"，是应该终了了。我信奉的是市场化的规制进路……在这条即将到来的进路中，委员会应该尽可能尊重广播公司关于怎样才能更好地吸引听众的判断，因为这是以公共利益为依归的。[4]

二、放松规制：开展有效竞争

1．全球性放松传媒产业政府规制浪潮

作为公共利益的保障，西方国家在政府规制中一直坚持传媒的多元化，反对传媒业过度集中垄断。但是从 20 世纪 80 年代以来，由于数字通讯新技术的广泛应用，

全球化浪潮的影响，西方传媒集团开始迈出本国走向全球化资源配置和经营的时代，为提升国家传媒产业的核心竞争力，传媒业垄断不再像以往那样难以被接受，各国原来坚持的公共传播政策和对媒体市场化、垄断化的限制政策产生转向，改为采取更适合市场需求、鼓励传媒兼并兼营和跨国运作的新政策，于是也就出现了对传媒业放松规制的趋势。

全球性的放松传媒产业政府规制浪潮，以美国为主要代表：1996 年美国国会大幅度修改了 1934 年的《电信法》，其主要内容有：一是打破传媒间壁垒，允许不同传媒市场的相互渗透。二是放宽了对电视公司拥有电视台数量和电视覆盖率的规定，原来规定一家电视公司拥有的电视台数量不得超过 12 个，从 1996 年开始，这个规定被取消，没有了数量限制；原来规定一家电视公司的覆盖率也由最多 25% 增至 35%。三是放宽传媒所有制的限制，推动电信产业和传媒产业的整合重组，“拆除了通信领域中的柏林墙”，从而引发国际传媒产业集团与电信集团的新一轮兼并收购热潮。四是改革了执照更新程序，几乎取消了审核程序，变成自动更换。而且经营电视台和电台的执照年限也由原来的 3 年、5 年，进一步延长到 8 年。以上这些措施的最终目的是鼓励或允许超大型、跨传媒、跨所有制的传媒集团出现，以增强本国传媒业的整体竞争力。[5]

放松规制的结果导致 20 世纪 90 年代全球传播业最令人瞩目的现象是传媒合并浪潮，进而产生了庞大的传媒帝国。目前，美国最大的 25 家传媒企业集团，囊括了报纸、期刊、图书、电台、电视台、电影、唱片、娱乐、体育、互联网、广告、零售等传媒和其他产业，而且都是在世界范围内通过并购传媒企业演变成现代传媒业的跨国公司。而根据美国证券数据公司的一项最新统计，传媒业和电信业与银行业一道，是当今美国兼并收购最盛的行业。在放松规制的激励下，其他著名的传媒集团也开始了令人眼花缭乱的兼并与收购历程：迪斯尼用 190 亿美元买下 ABC；世界传媒排行第五的 VIACOM 公司先用 77 亿美元买下 BLOCK BUSTER，再用 97 亿美元收购派拉蒙电影制作；1999 年 4 月，维亚康公司以 345 亿美元的价格购买哥伦比亚广播公司；2000 年 1 月，美国在线公司又以 1620 亿美元并购了时代华纳公司，新公司的总价值高达 3500 亿美元，成为有史以来最大的一桩并购案。[6]

其次，放松规制改革在西方各国已经取得明显效果，表现为政府规制成本的上升势头得到遏制，规制改革的间接效益也明显增加。例如，美国在实施规制改革的 1970—1990 年期间，广电业与通信业的政府规制机构 FCC 的年度运行费用虽然每年仍有增长，但增幅已从70年代前期的88%下降到90年代初期的12.5%。同一时期由于美国放松了规制，仅有线电视业就增加了4亿—13亿美元的利润。

2. 对我国传媒产业放松规制的认识

放松规制是20世纪80年代以来多数市场经济国家对传媒产业改革的潮流，至今已取得了较为明显的成果。放松规制有两层含义：一是完全撤销对被规制产业的各种价格、投资、服务等方面的限制，使企业处于完全自由的竞争状态；另一个层次就是部分取消，即有些方面的限制性规定被取消，而有些规定则继续保留；或者，原来较为严格、繁琐、苛刻的规则条款变得较为开明、宽松。如在进入规制中，由原来的审批制改为备案制。[7]

很明显，传媒产业的放松规制即使在西方发达国家也并没有完全取消，它主要意指第二层含义。我国传媒业仍处于由计划经济向市场经济转轨的过程中，我国当前放松规制的背景与性质实际上仍然与发达国家的经验有着较大的不同。这主要表现在：当下我国传媒产业的放松规制并不主要表现为放开准入条件，如果以这一标准来衡量的话，中国传媒产业还远远没有放松规制，甚至近年来还有愈来愈紧的趋势。放松规制对于中国传媒业来说，“首先体现在对传统的计划管制体制的改革，是在彻底检讨现有各种矛盾、问题和弊端的基础上，全面改革计划经济时代延续下来的所有不合理的计划管制制度和政策，特别是要放松乃至取消有悖于市场经济规律的计划管制措施。”[8]

我国传媒产业的放松规制有其独特性，主要包括以下几个主要特征：

（1）放松规制是我国传媒产业化、市场化改革的延续

我国传媒产业放松规制的对象并不是如一般理论和国际经验所言的政府规制，而是指新中国成立以来一直沿袭下来的政府对传媒的计划管理和行政控制。就此而言，所谓放松政府规制，实质上乃是20多年来我国传媒产业化、市场化改革进程的自然延续。

我国传媒市场总体上发育不健全，大多数情况下，传媒并没有体会到真正意义上的“市场缺陷”。政府对传媒的计划管制本质上也不是克服市场缺陷的安排，而是计划经济管理的产物，市场经济“规制”比较缺乏。因此，政府作为改革的推动者，要培育市场，创造市场机制充分发挥作用的条件，这就需要放松与计划经济体制有关的各种管制。

也正因如此，我国传媒产业的放松规制，无疑是传媒深化产业化、市场化改革的必然举措之一。在这样一个战略框架下，传媒产业的放松规制改革才有其真正意义：即在政府规制改革过程中，把促进市场竞争、充分发挥竞争机制在合理配置稀缺资源方面的重要作用，作为检讨、修改、调整、补充和创新有关规制制度的指导思想。具体来说，即把引入竞争机制，推进市场化、产业化改革，作为放松传媒产业政府规制的基础。

为此，对于传媒中可以引入竞争机制的产业，如行业报、专业期刊、电视剧生产和普通出版社出版业务等，应当坚决放松乃至取消阻碍有效竞争的规制措施；对目前阶段暂无必要和可能全面引入竞争机制的传媒产业，应当通过部分规制措施的创新，尽一切可能在这些产业的某些局部环节上（如制播分离、内容的生产与流通等）引入竞争机制。其目的是在于找到政府规制与市场竞争的最优组合，在规制产业中最大限度地发挥竞争机制的作用。

（2）放松规制与培育市场主体相结合

目前我国传媒产业内部的低效率，并不完全是政府规制或缺乏竞争造成的，在相当大的程度上，还是源于传媒产业内部企业产权改革、法人治理结构改革尚未完成。因此，从改善有关产业资源配置效率的角度来说，放松规制并不是唯一的途径，而只是一项重要措施罢了。所以我们在放松规制的同时，更要注意培育传媒市场的微观竞争主体，二者相辅相成，缺一不可。

目前我国几乎所有的主流传媒，如报刊、广播电台、电视台，都为一家或少数几家国有垄断事业单位所控制，其中大部分还处于政事、政企不分的所谓“行政性市场垄断”的状态。大多数传媒的资源配置格局按照行政区划设置，可以说是政府一手安排的结果。

传媒产业的放松规制，其实就是把政府的诸多资源配置的功能归还市场，归还传媒产业中的市场竞争主体。因此，放松规制最终还是要落实到传媒产业中的市场竞争主体能否建立起来。培育市场竞争主体与传媒产业的放松规制紧密相连，政府对传媒不再像以前那样胡子、眉毛一把抓，事无巨细，实行严格的计划管制。文化体制改革以来，政府把传媒分成公益性文化事业和经营型文化产业，实行抓大放小，区别规制，正是体现了放松规制与培育市场主体相结合的思路。

首先是在宏观层面上重新认识“两分开”，重新认识政府与整个传媒业之间的关系，对中国传媒实施分类管理，明确哪些媒体（报刊、频道、频率）属于公共服务体系，哪些属于市场运营体系，分别采取不同的产业政策和财政支持。政府除负担必要的公益性文化事业建设以外，大部分传媒都要进入经营型文化产业体系，充分发挥市场机制在传媒产业配置资源中的基础性作用。

其次是在微观运作机制层面实施“两分开”，在传媒内部实施事企分离。对属于公共服务体系的事业性传媒实施公共财政支持，并促进内部竞争；对属于市场运营体系中的传媒产业部分该剥离的剥离，该转制的转制，实行产权改革和建立公司治理结构，塑造参与市场竞争的企业法人主体。

（3）放松规制与重建规制并重

在当下的中国传媒产业政府规制改革中，坚持放松规制与重建规制并重是由中国经济转型的特征所决定的，也是中国改革开放和经济建设的内在要求。“转型经济中现行的政府规制的一个突出特点表现在，它既是一个对以前严格管制的放松过程，又是一个新的规制政策与制度建立和实施的过程，是一个混合体。”[9] 在转型之前，我国对传媒一直实行的是严格的计划管制和直接的行政干预。如传媒的设立，传播的范围、效力，内容的生产与播出等等，几乎微观传媒主体所从事的一切活动都由政府来决定。当时的严格计划管制与国家计划经济体制的目标是一致的。从计划经济向市场经济过渡的转型过程中，政府规制表现为一种混合体：它必不可少地带有原先计划经济遗留的影子，又包含为建构适应市场经济体制而制定的一些新的制度和措施。因而，转型经济中的政府规制包含着放松规制与重建规制的双重任务。

尽管热忱的支持者把推动放松规制当作是解决诸多问题的灵丹妙方，但把放松规制仅仅看作是一个简单的规制工具可能更为确切。它在解决某些问题时，可能比其他工具更加合适。比如对传媒等领域产权、投资和准入规制的放松，直接推动了跨国传媒集团的大发展。另一方面，简单的放松规制对具有强烈外部性的传媒产业来看并不是完美的，因为单纯地强化竞争将有可能导致传媒内容的媚俗化、娱乐化。由此可见，放松规制并不总是意味着从规制到不规制。在现实中，政府规制既存在越位的情形，也存在缺位的情形，同样也需要重建政府规制。实际上，在当前我国传媒产业政府规制改革的过程中，“除了放松乃至取消一部分直接规制措施之外，结合政府职能转换和国有企业改革，遵照市场经济的逻辑，重新设计并不断优化必要的政府规制政策，以替代长期沿袭下来的政府计划管理体制，同样是改善有关产业资源配置效率，增进社会福利的有效方法。”[10]

西方传媒产业规制改革的经验也表明，放松规制并不就意味着所有规制措施的终结。一方面，西方国家在放松对广播电视等自然垄断性行业的经济性规制的同时，对于传媒内容质量、品位以及消费者保护等社会性规制领域，不但没有放松，反而得到了加强。另一方面，即使在具有自然垄断性传媒产业环节放松了经济性规制，也仍然保留了价格、准入等诸多规制措施，并以激励性规制方法重建新型条件下的政府规制体系。

放松规制与重建规制并重，即按照社会主义市场经济的性质和要求，重塑政府规制制度和规制政策体系。“所谓重塑政府规制体系，主要是指在放松乃至取消部分规制措施的同时，立足于市场经济条件下政府规制政策的必要性和现实合理性，采取与市场经济体制相适应的程序、方法和措施，将我国长期计划经济体制所延续下来的政府对有关产业的计划管理，彻底改造成为真正意义上的市场经济条件下的政府规制体系。”[11]

借鉴西方国家传媒产业政府规制改革的经验，并结合转型中国的实际，本文认为，我国传媒产业的政府规制改革应走松紧结合的道路，即放松规制与重建并重，在总体放松规制的前提下，局部重建规制。一方面逐步放松原有经济体制所遗留下来的高度计划管制体制，另一方面逐步建立起适应社会主义市场经济体制的规制政策与制度。而重建规制体系的核心则在于引入激励性规制方法，达成竞争与规制的平衡，并以此提升传媒产业的竞争力。

注释：

[1] 安妮·O. 克鲁格、罗·邓肯，《管制的政治经济学：复杂性问题》，转引自孙宽平主编：《转轨、规制与制度选择》，社会科学文献出版社，2004 年，第 286 页。

[2] 张维迎、赵晓，《中国：政府管制的特殊成因——张维迎教授关于管制与放松管制系列谈话》，http：//www.teda.gov.cn/infocontent/lzwz851/2002.08.21_67837416/index.html。

[3] 同注 1 书，第 293 页。

[4] Mark Fowler，“The Public Interest，” 61 Fed. B.J. 213（1982），转引自宋华琳：《美国广播规制中的公共利益标准》，《行政法学研究》2005 年第 1 期。

[5] 张志，《论西方广电传媒业的公共规制》，《国际新闻界》2003 年第 5 期。

[6] 参考景朝阳，《新闻传媒的分类管理和市场准入》，中国民商法律网。

[7] 陈富良，《放松规制与强化规制》，上海三联书店，2001 年 5 月第 1 版，第 93 页。

[8] 夏大慰主编，《政府规制：理论、经验与中国的改革》，经济科学出版社，2003 年。

[9] 陈富良，《放松规规制与强化规制》，上海三联书店，2001 年 5 月第 1 版，第 83 页。
[10] 同注 9 书，第 84 页。
[11] 夏大慰主编，《政府规制：理论、经验与中国的改革》，经济科学出版社，2003 年，第 95 页。

报业跨地区经营六大难题解析

——以《南方都市报》为例

刘劲松

报业跨地区经营，是中国报业发展的大趋势之一。长期以来，我国报业形成了行业分割、地区分割的局面，经过自上世纪90年代以来报业的充分竞争，一些中心城市的报业竞争已近饱和，急需寻找新的增长空间。2001年中央下发的17号文件，明确提出媒体发展可以跨行业、跨地区及跨媒体进行。从2003年开始，新闻出版总署先后批准4种报纸进行跨地区联合办报试点，取得了重要进展。《全国报纸出版业"十一五"发展纲要（2006—2010年)》中，再次肯定了跨地区发展的思路。但是从现有的报纸跨地区经营实践来看，目前仍面临着诸多难题：如何选择跨地区办报的模式和竞争策略、报业扩张时机的选择、扩张所带来的风险，以及如何突破市场进入壁垒等等。因此，总结报业跨地区经营所面临的难题，并探讨解决问题的思路，具有现实意义。

笔者认为，所谓跨地区办报，就是报纸在原有的行政区域限制之外，扩大经营范围，从而获取更多利润的经营行为。本文通过对媒体经理人的深度访谈及文献研究，提出报业跨地区经营中所遇到的六个难题，并以《南方都市报》为例，分析了解决问题的思路。

《南方都市报》所处的广东地区，是我国报业竞争最激烈的地区之一。从2000年开始，珠三角区域强势媒体开始走出中心城市本地竞争模式，迈向区域内的二、三线城市市场，较早地进行了省（区域）内跨地区办报的尝试。如《南方都市报》目前已经密集覆盖了小珠三角的城市群，形成"2+5"的布局，即，以广州和深圳为立足点，形成东莞、佛山、珠海、中山、惠州五个城市的城市群效应，日均发行量达到100多万份，实现了省内"多版本"发行。此外，该报所归属的南方报业集团与光明日报集团合作创办《新京报》，尝试跨地区办报。其探索性的做法，也具有一定的典型意义。

难题之一：如何选择跨地区办报的模式？

一张报纸在什么范围内的地理市场上经营，是其战略发展的关键之一。对于一张准备跨地区办报的报纸来说，是选择中心城市发行，省内、区域内发行，还是全国发行？选择了特定的地理市场之后，还有选择经营方式的问题：是新创办一张报纸，还是与当地原有报纸合作？或是采取并购的方式？以上这些因素的相互作用，共同构成了跨地区办报的模式。

从地域上看，跨地区办报包括两种形式：一种是在省内跨地区办报，另一种是跨省或跨一定区域办报。由于原有行政体制的限制，“省”作为政策允许的重要行政区划，是报业经营划定的特殊地理范围。随着中国经济发展逐渐出现区域化的特征，即出现“长三角”、“珠三角”、“环渤海经济区”、“九加二泛珠三角经济合作区”等之后，经济的区域性特征也影响了报业发展，使得报纸在具有相似的文化背景和紧密的经济联系的一定经济区域内，不断实现报业的区域化特征。“区域”相对于省的行政区划的属性来说，更多地表现为经济区划和文化区划的属性。随着行政区划的逐渐淡化，经济区划、文化区划将显示出更强的作用力量。本文将“省”作为报业跨地区经营的一个地域性的分界点，在跨省经营的行为中又分为区域内和跨区域两种形式。

从现有的国内外跨地区办报的方式来看，共包括异地发行、合作办报、独创新报纸和办地方版、并购等五种方式。据此可以得出目前我国跨地区办报的模式（如下图）。

我国跨地区办报模式

地域 方式	省内	跨省（区域）
异地发行	省内异地发行	跨省（区域）异地发行
合作办报	省内合作办报	跨省（区域）合作办报
独立创办报纸	省内独立创办报纸	跨省（区域）独立创办报纸
办地方版（多版本）	省内办地方版	跨省（区域）办地方版
购并	省内购并	跨省（区域）购并

（根据本项研究整理而成）

1. 多版本模式

所谓“多版本”，即使用相同的报名，在不同的地区或不同的时间内为不同的读者服务。各版本之间的内容差别较小。“规模较大的报业公司经常出版多版本报纸。这些报纸版本使用相同的报名，然而，每个报纸版本通常定位于一天不同时间或截然不同地区的读者。虽然各个版本在内容上存在某些差异，但这些差异通常仅仅涉及报纸少数几页版面或报纸某个部分。”（罗伯特·G. 皮卡特，2004）

《南方都市报》采取的正是针对省内不同地区的读者，发行不同的版本，而这些版本之间的差别仅在于几个本土化的新闻版面或者是专门用于吸附本地广告的行业特刊。而其他的大多数版面则共享资源。“多版本”的方式很好地解决了报纸的资源共享和本土化的问题。

2. 合作办报

在省内多版本扩张的同时，2003 年，南方报业传媒集团出资 3000 万元与光明日报合作创办《新京报》，该报成为全国第一家媒体集团跨地区合作办报试点。此次北上，《南方都市报》输出版面资源、人才和新闻理念，通过“找伙伴”的方式，成功地实现了跨省（区域）合作模式的建立。

合作办报是目前报纸跨地区办报模式中比较好的选择，也是 17 号文件中提出的媒体跨地区经营中的主要形式之一。该文件指出，跨地区经营须经批准，并主要采用兼并重组、合作联营等形式。合作办报的优势之一是风险相对较小，可利用原有报纸的刊号资源、对当地经济文化背景的熟悉等有利条件，降低办报风险。

3. 异地创办新报模式

包括省内异地创办新报的扩张模式和跨省（区域）独立创办报纸模式。

《辽宁日报》、《大众日报》创造出了省内异地创办新报的扩张模式，分别在大连和青岛创办了《半岛晨报》、《半岛都市报》。这种模式主要靠对已经成功的都市报模式进行复制，要求在二线城市拥有刊号资源，但容易导致对原有报纸的发行和广告市场形成争夺，造成原有都市报市场份额的下降，这也是当前存在的问题之一。比较看来，《南方都市报》的多版本策略更有利于资源的共享，节省成本；同时也避免了集团内部子报间的过度竞争。

由于目前国内报纸实行属地管理的政策，跨省（区域）独立创办报纸还受到政策的限制，因此，跨地区办报大多选择了与当地媒体合作办报的方式，而管理也遵从了属地化的要求。

4. 异地发行

对于《南方都市报》的扩张模式，南方报业传媒集团“曾有过多种考虑”（范以锦，2005）。其中之一就考虑过借鉴《今日美国》模式，直接全国发行，搞《南方都市报》全国版；二是在广东以外的全国主要城市发行。比如，北京、上海及其他有一定额度的广告的城市。以上两种都是同一品牌异地发行的模式。但是到目前为止，《南方都市报》仍坚持做区域报纸，不做大范围的异地发行。这也是由于目前中国的发行网络建设不够完善、广告投放呈区域性的特点，使得同一品牌异地发行的模式在全国范围内很难实现。即使特定城市的发行，也会遭遇到发行网络、读者选择的难题。

5. 并购

默多克的新闻集团等世界大型媒介集团在发展过程中，无一例外地使用了并购的手段，其媒体企业在世界范围内迅速扩张（曾华国，2004）。《南方都市报》也曾考虑通过资本运营并购几个都市类报纸、周刊，形成与《南方都市报》、《新京报》遥相呼应的市场格局。对于中国媒体来说，大范围的媒体间的并购还没有得到政策的支持，所以目前媒体之间主要采取了合作的方式。但是，从长远来看，资本扩张、并购的模式将成为报业跨地区经营的主要模式。报纸之间的兼并和收购将增多，报业将主要通过资本运营实现扩张。

但是，一张报纸究竟选择哪种模式实现扩张，要基于报纸对其所处市场环境的分析及对自身核心竞争力的分析，才可以做出合理的选择和判断。那么，影响跨地区办报模式选择的因素都有哪些呢？

笔者认为主要包括内部因素和外部因素。内部因素包括经济实力、人才实力和品牌实力；外部因素包括社会变化、技术变化、经济变化、政治变化等。以珠三角地区为例，该地区区域经济一体化已基本实现，经济高速发展，广告潜力巨大；区域内具有相同的文化背景，同受岭南文化的影响；在2000年时，二线城市的报业发展落后于经济的发展，当地媒体新闻竞争未充分展开，尚缺乏都市类报纸。媒介技术的发展，使得报纸异地扩张成为可能。从珠三角二线城市的外部市场环境分析中可以看出，珠三角区域经济的发展，已经为报业跨地区发展提供了良好的基础。因此，《南方都市报》等经济实力、人才实力和品牌实力都比较强大的媒体相继实行跨地区办报。

《南方都市报》跨地区经营的模式，就是省内“多版本”、省外“找伙伴”。这是一种立足本区域，把目光集中在特定大城市市场的选择，也即省（区域）内多版本（办地方版）模式与跨省（区域）合作模式的结合运用。

难题之二：选择什么样的竞争策略?

报纸跨地区经营的竞争策略有哪些？如何选择合适的策略？

产品差异化策略、最低成本策略、技术策略等，都是报业跨地区经营中可以采用的策略；而选定竞争策略首先要进行战略定位， 即找出基于自身资源的核心竞争力，形成相对于竞争对手的持续性竞争优势。

《南方都市报》在跨地区办报中采取了多种策略。首先，采取了产品差异化定位。《南方都市报》最初进入二线城市市场时，深圳、东莞、佛山等二线城市还没有同样定位的都市报或者当地同类报纸还比较弱小。在与省外媒体合作创办《新京报》时，也选择了做“时政类主流媒体”这样一个不同于北京报业市场上其他都市报的定位。《南方都市报》目前的核心竞争力还在于报纸内容、新闻品质上，人才、团队是其根本保障。而人才和团队也是其形成差异化的一个优势。

其次，低成本策略，在省内，通过“多版本”的方式形成资源共享；在省外，在与《新京报》的合作中，也实现了新闻资源的异地共享。这在一定程度上实现了新闻采集、人力的低成本，从而形成强大的竞争优势。但是，对于报业来说，纯粹的“低成本”是不可能的。因为印刷费用较高，其中新闻纸的费用就占到成本的三分之二，这也是传统报业不得不面对的负担。

现阶段，珠三角区域报业竞争升级。表现为：二三线城市本土报纸在竞争中壮大，外来报纸替代品增加，同质化竞争严重。以《南方都市报》、《新快报》、《羊城晚报》等为例，在区域市场竞争中，采取的竞争策略极为相似：一是办地方版，导致报纸不断加厚。二是办行业周刊，几家报纸都选择了出版行业周刊的形式，靠房地产、汽车、金融等专刊吸附广告；三是搞大型活动，发特刊。

广东主要报纸珠三角二线城市地方版一览（截至 2006 年 6 月）

城市 / 报纸	南方日报	广州日报	羊城晚报	新快报	南方都市报
深圳	《深圳观察》			《财富深圳》 《健康食品周刊》 《3C 周刊》 《深圳新闻》	《深圳新闻》 《深圳杂志》
东莞	《东莞观察》	《东莞新闻》	《东莞壹周》	《汽车东莞》 《财富东莞》 《东莞买楼王》 《3C 周刊》	《东莞新闻》 《东莞杂志》
佛山	《佛山观察》	《佛山新闻》	《佛山壹周》	《今日佛山》 （周两刊）	《佛山新闻》 《佛山杂志》
江门	《江门观察》				
珠海					《珠海杂志》
中山					《中山杂志》
其他	《珠三角新闻板块》（每周一至五）8 个版				《惠州杂志》 《广州杂志》 《珠三角新闻》

（资料来源：根据本项研究整理而成）

二线城市报业市场竞争日趋激烈。本地报纸在竞争中成长起来，为提高竞争力联合起来，抬高了竞争的门槛。比如，佛山整合传媒资源，2005 年成立了包括报纸、广播电视在内的佛山传媒集团，实现了跨媒体的整合，总资产达 21 亿元，成为一家实力雄厚的集团。2004 年，中山市创刊《中山商报》，属都市类报纸。2005 年 4 月成立的珠三角报业广告联盟，是由深圳报业集团发起成立的，成员包括深圳、珠海、中山、佛山等 12 座城市的 19 家媒体。珠三角报业广告联盟属于契约式联盟。虽然这种松散式联盟合作的效率如何还有待验证，但其合作联盟形式已经给进入二级市场的各种报纸抬高了门槛。

在区域报业竞争升级的条件下，笔者认为，现阶段《南方都市报》面临替代品增加、竞争成本不断提高的问题。该报首先要在竞争策略选择上找到新的突破口，增强产品的差异性；其次，要进一步创新机制，比如，寻求多途径的资金支持、确立法人主体地位等。创新，还包括用人机制的创新，《南方都市报》最初在各地创办地方版时，曾经从当地媒体挖了不少人，但是，近两年，一些人又回流到其他报纸，说明竞争对手已经学会了《南方都市报》的用人策略，也在为人才创造发展的平台，并具备了更大的吸引力。《南方都市报》在用人机制上能否有更多的创新，也成为它发展的一个关键。

难题之三：跨地区办报如何突破市场进入壁垒？

跨地区办报的市场壁垒主要包括经济因素的进入壁垒和非经济因素的进入壁垒两大类。其中，经济因素的进入壁垒包括：高额的资本要求，本土化成本高；欲进入地区报纸的市场集中度高，已形成规模经济；欲进入地区报纸产品差异度大、原有读者的品牌忠诚度高等；非经济因素的进入壁垒主要是政策壁垒。

1. 高额的资本要求

一张跨地区经营的报纸，首先面对的是发行渠道建设，这需要较多的资金。如果已有报纸垄断发行渠道及广告资源，则需要新进入报纸拥有较高的进入资金。《南方都市报》最初进入深圳市场时，没有投入资金进行异地发行的渠道建设，而是依赖于原有报纸、包括竞争对手的发行渠道。2001 年，当时引起全国关注的报纸“封杀事件”发生时，它遇到了第一道门槛。《南方都市报》解决这一事件，采取了借助舆论压力的办法，最终达到了跨越市场门槛，取得发行许可的目的，并使它的品牌知名度在全国叫响。而此举也使得该报在此后进入省内其他二线城市市场时，都能顺利跨过发行渠道这一个门槛。该报采取的是非经济因素的应对策略。

而当《新京报》创办时，则没有那么幸运，创办之初，该报不得不投入大量资金搞免费赠阅，吸引读者。

2. 本土化成本高

在垄断经营的市场上，外来报纸如果对所进入的市场了解不充分，进入时往往会遇到阻力。而与当地对接，不仅有采编内容和经营方式的对接，甚至还有与当地的社会关系等方面的对接。如何打破本土化的僵局？《南方都市报》在跨地区办报中总结出了舆论监督先行，以大报道突围，并根据各地情况，辅以与当地政府积极配合，拉近与当地政府部门的关系，使自身本土化速度加快等一系列做法。

3. 原有市场产品差异度大

在选择与光明日报集团合作，跨地区创办《新京报》之前，南方报业传媒集团原本想在北京复制一份《南方都市报》，但是这一想法并没有实施，原因是北京市场上报纸产品的差异度比较大，既有党报，又有覆盖早报、晚报市场的各类型报纸。仅仅都市类报纸已经有多份，如果在定位上没有较大的差异性，很难进入北京市场，即进入壁垒较高。对于报业这种高投入高产出的产业来说，投资一份报纸进入市场，其风险很大，产品定位失误，很可能就会造成血本无归。

4. 市场集中度高，已形成规模经济

以深圳市场为例，单一媒体（深圳特区报业集团）对整个报纸产业的控制程度比较大，市场集中度比较高，当地已有报业集团建有自己的发行渠道，其规模经济也已形成进入壁垒。而珠三角其他二三线城市，像惠州、中山等城市的报业市场的集中度则并不高，尚未形成规模经济，所以对于《南方都市报》来说，其进入壁垒并不高。

5. 非经济因素壁垒

主要是政策壁垒。跨地区经营有一个原则目前尚无法突破，就是属地管理的原则。地方行政割据和政策壁垒导致的垄断竞争，将会增加报纸跨地区经营的成本和难度。此外，制约媒体发展的一个关键问题是目前媒体的体制问题。事业单位企业化运作的模式，给报业跨地区发展带来很多问题。

难题之四：如何处理扩张与成本增加的矛盾？

报业跨地区经营的动因何在？笔者认为，报纸选择跨地区经营，一是为了扩大规模、降低成本。一个企业在某一地区经营状况良好，不断积累资本，为取得更大的利润，必然要进一步扩大经营范围，通过规模的扩大，降低成本。二是为了扩大市场占有率，寻找新的增长空间，提升自身竞争优势。

报纸跨地区经营可以控制更大的市场份额，带来垄断利润，形成规模经济。与广播电视不同，报纸的边际成本涉及到印刷同一内容而导致的额外的印刷费用。实际上，靠增加成本来提高市场占有率，意味着利润的缩减，而不是增加。异地扩张

所带来的风险之一就是：投资能否带来相应的回报？扩大规模之后能否带来规模经济？报业作为公共产品的属性，随着产出量的增加，可以降低生产单位产品的成本，形成规模经济。但是，当规模超出一定的范围之后，规模经济的优势也会消失，以至于形成规模不经济。因此，盲目扩大市场占有率，不考虑投资与回报的关系，是十分危险的。

从2005年开始，《南方都市报》在深圳地区的发行量不再扩大，稳定在约40万份。在珠三角其他城市，该报的发行量也与广告配套，控制市场份额。例如，根据南方报刊发行总公司提供的数据，2005年，《南方都市报》在佛山地区的发行量是10万份，东莞地区的发行量为11.5万份。另据该报有关负责人介绍，2005年，该报在佛山地区的广告收入为4000多万元，东莞地区广告收入达6000万元。可见，这两个地区的扩张收益是大于成本的。但是在其他一些城市并未形成这样的较为理想的状态，目前《南方都市报》在经营策略上提出“不看一地的得失”，而要看报纸在区域内的影响力。事实上，该报在珠三角地区发行上的高密度覆盖，已经为它在广州地区的竞争带来了优势，对广州地区的广告产生了拉动作用。

难题之五：如何选择跨地区经营的时机和合作对象？

是否要在本地做到最大才可以考虑跨地区办报？对于报纸跨地区经营时机的选择，十分重要。《南方都市报》是在省报集团遇到竞争困局的情况下诞生的一家报纸。诞生之初，前有《广州日报》、《羊城晚报》，身旁又有几乎同时诞生的《新快报》，在这样一个竞争环境下，《南方都市报》选择了深圳，尝试通过开辟深圳市场扩大广告收入和发行量。继而，采取“多版本”战略，在省内其他地方占领市场，创出优势品牌，再回头拚争第一名。在广州市区，《南方都市报》目前还是“挑战者”，《广州日报》的发行量在广州地区仍占据龙头地位。

合作对象的选择也是十分重要的。《南方都市报》在北京选择了光明日报集团作为合作对象，主要是看重其党报集团的实力背景。《新京报》是利用光明日报集团下属的《生活时报》刊号，变更报名创办起来的。在合作办报模式中，进入异地市场的报纸往往不会选择本地市场中的“老大”作为合作者，而是选择处于弱势地位的报纸作为合作对象，经过资本与品牌的输入，改造出一张全新概念的报纸来。选择合作对象，还要慎重考察合作者的资信情况、双方的企业文化能否融合、合作双方的经营理念是否能够互补等。

难题之六：如何解决跨地区经营的管理难题？

早在《南方都市报》1999 年进入深圳创办《深圳新闻》和组建深圳记者站时，就面临着两个具体的管理问题。一是深圳地区的广告、发行和新闻，是作为条状还是块状管理？二是《深圳新闻》编辑部要不要设在深圳？当时该报编委会决定实行垂直管理。《深圳新闻》编辑部也选择设在总部广州。这种模式在此后的拓展珠三角二线城市市场时也被沿用下来，并逐渐演变成目前《南方都市报》采用的新闻、行政和经营三个委员会式的管理方式，仍然是一种垂直式管理模式。这种管理模式的特点是权力集中于企业高层，减少管理环节，使各环节之间的协调更紧密；但弱点是，缺乏横向协调和良好的合作，不利于中层管理者发挥主动性和创造性。

从采编的角度来说，记者和编辑分居两地，势必带来沟通的障碍，也增加了沟通的成本。为了增强选题策划和稿件修改中的沟通问题，总部和各地之间都作了多方的努力和尝试，除常用的电话、手机短信和电子邮件外，还开设了“珠三角之家”BBS，使记者和编辑可以在网络上交流。设立珠三角专刊部后，一定程度上实现了小规模的集中，但仍未有效解决采编两地分隔的问题。沟通成本问题也是该报在跨地区经营中需要解决的现实问题之一。跨地区办报的管理问题不能很好地解决，最终将会演变成管理控制失效。内部管理的优化是否能及时跟上？管理层级增多，协调与组织的成本也加大了。是否有足够的执行力，使得决策能够精确、迅速地得以执行？这些都是值得深思的问题。

结　语

总之，报业跨地区经营当中，扩张模式的选择是关键。本文从媒体操作的层面提出的六大难题的解决思路，是以《南方都市报》在跨地区办报中的一些做法为例，总结其经验和教训。从上个世纪 90 年代以来，超大型媒体集团的出现，都是媒体兼并与收购的结果。中国报业的跨地区经营还只是刚刚开始尝试，受到许多政策因素的影响。随着全球经济一体化的发展，国内媒体将面临着国外大型媒体集团的挑战，而跨地区办报正是报业壮大自身实力的良好途径。因此，解决目前报业跨地区经营当中出现的难题，加速媒体集团实力的壮大，显得尤为重要。

参考文献：

1.〔美〕罗伯特·G. 皮卡特，《美国报纸产业》，中国人民大学出版社，2004 年。

2. 范以锦，《南方报业战略》，南方日报出版社，2005 年。

3. 曾华国，《媒体的扩张》，南方日报出版社，2004 年。

4.《珠三角报业广告联盟在深圳成立》，《深圳特区报》，2005 年 4 月 15 日。

关于国产大片和电影市场博弈的思考

● 刘　辉

现象：大片占据电影市场

“大片”一词，成为中国电影业近十年来最流行的名词，不论是电影产业界，还是普通的观众，都会把这个名词挂在口头，作为影片质量的一个荣誉。相应的，这个名词所包涵的内容，也就超越了艺术水准、主题思想等一些习惯性的标准，最能刺激观众产生对影片的兴趣。在关于电影的各种话语领域中，如电影理论、创作、评论、广告等等，都在不断思考着这个看似简单，却无法言尽的“大片”的规律。

中国人初说“大片”，当要回溯到1994年11月12日首部进口分账大片《亡命天涯》。从那一年开始，电影院门口的宣传牌上开始出现美国电影的惊险或浪漫画报。虽然这些美国电影早已通过地下录像带市场广为流传，但能够正式登堂入室进入电影院的大银幕，带来的则是时尚娱乐的风向标的改变，为都市生活中增加新的色彩，娱乐口号成为光明正大的一种主张。从此之后，《真实的谎言》、《侏罗纪公园》、《红番区》这些影片成为社会上新的流行文化主流，左右了都市人的休闲生活。

进口大片主要来自美国和香港这两个娱乐电影中心，《红番区》票房9500万，《真实的谎言》票房1.2亿，《泰坦尼克号》票房3.2亿，单部影片的票房记录不断被进口大片推向新高，进口大片总要占据全年票房总额的50%左右，大量的票房也要分账给国外的制片方。于是，中国民族电影业制作本土大片的尝试开始出现。

2002年，国产大片《英雄》出台，并在本土获得了2.5亿元的票房收入，从而开创了中国电影的国产大片时代。之后，《十面埋伏》（1.5亿票房，下同）、《天下无贼》（1.2亿）、《无极》（1.8亿）等影片相继出现，而每一部电影的出现，无不成为一次社会文化事件，观众人数众多。另外，2003年《内地与香港更紧密经贸关系》（CEPA）的签订也推动了国产大片的发展，香港电影只要通过人员或者资本的合作，就可以以国产片的身份投入市场，不再占用进口大片的指标，香港电影业也开始和中国内地电影市场频繁接触。《功夫》（1.7亿）即以国产大片的身份进入中国市场。

从进口大片到国产大片，看似只是银幕上的影片发生变化，但实际上却改变着中国电影业的内内外外。首先，其意义在于观众能够重回电影院去看电影。近年来由于网络、DVD等多种新的娱乐方式的出现，观众对于一部电影更加挑剔，而大片在视听感觉、故事情节、人物角色上都更加能够符合观众的期待，其密集的宣传也吸引了很多新的观众；其次，大片影响着普通观众看电影的习惯，每年少数几部大片占据了全年票房的绝大部分，说明除了少数几部大片外，观众并不看低成本制作的电影，观看大片已经成为习惯。

刚刚走了10余年市场化道路的中国电影，“大片”成为了典型的现象。国产大片的生产，似乎成为中国电影业发展的趋势。《墨攻》、《赤壁大战》、《满城尽带黄金甲》这些新一轮的大片还没上映，就已在各种媒体拉开帷幕。

除去大片在中国乍一出现时带来的几番文化界纷争，所谓“大片”在电影业来讲，并非什么新鲜事物，好莱坞称之为“blockbuster”，而人人看大片的心理则被称为“blockbuster syndrome”。前一个词的原意是炸弹，形象地说明了大片产生的广泛影响力；后面一个词是指众多观众看大片是美国电影业的普遍现象。这并非什么学术上的词源分析，而是一个约定俗成的小比喻，在美国的各种影评中这两个词更是屡见不鲜。稍微严格一点来讲，大片是好莱坞在20世纪70年代后形成的一种新的商业策略，是在美国批量生产大制片厂时代结束后，由原来注重影片的产量，转为注重单部影片的市场利润，市场上绝大多数的市场份额被少数影片占有，例如1971年美国52%的票房被14部影片获得。[1]较之以前的影片，大片更注重宣传，制片经费更加巨大。70年代后，美国这种大片的商业策略逐渐取得成效，把当时被电视吸引走的观众重新拉回到了电影院。《教父》、《大白鲨》等几部电影就类似今天中国的《英雄》、《十面埋伏》，取得了庞大的票房利润，才使走下坡路的好莱坞在80年代后重振辉煌。而中国的国产大片受到进口大片的启发，其基本模式也是好莱坞在70年代后奠定的这套大片商业策略。

从市场和票房的角度来看，走商业大片路线简单而有效。基本的商业元素就是明星、类型和特技三个，无一不是老生常谈的话题。它的复杂性不在于影片本身的艺术特征，而在于影片背后一套完整商业机制的复杂性，不亚于任何一种现代商业活动的运作。银幕上的影像看来如此真实感人、震撼刺激，实际上正隐藏了背后那套复杂机械化运作的直接影响，两者之间也形成了鲜明的反差。中国商业大片仅仅是刚刚出现的产物，仍存在着众多偶然和不可知的因素，但它包含的巨大能量已经开始呈现，并影响着中国电影市场的发展。那么，如何看待今天中国大片在国际上，甚至是在东亚地区的分量呢？怎么看待影片美学和商业体制间的反差呢？怎么看待商业体制对于美学因素的影响呢？这些都是目前中国电影业界不可回避的问题。

分析：差距和方向

一个电影市场的大小，并不能简单地以人口数量和地域面积来衡量。虽然中国有13亿人口，但并不代表他们都可以成为有效的电影观众群，全中国10亿左右的票房绝大多数来自北京、上海、广州、深圳、重庆等大城市。当一张票价涨到30—50元的时候，对于观众来说看电影并非一种日常消费，而成为一种选择性的消费。大片能够多“大”，需要考虑电影市场的承受能力。

中国电影国内票房总值在2002、2003年为10亿人民币，2004年为15亿，2005年为20亿。相比较于2005年美国90亿美元，日本17亿美元，韩国8.9亿美元的票房市场，中国电影市场与之相比不在同一个层次上。由此可以看出，国产大片和国外大片的差距首先就体现在观众市场的大小。中国电影虽然已经走过了百年的历程，但是在商业电影市场上的经验和积累尚是贫乏的，仅仅处于刚刚起步的阶段。如广电总局电影局副局长张宏森所言：

> 中国电影的产业进程其实是刚刚发生，也就是刚刚处在一个起步的阶段。到2005年12月31日下午的最终统计，全国各院线拥有的电影院现在才1330多家，有效的银幕数是2668个，这就是目前中国电影市场上的数字。70年代的时候，全国的银幕数是2万多，而现在是2000多，这样的数字是很说明问题的，也是非常可怕的。在这方面，我们不仅与美国甚至韩国不能比，而且连许多发展中国家也不能比。我去年去了印度，这个国家在许多方面都还非常落后，但是它的银幕数和影院数是我们的10倍！所以说，12月31日下午统计出来的数字，连我们自己也觉得对于一个13亿人口的国家来说是不可思议的。[2]

在近年来的国产大片投资中，《英雄》投资2.4亿，《无极》投资3亿，《满城尽带黄金甲》宣称的预算是3.6亿，《赤壁大战》宣称投资4个亿……制作经费不断攀升。毫无疑问，这些影片的票房市场都不会局限于国内，而是把海外市场的票房和版权收入当作最主要的回报。但问题同时产生：当国产影片的投资回报不是主要依靠于本国市场的时候，那么中国电影究竟有多大的海外竞争实力和发展潜力呢？

有必要从中国电影自己的历史中寻找这个问题的思考角度。早在20世纪60年代初期，香港的邵氏兄弟电影公司规模庞大、历史悠久，是中国电影史上规模最大的公司，曾采取过一系列冲击国际市场的商业策略。他们的做法主要是通过参加国际电影节扩大影响力，将邵氏的大制作影片投放到欧美市场。但当时欧美观众市场对于邵氏制作的《杨贵妃》、《武则天》[3]等大制作影片并没表现出太多的兴趣，主要原因就是东西方的文化隔阂，除了唐人街的华人影院外，欧美观众并不接受华语电影的文化风格和趣味。在遭遇国际市场的开拓失败之后，邵氏就把主要的市场转移到东南亚和台湾等市场，很大程度上放弃了对欧美观众市场的开拓。到了今天的21世纪，东西方文化之间的交流和理解已经不像冷战时期那么紧张，但欧美观众市场对中国电影的接受仍是有限的。或许欧美观众凭着对东方电影的新奇感，能够接受《英雄》、《十面埋伏》的国产影片，但这种新鲜感会逐渐淡化，中国的导演和演员们尚缺乏足够的国际票房影响力，投资力度也远远无法和好莱坞媲比。长久下去，国产电影在国外市场的道路会越来越艰难。而问题归根到底的原因，还在于国内票房市场的薄弱，国产大片无法激起国内民众观看电影的文化氛围。

观众市场的局限，决定着国产大片的数量和发展方向。从目前来看，国产大片和本土观众尚处于博弈阶段：如果影片能够将观众拉回影院，几年内国内票房达到30—50亿，国产大片就能具有更宽松的生产条件（在现有票价体系内），以应对好莱坞的竞争；反之，观众对国产电影越来越丧失信心，国产大片市场将逐渐丧失和好莱坞谈判的筹码，其利润和创作空间就会越来越小，会被逐出市场。从根本上来说，稳固本土观众市场，应当成为国产大片的一个主要思路。

中国电影业由原来的计划经济体制转入市场竞争体制是最近10年间的事情，各种商业经验贫乏。但从历史上来讲，如何面对中国本土观众市场和如何面对好莱坞的竞争这两个问题，在百年中国电影的历史上从来没有间断过。1949年之前的老上海电影业和1945年后的香港电影业的经验，都对今天的市场具有十分有意义的启发作用。在这两段时期中，中国电影业在和好莱坞的竞争关系下，如何发展自己的传统，开创本土观众喜闻乐见的电影类型的众多经验，对于当前的电影业来讲有着许多值得思考的精神财富。

思考：商业和美学的互动

中国电影和好莱坞之间既要竞争又要合作的关系，源于好莱坞奠定的全球化商业电影体制。从制片——发行——放映商业模式，到类型片、明星制等美学原则，好莱坞都影响着世界各国的电影经营模式。大片同样是好莱坞推行的一种商业策略，民族电影业如何保持自身的市场份额，同时又要在国际市场上取得突破，需要商业和美学的一种互动关系。

电影产业有着不同于其他产业独特的一面：美学原则。和汽车、化工等产业相比，电影的独特性在于每一部影片都是不同的。电影产品的质量体现为美学的独创性，能够创造不同的故事来打动观众，成为一种日常娱乐方式。对于一部商业电影美学原则的判定，需要通过商业效应来认可，1977 年的《星球大战》本只是一部实验电影，它的商业成功奠定了它作为科幻电影的价值；《泰坦尼克号》是因为全球巨大商业成功影响力，才被美国电影艺术与科学院举办的奥斯卡评委颁给 11 座奖项。美学和商业之间成为一种互动的促进关系，独创性和生产惯例要同时发挥作用。而一部成功的大片，就是商业和美学共同影响下产生的作品。

电影业是一门充满风险和机会的行业，电影业的努力就是不断减少各种不确定性，保证影片的最大利润。而电影公司就是这个市场中风险和利润的承担者，主要负责剧本、拍摄、剪辑，一直到影院上映的各种工作。大电影公司会自觉维护自己的利益，保护和发展电影市场，并提高影片的艺术质量，成为电影市场的支柱。能够拥有稳定的电影公司的电影市场，可以保证自身发展的良性循环；电影公司的频繁变动，则会影响电影市场的稳定。举例来讲，1985 年香港最大的电影公司邵氏兄弟公司退出电影业后，留下了大片的市场空白，众多小电影公司的纷纷成立，虽然促进了多样化美学形态的影片出现，但其相互之间的恶性竞争则破坏了产业的平衡，到 1993 年香港电影产业就开始下滑，并一直到在 2004、2005 年间落入冰河期。[4] 而好莱坞多年来形成的经验，就是形成技术、类型片、明星制三个关键的商业美学原则，并充分体现在大片这一现象中。

技术是体现大片的重要手段，不论是大银幕、数码特技、武打方式，都是为了创造出不同于一般影片的视听效果，而技术也能够扩大影片创造的想象空间，所谓“奇观”（通俗的说法是“大场面”）是依靠技术实现的；类型片是通过导演、演员、画面、故事主题、情节等因素，使观众根据以往的经验对影片产生观赏兴趣，并在观影过程中实现观众的心理期待，类型片同时具有产业标准和艺术风格两个特性；明星制是一种现代的偶像化运动，通常是靓丽的男女明星，通过各种媒体方式宣传他（她）在银幕上下的生活，激起观众对于影片的兴趣，与此同时，影片故事的情节发展则围绕着明星扮演的角色展开。这三点充分体现了电影商业性的美学因素，能够把这三点发挥到极致并使之完美结合起来，把所有的投入资金运用在这三点创造的影片美学价值上，一部大片就具备了基本的成功可能性。

国产大片尚未在商业和美学两方面实现和谐发展。这一点从“艺术还是商业”这个媒体上常见的两极化口号上即可看出端倪，而从第一部国产大片《英雄》已经出现贬多于褒的情况，到了2006年的《无极》出现后，因胡戈短片《一个馒头引发的血案》导致的“馒头”事件，更把观众对国产大片的不满态度推向了极致。投资巨大的国产大片获得高票房（也说明观众入场次数），但却得来观众的一片反对之声，这种反差说明了那些不足呢？

观众的指责集中在影片的艺术质量上，并认为国产大片特技画面尚可，但是故事和情节并不令人满意。《英雄》、《十面埋伏》、《无极》这几部大片无一不是按照技术、明星制、类型片的方式生产，却引起了如此之大的不满声音，这是中国电影产业发展初期的症状，可以归因于刚刚出现几年的国产大片在调整中出现的一些失策，是商业美学的陌生导致的错误。实际上，在技术、类型和明星方面的应用上，国产大片都出现了一些不足。

技术是好莱坞引导的一种潮流，国产大片出现的问题在于简单的模仿，没有正确处理好技术同美学间的关系：技术的运用并非是为了炫耀技术本身，而是为了创造梦幻般的真实。如《星球大战》尽管运用了最新的特技，卢卡斯仍要强调一种“未来的破旧感”，飞船或战舰经常有着破损和油渍的痕迹，而《侏罗纪公园》里的恐龙给人的感觉是真实存在于现实中的。技术的痕迹往往掩饰在故事的讲述和影像的真实中，而国产大片则反其道而行，总是花费数十分钟专门展现技术带来的奇观，最明显的是《无极》中的环城，完全用电脑特技虚拟，放弃真实感，仿佛二维的平面画；而《英雄》中的漫天秦兵箭雨也是在故意展现技术。由于技术并非中国电影原创，而多是从好莱坞模仿，国产大片对于技术的理解是单方面的，态度上有着偏差。相比之下，国产大片对于武打特技的理解就比较透彻，因为这是中国电影自身发展的技术。

在类型问题上，国产大片集中在武侠片，一方面承李安《卧虎藏龙》在欧美产生的巨大影响力；另一方面中国电影界有着丰富的武侠类型片的传统和经验。虽然稍嫌单一，但对于为数不多的国产大片来讲并不成为问题。问题出在国产大片对于类型片概念理解的不足上，类型作为一种惯例化的叙事方式，其基本的叙事因素是必须呈现的，如武戏片中劫富济贫、武艺高超的主角、侠义道德精神等这些核心的要素。但《英雄》和《无极》都随意违背类型的基本结构，相对来讲反而《十面埋伏》较为尊重类型惯例。观众观看类型片的时候是抱着期待情节的心理的，当银幕上出现他预期的镜头时，方才满足了观众的欲望，如爱情片男女团圆、西部片奸邪被除、歌舞片载歌载舞，随意改变类型的基本要素，实际上是对观众的挑战，需要十分慎重。对于改革过程中的电影市场来讲，国产大片需要更加稳定、目前尚为数不多的类型片，和观众间形成良性的交流，而不是随意去改变类型的基本结构。

明星制方面是国产大片做得较好的一环。每部大片不仅仅拥有大量著名的影星，连摄影、武指、美术、服装等技术环节都使用具有广泛知名度的人士，提高了影响力。但从目前的国产大片看到的一些不足是，明星制仅仅成了一种宣传手段，明星扮演的角色没有成为叙事的中心，从而不能使明星的影响力影响到影片的叙事和风格。剧本角色和明星之间的融合度并不十分贴切。

对于刚刚起步的国产大片来讲，其对商业和美学之间的理解都还需要一个过程，观众本应以更多的谅解来对待国产大片。但好莱坞的步伐却丝毫不放松，好莱坞影响下的电影观众变得越来越“单面化”，这些问题都使得国产大片生存的外部环境更加恶劣。观众和影片之间无法成为忠诚的朋友，而多是僵硬的对立。种种问题，都需要作为主体的电影公司进一步调整电影产业内各个因素的关系。毕竟，刚刚发展几年的国产大片需要呵护，民族电影业需要发展，电影市场需要繁荣，而观众的娱乐兴趣也需要得到尊重，这一切都是市场竞争初期的电影业必然要经历的小苦难。

注释：

[1] 〔澳〕理查德·麦特白，《好莱坞电影：1891 年以来的美国电影工业发展史》，吴菁、何建平译，华夏出版社，2005 年，第 146 页。

[2] 张宏森，《现状思考与发展期待》，《当代电影》2006 年第 2 期。

[3] 当时耗资 100 万港币制作，比普通影片高 3~5 倍。

[4] 嘉禾公司的老板邹文怀先生多次在公开场合说过，香港电影没落的重要原因之一，就是没有大公司支撑市场。

（原载《艺术广角》2006 年 4 期）

超越“西学东渐”
——中国受众研究的本土化模式

张 晗

在中国传播学领域，学者们公认大陆受众研究的起始点是1982年中国社会科学院新闻研究所和北京新闻学会调查组开展的“北京调查”，这次调查由于组织机构的权威性、使用国际通用的调查方法和电子计算机数据统计而获得国内外学者认可。美国著名传播学者M．罗杰斯（Rogers）认为，北京调查“遵循了传播研究方法及西方和第三世界学者的实验理论方法”，说明“中国传播研究者在进行调查研究方面取得了巨大的进步”（Everett．M．Rogers，1985）。

23年来，中国的受众研究存在哪些论域与争论？是否与国外一样，存在着类似从“强”到“弱”多次循环的学术轮回，抑或有其独特的本土化发展过程？新世纪的受众研究呈现出怎样的特点？通过建立我国传播学受众研究的发展轨迹，本文试图为今后的受众研究发展方向提供有益的参考，并激发学者们关于创立本土受众理论模型的思考。

需要说明的是，笔者在总结我国受众研究成果时，以公开发表的论文（paper）为主，选择1994至2005年间发表在国内新闻传播学领域核心期刊上的代表性论文，包括《现代传播》、《当代传播》、《新闻大学》、《新闻与传播研究》、《国际新闻界》、《新闻界》、《新闻爱好者》、《新闻知识》等8种刊物。选择这八份刊物的原因是考虑到兼顾主要面向研究界与主要面向业界的刊物，二者各占一半。对于“代表性”的考量，引入这样几个因素：刊登物与转载率、作者职称与知名度、引用参考文献合理与规范，以及是否成为同类议题发展线索中明晰的转折点。

一、西方受众研究的线性循环

我国的传播学者普遍认为，中国的传播学研究是“西学东渐”的结果，因而西方受众研究的发展轨迹便成为考察我国受众研究的一个重要参考系。以效果为基础的受众研究在西方有着悠久的传统。丹尼斯·麦奎尔（Denis McQuil）曾对西方传播学界的效果研究做了“强——弱——强——弱”的轨迹式划分。

第一阶段（1900年—20世纪30年代）的研究重点在于，大众媒介对舆论形成的影响。受到经验主义研究和实验心理学的影响，并作为对法兰克福学派将效果研究视为“悲观的大众社会论题”的回应，一些传播学者开创了效果研究的传统，称之为受众研究“主导的测量范式”。再加上当时俄国的共产主义和意大利德国的法西斯政治宣传的大环境，使人们产生对劝服效果的高度评价。“无限效果论”在20世纪30年代大行其道，其中最著名的是“皮下注射（hypodermic）”模型。

美国学者的介入使受众研究进入第二个阶段（20世纪30年代—60年代），这时关注的焦点转到了电影和其他媒介“积极劝服或传递信息”的作用。学者们认为，除媒介以外的其他社会结构同样能对受众产生影响，并开始从受众的社会、心理特征和环境因素出发，考察不同主题对选择性受众的效果评估。这一阶段最具贡献的是卡茨（Katz）和拉扎斯菲尔德（Lazarsfeld）的“二级传播（two-step flow）”模型，他们认为，媒介信息传播中，最主要的是意见领袖的主导作用和人际关系因素，受众是媒介信息表现的动力。另外，卡茨还从功能主义的视角提出了“使用与满足（uses and gratifications）”模型，研究受众个体寻找、使用和阐释媒体的动机。到20世纪50年代，学者们关于媒介的“有限效果”达成了共识。

第三阶段（20世纪60年代—80年代）学者们的兴趣是社会变迁、社会信念、意识形态、文化模式和媒介的关系。电视的到来被认为产生了深远的社会意义，学者们的视角转向了功能主义，并出现了对效果传统的回归。这一时期的研究拓展了先前的刺激反应模型，关注媒介的长期效果。

从90年代开始的第四阶段，注意力从传播内容转到了传播形式上，即传播形式如何决定内容。学习行为的心理模型被用于实验研究，考察“媒介暴力”的概念、内容、影响和实质。媒介机构如何选择生产内容和媒介审查活动隐藏的动机，也成为学者们的研究对象。此外，效果模型的扩展研究一直在持续，仍然占据主流地位。大量的国家基金注入媒介效果研究项目，已有的研究成果表明，向有限效果论的转变是势不可挡的学术轮回，只是政府一味地回避科学的结论罢了（L. Taylor，A. Wills，2004，pp.157–160）。

考察西方效果研究的历史进程可以发现，每一次效果研究重心的转移和论域的扩展，都是通过外界社会环境的推动和传播学自身论域方法拓展的需要来实现，其发展轨迹模式，如下图：

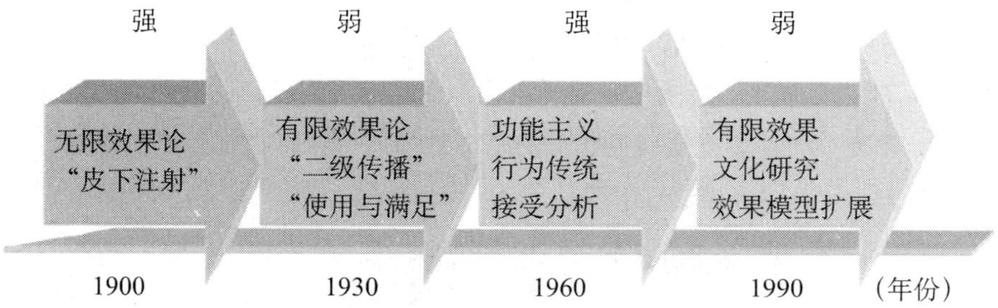

图 1　西方传播学受众研究发展轨迹模式

二、我国受众研究发展轨迹的凸现

20 世纪，我国受众研究以受众调查为主要手段，以受众调查报告为主要成果。《中国新闻年鉴》自 1983 年到 2000 年共收录受众研究成果 134 项，其中以媒介类型划分的单项和综合受众调查为 114 项，占八成半。关于受众研究的综述性文献全部集中在受众调研领域，讨论受众调查的历史沿革。其特点有三：一、按照相关事件（如调查活动、研讨会议、新闻改革等）而非研究成果梳理受众研究发展线索，以致无法找出其理论轨迹；二、所谓发展阶段都是以诸如起步、规范、深入、完善等一系列惯用套话来表述，没有对阶段成果进行实质性的述评；三、缺少受众调查的专业细分研究，这是由于综述文献关注的论域过窄造成的。

有学者认为，使我国 20 世纪的受众研究局限于受众调查的原因，一方面是对于过去盛行的理论思辨方法的矫正，另一方面从国外引进传播时遇到的抽样调查方法是相对成熟的、系统的和规范的研究方法，第三是因为在我国传播学建设的过程中，需要大量第一手的基础资料（曹越，1994）。但是从历史的视角来看，受众调查的确起到了推动我国新闻学、传播学的学科建设，强化新闻改革进程的作用。受众调查一旦实施，不仅成了为新闻理论和新闻改革提供实证的资料库，而且成了新闻事业发展曲折历程的投影仪（鄢光让、蔡双根，1999）。

上世纪接近尾声的时候，我国新闻传播学界打开了系统科学地介绍西方受众研究理论的大门，使长久以来空谈“受众第一”、“受众是上帝”之类宣扬所谓受众观念的文章彻底变为历史的存档。大量西方受众研究视角的引进，不仅使原有的研究领域焕发出新的活力，改变了以往单一的受众调查研究模式，而且为实证研究提供了理论基础。丹尼斯·麦奎尔提出受众研究结构的、行为的和文化的三种传统，成为我国受众研究理论框架的建构要素。

进入21世纪以来，传播学者对学科知识图景的建构日趋完善，传播学受众研究论域不断拓展。与西方受众研究相似的是，效果研究依然占据了主流地位，以论文研究数量表示的具体成果参见下图：

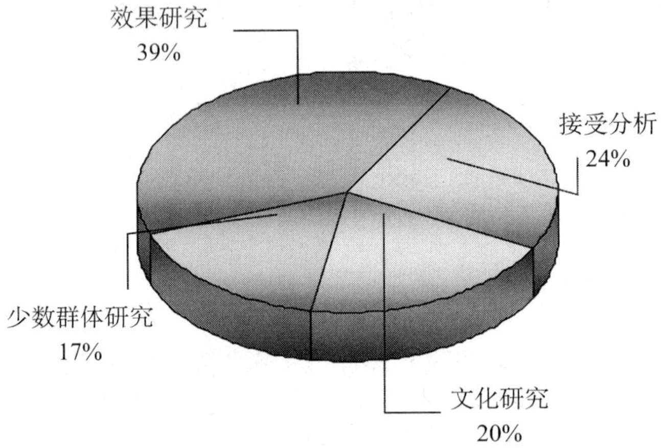

图2　新世纪中国大陆传播学受众研究不同论域的论文数量比例

1. 效果研究

效果研究的传统仍保持主流地位，学者们在这一论域的理论研究主要来自于对西方传统传播理论的拓展。

关于沉默螺旋的存在属性，有学者提出受众行为的反沉默螺旋模式，认为中外大量媒介传播经验表明，沉默螺旋在意识形态冲突的社会完全失败，舆论背反模式取而代之。与其相呼应，有学者对“沉默螺旋”的基本前提与核心概念在互联网环境下进行了实证研究，通过社会孤立动力、群体对个人意见形成的压力和从众心理动机假说，证实螺旋的存在。经验与实证的冲突仍在继续。

“知沟”在网络上的扩散，被重新归因于经济水平差异等外在因素的影响，网络本身并无扩大或合拢“知沟”的倾向，而是网络媒介的优势将传统媒介业已形成的“知沟”倍数放大而已。使用受众电话调查和内容分析的方法，媒介议程和真正现实对受众议程的影响已成定论。“使用与满足”理论在网络领域的研究，由于其对象的匿名性、隐密性和复杂性而停留在经验研究的层面上，没有实现理论模型的进一步拓展。

受众的媒介使用调查在新世纪的头五年步入规范、精准的发展轨道。对受众调查的反思源于传媒业高速发展和商业资本的渗透介入，其主要批驳对象是，商业性挑战公证性、功利性挑战学术性、无序性挑战科学性。就如何建立科学的调查统计系统，中国传媒大学的刘燕南教授为电视节目设计了一套规范的分类编码体系，以内容、形式、行业、对象、管理为编码维度，形成完备的区隔多位组合，具有较高的可操作性和可延展性，跨越式地解决了视听率商业化的问题。

2. 接受分析

接受分析是我国新世纪才出现的研究领域，其理论框架从符号互动到心理分析，研究焦点在信息和受众，其次也讨论社会制度。它推动了一种被称为“受众+内容”的研究方法，以深度访谈和信息分析为常规（郭镇之，1994）。

信息行为论被引入传播学研究，讨论受众信息接触、信息接受和信息处理的行为。将受众利用媒介中的信息行为进行分类，女权主义受众理论及其中国化问题进入传播学者的视野。以自由派、马克思主义学派、激进派、后结构主义和后现代主义等的理论评介，探讨中国大众传播领域的女性受众解读体验和女权主义受众研究的多元进程。

框架分析研究受众接受过程中的社会环境，有学者从中国当代社会阶层结构的变迁入手，研究电视传播价值取向的变化，媒介价值取向呼唤双向互动的实质行动。还有学者引用哈贝马斯的“公共领域”理论，来研究大众传媒对公众身份的建构。

研究受众心理的文章由原先的导论式逐步深化为以心理学为基本理论框架的系统式。具有代表性的是受众心理机制与广告劝服效果关系的研究，把受众处理广告信息的心理过程分为边缘路径和中枢路径，用受众的“动机·能力·机会”心理指标测量其效果，并由此延伸出两种基本的广告诉求方式：感性的与理性的。

3. 文化研究

文化途径源于人文学科的批判理论、文学批评和文化研究，其理论是语言叙述类，而非程式化的，理论焦点在于信息，其次是受众与社会制度，研究方法是定性的和人种志的。文化研究用于媒介受众研究，其论域包括两部分：媒介文本与受众读解之间的关系和受众日常媒介使用经验。文化研究在新世纪才进入我国传播学者的视野，由于还未系统地认识人种志的科学研究方法，我国关于第二个论域的研究没有真正地展开。

人种志是用文化人类学中的研究方法渗透到传播学当中来的一种研究模式，由于人对信息的定位方式的具体情境十分复杂，研究力图通过面对面的访谈，了解研究对象（机构或群体）中所有人日常的生活方式、工作方式、工作内容、工作节奏等，并从中发现一点一滴的问题，作出规律性的总结。其最终目的能用于解决一些跨文化融合问题（陈卫星，2002）。

英国文化研究学派被引入受众研究产生了新的范式，从文本——话语模式出发，关注传播过程中意义的建立，认为意义是传播者和受众通过文本进行协商产生的。费斯克对通俗文化的研究、霍尔的编码/解码模式被用于研究受众的文本解读范式以及编码者和解码者之间不同符码张力关系下受众的解码立场。

4. 少数群体研究

新世纪我国对少数群体受众的研究，其广度和深度都有了显著发展。研究领域从媒介使用扩展到了态度改变和行为特征的层面，心理研究也有所加强，研究方法从一味的定量调查变为访谈法、实验法等多种手段。

对少数民族受众的研究为我国传播业在边疆地区的发展提供了宝贵的资料。如对新疆哈萨克族受众信息传播环境、受众特征的研究，对新疆少数民族的女性受众进行的研究。值得注意的是，其研究者均为少数民族。

随着整个社会对弱势群体的关注，这部分受众的研究也开始进入学者们的视野。联合国发展普查报告把弱势群体定义为没有权力和权威的人，没有权力权威而不能成为自己代理人的人（陈崇山，2003）。具有代表性的是大众传媒对农民工观念的影响研究，以上海徐汇区为样本的实证调查证实，大众传媒对农民工观念的影响在消费、维权等特定领域有一定的引导作用，大众传媒的作用主要是新观念的形成而非旧观念的改变。另有学者采用访谈法研究大众传媒与农村文化生活的关系，提出在大众传媒的作用下，农村对社会热点的关注与城市趋同，“文化反哺”即年轻一代向年长一代的文化反施教现象在农村开始出现。

大学生同样是现实社会备受关注的群体，主要研究议题是大学生的电视观。定性研究的方法被用来考察女大学生对媒介女性形象的审视，“变形”与“定格”使她们认为媒体中的女性美是对女性的一种新的压迫形式。

综上所述，新世纪传播学研究的论域大致遵循效果研究——接受分析——文化研究的发展线索。从我国传播学受众研究的宏观论域来看，似乎可以用“西学东渐”来概括其发展轨迹，但是笔者对分领域成果的研究却为我们勾画出特殊的本土化规律。见图 3：

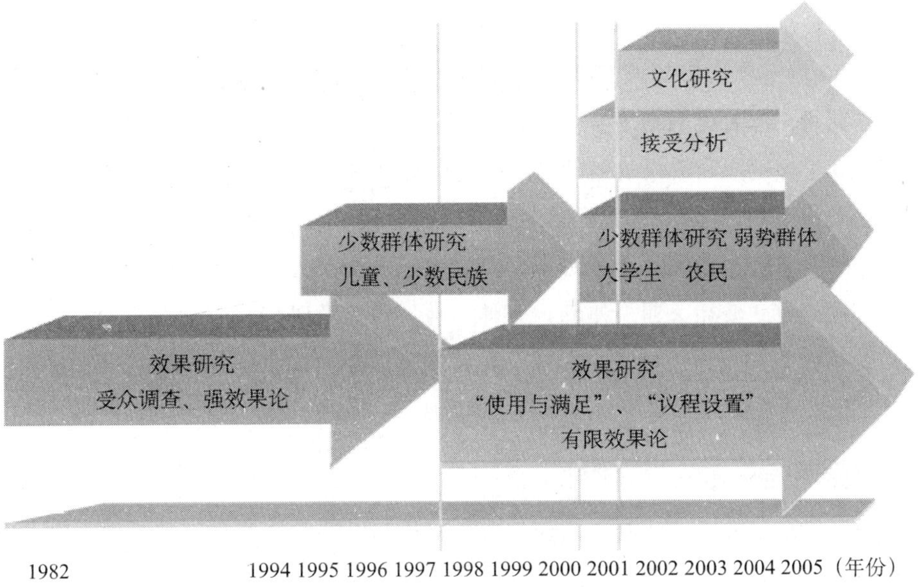

图 3　中国传播学受众研究发展轨迹模式

从上述模式中我们可以看到，中国传播学受众研究发展轨迹与图 1 中西方的模式存在很大差别。首先，我国的传播学受众研究经历的并非是一条线性的循环的平稳发展轨迹。23 年中前半部分是漫长的单一效果研究即受众调查时期，而之后的 10 年，特别是进入新世纪后的 5 年，呈现出发散状的多论域多视角的景象，整体来说这是一条横向的伞状模式。

新世纪前后受众研究出现空前的繁荣景象，有两个年份值得关注：

1997 年，效果研究从强效果论向有限效果论的转向，西方受众理论被应用于本土受众研究，传统的受众调查也向更科学的纵深方向发展。

2000 年，不但少数群体研究的论域极大丰富，成果数量呈倍数增长，而且接受分析和文化研究作为新兴的研究论域开始进入我国研究者的视野。

那么，究竟是什么样的原因使得传播学的“西学东渐”在近乎10年的沉寂后突然爆发出前所未有的活力与繁盛？哪些因素使其偏离了西方线性循环的发展轨迹，呈现出特殊的本土化规律？

三、新世纪受众研究的本土化动力

与20世纪相比，新世纪我国受众研究的实践探索遵循着一条特殊的本土化规律。这其中，学者们对西方传播理论、研究视角，特别是研究方法的知晓程度直接决定着其论域范围和成果价值的大小。而自从1997年国务院学位委员会改设新闻传播学为一级学科，下设新闻学和传播学二级学科，并可授予硕士和博士学位以来，传播学的学科建设进入高速发展的时期；另一方面，大众媒体“事业单位，企业管理”的运作方式使得大量资本流入媒体产业，传播学研究的市场需求大大增加，从最初的收视率调查到传播效果、媒介经营管理、文化产业运作，传播学研究视域的每一步扩展还受到来自自身学科发展和社会现实需求的推动。

1. 学者的知晓程度

我国受众研究的变化首先与西方受众理论与方法的介绍呈正相关性。笔者以国内传播学者知晓西方受众研究理论视角与研究方法的程度作为变量，由于缺乏这方面的文献，又无法对所有学者进行量化的调查统计，可行的办法是研究讨论该问题的具有代表性的综述式论文，从而考察译著的数量和类别，当然这一假设要满足的前提是，大部分的研究学者以译著作为了解西方受众研究理论与成果的主要渠道。按照复旦大学黄旦教授的观点，对译著的研究能够演示出大陆传播学背后的想象性科学空间和“知识图像”。

在1993年至1996年的断层期之后，特别是新世纪以来，传播学的译著数量急剧增长，2000年出版译著的数量相当于过去十年的总和。在质量上也出现从教材向专著、从学科向领域、从知识介绍向问题研究的转向。而其论域也从传播学概论等六个方面扩展至研究方法、跨文化传播等十二个层面，并遵循传播学概论——大众传播学——人际传播——组织传播——传播与文化的主要路线。译著的整体走向说明整个学科空间的不断扩展（黄旦、丁未，2005）。

正是大量译著的出版使得国内学者对西方受众研究理论有了更广泛、更深入的

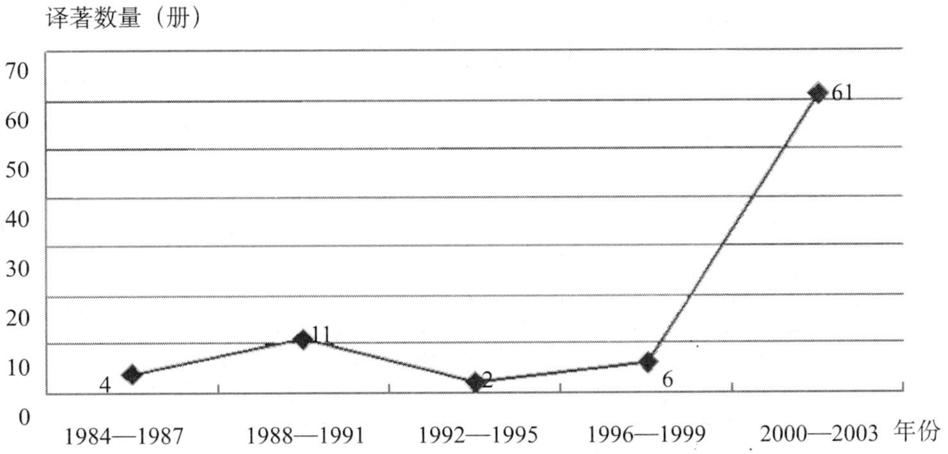

图 4　中国大陆传播学译著数量变化图 [1]

了解，促进了效果研究向有限理论的转向，为接受分析和文化研究论域的出现提供了主观的可能。但是，若我们再继续追问，为什么国内传播学者对西方受众理论知晓程度的飞跃提高会出现在新世纪交替之时？除了学者主观的认知需要，还有哪些外部因素共同作用于我国受众研究的本土规律？

2. 传媒市场的需求

来自传媒市场的推动力对包括传播学教育、科研和学术著作出版在内的传播学学科建设提出了更高的要求。传播学与实践领域紧密联系的结合点是媒体产业，其研究成果的最终目的是要应用到产业运作中去，将“术”作为“学”的实证标准和新的起点。大量的社会资源和资本流入传媒行业，如何有效利用资源、高效运作资本并获取利润不仅是业内人士需要考虑的问题，更成为传播学理论研究者的实验场和开拓地。传播学来自社会的市场需求从未中断过，并在进入新世纪的头五年出现超出常速的增长态势。

广告经营状况是传媒业发展的最具意义的指标，是支撑传媒业经济运作的重要支点。随着市场经济的深入和国家“放权让利”政策的推进，我国广告市场需求一直处于增长的态势。1990 至 2000 年的 10 年内，我国广告投放量增长了 2200%，并于 2003 年突破了 1000 亿。如图 5 所示。

以我国几大主要媒体为例，中央电视台 2004 年广告收入突破 80 亿元大关，实现从 2001 年 5 月以来连续 44 个月的快速增长。凤凰卫视虽受到政策性限制，但开

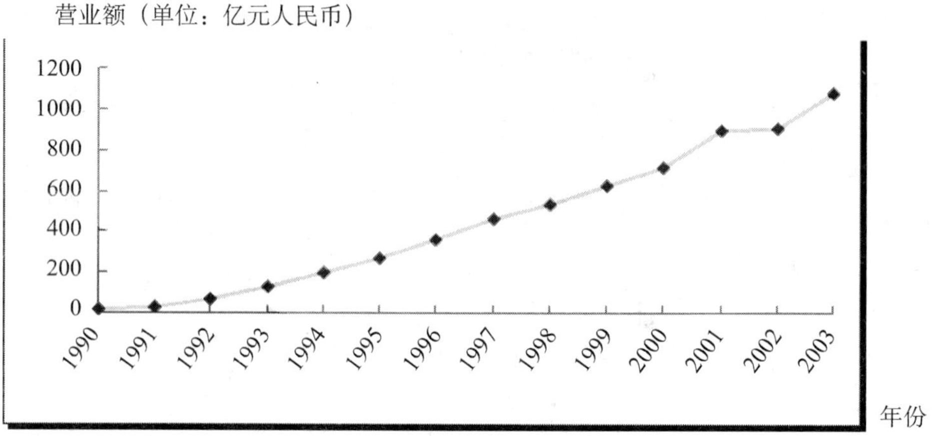

图 5　媒体广告经营总额趋势 [2]

播 9 年来广告投放量持续走强，年平均增长速度保持在 80% 以上。来自慧聪报刊资讯网的统计，以《21 世纪经济报道》和《经济观察报》为代表的市场导向类财经报刊的广告市场同样出现迅速的发展，二者 2004 年的广告营业额分别为 2.1 亿和 1.9 亿人民币，比去年同期分别上升 44%和 48%。新浪和搜狐作为中国最具规模的门户网站，其上市公司的财报显示，新浪在 2004 年第三季度的网络广告收入是 1.5 亿元人民币，搜狐的这个数字也达到了 1.3 亿人民币，这两家网络广告收入之和约占中国总体网络广告市场份额的 55%。

如此庞大的传媒行业为传播学带来了巨大的外部推动力，行业的发展需要科学精准的理论指导，以确保整个行业的正常运转和社会信息系统的良性发展。

3. 传播学系科的数量

进入新世纪以来，传播学高等教育系科数量呈倍数增长，这也成为影响我国受众研究呈伞状式发展的正相关因素。传播学系科数量的增长，一方面加大了研究学者的队伍，更多的有为学者将传播学作为自己的研究领域，因为论域的拓展需要研究队伍的扩大做人力支持；另一方面，整个社会的资源分配向传播学的倾斜，使得纵深方向的研究有了物质和资金的支持。传播学科自身的发展必然要求研究成果的科学化和研究论域的扩展。

一个大学的传播学学科建设需要解决三个主要问题：学术单位设置、师资队伍和培养计划（詹正茂，2004)。笔者仅以直观的学术单位数量增长来说明近年传播学科建设的飞速发展。如图 6。

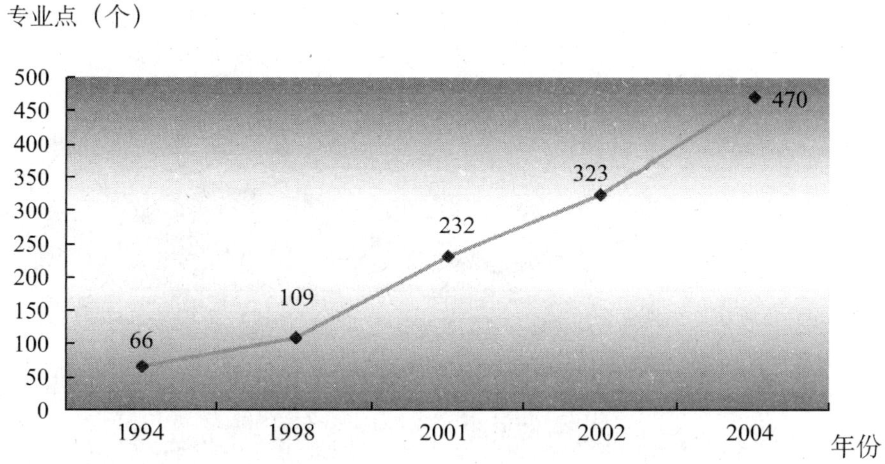

图 6　全国高等教育新闻传播学专业点总数统计情况 [3]

1990 年国务院学位委员会将新闻学专业划分为法学门类中的社会学（一级学科）下属的二级学科，以及文学门类的中国语言文学（一级学科）下属的二级学科。至 1997 年 6 月，国务院学位委员会将新闻传播学擢升为一级学科，下设新闻学与传播学两个二级学科，这标志着新闻传播教育在整个教育事业中的地位的提高（蔡雯，2003）。从此，中国的新闻传播学学科建设突飞猛进，许多大学纷纷创办传播学科，使传播学在中国成为一门显学。

四、结论与局限

这是一篇试图探寻以西方受众研究线性循环模式作为参照系下，中国传播学受众研究的本土化发展轨迹与动力机制的文章。笔者回顾了新世纪第一个五年我国受众研究的飞跃式发展，详述了论域的扩展，提出了新世纪以来凸现的横向伞状式发展轨迹，并非广义上的“西学东渐”。从西方受众理论与方法的介绍、传媒市场需求和传播学高等教育系科数量三方面因素与受众研究的正相关性入手，进一步论证了这种本土化规律出现的原因之所在。若将三方面因素综合起来，便恰好与图 2 体现的发展轨迹模式相吻合，如图 7。

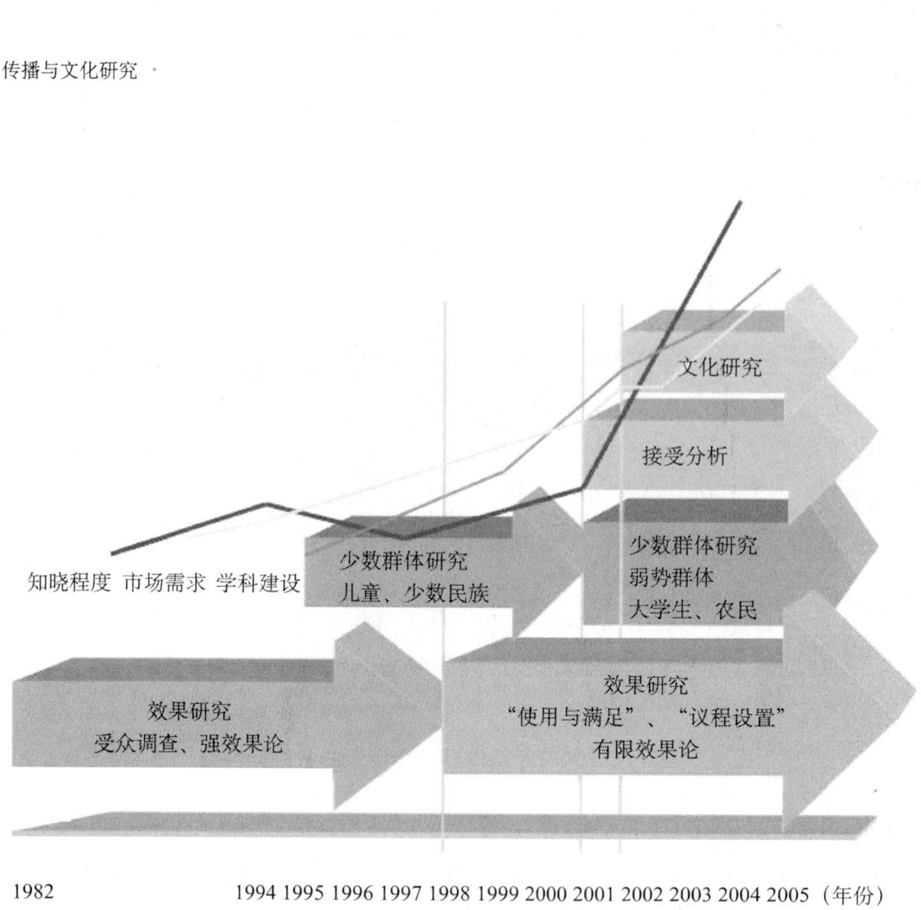

图 7　中国受众研究相关因素与发展轨迹模式分析图

香港城市大学的祝建华教授曾自述其 20 年的受众研究经历了“精确化”、“理论化”和“本土化”三个阶段，提出了受众研究本土化的必要性、艰巨性和可能性。笔者认为，我国目前的受众研究已经进入受众研究理论化的阶段，但学者们的研究仍停留在对西方受众理论的验证层面，我们期待的是本土受众理论的创立。

当然，本文的研究结果不可避免地存在局限，由于二手资料的限制，笔者仅仅将公开发表的论文（paper）作为研究对象，忽略了以著述和学科论坛报告形式表现的研究成果。另外，在选择具有代表性的论文成果时，无法排除笔者主观的干扰因素，定会存在过失与疏漏。

注释：

[1]　资料来源：浙江大学传播学研究所，经过笔者加工。

[2]　资料来源：《现代广告》1996 年第 3 期、1998 年第 2 期、2001 年第 3 期和国家工商总局的统计数据。

[3] 资料来源：中国新闻教育学会和全国传播学研讨会的统计。

参考文献：

1. 蔡骥、谢莹，《英国文化研究学派与受众研究》，《新闻大学》，2004年，夏季卷。
2. 曹越，《试论21世纪我国受众研究的创新》，《现代传播》1994年第3期。
3. 崔保国，《信息行为论——受众研究的一种新思维》，《现代传播》，2002年。
4. 崔朝阳，《结构的、行为的和文化的——受众研究的三种传统》，《国际新闻界》1998年第1期。
5. 陈卫星，《传播学前沿讲座之二：传播学近三十年的走势》，中华传媒网，2002年4月25日。
6. Everett.M.Rogers：北京受众研究，《美国传播研究》，1985年4月。
7. 郭镇之，《传播学 受众研究 接受分析》，《现代传播》1994年第3期。
8. 韩贺南，《被“凝视”与被“驱逐”——女大学生对媒体中女性形象的审视》，《现代传播》2004年第期。
9. 胡翼青、郑丽勇，《受众观念变化对传媒发展的挑战——对跨文化背景受众的一项实证研究》，《新闻界》2003年第3期。
10. 黄艾华，《网络传播加剧知识沟扩散》，《现代传播》2002年第4期。
11. 黄旦、丁未，《传播学科“知识地图”的绘制和建构——20世纪80年代以来中国大陆传播学译著的回顾》，《现代传播》2005年第2期。
12. 黄顺铭，《一个诠释典范：霍尔模式》，《新闻大学》，2002年，冬季卷。
13. 贾亦凡，《当前我国受众调查的若干误区》，《新闻大学》，2002年，夏季卷。
14. 李本乾、张国良，《受众议程、媒介议程与真正现实关系的实证研究》，《现代传播》2002年第4期。
15. 刘海龙，《从费斯克看通俗文化研究的转向》，《国际新闻界》2002年第4期。
16. 刘建明，《受众行为的反沉默螺旋模式》，《现代传播》2002年第2期。
17. 刘燕南、夏征宇等，《电视节目“多维组合”分类法及其编码设计》，《现代传播》2003年第1期。
18. Lisa Taylor，Andrew Wills，*Media Studies*：*Texts Institutions and Audience*，-1st ed.，北京大学出版社，2004年，pp.157–160.
19. 赛来西·阿不杜拉，《新疆哈萨克族受众分析》，《当代传播》2004年第1期。
20. 陶建杰，《大众传媒对民工观念影响力的研究》，《新闻与传播研究》2004年第2期。
21. 谢新洲，《“沉默的螺旋”假说在互联网环境下的实证研究》，《现代传播》2003年第6期。
22. 谢耘耕、党芳莉，《中国电视广告竞争新格局》，《新闻界》2005年第1期。

23. 颜纯钧，《大众传媒与公众身份的建构》，《现代传播》2004年第5期。
24. 鄢光让、蔡双根，《我国新时期受众调查的回顾与评估》，《当代传播》第199期。
25. 杨鹏，《受众心理机制与广告劝服效果》，《现代传播》2001年第1期。
26. 俞虹，《当代社会阶层变迁与电视传播价值取向》，《新闻爱好者》2002年第6期。
27. 詹正茂，《我国大学中传播学科的学术单位设置——兼议我国传播学科的发展》，《新闻大学》2004年第4期。
28. 张同道，《期待与批判——大学生的电视观》，《现代传播》2001年第4期。
29. 张艳红，《女权主义受众理论的中国化思考》，《当代传播》2004年第3期。
30. 赵志立，《网络传播条件下的"使用与满足"——一种新的受众观》，《当代传播》2003年第1期。
31. 祝建华，《精确化、理论化、本土化——20年受众研究心得谈》，《新闻与传播研究》2001年第4期。

（原载《中国传媒报告》（香港）2006年4期）

三｜媒介环境学派研究

异军突起的第三学派
——媒介环境学派

何道宽

一、中国学界的反思

传播学引进中国大陆20年有余。这门学科如何发展？这是新千年以来传播学界关注的重点。就我所知，朱光烈预言传播学将会成为显学，陈力丹每年以年终专稿的形式追踪并评述传播学的发展，国内著名的新闻出版学界众多网站上论述学科发展的文章难以计数。

近年来，学界敲响传播学学科危机的警钟，呼唤传播学范式革命的自觉意识。其中比较突出的成果有：陈卫星的《麦克卢汉的传播思想》和《传播的观念》，胡翼青的《传播学：学科危机与范式革命》，陈力丹的《试论传播学方法论的三个学派》和《胡翼青〈传播学：学科危机与范式革命〉笔记》。

同时出现的创新苗头，令人鼓舞。邵培仁等探索的媒介生态学就具有原创的价值。

传播学是舶来品，任何发展创新都必须以引进为先导。所以，中国媒介生态学的发展，必须以清理北美媒介环境学派为前提。媒介环境学一个是什么样的流派呢？西方传播学有一些什么流派呢？它们彼此之间有一些什么样的关系呢？笔者准备用几篇文章谈谈初步心得，就教于同仁。

大中华学界对传播学的划分众说纷纭，实则大同小异，多则五派，少则三派，五派之说一般是：经验－实证学派、法兰克福学派、英国文化研究学派、政治经济学学派和技术学派。

三派之说持论者比较多，但主张各有不同：(1) 经验—功能、控制论和结构主义[1] (2) 经验—功能、技术控制和结构主义符号—权力[2]，(3) 结构功能主义、政治经济学和文化研究[3]，(4) 社会科学研究、诠释研究和批判研究[4]，(5) 社会科学研究范式、诠释研究范式和批判研究范式[5]。

然而，一般地说，为了简明起见，学界比较喜欢突出两个影响最大的学派：经验学派和批判学派。圈内人士认为有必要深入研究影响最大的另一个学派，是近年才出现的潮流。陈力丹对这个潮流做了很好的概括：

> 我们历来把传播学划分为两大派：经验主义学派和批判学派。近来读了陈卫星和胡翼青的书《传播的观念》、《传播学：学科危机与范式革命》，很受启发。我赞同他们将传播学划分为三个学派，虽然表述方面存在差异，但是总的看法相同。陈卫星划分为经验－功能、控制论、结构主义方法论三个学派；胡翼青划分为经验主义、技术主义、批判主义三种研究范式。

但是，对这个影响很大的第三学派如何命名，一时却难以统一意见，我自己也有一个深化认识的过程。

2002年，和国内大多数学者一样，我认为这个学派的思想是技术决定论。在《多伦多传播学派的双星：伊尼斯与麦克卢汉》[6]这篇文章里，我说："20世纪下半叶，多伦多大学升起两颗学术明星：麦克卢汉和伊尼斯。他们背景殊异，却情趣相同，共同建立了传播学的一个学派：媒介决定论。"

2003年，我试图修正对麦克卢汉的判断，指出他是面向未来的技术乐观主义者。在《天书能读：麦克卢汉的现代诠释》一文里，我写下了这样一段话："他绝对不是鼓吹技术决定论的人，他是要我们回归身心一体、主客一体的理想境界。麦克卢汉不仅是当代人的朋友，而且是子孙后代的朋友。他是一个面向未来的人、预言希望的人。有他的话为证：'为什么不可以实现思想的前馈呢？就是说，为什么不可以把世界意识联入世界电脑呢？凭借电脑，从逻辑上说，我们可以从翻译语言过渡到完全绕开语言，去求得一种与柏格森预见的集体无意识相似的、不可分割的宇宙无意识。因此，电脑预示了这样一个前景：技术产生的普世理解和同一，对宇宙理性的浓厚兴趣。这种状况可以把人类大家庭结为一体，开创永恒的和谐与和平。'"[7]

近年来，学者们给这个学派的命名还有：唯技术决定论[8]，技术哲学[9]，媒介生态学[10]。总体上说，对该学派的批评有三个显著的特色：一是批评多于研究，肤浅有余、深入不足，二是评价逐渐趋于肯定和公允，三是开始考虑如何给它重新命名。

2002年，在《媒介分析：传播技术神话的解读》一书里，张咏华重新认识并肯定了麦克卢汉的学术地位。尽管如此，她还是持比较挑剔的立场，认为麦克卢汉“陷入唯技术决定论的极端”。在《新形势下对麦克卢汉媒介理论的再认识》的文章里，她认为麦克卢汉缺乏辩证的观点：“麦克卢汉媒介理论的主要缺陷，在于他在探讨媒介与人类文明发展史的关系中缺乏对于因果关系的辩证认识，一味只将传媒技术当作变化的动因，既不考察导致媒介技术本身的产生与发展的社会历史原因，也不探索引起不同历史阶段的社会变迁复杂现象之多因复杂组合，试图以机械的媒介单因说解释一切变迁。我们应将麦氏肯定科技的决定作用的观点，同他在认识论上的机械化，区分开来。”[11]

与此同时，学界也出现另一种倾向：同情和理解麦克卢汉的立场。在《媒介决定论？有失公允——麦克卢汉技术哲学观评析》(2004) 里，蒋宁平旁征博引，把立论重点从批评转向肯定。他对“技术决定论”提出反批评，把麦克卢汉的思想命名为技术哲学。首先，他指出有必要深入研究麦克卢汉：“许多的著作或论文介绍麦氏媒介理论时都只是‘老三论’：延伸论、讯息论、冷热论，然后就判定为‘媒介决定论’或‘技术决定论’。高度趋同的意见并不一定完全正确，我们有必要对此做出深入分析。”同时他认为，麦克卢汉的技术哲学可以称之为温和的技术决定论，并且断言，温和决定论是一种非决定论：“从严格意义上讲，温和决定论已经是一种非决定论了，是一种走向了互动、融和的观点。”然后他明确指出，既然麦克卢汉是技术乐观主义者，我们就不该说他是技术决定论者。

近年来，国内研究“麦克卢汉”学派的视野逐渐扩大，引进该学派的代表作品逐渐增加，要者有：尼尔·波斯（兹）曼的《娱乐至死》和《童年的消逝》，保罗·莱（利）文森的《数字麦克卢汉》，《思想无羁》和《软边缘》（似应译为《软利器》），约书亚·梅罗维兹（茨）的《消失的地域》，凯利（瑞）的《作为文化的传播》。

2003 年，崔保国尝试给这个学派命名。他意识到，北美的 media ecology 和国内的“媒介生态学”并不是一回事，所以他说：“中国学者的媒介生态研究意识是原发的，而不是引进的，从一开始学者的关心就侧重在媒介的发展生存环境研究方面”；“我们国家的媒介生态学研究目前的切入点，主要立足于媒介，方法上接近政治经济学和媒介经营管理学”。然而遗憾的是，虽然他意识到这两个学派的不同性质、对象和宗旨，他还是把北美的 media ecology 翻译成“媒介生态学”。这就引起了不必要的混乱。那么，应该如何翻译 media ecology 呢？我们又应该如何区分这两个不同的学派呢？

二、媒介环境学辨析

在《媒介是条鱼——理解媒介生态学》里，崔保国指出中国“媒介生态学”和北美 media ecology 的区别：“从全球来看，媒介生态学研究的起源应该是在北美。在北美的媒介生态学研究中，又分为加拿大的多伦多学派和美国的纽约学派。提起媒介生态学，人们通常会联想到多伦多学派……”，遗憾的是，他却用同样的名字来称呼中国和北美这两个取向不同的学派。

但要比较准确地给这个学派命名，却不是一件容易的事情。首先，这个学派从 1968 年命名到 1998 年成立学会，整整经过了 30 年的时间。笔者对这个学派的认识，也经历了一个比较长期的过程。我关注、译介并研究北美 media ecology 这个学派，将近 20 年，发表论文 7 篇（《麦克卢汉在中国》、《媒介革命与学习革命》、《媒介即是文化》、《硕果永存——麦克卢汉媒介理论述评》、《多伦多传播学派的双星》、《天书能读：麦克卢汉的现代诠释》、《麦克卢汉的学术转向》），出版译著 10 余部（《理解媒介》、《麦克卢汉精粹》、《数字麦克卢汉》、《麦克卢汉：媒介及信使》、《思想无羁》、《传播的偏向》、《帝国与传播》、《手机：挡不住的呼唤》、《机器新娘》、《麦克卢汉书简》、《真实空间：飞天梦解析》等）。目前，我参与主持的 4 个传播学译丛和这个学派关系密切，它们是：“新闻与传播学译丛・大师经典系列”、“麦克卢汉研究书系”、“莱文森研究书系”（中国人民大学出版社）、“媒介环境学译丛”（北京大学出版社）。

然而，如何命名这个学派，却是我近两年才认真考虑的问题。促使我注意给 media ecology 这个术语定名的，有这么几个因素：(1) 思考多伦多学派和纽约学派的关系，(2) 思考给“技术决定论”一个更加妥帖的命名，(3) 根据旅美学者孙振滨先生的建议，开始研读 Media Ecology 学会的网站，阅读尚未读过的相关书籍，(4) 从国内外学者蔡骐、陈力丹、陈卫星、崔保国、胡翼青、刘建明、潘忠党、陶鹤山、王怡红、杨茵娟等人的著作中得到启示，(5) 李明伟和丁未两位博士的到来、几位著名学者的到访，对我的思考起到了很大的推动作用。

Media ecology 这个术语的首创者是麦克卢汉，但正式使用者是尼尔・波斯曼。根据麦克卢汉建议，波斯曼在纽约大学创办了 media ecology 专业和博士点。起初，大陆学者把 media ecology 直译为“媒介生态学”，旅美学者林文刚也采用直译的办法。但这个“媒介生态学”和国内学者首创的“媒介生态学”并不是一回事。应该怎么翻译才妥当呢?

2005 年秋，李明伟博士从中国社会科学院到深圳大学任职。自此，我们开始切磋北美这个学派的译名问题。他的博士论文题名《媒介形态理论研究》，其中所谓的“形态理论”就是北美的 media ecology 学派，因为这个学派强调媒介的形式而不是内容。

同时，丁未博士从复旦大学到深圳大学任职，她刚刚翻译出版了媒介环境学派代表人物詹姆斯·凯利（瑞）的代表作《作为文化的传播》。于是，我们 3 人就开始考虑北美 media ecology 学派的译名问题。

去年底和今年初，台湾政治大学的陈世敏教授和美国新泽西州威廉·帕特森大学的林文刚教授分别访问深圳大学传媒与文化发展研究中心，使我们有机会进一步切磋这个北美传播学派的译名。经过几个月的跨洋飞鸿，我们决定采用究其实而不据其形的办法给这个学派定名，也就是说，根据该学派的根本性质和主要追求，media ecology 应该定名为“媒介环境学”，而不采用几年来已经在使用的“媒介生态学”。我们先后考虑过的其他译名比如媒介哲学和媒介形式学都一一放弃了。

林文刚博士任媒介环境学会副会长，为弘扬媒介环境学而撰写并编辑了该学派的一本小百科全书似的文集《媒介环境学：思想沿革与多维视野》[12]。这本书甫一出版即获殊荣，半年之内就售出中文、韩文、西班牙文版权，并获 2006 年媒介环境学会“刘易斯·芒福德杰出学术成就奖”。他委托我担任中文版翻译。在该书的中文版序里，林文刚博士写了这样三段话：

> 我们用媒介环境学来翻译英语的 media ecology，主要是因为波斯曼（1970 年）在首次公开就这门学科的定义和范式讲话时做了这样的表述：媒介环境学把环境当作媒介来研究。在这个意义上，媒介环境学至少有 3 个层次上的概念：符号环境、感知环境和社会环境。换句话说，媒介环境学研究作为符号环境的媒介、作为感知环境的媒介和作为社会环境的媒介（即传播媒介在社会里的角色）。这些概念显示，媒介环境学如何强调人在媒介研究中的作用，它又如何研究人与传播媒介的关系。
>
> 之所以选择媒介环境学来翻译英语的 media ecology，还有一个同样重要的原因。这个词本身体现并唤起环境保护主义（environmentalism）的观念和实践；反过来，它也使人看清媒介环境学人文关怀和身体力行的一面，说明它是

一种实践哲学、一种社会思想学说……“践行”媒介环境学和“研究”媒介环境学，具有同等重要的意义。媒介环境学的天然使命是促使这个世界成为更加适合人生存的地方和环境。

为了维持理念上的一致和清晰度，我建议把迄今为止我的一切中文著作里media ecology的译名从媒介生态学一词更名为媒介环境学。

三、从边缘到中心

早在20世纪50年代初，麦克卢汉在致伊尼斯的信里就憧憬组织一个传播学派[13]。但是，这个学派在他们两人去世几十年以后，才打进北美传播学的中心。

正如美国的大多数学科一样，北美传播学一开始就具有强烈的现实关怀，强调务实，打上了强烈的实证主义烙印，非常注重研究竞选、宣传效应、通讯控制、管理操作、广告实务、公关方略、媒体经营、传媒的直接和短期影响等等。思辨的、哲学的、形而上的、宏大叙事的、人文关怀和道德关怀的研究，不太容易打进核心的学术圈子。批判学派从欧洲向北美的流布也是非常缓慢的，德国法兰克福学派、英国新左派的文化研究和政治经济研究进入北美传播学的核心也经历了一个过程。

麦克卢汉批评美国文化和广告崇拜的《机器新娘》(1951)居然卖不出去，那是因为他太超前了，他比英国文化研究学派早了十几年！他在批判学派里超前的地位，至今没有受到应有的承认和重视，传播学主流学派的学术霸权实在是盘根错节。

伊尼斯以深刻的历史洞察力给加拿大人敲响警种，呼吁政府和人民抵制和反抗美国的文化霸权，所以他没有得到主流学派足够的尊重。麦克卢汉编辑《预警线通讯》(*DEW-LINE*)，自诩为美国文化的远程预警系统。他认为，加拿大具有“边疆人”的优势，因为加拿大人可以拉开距离观照美国文化，而且拥有英国传统和北美传统的双重优势。他说：加拿大是“远程预警系统的国家，这是看不见的环境的组成部分。这是一个纯信息的边疆，是各种边疆中独特的边疆……这是20世纪出现的边疆，它改变了我们与自己的关系，也改变了我们与世界的关系。”[14]

尼尔·波斯曼以犹太人特有的精明洞悉电视等电子媒介对文化素养的侵蚀，旗帜鲜明地提倡传播学和教育学的现实关怀、人文关怀和道德关怀。他不囿于传播学琐细的数据研究、统计分析，不进行命题作文式的对策研究，不为资本和选举机器服务，反而主张学者发出逆潮流的呼号、提出认真反对的异见。

20 世纪 60 年代，麦克卢汉在北美的影响蒸蒸日上，但北美主流的学术圈子对他的挑剔多于肯定。学界对他的评价反映在两本批评论集里：《麦克卢汉：冷与热》[15]和《麦克卢汉：毁誉参半》[16]。如果说这两本书对麦克卢汉的批评还比较公允，那么，1983 年北美传播学主流刊物《传播学杂志》的特刊《传播研究领域的发酵》[17]，仍然把以麦克卢汉为代表的媒介环境学派拒之门外，甚至到 10 年之后的 1993 年，《传播学杂志》的两期特刊《学科展望之一》和《学科展望之二》[18]，仍然顽固地漠视媒介环境学的存在，就实在有些说不过去。

然而，就在这个 90 年代，北美媒介环境学的滚滚洪流再也阻挡不住了。此后的 10 多年里，麦克卢汉的大型专题研讨会先后在纽约、多伦多、悉尼等地召开。《澳大利亚国际媒介》2000 年春季号出了一个《重温麦克卢汉》的专栏，刊发了 8 篇分量厚重的文章。媒介环境学的研究队伍迅速壮大，研究对象从伊尼斯、麦克卢汉扩大到尼尔·波斯曼（Neil Postman）、詹姆斯·凯利（James Carey）、沃尔特·翁（Walter Ong）、埃里克·哈弗洛克（Eric Alfred Havelock）、刘易斯·芒福德（Lewis Mumford）、伊丽莎白·爱森斯坦（Elizabeth L. Eisenstein）、本杰明·李·沃尔夫（Whorf, B. L.）、雅克·艾吕尔（Jacques Ellul）、苏珊·朗格（Susanne K.Langer）、帕特里克·格迪斯（Sir Patrick Geddes）、阿尔弗雷德·科日布斯基（Alfred Korzybski）、诺伯特·维纳（Norbert Weiner）等。

到了世纪之交，媒介环境学会（MEA）终于打进北美传播学的主流圈子。学会的发展过程留下了三个显著的地标：1999 年成为美国传播学会（NCA）的分会，2002 年成为美国东部传播学会的分会，2003 年成为国际传播学会的团体会员。目前，它编辑出版的刊物有《媒介环境学探索》（*Explorations in Media Ecology*）和《媒介环境学通讯》（*Media Res*），均由汉普敦出版社（Hampton Press，Cresskill，NJ，USA）出版发行。

2006 年，林文刚博士撰写和编辑的《媒介环境学：思想沿革与多维视野》是该学派的另一个里程碑。这本书是媒介环境学的小小百科全书，由 13 位学者分头执笔撰写。甫一出版，就立即引起世界各地学者的注意，中文版、韩文版、西班牙文版陆续问世。在 2006 年的媒介环境学会年会上，它又在候选的 35 部著作中脱颖而出，获得刘易斯·芒福德杰出学术成就奖。在研读并翻译这本书的过程中，我有幸进一步研究了这个学派。现在看来，媒介环境学派已经进入自觉反思、系统总结、清理遗产、推陈出新、问鼎主流的新阶段。

在未来的几年里，笔者准备写几篇文章推荐并重估这个学派，同时从该学派的30余部代表作里挑选急需引进的几部著作，用译丛的形式交由北京大学出版社出版，以呼应国内传播学界对学科发展的反思和批评。

四、三代学人的薪火传承

媒介环境学已经走完了三代人的生命历程。20世纪50年代以前，媒介环境学尚在萌芽，该学科的先驱和奠基人有帕特里克·格迪斯、刘易斯·芒福德、本杰明·李·沃尔夫、苏珊·朗格等人。50年代以后，媒介环境学渐趋成熟，第一代的代表人物有埃里克·哈弗洛克[19]、哈罗德·伊尼斯和马歇尔·麦克卢汉。第二代的代表人物到70年代以后日趋活跃，他们有尼尔·波斯曼、沃尔特·翁、詹姆斯·凯利。第三代的代表人物有保罗·莱文森、约书亚·梅罗维兹、兰斯·斯特雷特、林文刚、埃里克·麦克卢汉、德里克·德克霍夫，他们多半在90年代以后登场，目前活跃在世界各地。

媒介环境学（media ecology）这个术语由麦克卢汉（Marshall McLuhan，1911—1980）创造，但他没有公开使用。1968年，尼尔·波斯曼（Neil Postman，1931—2003）首次公开使用这个术语。1970年，他接受麦克卢汉的建议，在纽约大学创建媒介环境学的博士点。按照他的界定，媒介是复杂的讯息系统，媒介环境学试图揭示其隐含而固有的结构，揭示媒介对人的感知、理解和感情的影响。

学派的创生必须同时具备三个条件：领军人物、原创思想和制度构建[20]。媒介环境学的创建满足了上述三个条件。

媒介环境学的多伦多学派成熟于20世纪50年代。伊尼斯是奠基人，麦克卢汉是旗手。

伊尼斯（Harold Innis，1894—1952）的背景是政治经济学，他擅长加拿大经济史，在芝加哥大学获政治经济学博士，旋即回多伦多大学执教。20年代至40年代，他已经出版经济学专著4部，成为著名的经济史家；40年代以后，他的研究重点转向传播学。50年代初，他出版《帝国与传播》和《传播的偏向》，成为著名的历史哲学家、媒介理论家、传播学家。他不幸于1952年英年早逝，留下1000余页的“传播史”手稿，可惜未刊。伊尼斯最著名的贡献是“媒介偏向论”，认为任何媒介都有时间偏向和空间偏向。

麦克卢汉1946年回到多伦多大学执教，任英语教授。在和伊尼斯短暂而有限的交往中，他们互相激励。麦克卢汉推崇伊尼斯，他说："我乐意把自己的《谷登堡星汉》看成是伊尼斯观点的注脚。"[21]他欣然为《帝国与传播》、《传播的偏向》作序，在传播伊尼斯的思想上立下了汗马功劳。有人说，如果没有麦克卢汉，伊尼斯也许会默默无闻。这一判断似乎有所夸张，但也不无道理。

麦克卢汉的"媒介讯息论"就是伊尼斯"传播偏向论"的发展。

多伦多大学学派在麦克卢汉的经营下，20世纪50年代蓬勃发展，60年代扬名全球。50年代初，麦克卢汉获福特基金会慷慨赞助，建立北美第一个跨学科研究小组，形成了一个麦克卢汉思想圈子；他和埃德蒙·卡彭特（Edmond Carpenter）主持编辑出版跨度将近10年的丛刊《探索：文化与传播研究》，他参与持久的咖啡屋"清谈"，1963年组建"文化与技术研究所"，十余年如一日地在研究所主持每周一晚上的研讨会。60年代中期，北美的整个宣传机器开足马力为他服务，仅1966年一年，"报刊上介绍麦克卢汉的文章就达120篇，差不多每一种重要的美国、加拿大和英国的报刊都参与了这场运动。人们以激动的心情思量，这可能是一位洞见堪与达尔文和弗洛伊德一比高低的重量级人物。"[22]60年代后期，他和儿子埃里克·麦克卢汉编辑的《预警线通讯》（*DEW–LINE*）把他的思想传播到学术界之外的权力圈子。

麦克卢汉共有10余部著作传世，其中的代表作有3部，分别是：1951年的《机器新娘：工业人的民俗》，研究工业人和广告，批判美国文化，在批评现代文化方面，他走在欧洲批判学派的前头；1962年的《谷登堡星汉：印刷人的诞生》，论述印刷文化，提出著名的口语、拼音文字、印刷术和电子革命的媒介史分期，这个思想成为学界普遍接受的公式；1964年的《理解媒介》，论述电子人，提出著名的"老三论"和14条媒介理论，把传播学从书斋里解放出来。他批判工业人、悲叹印刷人、欢呼电子人，憧憬美好的未来，高扬乐观的调子。

伊尼斯和麦克卢汉是加拿大媒介环境学的两驾马车、一体两面。本世纪之前，加拿大学者和美国的詹姆斯·凯利往往不能够正确对待两人的学术地位，他们采取贬低麦克卢汉、褒扬伊尼斯的态度。重要的原因有3个：（1）伊尼斯的现实关怀胜过麦克卢汉，（2）伊尼斯谨守校园学术，是书斋型学者的楷模，而麦克卢汉却成为公众偶像；（3）伊尼斯讲究学术的规范，麦克卢汉讲究华丽的修辞。

然而，在伊尼斯去世后的20多年里，麦克卢汉全方位地继承并超越了伊尼斯的"媒介偏向论"，把媒介环境学推向全球。

第一代多伦多学派的学者，以麦克卢汉的思想圈子为核心，以麦克卢汉研究所为组织保障，以《探索：文化与传播研究》杂志和《预警线通讯》为宣传阵地。4位最杰出的学者是：埃里克·哈弗洛克、伊尼斯、麦克卢汉和埃德蒙·卡彭特。他们执教于多伦多大学，同时又是多伦多学派和纽约学派的桥梁，因为他们长期在加拿大和美国的几所大学工作。

多伦多学派第二代的代表人物有特沃尔（Donald Theall）、罗伯特·洛根（Robert Logan）。特沃尔是麦克卢汉的第一位博士生，曾任特伦特大学（Trent University）校长，著有两部麦克卢汉传记：《媒介是后视镜：理解麦克卢汉》和《虚拟麦克卢汉》。罗伯特·洛根是物理学教授，是麦克卢汉思想圈子的活跃人物，著有《拼音字母对西方文明的影响》。第三代的代表人物有麦克卢汉的儿子埃里克·麦克卢汉和现任麦克卢汉研究所所长德里克·德克霍夫（Derrick de Kerckhove）。德克霍夫继承了麦克卢汉跨学科研究的才干，他的著作涵盖传播学和管理学等学科，代表作有：《字母与大脑》、《文化肌肤》、《连接智能》、《智能建筑》、《经理们的麦克卢汉》等。

纽约学派第一代的代表人物有：刘易斯·芒福德、埃里克·哈弗洛克、路易斯·福斯戴尔（Louis Forsdale）和约翰·卡尔金（John Culkin）。芒福德继承了老师格迪斯的百科全书思想，发展了人类生态和媒介环境的学说，晚期有意识地使用“媒介环境学”这个术语。埃里克·哈弗洛克是著名的经典学者，先后在美国和加拿大几所著名的大学执教，是多伦多学派和纽约学派的重要桥梁。1967年，纽约福德姆大学的约翰·卡尔金教授自称麦克卢汉迷；经过他的不懈努力和纽约州议会的批准，麦克卢汉应聘到福德姆大学担任施韦策讲座教授，任期一年。

纽约学派的大器晚成是在20世纪70年代。1970年，尼尔·波斯曼在纽约大学创建媒介环境学博士点，扛起了媒介环境学的大旗，直至他2003年去世。他和美国、加拿大两国的第一代媒介环境学者有很深的缘分。他是福斯戴尔教授的博士生。早在1955年，麦克卢汉应福斯戴尔教授的邀请到哥伦比亚大学讲学时，他就结识了麦克卢汉。70年代以后，波斯曼创建的媒介环境学博士点发挥了成熟学派的3大功能：思想领导、组织领导和制度构建。于是，这个博士点的三驾马车波斯曼、特伦斯·莫兰（Terence Moran）、克里斯琴·尼斯特洛姆（Christian Nystrom）就成为媒介环境学第二代的核心人物。波斯曼著作等身，出书20余部，他的作品《作为保存活动的教学》（1979）和《娱乐至死》（1985）成为第二代学者的代表作。除了这些纽约地区的学者之外，纽约学派的第二代代表人物还有与他们若即若离的詹姆斯·凯利。凯利是著名的传播学家和传播教育学家，他继承和发扬伊尼斯的思想，居功至伟；他区别传播的传输功能和仪式功能，独树一帜。他的代表作有《作为文化的传播》。

1998年，媒介环境学会的成立，使学科发展有了更加坚实的制度保证。几年来，每年一届的年会规模迅速扩大，优秀成果大批涌现，媒介环境学者大展拳脚，开始问鼎北美传播学的核心圈子。这个学会成为沟通和整合纽约学派和多伦多学派的桥梁，成为媒介环境学发展的坚强堡垒。

如今活跃在纽约学派里的第三代代表人物有保罗·莱文森、约书亚·梅罗维兹、兰斯·斯特雷特和林文刚。莱文森是数字时代的麦克卢汉，任媒介环境学会顾问，他的传播学名著均已在国内翻译出版。梅罗维兹的《地域感的消失》(1985) 也在中国问世。这本书嫁接麦克卢汉的媒介理论和社会学家欧文·戈夫曼的戏剧分析手法，提出情景理论，成为媒介环境学的标志性成果之一。

五、先驱者的贡献

限于篇幅，本节只简略介绍一位先驱者的贡献及直接影响。

帕特里克·格迪斯（Sir Patrick Geddes，1854—1932）是媒介环境学的先驱，他首创了“人类生态”（human ecology）这个术语，率先研究自然环境和人造环境以及人类文化的相互关系，成为人类生态学之父。他构建了生物学和社会科学的桥梁。

格迪斯是位百科全书式的学者，苏格兰人，在云游北美期间，他对北美一大批杰出的知识分子产生了重大的影响。这些人有哲学家杜威（John Dewey）、经济学家凡勃伦（Thorstein Bunde Veblen），芝加哥学派的社会学家罗伯特·E. 帕克（Robert E. Park）、欧内斯特·W. 伯吉斯（Ernest W. Burgess）和罗德里克·D. 麦肯锡（Roderick D. McKenzie）；区域规划学会的创始人刘易斯·芒福德、吉福德·平肖（Gifford Pinchot）、亨利·赖特（Henry Wright）也深受他的影响。

伊尼斯在芝加哥大学攻读博士，受到格迪斯的影响，包括直接的影响和通过芝加哥学派得到的间接的影响。

一般认为，刘易斯·芒福德是媒介环境学的奠基人之一。他是格迪斯最著名的弟子，格迪斯对他的影响表现在三个方面：(1) 人类生态学思想，(2) 跨学科的思维方式、治学方法和城市规划思想，（3）学以致用、践行学术和现实关怀的思想。

芒福德是北美最杰出的公共知识分子和社会批评家之一；在生态运动和环境保护运动、城市发展和更新、地区规划、艺术批评和文学批评等方面，他都做出了杰出的贡献。他著作等身、思想新锐，和媒介环境学相关的思想主要有三个方面：他技术历史分期的思想；他有关技术和人类发展的技术有机理论（techno-organicism）；他对“王权机器”（metamachine）即非人性的技术垄断和国家机器的批判。他的一些思想走在麦克卢汉之前。伊尼斯、麦克卢汉和波斯曼都受到他的影响，然而不幸的是，虽然他的成就当在三人之上，但他反而被大名鼎鼎的三人遮蔽了。究其原因，我想有三个：（1）他学科领域跨度太大，名气反而不如研究领域比较狭窄、单兵突进的人；（2）他主要依靠自学成才，他的学术活动多半游离在高校之外，缺乏学术梯队的世代相传，说白了就是缺乏博士弟子为他抬轿子、吹喇叭；（3）虽然他体现媒介环境学的主要思想，但最有影响的理论概括却是由伊尼斯、麦克卢汉和波斯曼完成的。

1971 年，威廉·昆斯的《后工业时代的先知：对技术的诠释》里所指的先知，实际上是媒介环境学的先驱和第一代的代表人物。他们是：芒福德、西格弗里德·吉迪恩、诺伯特·维纳、伊尼斯、麦克卢汉、雅克·艾吕尔和巴克敏斯特·富勒。吉迪恩是建筑师，维纳是通讯工程师，艾吕尔是社会学家和神学家，富勒是建筑师。由此可见，媒介环境学和其他传播学派都是十字路口的学科，由许多学科背景的学者共同创建。

2006 年，林文刚编辑的《媒介环境学：思想沿革与多维视野》以纪传体的方式研究媒介环境学的思想史，重点研究媒介环境学的先驱和杰出学者，计 10 余人。他们是：麦克卢汉、伊尼斯、波斯曼、哈弗洛克、艾吕尔、凯利、本杰明·李·沃尔夫、苏珊·朗格、沃尔特·翁、伊丽莎白·爱森斯坦。

哈弗洛克是北美著名的古典学家，曾在多伦多大学执教，是媒介环境学多伦多学派第一代代表人物，但他不属于麦克卢汉思想圈子。在多伦多大学供职期间，哈弗洛克、伊尼斯和麦克卢汉彼此影响，但因为哈弗洛克和伊尼斯的学术生涯略早，他们对麦克卢汉的单向影响似乎更多一些。我们引用麦克卢汉的几段话来看麦克卢汉和他们的惺惺相惜的情感：

> 哈罗德·伊尼斯对人类经验的书面形式和口头形式之间跨越边疆的互动有

浓厚的兴趣。伊尼斯的兴趣也许给他的老朋友埃里克·哈弗洛克提供了灵感，使他能够对古希腊的口头传统做出绝妙而独到的研究。《柏拉图导论》（Preface to Plato）研究书面传统与口头传统之间的社会边疆，研究这两种传统在古代世界里对塑造人类感知和行为的影响。[23]

埃里克·哈弗洛克的《柏拉图导论》和哈罗德·伊尼斯的《帝国与传播》已经为我们证明，西方人是如何被拼音字母表和印刷机塑造的……今天电子技术的影响至大至深，再也不容我们忽视了。埃里克·哈弗洛克和哈罗德·伊尼斯等学者已经对此做了研究，而且发现，技术对个人变化的影响是完全能够证明的。文字、印刷或广播构成新的服务环境，新环境使所有的人为之一变。[24]

H.A. 伊尼斯是开拓传播媒介的经济和社会影响的先驱。今天，所有的文人都感谢他。他使人看见，由于媒介的变化，我们对时间和空间的态度也发生了变化。[25]

六、多伦多的双星

媒介环境学多伦多学派第一代最著名的代表人物一共 4 人，他们是刘易斯·芒福德、埃里克·哈弗洛克、哈罗德·伊尼斯和马歇尔·麦克卢汉，伊尼斯和麦克卢汉是其中双璧。两人为多伦多大学同事，20 世纪 50 年代初完成媒介环境学经典，同属第一代，但伊尼斯不幸英年早逝（1952），麦克卢汉则继续活跃在学坛，直至 1979 年中风而失去语言能力。所以虽然两人同属第一代，却有学术上的承继关系。

伊尼斯留下传世经典《帝国与传播》（1950）、《传播的偏向》（1951），其中最重要的遗产是：媒介偏向论、传播偏向论、时间偏向、空间偏向、帝国组织、口头传统、知识垄断的理论和概念等等。在古希腊口头文化的研究方面，他既向几位古典学的同事学习，又反过来对埃里克·哈弗洛克产生重大影响，激励他完成传世之作《柏拉图导论》。

伊尼斯的研究成果可以叫做传播理论、媒介理论或媒介环境学的早期版本。

麦克卢汉受伊尼斯的影响已经广为人知。他的“媒介讯息论”就是伊尼斯“传播偏向论”的继承和发展。麦克卢汉说乐意把自己的经典《谷登堡星汉》（1962）当作伊尼斯的注脚，赞许伊尼斯是研究传播媒介的千古一人。

麦克卢汉坦言：“伊尼斯研究技术的影响，2400 年来，仅此一人，这确实令人吃惊，因为有机会从事这种研究的了不起的思想家真是太多了。研究文字对人的影响，或任何东西对人的影响的，惟有他一人。这是伊尼斯独步天下的特点。亚里士多德和柏拉图从来没有研究过任何东西对任何人的影响。”[26]

麦克卢汉的传记作者菲利普·马尔尚也认为，“伊尼斯是口头文学的百科全书，是修辞学家梦寐以求的楷模。他正在紧锣密鼓地写 1000 页左右的著作，论加拿大的传播史，表达他对纸浆和纸张、报纸和舆论的影响深远的思考。实际上，他做了许多麦克卢汉想做的研究工作。”[27]

马尔尚又写道：“伊尼斯给麦克卢汉留下了许多空间去填补，同时又给他留下了极其珍贵的提示，说明如何去构建一种新的文化理论……麦克卢汉在致友人的信中说，伊尼斯给他‘特别的激励’，推动他进入媒介研究的领域。”[28]

对伊尼斯和麦克卢汉学术地位孰高孰低的评价，后继的学者尤其是媒介环境学者持论略有不同，有人认为麦克卢汉在上，也有人认为伊尼斯在上。前者有保罗·莱文森和菲利普·马尔尚，后者有尼尔·波斯曼和詹姆斯·凯利。

马尔尚的评价有：“麦克卢汉以痛惜的口气质问：‘伊尼斯那么多学生，有几个听他的话？有几个认真读他的书？’至少在这一点上，麦克卢汉可以居功自傲。他把自己的《谷登堡星汉》称为伊尼斯的注脚，这似乎有点过分慷慨。不过，将来人们读伊尼斯时，伊尼斯就要成为麦克卢汉的注脚了，不会倒过来的。”[29]

他又说：“麦克卢汉很快就超越伊尼斯，向前跨进一步。他认为，虽然每一种媒介对人的一切感官都产生影响，但是它们特别突出的影响，要么是视觉，要么是声觉。”[30]

莱文森以几部名著阐述并发展了麦克卢汉的思想，成为当之无愧的“数字时代的麦克卢汉”，但他对伊尼斯却吝啬笔墨，所以我们说，他认为麦克卢汉在伊尼斯之上。

除了莱文森之外，研究伊尼斯卓有成效的学者有波斯曼、凯利、丹尼尔·齐特洛姆（Daniel Czitrom）、乔舒亚·梅罗维兹等，其中最雄辩、最多产地阐述伊尼斯的是波斯曼，最坚持不懈地研究伊尼斯的是凯利。凯利和波斯曼两人倾向于认为，伊尼斯在麦克卢汉之上。凯利的评价比较极端，波斯曼的评价比较平和公允。

凯利说：“在这块大陆上，对传播学做出最伟大贡献的是伊尼斯的著作，而不是麦克卢汉的著作。”[31]

波斯曼断言，伊尼斯是“现代传播学之父”[32]，但他同时又坦诚，自己和众弟子是“麦克卢汉的孩子”。

波斯曼指出，伊尼斯和麦克卢汉在人性关怀上略有差别：“麦克卢汉常常否认媒介人性化的观念，伊尼斯则从来不否认这个观念。麦克卢汉认为，如果人们使用媒介有助于感官的平衡，那就是比较好的媒介。伊尼斯则认为，如果媒介促进时空观念的平衡，那就是比较好的媒介。”[33]

伊尼斯和麦克卢汉两人都具有强烈的爱国主义情操，表现却不一样。伊尼斯表现出对英国帝国主义的失望，对稍后美国的冷战态度和技术主义也感到失望。他反感美国文化的霸道，警惕加拿大沦为美国的“殖民地”，为批评美国文化中的军事主义而撰写《美国宪法的军事命题》。在加拿大对抗美国文化的国策研究中，他发挥过相当重要的作用。

麦克卢汉也非常热爱自己的祖国，但他的表现形式却稍有不同。20 世纪 60 年代，几所美国大学不惜重金，想要把麦克卢汉从多伦多大学挖走，均遭失败。为了请他到美国工作，热心人不得不退而求其次。在福德姆大学的传播学教授约翰·卡尔金（John Culkin，1928—1993）的积极推动下，纽约州议会特设的“施韦策讲座教授”特聘他到福德姆大学任教一年；这次“猎头术”之所以成功，得力于卡尔金的“夫人路线”，而不是对麦克卢汉本人说服的结果。麦克卢汉感到最骄傲的是：加拿大比美国略胜一筹，因为加拿大是美国的“反环境”，加拿大人旁观者清，能够给美国人提供“早期预警”。他最得意的荣耀是加拿大功勋章（Order of Canada），去世前夕患失语症之后，时常佩戴，以此示人，因为这种勋章只颁发给在重要领域里做出杰出贡献的加拿大人。

七、波斯曼——纽约学派第二代的精神领袖

媒介环境学第二代的代表人物有尼尔·波斯曼、沃尔特·翁、詹姆斯·凯利。

沃尔特·翁（Walter Ong，1912—2003）是麦克卢汉的弟子，20 世纪 50 年代成名，在古典学、口头文化研究上自成一家，相信他的名著《口头文化与书面文化》（1982）中译本不久就会与读者见面。

詹姆斯·凯利（James Carey，1934—2006）是美国新闻学家和传播学家，最大贡献是引入传播的仪式功能，他把传播作为文化来研究。他推动新闻学的教育和研究，对媒介环境研究也做出了贡献，主要表现是：（1）推崇、阐释并光大伊尼斯的

思想，（2）生平的最后10年转向媒介环境学研究。但总体上说，他和媒介环境学的关系若即若离，对麦克卢汉的成就估计不足。他的文集《作为文化的传播》业已引进国内。

波斯曼率先在纽约大学创建“媒介环境学”博士点，在思想史、组织上和体制上为媒介环境学的迅猛发展提供了坚实的保障。到1996年，他领导的这个专业已经培养出100多位博士、400多位硕士，包括林文刚和孙振滨两位华人博士。他的桃李正在把媒介环境学普及到全球。由他的同事和弟子创建的媒介环境学会几年之内迅速壮大，使媒介环境学派成为北美传播学鼎立三足之一。

由此可见，波斯曼对媒介环境学的发展做出的贡献无与伦比。他对该学派前辈学者思想的发扬光大不仅表现在他的大量著作中，而且体现在他培养的数以百计的硕士和博士身上，他的许多弟子成为卓有建树的人物，至今活跃在新闻、传播、教育的学术和实务战线上。

他起初是美国英语教育家、教育学家，20世纪70年代开始在英语教育和传播研究两个领域齐头并进，成为著名的社会批评家。然而，他又绝不仅仅是个别领域的专门家，他是一个超越学科边疆、没有学科界线的人。

他是一个印刷文化人，坚守印刷文化，警惕电子文化对文化素养的侵蚀。令人称奇的是，他终身只用钢笔写字，从来不用打字机和电脑；他从来不作即兴讲演，也不用提纲，一切讲稿、论文和书稿都用手写的方式完成全文。与此同时，他又是讲故事的一流高手，课堂教学令人倾倒，所以我们说，他又是口头文化人。

他高扬人文主义的旗帜，旗帜鲜明地主张现实关怀、人文关怀和道德关怀，与麦克卢汉自称的道德中立分道扬镳，而且揭示麦克卢汉言语背后深刻的道德关怀和宗教情怀。

他对麦克卢汉一往情深，对麦克卢汉的评价却比较谨慎适度。他不是麦克卢汉的学生，却自认为是其私淑弟子。早在20世纪50年代初，他就结识麦克卢汉。那时他在哥伦比亚大学读本科，授业于著名教育家和媒介环境学家路易斯·福斯戴尔。应福斯戴尔的邀请，麦克卢汉前来作报告，令波斯曼为之倾倒。

波斯曼欣然为《麦克卢汉·媒介及信使》作序。这篇序文是笔者至今看到的对麦克卢汉最简洁明快、客观公允、恰如其分、入骨三分、极其精彩的评论。在此，他自称是“麦克卢汉的孩子”，却又“不是很听话的孩子”。在这篇短文里，他解读麦克卢汉关于媒介演化的宏大主题和精彩故事，挖掘麦克卢汉何以胜人一筹的原因，揭示麦克卢汉隐而不显的宗教关怀，解释他的名气为何远在同类学者之上。

在43年的教学生涯里，他辛勤培育桃李，浇灌媒介环境学这颗幼苗，使之成为参天大树。他传世的著作25种，其中独著者13种，合著者10种，合编者2种，主要分布在英语教育和媒介环境学两个领域，全都浸透着深刻的社会文化批评。

他奖掖后生的精神令人感动。尽管他的弟子保罗·莱文森常常与他的意见向左，他却扶持他很快成名。1977年，他刚刚接手任国际普通语义学会会刊《如此等等》的主编，就发表了莱文森的两篇文章。一篇是莱文森的成名作《玩具、镜子和艺术》，另一篇是为麦克卢汉的论文《媒介定律》所作的小序。

中国读者对波斯曼的了解始于他的《娱乐至死》（1985）和《童年的消逝》（1982），2004年广西师范大学出版社推出这两本书的中文版，大获成功。他的其他重要著作比如《技术垄断》（1992）、《作为保存活动的教学》（1979）和《修建通向18世纪的桥梁》（1999），相信不久也会在国内翻译出版。

1985年，波斯曼在《娱乐至死》里提出“媒介即隐喻”的命题，这个命题和麦克卢汉“媒介即讯息”一脉相承。但该书对电视戕害读写文化能力的控诉，使他既有别于麦克卢汉，又有别于他的弟子莱文森。

1982年，他以《童年的消逝》捍卫印刷文化。在这一点上，他和大多数的媒介环境学者的观点接近。

波斯曼有一篇讲话重要而精彩。这是他1998年在媒介环境学会成立大会上的主题讲演，题名《媒介环境学的人文关怀》。这既是媒介环境学的宣言书，又是他个人的自白书。他借此机会简明扼要地阐述了媒介环境学的由来和宗旨，旗帜鲜明地张扬媒介环境学的现实关怀、人文关怀和道德关怀，严厉批评缺乏道德关怀的倾向。文章收入林文刚博士撰写并编辑的《媒介环境学：思想沿革与多维视野》里，该书的中文版已经由北京大学出版社推出。

在这里，波斯曼提出四条人文主义原则，用以指导媒介研究：（1）媒介在多大程度上对理性思维的发展做出了贡献？（2）媒介在多大程度上对民主进程的发展做出了贡献？（3）新媒介在多大程度上使人能够获取更多有意义的信息？（4）新媒介在多大程度上提高或有损我们的道德感、我们向善的能力？。

总而言之，波斯曼是印刷文化人的典范，对电子技术的负面影响忧心忡忡。他主张媒介环境的完美平衡：语言环境、感知环境、媒介环境、多重媒介环境和社会环境的平衡。在道德关怀上，他的立场和言论都比麦克卢汉更加旗帜鲜明。

和一切著名学者的遭遇一样，波斯曼受到的评价也褒贬不一，包括来自自己弟子的批评。这个问题留待下一节介绍。

麦克卢汉和他的两位私淑弟子波斯曼和莱文森的师承关系非常有趣，三位学者一条线，有传承，却有偏离，亦有“反叛”，更有超越。波斯曼偏离麦克卢汉，莱文森“反叛”波斯曼和麦克卢汉。师徒三人差别很大，却也形成一条线，聚焦一个共同点：他们都十分关注媒介对人类的影响，认为媒介的影响超乎常人的意识和想象。

波斯曼在《娱乐至死》里提出“媒介即隐喻”。他认为，媒介用隐蔽而强大的暗示来“定义现实世界”，媒介的形式极为重要，因为特定的形式会偏好某种特殊的内容，并最终会塑造整个文化的特征。

波斯曼谦和虚心，不张狂，不文过饰非，对人的评价往往比较中肯。他不同意麦克卢汉在媒介批评上所持的中性立场，所以戏称自己“不是很听话的孩子”。

他赞赏麦克卢汉胜人一筹：“我认为麦克卢汉并不是原创性的人，可是他略胜一筹。原因之一是，他站在哈罗德·伊尼斯、刘易斯·芒福德这些学者的肩头上，也可以说是站在雅克·艾吕尔的肩头上……”[34]

他解释麦克卢汉胜人一筹的原因：“我们许多人学着去理解媒介，为什么要转向麦克卢汉而不是转向其他人呢？也许有很多原因吧。但是这里有一个我认为最能够说明问题的原因：伊尼斯、芒福德和艾吕尔全都是他们这个世纪的敌人。麦克卢汉却是其朋友……麦克卢汉不蔑视流行艺术……麦克卢汉不仅是本世纪的朋友，而且是下一个世纪的朋友。他是一个主张改良的人、面向未来的人、预言希望的人。”[35]

八、莱文森对麦克卢汉和波斯曼的继承和超越

媒介环境学第三代学者数以百计，活跃在世界各地，其中的佼佼者有多伦多学派的埃里克·麦克卢汉和德里克·德克勒克，纽约学派的莱文森、梅罗维兹、兰斯·斯特拉特、林文刚等。限于篇幅这里只介绍梅罗维兹和莱文森。

梅罗维兹和莱文森师出同门，且是同窗，梅罗维兹略长，是为师兄，两人均授业于波斯曼门下。梅罗维兹的代表作《消失的地域》是媒介环境学发展的一个路标，译介到国内后也产生了相当大的影响。莱文森对师兄的大作做了恰如其分的评价：“梅罗维兹把麦克卢汉与社会学的观点糅合起来，尤其把戈夫曼（Ervin Goffman）的公共面具和私人面具联系起来。但他的《消失的地域》写得太早，不可能完全抓住

数字时代飘然降临的势头。他评价的主要是电视，而不是电脑。然而他比较全面地论述了各种大众电子媒介正在淡化的区别和边界。”[36]

莱文森继承、发展并超越了他的偶象麦克卢汉和恩师波斯曼。莱文森的代表作《学习赛博空间》、《软利器》（清华版《软边缘》书名不妥）、《数字麦克卢汉》、《思想无羁》、《手机》和《真实空间》6 部，除《学习赛博空间》外，均已在国内出版。他是当之无愧的“数字时代的麦克卢汉”，后“麦克卢汉主义”第一人。

《软利器》献给知识进化论的著名学者坎贝尔（Donald Campbell，1916—1996），是迄今为止最全面的媒介演化史和媒介演化理论；《数字麦克卢汉》献给他读硕时的老师卡尔金（John Culkin，1928—1993），是三合一的书，既是麦克卢汉评传，又是媒介理论专著，也是数字时代网民的指南；《思想无羁》献给麦克卢汉，是技术、媒介和知识进化以及太空探索的哲学－史学－传播学专著；《手机》献给他的“精神之父”波斯曼，论述继因特网之后的媒介革命，断言手机是超越电脑的新媒体，预言将来的手机要把因特网纳入麾下；《真实空间》揭示虚拟空间的不足，戳破其乌托邦面目，调子冷峻，反思深刻，主张网上冲浪和物质空间的结合，指出人类的出路是走向太空，到太空去探索和殖民。

莱文森对麦克卢汉和波斯曼充满敬佩感激之情，却也显示出“吾爱吾师，吾更爱真理”的论辩精神。他既有继承，也有“反叛”。现引他的几段话予以证明。

1977 年读博期间，他携新婚妻子北上“朝觐”麦克卢汉。从麦克卢汉家做客返回宾馆的路上，他们激动不已，弃车步行。他用梦幻之笔留下了一段感人肺腑的文字：“这一天的经历和发人深省的谈话使我们激动不已。所以我们手拉手走了一个多小时，穿过多伦多的大街小巷，一直走回旅店。那天晚上，那些大街小巷仿佛是铺满了魔力。事实上，我在写作本书每一页的过程中，似乎还走在这条充满魔力的道路上。”[37]

他钦佩麦克卢汉的智慧与口才：“我们在他 [麦克卢汉] 的住宅区散步时的聊天、在餐桌上的闲谈、在电话上的交谈、在开会休息时交换的意见，无不闪耀着他的智慧光芒，他妙语连珠而洞见横溢，狂言无羁又不无道理。他言如其人，文如其人。他的言谈和信札、书文，一样精彩纷呈。实际上，有时闲聊中他随口抛出的一句话，往往浓缩了大量的双关诙谐，可能还要胜过他的文字表达，可能会澄清他书中不能说明的问题。”[38]

他肯定麦克卢汉的历史地位：“麦克卢汉是对的。至少他提供的框架是对的。这个框架可以帮助我们理解人和技术的关系，和世界的关系，和宇宙的关系。这个框架是重要的。它和理解人的心理、生活和物质宇宙的框架一样重要。”[39]

他重新思考给麦克卢汉粘贴的标签：“如今，用事后诸葛亮的眼光来看问题——在后视镜里回顾他，回顾我最初对他的研究——我可以清楚地看见，用‘媒介决定论’来描写他未必是妥当的，虽然我依然认为，那些观点把人放在面对技术时较低的位置。至今，有一个问题我依然与他意见相左：他强调技术，贬低人对技术的控制力。这是他那些观点必然的内涵。不过，我可以理解，为什么他要反对‘媒介决定论’的帽子。他的抵制和他置身事外、不愿意预告未来有关系。”[40]

他铭记波斯曼的师恩。在 2003 年 10 月 3 日致尼尔·波斯曼的悼词中，莱文森说：“尼尔是我最亲近的思想之父。”2004 年初，他把《手机：挡不住的呼唤》献给波斯曼，献词是：“谨以此书献给尼尔·波斯曼，他教我学会如何教书。”

在《数字麦克卢汉》中，莱文森由衷感激导师的恩情，却也流露出孤芳自赏的情绪。兹引他的两段话为例。

“尼尔·波斯曼不仅是我攻读的博士点的精神领袖，而且是我的博士论文导师。他对电视和电脑持尖锐的批判态度，我的意见与他相左。我认为，它们对我们的文化大有裨益，比他说的要好。而且，它们的效应也很不一样。我常常说俏皮话，我是他的老师，他是我最不争气的学生——学生班门弄斧，向老师兜售自己的媒介理论。但是，深究之下的真相却与玩笑大相径庭。是他告诉我们，为何要认真研究麦克卢汉。他的风范，鹤立鸡群，过去如此，现在亦如此。”[41]

“我们这个博士点的指路明灯当时是尼尔·波斯曼，现在仍然由他执掌。他不仅教我如何上课，而且使我洞悉麦克卢汉，洞悉麦克卢汉对世界的影响。他不仅给我引路，而且把麦克卢汉本人介绍给我。此事对我后来写这本书意义重大，容我下面细说。波斯曼是颇有影响的媒介理论家。虽然有时我不敢苟同他对媒介的过分悲观的批评”[42]

莱文森常常与恩师的意见向左。还在读博期间，他就撰文《看电视的好处》批评老师对电视的看法，并且当面指出，老师的看法不对，且戏称波斯曼“是我最不争气的学生”。在《手机》扉页的谢词里，他感谢波斯曼“教我学会如何教书”，却又巧妙地回避两人在学术观点上的分歧，但在同一本书的“文献述要”里，他就急忙补充说：“虽然我们观点不同，我还是把本书献给他，因为他是我最有才华、最有奉献精神、最善于激励学生的老师。”[43]

我本人对波斯曼这位“精神领袖”、“思想之父”、“指路明灯”的研究很不够。本文在此开一个头，尚乞同仁专文论述之。

莱文森超越了麦克卢汉和波斯曼，他用媒介乐观主义、人类沙文主义、蛋白质沙文主义、人性化趋势理论和补救性媒介理论，树起后麦克卢汉的大旗。他绝不会鞭笞任何一种新媒介。他认为，一切媒介的缺点都是可以补救的；媒介的演化服从人的理性，有无穷的发展潜力，越来越人性化，越来越合理，越来越完美。他坚信人无穷无尽的主观能动性：人既然发明了媒介，就有办法扬其长而避其短。

尽管麦克卢汉、波斯曼和莱文森风格迥异，却一脉相承。我熟悉他们的著作，但我偏好莱文森，所以我译介了他的大部分专著。如今，我为人民大学出版社主持的“莱文森研究书系”已基本完成，书系的选目暂定3种：《手机：挡不住的呼唤》、《真实空间：飞天梦解析》和《莱文森精粹》。

在我的印象里，在世学者出选集的很少，中国人为外国学者编选集的更少。莱文森为何享此殊荣？这要费一点笔墨，容我先介绍其他学者的评论，为我的解释做一点铺垫。

《思想无羁》的封底评论有6条赞辞，现抄录两条：“莱文森的思想提升了传播人扮演的角色，使人成为遨游宇宙的船长……在他绝妙的笔端，复杂的东西……成为明白如话的英语。”“莱文森跻身名流，成为大名鼎鼎的媒介理论家。他与芒福德、伊尼斯、麦克卢汉比肩而立，和翁、埃吕尔、波斯曼不相伯仲。他思路清晰，洞察媒介演化的历史，把这个历史放在媒介环境学的环境之中去考察。”

《真实空间》封底也有几条评论，亦抄录两段：“凡是对赛博空间、真实空间和外层空间的关系感兴趣的读者，应该喜欢这本挑战思路、大开眼界的新作。”“《真实空间》内容丰富、富有创见、思想深刻，对科幻小说迷也好，对科学技术史和科学技术社会学的专家而言，这部著作都是值得一读的。”

《数字麦克卢汉》封底有两条评论，《连线》编辑科文·凯利（Kevin Kelly）的评论是：“保罗·莱文森用这本力作完成了麦克卢汉开创的未竟之作。如果你想解读屏幕上的赛博生活，你就得读这本书。”

另一条评论是他恩师波斯曼的赞誉：“《数字麦克卢汉》提供的内容完全兑现了本书小标题所做的承诺——信息化新千纪指南。”

现在我尝试对莱文森享有的殊荣做一些解释。

先引述我在“莱文森研究书系”总序里写的一段话：“莱文森扬弃麦克卢汉的

'媒介决定论'，提出了与之相左的'人性化趋势论'，张扬人在技术发展中的创造能力和理性选择，对媒介演进和人类前途抱积极乐观的态度……他不仅是媒介哲学家，还是科幻小说家、教育公司总裁、音乐人。他的多才多艺展现了相当理想而完美的知识分子形象……英国著名学者 C.P. 斯诺主张科学文化和文学文化的结合，莱文森卓尔不群的理论著作和科幻小说就是这两种文化的完美结合。"

再容我做一番梳理，把莱文森的学术成就和理论贡献归纳如下。

(1)"人性化趋势"(anthropotropic) 理论。这种媒介演化理论突出人的主观能动性，指出人在媒介演化中的无穷潜力。早在 1979 年的博士论文《人类历程回顾》里，莱文森就吹响了"媒介乐观主义"的号角，他首创"人性化趋势"和"补救性媒介"的媒介演化理论。他张扬万物为我所用、万物体现理性的"人类沙文主义"和"蛋白质沙文主义"。他从积极方面继承了麦克卢汉的媒介理论，批评了恩师波斯曼对电子媒介尤其是电视的责难。他说："人是积极驾御媒介的主人。不是在媒介中被发送出去，而是在发号施令，创造媒介的内容。对别人已经创造出的内容，人们拥有空前的自主选择能力。我的媒介演化理论可以叫做一种'人性化趋势'的理论。"[44]

(2)"软媒介决定论"。他在《软利器》里清理了麦克卢汉和自己的思想，意识到两人的媒介演化理论的细微差别，认为自己的媒介演化理论是"软媒介决定论"，而麦克卢汉的媒介演化理论是"硬媒介决定论"。姑不论他给麦克卢汉的标签是否妥当，这样的二分法确有一定的道理。再引他的一段话为证："有些媒介学家认为信息系统对社会具有必然的、不可抗拒的影响，他们称这种关系为硬媒介决定论。这种关于抽象语言和人类的关系的观点有些极端；很难找到一些事实来说明信息技术和它们对人类所产生的影响之间非常复杂的关系。理智地讲，媒介很少产生绝对的不可避免的社会结果。相反，它们提供事件产生的可能性，事件的状态和影响是诸多因素的结果，而不仅仅是信息技术的结果。媒介学家称这种关系为软媒介决定论。"[45]

(3)"补救性媒介"理论。这个理论有两层意思，包含媒介演化体现出来的两个目的或动机。一是满足人的渴求和幻想："我们发明了窗户。对于原来的墙壁来说，这是改善。比起笨拙的黑咕隆咚不透光的墙壁，或者有孔而不保温的墙壁来说，有窗户的墙壁是好多了。后来我们发现，这个发明使窥视者能够往里看，于是我们又发明了窗帘。我们发明了电脑的运行软件'视窗'……'视窗'是一种改进。当我们发现'视窗'的问题之后，我们可能要发明和窗帘一样的东西。"[46] 二是弥补失去的东西："整个媒介演化进程都可以看成是补救措施。因此，因特网可以看成是补救性媒介的补救性媒介，因为它是对报纸、书籍、电台和电话等等媒介的改进。"[47]

（4）"玩具、镜子和艺术"。这是莱文森提出的媒介演化的三阶段论，用以补充麦克卢汉媒介演化"提升－过时－再现－逆转"的四定律。他与麦克卢汉反复切磋，相互辩难，彼此尊重，意识到"三元说"和"四元说"的互补关系。

（5）"三个地球村"，用以补充麦克卢汉的"地球村"概念。他认为，广播时代是儿童的"地球村"、电视时代是偷窥者的"地球村"，网络时代是参与者的地球村。他做了这样的解释，广播是单向媒介，罗斯福发表广播讲话时和民众的关系宛若父子关系；电视也是单向媒介，满足人通过电视节目偷窥他人生活的好奇心；网络才是互动媒介，实现了真正的全球互动。兹引用他的三段话为例："听收音机的人，无论其年龄大小，都成为匍匐在父亲脚下的孩子……1945 年罗斯福去世时，他们悲痛得像失去了一位父亲。"[48]"人们在肯尼迪遇刺时的感觉，更像是别人的孩子被压汽车死时那样的感觉，有一点超脱，也不那么悲痛。地球村在成长。通过电视，村里人从收听者变成收视者，从小孩子变成窥视者。"[49]"麦克卢汉创造这个词汇时，实际上，地球村还是一个窥视者的村落，根本不是互动意义上的村落。现在的情况变了。凭借 CNN 等卫星电视，地球村里连续不断的滚动传播业已成为现实。同样，凭借因特网和万维网，地球村里的互动性也已经变成现实。"[50]

（6）他用《手机》对手机做了深刻的哲学解读。手机使人首次回到"前技术"时代那种交流的本真状态：人能够边走路边用手机说话，终于彻底摆脱了其他电子媒介把人囚禁在室内的枷锁。他又指出手机令人憧憬的潜力：手机把因特网作为自己的内容，成为超越因特网的新媒体。

（7）他的《真实空间》一箭双雕，既指出虚拟空间的不足，又放飞宇宙航行和太空殖民的梦想。他主张虚拟空间和真实空间的结合，人不能只当"网上冲浪人"，还要当"海滩徜徉人"。他的《真实空间》是一剂清凉剂，使我们从电子乌托邦中清醒过来。

（8）他是数字时代的麦克卢汉。他的《数字麦克卢汉》不仅对麦克卢汉的"老三论"做了最好的诠释，而且分 14 个专题研究麦克卢汉，也就是论述了麦克卢汉的 14 种理论。他张扬、批评、继承、发展并超越麦克卢汉的思想，无人能出其右。

注释：

[1] 陈卫星，《西方当代传播学学术思想的回顾和展望》，《国外社会科学》1998 年第 1—2 期。

[2] 陈力丹，《试论传播学方法论的三个学派》，《传播学论坛》，2005 年 9 月 2 日。

[3] 杨茵娟，《从冲突到对话——评传播研究典范：结构功能主义、政治经济学与文化研究》，《国际新闻界》2004 年第 6 期。

[4] 蔡骐，《传播研究范式与中国传播学的发展》，《中华传媒网》，2005 年 10 月 19 日。

[5] 潘忠党，《传播媒介与文化：社会科学与人文学研究的三个模式》，《现代传播》1996 年第 4 期与第 5 期。

[6] 何道宽，《多伦多传播学派的双星：伊尼斯与麦克卢汉》，《深圳大学学报》2002 年第 5 期。

[7] 何道宽，《天书能读：麦克卢汉的现代诠释》，《四川外语学院学报》2003 年第 1 期。

[8] 张咏华，《媒介分析：传播技术神话的解读》，复旦大学出，2002 年。

[9] 蒋宁平，《媒介决定论·有失公允——麦克卢汉技术哲学观评析》，人民网，2004 年 10 月 28 日。

[10] 崔保国，《媒介是条鱼——理解媒介生态学》，《中国传媒报告》2002 年第 1 期。

[11] 张咏华，《新形势下对麦克卢汉媒介理论的再认识》，《现代传播》2000 年第 1 期。

[12] 林文刚编，《媒介环境学》，何道宽译，北京大学出版社，2007 年。

[13] 1951 年 3 月 14 日，麦克卢汉在其致伊尼斯的信中说："亲爱的伊尼斯，谢谢你重印的讲稿。这给我机会说一说对你的传播研究的兴趣。比如，《帝国与传播》里有些话似乎暗示说，有可能组织起整整一个学派。"——《麦克卢汉精粹》，何道宽译，南京大学出版社，2000 年，第 114 页。

[14] 斯蒂芬妮·麦克卢汉、戴维·斯坦斯编，《麦克卢汉如是说：理解我》，何道宽译，中国人民大学出版社，2006 年，第 106 页。

[15] Stearn, G. E. (Ed.) (1967). *McLuhan: hot and cool: A critical symposium*. New York: The Dial Press.

[16] Rosenthal, R. (Ed.) (1969). *McLuhan: Pro and con* (pp.270–3–8). Baltimore: Penguin.

[17] 《传播研究领域的发酵》(*Ferment in the field* [special issue]. (1983). *Journal of Communication*, 1 (3), pp.1–368)。

[18] 《学科展望之一》(*The future of the field I* [special issue]) (1993a). *Journal of Communication*, 43 (3), pp.1–238；《学科展望之二》*The future of the field II* [special issue]. (1993b). *Journal of Communication*, 43 (4), pp.1–190。

[19] 埃里克·哈弗洛克（Eric Alfred Havelock, 1903—1988），美国古典学家、媒介环境学

家，先后在加拿大和美国几所最富盛名的大学执教，是媒介环境学派第一代代表人物，多伦多学派和纽约学派的桥梁，著有《柏拉图导论》、《缪斯学会写字》、《希腊的拼音文字革命及其文化影响》、《希腊政治的自由秉性》、《西方书面文化的源头》等。

[20] 穆雷（Murray，S. O.），《学派与北美的语言研究》（*Theory groups and the study of language in North America.*）Amsterdam：John Benjamins，1994. p.22。

[21] 伊尼斯，《传播的偏向》，何道宽译，中国人民大学出版社，2003 年，第 3 页。

[22] 斯蒂芬妮·麦克卢汉、戴维·斯坦斯编，《麦克卢汉如是说：理解我》，何道宽译，中国人民大学出版社，2006 年，p.xx。

[23] 同上，第 83 页。

[24] 同上，第 261—262 页。

[25] 《麦克卢汉精粹》，麦克卢汉著，埃里克·麦克卢汉等编，何道宽译，南京大学出版社，2000 年，63 页。

[26] 《麦克卢汉如是说》，斯蒂芬妮·麦克卢汉等编，何道宽译，中国人民大学出版社，2007 年，第 185 页。

[27] 菲力普·马尔尚，《麦克卢汉：媒介及信使》，何道宽译，中国人民大学出版社，2003 年，第 121 页。

[28] 同上，第 122 页。

[29] 同上，第 124 页。

[30] 同上，第 129 页。

[31] Carey, J. W.（1989）. *Communication as culture: Essays on media and society*. Boston: Unwin Hyman., p.142。

[32] Postman, N.（1992）. *Technopoly: The Surrender of Culture to Technology*. New York: Vintage Books, p.8.

[33] 林文刚，《媒介环境学：思想沿革与多维视野》（*Perspectives on Culture, Technology and Communication: The Media Ecology Tradition*. ed. Casey Man Kong Lum, Cresskill, NJ: Hampton Press, 2006, p.66）。

[34] 菲力普·马尔尚，《麦克卢汉：媒介及信使》，何道宽译，中国人民大学出版社，2003，p.xi。

[35] 同上，p.xi–x。

[36] 莱文森，《数字麦克卢汉》，何道宽译，社科文献出版社，2001 年，第 25 页。

[37] 同上，“谢辞”，第 4 页。

[38] 同上，第 2 页。

[39] 同上，第 1—2 页。

[40] 同上，第 260 页。

[41] 同上，第 26 页。

[42] 同上，第 2 页。

[43] 保罗·莱文森，《手机：挡不住的呼唤》，何道宽译，中国人民大学出版社，2004 年，第 188 页。

[44] 保罗·莱文森，《数字麦克卢汉》，何道宽译，社会科学文献出版社，2001 年。

[45] 保罗·利（莱）文森，《软边缘：信息革命的历史与未来》，熊澄宇等译，清华大学出版社，2002 年，第 3 页。

[46] 保罗·莱文森，《数字麦克卢汉》，何道宽译，社会科学文献出版社，2001 年，第 244 页。

[47] 同上，第 245 页。

[48] 同上，第 97—98 页。

[49] 同上，第 98 页。

[50] 同上，第 39 页。

媒介环境学派的理念辨析

● 何道宽

从功能主义的角度我们可以问：媒介环境研究如何成为一个学派？什么是它的“好理念”？什么样的文化、技术和传播理念构成了媒介环境学派的理论基石或范式内容？这些理念是如何产生的？构想这些理念的人为何认为它们是“好”的理念？此外，谁给媒介环境学派的理论表述提供了思想领导？这样的思想领导又是如何表现出来的？什么人为媒介环境学的发展提供了必要的组织领导并使之成为一支整合一体的理论队伍？从冲突模式的视角看，我们则可以问：在媒介环境学的研究队伍中，是否有人声称完成了范式上的突破？[1]

一、什么是媒介环境学？

媒介环境学的定名经历了一个漫长的过程。20 世纪 60 年代，麦克卢汉建议尼尔·波斯曼在纽约大学创建 media ecology 的专业。在此之前，媒介环境学派的先驱者和第一代人物没有一个自称为媒介环境学者，波斯曼不但创办了这个专业，而且是给这个学派命名的第一人。自此，他本人和其他学者从不同的角度试图给这个学派下定义。

媒介环境学学会章程的第一条对媒介环境学做了非常简明的界定：“媒介环境学研究符号、媒介和文化彼此之间那一套复杂的关系。”[2]

波斯曼在不同的语境下对其做了大同小异的界定：

> 1971 年，波斯曼与人合著的《软性的革命》里有这样一段话：“媒介环境学研究人的交往、人交往的讯息及讯息系统。具体地说，媒介环境学研究传播媒介如何影响人的感知、感情、认识和价值，研究我们和媒介的互动如何促进或阻碍我们生存的机会。其中包含的生态一词指的是环境研究——研究环境的结构、内容以及环境对人的影响。毕竟，环境是一个复杂的讯息系统，环境调节我们的感觉和行为。环境给我们耳闻目睹的东西提供结构，所以，环境就构

成我们耳闻目睹的事物的结构。”[3]

1976年，《纽约大学年鉴》记录了波斯曼给媒介环境学下的定义：“媒介环境学研究人的交往、人交往的讯息及讯息系统。具体地说，媒介环境学研究传播媒介如何影响人的感知、感情、认识和价值。它试图说明我们对媒介的预设，试图发现各种媒介迫使我们扮演的角色，并解释媒介如何给我们所见所为的东西提供结构。”[4]

1979年，他的巅峰之作《作为保存活动的教学》对媒介环境学做了非常简明的界定：“媒介环境学研究信息环境。它致力于理解传播技术如何控制信息的形式、数量、速度、分布和流动方向，致力于弄清这样的信息形貌或偏向又如何影响人们的感知、价值观和态度。”[5]

2006年，林文刚在《媒介环境学：思想沿革与多维视野》里说：“媒介环境学不可能（大概也不应该）等同于波斯曼研究或麦克卢汉研究，也不能和芒福德研究、艾吕尔研究、翁研究或朗格研究划上等号。从整体上来看，媒介环境学的思想超过了它思想成分的总和。”[6]

所以我们说，媒介环境学既是麦克卢汉研究、伊尼斯研究、波斯曼研究、翁研究，又不完全是对他们的研究。

二、媒介环境学的理论框架

在《媒介环境学：思想沿革与多维视野》中文版序里，林文刚博士提炼了该学科的4个核心课题：(1) 重要思想，包括界定性理念、理论或主题，以及文化、技术与传播的关系；(2) 这些思想背后的主要学者，比如刘易斯·芒福德、哈罗德·伊尼斯、马歇尔·麦克卢汉；(3) 这些思想产生的社会、政治和思想语境；(4) 当代学者如何运用这些理论。

在这篇序文里，他把媒介环境学的研究对象划分为符号环境、感知环境和社会环境三个层次，而且对这三个层次做了简明的解释：“换句话说，媒介环境学研究作为符号环境的媒介、作为感知环境的媒介和作为社会环境的媒介（即传播媒介在社会里的角色）。”

媒介环境学认为，“媒介即是环境”，“环境即是媒介”，它有三个互相联系的理论命题。在《媒介环境学：思想沿革与多维视野》的长篇绪论里，林文刚对这三个理论命题做了简要的阐述：

（1）传播媒介不是中性的。媒介的物质属性结构和符号形式具有规定性的作用，对信息的编码、传输、解码、储存产生影响，对支撑这些传播过程的物质设备也产生影响。

（2）传播媒介的偏向性。他借用媒介环境学会创始人之一的克里斯琴·尼斯特洛姆提出的 7 种偏向：思想和情感偏向，时间、空间和感知偏向，政治偏向，社会偏向，形而上偏向，内容偏向，认识论偏向，和波斯曼在另一场合提出的五种偏向异曲同工：思想和情绪偏向，政治偏向，感知偏向，社会偏向和内容偏向。这些后继者的偏向论显然发展了伊尼斯的时空偏向论。

（3）传播技术对文化的影响，即技术和文化的问题。这是媒介环境学范式内容的关键理论问题，也是争论最激烈、最容易引起误解的问题。

在 1979 年出版的《教育的终结》里，波斯曼提出媒介环境学的理论框架，共 10 个命题：

（1）一切技术变革都是双刃剑，利弊同在，都是浮士德式的交易。

（2）新技术的利弊使有些人获利，有些人受害。

（3）每一种技术都有一种哲学理念，都对人产生深刻的影响。

（4）一种新技术往往挑战一种旧技术，在时间、注意力、金钱、威望和“世界观”上向旧技术发起攻击。

（5）技术变革不是叠加性的，而是生态性的。一种新技术并非仅仅是追加什么东西，而是改变一切。

（6）因为信息的编码是符号的形式，所以不同的技术就有不同的思想和情绪偏向。

（7）因为技术信息容易获取的程度和速度不一样，所以不同的技术就有不同的政治偏向。

（8）因为有不同的物质形式，所以不同的技术就有不同的感知偏向。

（9）因为我们注意技术的情况不一样，所以不同的技术就有不同的社会偏向。

（10）因为技术的内部结构和经济结构不一样，所以不同的技术就有不同的内容偏向。[7]

三、媒介即是文化

媒介环境学主张泛媒介论、泛技术论、泛环境论、泛文化论。媒介环境学中所谓的环境分为三个层次：符号环境、感知环境和社会环境，所谓的社会环境就是多重中介的环境。

“媒介即是文化”，这是麦克卢汉想说而没有点破的命题。2000 年，我撰文详细论述麦克卢汉的泛媒介论和泛文化论 [8]。现抄录两段予以说明。

麦克卢汉所谓的媒介却是广义的媒介，泛指一切人工制造物和一切技术。这使他有别于常人，也有别于其他的学者。仅举一例，就可以说明他的“媒介”是多么的宽泛无边、希奇古怪。他在《理解媒介》中列举细说了 26 种媒介，每一种媒介自成一章，且都用了一个奇妙的比喻。

“媒介是人的延伸。”按照他这个定义，弓箭是手臂的延伸，轮子是腿脚的延伸，衣服是皮肤的延伸，口语是思想的延伸，文字的口语的延伸，拼音文字是视觉的延伸，印刷术是文字的延伸，近代机械文明、民主政治和个人主义等等是印刷术的延伸，电子媒介是大脑的延伸，网络是大脑的延伸，如此等等。这就是麦克卢汉的媒介史观，也就是他的文明史观。在他看来，文明史就是传播史，就是媒介演进史。

四、技术即是媒介

麦克卢汉、波斯曼和莱文森都持泛技术论、泛媒介论。

1962 年，麦克卢汉在《谷登堡星汉》里，率先提出媒介历史分期，提出口语、拼音文字、机器印刷和电子技术等四大媒介革命。这个思想不但被所有的媒介环境学者接受，而且成为绝大多数人文学科和社会学科学者的共识。在他的心里，一切人造物包括有形的人造物和无形的人造物比如口语都是技术，一切技术都是媒介，一切技术都是环境，一切技术都是文化。

“波斯曼始终是麦克卢汉迷，就此而言，他发现麦克卢汉把媒介和技术划等号的观念有一定的好处。媒介和技术都是人的延伸，我们把它们放在我们自己和环境之间，以便使自己能够拓展潜力——即使说不上是操纵、影响和超越极限的能力。”[9]

“麦克卢汉把媒介与技术混为一体之后，我们对技术也可以持类似的观点了：技术成为文化——技术就是文化。”[10]

麦克卢汉“唤醒人们的媒介意识，他要使人认识到，一切技术都是媒介，一切媒介都是我们自己的外化和延伸。一旦获得这样的意识，我们就可以在一定程度上控制媒介，正如我们能够从修辞的角度控制我们说话一样。”[11]

“波斯曼和他的同事们在纽约大学筹建媒介环境学博士点的时候给环境下了这样的定义：‘媒介是文化发展的环境。’这个定义的比方指向两个观点……第一个观点是：媒介即环境。其余的一切技术包括人们一般不会认为是媒介的技术也是环境，比如前文提到过的典型的技术枪炮和核武器也是环境……媒介未必改变我们文化中的一切，但它们必定改变有关我们文化的一切……第二个观点是：在这个方面，媒介不仅影响文化，而且变成文化，媒介就是文化……所以我们不能不做出这样一个定义：我们的文化由传播活动组成，其构造成分只能是传播活动，包括一切传播活动，除此之外，别无其他……波斯曼关于媒介环境学的最重要的观点是：我们必须要理解这个偏向、这个环境、这个文化，并找到抗衡和平衡的办法。”[12]

麦克卢汉关于技术、环境、媒介关系的论述数以百计。限于篇幅，笔者仅仅从《麦克卢汉精粹》里撷取 12 条语录献给读者，其余请读者自己查证。[13]

“口语是最早的技术，凭借这一技术，人类用一种新的方法去摆脱环境以便于去掌握它。”

“每一种技术都创造一种环境，这种环境往往被当成是腐败的、堕落的。然而这个新技术往往把此前的技术变成为一种艺术的形式。”

“电脑之类的技术没有它固有的无能为力的事情。这种技术使我们的意识延伸，成为一种普世一体的环境。人们有一种感觉，我们受到电力技术信息的包围，这种环境就是我们意识的延伸。”

“环境不仅是容器，它们还是使内容全然改变的过程。”

“环境的首要特征是隐而不显、难以察觉的。这似乎是种系发育过程的必然结果。每一个新的发展阶段都成为此前一切阶段的环境。然而，我们只觉察到过去的阶段，也可以说是只觉察到环境的内容。”

“以电力速度进行数据处理时，我们才第一次意识到环境。我们把环境称之为‘参数’。这种顿悟是在电子研究时得到的。我们突然发现观察工具扭曲了数据。如今我们明白，任何环境都像观察工具一样在发挥作用。”

“环境有一种奇怪的力量，它能够避开我们的知觉。”

“无论什么环境，无论是广播、电视、通讯卫星还是炸弹，人类的新环境几乎都不是‘硬件’，也不是物质的东西，而是信息和编码的数据。”

“伟大的、持久不变的大众媒介不是文献，而是言语。语言既是一切媒介之中最通俗的媒介，又是人类迄今可以创造出来的最伟大的艺术杰作。”

“环境具有使人难以感知的奇怪力量。过去的环境受到新环境的包围时，几乎就获得了一种使人怀旧的魅力。”

“新环境形成的时候，我们看到旧环境时，仿佛生活在似曾相识的幻觉之中。”

莱文森把技术的起源推回到口语和原始工具出现之前，认为口语出现之前的技术是“前技术”，“前技术”也是环境，也是文化。他说：

“我的媒介演化理论可以叫做一种‘人性化趋势’（anthropotropic）的理论。根据这个理论，演化过程中的媒介选择，越来越支持‘前技术’的人类传播模式，形式上和功能上都是如此。因此，我这个理论，与麦克卢汉媒介观中充满活力和人性的成分，是非常契合的。”[14]

“在自然的、‘前技术’的传播环境中，信息在发送者和接受人之间轻松自如地交流（虽然这样的信息交换受到局限——说话和听话的距离都有限）。”[15]

“我认为，媒介给我们提供的实际上是越来越人性化的、自然的和‘前技术’的交流方式。我提出媒介演化的三个阶段。在第一个阶段，一切交流都依赖生物学的感知和认知方式，表现为眼睛、耳朵、记忆、想象……为了改善记忆，为了实现我们幻想中耳闻目睹的东西，我们发明了文字之类的传播技术，凭借这些技术，我们可以跨越生物学极限进行交流，跨越时空进行交流。于是，我们就进入了第二阶段。但是为了取得这个阶段的优势，我们也付出了代价：文字失去语音、形象和三维的真实世界……第二阶段的得失逼迫我们寻找更好的媒介，以便我们在超越生物学极限交流的同时又可以不失去自然的世界……于是我们就进入了第三阶段。到这个阶段，技术领域给我们提供的一切都是最好的东西，使我们既可以远程交流、长时间交流，又可以不失去自然的世界。”[16]

五、媒介（技术）决定论？

麦克卢汉的思想是不是技术（媒介）决定论？媒介环境学派的杰出学者是否都是技术（媒介）决定论者？围绕这个问题，华裔美国学者林文刚提出了三种偏重不同的理论概括。这三种理论概括是：硬决定论（伊尼斯，麦克卢汉），软决定论（莱文森、梅罗维兹），技术和文化共生论（林文刚）。林文刚认为这三种偏重不同的理论概括构成一个连续体：处于两极的是硬决定论和软决定论，处于中间的是共生论。他说："处在这个连续体中部的是我所谓的'文化/技术共生论'。这个视角认为，人类文化是人与技术或媒介不间断的、互相依存的因而互相影响的互动关系。"[17]

詹姆斯·凯利（James W. Carey）认为，伊尼斯持典型的技术决定论，麦克卢汉有此嫌疑。凯利本人则是技术实用主义者。布卢斯·E. 格龙贝克（Bruce E. Gronbeck）认为，"技术实用主义者感兴趣的是技术如何与某时某地社会里的其他力量相互作用。詹姆斯·凯利就是这样的实用主义知识分子……凯利倾向于把媒介当作场所，我们在这样的场所里看人们在特定环境中追求的希望和梦想。对凯利而言，我们不能够假定传播、文化和意识之间的因果关系，而是必须通过所有这些层面同时研究人间发生的事情。正如人们倾向于预期的那样，几乎所有的传播媒介史学家都倾向于技术实用主义的解释。"[18]

莱文森对麦克卢汉的"技术决定论"持暧昧的态度。1978 年，他请麦克卢汉审读他的博士论文初稿，论文批评麦克卢汉的技术决定论。审读论文之后，麦克卢汉在 8 月份给莱文森的电话留言里说："我喜欢你的论文，但是你的表达有误。你把伊尼斯和我说成是'媒介决定论者'，是不妥当的……"[19]

但是，莱文森很快就以同情的态度检查自己的判断。看来，他对技术决定论的认识也有一个发展过程。同理，我本人和国内外的不少学者对麦克卢汉的"技术决定论"也有一个认识过程。

莱文森 1979 年定稿的博士论文提出媒介演化的两种理论："人性化趋势"理论和"补救性媒介"理论，他旗帜鲜明地张扬人的主观能动性，表现出强烈的乐观主义。他用这两个理论同时开辟两个战场，一是反对硬技术决定论，一是反对悲观主义。

然而 20 年后，到 1999 年写《数字麦克卢汉》时，他写下了这样一段话："1978 年，事实本身似乎证明，麦克卢汉持媒介决定论。如今，用事后诸葛亮的眼光来看问题——在后视镜里回顾他，回顾我最初对他的研究——我可以清楚地看见，用'媒介决定论'来描写他未必是妥当的，虽然我依然认为，那些观点把人放在面对技术时较低的位置。至今，有一个问题我依然与他意见相左：他强调技术，贬低人对技术的控制力。这是他那些观点必然的内涵。不过，我可以理解，为什么他要反对

‘媒介决定论’的帽子。他的抵制和他置身事外，不愿意预告未来有关系。”[20]

紧接着，莱文森又说：“在这个领域，我和麦克卢汉已经有两点不同。然而殊途而同归，我们的结论都是一个开放的、不可预测的、不可规定的未来。”[21]

1977年，他有幸为麦克卢汉的天鹅绝唱《媒介定律》[22]撰写评介序文。序文高度评价麦克卢汉企图建立媒介定律的“新科学”。1999年，在《数字麦克卢汉》里，莱文森指出《媒介定律》的辩证法思想，强调麦克卢汉“四元律”的非决定论、非线性因果关系的思想：“我们用它（麦克卢汉的‘媒介定律’）来给媒介做保健工作，看媒介的健康状况、心跳和预后……这些定律还是开放的、多向度的。每一种媒介都有四种功能：提升、过时、再现和逆转，都可能转换成许多东西或效果。”[23]

2001年2月7日，我在《数字麦克卢汉》的译者序里也呼应了莱文森的反思：“许多人为此而给他扣上一顶帽子：媒介决定论。其实，为了矫枉过正，麦克卢汉不得不向人们大喝一声：不能只见媒介的内容，而不见其形式，即媒介本身。他有一个经典的比方：媒介的形式是窃贼，内容是肉，我们是看门狗，我们看媒介时，往往是只见肉不见贼。”

2001年7月3日，我在翻译《传播的偏向》时开始意识到，应当重新思考“媒介决定论”：“伊尼斯认为，媒介的偏向和强大影响，不等于媒介具有决定性；媒介的作用仅限于‘加速’、‘促进’或‘推动’复杂的社会进程。他认为影响社会进程的还有其他许多因素。由此观之，后人给他和麦克卢汉强加的帽子‘媒介决定论’，未必是妥当的。”[24]

2002年1月15日，我在《麦克卢汉：媒介及信使》的译者序里说：“麦克卢汉是一种社会现象，而不仅仅是一位作者或文人。他不号称理论家，却成为影响深远的思想巨人。他张扬大众文化的角色，他对传播学的开拓，给我们的日常世界提供了启示，给数字时代的生活提供了指南；他的启示超过了理论家、分析学家和诠释家的水平。世界范围的麦克卢汉学，已经并继续吸引无数的后继者去诠释、去创新。”[25]

2000年，张咏华撰文，主张重新评价和肯定麦克卢汉，然而由于受第一手材料的局限，她对麦克卢汉仍然肯定不足，否定不妥。比如她这一评价就不符合麦克卢汉《媒介定律》的辩证思想：“麦克卢汉媒介理论的主要缺陷，在于他在探讨媒介与人类文明发展史的关系中缺乏对于因果关系的辩证认识……试图以机械的媒介单因说解释一切变迁。我们应将麦氏肯定科技的决定作用的观点，同他在认识论上的机械化，区分开来。”[26]

2004年，蒋宁平撰文对“技术决定论”提出反批评，把麦克卢汉的思想命名为技术哲学，指出“我们有必要对此做出深入分析……从严格意义上讲，温和决定论已经是一种非决定论了，是一种走向了互动、融和的观点。”[27]

迄今为止，国内研究媒介环境学派最全面、客观、冷静、公允的研究成果是李明伟的博士论文《媒介形态理论研究》，惜未刊。多谢他赠我学习，兹摘录三段以为唱和：

“在‘技术主义范式的兴起’一章中，作者分别介绍了几个代表人物的传播思想，分析了这一范式的两种论调——乐观主义和悲观主义，并以人本主义为参照系批评了技术主义范式的缺点。”

“有人说，麦克卢汉是电子媒介的狂热宣教者。但是，从他提出的这个媒介定律来看，麦克卢汉在对新媒介的态度上表现出罕有的冷静、务实和周全。实际上，麦克卢汉自始至终都抱有这种认真的态度：理解媒介，而不是哗然或愕然。麦克卢汉回想说，自己曾经也是把技术与罪恶划等号，拒斥工业社会。后来他认识到，变化无可逃避，一味拒绝毫无用处。正确的态度是理解它，然后减少振荡和冲击。于是，‘我不再担任卫道士，而是成了小学生’。”

“本文的分析起码表明，给媒介形态理论冠以“技术决定论”的称号，不是一件简单的事情……我还对媒介形态理论产生了以下认识：媒介形态理论的贡献主要不是耸人听闻的结论，因为他们的很多结论或者是预测性的，或者是一种假设，往往言过其实……媒介形态理论的贡献首先在于开辟了一个新的研究传统和研究社会历史变迁的新视角。传统学派一心于具体传播内容及其产生的影响，批判学派指向的是传播背后的政治经济利益和意识形态霸权，独独媒介形态理论盯上了媒介本身的深远社会影响。”

如是而言，麦克卢汉所谓“技术决定论”的始作俑者的“名声”，不仅他本人是坚决拒绝的，而且在其身后和异国，也还有更多的学者为其辩白，相信此一“成见”当会随着更多的深入研究而告破除。

注释：

[1] 林文刚编，《媒介环境学》，何道宽译，北京大学出版社，2007年，第9页。

[2] 见该学会网站 www. media-ecology. org。

[3] 转引自林文刚编,《媒介环境学》,何道宽译,北京大学出版社,2007 年,第 139 页。
[4] 《纽约大学 1976—1977 学年年鉴》,第 114 页,转引自林文刚编,《媒介环境学:思想沿革与多维视野》,第 24 页。
[5] Postman, N. (1979), *Teaching as a conserving activity*, New York: Delta, p.186.
[6] 林文刚编,《媒介环境学》,何道宽译,北京大学出版社,2007 年,第 27 页。
[7] Postman, N. (1996), *The end of education: redefining the value of school*, New York: Alfred A. Knopf., pp.192–193.
[8] 何道宽,《媒介即是文化——麦克卢汉媒介思想述评》,北京广播学院,《现代传播》2000 年第 6 期。
[9] 林文刚编,《媒介环境学》,何道宽译,北京大学出版社,2007 年,第 231 页。
[10] Ditto, p.233.
[11] Ditto, p.197.
[12] Ditto, p.247.
[13] 麦克卢汉,《麦克卢汉精粹》,埃里克·麦克卢汉等编,何道宽译,南京大学出版社,2000 年,第 405—445 页。
[14] 保罗·莱文森,《数字麦克卢汉》,何道宽译,社科文出版社,2001 年,第 56 页。
[15] 莱文森,《思想无羁》,何道宽译,南京大学出版社,2003 年,第 204 页。
[16] 莱文森,《手机:挡不住的呼唤》,何道宽译,中国人民大学出版社,2004 年,第 170—171 页。
[17] 林文刚编,《媒介环境学》,何道宽译,北京大学出版社,2007 年,第 34 页。
[18] 同上,第 341 页。
[19] 莱文森,《数字麦克卢汉》,何道宽译,社科文献出版社,2001 年,第 259 页。
[20] 同上,第 260 页。
[21] 同上,第 262 页。
[22] 《媒介定律》(Laws of Media),载国际普通语义学会杂志《如此等等》(ETC: *A Review of General Semantics*),莱文森的序文连同麦克卢汉的文章一并发表。在这篇文章的基础上,麦克卢汉及其儿子扩充写成的同名书《媒介定律》在 1988 年出版。
[23] 莱文森,《数字麦克卢汉》,何道宽译,社科文献出版社,2001 年,第 21—22 页。
[24] 哈罗德·A. 伊尼斯,《传播的偏向》,何道宽译,中国人民大学出版社,2003 年。
[25] 何道宽,《〈麦克卢汉:媒介及信使〉译者前言》,《麦克卢汉:媒介及信使》xv。
[26] 《新形势下对麦克卢汉媒介理论的再认识》,《现代传播》2000 年第 1 期。
[27] 蒋宁平,《媒介决定论?有失公允——麦克卢汉技术哲学观评析》,人民网,2004 年 10 月 29 日。

邂逅伊尼斯

◉ 陈世敏

1982年秋天，我初履英国，在距离伦敦一小时车程外的“密尔敦—凯因斯（中译“米尔顿—凯恩斯”）市”（Milton Keynes）蹲了一年。那是科学委员会资助的一年研究访问计划，让我可以暂时离开台北政治大学新闻系的教职，到英国研究“开放大学”（Open University）作为全世界首屈一指的终身学习机构，如何运用人类的至高智慧辟画了公共广播制度，接着又如何把广播电视用在高等教育上。我后来才了解，不仅“英国广播协会”（BBC）是公共广播的一员，是一个非营利协会而不是一个公司；至于播广告的“独立电视”（ITV）也非以营利为唯一目标的公司组织，因其运作仍受公共电视制度的规范；我也了解，其实“开放大学”的教学，主角是邮寄的自编教科书，广播和电视通常只是配角，开放大学的有些科目，教学完全没有使用广播与电视。如此种种，都与我原来的认知不符。

我的英国之行任务，如今看来的确具有浓厚的媒介取向意味。我学的是大众传播，1977年从美国回台湾任教六年以来，一直耿耿于怀的是：我在中国台湾和美国所接触的大众传播学领域，有一块大陆摆在那里，几乎无人探索，就像一块不存在的大陆一样，听任荒芜着。正如今天我们所了解的那样，我的学习年代，在大众传播这一行，是实证主义当道的年代，媒介效果（行政研究）的教学和研究主宰了整个学术界。我所说的这块未开发的大陆，就是媒介的教育功能。“开放大学”在传媒教育功能上的大胆实验，吸引着我。我几乎是以朝圣的虔敬心情，在这个以两位英国思想大家命名的新城市，与开放大学的教师、研究员、员工共同度过了十个月。我完全无法理解英国人为了“开放大学”建立了一个新城市，而这个城市居然以密尔敦和凯因斯命名这整件事，究竟是怎么办到的。对我而言，整件事就好像远古传说或史诗中的造城故事，我有幸目睹、置身其中，心中充满着无以名之的兴奋。我详读BBC的设台文献和开放大学的设校文献，发现其实过程很简单：一个人与人相互信赖的社会里，有一个正面积极的反馈制度，加上几个热心人士登高一呼……可我心里不免嘀咕：这一类的事，在台湾可能发生吗？

这是我个人学术生涯的时代背景。待在英国这段时间里，我趁机整理了几年来教学和研究的一些资料，写成《大众传播与社会变迁》一书，1983年7月由台北市三民书局出版。其中第二章“大众传播与国家发展”谈到了“依附理论”（Dependency Theory）时，首次遇见了伊尼斯——尴尬的是，我当时是在第二章一个相当长的脚注的最后一句话，才提到了伊尼斯：“在此之前，加拿大政治经济学学者伊尼斯（H. A. Innis）已讨论过此类问题。参阅附录二。”

邂逅与惊艳

这个脚注的原始目的，是在论证“依附理论”的出处。我在政大新闻研究所硕士班、明尼苏达大学新闻与大众传播研究所博士班的老师，都说“依附理论”或“依赖理论”，源自1970年代的南美洲学者（当时“传播与国家发展”是传播学的显学）。一般认为，“依附理论”源自日后成为巴西总统的经济学家卡多索（Fernando Hernrique Cardoso）1967年与法雷图（E. Faletto）共同以西班牙文发表的《拉丁美洲的依附与发展》（*Dependency and Development in Latin America*）一书。这是国际政治学或经济学界的讲法。大众传播学界引用较多的，反倒是法兰克（A. G. Frank）同时在1967年出版的《拉丁美洲的资本主义和低度发展》（*Capitalism and Underdevelopment in Latin America*）一书。我在脚注里作了一个小小的考证，说：“其实，十年之前，也就是1957年，巴伦（Paul Barran）已经谈到‘依附理论和低度发展’”的问题，接下去就是前面提到介绍伊尼斯出场的那一句短短的话：“在此之前，加拿大政治经济学者伊尼斯（H. A. Innis）已讨论过此类问题。参阅附录二。”

我写的《大众传播与社会变迁》一书正文中，有关伊尼斯的部分，如此而已，如雪泥鸿爪。

一整个冬天，加上差不多接下去的一整个潮湿的英伦春天，我一面在开放大学“教学科技处”研究开放大学这个成人终身教育机构的课程软件（Courseware）设计，终于了解到电视、广播、教科书等大众传播媒介，固然是开放大学联系学校与学生之间的学习活动无可取代的管道，但重要的是，媒介的使用，是在整个科目的“课程系统设计”的观念之下，来执行教学任务的；换句话说，没有前面的“课程系统设计”要求教学过程使用电视，这门课的电视角色便微乎其微，而可能由每两周邮寄一次的教科书挑起教学工作的大梁。所以，决定一门课的教学法及教学工具的，是“头脑软件”（Mindware），不是电视。

我动身前往英国开放大学之前，以为开放大学不过就是电视大学。

1983 年夏天回到台北，《大众传播与社会变迁》由三民书局出版，成为我评教授职称的代表著作。关于英国开放大学的运作情形，我写了一些东西。比较学术性的，发表在空中大学年刊论丛；比较通俗性的，则发表在一般报章杂志，日后收录在《媒介文化》（九大文化出版）一书中。这些，就成为评职称的参考著作。

总归来说，1982 至 1983 这一年，我在学术上收获很多，但《大众传播与社会变迁》的课，在当时刚刚创办的新闻所博士班开课一年，因故停了，此后我的教学和研究，几乎不再涉及相关的主题，当然也没有继续理会曾经有过一面之缘的伊尼斯。所以，我在书中的考据，认为伊尼斯是“依附理论”的开山祖师，个人心中一直没有十分把握。在 1983 年至今（2007 年）这二十几年之间，台湾的学术界，不论是大众传播学界还是国际经济学界，好像都无人讨论过伊尼斯。我既未授课，又无学术社群的讨论，对伊尼斯，甚至是对“多伦多学派”，便意兴阑珊，文化程度还停留在 1983 年撰写《大众传播与社会变迁》的阶段。今天看来，是书附录二“伊尼斯的大众传播与社会变迁理论”，迄今几乎仍然是中文世界较早（即使不是最早）有系统地总结伊尼斯社会变迁理论的学术性文章。

这篇文章是我第一次邂逅伊尼斯，对我的意义非凡。老实说，我内心挣扎着，为一篇“附录”盘算着是否冒险进入一个我完全陌生的领域——不论这个领域是称之为传播政治经济学还是称之为国际经济学——可能是不智之举。写作中，我踌躇再三，不知如何在学术上定位伊尼斯，也不知文章的重点究竟应该放在经济还是传播，只能摸着石头过河。写着写着，我慢慢觉得伊尼斯是有史以来把经济和传播等同起来的第一人：经济的活动，不就是传播的活动吗？如果抛开学术上的门户之见，不划地自限说经济学就是什么不是什么，说传播学就是什么不是什么，那么，伊尼斯岂不应该被定位在传播政治经济学这个领域上，才比较恰当吗？

这篇附录决定以 Melody 的一篇文章为本，因为它完整而全面地引介了伊尼斯的方方面面，我不可能写得更好。文章写就之后，真正对我个人的影响才开始。1983 年以后，我的传播学教学和研究工作，都可以在这篇文章找到源头活水。在这里，我先抄录“伊尼斯的大众传播与社会变迁理论”这篇附录，然后再说明这次邂逅对我个人的影响。

伊尼斯的大众传播与社会变迁理论

加拿大政治经济学者伊尼斯（Harold Adams Innis）有关社会变迁的著作，生前并未得到学术界重视。他在30年代和40年代出版的几本书，已经谈到“依附理论”以及“核心—边陲”概念，南美洲学者迟至60年代末期才讨论这些问题，不知是沿袭伊尼斯，还是巧合。

伊尼斯为人所知，可能要归功于他的“精神门徒”麦克卢汉（Marshall McLuhan）。麦氏的著作像《媒介即是文化》、《机器新娘》，可以很容易找到伊尼斯的影子。伊尼斯的著作，经麦氏整理，重新出版，才引起各界重视。不过《传播历史》（*History of Communication*）数册，仍由亲友整理中，迄未问世。

伊尼斯涉猎的范围极广，不仅限于大众传播与社会变迁而已。然而他早期关于加拿大经济和政治发展的研究，实际上为广义的传播研究提出了极其壮阔的历史和社会架构，再度说明传播研究有必要迈向社会理论，有必要从其他学科汲取养分。说他是一位大众传播理论先驱，似不为过。

伊尼斯的著作，目前已成为学术界批注、诠释、阐扬的对象。就笔者所知，至少有下列三本专书：

1. Creghton, Donald (1975), *Harold Adams Innis*: *Portrait of a Scholar*, Toronto: University of Toronto Press.

2. Robinsom, Gertrube Joch and Donald F. Theall (1975), *Studies in Canadian Communications*, Montreal: Programme in Communications, McGrill University.

3. Melody, William H. (1981), *Culture*, *Communication and Dependency*: The Tradition of H. A. Innis. Norwood, N. J.: Ablex.

由于伊氏著作博大繁复，目前尚难具体指出他的大众传播与社会变迁理论是什么。本附录摘译美国宾夕法尼亚大学传播学院梅乐地（Melody）在前述第三本书的“引言”一文，或可作为了解伊尼斯的踏脚石。

本篇引言简述伊尼斯著作的重要主题，为原书其后各篇文章说明背景。这篇摘要并不完整，也未列入伊尼斯在其他方面的重要著作，只是替读过伊氏作品的人作概略导览，另替将来有意阅读伊氏作品的人作初步介绍。原文摘译如下：

土产资源与发展

伊尼斯是加拿大经济史学者，1923年发表《加拿大太平洋铁路史》(*A History of the Canadian Pacific Railway*)，该书说明加拿大因为经济和政治目标的需要而扩张交通和传播系统，却影响了西部开拓。他认为这是加拿大工业化的滥觞。1930年《加拿大的毛皮贸易》(*The Fur Trade in Canada*)一书，他描述运河和铁路交通系统的基本发展条件，以及煤、铁、小麦、关税制度导致工业化的种种特征，也解释加拿大的发展如何受到欧洲皮毛需求、加拿大独特的地理环境、引进技术开采土产资源的影响。在该书和其后著作中，伊尼斯逐渐蕴育了今天我们所知的“土产假说”(Staple Thesis)：地区性开发经常只满足了主要权力中心，因其剥削了这个地区的土产（天然）资源，结果造成这个地区不稳定和畸形发展，并依附于权力中心。伊尼斯的结论是：“加拿大经济史，处处都显示出西方文明的核心和边陲之间的差异。”

伊尼斯在1940年出版《鳕鱼业：国际经济史》(*Cod Fisheries*：*The History of an International Economy*)一书，扩大观察领域，涵盖了机械工业如何影响对外围地区的土产资源剥削。他探讨技术变革对于发展的广泛连带关系，并开始检视英国和美国等帝国所以扩张势力的根本因素。

加拿大的经济，到如今依然是土产经济，它依然是西方文明边陲的一个地区。在采矿、渔业、纸浆、电力、谷物、水力和其他资源之外，当前有关输油管输送石油和天然气到美国等问题的演变，与当年运送毛皮前往欧洲这段再三重演的历史，几乎如出一辙。今天，世界许多发展中国家，了解他们的经济是土产经济，极端仰赖天然资源，处于西方文明边缘。伊尼斯的论著，不但适用于加拿大，也适用于这些国家。

传播技艺

伊尼斯的著作明白指出，剥削外围地区的土产资源和扩张帝国势力，需有运用自如的传播系统。加拿大的发展方向和速度，与水道、铁路、电报路线息息相关。帝国的地理疆界，决定于有效传播系统的发展程度。从历史来看，运输和传播技艺变迁，常大大改变帝国扩张的可能性。

伊尼斯注意到机械化传播，曾逐一讨论印刷术、出版业、大众传播。他认为，商业化印刷业急剧成长和强调新闻自由，有利于加强知识垄断、加深有偏差的观点。

伊氏提出的问题，今天依然存在。新闻界的垄断逐渐升高，愈来愈多的城镇只有一家报纸。我们收到的新闻，大部分来自一两家国际性新闻通讯社，加拿大政府担心电视节目中的偏见以及各种大众媒介有关加拿大的内容比率甚低。将来卫星传送付费电视节目，由于用户可以直接接收美国节目，致使加拿大文化界和广播界忧心忡忡。许多第三世界国家也关心大众传播内容渗入他们的社会。伊尼斯虽未亲睹加拿大电视或卫星的发展，然而其著作中的许多见地，用在今天的传播政策问题上，仍足发人深省。

传播与帝国的扩张

最后，伊尼斯把探索范围推展到加拿大以外，研究传播历史，对于传播系统在扩展帝国势力方面的角色用力尤勤。他认为任何社会里的传播媒介，都会左右社会组织型态和人际结合方式。新传播媒介会改变社会组织型态，创造新的结合方式，蕴育新的知识，也常会转移权力。他说，传播技艺是其他所有技艺的核心。

对伊氏而言，任何媒介都有“偏倚”（Biased），因其有助于长期的控制或广大地理空间的控制。1950 年《帝国与传播》（*Empire and Communications*）和 1951 年《传播的偏倚》（*The Bias of Communication*）两书，均是针对这些问题。他声称，古代社会使用的羊皮纸、黏土、石头等媒介，可以长久保存，但难以运送。这些特性，有助于时间控制，但不利于空间控制。这种媒介是“时间偏倚”（Time-based）。至于纸，量轻，易于运送，但不易长久保存。用这种媒介传送消息到远方，可以治理广大的地理空间，故为“空间偏倚”（Space-based）媒介（译注：伊氏只解释媒介的时间和空间特性，未使用“时间偏倚”、“空间偏倚”字眼，想系后人从《传播的偏倚》一书书名得来。其他学者则称之为 Time-binding 和 Space-binding，见 Carey 在前述 Robinson & Theall 书中的文章）。

从文化观点来看，“时间偏倚”传播媒介盛行于传统社会。这种社会重视习俗、守成、小区、历史事物、神圣事物、道德，其社会稳定，社会秩序由上而下层次井然，压抑个人主义以防范变迁，但容许个人以语言充分表达人类各种丰富的情感。“时间偏倚”传播系统存在于具有丰富的口语传统，或具有精巧书写技术却掌握在少数特权分子手中的社会里。

“空间偏倚”传播媒介本质上倾向于现在和未来，有利于扩张帝国、提高政治权威、创造世俗性制度、发展科学和技术性知识。在这类社会中，遍布着信息交换系统和大众传播系统，效率高，但无法传达口语传统的浓郁、繁多、伸缩自如的特性。现代的印刷、电话、广播、电视等媒介，均属“空间偏倚”媒介。

伊尼斯的结论如下：传播媒介视其偏倚，或透过教会训令、道德规范赋予少数人垄断宗教权威和知识，或透过技术性程序和民事法规赋予少数人垄断政治权威和知识。时间偏倚或空间偏倚传播方式两者之一若受到过分强调、垄断，是帝国兴衰的主要动力。偏倚产生不稳定，只有在时间和空间偏倚得以透过某些机能而保持平衡时，社会才可能稳定。伊尼斯认为，古希腊盛世，乃是口头传统的时间偏倚与书写文件易于运送的空间偏倚两者均衡调和所致。

今天，传播技术快速发展，卫星、计算机和其他精密通信设备，使全球实时传播成为可能，也使帝国向太空扩张。现代科技的确为现代传播引进了明显的空间偏倚。

晚近若干传播研究的文献宣称，未来势力和帝国的扩张，不再是军事对峙的结果，而是争夺传播环境控制权的结果。许多发展中国家，正筹划建立现代电信系统和大众传播系统。这些国家中，有些已采取政策，限制来自国外的传播；联合国也一再争论有关国际信息流通的范围和限制等问题。

现代传播技艺具有空间偏倚性质，是否就表示帝国扩张，未来动乱不安？如果是，怎样才能恢复时间偏倚和空间偏倚的平衡，以求稳定？伊尼斯说：“政府能否发展一套系统，以查核传播偏倚，同时也评估时间和空间的重要程度，将是帝国和西方世界有待解决的难题。”

伊式著作的共同基本观念

伊尼斯的许多著作，有一共同的理论架构贯穿其间，但要辨明伊氏的理论，必须不拘泥于枝节。伊氏的研究方法是演绎分析法，几乎不用抽象的归纳法谈理论。他的研究深入详尽，用力极深，宁可呈现大量事实让人去了解问题的脉络和前后关系，不愿归纳通则或建构高层理论。

这样一来，研究伊式作品的学者，有些专事展现伊氏作品的理论一贯性，有些则视伊式的理论架构不过形同一摊罗夏墨迹测验（Rorschach Ink-blot Test）而已，解释因人而异，并未得伊氏真髓。大多数读者会发现伊氏的作品约略介于这两种极端立场之间某处。研究伊尼斯，实是伊尼斯和读者之间的一种神交意会，一方面有赖于伊氏详尽的叙述性分析和解析性洞察力两者相互迸发，另一方面则有赖于读者自己的知识、经验和诠释能力。

无论如何，有若干基本观念贯穿其作品间，表现了他从事研究时所采取的独特方式，值得在此一提。伊尼斯采取凌空鸟瞰手法，与他同时代大多数社会科学研究——甚至与他过世四分之一世纪后的当今学者——大异其趣。他关心的，是了解总体社会系统（macro-social systems）和发展过程。他治加拿大经济史，却不囿于加拿大，而是剖析加拿大在国际政治经济系统中的角色。同样，他研究传播技艺，重点放在传播技艺如何影响全球各个社会和文明的演变。

姑不论系统的观点，伊尼斯对于详尽研究历史的发展，可谓情有独钟。对他而言，要了解大系统的性质和演变过程，只有求诸彻底研究事件本身和其相关现象，才能提供资料说明这些事件的特质、情境、关连、互动状态。

关于发展过程，伊尼斯认为多因社会中某些力量互动的独特型态而演变，情况极端复杂。他特别注意环境限制以及地理、空间、时间对发展过程的影响。他研究重要社会制度——尤其是经济制度和政治制度——如何演变，以辩证分析法研究各种力量的冲突、互动和后果。

伊尼斯特别注意工业生产方式和技艺变迁的影响。重大技术变革会瓦解原有社会结构和社会关系，后果深远流长。伊尼斯观察遽变的性质，历陈其后果。

他的许多著作，都讨论到系统或过程如何保持均衡的问题。当时，学者大多着重讨论经济发展的最佳条件，伊尼斯却致力于了解平衡状态之下的关系，以及平行状态如何衍生动乱。他日后更进一步研究平衡社会系统中的变动、不稳定、不合理情况。

加拿大的经济环境，仰赖英国于先，依附美国于后，使伊尼斯格外注意市场关系。他认为，经济市场并非仅仅是买卖双方交换财货的一个集合体而已。市场只是整体系统的一部分，牵涉到其他制度，有一定的情境、历史、关系。市场价格在某一时间内可能决定供给数量，但不能说明地区与地区之间、国家与国家之间整体市场关系的全貌。经济优势地区和经济外围地区的市场关系如何，对双方影响大不相同。核心地区的效率和稳定，可能必须以外围地区的依附和不稳定为代价。这种对于市场关系的看法，比起抽象的市场理论，更令伊尼斯能够通盘了解加拿大的经济发展状况。

伊尼斯著作的当今意义

伊尼斯研究社会的方法，与过去四分之一世纪社会科学的主流大相径庭。一般趋势是把社会科学以人为方式划分成支离破碎的学门，强调小型而抽象的理论建构和偏狭的实证研究。伊尼斯的著作博大浩瀚，难以归入单一社会科学学门。当代社会科学追求高层理论、数理分析、偏狭的实证性严谨，而伊尼斯则是在总体社会系统的情境下，以历史观点深入研析各种制度，难怪未受学术界青睐。

伊尼斯早期的经济史著作，之所以被视为与后来有关传播的著作毫不相干，文人相轻是主要原因。当今经济学家看他的经济史著作，争辩“土产假说”，却在范围更为窄狭的经济学分析架构内打转；诠释他的传播研究的——多属人文学科学者——则强调伊氏著作中的文化和人文层面。因此，早期和晚期伊尼斯之所以不同，大半是诠释者有以致之。

他的传播研究，所谈的资源不是毛皮、渔货、小麦或铁路运输，而是传播系统和此系统内技艺变革对于社会的长期影响；焦点不在加拿大处于国际经济系统中的角色，而是传播技艺与古代文明发展轨迹的关系；他的方法不是检视大量事实、田野调查、访问、搜集原始资料，而是周详分析有关古代文明的大量第二手资料。最后，伊尼斯在传播研究中，确实比较重视文化和人文层面，但即使在经济研究中，他也没有加以漠视。只是经济学者诠释他的作品，常忽略文化和人文成分，人文学者诠释他的传播研究，又常忽略经济层面。

令人欣慰的是，至少在少数领域内，社会科学分崩离析的局面日渐消失，科技研究乍现端倪，学术界愈来愈体认到偏狭的化约式分析（Reductionist Analysis）无异于隔靴搔痒，触不到问题所在。年轻一代的研究人员，逐渐注意凌空鸟瞰和系统分析。此一历程甚为漫长，然而社会科学终究开始走上伊尼斯多年前走过的道路。

过去四分之一世纪，我们已知经济和传播传统研究典范有其弱点缺失，不足以解答发展问题，尤以在尚未工业化、“现代化”的社会里为然。两类典范截然分离，致使经济学和传播的理论和模式互不相属，甚至无法两立。经济发展的研究和传播与发展的研究，彼此殊少增益，主要原因是漠视对方——经济发展模式忽略了基本的传播和信息层面，传播与发展模式则忽略了基本的经济层面。

伊尼斯所以在同时代学者中卓然自立，乃因他体认经济和传播之间浑然一体。他指出，传播型态和信息流动是经济发展的核心，传播技艺是经济系统中其他技艺的基石；而经济诱因和市场机能对于传播型态和信息流动也有重大影响，分析传播与发展的关系时，不能不加以顾及。

身为世界最现代化的开发中国家，加拿大今天的处境颇为尴尬。一方面属于高度工业化社会，率先发展电信技术——即有助于帝国扩张的空间偏倚技艺，另一方面则遭遇了开发中国家的一切难题。加拿大一向依附于英国和美国，左右其经济发展方向的主要力量的，是美国的经济政策和控制加拿大经济的多国公司的决策。加拿大依然在世界经济系统边陲提供天然资源。

加拿大领先发展电信技术，却成为空间偏倚技艺的主要牺牲者。有了这些传播技艺，美国的传播内容才可能侵入加拿大。经由传播，加拿大已沦为他国的文化殖民地。这样看来，加拿大在世界经济系统和传播系统中的角色，正是阐扬伊尼斯学说的活生生实验室。

我自己的学术背景，属于不折不扣的量化经验学派。1977 年从美国回到台湾，便教起研究方法、应用统计学之类的科目。在我之前，1960 年代末期，经由朱谦教授引入，量化研究在政大新闻所已经成为建制化的科目，其后杨孝荣教授的教学和研究也非常量化取向。我后来赴美进修，勉强修习了一些统计学、实验设计的量化科目。回台湾那年，正巧无人讲授研究方法等科目，便由我瓜代数年，直到留职留薪赴英伦作研究为止。

传播政治经济学

前往英国的主要目的，是要观摩英国开放大学的运作情形，同时研究英国的公共电视制度，已如前述。其实在此之前，批判理论和政治经济学已经在台湾的社会科学学术界萌芽了，只是我仍对批判理论一无涉猎，倒是翻阅了“媒介就是美国”（Media are American）、“新闻的制造”（The Manufacture of News）、“拼凑‘事实’”（Putting “Reality” Together：BBC News）之类的英国学术界对于大众传播的政治经济学分析，所以对英国传播学界的政治经济学分析不无向往之意。事实上，这个领域我在英期间无暇碰触，只是阅读了若干英国官方对改革公共电视的报告，很受启发。恕我浅薄，我是在英期间，才注意到牛津大学设有政治经济学系，意识到原来政治经济学由来已久，是一个颇具规模的学术领域，我过去却一无所知。之所以在彼时彼刻才“发现”了政治经济学，是因为新近邂逅了一位朋友——伊尼斯——的缘故。

1992 年我兼负政大新闻系主任之职，便商请刚回国不久的冯建三教授，在研究所开设《传播政治经济学》的课。迄今，该课一直很受好评。这是台湾传播学教育第一次开设这样的课，而冯建三教授留学英国，主修传播政治经济学，并且是台湾第一位在英国获得传播学博士的学者，故能胜任愉快，另外他个人在这个学术领域也一直经营不懈，教学与研究两相得利。

比较关键的是传播学的学术正当性问题。长久以来，传播学在很多方面一直困扰着大学院校，连中文世界亦不免波及。这个关于学术正当性的问题，在现实中是以不同的方式被表述的，例如，研究方法的量化与质化之争，学术理论的本土与外来之争，理论师承的经验学派、诠释学派、批判学派之争，人才培养的通识与技艺之争，服务面向的公众利益与个人利益之争，等等。另一个层面的问题，是作为一个学术人，其角色在“学术研究”和“社会服务”之间如何拿捏的问题。我觉得，这些问题的存在，表示学术界没有共识，也表示这个学科还不够成熟，其角色在大学里还未确立，亦即此一学科尚缺乏学术正当性。

其中最重要的是传播学本土化问题的讨论。这方面，伊尼斯给我的启发是：

从研究自己的社会文化问题开始。

毛皮、鳕鱼、河流、铁路

伊尼斯研究加拿大的国家发展，发现加拿大的命运和开发过程，系于土产（毛皮、鳕鱼、木材等）生产的供需关系，即加拿大的土产是为纽约、伦敦这些世界经济“核心”的需要而开发的。“核心”需要什么，位于“边陲”的加拿大就开发什么来满足核心区域的需要。贸易上的依赖，日久逐渐形成了政治上甚至是文化上的依赖。伊尼斯将这样的诠释理论化，概称之为“土产假说”(Staple Thesis)。他在 1930 年出版的《加拿大的皮毛贸易：加拿大经济史概论》一书中说：

> ……加拿大的经济史一向受制于西方文明的核心（Center）与边陲（Margin）之落差……其结果是：殖民地的能源被用来制造土产产品。北美洲的北半部之所以维持着英国统治，是因为皮毛是土产贸易的重要一环……加拿大日后成为一政治实体，其边界大体是由毛皮贸易决定的。

这段话是我 2007 年初为了撰写本文，特地翻查到的，证实了我在 1983 年的猜测，即“核心与边陲”相关的论述，不是源自南美洲的学者，而是源自伊尼斯。以上的考据，正确与否还在其次，重要的是，在社会科学领域中，不同社会是可能生成类似的社会现实，而使理论家创造了类似的“假说”（此处之所以不称“理论”而称“假说”，是伊尼斯客气，不愿骤然盖棺论定，而希望后人继续沿着这条思路加以论证）。这一点，我觉得对于中文传播学具有非凡的意义，也在无意间对我个人学术生涯的最后几年产生了无与伦比的影响。没意料到，与伊尼斯的偶然邂逅，竟使我在学术上转了一个大弯。

中文传播学的学术问题和教育问题，问题出在哪里？

我个人的理解，问题出在中文传播学术界“看外不看内”——我们引进传播学，只引进大众传播，竟忽略了语言传播（口语传播）、亲身传播（人际传播）、组织传播在欧美大学体制内，甚至比大众传播更具有学术正当性的学术领域，以致两岸三地大学虽然近年来传播学的教育规模急遽膨胀，却仍然环绕在大众传播这个领域里，无视于我们自己社会的需求和社会特性。中文传播学术界甚至为了超英赶美而传出了“我们要学人家的研究方法，因为我们没有研究方法”的错误观念。研究方法和学术理论，都属于一个社会的学术传统，两者相依相成，密不可分，根本没有所谓“只学人家的方法不需学人家的理论”之谈。在这一点上，伊尼斯的“土产理论”能够自成一家之言，是值得中文传播学术界借鉴的。

说起来，也不是无人看出传播学在地化的重要性。1980 年代开始，中国港、台、内地的学者如余也鲁、徐佳士、孙旭培等人，先后致力于传播学本土化的努力，出版了《华夏传播论》一书，小有成绩，但后续无人，后人不弹此调久矣。我认为中文传播学如今引进的，都是“失根的兰花”，美则美矣，却无法搔到本土社会结构和文化的痒处。政治经济学的学术取向，或许是一剂有效的药方。1990 年开始，台北远流出版公司推出“传播馆”丛书，我当即推荐伊尼斯的《帝国与传播》和《传播的偏倚》两书，咸信是中文学术界第一次介绍伊尼斯的著作。前者经曹定人教授翻译，顺利出版。后者经程之行教授译妥排字完成，终因远流出版公司停止“传播馆”，未曾问世，而有憾焉。日后两书的简体字版先后问世，我的心愿足矣。

再回到“土产理论”。中文传播学处于世界传播学的边陲，如果模仿孙中山先生对殖民地位的分析，我们可以说中文传播学的地位，不是“边陲”，而是“次边陲”，因为在世界学术政治圈里，我们面临的，不仅是传播学内容的依附地位而已，我们还摆脱不了“非英语”学术竞争的原罪。大势如此，中文传播学何去何从，或许可以从伊尼斯的学术生涯找到答案。

我个人认为，中文传播学的问题，绝对不是我们欠缺学术规范和研究方法的问题。这些年来，我看到、听到海峡两岸三地的传播学学术研讨会上，不少人大声疾呼，认为加强学术规范和研究方法——尤其是加强量化研究方法——是中文传播学超英赶美的必经之路，因此强调引进量化研究方法的急迫性。令人不解的是：西洋传播学理论固然也被引进了（几乎所有传播系所都开设"传播理论"相关科目，即可以为证），却鲜少有人质疑此举的必要性，更无人讨论引进方法而不引进理论是否可行的问题。

伊尼斯的学术如果有可供我们借鉴之处的话，不外以下两点。第一，人文社会科学的发展，与该社会的文化息息相关，所以，学术的思维应该奠基于本地土壤，以在地的现实与国际对话，寻求在地的文化发声管道，才有机会在世界体系中求得一席之地，进而受到国际的注意。张艺谋说"越是本土的，也越是国际的"，我觉得用在国际的学术政治上，同样恰当。从这个观点来看，两岸三地传播学学术界这几年汲汲于计算 SSCI 学术论文篇数，是非常可议的现象，因为这种做法恰恰是强化了中文传播学的依赖地位。

第二，包括传播学在内的社会科学领域，学科的理论与方法，同出一源，离不开所属的社会和文化，因此无所谓只需引进方法不需引进理论的问题存在。

依赖与文化

《帝国与传播》和《传播的偏倚》，是传播学学术史上的两本奇书，但若非同为加拿大人的麦克卢汉在美国名噪一时，在《古腾堡星云》一书中承认他受到伊尼斯的启发，否则伊尼斯可能在西方传播学界仍然默默无闻。六十多年的现代传播学研究，在美国一地，仍然是经验研究的天下。美国学者中，除了文化取向的 James Carey 曾为文引介伊尼斯之外，几乎无人听说伊尼斯。天幸媒介环境学的诞生，使麦克卢汉得以扬名立万，为传播学带来另一股新思潮。这是何道宽教授编辑本书的题旨。不过，本文不谈媒介环境学——虽然在林文刚教授的新著《媒介环境学》一书中，伊尼斯也被列入为这个学术领域的先驱之一。我写本文的用意，一方面在揭示学术上同样存在着严重的"核心与边陲"关系，唯北美马首是瞻；另一方面则在借鉴伊尼斯的例子，来反省中文传播学的自处之道。

政治与经济依赖于世界核心，从来是加拿大人之痛。早期的伊尼斯在这方面无异于其他的加拿大学者。不同的是，晚期伊尼斯从毛皮、鳕鱼等土产的国际贸易，转而注意文化依赖问题，隐隐约约感觉到文化上的核心与边陲问题。对伊尼斯而言，加拿大的经济依赖和文化依赖，原因相同，结果相同，这是出于政治经济边缘地位有以致之。这样把经济分析和文化分析融于一炉的大历史观，以单一一个理论贯穿两个不同的领域，在学术界尚属少见。这是我最心仪之处。

总的来说，我觉得伊尼斯的思路决定了他的学术去路。这个“思路”的精微所在，在于对“媒介”的观念。对伊尼斯而言，凡是可以承载讯息之物，都是媒介。因此，报纸、无线电广播（他写作当时电视还不普遍）固然是媒介，石头、羊皮是媒介，甚至河流、铁路也是传递讯息的“媒介”。他用事物的“本质”来定义是否为“媒介”，与美国传播学以“效果”定义媒介，恰成对比。他向往口语传统，与美国学者眼中只有大众传播媒介，分明是哲学基础上的不同。伊尼斯认为传播是一种在小区内进行的“仪式”(Ritual model of communication，美国学者中，只有 James Carey 一人采取这样的立论)，即使是河流、太平洋铁路，其作用也是一个传输系统，重要的是以人为主体而进行的许许多多的“仪式”才使运输系统产生了意义，这才是真正意义上的“传播”活动，因为传播的主体是人和他所处的文化社会。James Carey 称为“仪式模式”，坊间称之为“文化学派”；效果研究则属于“传输模式”(Transmission model of communication)，主体是大众传播媒介，人，是对象。

到这里，你应该可以看清楚中文传播学学术的源流及其偏差了。我想说的是：中文传播学几乎不曾，也似乎无意奠基于华人的文化和社会的。这样脱离生活的学术，肯定没有远景可期——虽然我们有绝佳的机会，但传播学学术界似乎不闻不问。这是令我忧心之处。

这几年我读到 Geertz 的《文化诠释》及《地方性知识》，不禁大喜过望。我不在乎中外学术界称呼 Geertz 是文化人类学学者，我觉得他是地道的传播学学者。他拿“仪式”的观点诠释印度尼西亚人在小区里的人际传播，活脱是伊尼斯的学术之道的翻版；而他在《地方性知识》一书里研究印度社会的文化，一再强调所有文化都是特殊的、独一无二的、无法化约的在地现象，文化的意义取决于“在地人观点”(The native point of view)，无规律可言，不可类推（Generalization）。伊尼斯的论述理路，也与这个观点相近。

从前述加拿大与拉丁美洲学者先后各自（抑或有所传承？）提出“核心与边陲”

的理论观点，引起我对 Geertz 进一步思考：我们是否有专属于华人社会的传播理论？

这几年，若干华人学者研究华人社会中的“关系”、“面子”、“气势”，是值得鼓励的方向；此外，诸如费孝通的“差序格局”，也是非常本土的人际传播理论。我个人则特别钟情于章学诚的“方志学”，理由有二：一，方志学是一种社会理论，它说明了中国语言如何表征、如何建构中国社会，所以，六经不是道德教条，而是叙述、反映了某一时期中国在地社会关系的文字记载，是历史。章学诚“六经皆史，以史统文”的理论，阐释了语言（文献）与社会，是一种符征（符号具）与符旨（符号义）的关系。如果冒着引喻失义的讥评，我们甚至可以说，晚近流行的“后结构主义”理论，主张文化社会的研究要“向语言转”（文化社会存在于在语言里），其理论内涵不出章学诚的“六经皆史，以史统文”之说。二，文献里所述的社会关系，其建立方法，是人在现实社会互动中，以在地人的观点逐渐成形、逐渐凝聚而成的。

依此而论，方志学不仅是一种在地的社会理论，也是一种观察、理解在地社会的方法论。理论与方法同出华人社会一源，是本土的。就理论而言，我觉得章学诚“六经皆史”的理论高度，犹在伊尼斯的“土产假说”之上；而方法论“在地人的观点”，则与 Geertz 若合符节。东西学者先后独立发明，堪称佳话。

如果不是先前遇见了伊尼斯，对学术在地化有所体会的话，我可能会与 Geertz 擦身而过，更不会“重新发现”了章学诚。

说到这里，不禁对《华夏传播论》的第二步何时迈出充满了期待。我相信徐佳士、余也鲁、孙旭培诸先生也跟我一样，对中文传播学研究的在地化充满了期待。

我的理解是：两岸三地的传播学研究者，人才济济，可惜缺乏在地思维，只跟着美国学术界搞大众传播，不问自己脚下土地的社会传播（包括人际传播、组织传播），所以难以生根。“媒介环境学”属于伊尼斯的这一部分，尤其属于早期伊尼斯的部分，应该对我们有很大的启发。我前两年读到孔飞力的《叫魂》一书，叹为最具中国特色的传播学研究，2005 年我在厦门大学、深圳大学两地讲学时曾如此表示；至于 2007 年正在中文《金融时报》网站连载的吴晓波的《激荡三十年》，在我看来，是难得一见的中国社会传播学佳作。两者都聚焦于在地传播与文化发展问题，是广义的“媒介环境学”著作。

余绪和传承

伊尼斯（1894—1952）的著作如下：

A History of the Canadian Pacific Railway（1923）

The Fur Trade in Canada：An Introduction to Canadian Economic History（1930）

The Cod Fisheries：The History of an International Economy（1942）

Political Economy in the Modern State（1946）

The Diary of Simeon Perkins：1766—1780，ed.（148）

Empire and Communications（1950）

The Bias of Communication（1951）

The Strategy of Culture（1952）

Essays in Canadian Economic History（1956）

他死后，多伦多大学以他的名字命名“伊尼斯学院”来纪念他，“多伦多学派”也从此受到国际学术界的瞩目。他曾任教的另一所大学 McMaster University 也把一所图书馆命名为“伊尼斯图书馆”。

学者在社会上一向被视为书空咄咄，放言高论，与现实脱节的人物——至少在政府官僚体系的态度是如此。伊尼斯的学术思想除了成为多伦多学派最重要的遗产之外，令人难以置信的是，他的思想也在现实世界里起着很大的作用。加拿大政府为解决加拿大的“文化依赖”问题，而强力支持一个自主性的电影工业，无疑是受到伊尼斯的影响。而伊尼斯在 1946 年所写的《现代国家的政治经济问题》一书中，强调媒体对国家，尤其对教育的重要性，导致加拿大国家研究院（National Research Council of Canada）的“信息科技研究所”，于 2003 年起发展“三 D 历史城市计划”，以现代视觉技术制作学校教材来实施批判式教学，其计划书曾详细陈述伊尼斯在这方面的期待。斯人斯土，才可能有这么一段学术佳话。

媒介环境学的思想谱系：从芝加哥学派到波斯曼

◉ 胡翼青

关于媒介环境学[1]的讨论，正在成为中国传播学界的热点问题之一。为这一研究领域进行一些思想谱系方面的梳理，当然是当前最为必要的工作之一。在这个方面，林文刚先生的一篇文章《媒介环境学在北美之学术起源简史》是颇具代表性的，而且该文对国内学者影响较大。该文将刘易斯·芒福德（Lewis Mumford）、加奎·埃吕尔（Jacques Ellul）、哈罗德·伊尼斯（Harold Innis）、麦克卢汉（Marshall McLuhan）与波斯曼（Neil M. Postman）看作是“媒介环境学历史上具有开创性的思想家”。[2]

尽管林先生的观点受到许多研究者的认可，但我认为他关于五位开创者的说法在逻辑上和事实上都是值得商榷的（也许问题出在翻译上也未可知）。这五个人中，埃吕尔其实是个局外人，因为此人好像没有任何北美背景，也没有对北美的媒介环境学的创立产生过什么直接影响，林先生的论证似乎有点文不对题。而剩下的四位学者，芒福德和伊尼斯两位是对媒介环境学有重要影响的先驱人物，而另两位麦克卢汉和波斯曼，尤其是波斯曼则是媒介环境学真正的开创者，因此似乎不能放在同一层面讨论。很显然，依据标题的暗示，林先生无法回避对媒介环境学源头的探讨，然而如果林先生真的想讨论媒介环境学的源头，那么他选择的这两个先驱人物事实上还远远说不上是媒介环境学的北美源头。

从学术史的角度来看，某一研究领域的学术源头必须源于一次学术的突变。从媒介环境学的角度来看，这次突变一定是发生在将生态学理论引入社会科学，用于传播研究的学者身上。如果从这一判断入手，那么芒福德和伊尼斯只能算是媒介环境学的第二代的代表，而第一代真正意义上的学术先驱应当是社会学芝加哥学派。更何况，对于芒福德和伊尼斯而言，芝加哥学派的思想曾经或是间接或是直接地影响过他们的媒介环境学观点，因此本文愿意提供另外一些证据来证明林文刚先生的观点需要得到纠正。

芝加哥学派：从生态学的社会研究走向传播研究

世界上第一个以系统的生态学方法来研究社会问题，尤其是城市问题与社区问题的，毫无疑问是兴盛于 1915—1935 年之间的社会学芝加哥学派，而倡导者则是芝加哥学派的主要学术领袖帕克（Robert Park）以及他那些从事城市社会学研究的同事。“芝加哥学派的思想家们——伯吉斯、哈里斯、霍伊特、麦肯齐、帕克、厄尔曼、沃斯和他们的学生——非常有意识地从生物学中正在兴起的生态学次级领域中汲取营养。”[3] 如果更宽泛一点的话，还应包括芝加哥学派的先驱思想家如杜威（John Dewey）和社会学家库利（Charles Horton Cooley）。

根据帕克的传记来看，他是在 1915 年前后开始对植物生态学产生兴趣的。很快他便阅读了尤金尼厄斯・沃尔明（Eugenius Warming）的《植物生态学》（*Oecology of Plants*）、韦勒（W. M. Wheeler）的《作为有机体的蚂蚁群落》（*The Ant-Colony as a Organism*）和查尔斯・亚当斯（Charles C. Adams）的《动物生态学研究导论》（*Guide to the Study of Animal Ecology*）等生态学作品，并建议将生态学的理论与观点传递到社会与人类社区研究中去。当然，如果追溯帕克等社会学者为什么会对生态学感兴趣，恐怕不能简单地用偶然性来加以解释。这一方面与帕克的经历有关，“至迟在他从事黑人工作的时候，他已经注意到黑人和白人之间在同一地理环境内对于资源的竞争关系，在他与黑人领袖华盛顿访问欧洲的旅行中，他们也注意到了欧洲都市中不同社会阶层之间在经济、政治诸多方面的竞争、互动和空间、资源的分布关系。”[4] 也就是说，帕克等人本来已经有了较为类似的思路，所以与生态学理论一拍即合。另一方面，则与生态学理论当时确实对美国社会具有一定的解释力有关。“当社会学家们在美国剧变的城市中心寻找秩序的时候……他们被生物学家正在从事的工作所刺激……那些生物学家证明，植物种类通过使自己分布在局部化的区域以适应其环境，这种方式使它们能够同时适应其生活环境并获得资源。这个观点为理解处于工业化阶段的城市开辟了道路。这样，它似乎说明各种次属人口群争夺空间位置，能够在一个开放的劳动分工体系中实现各种功能。”[5]

从帕克等学者的城市社会学研究来看，他们把社会生态学看作是生态学的一个分支学科，并把社会生态学界定为“研究人类在其环境的选择力、分配和调节力的影响作用下所形成的在空间和时间上的联系的科学”。尽管他们认为，人类社区与动植物群落相比，“能够控制和改变这个生存环境的实际状态”，而且人类的社区还有习俗、道德规范与行为标准以及在此基础之上形成的“共识”，但实际上两者还是有许多共同之处，因为“人类社区并非像许多英雄崇拜者所料想的那样纯然是人工构思的东西”，[6]“社会群体在最低层次上像一个植物社区，其中不同特种之间的关系完全是偶然的、外部的，物种之间合作的初始原因，仅仅因为偶然地生活在一定地理环境中”。因此在进行城市社会研究时，他们从生态学中借用了大量的概念如“共生”、“社区”来讨论人类的关系问题，并且从历史的视角分析了技术进步所带来的人类社区分布的变革与人类生活、人类关系的变革。甚至可以说，社会生态学是芝加哥学派看待社会的方法观，因为它“是派克所代表的芝加哥学者对于社会进行观察和思考的一种方式，是派克关于现代资本主义社会中人们的生存状态的一种说明方式，派克认为通过这种方式可以更好地廓清、理解和解释现代都市的变迁过程”。[7]

单凭社会生态学就把芝加哥学派看作是媒介环境学的开山鼻祖似乎是有些牵强，毕竟社会学和传播学是不同的两个学科领域。可问题是，由于帕克个人对于新闻传播的兴趣，以及当时的传媒对城市社会发展变迁的重要影响，使得他和他的同事不可能在城市社会学研究中忽略大众传媒和相关媒介技术，因此他们必然会由社会生态学走向传播生态的研究并进而开启媒介环境学的相关思考。在论文《物理学与社会》中，帕克指出物理学使传播的手段处于不断改进的状态，从而对社会发挥了至关重要的作用。他写道：“传播显然是社会过程中根本的东西，因为物理学使传播手段的延伸和改进对社会的存在显然发挥着至关重要的作用，尤其是对理性组织起来的社会形态即所谓文明发挥着至关重要的作用。”[8]这种思路也在很大程度上带动了芝加哥学派的其他社会学家。正如凯瑞所评价的那样：“他们（根据上下文是指杜威、米德、帕克、库利和福特）看到传播技术在发展中的改造能力，用杜威的话来说，将由工业创造的大社会改造成一个大共同体：一个只有一种文化、由拥有共同理解和知识的伟大公众联结而成的国家……传播技术是提升政治、文化质量的关键所在，是把美国改造成一个大陆式村落，一个有着3000英里规模，活生生的希腊式话语民主的手段。这不仅是一种无伤大雅的浪漫主义，也是由来已久并延续至今、被李奥·马克斯称为‘技术至上论’这一传播技术思想传统的一部分。”[9]在本文中，我想以帕克的思想为例（尽管杜威、库利、伯吉斯等也有许多杰出的相近思想，但囿于本文的篇幅以及帕克在芝加哥学派中的地位，我只能以帕克为例），来讨论芝加哥学派是如何启发媒介环境研究的。

帕克的第一个重要观点是，传播与交通技术的发展，改变了人们的生态环境。

在帕克看来，在传统社会，人们的交流多局限在本地，很少与遥远的地方发生联系，社会是由一个个相对比较独立像孤岛一般的社区组成的。外出旅行是很不方便的，因为不但费时而且昂贵。想把自己的想法广泛和快速传播出去更是天方夜谭。但传播技术的革命改变了这一切。

帕克首先试图论证，随着交通与通讯越来越便利，促进了全国范围内的人口流动，人们开始远离他们的出生地，甚至飘洋过海，从而松动了传统社会的地域纽带，导致社会由初级联系为主导向次级联系为主导的形态过渡。其中交通技术的革命是一个重要的因素，汽船、火车、汽车、飞机等交通技术把孤岛式的封闭的传统社会联成了一个整体，并因此导致了传统社会的终结。帕克以汽车为例来说明流动的发生与传统社会的解组："这种变动已经在各地解构了传统的社会秩序并且还没有为自己创立一种新的秩序。汽车的大量使用就是这种变化的最明显的表征，它的速度带来了一系列的社会变化。这种社会个体的日益增长的变化使稳定的社会秩序越来越难以为继。"[10] 当然，他也没有忽略传播技术的革命，这种革命发生在电报、电话、高速印刷机、摄影、电影等技术中，革命使个体易于获得大量信息。他指出："人口流动不仅要靠交通，尤其要依靠一些信息。""交通和通讯的发展，除带来各种不明显然而却十分深刻的变化以外，还带来了一种我称之为'个人的流动'。这种流动使得人们互相接触的机会大大增加，但却又使这种接触变得更短促、更肤浅。大城市中人口之相当大一部分，包括那些在公寓楼房或住宅中安了家的人都好像进入了一个大旅店，彼此相见而不相识。这实际上就是以偶然的、临时的接触关系，代替了小型社区中较亲密的、稳定的人际联系。"他还引用托马斯的观点指出，良好的信息传播基础，造成了人口流动："孤立静止（如原始人类）可能纯粹是由于信息方面的障碍，或是由于教育事业落后而造成的特殊情形；……人口流动（如作为城市民族的犹太人）则可能是由于通讯条件好，或者高等教育造成的良好教养。"[11] 交通与通讯革命的结果是破坏了原有的社会关系，使偶发的、短暂的次级联系取代亲密的、持久的初级联系成为主要的社会关系。帕克强调，随着传播技术的革命，城市的范围开始扩张，使人类从乡村社会走向了城市社会。由于便利的交通，铺天盖地的新闻与广告，商店的零售方式发生了根本的变化，人们的居住方式也发生了变化，时尚与流行发展起来。人们不断涌入城市，使城市在侵入与接替中不断地向周边扩展。这些都是交通通讯便利的直接结果。

帕克的第二个重要观点是，信息传播技术的广泛发展改变了人的角色认知。帕克试图表明，在面对面的传统社区中，人们不会对信息有那么强烈的渴求，甚至不需要识字，他们只要通过口头传播就可以生活得无忧无虑。而在大都市中，这种情况发生了根本的改变，人们需要更多的知识与信息来适应快速变化的城市生活，因为城市生活使“命运的变化具有突然性与戏剧性”[12]，需要更多的信息来帮助人们应对变故，加强与别人竞争的能力，这就需要人们提高自己的文化水平和受教育程度。对于传统社区成员而言，他的社会经验与视野是极其狭隘的，他们只需要关心发生在当地的事件，而对于城市居民而言，他们的视野更加开阔，甚至是全国性和世界性的，他们对于新事物的接受能力和理解能力都有所增加。因此以报刊为代表的大众媒体实际上提高了人们认识世界的兴趣和能力。传媒还改变了人们的性格，提高了人的自我意识与个人主义，帮助解放个体被压抑的潜力和创造力，并因此提高了人们的民主参与意识。在面对面的传统社区中，群众依靠直觉、无意识的集群行为进行政治与社会参与，他们没有个性，而在现代社会，个性得到充分张扬的公众可以依靠理性通过舆论来参与政治进程，而没有传媒的维系，后者是不可想象的。帕克认为传媒对政治参与意识的提高有着根本性的作用：“新闻流通的程度决定了社会成员自身政治参与的程度。”[13] 人们的日常行为习惯、社会心理甚至是情绪性格都起了微妙的变化，人们“小心谨慎地研究时髦流行样式和举止”[14]。在帕克那里，当时媒介技术的发展是具有现代性价值取向的。

帕克的上述视角不但直接影响了伊尼斯，而且也影响到了美国的历史学家如丹尼尔·布尔斯廷、刘易斯·芒福德等人，使他们在分析美国历史发展时带有了芝加哥学派的传播技术主义色彩，并且又通过伊尼斯和刘易斯不可避免地影响到了麦克卢汉。

更可贵的是，帕克并没有简单地停留在当时的社会问题上，他还试图到历史上去寻找相关的证据来证明，社会演进的过程就是交流的手段和技术发展和完善的过程。帕克认为，古代文明都是从口头传统向文字传统的过渡，尽管他并不喜欢文字所造成的知识垄断，但还是承认作为传播技术的文字相比于口头传统有其自身的优势。现代印刷术的发明，使知识可以通过书籍报纸广泛传播，从而造就了现代的民主进程。“帕克认为，尽管历史上书籍的作用一直被广泛承认，但书籍在社会学意义上的重要性并没有完全被人们了解，像《圣经》对教会，《军人手册》对军队，《美国宪法》对美国人，马克思的书对‘东正教社会主义’（指苏维埃俄国）……等等的重要性，并没有得到充分解释。这些书籍，是社会成员进行广泛互动的基本手段和基础。”[15]这些具有高度历史主义的思想也毫无疑问地影响到伊尼斯和麦克卢汉，在后者的著作中，我们不时可以看到或是肯定或是否定的回应。

由此可知，我之所以把帕克等社会学芝加哥学者看作是媒介环境学的源头就是因为，他们从没有把研究媒介的社会生态环境作为传播研究的对象，而是从一开始就在讨论媒介技术变迁对人类角色扮演起到了哪些环境性和决定性的影响。根据当代媒介环境学的观点，人们的生活浸淫于媒介之中，因此很少注意作为背景存在的大众媒介。“我们很少注意到这些媒介所扮演的角色，因为它们是如此密切地成为我们日常生活经验中的组成部分。”但是，媒介却在很大程度上改变着人与社会。一方面，它改变了社会的本质，使其中介化的特征越来越明显。“社会的本质越来越成为从中介过程中所获得的特性。”其次，它也改变人的行为与观念。比如，随着网络等新媒介的介入，传播范式已经改变了社会的一切领域，并将其折射到社会个体身上。“最具有深远意义的变化是，信息技术和传播范式是如何改变诸多社会行为和观念的。个人评价、监视与控制、争端的解决、刑事审判制裁、外交、权利诉求和社会问题的产生，以及战争的发动等等都因 IT 和新的传播范式而以不同的方式完成。”[16]就此意义而言，帕克等学者的主题确实已经相当逼近当前媒介环境学的主题。

另外需要强调的是，帕克等芝加哥学者的思想并非凭空产生，欧洲经典社会学家们关于现代社会与传统社会的论述，实用主义哲学的社会理论以及美国早期的进化论社会学家都对这些思想的产生起到了重要的启发作用。正如有学者分析的那样：社会生态学“并不能说是帕克等人第一个凭空想出来的，它的形成也是思想界长期探索的结果，构成这一思想的各种因素，可以追溯到相当早的时代。”[17]也许韦伯、齐美尔、迪尔凯姆（又译涂尔干）等大师的思想中都出现过社会生态思想的断片。但这些研究者提供的仅仅是一鳞半爪的社会生态学观点，并绝少涉及传播问题，因此将芝加哥学派定为媒介环境学的源头是最恰当的。

逐渐清晰的轮廓：从芝加哥学派到多伦多双星

不过以帕克为代表的芝加哥学派，毕竟只是一个具有启示性的思想源头，用当代媒介环境学的核心假设来衡量这些思想，芝加哥学派用以研究传播的生态学视角还不能算是严格意义上的媒介环境学。林文刚先生曾清楚地界定过当代媒介环境学的基本理论假设。“理论假设之一：媒介环境学假定传播媒介在将数据或信息从一个地方传递到另一地方时并不是中性、透明或无价值的渠道。相反，媒介的内在物质结构（physical structures）和符号结构（symbolic structures）在塑造什么信息被编码、传输和怎样被编码、传输以及怎么被解码的过程中扮演着解释和塑造性的角色。”“理论假设之二：作为第一个命题的逻辑延伸，媒介环境学同样假定每一媒介那套专门的物理和符号特征为其带来了一套偏倚或倾向（biases）。”“理论假设之三，媒介环境学进一步指出媒介会促使各种不同的物质的、知觉的、社会的、经济的、政治的和文化的因果关系，它们与媒介独特的内在偏倚有关。”[18] 由这些假说可以看出，芝加哥学派对媒介环境学的出现具有重大的启示与推动作用，但由于该学派对媒介的分析其实并不深入，因此芝加哥学派的思想是在伊尼斯和麦克卢汉的继承和推动下，才真正转换到媒介环境学语境的。

就在帕克的声誉如日中天之时，一位名叫伊尼斯的加拿大留学生在芝加哥大学师从凡勃伦（Thorstein Veblen）修读政治经济学，并慕名选修了社会学系的课程。当时谁也不会想到，芝加哥学派先驱们关于传媒技术与社会变革的宏观传播学思想的雏形会在这位加拿大年轻人的手中不断地被发扬光大。

在芝加哥大学的学习，对于伊尼斯来说是一个重要的机遇，因为当时的芝加哥学派盛极一时。对此，麦克卢汉不无羡慕地评价道：“第一次世界大战后他到芝加哥大学求学时，遇到了一个最好的时期。涂尔干、韦伯和杜威的思想造就了一批经济学和社会学的新秀。他们是凡勃伦、米德和帕克。在 20 年代的芝加哥，他们创造了一种吸引和激励新秀的氛围。”按照麦克卢汉的说法，在芝加哥的学者中，伊尼斯似乎对帕克情有独钟。尽管他所学专业与社会学有一定的距离，但他却注意到了其他学生所没有注意到的帕克传播学思想的精髓。“帕克的思想对伊尼斯的吸引力，[19] 似乎超过了它对其他学生的吸引力。”于是他尝试着将媒介研究尤其是媒介技术的研究与经济史的研究结合在一起，开辟了一条与前人不同的学术道路。当然，对麦克卢汉的这种说法并不是谁都赞同的。根据伊尼斯在芝加哥大学的成绩单，凯瑞提出了自己不同的看法：“帕克并没有对伊尼斯产生直接的影响，伊尼斯不应该被认为是任何学派的一员。”然而，凯瑞也不得不承认：“伊尼斯的重要性在于，他继承了芝加哥学派所关注的问题，他那永远睁大的眼睛穿越 49 度纬线，对这些问题进行了修正与完善，极大地拓展了这些问题的范畴与准确性，创立了传播的概念和基于历史的传播理论。”凯瑞还强调：“伊尼斯也常常用坦率的方式重新阐述芝加哥学派的思想，并批驳（尽管是间接的）美国历史界和科学界曾经流行的传播概念。”[20] 我认为，伊尼斯是不是帕克的嫡系学生，这并不重要，关键是伊尼斯延续和深化了芝加哥学派的社会生态学主题，并将其彻底转向媒介环境学的话语。

可以说，伊尼斯在芝加哥学派思想传统走向媒介环境学的过程中扮演了极重要的角色。他对媒介的研究确实比芝加哥学派的其他学者要更专业和深入。自思想先驱库利以降，芝加哥学派的学者们几乎都承认传播、交流和互动是社会存在的前提，但他们很少有人真正研究传媒，研究传媒的分类，传媒的特征，传媒与社会政治经济的关系等。伊尼斯则不然，他是第一个尝试对媒介进行学理分类的学者，而且这种以时间 / 空间偏向为维度的划分方法为后人理解媒介与文明做出了重要的贡献，并直接涉及了媒介环境学的三大理论假设，并对当代媒介环境学有着重要的启发。波斯曼曾这样肯定过伊尼斯的指导性作用："我们可以用哈罗德·伊尼斯的学说作为指导。伊尼斯强调说，传播技术的变化无一例地产生了三种结果：它们改变了人的兴趣结构（人们所考虑的事情）、符号的类型（人用以思维的工具），以及社区的本质（思想起源的地方）。"[21] 建构了这样一个理论框架，使伊尼斯的媒介历史观到处都充满了创造的张力。可以这么说，很少有芝加哥学派的学者能写出像《传播的偏向》或《帝国与传播》这样气势恢宏、到处闪光的传播学作品来。尽管帕克与伊尼斯具有相似的媒介史观，但帕克仅仅是表达出了这种意向而没有进行深入的开掘。伊尼斯在这方面的论述显然比帕克更专业，功力也更深厚。

更重要的是，有了伊尼斯这样一位承上启下的重要人物，芝加哥学派的传播思想就可以顺着媒介环境学的深入而一直传递下去。如果没有媒介环境学对芝加哥学派的延续和发扬，这一思想可能早就被缺乏历史感的美国文化所淡忘了。是伊尼斯，使芝加哥学派的思想顺着麦克卢汉传递到了波斯曼、莱文森和梅罗维茨那里。关于麦克卢汉与伊尼斯的承继关系，历来有不同的说法。有学者认为他们的学术研究没有什么关系。[22] 但更多的证据表明，麦克卢汉受到了伊尼斯的很多启发，尽管他们之间的分歧可能更多。麦克卢汉曾经说过："我乐意把自己的《古登堡星汉》看成是伊尼斯观点的注脚，首先是他关于文字的心理和社会影响的观点，然后是他关于印刷术心理和社会影响的观点……从第一篇'米涅瓦的猫头鹰'开始读，那真是我的福分。遇到了这样一位作家，他的话使我陷入长期的沉思和探索，那是多么激动人心……"[23] 而麦克卢汉的一本传记干脆这样来描述这个问题："他（麦克卢汉）之所以对技术感兴趣，并不仅仅是因为他讨厌研究英语，也不仅仅是因为他发现当代文学上面压着厚厚的一层砖瓦和灰土，而是因为他接触到了多伦多大学的同事伊尼斯的著作。”从学术文本的角度来看，这种承继关系也表现得特别明显。在麦克卢汉的早期著作如《机器新娘》中，麦克卢汉还深受欧洲批判学派尤其是他的老师利维斯开创的文化研究学派早期观点的影响。然而，从《古登堡星汉》和《理解媒介》开始，这一切都发生了根本的变化。是伊尼斯使先前极具批判学派思想的麦克卢汉被“芝加哥学派化”了。

我无意于继续重复伊尼斯与麦克卢汉有关媒介环境学的光辉论述，这已经被无数的学者所反复提及，我只是想提醒人们注意他们曾经一直忽略的事实：那就是在伊尼斯和麦克卢汉无数与媒介环境学相关的论述中，充满了芝加哥学派思想的影子。

在麦克卢汉看来，伊尼斯的很多论调几乎就是帕克的翻版。他在为《传播的偏向》一书所做的序言中指出：“人人都能在帕克以下这类言论中听到伊尼斯的调子：‘技术设备自然要改变人们的习惯，并且必然改变社会的结构与功能’。‘按照这个观点，似乎可以说，每一种技术设备，从手推车到飞机，就其提供一种更加有效的新的移动装置来说，已经而且也应该标志社会发展的一个新纪元。同理，据说每一种文明自身就携带着自我毁灭的种子。这个种子可能就是那些引进新的社会形态、送走旧的社会形态的技术设备’。”[24] 我认为，伊尼斯确实较多地继承了芝加哥学派关于媒介技术理论的思想，并将其发展与提升到了一个相当的高度。

从理论上讲，帕克关于移民报刊的研究以及关于城市与报业的互动关系的讨论显然也影响到了伊尼斯。比如，伊尼斯在讨论广播的影响时，显然大量运用了帕克在《移民报刊及其控制》中的观点。他分析说：“以语言为基础划分了新的分割界线，在同一语言内部，集中化和亲和性令人瞩目，语言群体内部的稳定性更加清晰，语言群体之间的非稳定性更加危险。”又比如，伊尼斯试图在论述报业对西方当代文明的影响时论证：“报业的技术进步和大都会的发展同步进行。”[25] 他分析说，报纸启动了城市的扩张，而大都会的发展，又在很大程度上成为报纸的信息源泉。这些理论完全就是帕克理论的加拿大版本，在本书关于帕克的论述中，这些理论都可以找到一一对应的出处。对此，麦克卢汉也表示认同：“他（伊尼斯）从帕克学到了如何确认异质社区中的控制机制，这些机制在安排社区事务时取得了一定程度的同一性。”[26] 伊尼斯所受的影响还远不止于此。在伊尼斯的书中也不时会流露出经典社会学家们的观点：“机器工业用于传播，使西方社会裂变为原子性的个体。”这种大众社会的思想与凡勃伦、帕克以及欧洲经典社会学家们的思想是一脉相承的。对于由此带来的大众文化的问题，伊尼斯也一概采用了精英主义的否定态度，他认为大众文化是一种商业主义的态度："为了满足更多的人的需求，肤浅之物势必成为必需之物，并且被变成艺术。广播使短暂肤浅之物增加了重要性。寻找娱乐成为电影和广播必不可少的追求。"[27] 他认为大众文化是西方文明的重大危机，文化的"批量生产和标准化是西方的大敌"。[28]

从方法的角度来看，按照凯瑞的说法，芝加哥学派在方法论上反对形式主义，"试图使社会研究回归历史学的分支，强调社会知识的跨学科特性"。而伊尼斯则与芝加哥学派一样，"反对形式主义，在不同学科中四处求索"，他"同时是位地理学家、历史学家、经济学家和政治学家"。[29] 而且，与多数芝加哥学派学者尤其是帕克一样，伊尼斯极其反对统计学的定量研究方法。他曾经分析过定量方法的局限性："浩若烟海的统计数字摆在社会科学家的面前，他被迫去解释并去发现模式和趋势，以便能够预测未来。……不过，精细计算的预设是短期的预测……这反映了西方文明对时间因素的忽视。"[30] 他自己所采用的方法虽然不是典型的人种志的经验研究方法，但可以被看作是一种"参与式"理解的或阐释的方法，对于文献的利用和分析也带有芝加哥学派的烙印。这与其他史学大家如汤因比（Amold J. Toynbee）的描述和分析的历史研究方法多少有点不同。一定要追溯这种方法的来源，只要阅读一下凡勃伦的《有闲阶级论》就会真相大白。

由此可见，尽管伊尼斯很少引用凡勃伦和帕克的研究成果，也很少提及他们与自己的学缘，但他的研究从理论到方法，确实有很大一部分建立在以帕克为首的芝加哥学派基础之上。

再来看看麦克卢汉。麦克卢汉曾经宣称自己的理论有 70% 都是人类历史上首创的，很多研究者也因此跟着麦克卢汉大惊小怪，但实际上并非如此。比如麦克卢汉对于媒介的宽泛界定，就不是他的首创，在他半个世纪之前，库利就曾把传播媒介界定为"包括表情、态度、姿态、声音的语调、词语、作品、印刷、铁路、电话和一切可以成功征服空间与时间的技术"。而帕克等学者的媒介定义也基本上与库利相仿。有研究者指出："他（库利）的媒介观念和麦克卢汉几乎一样宽泛。"[31] 其实从学术渊源来看，这句话恰好应该倒过来讲，因为麦克卢汉在传媒方面的理论在某种意义上讲都可以看作是芝加哥学派的后续。又比如，说伊尼斯深受帕克影响的麦克卢汉似乎自己也不能免俗。他像帕克一样在 20 世纪 60 年代抱怨说"由于汽车的冲击，现代大城市在无法节制地膨胀"，并以此来说明他的著名论断——媒介是人体的延伸。麦克卢汉的很多观点与帕克很接近，比如他认为"媒介影响现存社会形式的主要因素，是加速度和分裂”。媒介技术所造成的速度的加快，使原有的乡村和城邦的功能分裂，并最终导致这些组织的崩溃。[32] 再比如，麦克卢汉认为，电子媒介的传播将带来民主，使人类重回“伊甸园”，对于芝加哥学派而言，这个观点除了电子媒介是创新的概念之外，其他的表述都没有太多的新意，杜威、库利、米德和帕克中的任何一人都详细讨论过传媒如何使人类走向伊甸园，也就是走向没有任何沟通障碍的社会有机体。就连“地球村”的表述，也能在芝加哥学派的多位思想家那里找到对应的论述，只是内涵上可能略有差别，比如杜威在中国讲学时就说过：“以形体言，地球之大小如昔也；以交通言，有火轮、舟车、邮电、飞机彼此沟通，互相贸易、交换意见、灌输思想，从前视为石油工业穹绝莫至者，今则近若比邻。”[33]

从方法的层面来看，自认为方法独特的麦克卢汉似乎也深受芝加哥学派的影响。尽管两者在具体方法上尤其是在操作层面上有较大差别，但其性质颇有神似之处。无论是芝加哥学派的经验方法还是麦克卢汉的方法，都是一种“探针”式的方法。如果把人类获取知识的途径分为三个阶段：提出假设或问题的阶段，检验与评论问题的阶段，形成理论并广为传播的阶段；那么芝加哥学派和麦克卢汉都特别注重第一个阶段。

上述分析并不是想说明麦氏学说缺乏创见，只是想证明这些学说并非像麦克卢汉所说的那样“从天而降”。其实，在媒介环境学的思想谱系中，无论怎么评价伊尼斯和麦克卢汉的功劳都不过分，然而多伦多双星的闪耀，并非横空出世，离开了芝加哥学派的基石，思想史很有可能需要重新书写。

再度发言：芝加哥学派与当代媒介环境学

在 20 世纪 60 年代，麦克卢汉提出了“媒介环境”这一概念，并带着芝加哥学派的某些思想走向了当代媒介环境学。他的想法得到波斯曼及其弟子们的赞赏。1968 年，尼尔·波斯曼在“英语教师全国委员会”年会演讲中，首次把“媒介环境学”定义为“将媒介作为环境的研究”。1970 年，他会同克里斯汀·L. 尼斯纯（Christine Nystrom）和莫兰（Terence Moran），发起创立了世界上第一个“媒介环境学”博士和学士课程。媒介环境学的研究领域正式得以确立。

波斯曼对于媒介环境学的定义是不确定的，他一方面认为：“媒介生态学探索传播媒介如何影响人类的感知、理解、感觉和价值，以及我们与媒介的相互作用如何帮助或阻碍我们的生存。”另一方面，又把媒介作为环境来研究。他的第一个定义开启了当代媒介环境学研究的视角，而后一种定义则在很大程度上与麦克卢汉对媒介生态的认识有着紧密关联。波斯曼综合了伊尼斯与麦克卢汉的研究成果，继承了两位学者对媒介作用的强调。他指出：“我相信，某个文化中交流的媒介对于这个文化精神重心和物质重心的形成有着决定性的影响。”从这个意义上讲，他不可避免地将芝加哥学派的思想继续发扬光大。尽管波斯曼有许多观点与伊尼斯和麦克卢汉甚至是帕克相左，但要指出波斯曼与芝加哥学派在论题上一脉相承的关系，恐怕一点都不困难。比如他更欣赏的是阅读的传统而不是口头传统，正如他指出的那样：“在 18 和 19 世纪，印刷术赋予智力一个新的定义，这个定义推崇客观和理性的思维，同样鼓励严肃、有序和具有逻辑性的公众话语。”又比如他还比这些前辈学者更多地看到了交通与传播技术的分离，他指出：“交通和通讯可以彼此脱离，空间不再是限制信息传播的、不可避免的障碍”，而个中原因是电报这项技术的发明使信息传播的活动变得抽象起来，“不管是在口头文化还是在印刷术文化中，信息的重要性都在于它可能促成某种行动。当然，在任何一种交流环境中，输入（人们得到的信息）总是多于输出（在所得到信息的基础上采取行动的可能性）的。但是，由于电报的发明，再加上后来其他技术的发展，信息和行动之间的关系变得抽象而疏远起来了。”[34] 但是，他所讨论的议题从来都没有走出过从帕克开始芝加哥学派为传播技术与社会关系研究所划定的藩篱。也许正是因为如此，凯瑞甚至认为，当代的传播环境学就是芝加哥学派传播思想主题的延续。“符号互动论者自身的兴趣被‘诸如政治、理性、权力和社会变迁等问题所掩盖，这些问题是芝加哥学派的社会学家早已涉足过的’”。[35]

不过，波斯曼对媒介环境学最重要的贡献还是在修正了前人理论上的偏颇之处。其实，多伦多双星尤其是麦克卢汉，在强调媒介环境的作用时，由于过于夸大技术的作用，实际上已经偏离了芝加哥学派社会生态学研究中浓厚的人文主义色彩。因此，麦克卢汉常常会被他的研究者称为是技术决定论者，这种极端的思想对麦克卢汉的创见具有极大的负面影响。在芝加哥学派那里，传播是创造和维系社会的重要手段之一，但麦克卢汉把这一观点改造成技术是决定社会发展的最重要的手段，这恐怕值得商榷。传播技术在塑造心灵与社会时固然功不可没，但心灵与社会一旦被创造出来，就会有目的地改造传播技术，两者之间存在着一种互动关系。技术主义范式过分强调传播对心灵与社会的极端重要性，它把芝加哥学派中的灵魂概念——

互动抛在一边，并因此丧失了分析问题的弹性，导致了观点上的偏颇。

通过波斯曼的努力，媒介环境学似乎在很大程度上修正了多伦多双星一度走得过于极端的方向。在波斯曼的某些论述中，技术的直接社会作用受到了质疑，而间接作用得到了强化。比如他说："随着我们对技术史的了解日益增加，我们很清楚，新设备仅仅是为人类打开一扇门，它不会强迫人类走进去。接受还是拒绝一项发明，或者若是接受了，它的含义究竟能实现到什么程度，这些都依赖于当时的社会状况、它的领袖有没有想象力，同时也要看技术项目本身的性质。"据此，波斯曼讨论了为什么印刷术在欧洲演化成了一场革命而在其原发地中国则没有，他认为，是"欧洲的知识状况使得印刷术成为必需"。他还讨论了印刷术与欧洲个人主义出现的关系，并断言："人们对个性的要求变得不可抗拒。这倒不是说印刷术创造了个人主义，而是个人主义成为一种正常的、可以接受的心理条件。"[36]在波斯曼的基础上，其弟子梅罗维茨在研究了伊尼斯、麦克卢汉的学说之后，将其与后芝加哥学派的代表人物戈夫曼的学说进行了综合，极大地丰富了媒介环境学的内涵。而另一位弟子保罗·莱文森将芝加哥人本主义色彩灌回技术主义的努力更加令世人瞩目。莱文森把自己的理论称之软技术决定论，相对于麦克卢汉的"硬技术决定论"。莱文森认为，很少有事实可以证明硬技术决定论的存在，他强调："媒介很少产生绝对的不可避免的社会结果。相反，它们提供事件产生的可能性，事件的状态和影响是诸多因素的结果，而不仅仅是信息技术的结果"。[37]在莱文森的视野中，人的主体性主要体现为对于技术的选择和引导能力。"对于我们的发明，我们是可以有所作为的。我们可以精化技术、指引技术，使之按我们感知和需要的道路发挥作用……人必须扮演积极的立场。"[38]"信息技术和事物产生的可能性之间相互联系，而人类将这种可能性变成事实。对于媒介理性的、有意的决定和计划，人的选择是我们分析媒介影响时始终要考虑的因素。"[39]因此，只有符合人类需求的媒介技术才能生存下来。所以莱文森最终得到的结论是："在我们数字时代，媒介的活力正在转换成为人的活力，这种活力是人类业已得到增强和提升的控制能力。"[40]波斯曼等人的努力，主要是将人的主体性重新注入媒介环境学的研究，其实是在一定程度上回到了芝加哥学派早期的人本主义道路上。可以说，芝加哥学派的思想是通过波斯曼师徒再度强势发言，对当代媒介环境学的发展走向又一次产生了重要的影响。这一次发言的影响力和重要意义，丝毫不逊于在多伦多双星开辟媒介环境学战场的那一历史时期。

当代媒介环境学在波斯曼的基础上继续发展，它们毫无疑问更加受到芝加哥学派尤其是符号互动的大众传播理论的影响。他们自己也承认，他们的思路是“沿着大批象征互动论者所认为的传播发生在特定情景之中的看法”展开的。他们在解释为什么倾向用“传播生态”而不是“传播组织”一词时，明显让人感觉他们本身都是符号互动论者。因为在论述这一问题时，他们陈列的四大理由均与符号互动论思想有关：“第一，生态暗指传播过程和互动的各种关系。第二，生态意味着为一个话题提供一个空间和关系的基础。……第四，生态具有发展的、偶然的和突发的特点。相互依赖性表明 [传播] 过程的任何一部分发生变化都可能影响到另一些部分。从某种意义上说，生态并不是作为一种 [物理性] 事物而存在，而是一个变动不定的流动的结构，我们将把它视为一种表述或框架。”他们还强调自身的观点是如何从芝加哥学派那里获得营养，而与后现代和批判主义的传播研究存在差别：“我们与他们（指后现代和批判主义的传播研究）的研究思路的主要区别在于，社会互动和社会情景在理解信息技术的社会影响上特别受到重视。具体而言，社会意义产生于符号互动的过程中，甚至产生于电视观众与节目之间的互动；大众媒介的互动并非像后结构主义者认为的那样是‘独白式的’，而是双向（对话）式的甚或三向（对话）式的传播。”[41]

尽管多数学者，甚至包括一些媒介环境学者本身都认为，媒介环境学还很稚嫩，但无视媒介环境学在理论上对芝加哥学派的超越，这不是一种科学的态度，二者还是有差别的。在诸如帕克的观念中，传播媒介只是用以进行社会控制的工具或者渠道，是生态环境中的一个组成部分，而媒介环境学则认为，一切的社会生态要素都要通过传播才能起作用，正如他们自己强调的那样：“权力、社会控制和不平衡的情景界定（asymmetric definitions of situations）的特性都通过传播逻辑融合在一起，并且附着于传播范式。”媒介环境学把媒介生存或传播生存看作是现代社会生存方式的特征，认为“社会秩序是一种经由传播建立起来的秩序”。不仅如此，这种以传播为中心的秩序对诸多社会要素都产生了影响，并使之发生变迁。“我们处在社会生活诸多领域发生巨大变迁的社会之中。最具有深远意义的变化是，信息技术和传播范式是如何改变诸多社会行为和观念的。”[42] 之所以存在这样的差别，并不是两者的理论思路有什么根本的分歧，而是媒介在当代社会所起的作用变得越来越显性化，它几乎以一己之力就构成了人的一种生存环境——虚拟现实。另外，媒介环境学研究比芝加哥学派更注重社会结构性因素的影响，这也是不争的事实，这对于只重过程的芝加哥学派早期研究而言，是一种有益的补充。这从另一角度证明了芝加哥传播技术思想的生命力。也可以这么说，借助媒介环境学这一前沿理论范式，社会学芝加哥学派的传播理论谱系又获得了新的延伸，芝加哥传播思想又焕发出新的生命活力。

注释：

[1] 在本文中，由于所引文献的翻译方式，媒介环境学也被我引为媒介生态学。媒介生态学的概念在中国学者的语境中似乎会造成某种歧义，它的研究对象到底是媒介的社会生态环境还是人的媒介技术生态环境，不同人有不同的看法，我之所以认同媒介环境学或如我在《传播学：学科危机与范式革命》一书中所采用的概念——技术主义范式的称谓，就是要规避这种歧义。

[2] 林文刚，《媒介环境学在北美之学术起源简史》，陈星、崔保国译，香港：《中国传媒报告》2003 年第 2 期。

[3] 乔纳森・特纳，《社会学理论的结构（上）》，邱泽奇译，华夏出版社，2001 年，第 92 页。

[4] 于长江，《从理想到实证——芝加哥学派的心路历程》，天津古籍出版社，2006 年，第 184 页。

[5] 同注 2。

[6] R.E. 帕克等，《城市社会学》，宋俊岭等译，华夏出版社，1987 年，第 64，65 页。

[7] 同注 3，第 187，157 页。

[8] 转引自哈罗德・伊尼斯，《传播与偏向》，何道宽译，中国人民大学出版社，2003 年，麦克卢汉序言，第 7 页。

[9] 詹姆斯・W. 凯瑞，《作为文化的传播——"媒介与文化"论文集》，丁未译，华夏出版社，2005 年，第 112 页。

[10] Sheldon Lary Belman, *The Idea of Communication in the Social Thought of the Chicago School*, 1975, p.151.

[11] 同注 5，第 17，42，18 页。

[12] 同注 8，p.150

[13] Robert Park& Ernest W. Burguess, *Introduction to the Science of Sociology*, Chicago: University of Chicago, 1921, p.313.

[14] Robert Park & Ernest W. Burguess, *Introduction to the Science of Sociology*, Chicago: University of Chicago, 1921, p.313.

[15] 同注 3，第 225 页。

[16] 大卫・阿什德，《传播生态学——控制的文化》，邵志择译，华夏出版社，2003 年，第 53，65，201 页。

[17] 同注 3，第 158 页。

[18] 同注 1。

[19] 伊尼斯，北京：华夏出版社，2003 年，麦克卢汉序言，第 7，8 页。同注 8，第 114，118 页。

[20] 同注 8，第 114，118 页。

[21] 尼尔·波斯曼，《童年的消逝》，吴燕莛译，广西师范大学出版社，2004 年，第 32 页。

[22] 埃里克·麦克卢汉、弗兰克·秦格龙，《麦克卢汉精粹》，何道宽译，南京大学出版社，2000 年，绪论第 2 页。

[23] 同注 7，麦克卢汉序言，第 8 页。

[24] 同注 7，麦克卢汉序言，第 3 页。

[25] 同注 7，第 66，63 页。

[26] 同注 7，第 66 页。

[27] 同注 7，第 64，66 页。

[28] 哈罗德·伊尼斯，《帝国与传播》，何道宽译，中国人民大学出版社，2003 年，第 180 页。

[29] 同注 8，第 112，117 页。

[30] 同注 7，第 69 页。

[31] 彼德斯，《交流的无奈：传播思想史》，何道宽译，华夏出版社，2003 年，第 175 页。

[32] 马歇尔·麦克卢汉，《理解媒介》，何道宽译，商务印书馆，2000 年，第 103，133 页。

[33] 袁刚等编，《民治主义与现代社会：杜威在华讲学录》，北京大学出版社，2004 年，第 18 页。

[34] 尼尔·波斯曼，《娱乐至死》，章艳译，广西师范大学出版社，2004 年，第 11，68，85，91 页。

[35] 同注 15，第 78 页。

[36] 同注 20，第 35，36，40 页。

[37] 保罗·利文森，《软边缘·信息革命的历史与未来》，熊澄宇等译，清华大学出版社，2002 年，第 3 页。

[38] 保罗·莱文森，《数字麦克罗汉·信息化新纪元指南》，何道宽译，社会科学文献出版社，2001 年，第 286—287 页。

[39] 同注 37，第 4 页。

[40] 同注 38，第 289 页。

[41] 同注 15，第 2 页。

[42] 同注 15，第 78，202，201 页。

媒介环境理论的研究框架和范式属性

◎ 李明伟

媒介环境理论从不同媒介的特性出发，研究媒介环境及其变化所产生的深远社会影响。它由哈罗德·伊尼斯在20世纪40年代末开创，经过马歇尔·麦克卢汉的大肆渲染而名噪一时，20世纪80年代以来在信息技术日益彰显的时代背景下，经以约书亚·梅罗维茨和保罗·莱文森为代表的一批学者的努力拓展而日渐丰赡。

尽管媒介环境理论在各个时期的研究重点和思路各有不同，比如，伊尼斯更多的是从政治经济学视角探讨媒介与政治、经济和知识权力的变化之间的关系；麦克卢汉主要是用文学、心理学的思维和表达方式，研究说明媒介卷入感官的程度、方式、数量，及其导致的心理认知和社会结构的变化；梅罗维茨则是从社会学的角度，研究媒介环境的变化所导致的人们的行为方式和社会角色的变化。但是，媒介环境理论整体有一个内在的研究框架。这个框架包括三个大的方面：对传播媒介的静态分析；对媒介演化的动态分析；对媒介本身之社会影响的分析。

在对媒介环境理论的研究内容和理论框架进行整体分析的基础上，本文根据科学哲学家托马斯·库恩（Thomas Kuhn）的“科学革命”学说，进一步从本体论、目的论和认识论三个方面来考察媒介环境理论的方法论问题，论证其作为一个研究范式的合法性。

一、对传播媒介的静态分析

媒介环境理论对传播媒介的静态分析包括三个层次：

首先是对各种媒介的分析。媒介环境理论一反内容研究的套路，强调媒介本身的重要性，主张区别分析每一种媒介。他们论述的媒介，范围之广，种类之多，前所未有。不仅人所常言的语言、文字、书籍、印刷术、报纸、广播、因特网等媒介在他们那里得到了别致的阐释，还有许多非常媒介——石头、泥版、衣服、汽车、照片……也都受到了他们的特别关注。

比如，莱文森对电话的分析就很精辟。他说道，电话的声音及其个人之间单线对话的特征，使传播双方获得了情人耳畔呢喃般的私秘性和亲近感，这决定了电话所独有的淫秽传播现象，比如电话召妓、声讯台。[1] 照片在麦克卢汉的眼里则成了“没有围墙的妓院”，因为按照麦克卢汉的分析，照片把人的形象固定下来并通过大批量复制，成为比娼妓更容易买到、拥抱和抚弄的欲望对象。[2]

在深刻把握各种媒介属性的基础上，媒介环境理论概括并分析了不同类型的媒介。伊尼斯把传播媒介分为两种类型：时间偏向型媒介和空间偏向型媒介。前者是指更适合时间上纵向流传的媒介，其属性是耐久但笨重，像石头、金字塔、羊皮纸、甲骨文；后者是更适合空间上横向扩散的媒介，其属性是轻巧易运输但不易保存，比如莎草纸、报纸、广播。一般来说，宗教组织偏重于控制时间型媒介，以建立恒久不灭的观念；政治组织偏重于控制空间型媒介，以拓展疆土建立庞大的帝国。

麦克卢汉接过伊尼斯的媒介偏向论，把媒介分为光投射型和光照射型、冷媒介和热媒介、视觉偏向和声觉偏向。这三组划分由于逸出常理之外，一直是麦克卢汉思想解读中的难点。实际上，麦克卢汉是从不同但又相关的角度进行的划分。它们之间有连通耦合之处，联系起来可能更好理解。

视觉 / 听觉型媒介的划分根据的是媒介卷入的各种感官之间的关系。麦克卢汉认为，拼音文字发明之前的社会是受听觉支配的口语社会。耳朵的官能强烈而深刻，无所不包。这决定了口头文化的部落式特点：各种感官同步互动，世界是有机的、整体的、共鸣的。拼音文字的线性序列延伸和强化了视觉功能，由此打破了口头文化的声觉空间平衡。而电视作用于人的整个感知系统，扭转了拼音文字造成的视觉垄断局面，很大程度上恢复了拼音文字之前的声觉空间世界。也就是说，一种媒介的偏向性是由它所卷入的各种感官中占据主导地位的感官的属性决定的。

冷 / 热媒介的划分根据的是媒介卷入感官的程度。热媒介的信息清晰度高，留给受众参与的空间少，因此具有排斥性，像收音机、电影、卡通画；冷媒介的信息清晰度低，处于未完成状态，受众补充的空间大，因此具有包容性。比如，电视声音的清晰度不如广播和唱盘，图像效果又不如电影，这都需要观众去填补细节。

为进一步解释不同媒介卷入感官的程度不同，麦克卢汉又根据媒介光源与受众之间的关系，把媒介分为以电影为代表的“光照射”（light on）型，和以电视为代表的“光投射”（light through）型。电影的光线来自观众身后，照射在银幕上又反射给观众。电视的光线则穿过屏幕投射在观众身上。电视机成了放映机，人成了银幕，被光线包容。再加上，电视的马赛克图像远不如电影的像素矩阵清晰。所以，麦克卢汉认为，电视是光投射型的冷媒介，电影是光照射型的热媒介。

麦克卢汉的这三种划分，核心都是媒介对人类感官的调动情况。就像伊尼斯借分析媒介本身的时空偏向性来考察媒介之于政权存续的影响一样，麦克卢汉通过分析媒介本身的感官偏向性，来探究媒介之于人类心理认知和社会结构的影响。在他们之后，梅罗维茨又辟出了一条通道——通过分析媒介的场景偏向性，即一种媒介是偏向于隔离交往场景还是偏向于融合交往场景，来考察它对交往行为的影响。

最后，媒介环境理论对传播媒介的本质进行了更高层次的归纳和提炼。麦克卢汉的著名论断——媒介是人体的延伸——即为此类。他说，人体在无法应付外界的超强刺激时，就自我截除不敷使用的那部分肢体和感官，同时发明新的技术来延伸它们的功能，以应付肢体应付不了的那些超强刺激和压力。[3] 比如，人体肌肤难以抵抗寒冷气候，衣服就被用来御寒。这时，肌肤抗冷的功能就被弃置不用。人类肌体达不到深海作业的条件，自动化机器就被发明出来代替人来工作，免除了人类亲力亲为的麻烦和危险。本质上，所有的媒介都是人体的延伸。

麦克卢汉的这一论断与美国学者詹姆斯·贝尼格（James Beniger）的“控制革命论”，有异曲同工之妙。贝尼格通过追溯现代西方经济发展史发现，19 世纪的工业革命导致物质经济的运转速率大幅度提高，以致超出了人类社会的既有控制能力，引发了严重的社会控制危机。协调控制高速运转的社会经济，主要依赖信息处理和传播领域的革命。信息社会就是这场控制革命的结果。[4] 罗杰·菲德勒也赞同贝尼格的这一观点，认为由外界的超强刺激引发的控制危机是数字革命爆发的一个重要原因。[5]

可以看出，在对传播媒介的静态分析中，各人根据视角和切入点的不同，对各种媒介本身进行了不同类型的归纳分析：时空角度、感官角度、社会场景角度……不同的研究视角和媒介分类，指向了特色各异的研究领域。

二、对媒介演化的动态分析

在对媒介演化的历史分析中，媒介环境理论关注的主要是媒介发展过程当中应该注意的问题和媒介发展的规律与趋势。

1．“平衡”问题。媒介发展是否平衡，是媒介环境理论始终都很关注的一个重要方面。伊尼斯认为，西方现代社会是一个媒介发展严重失衡的社会。时间偏向型媒介落入低谷，报纸、广播等空间偏向型媒介发展强劲。结果，人们的历史意识淡漠，心态行为浮躁，空间征服欲望膨胀。为此，伊尼斯反复强调有必要重新领会古希腊"万事勿过"（nothing in excess）这一"神韵"，[6] 发展时间型媒介以抗衡空间型媒介的过度膨胀。不过，伊尼斯也并不许诺媒介发展一定能够达致平衡。因为，几乎每一个历史时期都以一种传播媒介为主导，"偏向性"是媒介和社会发展的现实。"只有在很罕见的间歇期，另一种媒介的影响才能抵消其偏向，从而达到平衡。"[7] 比如古希腊的口头传统与文字媒介之间，古罗马帝国的莎草纸和羊皮纸之间相互制约持衡，促使产生了古希腊和古罗马文明。尽管"平衡"是一种不很实际的理想，但是"勿过"还是要努力保持的。在伊尼斯看来，一个社会如果过度发展一种类型的传播媒介，这个社会的知识和权力结构就会出现危机。

麦克卢汉也认为，媒介发展当中应该注意保持"平衡"。不过，麦克卢汉所谓的"平衡"不再是指不同类型媒介之间的关系，而是指媒介卷入的各种感官之间的关系。凡是能够调动人的全部感官参与传播过程的媒介，就是"平衡"的媒介。按照麦克卢汉的说法，原始部落时期的口头传播调动了人的眼、耳、口、鼻、舌等所有感官的参与，现代电子传播延伸了人的中枢神经系统，都是感官平衡的传播媒介。莱文森也认同"平衡"这一观念。只不过，利文森不赞成麦克卢汉把电视看作是延伸中枢神经系统的代表，认为赛博空间才更具有代表性，才会真正实现感官的平衡参与。[8]

总之，"平衡"是他们从媒介发展的历史长河中提取出来的一个重要思想。无论它在各人那里所指具体为何，这一思想都启示我们，媒介发展不能信马由缰。传播媒介的整体布局是否"平衡"，媒介是否全面均衡地调动人类的感官，是我们应该时时加以警惕的重要问题。

2. 媒介演变的常规　在对各种各类媒介的区别分析和对媒介发展历史的追溯中，媒介环境理论不断归纳媒介发展的规律性现象，提出了一些很有价值的思想和结论。今天最值得详加介绍的是麦克卢汉很早就提出但却始终没有受到足够重视的"媒介演变四定律"：

- 这个人工制造物使什么得到提升或强化？或者使什么成为可能？或者使什么得以加速？（Enhancement）

- 如果情景中的某个方面增大或提升，原有的条件或未被提升的情景就会被取代，新的"器官"使什么东西靠边或过时呢？（Obsolescence）

● 新的形式使过去的什么行动或服务再现或再用？什么曾经过时的、老的基础得到恢复，而且成为新形式固有的东西？（Retrieval）

● 新形式被推向潜能（另一个互补的行动）的极限之后，它原有的特征会发生逆转。新形式的逆转潜能是什么？（Reversal）[9]

早在1974年，麦克卢汉就与双日书局定下协议出版关于这一思想的专著。不料1980年他中风去世，双日书局随即拒绝出版他的著作。直到1988年，他的这一思想才由多伦多大学付梓出版，名字就叫《媒介定律》(*Laws of Media*)。1989年出版的《地球村》一书联系古往今来的各种媒介，对这 一思想进行了非常详细的阐述。该书的合著者布鲁斯在这本书中还把这个定律用一个矩阵图形加以表示：

Tetrad Structure[10]

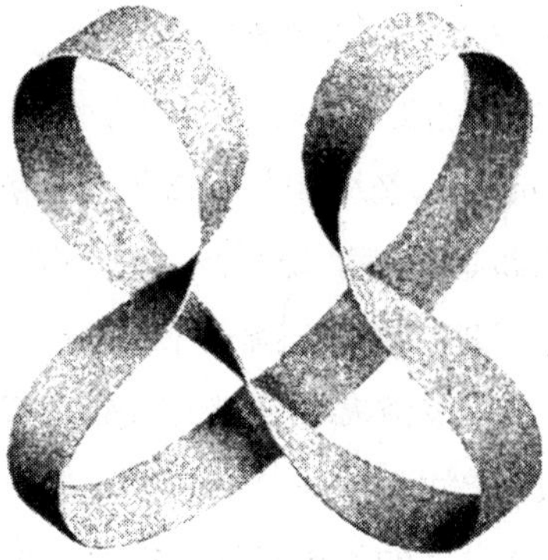

如图所示，这个定律犹如一个花环把麦克卢汉此前散落的一些重要思想编织在了一起。麦克卢汉曾经引用中国《老子》一书中“明道若昧，进道若退”这句话，说明旧媒介往往是新媒介的“内容”。[11] 文字的内容是言语，印刷的内容是文字，电影被搬上了电视。这就是新媒介的**再现**功能。但是，再现并不等于故地重游。新媒介还意味着变革。电视**放大**了口语时代全身感官参与传播的特点。同时，电视也使印刷媒介的线性机械传播方式**过时**。电子技术的进一步发展，可能会**逆转**进入对意识的模拟阶段。

这只是对这个定律的简单说明。实际上，麦克卢汉的许多传播思想，包括他提出的“媒介杂交”(medium hybrid) 概念、“地球村”思想，都内含在这一媒介定律之中，都可以用它来解释。莱文森把这个定律誉之为“麦克卢汉的天鹅绝唱”[12]，我认为实不为过。

很多人说，麦克卢汉是电子媒介的狂热宣教者。从这个媒介四定律来看，麦克卢汉在对新媒介的态度上表现出的冷静、务实和周全，实不多见。

在媒介发展规律方面做出较多探索的是莱文森。他总结说，大部分媒介的发展都会先后经历“玩具、镜子、艺术”这三个阶段。这一概括得益于麦克卢汉的洞见。麦克卢汉曾经提出，过去的技术往往会以艺术的形式重新出现。他在给一位友人的信中说道：“我们生活在一个怀旧的时代，所有过去的时尚都将不断被召回。”[13] 莱文森把麦克卢汉的这一思想作了进一步的发挥。“实际上，‘玩具、镜子和艺术’有这样一个主题：媒介招摇进入社会时多半是以玩具的方式出现。它们多半是一种小玩意。人们喜欢它们，是因为好玩，而不是因为它们能够完成什么工作。”[14] 然后，人们才开发它的镜子（即工具）功能。最终，它会变成一种艺术形式。

这一演进过程在电影的演变历史中看得最清楚。电影开局的作品是《弗雷德·奥特打喷嚏》和《宝宝的第一餐饭》。在此，内容并不重要。让人兴奋的是看见事物在一种媒介里动起来。不久，电影被用来记录现实活动。剪辑的原理被发现之后，电影就被大规模地用来表现超现实的东西，成了“第七种艺术”。

另外，莱文森还注意到了媒介发展过程当中“意料之外的进化结果”这一多发现象。对媒介本身变化有独到研究的菲德勒说：“大多数新兴技术将不会恰如它们的开发者所设想的那样被使用。这已经是贯穿了整个20世纪的模式，也无疑将是21世纪及其之后的模式。”[15] 英国学者威廉姆斯也曾言及：“在很多例子中，我们都可以看到，科技往往产生了原先并没有预料到的使用情况与效果。”[16] 莱文森把这种现象概括为“意料之外的进化结果”，并且把它看作媒介发展的一个常规作了较为详细的论述。莱文森还举了一个很有趣的例子。敞篷汽车在第一波出现时，人们图的是个凉快。后来，空调汽车差点把它完全淘汰掉。可是，到了80年代，它又杀了个回马枪。“玩车人图的是‘凉’（cool），但这个‘凉’不再是物质意义上的‘凉’，而是派头上的‘酷’（cool）。”[17]

三、对媒介变革的社会影响分析

对媒介本身进行分析，并非媒介环境理论的全部，也不是他们的主要和最终目的。伊尼斯研究媒介是为了考察媒介在政治组织和文明存续中的作用。麦克卢汉理解媒介，是为了洞察和预测社会发展的走向。梅罗维茨自述，其“目的是提供一种研究媒介影响和社会变革的新方法，不仅能研究现在，而且能研究未来”[18]。他们对媒介的分析无一例外地指向了对媒介之社会影响的深入探究。

伊尼斯集中论述了媒介与政权及文明之间的关系。他认为，宗教组织倚重时间控制，政治组织倚重空间控制。一个帝国或文明内部的有效统治，有赖于这两种组织之间的和谐相处。为此，时间型媒介和空间型媒介的平衡发展，就成为帝国稳定的重要因素。两种组织对两种类型媒介控制权的争夺往往会带来社会的振荡，有时甚至会给外部力量以可乘之机，从而导致帝国的覆灭。巴比伦文明就是因为国王和僧侣阶级争夺对时间型媒介的控制，导致波斯人的入侵。公元前4世纪，文字的普及压到了古希腊丰富的口头传统，加速了雅典文明的衰落。15世纪印刷术的发明，导致宗教战争和民族主义的崛起，国际关系由此发生了地覆天翻的变化。

社会主导媒介的性质在很大程度上还会影响一个文明的后世存续。据考古发现，维京战士（the Viking，北欧海盗）到达北美新大陆可能比哥伦布早500年之久。但是，挪威人的口头传播不仅没有吸引足够多的人作进一步探险，而且还使他们很快淡出了后人的视线。哥伦布却因为记载其事迹的文字被广泛印刷并流传整个欧洲而变得地位特殊，成为人类历史的重要一页。许多文明同样是为传播媒介所累，落得与维京战士类似的命运。伊尼斯因此提醒我们：“评估一种文明的时候，如果是用它依赖的一种传播媒介，那就需要知道该媒介的特征有何意义。……历史著作常常受到扭曲，那些耐久材料占上风的历史时期和地区，常常受到过分的重视。”[19]凡学术皆有史。而对历史的解读很大程度上受当代所能看到的记载资料所左右。这些资料到底能在多大程度上代表或者反映历史？伊尼斯从传播媒介的角度提出了一个值得一切学术研究重视的问题。

媒介环境理论还在媒介变革与社会变迁之间的关系方面进行了较为全面而深入的探究。“地球村”和“内爆”，就是麦克卢汉在这方面探索的思想结晶。前者早已经漫过了学术的篱笆变成了一个全球性的日常用语。后者经由法国学者鲍德里亚引入文化批评，现已成为后现代主义研究的常用术语。

这两种社会新变化的发现建基于他们的一系列理论分析，特别是对印刷传播和电子传播方式的比较分析。他们认为，古登堡发明的印刷术是复杂手工艺的第一次机械化。它的线性序列和可重复性是此后大机器生产的根源。这种特征不仅造就了可见的生产装配线和大批量复制的商品，而且塑造了一切其他领域：权力的集中化；众多彼此疏离的社会群体；森严的社会等级；线性的认知和思维方式……以电报为开端的电子媒介引发了一场离心的社会革命。麦克卢汉说："经过3000年的外爆（explosion），我们正进入内爆（implosion）时代。"[20] 电子传播实现了对时空限制的超前突破，把人类即时送往世界各地；电子媒介较书籍低得多的进入门槛，解放了普通大众；电子传播的大众化产生了混合的和中庸的内容；电子媒介把人的全身感官卷入传播过程，再现了整体性、即时回应型的听觉空间。这些特征决定了新时代的电子人（Electronic Man）每时每刻都是此在。人的肉体失去了意义，人变成了"无形无象之人"（Discarnate Man）。这些"无形无象之人"凭借电子媒介得以出现在此前难以身临的事发现场，得以见证或者说窥视世界的各个角落。由此，印刷时代不同领域之间的壁垒失去了屏障作用。成人与儿童的角色模糊。工作和游戏的界限消融。印刷时代的知识和政治权威在电子时代威魅尽失。整个世界将重新部落化，变成一个"地球村"。在这个电子"地球村"里，以往的权力中心已经被消解。每一个电脑终端都是一个信息中心。非集中化将导致"处处皆中心，无处是边缘"的社会局面。

要而言之，第一，电子媒介引发的非集中化革命，将产生一个"众神狂欢"的时代；第二，电子媒介对有形距离和无形壁垒的打破，将推助一个广泛的融合趋势；第三，电子媒介对部落化的听觉空间的再现，将使专门化和线性方式过时，系统论和模式识别将成为组织和把握社会的适宜方法。

四、一个与传统学派和批评学派比肩而立的研究范式？

根据以上分析，媒介环境理论的研究框架和主要内容可以用如下示意图表现：

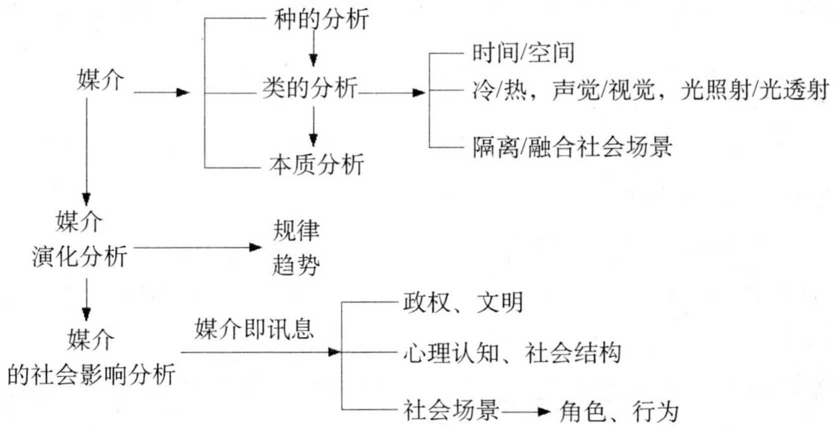

这个框架图清楚地告诉我们，媒介环境理论的研究内容主要有三方面：第一，对媒介的属性特征和功能偏向做静态分析，包括对各种媒介的具体分析、对不同偏向类型媒介的分析和对媒介本质的分析；第二，对媒介的历史演化做动态分析，其中媒介发展过程中的偏颇、规律和趋势是分析的重点；第三，对媒介（变革）之社会影响的分析。这是媒介环境理论研究的重点和落脚点。无论每个人关注社会的哪些方面，他们都是要力图证明：媒介本身是人类历史变化的一个重要动因。

媒介环境理论既有如此特异的思路和内在一致的理论框架，它在传播学当中可否算是一个能与实证研究或者批评学派比肩而立的学术流派或者研究范式呢？本文接下来根据托马斯·库恩（Thomas Kuhn）的“科学革命”学说，详细探究媒介环境理论的方法论问题，论证其作为一个传播学研究范式的合法性及其在传播学当中的地位。

美国科学哲学家库恩通过研究科学史发现，科学的发展是“常规科学”与“科学革命”交替发生发展的过程。“常规科学是一种旨在修饰、扩散和精练早已存在的范式的事业。”[21] 当常规科学的发展遇到反复研究却持续失败的问题时，即到了常规科学的共同体“不再能回避破坏科学实践现有传统的反常时期，就开始了非常规的研究，最终导致科学共同体做出一系列新的承诺，建立一个科学实践的新基础。这乃是一个非常规时期，其间科学共同体的专业承诺发生了转移，这些非常规时期在本文中称之为科学革命。”[22]

科学革命就是“范式”更新的革命性过程。库恩所谓的“范式”（Paradigm），是指科学共同体的成员共同接受和信奉的研究模式。一个研究范式吸引了一批坚定的拥护者，使他们脱离其他的研究模式；同时，它又足以无限制地留下有待解决的种种问题。

根据库恩的说法，“范式”包含三个层面的观念架构：

（1）本体论的观点。即研究什么，这其中包含着对人和社会的本质、人类历史的变迁等基本问题的看法；

（2）认识论的观点。即如何研究，包括对知识及其标准的看法；

（3）目的论的观点。即为什么要这样研究，这样的研究对社会现况或人类未来有何意义。[23]

本文就从这三个方面考察媒介环境理论的研究立场和方法规范，以检验媒介环境理论作为一个研究范式的合法性。

五、媒介环境理论的本体论——研究什么

在科学发展史上，范式的更新不都是逻辑或实验的结果。多数情况下，它是一种价值判断与选择的尝试。一般说来，在本体论上做出的开拓，更具有革命性。也就是说，研究对象的选择往往是一个范式出笼的关键。

自诞生以来的很长一段时期内，传播学研究的主要问题一直是媒介传播的讯息在态度和行为上所引起的短期、可测量的效果。这种对具体内容及其特定效果的研究，在战争宣传、商业开发和政治活动中屡建奇功，受到政府和商业组织的特别青睐，但也遭到了两股力量的质疑和驳斥。在素有思辨传统和批判精神的欧洲，法兰克福学派首先发难，猛烈攻击主流传播学的量化研究及其市场或政府的背景。在加拿大，对技术在贸易交往和国家发展当中的重要地位有深刻认识的伊尼斯，明确反对主流传播学对传播技术的漠视。

1949 年，伊尼斯在《加拿大政治经济学杂志》第 15 期上，发表了一篇针对哈钦斯报告的评论文章。文章指责该报告忽视媒介本身的特性，把所有媒介不加区别地堆集在一起。"我们可能需要分别追问广播、报纸、动画、杂志和书籍而不是一个大意上模糊的泛泛效果，尽管委员会出版物中用'新闻'来指代所有的媒介，但每种媒介都有它自己的独有特性。持有这一常识是研究新闻的开始。"[24]

伊尼斯认为，就像技术在贸易往来当中的重要角色一样，在知识的传播和文明的存续过程中，传播媒介本身有着根本性的作用。某种媒介在长期使用过程中，会把它自身的属性和逻辑强加于社会结构和人类心智。据此，他建立了"媒介偏向论"，开启了对媒介本身及其重要社会历史意义的研究。

这一开拓性研究在当时并没有产生广泛的学术影响，稍后也只是在加拿大引起了一个人的兴趣和注意。这就是与伊尼斯同在多伦多大学执教的麦克卢汉。恰如库恩所说："获得新范式、做出这些基本发明的人，几乎总是非常年轻的人，或者是新进入一个其范式将由他们所改变的领域的人。"[25] 麦克卢汉就是这样一个角色。对于当时正在寻求学术转向的麦克卢汉来说，伊尼斯的研究路径就像指路明灯，为他在传播学领域的探索指明了方向。毕竟，对媒介本身的研究到那时为止还只有伊尼斯一人。无论是这个新领域的理论建设还是其面向社会的推广，都还有足够大的驰骋空间。麦克卢汉接过伊尼斯的研究路子，进行了更无情的"破"和更大胆的"立"。

麦克卢汉的"破"，就是彻底扭转传播学向内容研究的一面倒，和人们对媒介本

身的麻木无知。诗人艾略特说："一首诗歌的内容是为了满足读者的习惯，使读者高兴和安静，而诗歌本身才真正作用于他：就像一个夜贼总是带着一块鲜美的肉以防看门狗。"[26] 麦克卢汉化用这句话来强调媒介本身的巨大社会作用，批评传播研究一味专注于具体的传播内容。麦克卢汉说，人们对身处其中的媒介环境没有觉察，就像鱼对水的存在浑然不觉一样。只有环境发生了激烈变化，比如水源枯竭，环境的意义才会凸显。所以，社会主导媒介的革命性变化，总是会一下子突显媒介环境的重大作用。媒介环境激烈变化之时，就是认识媒介环境之巨大影响力的最佳时机。

那么，麦克卢汉是如何认识媒介环境的呢？他说："环境不是消极的包装，而是一个积极的过程，它全面而彻底地作用我们，改变感官的比例，强加它们的沉默的逻辑。"[27]"媒介是一种'使事情所以然'的动因，而不是'使人知其然'的动因。"[28] 也就是说，传播媒介不只是告诉我们世界发生的变化，实际上，它们自己就是这些变化的重要原因。这就是他的惊人之论——"媒介即讯息"的要义所在。

首先，媒介环境理论把各种媒介组成的媒介矩阵，看作是社会、文化在其中生存演化的大环境。一种媒介矩阵塑造一种类型的社会文化。以口语为主导的媒介矩阵，塑造的是村落式的原始农业社会。以文字为主导的媒介矩阵，启动了民族国家的建立。以电子媒介为主导的媒介矩阵，推动了全球化的滚滚进程。这是从静态上来说。从动态上来说，生态学强调，一种新事物的引入不是附加到旧环境上，而是改变整个旧环境。媒介环境理论认为，传播媒介的变革就是这种生态学式的。每当媒介矩阵当中的主导媒介发生变化，作为环境的整个媒介矩阵就会焕然一新。环境里的各种因素都将因此受到强烈的影响。就像地壳的剧烈运动引发生态结构大洗牌一样，有些事物遭到淘汰，有些则盎然兴起。媒介本身的重要性，就体现在它作为环境的功能上。麦克卢汉说："环境不仅是容器，而且是使内容完全改变的过程。新媒介是新环境。为什么要说媒介即是讯息，就是这个道理。"[29]

可是，一个更根本的问题是，有什么理由说媒介就是环境呢？媒介怎么会具有环境的巨大功能呢？媒介环境理论没有对这个问题作直接的解释。不过，他们一致认为，媒介本身有自己的属性特征和预存能力。这与结构主义和符号学的理论视角相似。结构主义是源自欧洲（主要是法国）的一场人文运动。简单说，结构主义认为，任何文化现象都是文化系统内的产物，这个系统有一套内在的语法结构，它规定着意义的生成。符号学则认为，符号包括两个方面：所指是符号指称的对象；能指是符号用来指称对象的东西。所指有内容和意义，能指因为它内在的语法结构也有自己的功能和意义。所以，语言不仅是思维的工具，语言本身就规定着思维的过程。根据这些理论假说，作为一种符号系统的媒介，其能指即媒介本身，有它自己的编码方式和属性偏向，自然也是能够生成意义的功能体，而不只是毫无意义的传播渠道。麦克卢汉在1974年给友人的一封信中写道："……我的方法应该被恰当地看作是结构主义的。我从乔叟、艾略特和Symbolists那里学到了这种方法，……"[30]

六、媒介环境理论的目的论——为什么这样研究

问题还没有完。传播内容与媒介本身是一张纸的两面，分是分不开的。一般情况下，没有不假借媒介而传播的内容，也没有不携带内容而传播的媒介。他们怎么可以把媒介本身与传播内容分开来呢？这样的研究又有什么意义呢？

首先，把媒介本身分出来加以强调是完全可以的。这种做法是理论研究当中的惯常现象。语言哲学家约翰·奥斯汀（John Austin）说，科学理论中的话语行为（discursive acts）经常会有"述行"（performative）的特性。[31]也就是说，理论语言有时是为了达致某种特定效果而说出的，虽然与现实不完全对应，但也是为了更好地说明现实。

媒介环境理论认为，分析研究媒介本身的属性和功能，可以帮助我们理解宏观的社会历史现象。这是短期效果研究和内容分析所不能凑效的。从魔弹论到二级传播，从议程设置、涵化理论到知沟理论，我们可以发现，传统实证研究越来越倾向于在更广泛更深远的层次上研究传播效果。这是因为，对研究结论之广泛有效性的追求使他们逐渐认识到，传播效果不仅有可观察到的意见、态度或行为的改变，还有更深层次的对受众认知结构和社会特质的建构。但是，局限于具体内容的量化研究，从根本上限制了传统实证研究的视野和范围。研究人员不可能对上百年或者更长时间内的传播内容进行调查和测量。所以，传统实证研究从魔弹论到知沟理论的一路修正，无疑是尘里振衣，泥中濯足。除非转变研究对象，否则，这一路径的研究不可能会有突破性的进展。张锦华精辟地指出：

> 事实上，如果权力（power，又译力量）这个概念包含的意思并不仅只有其外显的力量发挥及结果的话，其本质的内涵恐怕正如社会学者艾萨克所言，是无法以行为典范的观点所能了解的。这或许就说明为什么行为主义走向的传播研究虽发掘了众多的假设与模式，却始终无法掌握媒介力量的本质的原因。[32]

这就否定了传统实证类的传播学研究在应付宏观社会问题上的有效性。麦克卢汉在评价施拉姆所著《电视对儿童生活的影响》一书时曾说，作者不研究电视媒介的具体性质，只偏重电视的“内容”、收看时间和词汇频率，这种方法无论是研究电视还是印刷书籍的影响，都不可能发现这些媒介给个人和社会带来的结构性变化：印刷术在16世纪造就了个人主义和民族主义；电子媒介在20世纪末孕育了“地球村”和反叛意识。麦克卢汉说道：“程序分析和‘内容’分析在弄清这些媒介的魔力或潜在威力方面，都不可能提供任何线索。”[33] 梅罗维茨也认为，“传播内容固然很重要，特别是短期来看。……但是，仅仅内容问题，无法就社会结构方面发生的变化提供足够的解释。”[34]

媒介环境理论力图证明：媒介本身是与传播内容同等重要的一个传播元素，特别是在理解社会历史的宏观变化方面，媒介环境是一个很有价值的观察视角。

七、媒介环境理论的认识论——如何研究

一本书的内容能够立刻对人产生影响。但是，读一次书绝不可能染上书本的属性特征，更不要说社会方面会有什么变化。一种传播媒介只有在长期的使用过程中，才会把它自身的属性、语法特征植入人体和社会组织。

换句话说，媒介本身的属性和传播特征，是在长期应用中沉淀到社会组织和人类心理结构之中的。正因为如此，媒介环境理论的研究视野非常广阔。他们的研究至少覆盖一种媒介主导的整个历史时期。例如，伊丽莎白·埃森斯坦（Elizabeth L.Eisenstein）重点考察了印刷媒介在16世纪到19世纪这300年间产生的社会影响。其他大部分学者都贯通了原始社会至今的人类历史长河。

媒介本身的影响不仅纵贯很长的历史时期，而且横贯社会的各个方面。社会结构，心理认知，角色身份，生产生活……无不依赖传播而存在，深受媒介之影响。尽管各个学者根据自己的兴趣和专长研究的只是其中的一个方面，但这种研究也是就社会整体而不是具体某个人进行探讨。

美国传播学者赛佛林和坦卡德在《传播理论》一书中说：“研究者曾企图测试麦克卢汉的一些概念，但问题之一是，他的概念涉及如此长远、如此广泛的效果，很难测试出来。一些研究的失败之处就在于，它们所探讨的是相当短期的效果，而显然，麦克卢汉所谈的效果是必须花很长一段时间才显得出来的。”[35]

此外，媒介环境理论研究媒介本身和社会历史的变化，需要比较不同的传播媒介和社会发展的不同阶段。这种比较不像主流研究那样，可以把研究对象放在实验室中进行试验，或者调查测量。尤其是我们无法让时光倒流，重新感受和观察过去的社会。

所以，这样的研究对象和如此恢宏的考察范围，决定了媒介环境理论必须假道不同的途径。对此，梅罗维茨说得很清楚：

> 不像内容研究，媒介环境理论考察的效果一般很难通过社会科学方法加以证实。比如，再现印刷文化以备观测或实验操作，事实上是不可能的。调查也不很有用，因为媒介环境理论往往是考察结构变化的类型和影响因素，而这些是不为大多数人知晓的。曾经有人试图通过实验和描述来测试媒介环境理论的各个方面。然而，大部分媒介环境理论，特别是宏观层次的，深深地依赖思辨、历史分析和宏大模式的识别。虽然最好的研究仔细选择证据，像寻找正例一样搜集反例，但大多数媒介环境理论不是由系统的定量分析支持的。对一些人来说，这使媒介环境理论比传统的内容分析更有意思，更另人兴奋；对其他人来说，这使媒介环境理论难以接受，也不科学。[36]

那么，媒介环境理论的研究方法是什么呢？我认为主要有以下三点：

1. 宏观的模式识别　中国传播学者卜卫曾评价说："就其理论的完整性和宏观性而言，麦克卢汉的'媒介即讯息'的理论可作为思辨研究的经典实例。"[37] 媒介环境理论是思辨性质的研究，不过却不适合作为思辨研究的经典。这是因为，媒介环境理论的研究方法是宏观层次上的"模式识别"。他们的这种"模式识别"缺乏思辨研究素有的严谨细密的逻辑推演。

最早提出"模式识别"这一研究方法的是伊尼斯。他在批评西方社会科学的自然科学倾向时说，社会科学的任务是去发现和解释模式和趋势，以便能够预测未来，而不是靠精细计算为政府和工商业提供短期的预测。[38] 麦克卢汉在为伊尼斯的两本传播学著作写的序言中，对这种方法大加赞赏，并作出了如下解释：

> 在艺术和诗歌中，这是"象征主义"技巧，就是并置而不用连接成分的意合法。这是聊天或对话的自然形态，而不是书面话语的自然形态。写作往往有一种倾向，就是从题材中分离出一个方面，将注意力死死地指向它。对话还有一种自然的倾向，那就是任何题材的多方面的相互作用。这种相互作用能够产

> 生洞见和发现。与此相对，观点仅仅是看问题的一种方式。相反，洞见却是在相互作用的复杂过程中突然得到的顿悟。[39]

根据麦克卢汉的这些看法，并综合分析他们的理论著述，我认为，“模式识别”就是深入观察复杂交错的动态关系，以发现其中隐藏的关联机制。这种方法虽然也以思辨为主，但它背离了思辨的一些重要原则：

首先，他们提出了一些概念，像“地球村”、“内爆”，但是这些概念都没有经过科学的定义。他们提出的理论命题也大多是或明或暗的比喻，像“媒介是人体的延伸”，而不是严谨的判断。

其次，他们的“模式”主要不是靠逻辑推演而是靠观察得来。他们把诸多社会历史现象和事实堆积在一起，从这些看似毫不相关的事物中洞察它们之间的关系和作用方式。就像一个报纸版面，头条报道了上层阶级的莺歌燕舞，右下角报道了底层民众的火热水深。它们之间除了轻重缓急的版面次序关系，好像还能从中看出这个社会的矛盾。

最后，他们进行模式识别不是为了建设详备的理论或提出铁定的结论，而是重在指明媒介本身与社会历史变化之间的关系。麦克卢汉坦言，他的工作只是一种探索的过程，不代表真理的最终发现。只要后来的发展不能证明他的观点，他时刻准备抛弃。[40] 梅罗维茨在《消失的地域》前言里说道，分析的目的不是为了对社会的变化或特征作出一个完整的解释，而是为了说明媒介的变化与当今社会的潮流有着莫大的关系。

这就告诉我们，媒介环境理论的具体观点正确与否都不是关键。关键是他们发现并试图论证的，媒介本身与社会各个方面的关联机制。像伊尼斯试图证明的，媒介本身的时空偏向与政治、经济、知识和文明存续之间的关系；像麦克卢汉展示的，媒介本身的感官偏向与心理认知和社会结构之间的关系；以及梅罗维茨描述的，媒介环境与行为方式和身份角色之间的关系。

2. 历史的、比较的分析　媒介环境理论的主要内容，不是对媒介本身的属性特征作静态分析，而是考察主导媒介的变革产生的宏观社会变化。按照他们的假设，媒介本身的属性对社会特征有塑造作用。不同类型的媒介支持不同的社会结构和力量。靠言传身教生产生活经验而位高权重的老年人，到了经验和知识以书籍传承为主的印刷时代，被读书人阶层夺去了部分权威，再到今天信息接触门槛大大降低的电子社会，几乎就要被年轻一代完全淹没。社会主导媒介一旦发生变革，必然引发利益的冲突和权力的重组，社会也会因之发生深刻的结构性变化。

作这样的分析，首先要弄清不同媒介本身的特性，进而去把握这种特性嵌入社会之后所引发的社会变化。这里，我们以梅罗维茨在书籍和电视之间的比较为例，来具体看一下媒介环境理论如何进行历史的、比较的分析。

符号的接触特征。文字是一套复杂的符号系统。哪怕是日常书信也需要基本的读写能力，而且，这种能力非一朝一夕所能获得。它需要一个循序渐进从易到难的提高过程。电视虽然不是复制现实，但它的图像、声音以及基于生活经验的表达技巧，比如让观众像小孩仰脸看大人一般体验敬畏或慈爱的仰拍，远比字句更接近现实。这一对比说明，书籍具有明显的等级性、排他性和选择性，电视则是老少咸宜。

符号的表现特征。文字是一种抽象符号。这种随机的抽象与现实事物不具有必然的联系和相似性，所以易于用来表达观点和概念，易于掩护作者的私人信息。与此相对，电视中的人物不可避免地会流露出下意识的表情。这种无意识流露的表情因为较难控制而被认为更真实更自然，也更能打动人。观众和电视摄像师都很看重它。这就助长了个人私下信息的暴露。

传播的速度。书籍的撰写有一个较长的时期，即便是报纸记者的报道，也与事件的发生有一个时间差。电视直播却与事件同步。根据社会学家欧文·戈夫曼（Irving Goffman）的拟剧交往理论，这意味着后台整饬的时间差别。即，书籍传播比电视传播拥有更多的信息控制和修饰的余地。因此，书籍的内容更正式一些。

内容编排及其接收方式。一本书的内容很容易界定；家里一台电视机的内容却说也说不清。看书需要到一定的地方购买；看电视只需手指之劳。指尖轻按，就能在众多频道之间转换。因此，一本书是否适合孩子比较容易判断，允许与否也容易控制。然而，电视内容的定夺和控制相对来说就难得多。

电视相对于书籍的这些特征，决定了电视在以下两个方面的优势：其一，虽然电视并不比书籍更有助于人们对问题的理解，但它至少使大多数人熟悉了许多不同领域和群体；其二，电视比书籍更容易暴露后台信息。这对于那些严重依赖后台区域的控制来建立权威、维持高级身份和地位的人来说，不是一件好事情。

根据这些分析，梅罗维茨认为，电视将在很大程度上消除由印刷传播建立起来的等级壁垒及其导致的场景隔离。不同领域之间的相互了解增加。以往属于私秘性的话题和问题将会成为公共事务。成人对儿童的控制削弱。政治权威将威风不再。总之，由于电视重组了交往场景，人们将失去印刷时代的“方向感”。

实际上，如何认识媒介本身的属性并预测社会的未来变局，麦克卢汉概括的媒介四定律说得很好。它强调，一定要抓住新媒介的新属性和新功能，以便把握社会变化的动向。如若被新媒介中的旧媒介幻像所迷惑，就有可能忽略或者低估新媒介的革命性。电影最先在中国上海放映时，被称为“西洋影戏”。在香港首次放映时，则被称为“奇巧明灯戏法”，后又称为“影画戏”。一直到20年代，“电影”一词才出现。[41]历史上还曾把“电话”叫做“会说话的电报”；把“汽车”叫做“无马牵引的马车”；把“广播电台”称作“无线电”。麦克卢汉把对待新媒介的这种做法，喻之为“纳喀索斯式的自恋情结”，警告人们不要为新媒介中的旧媒介形象所迷惑。

3．**矛盾的辩证分析** 伊尼斯从媒介本身的时空偏向性这对矛盾出发，探讨政治组织与宗教组织、中心与边缘之间的利益冲突。麦克卢汉从媒介本身是偏重于视觉还是偏重于听觉，是卷入局部感官还是卷入整个中枢神经系统，是支持左脑活动还是支持右脑活动这几个角度，预测社会结构是封闭还是开放，心理认知是整体的、系统的、直觉的，还是局部的、分裂的、机械的。莱文森关心的则是媒介本身是更人性化还是更机械性。梅罗维茨则聚焦于社会场景是融合还是分离，男女角色、成人与儿童的社会行为是趋同还是趋异。沃尔特·翁感兴趣的是，口语和书写在神性与科学、听觉依赖与视觉依赖、世界的联合与分离这些对立矛盾上的偏向。[42]

其中，有几对矛盾受到了他们的一致关注：时间与空间，中心与边缘，集中化（向心）与非集中化（离心）。伊尼斯总结说，边缘地区往往利用媒介来发展力量，挑战中心。麦克卢汉预言，电子媒介将释放黑人、妇女、青少年等社会边缘群体的力量。梅罗维茨认为，由于电子媒介打破了场景之间的隔离，以往处于人们视野之外的边缘群体和边缘问题，逐渐会被大众接受和公开讨论。与这个主题相近的是权力的集中化与非集中化。媒介环境理论认为，电子媒介带来了非集中化的浪潮，社会分权将成为一种趋势。

需要说明的是，他们并不认为，一种媒介本身只有集中化或非集中化的力量，只有融合或只有分裂场景的功能。文字使同一环境里的人们可以知道和经历不同的事情，也可以使不同地区的人们因为阅读同样的书面材料而建立联系。电子媒介也同样“存在着一个双重的过程——一个是在场景之间的融合，一个是在场景内部的分离”。梅罗维茨说：

> 尽管世界在宏观的、社会的层面上变得更一致，微观的个人经历却是相反的：就像不同年龄、性别、地位、家庭、邻区和国家的人们之间的传统区别正

在变模糊一样，同样年龄、性别、地位、家庭、邻区和国家的人们正在变得彼此越来越不像。[43]

莱文森虽然对网上教育津津乐道，但他同时也承认，网络教育失去了传统教育的一些优势：手捧书本的感觉，面对面感受信息的流动等等。在处理美国与加拿大之间的矛盾时，伊尼斯既强调了美国对加拿大民族文化的威胁，同时也实事求是地指出，加拿大从美加关系中收益甚多。麦克卢汉总结提出的媒介发展四定律，尤其是它强调的“提升”、“过时”、“逆转”，很明显也是肯定、否定、否定之否定的扬弃发展观。总之，他们的分析是矛盾的辩证分析。

八、结 论

按照科学哲学家库恩的“范式”概念，媒介环境理论无论在本体论、认识论还是目的论上都有自己鲜明的立场和原则，使之与传统学派和批判学派迥然有别。

在本体论上，传统学派认为，人与社会就像自然科学的研究对象一样可测量可量化；经验事实是客观存在的，研究者可以而且应该对之做出纯客观的描述。他们研究的是具体的传播内容及其对受众产生的影响，以及产生这些影响的条件。

批判学派认为，人具有社会性和历史性，不可以作为物来抽样测量；传播不是价值中立的过程，而是渗透着统治集团的利益和意识形态；研究者有价值立场是必然的。他们研究的是统治集团如何控制和利用传播媒介对受众进行意识形态灌输，受众在这种环境中如何被异化。

媒介环境理论则认为，就具体情况和短期而言，人们可以选择、使用和规划媒介；但在长远历史时期和作为整体来看，传播媒介又在很大程度上塑造社会的特质和推动社会历史的变迁。他们研究的是媒介环境的长远社会影响。

在认识论上，传统学派主要采用调查、统计、实验等实证主义的方法。就像孔德所说，“要保证社会学获得有关社会秩序和社会发展的真实规律，就必须使用那些在自然科学中使用过的实证方法：即观察、实验和比较。”[44]

批判学派以哲学思辨为主。霍克海默在 1931 年成为法兰克福学派的掌门人时，就为该学派的使命做了明确界定，那就是通过哲学的思辨对现存事物进行批判。

媒介环境理论则以直觉的洞察和逻辑推理为主。伊尼斯在批评西方社会科学的自然科学倾向时说，社会科学的任务是去发现和解释模式和趋势，以便能够预测未来，而不是靠精细计算为政府和工商业提供短期的预测。麦克卢汉的研究尤其是以直觉的洞察为主要方法。

在目的论上，传统学派希望像自然科学那样，客观展现传播的信息对受众产生影响的全过程，发现传播影响人的条件，通过改变这些条件和内容，来改进传播效果。

批判学派希望用质疑、批判和否定的精神，来提醒人们警觉传播背后的政治经济利益和传播当中的意识形态，通过否定现存秩序来构建理想社会。“这种批判的主要目的在于，防止人类在现有社会组织慢慢灌输给它的成员的观点和行为中迷失方向。”[45]

媒介环境理论希望为考察社会历史的变迁提供一个新的理论纬度。如梅罗维茨所言，分析的目的不是为了对社会的变化或特征做出一个完整的解释，而是为了说明媒介的变化与当今社会的潮流有着莫大的关系。

基于以上分析和论证，本文认为，媒介环境理论是与传统学派和批判学派平行的传播理论学派。国内外学者提出了类似的观点。英国学者史蒂文森在其《认识媒介文化》[46]一书中提出，传播研究大致有三种范式：批判的研究方法；受众研究；第三类研究是考察媒介本身对我们共同视野的影响。胡翼青在其专著《传播学：学科危机与范式革命》一书中，把伊尼斯、麦克卢汉、梅罗维茨等人称为技术主义范式的代表，“技术主义者的观点是任何范式都不能包含的。因此，本书认为，传播学的发展史上，已经成型的范式有三个：经验主义、技术主义和批判主义。”[47]陈力丹教授在《试论传播学方法论的三个学派》[48]一文中也肯定了媒介环境学派的地位，无论取什么样的名字，他们的研究作为一个理论范式已经开始受到人们的注意。

注释：

[1] 〔美〕莱文森，《软边缘》，熊澄宇等译，清华大学出版社，2002 年，第 66—67 页。

[2] 〔加〕麦克卢汉，《理解媒介》，何道宽译，商务印书馆，2000 年，第 239 页。

[3] 〔加〕麦克卢汉，《理解媒介》，何道宽译，商务印书馆，2000 年，第 75—76 页。

[4] Beniger, James R, *The Control Revolution*, Harvard University Press, 1986.

[5] 〔美〕菲德勒，《媒介形态变化》，明安香译，华夏出版社，2000 年，第 67—69 页。

[6] 〔加〕伊尼斯，《传播的偏向》，何道宽译，中国人民大学出版社，2003 年，第 165，180 页。

[7] 〔加〕伊尼斯，《传播的偏向》，何道宽译，中国人民大学出版社，2003 年，第 53—54 页。

[8] 〔美〕莱文森，《数字麦克卢汉》，何道宽译，社会科学文献出版社，2001 年，第 7 页。
[9] 〔美〕埃里克·麦克卢汉、秦格龙编，《麦克卢汉精粹》，何道宽译，南京大学出版社，2000 年，第 567—568 页。
[10] Marshall McLuhan & Bruce R. Powers, *The global village: transformations in world life and media in the 21st century*, New York: Oxford University Press, 1989, p.10.
[11] 〔美〕埃里克·麦克卢汉、秦格龙编，《麦克卢汉精粹》，何道宽译，南京大学出版社，2000 年，第 129 页。
[12] 〔美〕莱文森，《数字麦克卢汉》，何道宽译，社会科学文献出版社，2001 年，第 268 页。
[13] Marshall Fishwick, "Marshall McLuhan", *Journal of Popular Culture* 31 No4, Spring, 1998.
[14] 〔美〕莱文森，《数字麦克卢汉》，何道宽译，社会科学文献出版社，2001 年，第 200 页。
[15] 〔美〕菲德勒，《媒介形态变化》，明安香译，华夏出版社，2000 年，第 148 页。
[16] 〔英〕雷蒙德·威廉姆斯，《电视：科技与文化形式》，冯建三译，台北远流出版事业股份有限公司，1992 年，第 162 页。
[17] 〔美〕莱文森，《数字麦克卢汉》，何道宽译，社会科学文献出版社，2001 年，第 17 页。
[18] 〔美〕梅罗维茨，《消失的地域》，肖志军译，清华大学出版社，2002 年，原著前言。
[19] 〔加〕伊尼斯，《帝国与传播》，何道宽译，中国人民大学出版社，2003 年，第 125 页。
[20] Marshall McLuhan & Bruce R. Powers, *The global village*, New York: Oxford University Press, 1989, p.94.
[21] 〔美〕托马斯·库恩，《科学革命的结构》，金吾伦、胡新和译，北京大学出版社，2003 年，第 111 页。
[22] 同上书，第 5 页。
[23] 转引自张锦华，《传播批判理论》，黎明文化事业股份有限公司，1995 年，第 32 页。
[24] 转引自 William J. Buxton, "Harold Innis' Excavation of Modernity: The Newspaper Industry, Communications, and the Decline of Public Life", *Canadian Journal of Communication*, 1998, Volume 23。
[25] 〔美〕托马斯·库恩，《科学革命的结构》，金吾伦、胡新和译，北京大学出版社，2003 年，第 83 页。
[26] 转引自 David Skinner, "McLuhan' s world-and ours", *The Public Interest* No.138, Winter 2000。
[27] 转引自 Arthur Kroker, *Technology and The Canadian Mind*, *Innis/McLuhan/Grant.*, St. Martin' s Press, 1984, p.62。
[28] 〔加〕麦克卢汉，《理解媒介》，何道宽译，商务印书馆，2000 年，第 82 页。

[29] 〔加〕埃立克·麦克卢汉、秦格龙编，《麦克卢汉精粹》，何道宽译，南京大学出版社，2000 年，第 343 页。

[30] Marshall McLuhan, "To Marshall Fishwick." 1 Aug. 1974, *Letters of Marshall McLuhan*. Eds. Matie Molinaro, Corrine McLuhan, and William Toye, Oxford University Press, 1987, p.506。

[31] 〔美〕马克·波斯特，《第二媒介时代》，范静哗译，南京大学出版社，2000 年，第 26 页。

[32] 张锦华，《传播批判理论》，台北黎明文化事业股份有限公司，1995 年，第 61 页。

[33] 〔加〕麦克卢汉，《理解媒介》，何道宽译，商务印书馆，2000 年，第 47—48 页。

[34] Joshua Meyrowitz, "Shifting Worlds of Strangers: Medium Theory and Changes in 'Them' Versus 'Us'", *Sociological Inquiry*, Vol. 67, No. 1, February 1997.

[35] 〔美〕沃纳·赛佛林小詹姆斯·坦卡德，《传播理论：起源、方法与应用》，郭镇之译，华夏出版社，2000 年，第 297 页。

[36] David Crowley & David Mitchell, *Communication Theory Today*. Polity Press, 1994. p.70.

[37] 卜卫，《传播学思辨研究论》，《国际新闻界》1996 年第 5 期。

[38] 〔加〕伊尼斯，《传播的偏向》，何道宽译，中国人民大学出版社，2003 年，第 69 页。

[39] 同上书，麦克卢汉序。

[40] 〔加〕埃里克·麦克卢汉 秦格龙编，《麦克卢汉精粹》，何道宽译，南京大学出版社，2000 年，第 359 页。

[41] 闵大洪，《传播科技纵横》，警官教育出版社，1998 年，第 53 页。

[42] Walter J.Ong, *Orality and Literacy: The Technologizing of the world*, London and New York, 1982.

[43] David Crowley & David Mitchell, *Communication Theory Today*, Polity Press, 1994, p.68.

[44] 周晓红，《西方社会学：历史与体系（第一卷)》，上海人民出版社，2002 年，第 42 页。

[45] 〔德〕马克斯·霍克海默，《批判理论》，李小兵等译，重庆出版社，1989 年，第 250 页。

[46] 〔英〕尼克·史蒂文森，《认识媒介文化——社会理论与大众传播》，王文斌译，商务印书馆，2001 年。

[47] 胡翼青，《传播学：学科危机与范式革命》，首都师范大学出版社，2004 年，第 39 页。

[48] 陈力丹《试论传播学方法论的三个学派》，《新闻与传播研究》2005 年第 2 期。

四 跨文化传播及亚太传播研究

日本对华舆情变动的深层分析

● 林晓光

进入 21 世纪后，中日两国的政治关系愈趋紧张，特别是近两三年来，对东亚这两个重要国家来说，可谓进入了令人扼腕唏嘘的“多事之秋”：以往两国的间歇性摩擦和矛盾，愈来愈走向结构性的冲撞和对抗，中日民众间的对立情绪也正在不断升高。在此，需要特别指出的是，日方高层领导人挟持所谓“坚固的舆论基础”和“强大的民意支持”，以“战后日中政治关系一揽子总清算”的姿态，近乎全方位、不设底线地向中日关系发起了正面冲撞。这种状况为中日建交 30 余年来所仅见，也是值得国人深思的一个异常现象。

测定“民意”走向的有效方式是舆情动态分析。那么，在中日两国关系上，日本一些政治家所倚重的“民意”，其本质特征和社会基础究竟是什么？日本对华主流的社会“舆论”又是在怎样一种社会背景下形成的？要厘清这些问题，笔者认为有必要将分析的触角深入到日本的社会传播领域，通过对社会传播过程中的相关变量进行交互分析，以期找到问题的核心所在。

一、日本国民对华感情认知的变动轨迹

一个国家的舆情变动实际上反映的正是这个国家国民社会心理[1]的某种变动，而所谓国民“社会心理”的变动，是在一种共通类似的社会生存背景下以及相互作用的生活过程中，社会成员受到某种社会变动的刺激后，所产生的带有集合性质的、心理认知层面的社会现象，它与社会意识、社会思潮共同构成了舆情变动的社会基础。[2]无论是社会心理，还是社会意识和社会思潮，它们或可体现一种理性的、合理的价值诉求，亦有可能反映一种情绪性的、非合理的盲目憧憬。因此，了解作为受众的日本国民社会心理的变动，对于我们把握近 10 年多来日本舆情的走向极为重要。

日本内阁总理府每年都要进行一次全国性的“有关外交政策的国民舆论调查”，从根据公布的调查数据绘制的“日本国民对华感情认知度的变化”图表中，我们可以准确地把握日本国民对华感情认知的变动轨迹，并发现很有规律的走向。[3] 中日两国自恢复外交关系以来的30余年中，日本国民对于中国的感情认知经历了一个前期不断上升、后期持续下滑的过程。20世纪的70、80年代，伴随着民间的“熊猫热”、“茅台热”、“京剧热”、“杂技热”等一系列标志性事件，中日两国的“睦邻友好”关系不断升温，“日中永世友好”、“日中不再战”成为支配日本对华舆情的主旋律。在舆论界，自1971年夏起，由《朝日新闻》首开先声，刊发了资深记者本多胜一轰动全国的长篇连载《中国之旅》后，“重新认识中国”，“积极介绍中国”一时成为除《产经新闻》外其他各大报的努力方向。在此期间，除记者的专题新闻外，平面和电子媒体还多以“来自中国的见闻”的形式，报道了民间经济企业界、文化界等方面的人士访华后礼赞中国的正面观感。媒体的新动向，实际上反映的正是这一时期日本国民的心理变化。在1979年至1988年的10年间，绝大多数日本国民对中国普遍抱有一种亲近感，数值大体维持在7成左右，与美国几乎不分伯仲。特别是1980年，对华持亲近感的人数甚至达到78.6%的最高峰值，即喜欢中国的人数接近8成；与之相比，持有厌恶感的仅为14.7%。进入两国复交10周年的1982年，持有亲近感的为72.7%，首次超越美国的71.4%，中国成为日本国民感情上最易接受的国家。

这一状况，实质上亦可视为当时两国相互信赖的国家政治关系在国民心理层面的投射。在此时期，中日领导人不仅确立了“和平友好、平等互惠、长期安定、相互信赖”[4] 的两国交往的指导原则，而且由于“两国首脑频繁互访，日中阁僚会议（1980年创设），日中外交当局协议（1980年创设），日中友好21世纪委员会（1984年创设），日中民间人会议（1982年创设）等一系列政府、或半官半民、或民间交流机制的创立和不断完善”，从而“实现了日中关系全面迅速的发展。”在此时期，虽然两国也曾多次出现过一时性的摩擦和冲突，但这些因素并未导致日本国民对华感情发生大幅度的负面变化。[5]

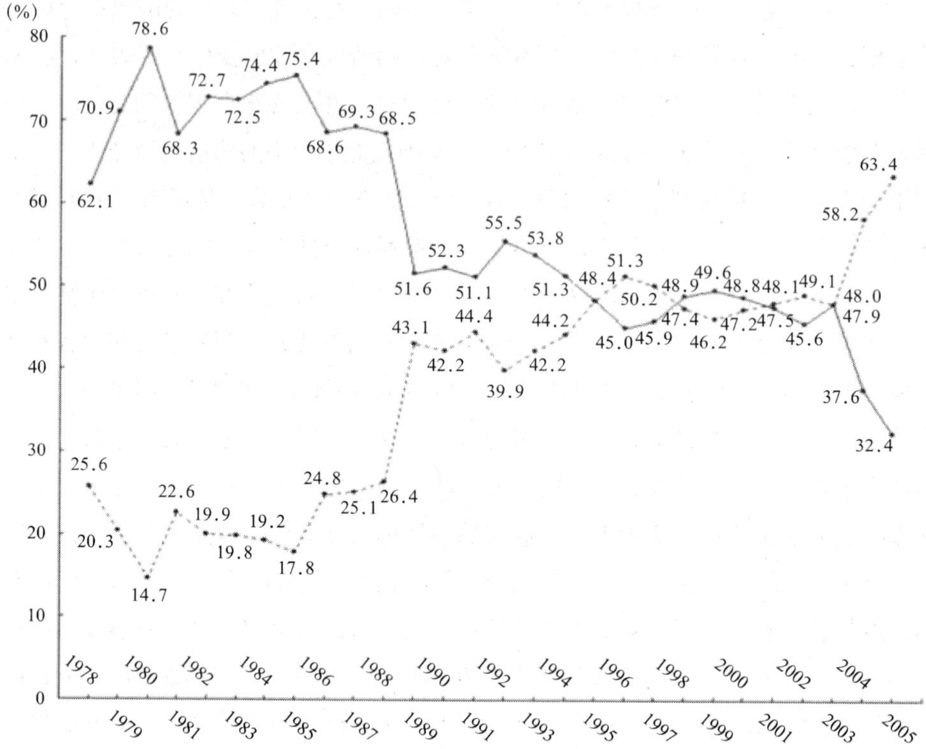

实线：对中亲近感

虚线：对中厌恶感

图 1　日本国民对华感情认知度的变化

根据 http：//www8.cao.go.jp/survey/index-gai.html（日本内阁总理府广报室历年的《有关外交政策的国民舆论调查》）绘制。

但是从 20 世纪 80 年代末起，日本国民对华感情认知的状况发生了很大的变化：从图中的曲线我们可以发现，对华持厌恶感的人数开始大幅度上扬，特别是进入 90 年代以后，对华亲近感与厌恶感的对比，大体上呈现了前者不断下滑、后者逐渐攀升的基本趋势：复交 20 周年的 1992 年，对华持有“亲近感”的人数则滑落为 55.5%，反之，对华持有“厌恶感”的人数则上升到 4 成。1996 年，对华持厌恶感（51.3%）的人数第一次超过对华亲近感（45.0%）。此后，两者在 50% 数值的区间，经过互有消长的起伏变动。进入 21 世纪后，两者的差距不断拉开。至 2005 年，亲近感与厌恶感的比例更扩大为 32.4% 比 63.4%。

实质上，日本国民对华感情认知的变动有着十分复杂的国际和国内因素。从舆情动态的分析来看，我们也不难发现其逻辑上的因果联系，反映这种负面心理变动相关联的舆情指标则是“中国崩溃论”和“中国威胁论”的交替蔓延滋长。导致“中国崩溃论”成形的相关因子，既有中国的“89 政治风波”、柏林墙倒塌、苏联解体、社会主义运动的退潮，也有日本政坛“保革对立体制”的瓦解、国内革新和左翼政治势力的衰退等[6]；与“中国威胁论”日益抬头的相关变量因子既包括中日两国总体实力的此长彼消、东亚地缘政治板块的剧烈变动、日美轴心体制的再强化、也包括日本国内“泡沫经济”的崩溃、产业空洞化、失业率攀升、民族自信心和优越感受到重创、对社会现状愤懑不满情绪的蔓延、“新民族主义”的崛起、排外意识的抬头和内在心境宽容度的降低等。

诚然，导致日本国民对华感情认知发生大幅度负面变动是多重复合因素使然。但是，促成这种感情对立的最为本质的要素，则是同处东亚的两国向新型国家关系的双边框架过渡期间，因国力竞争造成了利益接合部出现激烈的对抗和冲撞，而依据“实力相近的国家相距愈远愈安全，反之，相距愈近愈危险”的地缘政治理论，由于中国的持续崛起，日本国民的安全恐惧心理随之与日俱增。素来抱有优越感和自卑感双重历史记忆的日本国民，在 20 世纪的 70、80 年代，由于中日之间综合国力对比差距悬殊，对华姿态总体而言是比较大度从容的；但近 10 多年来，他们更多地是一种不自信的焦虑，已很难心平气和地接受一个日益强大的邻国存在，对华感情认知也就发生了不同于以往的显著变化。

二、影响对华舆情形成的四种社会意识

日本早稻田大学亚太研究所的天儿慧教授，在谈及日中关系的发展变动时提出了一个较为引人注目的观点。他认为，日中建交后日本国民抱持的四种意识对日中关系的发展有相当大的影响：第一种是对中国文化的崇敬意识；第二种是战争负罪意识，即对华侵略战争的负罪感；第三种是“东西意识”，也就是冷战意识；第四种则是“南北意识”，也就是经济发达的日本和经济落后的中国的意识。天儿慧提出了“四种意识”的见解，笔者认为大体上是符合日本社会现实的客观描述，尽管它并未涉及这四种社会意识和日本对华舆情走向的相互关联。在此，我们借助“四种意识”的概括，更进一步地具体分析这四种意识对日中关系发展以及对华舆情形成方面的

影响。

笔者认为，在这四种意识中有两种意识对中日关系的发展是起正向推力作用的，这就是第一种的“中国文化崇敬意识”和第二种的“战争负罪意识”。但第三种意识，即“东西意识”，也就是冷战意识对发展中日关系则完全是负面的阻力。至于第四种的“南北意识”则比较复杂，其中既有正向的推力，亦有负面的阻力。部分日本国民认为中日经济实力差距悬殊，出自同情或是将来日本在华商业利益的立场，认为有必要帮助中国尽快实现现代化。第四种意识中的这一立场，是促成对华关系上的正向推力。但在“南北意识”中，同时也存在着另外一种立场，即抱持一种对华优越感，无视或鄙视中国的存在，甚至希望中国永远是一个积贫积弱的国家，这一观念无疑构成了一种负面的阻力。综上所述，在四种不同意识下最终形成的合力，显然对中日关系的发展是正相关大于负相关的。诚然，无论是“对中国文化的崇敬意识”还是“战争负罪意识”，在20世纪的70乃至80年代，均对日本思想舆论界谋求“日中永世友好”舆论的形成产生过积极、正面的影响。这两种意识与第四种“南北意识”（其中对华理性、健康的思考部分）相契合的结果，最终形成了有相当影响力的主流社会舆论，这就是“加强日中友好，积极协助、支援中国的现代化，不仅是日本国民对过去那场战争的灵魂救赎，同时对于资源缺乏、高度依赖海外市场的岛国而言，也是为日本的将来开拓无限的商机。”之所以称其为“主流舆论”，正是因为在此基础上形成的对华舆情，广为涵盖了日本政治领域和经济领域占支配地位的价值判断，同时，它也是当时日本的文化思潮、社会思潮、政治思潮合力作用下的产物，具有最大公约数的性格。对当时这一趋势，甚至包括对中国充满敌意的人也难以否认，认为“由大众传媒所煽动的‘中国热’，已超出当事者预想的速度迅猛发展”，成为左右对华政策形成的一股难以阻挡的社会潮流。[8]

如今，情况已发生很大变化。“对中国文化的崇敬意识”和“战争负罪意识”，毕竟是一种较为传统的思考，它在年长者群体中反映突出，这两种意识，即对华舆论形成过程中的正相关因子随着老一代人过世或淡出社会的政治、文化生活，其影响力已逐渐式微。战后成长起来的年轻一代，没有经历过战争，认为即使父辈对中国、对亚洲有所亏欠，但他们并没有承继这一“原罪”的义务。同时，现在的日本青年也缺乏对东方传统文化的执著，价值取向更接近西方，难以在文化层面为对华舆情的健康发展提供一种“营养基”。而第四种意识，也就是“南北意识”，又由于中日两国实力的急速接近，促使其中的正面推力逐渐消失，负面的反弹力日趋强烈。

现在，原来四种不同方向，并且是正向远远强于负向的动能，变成了负向的阻力远远大于正向的推力。第三种意识也就是对华认识上的“东西冷战意识”，成为日本一些政治家和社会精英进行社会舆论动员的基本姿态。随着围剿中国活动的升级，它势必更进一步地强化日本国民与中国的对立意识，并为对华舆情的转型提供了心理层面的社会支持。

日本《读卖新闻》中国总局局长滨本良一在接受《外滩画报》的访谈时，就曾直言不讳地承认：日本媒体关于中国的正面报道越来越少，这在日本已是无法避免的趋势。之所以如此，是因为中国的经济越来越强大，日本人现在关心的是，中国到底向哪里去？同时，很多人对中日两国之间的文化友好交流却不感兴趣。在日本，不仅《读卖新闻》如此，几乎所有的日本媒体都有类似的情况，它们对中国的负面新闻都很敏感。《人民日报》驻日本特派记者孙东民认为，“20 世纪 90 年代以后，中国出现经济起飞，而日本泡沫经济破裂，低迷至今；西方国家大肆炒作‘中国威胁论’，中日关系中出现了很多新情况。在这个大背景下，日本媒体大量增加涉华负面报道，企图用情绪化、煽动式的报道损害中国的形象。”[9]

三、媒体通过舆论“造势”强化国民的“厌中情绪”

在国际政治学的“新现实主义”理论中，有关国家行为体间的“均势问题”的论述占了相当比重。所谓“均势”的本质，就是大国间的实力平衡分配。当以往的某种“平衡”开始呈现“失衡”状态时，就必然导致国家行为体在体系中的位置变更，由此带来国际体系结构的变化，并造成国家行为体的互动模式随之改变。日本对华舆情的变动固然是多重复合因素使然，但其中最重要的一个因素无疑源自中日实力对比的消长，以及两国国家关系性格的变动，它实质上也正是国家行为体互动模式的变更在社会传播领域内的一种折射反映。具体涉及到日本的资讯传播环境，这一新动向不外乎是为了适应国际体系结构的变化，媒体和受众之间有必要在新的认知基础上确立一种彼此照应、荣辱与共的生态关系。

传播学的应用理论提出了媒体“造势”（claim-making）的概念，其所要表明的含义为：某些所谓的“社会问题”并非都是客观真实的存在，它往往经过媒体的挖掘、整理、传播后始为人知，这一活动可视为造势的过程。造势本身也是一种伴随着冲突、争议的互动形式，造势者为实现其诉求，需要借助媒体资源对某些社会问题或事件赋予特殊的意义，并说服他人默认或接受，以便最终获得广泛的社会支持。[10] 对于媒体而言，某些问题是否真实并不重要，重要的是如何赋予它们特定的社会意义，并将其引入公共领域，引起社会的广泛注意和讨论，经过“共同定义”的过程（a process of collective definitions），从而达成一种全社会的“共识动员”（consensus mobilization）。如果说20世纪的70、80年代，日本大众媒介所倡导的“重新认识中国”，是以“正面积极介绍中国”为主调的话，那么，在过去的10余年中，日本的媒体则主要以强化本国国民的“厌中情绪”，即负面造势为报道的主轴。“对华ODA问题”、“在日中国人犯罪问题”、“中国崩溃论”、“中国威胁论”等，均成为大众媒介持续造势的主要内容。

“对华ODA”问题[11] 是日本媒体长期热心造势的话题。由于“历史感情的纠葛及对ODA性质认识上的差异，过去的数十年中，中国的舆论界并未像日本所期待的那样，对此予以大张旗鼓的宣传。对此，日本的大众传媒素来心存芥蒂，每当中日间出现外交摩擦时，ODA问题都会被传媒端出来炒作一番，要求尽快消减或终止对中ODA的呼声不绝于耳”[12]。对于日本媒体而言，借助ODA造势可以在改变对华舆情上收到多重功效：一是告知本国国民，中国的发展是得益于日本的经济援助；二是批判中国缺乏一种道德风范，至今对日本的贡献没有“感恩的回报”；三是诉诸悲情，强调向中国提供的援助多来自国民的税金，并且是一种变相的战争赔款，而承担这一税金的主体是日本的年轻一代，让这些和战争无缘的青年变相地负担战争赔偿本身就是不公平。四是宣传援助一个“日益强大且不友善的邻居”，将有损日本的国家利益[13]。诚如一家全国大报所言，“在实施ODA时，对有可能将其挪用于军事用途和从事大规模杀伤武器开发的受援国家应该进行严格的监督。但是，给予中国的援助恰恰增添了我们的疑虑，这种援助有可能被运用于扩充其军备预算。既然ODA的适用对象是那些普通国家，那么，仅此一点也必须给国民一个能够接受的说法。”[14] 由于媒体在对华ODA问题上持续不断的造势，这也直接导致了日本国民敌视中国情绪的蔓延滋长。

在相当长的一段时期内，“在日中国人的凶恶犯罪”、“在日中国人犯罪实况追踪”、“在日中国人犯罪对策与全民扑灭运动”等内容的新闻报道，充斥了日本的报纸和电视，媒体反复散布警方公布的一个数据，即在日中国人犯罪案件已高达全部在日外国人犯罪的40%以上。对此，《产经新闻》在其刊载的“有必要建立内心的防卫”一文中认为：日本历来引以为傲的美德和良好的社会秩序正日渐受到侵蚀，其主要原因就是由于中国人的凶恶犯罪造成的。“为了不要给未来的日本社会留下祸根，我们必须从今日起，依据自己的力量将这些威胁因素剪除”[15]。这种针对特定民族的恶意煽情报道，既加深了日本国民的厌中感情，也加速了对华舆情的恶性发展。对此，一些有良知的日本学者提出了严肃的质疑，认为将治安恶化归结为外国人犯罪是完全没有根据的，无论是国家机器还是媒体都有意掩盖了一个基本事实：即在全部犯罪案件中，外国人犯罪仅为3%，而日本人占了97%，媒体的这种舆论操作是在刻意煽动国民的仇外排外，特别是厌中情绪。但是，尽管现实状况明显不同，媒体却仍不知节制，并未停止这一负面的造势活动[16]。

“中国威胁论”和“中国崩溃论”则是日本大众媒介交替推出，配套“促销”的另一“造势工程”。前者是为了激发民族主义激情，凝聚国民的向心力；后者则是为心理失衡的受众制造“愉悦的资讯”，提供强有力的“社会支持”。“中国威胁论”之所以能成为媒体进行社会动员的“重要资源”，实际上是两方面的原因使然。一是由于日本的舆论界并未因冷战的结束而放弃冷战的思维，他们仍试图借助冷战时代残存的“余温”，以中国为“假想敌”加速走向军事大国的“热身活动”。二是由于中国在经济上的急速崛起，使日本已感受到自身在亚洲的“盟主”地位受到了前所未有的挑战。因此，与政治或商业利益集团紧密维系的媒介组织，有必要不失时机地进行这种凝聚全民共识的造势动员活动。

如果说渲染“中国威胁论”，是媒体为了强化国民“同仇敌忾”的忧患意识；那么，“中国崩溃论”的造势活动则是试图为心理失衡的国民提供一种“心理补偿”。在社会传播学应用领域，“认知不和谐理论”是重要的理论模式之一。“认知不和谐理论”认为：当受众处在某个剧烈变动的环境中，当事人又无力控制这种变动时，就会产生一种心理苦痛的不和谐反应。为了减轻内心的这种苦痛，当事者会自然地寻求那些能带来精神上“愉悦”的资讯，当作‘社会支持’（social support）以减轻或消除自己内心的不和谐。”[17] 基于传播学中的“认知不和谐理论”，我们不难发现，对于中日两国国力的我长彼消，多数日本国民都产生了一种“不和谐”的排斥反应。固然也有个别有识之士认为“越来越富裕的中国将与越来越美好的世界秩序相连”[18]，但具有这种理性思考的日本人，今天已越来越少见。反之，诚如日本颇负盛名的经济学家大前研一所言：“现在的日本人甚至仅仅听到一句‘中国很快就会崩溃’的话都会欢欣鼓舞。何以至此，这是因为在日本人的潜意识中，实在是太想听到这句话了。”[19]“中国崩溃论”能够在资讯市场上获取“无限的商机”，其原因是在确认无法阻止中国崛起的情况下，日本的受众至少希望媒介能源源不断地向其提供足以令人“欢欣鼓舞”的“资讯”。

在传媒市场的利益驱动下，媒介的经营法人也“与时俱进”地不断调整自己的编辑方针，其中当然包括它的政治倾向和立场，即传播市场上的那只“看不见的手”所反映的市场受众需求，是各大报业或媒介集团调整自身立场的重要参考依据。追求最大商业利益的大众传媒出自市场收益的考虑，自然会迎合受众的这种心理转型，并依据与“认知不和谐理论”相关联的“平衡模式”，加大对华负面新闻的报道。中国加入了WTO后，有关中国无视知识产权，盗版活动愈益猖獗的报道便开始成为焦点新闻；世奥确定由北京举办后，日本传媒关注的热点迅捷转移到“中国政府根治无力导致沙尘暴侵袭北京”的时事讨论上；中国的宇宙载人飞船发射回收成功后，有关中国大量的下岗工人、农村失学儿童的报道也随之增多，有时甚至在同日的版面，同日的节目频道里突出加以报道。最近的10多年，面对日中实力对比的消长及两国国家关系性格的变动，基于共同的价值判断，传媒对于本国国民的心理挫折感显示了高度的认同，并深感有义务帮助他们摆脱这种不和谐的苦痛，主动为他们提供“欢欣鼓舞”的新资讯，从而不断为心理失衡的日本受众提供强有力的“社会支持”。

四、意见领袖在舆情走向上的导航作用

在社会传播过程中，“意见领袖”（opinion leaders）[20]的作用是不容低估的，他们可以对舆情的发展走向产生巨大的影响。我们注意到，自20世纪90年代以来，日本包括政治人物在内的一些公众意见领袖提出了一个令人瞩目的诉求：即彻底改变战后的国际政治旧秩序，结束近50年的“不正常状态”，在21世纪引领日本真正完成“普通国家”的创建。实际上，所谓的“普通国家”乃是一个与“战败国家”或者说“不正常国家”相对的概念，而创建“普通国家”乃是日本国家发展战略的一个重要构成部分。

需要指出的是，长达10余年来，日本思想舆论界进行的这场以创建“普通国家”为诉求的“共识动员”，对日本国民价值取向的影响是深远的。特别是在这一社会“共识动员”过程中，“中国因素”不仅是刺激议题深入展开的焦点，在很大程度上，它又是牵动日本对华舆情走向的一个极为重要的相关变量。在此，笔者试图探

索日本的一些政治家和公众意见领袖所建构的“社会议题”，是如何借助媒体的舆论动员，迅速成为国民普遍关心的“公众议题”，并在讨论过程中逐渐凝聚为体现了社会总体价值取向、影响民族行为的“主流社会舆论”的。

20 世纪 90 年代，亚太地区随着美、中、日、俄以及东盟几大区域政治板块力量的此消彼长，多极化引发的利益冲突问题愈发突出，其中，又以东亚地缘政治板块的变动令人瞩目。面对国际体系的结构变化，日本究竟应该如何追求本国利益，对此，1993 年小泽一郎的《日本改造计划》（以下略称《计划》）和 2000 年中曾根康弘的《21 世纪日本的国家战略》（以下略称《战略》）的出版刊行，先后为上述问题的探讨建构了权威性的原则框架。

小泽是日本“普通国家”论的意义建构者。他的《计划》充满了浓厚的“国家主义”色彩，特别是此书为所要拟建的“普通国家”——日本，赋予了极不“普通”的使命和义务。综观全书，突破“和平宪法”第 9 条的束缚，放弃死守“一国和平主义”和“专守防卫”的“陈腐”政策，确保亚洲盟主的地位，并借助美国的实力进而取得对国际事务的主导权等内容，是作者政治主张的“精髓”所在，也是其对“普通国家”核心价值的诠释。该书涉及日本在亚洲的地位时用了“头雁”、“牵引车”等用语，实际上表达的也是一些日本人至今不愿放弃的所谓“亚洲盟主”的利益，其大力倡导的与美国联手建立所谓的亚太安全保障体系，目的就是防范中国的崛起，确保日本在亚洲没有一个平起平坐的竞争者[21]。《战略》是继《计划》出版 7 年之后的又一部进行社会舆论动员的力作。由于《战略》原本就是与《计划》前后呼应的唱和之作，因此在涉及日本国家战略定位上，该书与《计划》的主张有相当多的重合部分。但有关日中关系问题，小泽偏重从政治或者说冷战的意识形态着眼，认为来自中国的威胁主要是共产主义制度使然，因两国价值取向的冲突必然引发日中关系的持续紧张状态，与此相比，中曾根则多从历史的、民族的、地缘的角度展开对此问题的论述。即《战略》更多地体现了后冷战时代所谓“文明冲突”必将引发日中关系对立冲突的学理见解。[22]

以传播学的“社会议题管理”（social issues in management）理论而言，《计划》和《战略》的先后出版，产生了启下承上、促使议题获致最大效果的典范意义。根据议题流程的描述，完成某个议题的周期大致要经过下述几个阶段：首先是潜伏期，即社会问题原本或许存在但尚未引起社会的关注，亦无人意识到其重要性；其次是进入准备期，即议题率先由另类辅助媒体推出，并迅速引起主流建制媒体[23]的注意，由于主流建制媒体的介入，诱发了一般大众的高度兴趣，开始产生“议题溢散”（spill-over）效应；这时便进入上升期，促使主流建制媒体更为密集频繁地进行传播报道，从而促使政治机构回应议题；最终进入高潮期，此时原本弥漫在社会中的社会思潮开始凝聚成一种有明确价值诉求的主流社会舆论，并构成一种强大的压力，迫使政府或政党组织调整政治决策，将其付诸政治行动。如果将过去的12年间视为创建“普通国家”议题的一个完整周期流程的话，仅仅从社会传播学的意义而言，这堪称为一次“共识动员”的成功典范。两书问世后立即成为炙手可热的畅销书，在最初均以每月再版的势头抛向市场，不仅产生了短期轰动效应，同时还维持了旷日持久的溢散效果。

在21世纪完成日本“普通国家”的构筑，是《计划》和《战略》两书共有的价值理念和追求。应该特别强调的是，在“共识动员”的整个过程中，“中国”都未曾成为一个“缺席者”。这是因为所谓“普通国家”的构筑，其核心价值涉及到突破“和平宪法”，重建国际政治秩序，走向政治与军事大国，确保亚洲“盟主”的地位等一系列政治诉求。对此，日本理所当然地认为，这些战略目标的实施无一不会受到来自中国的挑战，“中国将是日本建立‘普通国家’的最大障碍，要实现大和民族这一宿愿就必须首先突破中国的重围”这一结论，已成为一种广为认同的共识性表述。

除《计划》与《战略》的作者外，其他意见领袖亦不甘寂寞，他们同样首先利用另类辅助媒体，配合“普通国家”议题的深入展开，相继推出了一大批诱导舆论的畅销书，如中西辉政的《中国帝国：霸权的理论和现实》[24]，长谷川庆太郎和中嶋岭雄的《中国的危机与日本》[25]，平松茂雄的《中国吞并日本》[26]和《军事大国中国的威胁》[27]，中嶋岭雄的《日中友好纯属幻觉》[28]，黄文雄的《鼓动反日教育的中国之罪状——日本应要求中国谢罪》[29]，伊藤贯的《中国的核军备威胁世界》[30]，鸟居民的《靠反日维持统治的中国》[31]，安倍晋三和冈崎久彦的对谈集《捍卫日本之决心》[32]等。这些书籍内容侧重点尽管有所不同，但其政治诉求却鲜明强烈：大都充满着狭隘的民族主义激情，强调推进大国战略，重振日本雄风的必要性和迫切性。并且这些畅销书均以中国为假想敌，渲染由于“中华大帝国”的崛起，致使日本已濒临图存救亡的危急时刻，劝告国民摆脱“日中友好”的迷思，建立同仇敌忾的“民族生命共同体”[33]。不可否认，在这一社会共识动员过程中，一般国民尽管期待日本能够“重整雄风，再创辉煌”，但他们多数仅仅是希望回到上一世纪的七八十年代，那是大和民族创造了为世人瞩目的经济奇迹的年代。而右翼意见领袖就远不是如此，他们希望回到战前由日本主导的大东亚“共存共荣”的政治秩序中，更有甚者希望回到日俄战争乃至日清战争的“辉煌岁月”中。这些意见领袖正是利用了国民的挫折和焦躁感，他们不仅迎合了国民心理的变化，更希望将社会舆论向着他们所希望的方向持续推进。

这些意见领袖的政治主张对舆情动向的影响尽管程度有别，但在操作手法上都具有一个共同特点，这就是不断导入“中国元素”制造新的“争点”，并迅速完成由另类辅助媒体向主流建制媒体的溢散。他们精确地把握着推动议题深入展开的设定趋势（trend-setting），提供新的诠释，借此激发全社会一连串的回应行动。在此期间，平面媒体围绕“中国的崛起与日本的对应”问题发表了大量的新闻时评和相关新闻报道；电子媒体更是不遑多让，展现了惊人的舆论动员能量，政界显赫人物及明星级的意见领袖在各家电视台的屏幕上频频亮相，有的专题讨论甚至通宵达旦，得以使社会议题很快成为感染力极强、扩散性极广的媒介议题。诚如一位日本学者所言，“如何面对一个真正走向现代化且日益强盛的中国，这乃是日本百余年来第一次遭遇的重大历史课题”。[34] 在过去的10余年中，凡是涉及中国最新动向的报道，都能成为刺激议题深入展开的新“争点”，同时，这些报道又构成了日本必须加速推进“普通国家”进程的新“论据”。日本思想舆论界的意见领袖应该说完全达到了预期的动员效果，在创建“普通国家”的“共识动员”中，借助“中国元素”为媒介提供持续激活该议题生命周期的“争点”，得以确保舆情能够沿着其预设的轨道一步步深入发展。

五、结　语

在日本的社会传播领域，国民的社会心理、大众媒介及意见领袖在舆情发育形成的过程中，实质上构成了一个互为因果关系的共生构造：大众媒介就其功能而言，不仅是资讯流通的载体，同时作为“民意”的载体，它还是社会心理和社会舆论相互转化的过程中不可缺少的“物质媒介”。舆情的变化反映了国民社会心理和社会意识的变化，而变化了的这种社会舆论，又会更进一步地强化那种业已成形的社会心理或社会意识。同时，在整个社会传播过程中，公众意见领袖的议题导航亦可在短时间内急速凝聚全民的高度共识，并在更大范围内促成具有主流价值的社会舆论。

在此，我们必须指出的是，日本思想舆论界在过去10多年中，已极富成效地借助“中国因素”完成了对全社会的“共识动员”。因此，小泉主政的近5年来才得以在对华政策上采取毫不妥协、全面对决的姿态。对华舆论的所谓“右倾化”，其实正是日本社会业已转型的一种如实反映。今日，我们看到日本大众传媒，其传统的政治定位正在进入重组阶段，今后随着中日两国摩擦碰撞的加剧，大众媒体对华的舆论围剿和批判势必常态化，这是一个亟待我们认识和研究的新课题。

注释：

[1] “社会心理”的概念，与“个人心理”不同，它以“个人心理”为基础，但又并非个人心理的简单叠加，而是具有一定社会意义的集合心理现象，与“个人心理”相比，它具有不可还原为个体的特性。“社会思潮”则是在社会心理基础上形成的、带有一定倾向性但又未定形的心理与精神活动，它多处于混沌、流动的状态，可以促成社会舆论的成立，亦可能自然消失。

[2] 社会心理、社会意识和社会思潮被喻为“社会舆论”形成的“蓄水池”。“社会舆论”又被视为社会心理、社会意识和社会思潮的结晶体，而这一过程通常是通过中间介质的大众媒体，并借助“语言”这一材料完成的。由于社会心理（也包括社会意识，社会思潮）本身具有不可直接观测的属性，“舆情”观察是把握其变化的有效途径之一。此外还有文学、艺术、宗教、习俗、流行、时尚、群集行动、社会运动等等。

[3] 有关日本国民对华感情认知度的调查数据，如无特别注明，均出自日本：“内閣府大臣官房政府広報室‘外交に関する世論調査’”/ http：//www8.cao.go.jp/survey/index-gai.html

[4] 1982年，赵紫阳访日时，向日本提出了发展中日两国关系的“和平友好、平等互惠、长期安定”的指导性原则，得到了日本当时的首相铃木善幸的赞同。1983年，胡耀邦访日时，当时的中曽根康弘首相在三原则的基础上，提议追加“相互信赖”一项，亦得到胡耀邦的积极响应。此后，这一“四原则”为整个80年代中日共同谋求建立“友好、互惠、安定、信赖”的新型国家关系奠定了坚实的基础。

[5] 金熙德，《21世紀の日中関係——戦争・友好から地域統合のパートナーへ》、東京：日本僑報社、2004年、第152頁。金熙德在同书中还提到：实际上，在上一世纪的七八十年代，围绕钓鱼岛领土、宝山钢铁公司投资项目、教科书审定、靖国神社参拜、阁僚“失言”、光华寮诉讼等一系列问题，日中之间也出现了政治摩擦，但日本国民的对立情绪并未扩大，这是由于日本朝野“总体而言，以日中友好关系的大局为重，顺势而为，保持了一种尽量避免事态扩大的低姿态”。此外，田中角荣对于理性

务实地处理对华关系，也曾有过极为透彻的见解，他认为：对于日本而言，日中两国的问题与其说是外交问题，不如说是国内问题。从明治以来百余年的历史看，任何一届内阁都将如何处理日中关系视为最大的难题。之所以认为日中关系犹如国内问题，那是因为一旦这种关系发生了恶性的癌变，它绝非日本之福。处理起来势必非常棘手，并会导致国内的极大混乱。

[6] 由于“苏东波”，特别是苏联解体的冲击，中国成为硕果仅存的几个社会主义国家之一，日本国民对中国的认知也处于前所未有的混乱状态。而日本思想舆论界对中国的关注度也大为提高，有关社会主义体制的中国之前景预测分析逐渐增多，其中代表性的有“3 年崩溃论”和“5 年崩溃论”之说。

[7] 天儿慧：《对 21 世纪日中关系的建议》，载《构筑面向未来的中日关系》，《同济亚太研究论丛》2003 年第 2 期，第 27—28 页。

[8] 某些对“日中友好”持激烈批判立场的人士，至今仍然不忘展开对那一段历史的“清算”，认为在当时那个“唯恐被时代的潮流所抛弃”的年代，在日本思想舆论界，概凡主张对中友好、支持和礼赞中国的人均被视为“进步和革新”的势力，反之则被诋毁为“保守主义者”，这在当时成为一种人们普遍接受的社会风潮和政治时尚。最具代表性的见解可参照：中嶋嶺雄《“日中友好”という幻想》，東京：PHP 新書，2002 年，第 172—173 页。

[9] 孙东民，《解析日本媒体涉华报道》，http：//www.mediaresearch.cn/user/erjiview.php? list=2&&TxtID=862#。

[10] 孙秀蕙，《公共关系：理论、策略与研究实例》，台湾，正中出版社，1997 年，第 93 页。

[11] ODA：英文“Official Development Assistance”的缩写，即“政府开发援助”，是发达国家以提供无偿援助、低息贷款和技术帮助等形式向发展中国家提供的经济援助。日本的对华经援始于 1979 年，日元贷款是日本对华“政府开发援助”的重要组成部分，它与中日恢复邦交时中国放弃战争赔款有关，在中国接受外国政府贷款总额中占 40% 左右。日本的对华 ODA 分有偿资金援助、无偿资金援助和技术援助三个方面。日元贷款在中国的能源、资源开发等基础产业、交通通信等经济基础设施及农林、城建、环保等领域发挥了积极作用。日元贷款虽然是低息优惠贷款，但需连本带息偿还，从上个世纪 90 年代起，中国的日元贷款已进入了偿还期。

[12] 林晓光，《东亚地缘政治的变动与日本传媒的舆论导向》，载《构筑面向未来的中日关系》，《同济亚太研究论丛》2003 年第 2 期，第 270 页。

[13] 日本媒体期待对华 ODA 能够发挥牵制中国的作用。代表性见解认为中国的弱点“就在于经济上还处在发展阶段，没有雄厚的资本，而日本是一个经济大国，经济援助方

面的资金应该作为一张对华政治交涉的牌，有效地使用。而现在如同散财童子般的对华ODA，我们又怎能期待它成为对华战略上的最佳的有效武器？”有关此议可参照：《文芸春秋》2002年11月号、石原慎太郎、田原総一朗対談。

[14] 日本《毎日新聞》、2002年12月25日。

[15] 日本《産経新聞》、2001年5月8日。

[16] 例如，一些严肃的日本学者提出了“在日外国人犯罪”与“在日外国人犯罪报道”的严重不对称问题，他们指出：以1989年至2002年的14年间为例，外国人犯罪仅增加了1.6倍，但同期关于外国人（主要是中国人）犯罪报道却增加了22.2倍。同时，尽管日本人犯罪与外国人犯罪比为97：3，但在此期间，关于外国人犯罪的报道却是日本人报道的3—4倍。对此可参照以下资料：仲晃生：“治安悪化と‘不法滞在外国人’に関連性はない”（http：//www.janjan.jp/living/0311/0311248819/1.php）、中島真一郎：“外国人犯罪刑法犯検挙人員と新聞社などの外国人犯罪報道件数の比較”（http：//www.geocities.jp/kumstak/hodohikaku.html）。

[17] 杨孝荣，《传播社会学》，台北：商务印书馆，1983年，第33页。

[18] 宮本雄二，「対中経済援助をどうするか」、外務省《外交フォーラム》、2000年8月号。

[19] 大前研一，《チャイナ・インパクト》、東京：講談社、2002年4月、第220頁。

[20] 传播层级（communication step）的研究一直受到传播学界的关注。层级理论的成果是对“意见领袖”（opinion leaders）与追随者（followers）的描述，强调“意见领袖”对大众意见及舆情形成的巨大影响力。研究结论认为：“意见领袖”与受众间存在着一条“影响链”，来自媒介的信息首先抵达意见领袖，再由意见领袖将其对信息的解读传达给追随者。这一过程被称作两级传播。此外，根据最新研究成果，“意见领袖”通过议题设置对媒介也有一种制导能力，在“意见领袖”影响下形成的大众意见常常会对媒介的运营产生作用，成为左右媒介动向和立场的“价值链”。

[21] 小沢一郎，《日本改造計画》、東京：講談社、1993年5月。

[22] 中曽根根康弘：《21世紀日本の国家戦略》、東京：PHP研究所、2000年7月。

[23] “另类辅助媒体”，一般指专业杂志和书籍出版物等；“主流建制媒体”，通常包括报纸、广播、电视和一般杂志等。

[24] 中西輝政，《帝国としての中国：覇権の論理と現実》，東京：東洋経済新報社，2004年9月。

[25] 長谷川慶太郎、中島嶺雄，《中国危機と日本—香港返還後を読む》、東京：光文社、1996年9月。

[26] 平松茂雄，《中国は日本を併合する》、東京：講談社、2006年3月。

[27] 平松茂雄，《軍事大国化する中国の脅威》、東京：時事通信社、1995年7月。

[28] 中島嶺雄，《「日中友好」という幻想》，東京：PHP 新書，2002 年 12 月。

[29] 黄文雄，《反日教育を煽る中国の大罪—日本よ、これだけは中国に謝罪させよ！》、東京：日本文芸社、2005 年 1 月。

[30] 伊藤貫，《中国の「核」が世界を制す》、東京：PHP 研究所、2006 年 2 月。

[31] 鳥居民，《「反日」で生きのびる中国：江沢民の戦争》、東京：草思社、2004 年 2 月。

[32] 安倍晋三、岡崎久彦，《この国を守る決意》、東京：扶桑社、2004 年 1 月。

[33] 例如，在有关《中国吞并日本》的书评中，一位资深媒体人就极具煽动性地表明，"这本书必然给我们日本人带来巨大的冲击，中华大帝国的强盛是以吞并日本为最终目标的，仅此而言该书就应当成为全体日本国民的必读书"。出版社在其推荐文中，亦危言耸听地提出，"作为一名中国研究专家，该书凝聚了作者半个世纪的研究心血，他反复告诫国民要对这个邻国的野心和威胁保持警觉。本书从国家战略的宏观视点出发，揭示了今日中国的本质。从冲击性的书名上，我们亦可以感受到这是一部醒世之作。中国这个国家历来抱有清晰的战略意图，并且在实现其意图的过程中，从来都是不动声色地一步步逼近最终目标。读者将从本书显明易懂的解说过程中，对中国深藏不露的执著以及由此带来的巨大威胁产生一种强烈的震撼。"资料参照：http：//www.e-hon.ne.jp

[34] 梅垣理郎編：《総合政策学の最先端 III 多様化・紛争・統合》、東京：慶応芸塾大学出版会、2003 年、第 24 頁。

（原载《世界经济与政治》2006 年 10 期）

日本受众社会心理构造成因的切片分析
——兼论德弗勒“媒介效果研究”操作模式的缺陷

● 林晓光

日中关系已由局部“摩擦”走向全面“对抗”。笔者认为：日本现今对华政策的基本姿态是建立在具有相当共识的主流社会舆论基础上的。对此，为了有效地维护国家的核心利益，我们有必要深入地展开对日本国内舆情动向的研究，方能化被动为主动，确立思路清晰的对日交往的战略意图和阶段性方针。要达成这一目标，我们就不能忽略对日本“民意”的载体——受众这一群体的研究。遗憾的是，近年来国内学者涉及中日关系问题讨论时，还甚少从日本的社会传播领域着眼。在社会传播领域，大众媒介和受众的社会心理以及两者之间的互动形态是构成对舆情分析的研判要素。展开对日本受众的深入研究，并以日本受众群体特性的探讨为切入点，我们由此可以获得一个把握中日关系走向的新视角。

本文所要讨论的是，具体反映在社会传播领域，作为受众的日本国民，相较于其他国家的受众群体，他们的社会心理构造究竟有哪些独自的特征？如果确实具有这种独自特征的话，那么促成日本受众这种共有“特征”的内在心理机制和外部社会条件究竟是什么？同时，这种共有的“特征”在社会传播领域中，它的形式表象及典型意义又在哪里？为此，本文将从日本的社会构造、集团组织形态、民族性格、文化土壤等多重侧面，探讨这些社会的、文化的、历史的、民族的多重复合因素对日本受众心理构造形成的影响，以及在这种影响下日本受众所呈现的基本性格。

若开宗明义对日本受众的基本特征进行破题归纳的话，笔者认为：首先日本受众的心理认知、情绪感受、立场态度以及价值判断、行为选择等方面，都极易呈现出一种惊人相似的类型化、模式化倾向；其次，日本的受众尽管置身于高度发达的现代资讯传播环境中，但从严格意义上来说，他们尚不具备现代传播学理论所界定的那种充满理性批判的“顽固的受众”的典型性格，他们在“知”与“行”上，倾向服膺权威、恪守集团共同意志、遵从意见领袖、追求和谐一致，并且极易受到媒介的支配和控制。当然，这一课题的讨论不能不涉及到社会传播学理论中，最为“陈旧”但又从未完全阐明的“媒介效果与受众关系”的核心问题。本文认为，这固然是一个“陈旧”的课题，但具体涉及到对日本这一极具特色的、并且目前尚未进行深入研究的特定受众群体展开讨论，它将会给我们带来诸多新的启迪，并有助于匡正传播学领域中某些不够周延的重要问题。

一、“媒介与受众关系”研究的历史回顾

受众究竟是不易受媒介控制左右的“顽固客”，还是在媒介面前俯首帖耳的“顺民”？对此传播学界在历史上曾有过截然对立的两极意见交锋，但时至今日这种争论似乎已逐渐平息。在此，我们不妨旧话新说作一简要的历史回顾。

20世纪上半叶，“媒介万能论”曾成为定义受众性格的主流见解。导致这一认识占据支配地位的缘由，或可追溯到拉斯维尔《第一次世界大战的宣传技术》的出版（H. Lasswell，1927），美国纽泽西州《火星人侵袭》广播剧的播放造成上百万市民的大恐慌（1938），以及二战后，众多学者在“战时社会舆论动员”的系列课题研究方面，获致了丰硕成果等指标性事件（1940—1950）。但到了60年代，这一见解则由盛及衰，取而代之的是“媒介效果有限论”，对受众性格的界定也一改往昔“被动，忠实，顺从，无抵抗能力”的认识，转而赋予了“积极的，具有理性选择，批判能力”的评价，也就是所谓“顽固的受众”之说。

不过，20世纪70年代以来的研究，学者似乎在“媒介万能论”和“媒介效果有限论”的两种极端上找到了平衡点，又开始舍弃“媒介效果有限论”，转而采取调和的立场，有条件地重新肯定了媒介的效果和力量，对于受众的性格则开始倾向“似是而非”的折衷定义：即他们既不那样百般“顺从”，但也并非“顽固不化”，而是在媒介利用上有着自己“特定目标追求”的一群人，即过去30余年以来，美日等国极为盛行的“媒介使用及欲求满足”研究。

在“媒介与受众关系”的讨论中，笔者感到最具开创意义的人物应该算是德弗勒（Melvin L. Defleur）。德弗勒是“媒介万能论”的否定者，他认为媒介的效果是有限的，并且它很难由媒介自身决定，其效果的强度更多地受制于传播过程中和受众密切相关的三大要素：一是个人差异（individual differences），二是社会范畴（social categories），三是社会关系（social relations）。在这里，德弗勒可以说是独辟蹊径，试图探寻媒介与受众关系间存在的多重重要的中间“介因”。在德弗勒看来，这些”介因”正是影响媒介难以对受众产生完全预期效果的症结所在。

德弗勒以及受他影响的后人，在“媒介效果与受众”的研究方面的确多有建树。他们在分析媒介与受众关系上所揭示的“个人差异说”、“社会范畴说”和“社会关系说”，即所谓三要素研究架构，解决了早年传播研究上过度偏重受众的心理构造和受众的个人差异，而忽视受众的社会文化过程的弊端。这一新的理论框架，对于传播学发展的最大贡献在于，首开先河地运用微观层面的“心理动力模式”（psychodynamic model）和宏观层面的“社会文化模式”（sociocultural model）相辅相成的研究手法，使几经陷入“冬眠”困境的“媒介受众研究”，再度“春暖花开”。

在此，笔者亦希望借助德弗勒等人的“心理动力模式”和“社会文化模式”为参考框架，将这一理论操作模式中构成中间“介因”的指标选项分别引入到本文的讨论中，不仅对日本受众社会心理构造的成因进行切片分析，同时并就这一“构造”在社会传播领域中所具有的典型意义进行深入的解析。

二、依据“心理动力模式”解析日本的受众群体

德弗勒等人的所谓“心理动力模式”，关注的重点是在资讯传播过程中，因受众“个人的差异”而造成的其内在心理结构方面，诸如认知、态度、判断、立场以及行为的一系列变化，旨在分析媒介传播的信息对受众内在心理结构变化有何种影响力，它们在改变受众的认知结构、态度结构方面能达到什么样的效果，而导致这种“变化”的内在“动力”过程又是循着何种规律和途径进行的。

（1）“他人取向型性格”的社会心理构造

“他人取向型性格”，又被称之为“外部取向型性格”。对大众社会的研究颇有独自见解的美国社会学家李斯曼，在分析日本战前战后的社会变迁时指出：日本人直到二战结束前都仍然保持着前近代社会那种遵从家庭权威和社会惯习的“传统取向型性格”（Tradition Directed Type），战后虽然移植了美国式的民主制度，但却并未接受美国人以往推崇的那种“内部取向型性格”（Inner Directed Type）的思考行为模式，而是迅速转型为大众社会常有的那种“他人取向型性格”（Other Directed Type），并且较之其他国家更为突出典型（D.Riesman，1950）。

对于“内部取向型性格”与“他人取向型性格”的根本差异，李斯曼非常生动地借用了航海中的“罗盘”和“雷达”做了形象的比喻。所谓“内部取向型性格”，就是船长主动依据自己的“罗盘”寻找针路，判断，确定前进方向，并根据天候海

流的变化，临机应变地随时调整航道，将船驶向自己选定的目的地；而所谓的“他人取向型性格”，则是船长被动拘谨地接受外部“雷达”的诱导，一切都按照指令中枢发出的信号，在事先确定好的安全航道上前进，抵达预定的目的地。

李斯曼的论述对日本受众心理构造的分析同样不无启迪。如果说“内部取向型性格”的受众，对于媒介传播的资讯，往往首先根据自身内在固有的信念、价值判断来确定自己应该采取“褒贬臧否”的态度的话，日本受众所具有的这种“他人取向型性格”，则反应在他们对于外界繁杂资讯的处理判断上，很少有人相信自己的“罗盘”，却首先渴望得到外界“雷达”的诱导。

“他人取向型性格”，最大的一个鲜明特征就是“从众”。日本人是一个心理构造纤细、对外部反应极为敏感的民族，也是一个自律性很强的民族。自身应采取何种言行举止，日本人一般很少参照自身的“罗盘”行事，而是视其能否得到周围的同事、亲朋好友，特别是社会舆论的普遍认可。这种现象用日本人的习惯用语表述的话，就是追求与外部环境的“过剩同调”（绝对的一致）。如何才能避免自己的言行不致“出格”，所谓的“大众”媒介对他们而言，无疑是一种最轻松最安全也是最值得信赖的“预警雷达”。

众所周知，大众媒介总是试图通过自身发布的大量信息，为受众建构一个广为认同的所谓“现实社会”，当然这个“现实社会”，实际上正是李普曼（W.Lippmann）所指出的“塑型化”的“虚拟世界”。在这个世界里，媒介不仅向受众提供所谓社会共同认可的价值取向，也向他们灌输各种不宜逾越的行为规范。作为大和民族的日本国民，其行为模式本来就有“从众”、“随大流”的习性，他们“循规蹈矩”，“墨守成规”。这些在中国属于负面意义的概念表述，在日本人的行为辞典中却多是一种正面的肯定表述。在他们看来，这些由“大众”媒介所绳定的社会行为规范，毋庸置疑是社会成员意志最大公约数的集合，唯有遵从才不致遭受他人的非难和质疑。否则，自己很容易受到他人的“耻笑”，成为众叛亲离的“异类”。

在日本的现场采访报道中，常常能看到这样的电视画面：当某位政治家或者艺术圈的名人发生了什么丑闻，记者就此街头采访路人时，多数回答都惊人的相似：“这个问题我还没有好好考虑，要再看看有关的新闻报道才能告诉你。”也就是说，日本受众自身的言行往往要借助传播媒介来共同完成，即便是随意性的表态，他们也养成了首先参酌传播媒介“说法”的习惯。日本受众的行为模式极易受到大众媒介的规范，甚至有时媒介为他们建构的社会行为准则和价值规范，明显与自身的感觉相异或与个人的利益直接发生冲突，他们也多是“顺从”地调整或改变自己，“忠实”地接受媒介定义的“最佳”行为方式。

日本的农副产品市场之所以壁垒森严，固然有多种背景原因，但从某种意义上来说，其实也和日本受众的这一心理构造不无联系。“日本稻米第一”，“日本牛肉第一”，“日本柑橘第一”等等资讯可谓充斥日本的平面及电子媒体，同时，有关其他国家同类产品，在品味品质及种植养殖安全健康管理等方面的负面报道也比比皆是，这些由媒体长年灌输的“选择基准”早已深植人心。受这些资讯耳濡目染的浸淫，作为受众的日本消费者常常是“众志成城”，宁可弃他国的输入品于不顾而选购本国价格高昂的产品。有些国家尽管攻陷了日本市场城池的一角，但仍然无法扩大后续战果向纵深挺进，其中一个原因就是不太了解资讯传播环境中日本受众所特有的社会心理构造，即为了经常性地与外部环境、与周围的多数人保持和谐一致，对每个社会成员来说最省事的选择，就是应该时时注意自觉接受大众媒介这一“雷达”的“导航”和“预警”。

（2）“趋同排异”、“追求整合”的社会心理构造

日本人的内在心理认知构造上具有“趋同排异”、追求“最大整合”的特征。用社会学概念来归纳的话，就是心理意识自觉上的“趋同构造”。在日本，至少在自己生活的共同利益集团的内部，每个成员大都不喜欢标新立异，而是尽可能与他人在认知上不存歧义，他们认为相互彼此立场观点上的“和谐一致”，便构成一种氛围上的“完美”，哪怕仅仅是一种形式上的“完美”，也是值得追求的。所以多数日本学者都认为，日本人的心理意识属于“非论理型”的那种“感受型”构造。

一些日本学者，对日、美、英、中、韩五国人的传播行为特征进行系统比较后提出：以传播交流的动因研判的话，日本以外的其他四国均属于“主导·支配型”的，即信息的摄取者是以个人为主体，并试图支配驾驭这些信息为己所用。而日本的受众则属于“利害型”，即他们在传播和交流的过程中，往往有一种“趋利避害”的本能，营造有利和睦的“意见环境”，逃避周围压力，对他们而言无疑是一种最善的选择[1]。再加之“与视每个人的思考方式、感情需求绝非相同为前提的西洋异质社会相比，日本社会最大的不同，则是以每个人都应抱有相同的思考方式、相同的感受方式为假定条件的高度同质性文化”，因此，日本学者自身也清醒地意识到，“日本还尚未形成那种既保留各自对立的不同见解，又同时能够维持良好的人际关系的文化土壤。”[2]

上述见解虽然主要是涉及人际传播领域，但这种本质特性，实质上也同样适用于日本的大众传播领域。其实，我们只要确切把握了日本受众所具有的这一基本特征及上述来自民族文化的成因，也就不会对日本大众传播环境中的某些“异常现象”感到费解。诚如所言，在涉及媒介资讯的反应和处理过程中，日本受众在心理认知、情绪感受以及价值判断、行为选择等方面，都极易呈现出一种惊人相似的类型化、模式化倾向。所谓的“类型化”、“模式化”，当然仅是事物的外在表象，究其成因则是源自日本人内在心理认知构造上的那种“趋同排异”、追求“最大整合”的“趋同构造”。而这种类型化、模式化倾向具体反映到社会传播领域，则是受众对于新闻报道中涉及的事件，往往很容易在心理感受、认知、态度等方面产生强烈共鸣，迅速建立起相同的价值判断，并在极短时期内凝聚起全社会的高度共识，成为占支配地位、具有主流价值的社会舆论。特别是如果涉及到攸关本民族利益的事件，作为以“大和民族”为整体单元的受众，更容易呈现出高度的一致性，受众也会自觉地与媒介确立一种“同频共振”般的“和谐互动”，从而营造出一种“党同伐异”、“舆论一律”的社会氛围。

最具指标意义的事件可以说是 2002 年 5 月，因沈阳日本总领事馆朝鲜难民引发的中日外交冲突。对此偶发事件，日本的大众传媒，甚至包括素来立场进步的《朝日新闻》都无一例外地聚集到捍卫“国益”的旗帜下，展开了对中国的围剿和批判，其声势烈度为中日建交 30 年来仅见。国民的社会舆论也完全是一边倒，在长达一个月的时间内，几乎听不到任何多元的声音。一些亚洲媒体，对于日本传媒搬出早已被国际法否定的“治外法权”概念，误导受众的出格行为表示惊讶。但在日本，不仅普通的平民百姓全面声援媒体“在华使领馆等同于日本领土在境外的自然延伸”，“使领馆享有不容侵犯的‘治外法权’和‘外交庇护权’”等主张，甚至连一些日本国际法专家在接受采访时，面对强大的社会舆论压力也多是噤若寒蝉，“趋利避害”地顾左右而言他。何以会在一个资讯发达、民主素养及教育水准都相当高的国度出现这种幼稚的“高度一致”呢？某位国会议员“朴素”的回答很值得玩味。这位日本政治家表示，“哪怕是说谎，我们都愿意相信。问题是要说得可以让人相信”。[3]此言算是对日本受众追求“最大整合”的社会心理构造的一个有力注解，即无论传媒通过什么途径或手段，至少应该让他们能维持形式上“和谐一致”的“完美”。

诚然，“社会舆论”不外乎是所属的社会成员通过类似的生活经历，并在动态的社会传播过程中集合形成的凝聚物，它可视为所属社会成员共有的价值判断。事实上，在日美贸易磨擦，日朝间绑架人质冲突，日俄领土纷争，ODA（日本政府对外开发援助）等问题上，作为大和民族这一生命共同体的受众与媒介，很容易就这些涉外公共议题在全社会酿成一种"同仇敌忾"、"党同伐异"、具有最大公约数的主流社会舆论。导致这种现象产生的深层原因，无疑是与日本受众特有的这种"趋同排异"的社会心理构造有关。这也诚如日本学者精辟概括的那样，"即使理性或良知要求他们应该选择另一种行动方式，但若这一行动方式会因和大家不同招致孤立的结果，他们是绝不会去做的。""这种顺从大众、扼杀自我的特性被强化后，通常会增加对孤立的恐惧，这种恐惧还会延伸到对外部的任何变动都极为敏感，以致形成了'逃避主义'的那种根深蒂固的行动原理和保守性格。"[4]

三、依据"社会文化模式"解析日本的受众群体

如果说德弗勒等人的"心理动力模式"，旨在研究传播信息对受众认知、情绪、态度等内在心理结构的影响，并注重这些影响如何改变了受众个人外在行为的话；那么，"社会文化模式"关注的焦点则在于，在媒介与受众的互动过程中，受众自身的外在属性，如性别、年龄、地位、教育程度等"社会范畴因素"，以及他们所依存的社会文化规范、意见领袖，所置身的社会集团、人际网络等"社会关系"因素，将对受众摄取信息资讯的行为有何种影响。概言之，"心理动力模式"侧重个人的"人格特质"与媒介关系的讨论，"社会文化模式"则重点探索社会结构、社会组织中的受众与媒介的关系。前者的研究主要以一般心理学为依据，后者主要以社会学为基础。在此，我们借助德弗勒的"社会文化模式"为框架，并汲取有关日本社会构造、社会集团研究的社会学既有成果，着重探讨一下日本的社会构造与日本受众社会心理构造成因间的内在必然联系，以及它们在社会传播领域里的典型意义。

（1）"家族主义"国家和受众的"共同体意志"

日本已故的著名社会学家福武直在《日本社会的构造》中，从日本历史上形成的独特家族制度和村落共同体入手，剖析了战后家族制度与村落共同体解体后，日本社会却将封建"家族意识"和村落的"团队精神"完整地嫁接移植到社会的各个领域，包括公司企业、政府职能部门、社会团体甚至包括政党——即概凡现代社会的所有功能集团。这种嫁接移植既驱动了日本的高度经济繁荣，也致使日本构筑了完全不同于西方资本主义国家的同质构造的社会（福武直，1981）。

福武直认为，日本早期的近代产业结构就是以村落的农家及零散的自营商工业为主体，在这种社会结构中，家族及村落所占的地位极为重要。而且即使到了1970年代末期，尽管日本已成为世界第二大经济强国，但却并未改变战前经济上的那种双重结构，家族企业或类似于家族管理的中小企业仍在支撑着日本的持续繁荣。以当时的美国、西德、日本三国比较，千人以上员工的大企业在全国的比率，日本仅为15%，西德高达40%，美国亦达到了30%；若从员工百人以下的公司比率来看则正好是相反的状况：日本高达56%，西德和美国仅分别为20%和25%。在这样一个以家族或扩大化的准家族企业为主体的国家，日本人的社会性格，也就很自然地在“家”、“村落”中形成，日本社会的整体也结成了“家族主义”。[5]

福武直对日本社会构造的分析可谓晨钟暮鼓，他的这一学术理论遗产既有助于我们准确理解日本受众的心理构造得以成形的社会文化土壤，也对我们理性把握日本社会舆论的动向与形成过程有所启迪。这种家族主义与各个具有家族色彩的功能集团结合在一起，使日本整个社会成为家族主义国家。近代以来的日本人，其社会性格基本上就是在扩大化的“家”和“村”的组织中冶炼铸造。个人无法摆脱“家族”独立，“家族利益”比构成家族的个人利益更受重视，并且这种家族式的人际关系、放大化的“家族意识”还延伸扩大到人们的行为方式、社会关系以及价值体系中，对人们的社会传播行为亦影响甚巨。既然社会成员已被切割为“家族成员”，他们必然也就内外有别，“家族”内部彼此守望相助、同舟共济的同时，也就必须具有共同的行为准则以及受到共同的规范约束，而对外则应抱持共同的意志，共同的见解，共同的主张。

在日本，对于涉及国内某些公共政策的议题，因利益集团不同，社会舆论有时也会呈现多元分布。但这种所谓的“多元分布”，常常是由媒介对“同质”与“异质”的“准家族”集团进行切割后，并在此基础上凝聚产生的那种“家内家外”区隔分明、“族内族外”边缘清晰的社会舆论。如小泉内阁的邮政民营化改革涉及到“邮政族”，高速道路的改革涉及到“道路公团族”，银行金融改革涉及到“银行族”等等，这些因“家内”“族外”有所区隔的不同受众群体，极易在媒体的“舆论诱导”下形成二元区隔的“高度共识”——即“赞成”的高度共识和“反对”的高度共识。此外，给人留下深刻印象的是，如果在某一时期大众媒介对某个问题的看法殊异，社会舆论也就容易形成包容、多元性的分布；反之，如果媒介自身是偏激排他的，那么置身于这个媒介环境中的受众也就很少能摆脱媒介的束缚，其心理认知、情绪感受、价值判断等往往也容易呈整齐划一的特征，社会舆论当然也就容易出现高度趋同性的问题。

日本的舆论环境为何经常出现整齐划一的倾向？受众何以会在极短时间内迅即凝聚高度的共识？即便是看似多元的社会舆论，为何也呈现出区隔分明、边缘清晰的特征？其实，这些现象很大程度上是和日本的“家族主义”国家的社会构造密切相关。各个利益功能集团的“家规族律”，对于“言论市场”有着强大的约束力。日本人的确不太擅长坚持个人的自我主张，日本学者多将这种特性归纳为民族文化和国民性格上的“内敛羞涩”、“含蓄谦让”。其实，这一特性主要与日本家族主义“共同体意志”对成员“个体意志”的钳制约束有关，与其说是性格上的“内敛羞涩”，不如理解为面对类似于“准家族”集团的那种群体高压，作为“家族”内的成员个人，无法抵御这种压力更为准确。他们并非不想表示个人的主张，而是恐惧表现了个人的“自我主张”，将会受到“家族共同体”的制裁，必须支付相应的社会成本。事实上，在维护所属集团的“共有利益”、声张本集团的“共同体意志”时，他们也还是“理直气壮”、“不假颜色”的。

（2）垂直构造的集团与绝对权威的意见领袖

众所周知，日本是一个“集团志向”非常强，崇尚“团队精神”的民族。日本的集团构造有和其他国家相近的地方，也有自己的独特之处。日本学界有人将这一独特之处概括为：日本是由无数个“复杂”但却并不“错综”的纵向系列集团构筑而成的“垂直动能社会”。每个母集团（或大集团，上位集团，优势集团）都由多个子集团（或小集团，下位集团，劣势集团）组合而成，集团与集团以及同一集团的内部成员都依据其地位、身份、辈分严格确定尊卑序列关系。这一尊卑序列既确定了各个集团间的上下臣属依附关系，也确定了每个人在集团中的发言权和影响力。集团运作很少依据明文化的法规，而是依据约定俗成和惯习；集团的维持主要不是凭借权力，而是凭借无处不在、无时不在的压力和权威，日本社会的人际网络实质上就是由这样一个个集团所构成。[6]

在这种集团中，每个所属成员究竟是扮演“一言九鼎”的角色，还是处于“人微言轻”的境遇，并不是由本人的学识和智慧所决定的，而是取决于他在集团中所排列的尊卑序位。从严格意义上说，在日本找不到不属于任何集团的“个人”。无法摆脱集团的束缚，更确切地说，畏惧没有集团来约束自己、规范自己的行为，这也正是日本人极为突出的共性。日本人活在世上最恐惧的，就是被集团伙伴所“疏远”

和“入另册”。

美国社会心理学家，早期传播学研究领域的先驱人物勒温（K.Lewin），奠定了“团体动力研究”的理论基石。他所关心探讨的中心问题是团体压力——包括来自团体共有的行为规范、价值准则，以及团体中的每个成员的义务和应扮演的角色等等，对所属团体成员行为和态度的影响力。具体到传播过程而言，他认为：个人对某个团体的认同和归属意识，会影响到这个人的观点、视野以及立场的形成。同时，当这个人接受了某种信息资讯后，这些信息资讯所具有的意义，就不再完全属于个人决定，而是受制于他所置身的那个团体。

勒温有关团体传播对于个人行为影响力的试验研究，对于传播学研究最重要的贡献是提醒人们：探讨媒介对个体的影响时，决不能忽视当事者所属团体的强大制约因素。与美国“团体动力研究”所选择的对象是“内部结构较为松散，外部边缘模糊，横向联系活跃广泛”的美国各类集团相比，日本的集团构造却呈现了与美国相当不同的特征：这就是内部凝聚力极强，各集团间的外部边缘区隔清晰，同一系列集团间的纵向联系密切，但是非同一系列集团成员间的自主移动往来、资讯交换、所属变更，都会被视为有违集团伦理的“变节”行为而受到制裁和谴责。因此，在大众传播资讯对受众个人预存立场的影响方面，作为中间“介因”的日本大小网络集团，对所属成员行为和态度施加的正负作用，其强度之烈都远非美国的团体所能比拟。

那么，日本的集团在资讯传播过程中对个人所施加的影响是通过什么途径反映出来的呢？首先，“由于日本是纵向集团网络组成的社会，各集团内的所属成员既可以有一种社会安全感，又能分享必要的信息资讯。只要成员不出什么问题的话，资讯的供给几乎可以自动得到确保。不过，这些资讯属于小集团共有，而并非个人所有。”但是，如果“是一个被本集团疏远‘入另册’的成员，那么，集团内的所有信息都将对他封锁。所属的小集团对日本人来说所具有的重要意义，也正体现在这一点上。”在日本的社会中，“若是信息资讯的传播，是以个人为中心的网络系统运行的话，那么，日本小集团也就失去了其存在的意义。实质上，小集团所属的成员间，以及小集团和小集团间按照垂直的管道传播资讯的这种方式，与个人通过自己的网络自由获取资讯的传播方式相比，毕竟是无法相提并论的。”[7]

日本社会的人际网络，正是由这种依据人们的身份、地位、尊卑序列构成的纵向垂直集团集合而成，而在传播过程中，这种特殊性格的集团对于个人行为所产生的影响力，较之勒温借助“场”模型获致的试验结果可能更具典型意义。如前所述：由于从严格意义上说，在日本几乎很难找到不属于任何集团的个人，这也就意味着在大众媒介的传播环境中，很难找到具有独立地位的受众“个人”。信息资源往往属于集团共享，而对于信息资讯的阐释、定义权，又属于各个集团中的权威“意见领袖”。且不论大众媒介的效果所通过的途径是二级或是N级的人际传播，可以确定的是，在这种垂直集团的作用下最终所形成的见解、立场，或者广而言之的“社会舆论”，势必深深地打着集团的烙印，属于集团的“共同意志”——并且不难想像是某种高度一致的“共同意志”。同时，在整个“传播过程”中，社会成员均是以服膺权威作为共同信守的前提条件，而集团中个人预存立场的强化或改变，意志的修正或整合，能够起主导作用的无非是垂直构造上呈级差排列的大小权威意见领袖。

笔者之所以提出，作为某个孤立的受众个体，日本人尽管会有这样那样的“差异”，但作为某一整体的受众来说，这种“个人差异”张扬伸展的空间却极为有限的命题，事实上，支持这一命题的其中一个重要依据，也正是由于在社会传播领域，在涉及社会舆论整合的过程中，日本社会存在着这种特有的垂直集团构造，并且这一构造对日本受众“服从权威”、“唯权威是从”这一共同价值观念的形成产生了深刻、决定性的影响。日本人“在生活态度上有‘惯习优先’、‘服从权威’两个特质。他们以惯习和权威支配自己的生活行为，远比依据良知和内在道德准则判断行事为多。总之，在生活态度上欠缺自主性和主体意识。追求与他人‘和谐’的结果，就必然导致‘顺从意识’的蔓延。”[8]。

而无条件地服膺权威，体现在社会传播领域中最有说服力最经典的事例，可以一直追溯到1945年8月15日，昭和天皇的“玉音放送”。走进尘封的历史，我们看到的是这样一幅图景：尽管在一个多月前，冲绳还在与登陆的美军浴血惨战，双方战死者（包括“集团自决”的日本平民）高达20万，但日本列岛却充满着“本土决战，战至最后一人”这种全民族的同仇敌忾；尽管在一周前广岛、长崎遭受原子弹攻击后，全国的社会舆论却依然是“宁为玉碎，不为瓦全”；尽管一个多小时前，军部的顽固分子仍为阻止投降诏书的播放在电台前筑起了封锁线；但中午12点整，裕仁天皇四分钟的“玉音”播放之后，日本的历史便就此改变：一亿国民瞬间便整齐划一地完成了全民族由“一亿总玉碎”到“一亿总瓦全”的社会心理转型。也难怪当时盟军的随军记者会扼腕称奇：占领军不仅没有在这里遭遇危及生命的抵抗，甚至连扔石头这种不友好举动都很难碰到，从当地居民的神态来看，就好像占领的是个和日本完全无关的地方。顺便提及一下：前不久，美国的舆论和某些政治家期望也“风调雨顺”地在伊拉克“克隆”一个“日本”，使60年前麦克阿瑟将军“打造”新日本的“奇迹”能够在今日的幼发拉底河畔再现。殊不知，日本的社会舆论对美国的所谓精英在语涉日本时，竟是“如此的无知和不求进取”咸表惊讶莫名和极度的无奈。

四、德弗勒理论操作模式的再评价

综上所述，本文借助德弗勒的“心理动力模式”和“社会文化模式”，亦将“个人差异”、“社会范畴”和“社会关系”等相关要素输入到日本的传播体系中进行了检证，但令人尴尬的是，在此获致的结论却似乎与德弗勒的观点大相径庭。至少就日本这一特定的国家、特定的民族、特定的传播环境而言，本文的讨论似乎否定了德弗勒由同一理论模式得出的“传播效果有限论”的权威推论，并且也很难由此认定日本的受众具有“顽固的受众”这一特性。

上述讨论确实也令笔者困惑，何以会出现这种“治丝益棼”、“种瓜得豆”的结果？需要指出的是：究其原因，并不是德弗勒有关媒介效果和受众研究的理论操作模式不可取，而是其“社会文化模式”中有关中间”介因”的界定出现了重大偏颇。由于德弗勒等人的理论模式，是在对早期传播学研究中“媒介效果万能论”进行批判的立场上发展而来，其理论假说首先是建立在这样一种认识上：受众并不是生活在真空中，他们有着复杂的社会关系和人际网络，隶属于各种社会团体，并生存于各种地缘的、血缘的、职缘的社会关系中，也正是由于这些网络关系的掣肘制约，大众媒介很难为所欲为地实现其预期的目的。

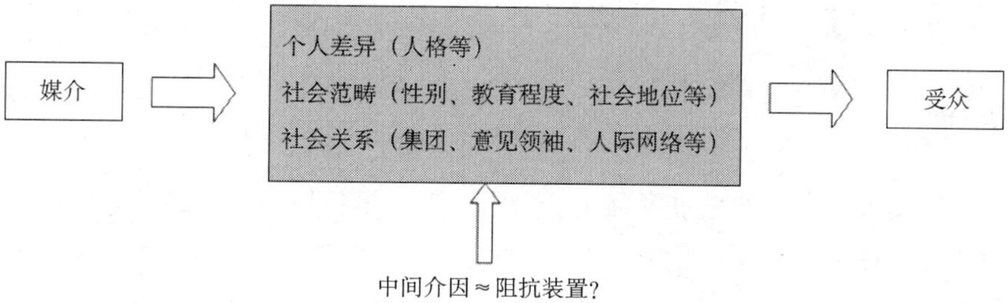

图 1　德弗勒的媒介效果有限论

德弗勒将受众置身的这些社会关系，包括他们依存的社会构造、人文环境、人际网络，以及由历史和文化构成的社会背景等等，均视为媒介资讯与受众通路上的中间“介因”。这种认识并无什么不妥，它亦是本文的重要参考架构。但问题是在德弗勒等人看来，这些介因在通常情况下均是消弱媒介效果和力量的“阻抗”，构成了一种资讯通路上的障碍。德弗勒等人的理论模式借助图式表现的话，便如上面的图1所示。

德弗勒等人正是依据这一模式，得出了传播媒介对于受众的影响力相当有限的结论，认为它甚至远远小于人际传播的影响，并确信传播媒介一般很难改变受众的态度、行为和立场，即使有作用，它通常至多不过仅仅是帮助巩固受众既有的预存立场而已。在德弗勒等人看来，媒介通常只是一种很间接的作用，只有在中间那些“介因”都不起作用的时候，媒介才能影响和改变受众。

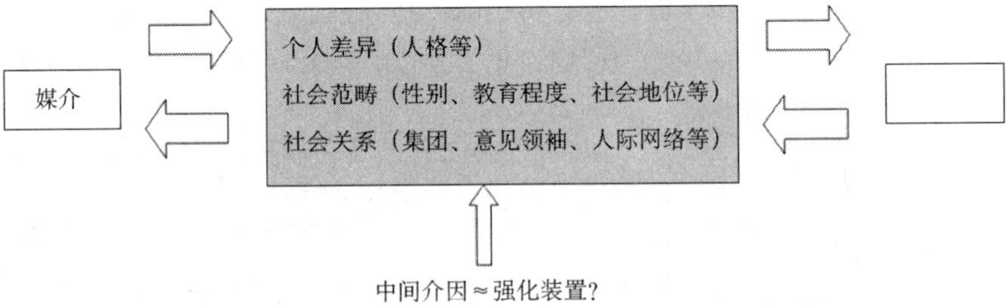

图2　日本的媒介效果与受众关系

在此需要特别指出的是：实质上，德弗勒等人的理论操作模式中，有关中间“介因”性质和作用的阐释，都存在着一个主观认定偏颇的问题。对于极为复杂且多样化的社会传播环境而言，它还很难被视为放之四海而皆准的圭臬。所以我们有理由提出这样的质疑：中间“介因”就一定会形成资讯通路上的阻抗吗？将“社会范畴”和“社会关系”等要素引进到媒介与受众的资讯回路进行检验探讨的话，就必然会推导出“媒介效果有限论”吗？本文通过对日本受众社会心理构造成因的切片分析，亦可以将日本传播环境的特征用图式归纳如上面图2所示。

可以由图1看出，如果过度强调“介因”在资讯传播回路上的阻碍作用，大抵会得出“烽火连三月，家书抵万金”的结论。与此相反，假若如图2所示，中间的介因并不构成阻抗，而是类似于一种具有过滤、润滑、扩充、强化作用的调节装置，我们或许在媒介与受众间资讯传播互动的过程中，就会看到类似日本那种“大漠孤烟直，长河落日圆”般交融贯通的图景。虽然笔者绝非赞成“媒介效果万能论”的旧有偏激主张，但至少认为，在特定的时空环境、特定的社会构造并由特定的民族文化心理构成的传播环境中，这些中间“介因”有时不仅不会消弱媒介的力量，还会大大补强媒介的传播效果。同时，对于受众的性格，我们亦应具体情况具体分析，而不应脱离上述的背景条件简单定性。

注释：

[1] 桥本满弘、石井敏编，《日本人的传播行为》，东京桐原书店，1995 年，第 13 页。

[2] 同上书，第 75 页。

[3] 林晓光，《东亚地缘政治的变动与日本传媒的舆论导向》，收入《构筑面向未来的中日关系》，上海社会科学院出版社，2003 年，第 267—268 页。

[4] 福武直，《日本社会的构造》，东京大学出版会，1987 年，第 41 页。

[5] 同上书，第 174 页。

[6] 中根千枝，《垂直社会的力学》，东京讲谈社现代新书，2001 年。

[7] 同上书，第 53—54 页。

[8] 福武直，《日本社会的构造》，第 41 页。

参考文献：

1. 李斯曼，《孤独的群众》，加藤秀俊译，东京美铃书房，1964 年。
2. 福武直，《日本社会的构造》，东京大学出版会，1987 年。
3. 中根千枝，《垂直社会的力学》，东京讲谈社现代新书，2001 年。
4. 李金铨，《大众传播理论》，台北三民书局，2001 年。
5. 竹内郁郎，《大众传播的社会理论》，东京大学出版会，1990 年。

（原载《世界经济与政治》2006 年 10 期）

冲突中的面子和面子功夫

——中国、德国、日本和美国的跨文化比较研究

John Oetzel、Stella Ting-Toomey、Tomoko Masumoto、Yumiko Yokochi、
● 潘晓慧、Jiro Takai、Richard Wilcox

随着美国的日益多元化和世界的不断全球化，冲突频繁地出现，关于这种跨文化冲突中面子—协商的研究越来越重要。了解不同的面子问题和冲突中面子—协商的方式，是建立一个和谐的多文化社会的重要的一步。目前关于用不同的文化方式处理冲突的研究有很多（如 Elasyed-Ekhouly & Buda，1996；Oetzel，1998；Ohbuchi，Fukushima，& Tedschi，1999；Ting-Toomey，et al.，2000）。冲突是“一种在有着相对立的目标和价值的人们间的相互作用，且彼此认为对方是实现这个目标的潜在干扰因素”（Putnam & Poole，1987，p.552）。这些研究一个重要的意义以及它们能得出冲突解决方式见解的原因是，这些研究都是使用面子—协商理论来指导完成的。Ting-Toomey 的面子—协商理论（Ting-Toomey，1988；Ting-Toomey，&Kurogi，1998）认为，面子是用于解释不同的文化成员间冲突的解决模式的一种机制。面子表示在社会交往中，个人对正面形象的需求（Ting-Toomey，1988）。而面子功夫则是一种用于扮演自我面子以及获得支持、拥护，或挑战他人面子的一种策略（Shimanoff，1994；Ting-Toomey & Kurogi，1998）。

在这些处理跨文化冲突的研究中，存在着三个局限性。第一，前人的研究并没有直接测量面子的。例如，Oetzel（1998）发现人们交往中倾向于回避冲突，而这种行为倾向跟人与人的相互依赖关系紧密相连；并提出一个假设，认为这种关系是因为成员更关注他人的面子。第二，前人的研究很少真正依靠主流的冲突解决模式来检验冲突行为的类型（e.g.，Blake & Mouton，1964； Rahim，1983；Thomas & Kilmann，1974）。当用跨文化来定义五种模式的变量时，总会觉得似乎还存在使用面子功夫的其他方法来解决冲突。至今为止，仍然没有任何一个研究是关于冲突中的面子功夫在不同文化中的不同点的。第三，前人的研究主要是聚焦于用个人主义—集体主义来解释冲突行为（e.g.，Oetzel，1998；Ohbuchi et al.，1999；Ting-

Toomey et al.，1991）。近来 Ting-Toomey 等的面子—协商理论的发展包括了一些文化变量（权力差距）、个人单独的变量（自我阐释），以及一些情境因素在内。但是，这些理论变量的正确性还没有经过实证的检验。

本文的目的是研究在中、德、日、美四国跨文化交流的人际冲突中的面子和面子功夫。我们检验了影响面子和面子功夫的几个相关因素：(a) 民族文化，(b) 自我阐释，(c) 权力差距，(d) 情境特征（关系的亲密程度和身份地位）。本文分四部分：第一，回顾过去关于面子和面子功夫的文献资料，从面子—协商理论中提取出假设。第二，描述数据收集的过程。第三，给出调查的结果。第四，探讨此次研究结果的意义和给未来的研究提供方向建议。

面子、面子功夫和面子—协商理论

许多研究者都曾用过面子和面子功夫这两个概念来解释交流行为。为了能将这两个词汇更好地融入本文的研究中，我们将会在四国的文化中重新定义面子和面子功夫，并且回顾一些礼貌理论（politeness theory）。然后，我们会描述 Ting-Toomey 和 Kurogi 的面子—协商理论，并从中提取出民族文化变量、个人变量，以及情境变量。

定义面子和面子功夫

以前的研究指出，面子的概念是用于跨文化中，但是其意义和用法却会因为文化的不同而不同（Gao，1998；Morisaki & Gudykunst，1994；Ting-Toomey，1988）。在本文，我们从四国的文化中简要地定义面子。中国的面子有两种类型：lien（或脸）和 mien-tzu（面子）（Chang & Holt，1994；Gao，1998；Hu，1944）。Lien（脸）指的是一个人精神上的特征，而 mien-tzu（面子）则指的是一个人成功的一生中所获得的社会地位。面子在日本是一个很重要的概念，它同样有两种类型：mentsu 和 taimen（Morisaki & Gudykunst，1994）。Mentsu 类似于中国人的 mien-tzu，taimen 则指的是一个人给人的外貌形象。在德国和美国，只有一种类型的面子。德国人的面子 gesicht，和美国的面子意思相类似，指的是个人给别人的社会形象。在这四个国家里，面子都是和尊敬、荣誉、身份、名誉、信用、能力、家庭关系、忠诚、信任、债务关系和职责等问题联系在一起的。此外，每个面子的概念都包括了给人的社会形象这一方面。这些定义有助于我们引进面子的概念，现在我们将从整体上给面子功夫和礼貌下定义。

面子的概念最早起源于中国。戈夫曼（Goffman）是西方学者中最早检验面子的一位，他关于面子的定义受到中国面子概念的影响（e.g.，Hu，1944）。戈夫曼将面子定义为："面子指在特定的社会交往中，个人向他人提出要求的同时，被他人认为自己应得的正向社会价值。"戈夫曼认为，面子是可以丢失、保全和保护的，当一个人没有能力去表现他的自我形象时，他们就会采取一些行动（面子功夫）来抵抗这种面子威胁。戈夫曼使用了一种戏剧性的隐喻来描述个人表现自我形象的种种行为。

紧随着戈夫曼，一大批研究者们调查了面子及其在交际行为中的意义。在这些研究面子功夫的方法中，最具影响的也许是礼貌理论（Brown & Levinson，1978，1987）。Brown & Levinson 在积极—消极面子的尺度基础上发展了礼貌理论。积极面子指的是个人的自我形象受到他们的赞许和支持，消极面子则指的是个人拥有自由不受干涉的权利。Brown & Levinson 的研究确定了一系列会威胁到面子的语言行动，包括道歉、承认、承诺、批评、劝告和要求。Brown & Levinson 描述了在礼貌情境中有可能会对积极面子、消极面子产生威胁的五个层面的面子策略（例如，要求别人）。这五个策略的礼貌程度从高到低排列，依次为：(a) 没有明确表现出行为（也就是说，没有明确的要求）；(b) 非公开（也就是间接地暗示要求）；(c) 消极礼貌（也就是减轻了对消极面子的威胁）；(d) 积极礼貌（也就是减轻了对积极面子的威胁）；(e) 直白的公开（也就是直接地表达要求而没有考虑过他人的面子）。此外，Brown & Levinson 认为，有三个情境变量会影响到威胁面子的行为的程度，以及随之而来的礼貌策略：（人与人）彼此间关系的亲密程度、彼此间相关的权力和语言行动的强迫程度。

虽然礼貌理论受到很广泛的批评（如，Lim & Bowers，1991；Tracy & Baratz，1993；Wilson，Aleman，& Leatham，1996），但是，它在面子功夫的研究中还是起到了很多作用。一些研究者利用礼貌理论来研究赢取顺从中的面子（Wilson et al.，1996；Wilson & Kunkel，2000），智慧的谈论（Tracey & Baratz，1993），向下属传递坏消息（Wagoner & Waldron，1999），给予社会支持（Caplan & Samter，1999；Goldsmith & Fitch，1997），危机协商（Rogan & Hammer，1994），和处理社会困境（Cupach & Imahori，1993）等问题。此外，一些研究者建议通过修改面子功夫的模式来解决礼貌理论中的局限（e.g.，Lim & Bowers，1991；Wilson et al.，1996）。关于礼貌的研究，有助于说明目标和情境因素（如关系的亲密）对面子功夫策略的影响。但是，这些研究对于目前的研究来说还是不充足的，因为它们并没有研究冲突背后的语境。礼貌研究强调减轻对他人面子的威胁（例如，在一个要求的情境中如何缩小他人的积极和消极面子），但却没有注意到自我面子。在冲突作为彼此协商的一个解决方式的情境中，自我和他人的面子是十分重要的。另外，当强调文化在面子中起着重要的作用时，许多从礼貌视角出发的研究并没有很好地研究面子功夫的跨文化因素（除了 Brown & Levinson，1987；Cupach & Imahori，1993）。通过使用面子—协商理论可以解决这些局限性。

面子—协商理论

戈夫曼和 Brown & Levinson 的研究都很好地发展了面子—协商理论。Ting-Toomey 和她的同事们（1988；Ting-Toomey & Kurogi，1998）进一步发展了面子—协商理论，提供了一个更为完善的架构来解释在冲突中面子和面子功夫的不同和相同点。简单地说，面子—协商理论认为：(a) 所有文化中的人们都希望在所有的交际情境中能维持和获得面子；(b)"面子"的概念在不确定的情境中（如冲突的情境）是具有争议性的，当身份明确的交际者们陷入一个问题时；(c) 文化变量、个人变量和情境变量会影响文化成员对他人面子关注的选择（如自我导向型的面子保全 vs 他人导向型的面子保全）；(d) 文化变量、个人变量和情境变量会影响在社会团体和人际交往中不同类型面子功夫和冲突策略的使用。目前对于面子—协商理论的译本有 32 种命题，关注在跨情境中的面子功夫和在冲突情境中的面子功夫。在本文，我们尝试检验与冲突中跨文化面子事宜、支配性、关系和回避性的面子功夫相关的命题（命题 1，2，9，10，15–18，27–30）。此外，通过陈述面子功夫、个人单独的权力差距、面子功夫和情境特征的相互关系，我们把面子协商理论扩展到其他几个领域。我们没有研究面子和面子功夫、跨文化中垂直 / 水平的面子功夫、大体的面子功夫问题之间的关系。在下面一部分，我们会通过面子—协商理论来定义面子和面子功夫。然后，我们会探讨在冲突中文化、个人、情境因素对面子和面子功夫的影响。

面子和面子功夫 面子—协商理论强调了三种面子关注。自我面子指的是对自我形象的关注，他人面子指的是对他人形象的关注，而公共面子则是对第三方的形象或其他关系成员的形象的关注（Ting-Toomey & Kurogi，1998）。面子功夫就是当发生冲突和变化时用来处理这些问题的行为。面子功夫是用于解决冲突、加剧冲突、回避冲突、威胁或挑战他人、保护自我形象等。这些都只是维护和支持面子过程中的部分行为。面子功夫强调关系、身份和冲突中真实的问题。以这种方式来定义面子，意味着要从以前关于面子功夫的旧观点出发。许多前人关于面子功夫的研究，都将面子定义成一个在交际中用于支持或约束首要目标的二级目标（例如，影响某人或处理实际问题）（e.g.，Brown & Levinson，1987；Wilson et al.，1996）。我们认为，面子并不是一个二级的目标，尤其是在一个跨文化的冲突中。在许多文化中（如中国和日本），面子是社会交往中首要关注的主要目标。此外，冲突的特征与真实的、相关的和直接的问题相关联，以至于人们常常是同时处理多重目标的。最后，这些真实性策略的使用，与其说是对解决冲突问题的关注，不如说是对面子的关注。例如，共同合作与其说是为了解决冲突，不如说是为了希望获得他人的尊重。此外，竞争也许是希望能从他人处获取一个新形象的结果。

最近的一项研究描述了一个关于人际冲突中面子功夫的类型学（Oetzel，Ting-Toomey，Yokochi，Masumoto，& Takai，in press）。Oetzel 和他的助理在不同时期完成了一项研究，发现了在与好友或相对的陌生人间的冲突中存在着 13 种不同类型的面子功夫：（a）进攻，（b）道歉，（c）回避，（d）妥协，（e）考虑他人，（f）自我防卫，（g）表达情绪，（h）让步，（i）第三方的涉入，（j）保护，（k）私下讨论，（l）保持冷静，（m）谈论该问题。Oetzel 等人在每个种类里给出三条讯息，让受访者评估这些信息的适当性和有效性。对这些评估进行的因素分析，得出了三个潜在的类型。进攻和自我防卫都是属于支配性冲突解决模式（面子功夫）。支配性面子功夫注重表现一个可信的形象且想要赢取这场冲突。回避、让步、第三方涉入以及保护都属于回避性冲突解决模式（面子功夫）。回避性面子功夫强调通过非正面的冲突来保存相互关系。道歉、妥协、考虑他人、私下讨论、保持冷静和谈论问题都属于关系的冲突解决模式（面子功夫）。关系面子功夫强调对冲突的解决以及保全关系。表达情绪与支配性和关系面子功夫都相关。

文化的变量　个人主义—集体主义（I-C）和权力差距是与面子—协商理论相关的文化变量。个人主义是一种个体间存在松散的联系，认为彼此是集体中的一个独立成员，自己个人的目标优先于他人目标的社会模式（Triandis，1995）。集体主义则是一种个体间存在紧密的联系，认为彼此是集体中不可或缺的成员（如家人、合伙人、宗族、国家)，集体的目标总是优先于自己个人的目标的社会模式（Triandis，1995)。Ting-Toomey & Kurogi 认为，以前的研究（如 Ting-Toomey et al.，1991）表示个人主义者有较高的自我面子关注，在人际冲突中会倾向于采取支配性冲突解决模式，在竞争中会保存自我面子。相反，集体主义者则有较高的他人面子关注，在冲突中会采取回避性冲突解决模式，在竞争中会更多地关注公共的面子。

权力差距 是指一个国家里那些较弱机构或组织的成员所认为的权力的分配是不公平的一种程度（Hofstede，1991，p.28)。权力差距小的文化成员相信权力的分配应该相对平等，人们应该有平等的权力，身份差距应该缩小。权力差距大的文化成员则认为权力是应该不平等分配的，应该接受等级关系，根据等级和身份会得到相应的奖赏和制裁。权力差距和个人主义—集体主义在许多国家中都存在。具体来说，集体主义文化更为倾向于有大的权力差距，而个人主义文化则有较小的权力差距(Hofstede，1991)。本文检验四个国家的文化：中、德、日、美。Hofstede 关于国家文化的研究指出，这四个国家的文化具有以下信息：(a）中国（香港）是典型的集体主义和权力差距大的国家；(b）德国是适度的个人主义和权力差距大的国家；(c）日本是适度的集体主义和权力差距大的国家；(d）美国则是典型的个人主义和相对权力差距小的国家。Ting-Toomey & Kurogi 将权力差距和水平的、垂直的面子功夫联系起来分析过。但是，因为我们没有研究水平的 / 垂直的面子功夫，而个人主义—集体主义和权力差距与本文中的四国文化是相连的，因此我们打算在这四国文化中提出下面关于面子和面子功夫的假设：

假设 1：个人主义—权力差距小的文化成员有更强的自我面子关注，较少关注他人面子和公共面子，使用支配性面子功夫，比起集体主义—权力差距大的文化成员很少使用回避性和关系面子功夫。

四国文化的不同 面子—协商理论仅能在一个文化变量的层面上研究文化的差异(集体主义和权力差距)。但是，在个人主义文化间存在差异（如美国和德国)，在集体主义文化间同样存在差异（如中国和日本)。Clackworthy 表示，德国人在冲突中表现为直接的面对面，对于美国人来说，德国人这种处理冲突的方式就有点刚硬和直白。Hall & Hall 进一步指出，德国人在争论中会防卫他们自己的立场。相反，美国人喜欢用一种圆滑的方式更为直接地去面对冲突，他们初始的目的是希望双方都能获益以及能解决冲突，他们会尝试以一种“冷静和理智”的方式去解决冲突。只有当无法找到这种方法时，他们才会企图去防卫他们自己的立场。基于这些研究，我们提出下面的一个假设：

假设2：美国人更为关注公共面子，较少关注自我面子，比起德国人更少采用防御性面子功夫更多采用冷静的面子功夫。

在日本和中国间似乎也存在差异。第一，中国人都很关注面子。在人际交往中个人的社会立场是很重要的（Gao，1998）。日本人关注他人和公共面子，较少关注自我面子。第二，在中国，解决冲突的方式常常是采取第三方（Gao & Ting-Toomey，1998）。在这两国中或许还存在其他潜在的差异，但是中国人和日本人常常被认为是有着相似的解决冲突行为，因为他们都是被归类于集体主义文化中的。因此，我们提出下面的假设：

假设3：中国人比起日本人更为关注自我面子和引入第三方。

个人变量 冲突中文化变量和面子功夫的关系是通过个人单独变量来起作用的（Gudykunst et al.，1996）。面子功夫是在个人文化和团体的主要社会化过程中学习到的。个人会学习一些适合的规范，一些有效的冲突都是在直接的文化环境中发生的。此外，这些倾向又会反过来影响到个人单独的因素。因此，个人会使用面子功夫并会在社会的文化框架中变化。实际上，文化价值通过个人单独因素会对面子功夫产生一个直接和间接的作用（Gudykunst et al.，1996；Kim et al.，1996；Singelis & Brown，1995）。

自我阐释是一个主要的个人因素，强调文化中的个人变量（Markus & Kitayama，1991）。自我阐释是一种自我形象，有独立型的自我阐释和依赖型的自我阐释两种类型。独立型自我阐释认为个人是单独的个体，有属于自我的感觉、认知和动机。相反，依赖型的自我阐释则强调彼此间相互联系的重要（Markus & Kitayama，1991）。

很少有关于自我阐释和面子或面子功夫关系的研究。但是，当和他人交流时，独立性高的个人会更多地为了自我目标而奋斗，控制外部的环境，独断地表达自我的需求。一般来说，独立个人表现得更倾向自我面子导向而不是他人面子导向。相反，当和他人交流时，依赖性高的个人会更看重他人面子和公共面子。在有争议的情景中，他们会关注他人面子从而保护成员间的和谐，避免彼此尴尬的场面。在最近一个关于自我阐释和冲突模式的研究中，Oetzel 发现支配性模式更多地是与独立型自我阐释相关，而依赖型自我阐释则更多会采取一种回避性、有礼貌的、妥协的模式来解决。关系模式同时与独立型和依赖型自我阐述相关，但与后者的关系更为密切。基于这种自我阐述研究基础，我们提出了下面的假设：

假设 4：独立型的自我阐释类型更为注重自我面子和采用支配性面子功夫。

假设 5：依赖型的自我阐释类型关注他人面子和公共面子，以及采取回避性和关系面子功夫。

权力差距同样有个人单独变量成分。与自我阐释相似，文化被分为大权力差距文化和小权力差距文化，个人没有必要去追随所有的文化价值。Ting-Toomey & Kurogi 仅仅指出了权力差距的文化差异。但是，前人的研究指出，礼貌理论认为权力差距对面子和面子功夫起着一定作用。Brown & Levinson 提出个人拥有的权力越大，他们就会越没有礼貌。Lim & Bowers 调查了 300 个学生受访者，让他们要求一个工程队重新做工程。Lim & Bower 发现，如果学生们拥有的权力越大，他们使用圆滑的面子功夫的几率就越小。因此，我们提出下面的假设：

假设 6：个人拥有的权力越大，就会越注重自我面子和采取支配性面子功夫。

情境变量 Ting-Toomey & Kurogi 说到情境的特征（如关系的亲密程度和身份）会影响到面子功夫策略的使用。但是，他们并没有具体地说明这一作用。因此，我们做了面子功夫和情境相关的研究来获取易测的假设。Argyle、Furnham、Graham 把情境描述为“社会交际中行为系统特征的总和”。Miller、Cody 和 McLaughlin 扩展了这个定义，认为情境是与在特殊的情境中影响人们行为的目的交织在一起的。例如，在两个关系密切的人中，维持关系是重要目的；而在陌生人中，交际仅仅只是一种手段而已。

影响面子和面子功夫的情境特征还有许多。在本文中，我们关注那些关系密切和具有身份的受访者。我们选取这两个特征是因为它们被证明了会影响交际行为的多样性（Brown & Levinson，1987；Lim & Bowers，1991）。关系密切在跨文化的研究中可分为团体内和团体外的区别（Triandis，1995）。团体内可以包括家人、朋友和工作伙伴，团体外的则是一些不太熟悉的人（如陌生人）。Oetzel 发现，团体外的情境比团体内的情境更能导向独立型的自我阐释类型。这个发现说明，团体外的成员比团体内的成员更关注自我面子。集体主义文化团体内和团体外成员的差异，比起个人主义文化的更大（Triandis，1995）。集体主义团体外的成员更为关注自我面子，团体内的成员则更为关注他人面子；个人主义无论是团体内还是团体外的成员都更为关注自我面子。基于这样的研究，我们得出下面两个假设：

假设7：冲突中的个人如果和他人的关系密切的话，会更为关注他人和公共面子，较少关注自我面子，比起和他人关系疏远的个人，会更多地采取回避性和关系面子功夫而不是采取支配性面子功夫。

假设8：在假设7中提到的关系，在集体主义的文化中比在个人主义的文化中明显。

身份表示一种立场，或一种相对的等级（Daniels，Spiker，& Papa，1997）。它常常是和权力联系在一起的。权力是一种影响别人行为的能力，常和资源的控制联系在一起（Dahl，1957）。在人际冲突中，当事人或许有着相类似的身份（如朋友间）或者不同的身份（如父母—孩子）。前人关于礼貌理论的研究指出，身份越高的人就会越不注重礼貌（Brown & Levinson，1987；Lim & Bowers，1991）。身份对于面子功夫的影响同样是通过文化价值来起作用的。在权力差距大的文化成员中，身份高低的区别是很明显的；而在权力差距小的文化成员中，身份高低的区别则比较小（Hofstede，1991）。基于这样的论点，我们提出最后两个假设：

假设9：当个人在冲突中所遇到的是身份高的人而不是与他身份相等的人时，那么他则会更为关注他人的面子和采取回避性面子功夫。

假设10：在假设9中提到的关系，在集体主义—权力差距大的文化成员中比在个人主义—权力差距小的文化成员中要更为明显。

研究方法

受访者

在本文的研究中，一共有912位受访者回答了我们的问卷。但有一部分受访者的回答是不能用于做分析用的，因为他们没有按照问卷的说明回答问题（n=124；其中有124个人没有按照问卷所指明的性别来回答问卷），又或者是部分受访者并不是我们所调查的该国的人（此部分人占20，n=20）。因此，在四国里，受访者的样本一共只有768个。其中女性450名，男性300名，以及18名无法识别性别的人士。其中有208名中国人，169名德国人，206名日本人和185名美国人。这些受访者是

来自中国的 所中等技术大学、德国的 所小型科技大学、日本的 所大型大学和美国西南部一所大型大学的在校生。他们的平均年龄是21.54岁（SD=3.76）。其中一年级学生262名，二年级202名，三年级147名，四年级115名。

在中国的样本里，有132名女性和75名男性，平均年龄是19.82岁（SD=1.12）。其中57位是回答与地位相等、关系密切的人冲突的问题，47位回答与地位相等、但关系疏远的人冲突的问题，50位回答与身份高、关系密切的人冲突的问题，54位回答与身份高、关系疏远的人冲突的问题。在德国的样本里，有93名女性和74名男性，平均年龄是23.50岁（SD=2.95）。其中40位是回答与地位相等、关系密切的人冲突的问题，49位回答与地位相等、但关系疏远的人冲突的问题，40位回答与身份高、关系密切的人冲突的问题，40位回答与身份高、关系疏远的人冲突的问题。在日本的样本里，有128名女性和67名男性，平均年龄是19.96岁（SD=1.97）。其中50位是回答与地位相等、关系密切的人冲突的问题，51位回答与地位相等、但关系疏远的人冲突的问题，52位回答与身份高、关系密切的人冲突的问题，53位回答与身份高、关系疏远的人冲突的问题。在美国的样本里，有116名女性和65名男性。在种族背景里，有86位欧裔美国人，45位拉裔美国人，18位混血美国人，17位亚裔美国人，5位土著美国人，和3位非裔美国人。平均年龄是23.55岁（SD=5.58）。其中53位是回答与地位相等、关系密切的人冲突的问题，40位回答与地位相等、但关系疏远的人冲突的问题，44位回答与身份高、关系密切的人冲突的问题，48位回答与身份高、关系疏远的人冲突的问题。

测量工具

这项研究的目的是测定在冲突中，民族文化、自我阐释、权力差距和情境特征对面子关注和面子功夫的影响。设计了一份问卷来调查这个目标，独立的变量有：关系的亲密程度、身份、民族文化、自我阐释和权力差距。关系的亲密程度和身份是由给予受访者的译本所决定的，受访者需要回忆一次与同性别和同种族/文化团体内的人的冲突。关于身份调查，受访者需要回忆一次与相同身份或身份高的人的冲突。关于关系的亲密程度，受访者需要回忆当时与其发生冲突的人是“和你关系密切或关系疏远的人”。民族文化的测量则是单一的项目（也就是回答你的国籍）。

我们测量自我阐释时从先前自我阐释有效的29个项目中选取20个项目（Gudykunst et al.，1996）。用十项度标准测量独立型自我阐释类型和依赖型自我阐释类型。这些项目都是根据不同的冲突情境来制定的。例如，独立项目包括“我应该根据我的价值来判断”和“我对自己的行为负责”。依赖项目则包括“我的团体成员关系在我的人生观中有着很重要的作用”和“我尊重他人所做的决定”。九项度标准（例如，“我做团体成员喜欢我做的事”和“在工作时我尝试顺从习俗和惯例”）是从初始的量表中获取的。自我阐释量表的效度，是建立在与个人主义价值观相关的独立项目和与集体主义价值相关的依赖项目的结果之上的。此外，在四国文化中量表的信度根据 Cronbach alphas 系数是从 0.73 到 0.85（Gudykunst et al.，1996）。

我们使用八项度标准量表来测量权力差距（Earley & Erez，1997）。项目的措词会适当地做些改变，例如，在第一个项目中，“在许多情境中，管理者作决策时不应该咨询他们的下属”，在这里“管理者”就改为“权威人士”。

因变量是面子关注（自我、他人和公共）和面子功夫行为。我们通过 34 个项目来测量面子关注（Ting-Toomey & Oetzel，2001）。设计这些项目用于测量自我、他人和公共面子的关注。关于这些数据的主成分因子分析的结果，巩固了通过 11 个项目测量他人面子、7 个项目测量自我面子和 4 个项目测量公共面子所得到的结果。

最后，我们通过 87 个项目测量面子功夫行为（Ting-Toomey & Oetzel，2001）。这些项目会被用于测量 13 种面子类型（Oetzel et al.，in press）。这些数据的主成分因子分析所得的结果是能从 13 种类型中得到 11 种：(a) 进攻，(b) 问题的解决（讨论该问题和妥协），(c) 第三方，(d) 道歉，(e) 防卫，(f) 尊敬（即是考虑他人），(g) 保护，(h) 保持冷静，(i) 让步，(j) 表达情绪，(k) 私下讨论（Ting-Toomey & Oetzel，2001）。

这些变量的项目会被平均，然后得到一个综合的分数。所有的项目（除了民族文化）都是通过一个五级量表来测量的，从 5（非常同意）到 1（非常反对）。在跨文化的研究中，常常会发现某些文化系数会高于其他的文化系数。总的来说，个人主义者比起集体主义者更会选取量表中极端的值。为了控制这种统计上的偏见，我们会使用相关系数而不是原始系数（Ohbuchi，Fukushima，& Tedeschi，1999）。各个国家中受访者最后得到的平均系数是：中国 3.31，德国 2.99，日本 2.99，美国 3.17。

量表设计

问卷要求受访者回忆一场冲突。对于受访者来说，冲突被定义为“双方涉及矛盾的目标、需求或观点时激烈的争执”。受访者被要求回忆一次特别的冲突，然后回答一系列关于该冲突的项目。问卷的格式如下：(a) 自我阐述项目，(b) 面子关注项目，(c) 面子行为项目，(d) 描述该冲突的项目，(e) 权力差距项目，(f) 人口统计学的信息。

我们用英语设计问卷，然后将其翻译和反翻译为中文、日语、德语，确保概念上的理解。所有受访者都是在其本土语境下回答问卷的。受访者都是从一些本科课程中选取的，部分受访者还会获得一些奖励。问卷是自填式的，大概需要 30 分钟来完成。受访者可以根据自己的时间来回答完问卷，然后交回给调查者即可。

描述一个记忆中的冲突及概念操作化

一共有 11 个选项需要受访者去描述他们所回忆的人和冲突情景。我们要求受访者描述他们与其他人的关系（父母、朋友等）、冲突的种类（任务、关系或都有）、他人的性别、冲突的严重程度（5= 十分严重，1= 不是十分严重）、这种冲突多大程度影响到他们间的关系（5= 很大程度，1= 很小程度）、多大程度他们能回忆起该冲突（5= 很大程度，1= 很小程度）、亲密程度（3 项度标准），以及关系中身份的差异（3 项度标准）。然后我们发现了一个很显著的差异：(a) 比起其他三国，中国人的冲突很多是与熟人间的，而家庭成员间的冲突却很少，X 二次方（9，N=742）=82.47，$p < 0.001$；(b) 比起其他三国，中国人的冲突更多地是关于任务的，X 二次方(6,N=756)=47.76,$p < 0.001$；(c) 比起其他三国，中国人冲突的严重程度要弱些，而德国人比起美国人则要强很多，F（3，742）=27.33，$p < 0.001$；(d) 比起其他三国，中国人的冲突对彼此间关系造成影响的比较小,F(3,742)=20.92,$p < 0.001$；(e) 比起其他三国，中国人比较回忆不起该冲突，F（3，742）=17.45，$p < 0.001$。总的来说，受访者关于冲突的回忆有一个中等的水平。日本人、德国人和美国人有比较类似的冲突，中国人则与这三个国家稍微有点不同。

关系亲密程度和身份的项目采用的是五级语义差异量表。5 表示亲密、相似、熟悉和平等权力 / 威信；1 表示疏远、陌生、不相同和不平等权力 / 威信。亲密、熟悉和相似是关系亲密程度的指数（美国 =0.85，日本 =0.82，德国 =0.85，中国 =0.88），而平等权力和威信是身份的指数（美国 =0.81，日本 =0.80，德国 =0.85，中国 =0.66）。这些数据会被当作一份操作单用于检验冲突中关系的亲密程度和身份的差异。方差分析指出，在身份上存在着很大的差异，F（1，764）=125.29，$p < 0.001$。受访

者说在与身份高的人的情形里，他们所拥有的权力就会较少（M=0.54，SD=1.07），而在与身份相当的人的情形里，他们所拥有的权力就会较大（M= － 0.31，SD=1.15）。方差分析还得出，在关系亲密程度上也存在着很大的差异，F（1，764）=253.17，p ＜ 0.001。受访者表示在熟悉的情形里，彼此间的亲密程度要大（M=0.59，SD=86），而在疏远的情形里，彼此间的亲密程度要小（M= － 0.37，SD=95）。为了确保这些操作是跨文化的，我们比较了四国的操作单。这些关于身份和关系亲密程度的操作都是显著且与预期中四国的趋势一样。表格 2 是平均数。方差分析的效果量包括：美国：身份，F（1，181）=82.07，p ＜ 0.001，关系亲密程度，F（1，181）=97.37，p ＜ 0.001；日本：身份，F（1，202）=10.12，p ＜ 0.001，关系亲密程度，F（1，202）=22.47，p ＜ 0.001；德国：身份，F（1，165）=22.55，p ＜ 0.001，关系亲密程度，F（1，165）=118.11，p ＜ 0.001；中国：身份，F（1，204）=29.19，p ＜ 0.001，关系亲密程度，F（1，204）=34.90，p ＜ 0.001。因此，在这四国中，关于关系亲密程度和身份的差异是一致的，而关于冲突的这些关系亲密程度和身份的操作也是有效的。

最后，我们检测独立型自我阐释和依赖型自我阐释以及权力差距，看看四国中受访者的平均数是不是和预期的一样。表格 2 包括了这些平均数。方差分析得出一个显著的差异，独立型自我阐释 F（3，764）=59.38，p ＜ 0.001，而权力差距，F（3，764）=9.72，p ＜ 0.001；依赖型自我阐释 F（3，764）=1.12，p ＜ 0.001。关于德、美和日、中的比较得出，个人主义文化更倾向于独立型，t（764）=7.03，p ＜ 0.001，且有较低的权力差距；集体主义文化更倾向于依赖型，t（764）=1.98，p ＜ 0.001。因此我们可以得出，独立型的差异是大的，因为美国的平均数很高，权力差距的差异是大的，因为日本的平均数很高。依赖型的平均数是与预期的一致的（集体主义文化成员要高于个人主义文化成员）。总的来说，本文研究中的国家为我们提供了一个检验个人主义—集体主义 / 权力差距假设的适当样本。

结　果

我们使用多变量协方差分析分析这些数据。因变量是面子关注和面子功夫，自变量是民族文化、关系亲密程度、身份，协方差（或称共变异系数）是独立型自我阐释和依赖型自我阐释、权力差距。Bartlett 的球形检验（2435.22，df=104，

$p < 0.001$）指出协方差的多变量分析是有效的。对多变量协方差分析所得的结果，我们将依据假设的顺序逐一给出。

文化的假设

第一个假设得出，比起集体主义、权力差距大的文化成员，个人主义、权力差距小的文化成员有更强的自我面子关注，较少关注他人和公共面子，采用的是支配性面子功夫，较少采取回避性和关系面子功夫。我们会检测民族文化这一因变量来检验这个假设。民族文化的多变量效果量是很显著的，Wilk's lambda=0.51，$F(42, 2184)=13.37$，$p < 0.001$。所有的单个效果量也很显著：自我面子，$F(3,749)=41.06$，$p < 0.00$；他人面子，$F(3,749)=10.70$，$p < 0.001$；公共面子 $F(3, 749)=4.01$，$p < 0.001$；进攻，$F(3, 749)=4.52$，$p < 0.001$；防卫，$F(3,749)=26.63$，$p < 0.001$；情绪表达，$F(3,749)=11.09$，$p < 0.001$；问题解决，$F(3,749)=12.37$，$p < 0.001$；尊敬，$F(3,749)=13.38$，$p < 0.001$；道歉，$F(3, 749)=4.45$，$p < 0.01$；保持冷静，$F(3, 749)=10.56$，$p < 0.001$；私下讨论，$F(3, 749)=4.62$，$p < 0.01$；保护，$F(3, 749)=37.74$，$p < 0.001$；第三方，$F(3, 749)=9.47$，$p < 0.001$；让步，$F(3, 749)=9.79$，$p < 0.001$。

关于个人主义和集体主义文化的比较被用来直接检验第一个假设。面子关注：(a) 集体主义文化的成员比个人主义的成员更关注他人面子（$p < 0.001$），(b) 个人主义文化的成员比集体主义的文化成员更关注自我面子，但差异只是仅仅接近显著（$p=0.055$），(c) 对公共面子的关注并没有很显著的差异。对于支配性面子功夫，个人主义文化成员比集体主义文化成员更多地采用防卫（$p < 0.001$）和表情（$p < 0.001$），而进攻的差异却不怎么显著。在关系面子功夫，个人主义文化成员比集体主义文化成员更少地采取问题解决（$p < 0.001$）、尊敬（$p < 0.001$）、私下讨论（$p < 0.001$）、保持冷静和道歉（$p < 0.001$）。回避性面子功夫，集体主义文化成员比个人主义文化成员更多地使用保护（$p < 0.001$）和让步（$p < 0.001$），而第三方却没有显著的差异。从回避性面子功夫、支配性面子功夫、他人面子以及关系面子功夫的结果来看，可以部分地论证第一个假设。自我面子和公共面子则不是很显著。

第二个假设陈述，美国人比德国人更关注公共面子和少关注自我面子，较少地采取防卫性面子功夫和较多使用保持冷静的面子功夫。第三个假设预测，中国人比日本人更关注自我面子和涉入第三方。从这些因变量的比较中得出，德国人比美国人更关注自我面子（$p < 0.01$），更关注公共面子（$p < 0.01$），更多地采取防卫的面子功夫（$p < 0.01$）和较少使用保持冷静的面子功夫。公共面子的关注与预测有点偏颇，但却能大大地论证第二个假设。因变量的比较还得出，中国人比美国人更关注自我面子（$p < 0.001$）和使用第三方面子功夫（$p < 0.001$）。因此，第三个假设得到了论证。

个人的假设

第四个假设指出，独立型的自我阐释类型会更多地关注自我面子和使用支配性面子功夫。第五个假设则指出，依赖型的自我阐释类型更多地关注他人和公共面子以及采取回避性和关系面子功夫。第六个假设认为，权力差距大的成员更关注自我面子和使用支配性面子功夫。这些假设都是通过多变量协方差分析来检验的。表格 4 给出了这些协方差分析的回归系数。独立型自我阐释的多变量协方差检验结果是显著的，Wilk’ lambda=0.87，$F(14, 736)=7.88$，$p < 0.001$。有四个显著的单个效果量：他人面子，$F(1, 749)=6.16$，$p < 0.05$；自我面子，$F(1, 749)=66.35$，$p < 0.001$；防卫，$F(1, 749)=33.74$，$p < 0.001$；保持冷静 $F(1, 749)=23.35$，$p < 0.001$；个人的自我阐释越独立，他们就会越关注自我和他人面子，采取防卫和保持冷静的面子功夫。第四个假设只是部分得到论证，因为进攻和表情（支配性面子功夫的两个类型）并没有和独立联系在一起。

依赖型自我阐释的多变量协方差分析的结果也是显著的，Wilk’ lambda=0.55，$F(14, 736)=42.40$，$p < 0.001$。有 12 个显著的维度：他人面子，$F(1, 749)=323.18$，$p < 0.001$；公共面子，$F(1, 749)=331.34$，$p < 0.001$；进攻，$F(1, 749)=15.40$，$p < 0.001$；防卫，$F(1, 749)=56.64$，$p < 0.001$；表情，$F(1, 749)=5.02$，$p < 0.05$；问题解决，$F(1, 749)=109.85$，$p < 0.001$；尊敬，$F(1, 749)=214.85$，$p < 0.001$；道歉，$F(1, 749)=131.65$，$p < 0.001$；保持冷静，$F(1, 749)=22.62$，$p < 0.001$；私下讨论，$F(1, 749)=49.54$，$p < 0.001$；保护，$F(1, 749)=9.75$，$p < 0.01$；让步，$F(1, 749)=104.75$，$p < 0.001$。个人的自我阐释越是依赖型，就会越关注他人和公共面子，更多地采取问题解决、尊敬、道歉、保持冷静、私下讨论、保护、让步，较少地采取进攻、防卫和表情。第五个假设通过依赖型和他人面子、公共面子、回避性面子功夫、关系面子功夫间正面的关系可以得到论证。此外，依赖型是与支配性面子功夫相联系的。

权力差距的多变量协方差分析的结果是显著的，Wilk' lambda = 0.85，$F(14, 736) = 9.42$，$p < 0.001$。有9个显著的维度：自我面子，$F(1, 749) = 6.51$，$p < 0.05$；他人面子，$F(1, 749) = 6.70$，$p < 0.05$；公共面子，$F(1, 749) = 5.52$，$p < 0.05$；进攻，$F(1, 749) = 57.44$，$p < 0.001$；防卫，$F(1, 749) = 42.52$，$p < 0.001$；道歉，$F(1, 749) = 7.20$，$p < 0.01$；保护，$F(1, 749) = 23.97$，$p < 0.001$；第三方，$F(1, 749) = 4.60$，$p < 0.05$；让步，$F(1, 749) = 36.09$，$p < 0.001$。个人的权力差距越大，就会更倾向于使用所有6种面子功夫行为和关注3种面子。第六个假设可以通过权力差距、自我面子和支配性面子功夫间的正面关系来论证。但是，在权力差距、他人面子、公共面子和回避性面子功夫间也存在正面的关系。

情境的假设

第七个假设认为，在冲突中与他人的关系较为亲密的比与他人关系较为疏远的会更关注他人和公共面子，少关注自我面子，较多地采取回避性和关系面子功夫，少使用支配性面子功夫。第八个假设则指出第七个假设所提到的关系，在集体主义文化成员中要比在个人主义文化成员中显著。关系亲密的程度和关系亲密程度对人际的影响以及民族文化被用来检验这些假设。关系亲密程度的多个维度是显著的，Wilks' lambda = 0.91，$F(14, 736) = 5.40$，$p < 0.001$。有6个显著的维度：自我面子，$F(1, 749) = 7.24$，$p < 0.001$；防卫，$F(1, 749) = 17.69$，$p < 0.001$；保护，$F(1, 749) = 5.68$，$p < 0.05$；表情，$F(1, 749) = 19.93$，$p < 0.001$；保持冷静，$F(1, 749) = 34.27$，$p < 0.001$；让步，$F(1, 749) = 6.99$，$p < 0.001$。在冲突中和他人关系较为密切的人比和他人关系较为疏远的人较少使用自我面子（C：$M=0.46$，$SD=0.69$；D：$M=0.56$，$SD=0.69$），较多采取防卫（C：$M=0.17$，$SD=0.71$；D：$M=0.02$，$SD=0.79$）、表情（C：$M=0.48$，$SD=0.73$；D：$M=0.24$，$SD=0.87$）和让步（C：$M=-0.41$，$SD=0.95$；D：$M=-0.50$，$SD=0.88$），更多地采用保护（C：$M=-0.42$，$SD=0.82$；D：$M=-0.31$，$SD=0.88$）和保持冷静（C：$M=0.35$，$SD=0.69$；D：$M=0.57$，$SD=0.70$）。第七个假设没有得到论证，这些结果是与那些预测相反的（预期的是自我面子和让步）。

通过民族文化来检验关系亲密程度的双向多变量交互作用检验结果是显著的，Wilks' lambda = 0.90，$F(42, 2184) = 1.79$，$p = 0.001$。有5个显著的维度：他人面子，$F(3, 749)=3.38$，$p<0.05$；自我面子，$F(3, 749)=3.72$，$p<0.05$；解决问题，$F(3, 749)=4.52$，$p<0.01$；防卫，$F(3, 749)=3.06$，$p<0.05$；表情，$F(3, 749)=4.26$，$p<0.01$。比较后得出如下结果：(a) 集体主义文化的成员在关系疏远的情况下比在关系亲密的情况下，会较少采取防卫（$p<0.01$）、表情（$p<0.001$），更多地使用让步（$p<0.05$）和保持冷静（$p<0.01$）；(b) 个人主义文化成员在关系疏远的情况下比在关系亲密的情况下，会更关注自我面子（$p<0.001$）和使用表情（$p<0.001$），较少采取保持冷静（$p<0.01$）。第八个假设也是没有得到论证。

第九个假设认为个人与身份高的他人相冲突比与身份相当的人相冲突时，更关注他人面子和采用回避性面子功夫。第十个假设指出在第九个假设中提到的关系在集体主义文化成员中要比在个人主义文化成员中明显。身份、身份的影响结果和民族文化会被用来检验这些假设。表格 6 给出了这些效果量的平均数和标准离差值。多变量主要效果量不明显，Wilks' lambda=0.98，$F(14, 736)=1.18$，p=ns，power=0.73。因此，第九个假设没有得到证实。此外，通过关系亲密程度来表示身份的多变量影响效果量，Wilks' lambda=0.98，$F(14, 736)=0.92$，p=ns，power=0.60，而三向的民族文化、身份和关系亲密程度的多变量影响效果量也不明显，Wilks' lambda=0.93，$F(42, 2184)=1.37$，p=ns，power=0.99。

身份、民族文化的双向多变量影响效果量是显著的，Wilks' lambda=0.93，$F(42, 2184)=1.39$，$p<0.05$。有 4 个维度：问题解决，$F(3, 749)=5.52$，$p<0.01$；尊敬，$F(3,749)=3.58$，$p<0.05$；保护，$F(3,749)=2.85$，$p<0.05$；保持冷静，$F(3, 749)=4.19$，$p<0.01$；比较得出的结果如下：(a) 集体主义文化成员在身份高的情况下比在与身份相当的人的情况下，会较少地使用问题解决（$p<0.01$），较多地使用尊敬（$p<0.001$）；(b) 而在个人主义文化成员中，与身份高和身份相当的人的情况是没什么差别的。因此，第十个假设得到部分的证实，集体主义文化成员与个人主义文化成员在身份状况下存在很大的差别。但是，对集体主义文化成员来说，这两种行为的区别却很小。

讨 论

本文的研究目的是调查四国（中、德、日、美）不同的文化中冲突时的面子和面子功夫。得到的主要研究结果如下：(a) 自我阐释对面子和面子功夫有很强的作用，独立型的自我阐释与自我面子和支配性面子功夫正面相关；依赖型的自我阐释则与他人面子、公共面子和关系、回避性面子功夫相关；(b) 权力差距对三种面子关注和回避性、支配性面子功夫影响很小；(c) 个人主义、权力差距小的文化成员比集体主义、权力差距大的文化成员较少关注他人面子和采取回避性面子功夫，更多地使用支配性面子功夫；(d) 德国人比美国人更关注自我和公共面子，以及使用防卫；(e) 中国人比日本人更多关注自我面子和涉人第三方；(f) 关系亲密程度和身份对面子关注和面子功夫的影响很小。在文章的最后部分，我们会围绕假设来讨论这些结果，然后得出意义和局限性。

假　设

文化层面的　第一个假设注重对个人主义、权力差距小的文化成员和集体主义、权力差距大的文化成员间的比较。得出的结果和第一个假设的成分很大程度上相似，且证实了面子—协商理论的其中几个命题（1，2，9，10，15，16）。比起集体主义、权力差距大的文化成员，个人主义、权力差距小的文化成员较少地关注他人面子，更多地关注自我面子（这一差别是很显著的），较少地使用回避性面子功夫，较多地采取支配性面子功夫。对个人主义文化成员，冲突是一种直接的方式；而对于集体主义文化成员，冲突则是比较平和的（Ting-Toomey & Kurogi，1998）。对关系面子功夫，个人主义文化成员比集体主义文化成员更多地使用问题解决、尊敬和私下讨论，较少使用道歉和保持冷静。这个差别似乎与 Ting-Toomey & Kurogi 关于任务和关系的冲突所得到的结果不太一样。他们认为，个人主义文化成员对任务的冲突会使用关系面子功夫，而对关系的冲突则使用关系面子功夫。问题解决使用于独立的冲突，而道歉和保持冷静一般则用于关系的冲突。但是，我们的研究并没有直接调查任务和关系冲突，因此，未来的研究需要检验我们的假设。总的来说，民族文化对面子和面子功夫的影响较小，而其中对自我面子、防卫和保护的影响反而大一点。

第二个假设是对个人主义文化的差异。结果指出，德国人比美国人更关注自我面子、公共面子，更多地使用防卫，较少使用保持冷静。这些差异和以前关于德国人和美国人冲突方式的讨论差不多（Clackworthy，1996；Hall & Hall，1990）。德国人的方式比较直接和面对面。有必要全面去讨论这些问题。德国人注重事实和选择事实，这些行为倾向于证实自我面子关注。美国人更倾向于保持冷静，美国人的方式注重以一种平静的方式讨论该问题，希望能获得一个彼此接受的解决方式。美国人常常觉得德国人冲突的方式过于直白，而德国人认为美国人十分不情愿卷入一场激烈的冲突中（Clackworthy，1996）。

第三个假设是对集体主义文化成员的差异。结果发现中国人比日本人更为关注自我面子和卷入第三方。有趣的是，中国人比美国人更为关注自我面子。对于这现象的解释是，在中国社会里，面子是很重要的，且存在于日常生活中（Gao，1998；Gao & Ting-Toomey，1998）。中国人较多关注自我和他人面子。在中国社会，“面子”是很重要的，且关注自我面子对团体成员来说也是有益的。此外，中国人希望第三方也能很好地保全他们自己的面子。在日本和中国间还发现了其他 4 个差异之处。日本人比中国人更多地采取保护、让步和保持冷静，更少使用防卫。中国人和日本人同样会注重保持和谐，保全他人和公共面子，尽量回避面对面的冲突（Gao & Ting-Toomey，1998； Gudykunst & Nishida，1994），但是，这两个国家回避面对面冲突和保全他人面子的方式却是不一样的。此外，结果还指出，在某种情况下，中国人会有直接和面对面的冲突。

个人层面的　第四、第五和第六个假设给出了自我阐释、个人权力差距与面子和面子功夫的关系。独立型自我阐释更为关注自我面子，使用防卫和保持冷静。自我面子的效果量是中等的，而防卫和保持冷静的效果量很小。这些结果是由那些说出自己的想法和维护自己的立场的行为组成的，与独立相关（Markus & Kitayama，1991；Oetzel，1998）。这些结果证实了 Ting-Toomey 和 Kurogi 面子—协商理论中关于独立自我阐释的两个命题。独立自我阐释是与支配性冲突相关的，但不是一种任务冲突的解决模式。

依赖型自我阐释更为关注他人面子和公共面子，采取回避性和关系面子功夫。此外，依赖型自我阐释与支配性面子功夫是负相关。他人面子、公共面子、问题解决、道歉和让步的效果量是大的，而其他变量的效果量是小的。这些结果是由注重和谐关系和与他人的关系组成的（Markus & Kitayama，1991；Oetzel，1998）。这些结果也同样证实了面子—协商理论中依赖型自我阐释的两个命题。依赖型自我阐释是与回避性冲突解决模式和关系冲突解决模式联系在一起的。

总的来说，自我阐释，特别是依赖型自我阐释对面子和面子功夫的影响很大。

权力差距对三种面子关注和回避性、支配性面子功夫的正面影响较小。支配性和回避性面子功夫看起来像是相互对立的，但这也许是因为个人对自我权力拥有的感觉所导致的。如果个人有权力，他们就会做他们想做的事。他们想“打架”甚至想“飞行”都可以，如果条件允许的话。而权力差距所得出的效果量较少，也许是因为测量权力差距时注重了对冲突的整体的态度而不是具体的态度。权力差距的项目是以整体框架来编制的，因为他们也许没有直接在情境中使用（例如，好朋友）。对面子—协商理论的修正，需要结合个人层面和文化层面的权力差距来进行。

情境层面的 第七个至第十个假设关注的是关系亲密程度、身份对面子和面子功夫的影响。情境的特征对面子和面子功夫的影响很小。身份没有影响到面子和面子关注，关系亲密程度也只是影响到一部分行为，并且很多都是与预测相反的。这些结果和前人的研究相抵触，前人的研究结果发现的是身份和关系亲密程度会影响面子功夫（Brown & Levinson，1987；Lim & Bowers，1991）。但是，先前的研究同样没有考虑到民族文化和个人单独的变量，以及这些因子比情境因子对面子关注和面子功夫有更大的影响。

此外，这些结果给出的预期是中国人和日本人比德国人和美国人更受关系亲密程度及身份的影响。有几个潜在的原因可以用于解释为什么情境特征对面子和面子功夫的影响是有限的。第一，情境也许没有我们想的那么重要。文化和自我阐释比情境对面子行为的影响要大很多。第二，实证操作回忆一个情境也许并没有真实的情境那么鲜明。第三，日本人和中国人的关系亲密程度和身份的效果量比美国人和德国人的要小。日本和中国的受访者受实证操作的影响没有德国和美国受访者强烈。未来关于面子—协商理论的研究和工作需要很好地解释情境、文化和个人变量是以什么样的方式影响到面子关注和面子功夫的。Ting-Toomey & Kurogi 认为情境会影响面子行为，但却没有给出情境特征的具体命题。

意义

本文的研究是根据 Ting-Toomey & Kurogi 的面子—协商理论来设计的。本研究得到的结果证实了该理论提出的自我阐释、民族文化和面子、面子功夫间的关系。总的来说，这些结果指出自我阐释是解释面子和面子功夫行为的最佳因子。民族文化对于面子和面子功夫的影响也很重要，而权力差距和情境特征对面子和面子功夫的影响就比较小。这些结果是与前人研究得到的“对于个人的交际行为，自我阐释是一个比文化更好的解释变量”相一致的（Gudykunst et al.，1996；Singelis & Brown，1995）。文化的和个人的因素对交际行为的差异和相同都是有影响的。

第二个意义就是，我们的研究证实了在个人主义文化和集体主义文化中的面子行为是有差异的。以前的研究是倾向于寻找集体主义文化（如，中、日）的一致性（e.g.，Ting-Toomey et al.，1991）。以前研究所得到的这些结论，也许是因为他们用来验证的冲突行为是有限的（如只有 5 种冲突类型）。但是，我们的研究阐明了日本人和中国人都是一样倾向于避免面对面的冲突，但会采用不同的面子功夫来达到这个目标；而德国人和美国人则都是个人主义文化的，会采取直接的面对面冲突模式，但是，他们采用的面子功夫模式同样也是有区别的。因此，考虑到不同的面子功夫行为，能让我们去验证常常被忽略掉的具体的文化行为。

第三个意义就是，我们的研究对整个面子和面子功夫文献做出了三个贡献。第一，面子—协商理论强调面子的定位（即是自我、他人和公共）作为面子和面子功夫的主要因子。面子的定位是理解面子和面子功夫的起点，因为它决定了个人的利益和后来的信息方向（Rogan & Hammer，1994）。关于礼貌理论的研究强调减轻对他人面子的威胁（例如，在一个要求的情境中缩小他人的积极面子和消极面子），但却没有关注自我面子。第二，面子—协商理论强调文化层面和个人层面变量对面子和面子功夫影响的重要性。许多以前的研究注重交际目的的类型对面子和面子功夫的影响（e.g.，Tracy & Baratz，1993；Wilson et al.，1996）。第三，我们的研究把面子定义为一个真实的、关系的和身份问题共存的一个联合体，而不是仅仅将面子作为一个二级目标。这个定义为面子功夫提供了一个文化的感性的模式，认识到冲突行为是多重的，并且常常会同时影响到交际目标的。

最后一个重要的意义就是，我们的研究是测量面子和面子功夫的一个实际操作的量表。面子关注的测量是与许多概念联系在一起的，如信用、尴尬、害羞、镇静、尊严和关系的和谐。面子的测量证实了跨四国文化研究的可行性，对有志于面子关注的研究者来说是很有用的。对面子功夫的测量，同样是一个文化的—感性的语言的工具。这个工具能够获得许多跨文化的面子功夫的尺度和意义。主要的面子功夫尺度具有很好的信度，但我们还是会提醒应该注意 Cronbach alphas 关于面子功夫尺度的几个低于 0.60 的文化尺度：(a) 中国人的第三方、表情、保持冷静和私下讨论；(b) 德国人的让步；(c) 日本人的私下讨论。未来的研究应该为了研究和实际运用改善这些尺度的测量质量。

局限性和结论

现有的数据中存在着三个其他局限性。第一，本文的研究采取的是受访者自填式的自我回答。因为这是一项跨国跨文化的调查研究，使得我们没有办法不得不采取自填式的方法。但是，我们把所得的研究结果与实际行为做一个三角测量是很重要的。与之相对应，我们的研究采用了回忆冲突情境。因此，所得的结果是对过去事件的一种感知，并不是现在发生的。受访者适度地回忆就能回答我们的问卷。此外，采用回忆情境使得它没有很强烈的试验控制，因此我们就可以跨文化来变更这些影响。但是，采取回忆情境除了这些劣势外还是有优势的。如果人们回忆一场冲突，他们需要时间去了解，而在这段了解的过程中，他们就会明白自己所关注的是什么以及为了这些关注他们是怎样做的。这就使得这些关系好像是发生在真实的情境中一样，但是未来的研究还是有必要去做一个真实的研究。第三，样本选取大学生限制了这些结果的普遍性。

总而言之，本文的研究为进一步全面了解面子和面子功夫打下了基础。研究的结果有助于证实测量面子关注和面子功夫行为工具的有效性。此外，研究结果还证实了在个人主义文化和集体主义文化中跨文化的差异，以及个人因子对面子和面子功夫的重要作用。将来的研究有必要阐明情境和面子功夫间的关系，以及检验余下的面子—协商理论（例如，垂直和水平的面子功夫）。我们希望将来的研究能够进一步完善面子—协商理论，促进我们对冲突中面子和面子功夫的认识，从而有助于不同文化间的理解。

(本文由彭素英 译，潘晓慧 校对)

参考文献：

1. Argyle, M., Furnham, A., & Graham, J. A.（1981）. *Social situations*. Cambridge, MA: Cambridge University Press.
2. Blake, R. R., & Mouton, J. S.（1964）. *The managerial grid*. Houston: Gulf Publishing.
3. Brown, P., & Levinson, S.（1978）. Universals in language usage: Politeness phenomenon. In E. Goody（Ed.）, *Questions and politeness: Strategies in social interaction*（pp. 56–310）. Cambridge: Cambridge University Press.

4. Brown, P., & Levinson, S. (1987). *Politeness: Some universals in language usage*. Cambridge, UK: Cambridge University Press.

5. Caplan, S. E., & Samter, W. (1999). The role of facework in younger and older adults' evaluations of social support messages. *Communication Quarterly*, 47, pp.245–264.

6. Chang, H. C., & Holt, G. R. (1994). A Chinese perspective on face as inter-relational concern. In S. Ting-Toomey (Ed.), *The challenge of facework: Cross-cultural and interpersonal issues* (pp. 95–132). Albany, NY: State University of New York.

7. Clackworthy, D. (1996). Training Germans and Americans in conflict management. In M. Berger (Ed.) *Cross-cultural team building: Guidelines for more effective communication and negotiation* (pp.91–100). London: McGraw-Hill.

8. Cupach, W. R., & Imahori, T. (1993). Managing social predicaments created by others: A comparison of Japanese and American facework. *Western Journal of Communication*, 57. pp.431–444.

9. Dahl, R. (1957). The concept of power. *Behavioral Science*. 2. pp.201–215.

10. Daniels, T. D., Spiker, B. K., & Papa, M. J. (1997). *Perspectives on organizational communication* (4th ed.) Madison, WI: Brown & Benchmark.

11. Earley, P. C., & Erez, M. (1997). *The transplanted executive*. New York: Oxford University Press.

12. Elsayed-Ekhouly, S. M., & Buda, R. (1996). Organizational conflict: A comparative analysis of conflict style across cultures. *International Journal of Conflict Management*, 7, pp.71–81.

13. Gao, G. (1998). An initial analysis of the effects of face and concern for "other" in Chinese interpersonal communication. *International Journal of Intercultural Relations*, 22, pp.467–482.

14. Gao, G., & Ting-Toomey, S. (1998). *Communicating effectively with the Chinese*. Thousand Oaks, CA: Sage.

15. Goffman, E. (1955). On face-work: An analysis of ritual elements in social interaction. *Psychiatry*, 18, pp.213–231.

16. Goffman, E. (1959). *The presentation of self in everyday life*. Garden City, NY: Doubleday.

17. Goldsmith, D. J., & Fitch, K. (1997). The normative context of advice as social support. *Human Communication Research*. 23, pp.454–476.

18. Gudykunst, W. B., Matsumoto, Y., Ting-Toomey, S., Nishida, T., Kim, K. S., &

Heyman, S. (1996) . The influence of cultural individualism-collectivism, self construals, and individual values on communication styles across cultures. *Human Communication Research*, 22, pp.510–543.

19. Gudykunst, W. B., & Nishida, T. (1994) . *Bridging Japanese/North American differences*. Thousand Oaks, CA: Sage.

20. Hall, E. T., & Hall, M. R. (1990) . *Understanding cultural differences: Germans, French, and Americans*. Yarmouth, ME: Intercultural Press.

21. Hofstede, G. (1991) . *Cultures and organizations: Software of the mind*. London: McGraw-Hill.

22. Hu, H. C. (1944) The Chinese concept of "face." *American Anthropologist*, 46. pp.45–64.

23. Kim, M. S., Hunter, J. E., Miyahara, A., Horvath, A., Bresnahan, M., & Yoon, H. (1996). Individual- vs. cultural-level dimensions of individualism and collectivism: Effects on preferred conversational styles. *Communication Monographs*, 63. pp.28–49.

24. Lim, T. S. (1994) . Facework and interpersonal relationships. In S. Ting-Toomey (Ed.), *The challenge of facework: Cross-cultural and interpersonal issues* (pp.209–229) . Albany, NY: State University of New York Press.

25. Lim, T. S., & Bowers, J. (1991) . Face-work: Solidarity, approbation, and tact. *Human Communication Research*, 17, pp.415–450.

26. Markus, H., & Kitayama, S. (1991) . Culture and the self: Implications for cognition, emotion, and motivation. *Psychological Review*. 98. pp.224–253.

27. Miller, L. C., Cody, M. J., & McLaughlin, M. L. (1994) . Situations and goals as fundamental constructs in interpersonal communication research. In M. L. Knapp & G. R. Miller (Eds.) *Handbook of interpersonal communication* (2nd ed.) (pp.162–198) . Thousand Oaks–CA: Sage.

28. Morisaki, S., & Gudykunst, W. B. (1994) . Face in Japan and the United States. In S. Ting-Toomey (Ed.), *The challenge of facework: Cross-cultural and interpersonal issues* (pp.47–94) . Albany, NY: State University of New York.

29. Oetzel, J. G. (1998) . The effects of ethnicity and self-construals on self-reported conflict styles. *Communication Reports*, 11. pp.133–144.

30. Oetzel, J. G. (1999) . The influence of situational features on perceived conflict styles and self-construals in work groups. *International Journal of Intercultural Relations*, 23, pp.679–695.

31. Oetzel, J. G., Ting-Toomey, S., Yokochi, Y., Masumoto, T., & Takai, J. (in press). A typology of facework behaviors in conflicts with best friends and relative strangers. *Communication Quarterly*.

32. Ohbuchi, K., Fukushima, O., & Tedeschi, J. T. (1999). Cultural values in conflict management: Goal orientation, goal attainment, and tactical decision. *Journal of Cross-Cultural Psychology*, 30, pp. 51–71.

33. Putnam, L. L., & Poole, M. S. (1987). Conflict and negotiation. In F. M. Jablin, L. L. Putnam, K. H. Roberts, & L. W. Porter (Eds.), *Handbook of organizational communication* (pp. 549–599). Newbury Park, CA: Sage.

34. Rahim, M. A. (1983). A measure of styles of handling interpersonal conflict. *Academy of Management Journal*, 26, pp. 368–376.

35. Rencher, A. (1995). *Methods of multivariate analysis*. New York: John Wiley.

36. Rogan, R. G., & Hammer, M. R. (1994). Crisis negotiations: A preliminary investigation of facework in naturalistic conflict discourse. *Journal of Applied Communication Research*, 22, pp. 216–231.

37. Shimanoff, S. B. (1994). Gender perspectives on facework: Simplistic stereotypes vs. complex realities. In S. Ting-Toomey (Ed.) *The challenge of facework: Cross-cultural and interpersonal issues* (pp. 159–207). Albany, NY: State University of New York Press.

38. Singelis, T., & Brown, W. (1995). Culture, self, and collectivist communication: Linking culture to individual behavior. *Human Communication Research*, 21, pp. 354–389.

39. Thomas, K. W., & Kilmann, R. H. (1974). Thomas-Kilmann conflict MODE instrument. Tuxedo, NY: Xicom. Ting-Toomey, S. (1988). Intercultural conflict styles: A face-negotiation theory. In Y. Y. Kim &W. Gudykunst (Eds.), *Theories in intercultural communication* (pp. 213–235). Newbury Park, CA: Sage.

40. Ting-Toomey, S., Gao, G., Trubisky, P., Yang, Z., Kim, H. S., Lin, S.-L., & Nishida, T. (1991). Culture, face maintenance, and styles of handling interpersonal conflict: A study in five cultures. *The International Journal of Conflict Management*, 2, pp. 275–296.

41. Ting-Toomey, S., & Kurogi, A. (1998). Facework competence in intercultural conflict: An updated face negotiation theory. *International Journal of Intercultural Relations*, 22. pp. 187–225.

42. Ting-Toomey, S., & Oetzel, J. G. (2001). *Managing intercultural conflict effectively*. Thousand Oaks, CA: Sage.

43. Ting-Toomey, S., Yee-Jung, K., Shapiro, R., Garcia, W., Wright, T., & Oetzel, J.

G.（2000）. Cultural/ethnic identity salience and conflict styles. *International Journal of Intercultural Relations*, 23, pp. 47–81.

44. Tracy, K., & Baratz, S.（1993）. Intellectual discussion in the academy as situated discourse. *Communication Monographs*, 60, pp. 300–320.
45. Triandis, H.（1995）. *Individualism and collectivism*. Boulder, CO: Westview.
46. Wagoner, R., & Waldron, V. R.（1999）. How supervisors convey routine bad news: Facework at UPS. *Southern Communication Journal*, 64, pp. 193–210.
47. Wilson, S. R., Aléman, C. G., & Leatham, G. B.（1996）. Identity implications of influence goals: A revised analysis of face-threatening acts and application to seeking compliance with same-sex friends. *Human Communication Research*, 25, pp. 64–96.
48. Wilson, S. R., & Kunkel, A. W.（2000）. Identity implications of influence goals: Similarities in perceived face threats and facework across sex and close relationships. *Journal of Language and Social Psychology*, 19, pp. 195–221; April 12, 2001, 258, *communication monographs*.

（原载 *Communication Monographs*, 2001 年 Vol. 68, No. 3, Sep.）

纪录片中的“文化折扣”现象研究

● 何建平

前　言

尽管自1994年起，中国已经连续12年保持对外贸易顺差，但在文化产业方面，中国目前却是绝对的贸易逆差。据来自政府文化部门和专业公司的数据表明，中外文化产品的进出口比例至少是10 ∶ 1，其贸易逆差高达10—15倍。从电视节目的进出口交易来看，2003年中国电视节目进出口贸易品种为118种，占全部商品的0.69%，中央电视台大约有30%的节目是从国外进口，而各地方电视台因制作能力的局限，其节目缺口比例高达80%，其中绝大部分依赖于进口，特别是从美国进口。从出口状况来看，中国目前出口的节目类型主要是两类：一是电视剧，二是纪录片。2004年中国电视剧海外销售总额为1亿元人民币，市场主要集中在中国香港、中国台湾、东南亚、日韩和欧美，主要针对海外的华人市场，其中尤以港台地区为重点，但销售剧目却高度集中在《红楼梦》、《西游记》、《三国演义》、《水浒传》这几大名著之上。近两年来，随着韩剧的盛行，中国电视剧海外销售额下降了50%以上，用制片人张纪中的话说：“去年我的片子卖到台湾一集可以收1.5万美元，今年卖到1万美元就已经不错了，下降得太厉害了。”[1]一个不争的事实是，随着境外/海外观众对韩剧偏好度的加深，中国电视剧的海外市场空间将遭到进一步挤压。另外，由于电视剧所具有的日常性和经验性特征，使得其跨文化传播的难度远较具有超验性特征的电影困难得多，比如美国电影在日本的银屏上占主导地位，但日本电视台却很少播放美国电视节目，日本的播映商给出的解释便是“人们看电影是为了寻求逃避现实，寻求幻想和娱乐，而看电视时，他们是要满足和日常生活息息相关的需求。”[2]因此，中国电视剧和韩剧事实上都把大中华文化圈作为了最重要的海外销售市场，它们都很难进入具有异质文化背景的西方主流电视市场。

从纪录片的状况来看，随着《西藏的诱惑》、《沙与海》、《最后的山神》、《老头》等一大批中国纪录片在国外的获奖以及《中国野生动物》、《神秘中国》、《郑和

1405》、《故宫》等中国纪录片为国外片商购买并播出，中国纪录片逐渐成为中国海外电视节目贸易中最重要的片种之一。同时，伴随着中国经济的持续发展和国际地位的不断提升，西方观众更渴望通过纪录片看到一个“真实”的中国，而不是“想象”的中国。和电视剧的人为性相比，纪录片作为一种真实的、发现的艺术，具有无可辩驳的在场感，它用世界语言讲述着人人都看得懂的故事，也是西方观众近距离了解中国的最好途径。实际上，国际电视节目交易市场上，欧美买家看重的便是中国的纪录片，国际获奖的中国纪录片，亚洲市场上的播映权可以卖到 1000—2000 美元一次，欧洲市场也可卖到 1000 多欧元一次。[3] 从国家文化发展战略的角度来看，也正是由于纪录片的“真实性”，它成为各个国家隐性宣传自己的文化传统、生活方式、价值观念、地理风光的最佳载体，成为各个国家争夺话语权的世界性语言。因此，推动中国纪录片拓展海外市场，特别是欧美市场，不仅较电视剧更加可行而且意义重大，同时对于中国提升海外影响力也有不可替代的作用。

不过，由于中西方纪录片在文化语境、基本理念、制作手法、审美取向上的巨大差异，使得中国纪录片在国际市场上屡屡受挫。Discovery 频道亚洲网络节目总监维克然·昌纳精辟地指出，“你们想把故事拍成新闻，我们是把新闻拍成了故事。”[4] 在 2005 年“中国纪录片国际选片会”上，来自欧洲的纪录片评委也尖锐地指出中国纪录片存在的问题：“一是使用同期采访过多；二是现实中能拍到的影像通常用同期采访来代替；三是同期采访中使用评论语言过多；四是同一个被采访人在同一节目中出现的次数过多。”[5] 毫无疑问，对于西方观众来说，这些观点具有一定的代表性，甚至代表了西方观众对中国纪录片的整体看法，尽管这种看法并不代表中国纪录片在艺术质量上的好坏，但它却表明中国纪录片要想真正敲开西方主流电视市场的大门，必须重视并有效处理这些“文化折扣”问题。本文的写作即以“文化折扣”为出发点。其原因在于几个方面：(1) 中国电视剧海外市场因韩剧的狙击和东亚各国的文化保护政策已急剧萎缩，中国纪录片事实上担当起了国家出口创汇和进行文化传播的重要使命，因此研究跨文化交易和传播中必然存在的“文化折扣”问题势在必行。(2) 在目前以“市场为导向”，而不是以“产品为导向”的营销时代，中国纪录片常年形成的小作坊式的、小圈子的、惯性的、经验性的制作模式难以适应海外市场的需求，因此，必须采用新的研究视角去梳理和审视中国纪录片固有的制作理念以及由此形成的一整套话语系统，以及它与欧美纪录片在理念、话语系统和操作模式上的差异；(3) 中国纪录片的研究者尽管从宏观上对中西方纪录片在艺术理念上的差异进行过详细研究，也从微观上对中国纪录片的特点、理论基础进行过比较详细的阐述，但由于研究视角的局限，这些阐释都未能被置放于一个跨文化传播的框架之下，无法从根本上解释中国纪录片在跨文化传播时必然遭遇的“文化折扣”问题。

本文的研究将回答以下问题：

（1）何谓“文化折扣”？

（2）何谓纪录片的“文化折扣”？

（3）中国纪录片为何形成了当前的理念、制作模式和话语系统？

（4）中国纪录片和欧美纪录片在哪些层面存在差异？

（5）中国纪录片应该如何尽量减少“文化折扣”的影响？

一、何谓“文化折扣”

“文化折扣”的英文名称为“a cultural discount”，也被翻译成“文化贴现”，由于“贴现”是金融业的专业术语，“它指拿没有到期的票据到银行兑现或做支付手段，并由银行扣除从交付日至到期止这段时间内的利息。”[6] 由“贴现”的定义可以看出，将“a cultural discount”翻译成“文化贴现”，不仅过于晦涩，而且并不贴切，本文更倾向于翻译成“文化折扣”。产业经济学家考林·霍斯金斯（Colin Hoskins）对“文化折扣”给出了一个比较全面的定义，他说：“扎根于一种文化的特定的电视节目、电影或录像，在国内市场很具吸引力，因为国内市场的观众拥有相同的常识和生活方式；但在其他地方吸引力就会减退，因为那儿的观众很难认同这种风格、价值观、信仰、历史、神话、社会制度、自然环境和行为模式。”同时，他认为方言、字幕、配音、服装、肤色、节奏等也是导致文化折扣的重要因素。[7] 霍斯金斯还给出了一个经济学公式试图将文化折扣加以量化：

（国内相应产品的价值 – 进口价值）/ 国内相应产品的价值

这个公式令人费解，而霍斯金斯本人既没有对此做进一步解释，也没有举例来加以说明。很明显，这里的“价值”不是简单意义上的产品的“价格”，笔者更倾向于将其理解为商品的使用价值或交换价值。由于我们讨论的是影视节目，那么，其价值通常不是由制作过程中所花费的人力、物力去衡量，而是由消费者的满意度来衡量，比如耗费巨资拍摄的电影，如果根本没有和观众见面的机会，它的价值几乎为零，而一部低成本影片，如果观众满意度高，并愿意花钱购买，它的价值便非常高，其交换价值也非常高。因此，笔者试图用“满意度”这个概念来说明文化折扣的含义，因为满意度不仅和商品的交换价值紧密相关，便于测量，而且“a cultural discount”既然涉及到的是“文化”，它便必然和观众的审美取向、文化认同相互牵连，而“满意度”便是观众这种文化消费心理运动的量化体现。我们假定一部电视节目在国内播放时的观众满意度为100，即是说观众对该节目的各个指标的满意度皆为100，假定该节目的质量又主要通过三个指标体现出来：(1) 演员：观众满意度100；(2) 剧情：观众满意度100；(3) 画面：观众满意度100。当该节目在出口国播放时，由于文化折扣的原因，观众的满意度发生了变化：(1) 演员：观众满意度为80；(2) 剧情：观众满意度为80；(3) 画面：观众满意度为90。由此，国外电视观众在收看该节目时的文化折扣为（100+100+100−80−80−90）÷（300）= 16.7%。也即是说，他们对节目的整体满意度只有83.3%。

当我们将上述例子转换成一般公式，并规定影视作品中的每一个构成要素皆为一个重要指标，影视作品的价值就将由故事、人物、情节、音乐、画面、节奏、对白等众多指标构成。同时，对于每部作品而言，这些指标在作品中的重要性并不完全一样，有些作品的价值更多依靠情节，而有的可能是演员，还有的可能是摄影。因此，我们将这些指标都赋予一定的加权指数，规定最少加权指数为“1”。我们用“N”来表示每个指标的加权指数，用“X”来表示每项指标的价值，用m（单位%）来表示每项指标的价值在出口国播放时的下降比例，那么，某部节目的国内价值便可表述为：

国内节目的价值（Q）$= N_1X_1+N_2X_2+N_3X_3+\cdots\cdots N_iX_i$

该节目出口后的价值：

出口节目的价值（Qe）$= N_1X_1\times M_1+N_2X_2\times M_2+N_3X_3\times M_3+\cdots\cdots N_iX_i\times M_i$

由此，一部影视作品因出口而可能遇到的文化折扣便可以由以下公式来计算：

文化折扣＝（Q−Qe）÷Q

这个公式便于我们更准确地理解文化折扣的内涵，文化折扣事实上便产生在不同文化背景下的观众面对同一个节目构成元素接受度的差异上。当我们把焦点集中于纪录片时，其“文化折扣”又体现在哪些方面呢？

下图详细列出了中外纪录片所可能涵盖的所有美学概念、镜头技巧和叙述手法。

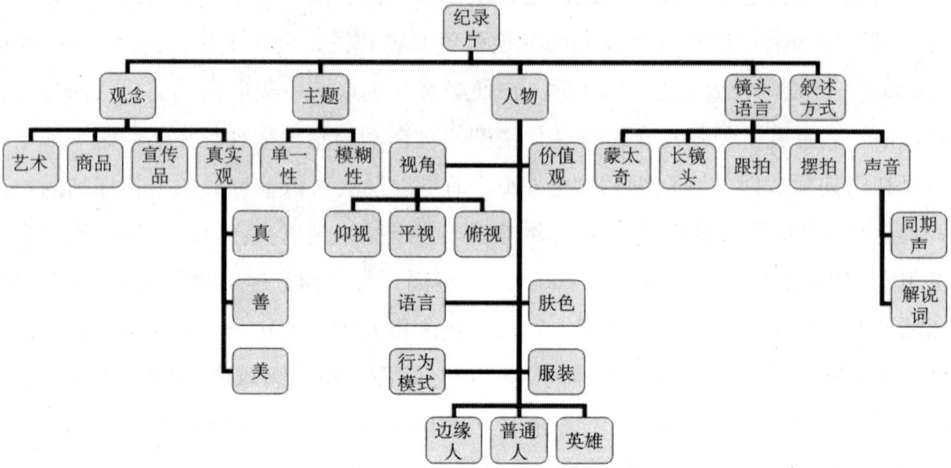

本图用观念、主题、人物、镜头语言、叙述方式这几个大类去涵盖纪录片所可能涉及的所有层面，可能并不科学，但这种划分方式比较便于用来阐释纪录片中的“文化折扣”问题。

由上图可以看出，观念是第一层次的，或者是核心层。不同的观念将引导或左右纪录片创作者对人物的选取、对叙述视角的取舍，将左右创作者对主题的挖掘和镜头语言的运用，进而影响到作品本身的叙述结构。而观念其实更多表现为一种习惯，一种惯性，一种历史或文化的“约定俗成”，一种下意识的支配。而也正是这种“约定俗成”，才导致纪录片在进行跨文化交流和传播时，产生信息解码的障碍，从而产生文化折扣。

下文我们将结合中、外纪录片的具体情况，对上图进行详细阐释。

二、何谓纪录片中的“文化折扣”？

1. 政治？艺术？商品？

我们还是先来看核心层——观念层面。纪录片首先遇到的问题便是：它到底是艺术、宣传品还是商品？也许有人会觉得争辩纪录片到底是什么没有意义，但事实上，左右人们行动的恰恰是观念问题。有句广告语非常贴切地道出了这个道理：“思想有多远，我们才能走多远。”我们从一个传播链条上来理解这个问题。

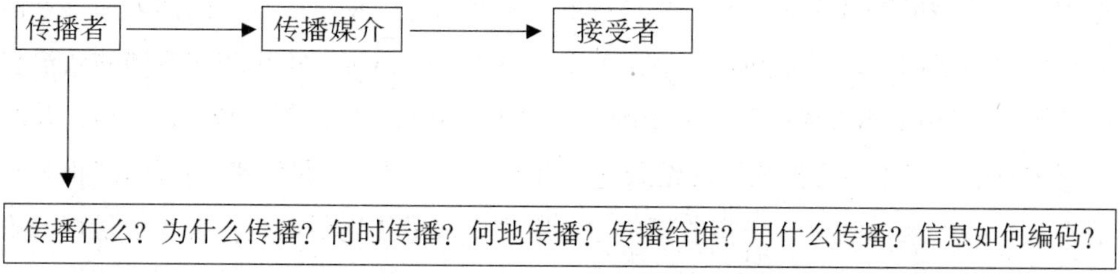

从这个链条上可以看出，我们讨论的观念问题，更多是指传播者的观念问题。当传播者进行传播时，需要解决的问题包括传播什么、为什么传播、何时传播、何地传播、传播给谁、用什么传播、信息如何编码等。其中用什么传播不用再回答，就是用纪录片这种形式。

将纪录片当成艺术时，传播者传播的是自己的人生体验，或对世界、人生的看法、态度和价值观；传播目的是为了自我表达的需要，尽管传播者也希望通过传播活动影响甚至改变受众，但那是第二位的；传播的时间和地点具有随机性；在进行信息编码时通常是根据个人表达的需要，技巧被放置于一个比较显著的位置，主题通常具有模糊性。

将纪录片当成宣传品时，传播者传播的是被官方、主流社会或其他社会团体推崇的一种舆论导向、生活方式或价值观，传播目的是强迫接受者认同纪录片中的舆论导向，传播的时间、地点经过精心选择，目的是使传播效果最大化；编码方式通常采用主题先行的策略，纪录片中的所有元素和手段都为主题服务，主题非常明确。

将纪录片当成商品时，传播的目的很明确，就是满足受众的心理需求，传播的也是受众希望看到的信息，传播的时间和地点经过精心设计，使受众获得信息的途径最为便捷，信息编码也是从受众心理和习惯出发，不受任何理论流派的制约，目的只是尽可能减少受众解码时的障碍和尽量带来观看的快感。

由于历史和现实原因，长久以来，中国的纪录片和政治、主流意识形态结下了难解之缘，并和政论片、新闻片、专题片等电视节目类型纠缠在一起。至少到上世纪 80 年代中期以前，纪录片最主要的功能便是舆论宣传，所采用的手法便是画面加解说。这种纪录片的基本模式可以追溯到上世纪 20 年代。1926 年，英国人格里尔逊首次提出“纪录片”（Documentary Film）这一概念，他认为纪录片就是“对真实事物作创意处理”，也即是用某种观点将真实片段连接起来，起到传播和劝服的目的。

20世纪英国的纪录片几乎都是画面配上立场鲜明的语言，这种模式被称为“格里尔逊模式”。“格里尔逊模式”的优势是在单位时间内能够传达较大量的图象和语音信息，可以表现抽象的思想和观念，但其真实性却受到质疑。由于中国特殊的政治和社会语境，“格里尔逊模式”成为中国纪录片界最重要的理论基础和理论武器，并产生了大量的“格里尔逊模式”的纪录片。由于是以劝服而不是纪实为目的，“格里尔逊模式”的纪录片截取了现实的图象，运用蒙太奇手法进行剪辑，镜头中呈现的更多是类型化的人物，而不是个性化的人物。

直到90年代初期，随着《望长城》、《龙脊》等一大批纪录片的出现，中国纪录片才开始回归到它的“纪实”的本位上来。当然，《望长城》、《话说运河》、《话说长江》，以及最近的《再说长江》都归属于历史—人文的纪录片范畴。这类纪录片借鉴了专题片和“直接电影”的手法，将专题片的采访、解说、音乐和“直接电影”的抢拍、跟拍等手法结合起来，企图将历史的深度和现实的“真实”结合起来。90年代，还出现了以《龙脊》为代表的另一种类型的纪录片，我把它称为“原生态纪录片”。后来出现的《最后的山神》、《山洞里的村庄》、《老头》、《三节草》、《芝麻酱还得慢慢调》，以及电视栏目《生活空间》都属于这种类型。“原生态纪录片”更明显地受到直接电影（DIRECT CINEMA）理论的影响。直接电影理论的倡导者是美国的李考克（Richard Leacock）等人，他们强调摄影机永远是旁观者，不参与、不干涉事件进程，永远只做静观默察式的纪录，所采用的基本手法便是长镜头和跟拍。为了追求绝对的真实，纪录片创作者对真实过程的追求有时到了近乎苛刻的程度。从心理层面来说，这也是出于对统治中国银屏几十年之久的宣传片的反感。伴随着这种反感而来的是对“格里尔逊模式”和他所代表的理论的彻底摈弃，以及对先前银屏上的主流形象的反感。为了寻求所谓的真实，他们远离都市，将焦点对准处于现代文明边缘的少数民族的奇风异俗、隐世独居的人以及城市边缘人群，普通人的生活被排斥在了镜头之外，这种带有极强的猎奇心理和逃避现实矛盾回归田园牧歌式的创作心态，其实暗含着纪录片创作者们强烈的自恋情结，并最终形成一种小圈子的、孤芳自赏的沙龙文化。事实上，国际上获奖的纪录片几乎都属于这个类型。这种获奖又反过来刺激这种类型的纪录片的创作，并形成恶性循环。在2002年四川国际电视节上，来自欧洲和美国的评委便表达出了这样的遗憾，他们尖锐地反问道：“为什么看不到反映中国农村和城市居民日常生活的内容？”[8] 即使对获奖纪录片，国内学者也提出了尖锐批评：“有些纪录片甚至把玩、放大普通人生活中某些细枝末节的旨趣，比如《芝麻酱还得慢慢调》专门让你看一个老头的平常生活，他的两个爱好和一个兴趣：爱好唱京剧，看足球，他家的芝麻酱必须慢慢调八遍。”[9]

当各种理论走马灯般地在中国纪录片这块疆域上匆匆而过之后，对于什么是纪录片这一最根本性的概念到现在也没有真正厘清。学界在 90 年代初期曾对纪录片的界定问题进行过几次大讨论，并先后将其从新闻片和专题片的阴影中解放出来。直到 1998 年，有关纪录片的相对权威的定义才得以出笼。《中国电视论纲》是这样界定的：

“电视纪录片是一种特定的体裁和形式，它是对社会（包括政治、经济、文化、历史和军事领域的事件或人物）及自然事物进行纪录，表现非虚构内容的电视节目的种群；纪录片直接拍摄真人真事，基本的叙事报道手法是采访摄影，即在事件发生发展的过程中，用挑、等、抢的摄影方法，纪录真实环境、真实时间里发生的真人真事。”[10]

可以看出，这是一个非常具有折衷味道的定义，吸纳了 90 年代创作界的具体实践。在这个定义中，采访手法被作为了基本的叙事手段。采访是专题片、新闻片最常用的手法，其好处在于省事、省力，观点、态度、事件的起因、发展和结果等可以借由被采访者之口和盘托出，同时和解说词相比，它又具有一定的真实性，特别是对当事人进行采访时更是如此。但采访手法的滥用，带来的直接后果便是破坏了纪录片本应具有的在场感、同步性和未知性，也损失了纪录片赖以立命的真实细节。西方纪录片同行一谈及中国的记录片，印象最深的便是同期采访占据了纪录片的大量篇幅。[11] 事实上，西方观众便无法接受这样的方式，“他们一旦发现你的作品在说教，便马上把电视机给关了。”“关”电视机便是“文化折扣”的明显症候。英国纪录片导演查理·奈恩在谈到自己拍摄《斯里兰卡的宗教节日》这部纪录片时说，他拍摄这部片子的目的不是为了去批判斯里兰卡的宗教，而只是让西方观众去理解它，因此，他不希望直接请专家来将斯里兰卡宗教解释得一清二楚，因为西方观众不喜欢，他只能自己带着毛毯，睡在庙里，花费两周的时间连续跟拍一对夫妇的日常活动。另外，查理·奈恩还谈道：“我的双亲是苏格兰普通老百姓，并未受过高等教育。我拍片的时候，总是在想，我所拍的东西，对我母亲来说，她能不能懂得这一切？如果不懂的话，我就要设法补救。”[12]

这个定义中的另一值得注意的地方是对采访手法的解释：“即在事件发生发展的过程中，用挑、等、抢的摄影方法，纪录真实环境、真实时间里发生的真人真事。”

毫无疑问，这是直接电影的概念，和采访手法本身没有任何关系。可以看出，这个概念本身是一个妥协的结果，它只是希望从技术层面去界定纪录片应该是什么，而没有从理念，特别是真实观的角度去进行界定，同时过分强调“纪录真实环境、真实时间里发生的真人真事”又可能使纪录片流向纯自然主义。

从以上阐述中我们可以看到，中国40年来的纪录片历程，总是被政治、理论流派、技巧和个人艺术冲动所左右，在由传播者到接受者这个链条上，接受者基本上处于缺席状态。没有人关心接受者希望看到什么、接受者的接受习惯是什么、接受者能不能理解。没有谁像查理·奈恩那样，把她母亲的接受能力作为最基本的思考出发点。我们在大量的导演阐释或创作总结中看到的经常是：我要表达什么？我想告诉观众什么？我用什么方式？等等，如果说这种以传者为中心的传播理念在文化产品短缺时代还具有一席之地的话，那么，在这样一个文化产品过剩的时代，这种传播观念几乎无立锥之地。比如曾获得国际大奖的纪录片《龙脊》，国内同行津津乐道于影片诗一般的意境、中国山水画式的构图、意境深远的解说、流畅的镜头剪辑和清晰的同期录音，但被美国公司购买后则被剪成了10分钟的短片，而且解说从头贯到尾，最让人痛心的是同期声全给删除了。很显然，这里没有对与错的问题，只有合适不合适的问题。如果《龙脊》按原有版本播放，也许不到5分钟观众便换台了，因为他们看不懂，或者节目根本不符合他们的收视期待。因此，从理念层面来说，中国纪录片要想真正进入西方主流市场，必须解决的问题之一便是以接受者，而不是以传播者为中心。

下面这个例子应该极具启发性，它可以清楚地阐明什么叫以“受众为中心”。2002年，国内一家制作机构针对亚洲市场和欧美市场制作了一部纪录片《千古一帝——秦始皇》，考虑到亚洲观众对中国历史比较熟悉，所以采用了传统的叙述方式，但对于处于异质文化语境，又对中国历史不甚了解的欧美观众，策划组则采取了另一种叙述策略，纪录片以“欧元在欧洲国家的正式流通导入中国历史上统一文字、统一货币、统一度量衡的秦始皇，然后按照欧美人对事物的兴趣点和关注点将节目逐步展开，并引向深入。节目制作完成后，收到了意想不到的良好效果。”[13]

2. 何谓真实？

纪录片永远离不开对“真实”的探讨，这也是纪录片最核心的理念。同时，这也是中西纪录片发生分野，并产生“文化折扣”的最内在原因。从哲学意义上看，真实有很多层面，表象真实，本质真实；历史真实，当下真实；过程真实，结果真实……同时，在中国哲学中，“真”又常常与“善”、“美”纠缠在一起，而在西方，真（科学）和善、美（价值）却分属于两个不同的命题。按休谟的说法，科学（真）属于事实陈述，它要解决 What is（是什么？）或 What is done（做什么？）的问题，而价值（善和美）属于规范陈述，它回答的是 What ought to be（应是什么）或 what ought to be done（应做什么）的问题，两类命题，一为理性，一为伦理，二者不可相互替换。

毫无疑问，中国纪录片的真实观受到中国传统哲学、中国传统美学、现实语境和西方纪录片思潮和制作方式的影响。中国传统哲学总是将“善”、“美”置放于“真”之上，总是将至善、至美作为人生的终极目的和最高的价值判断标准，其实也是艺术的最高标准，而“真”则被放在了一个次要的位置，有一句说法便是“意到环中，神游象外”。在这种哲学观的引导下，中国文化中的“个人”是缺位的，人变成了“人群”，变成了“类”，人也变成了代表“善”、“恶”的符号。我们看到，中国纪录片常常将个人性格悲剧置换为社会问题悲剧，将个人行为扩展为社会行为，将个人心理问题置换为社会道德问题，这也使得中国纪录片在整体选材上和素材的选择上总是选择那些具有典型意义的，能够为社会带来感召和教育意义的事件和人物。比如《龙脊》这部纪录片，讲述了广西瑶族山寨中一群渴求知识的孩子与几位默默奉献的教师的故事。本来这是一个特殊的生存状态下极具人性深度的选题，但创作者却用精美的构图和音乐不仅营造了一个“世外桃源”，而且将主题最终落脚到了对教师道德的歌颂和“希望工程”的问题上，从而将“真”的问题转换为“善”的问题，转换为道德良知和社会救助问题。西方评委在观看《刘焕章》这部作品时，提了一个中国纪录片导演绝没有意识到的问题，他们说：“刘焕章太累了。为什么他只有工作，不会休息、娱乐、生活？”真可谓一语中的。

同时，中国纪录片的真实观和中国长久的文化传统和审美定势是相互合拍的。中国文化中的诗画传统对中国纪录片的节奏、构图产生了很大影响，中国文学中的话本、戏曲传统又对中国纪录片的叙事产生了很大影响，因此，缓慢的节奏、深远的意境、单线索的淡化矛盾冲突的叙事、抒情悠长的音乐，也就成为中国纪录片标签式的符号。另一方面，自欧洲纪录片导演尤里斯·伊文思以来，欧洲纪录片界与中国纪录片界保持着紧密的互动，欧洲纪录片的制片方式，特别是独立制片方式对中国产生了很大影响。由于欧洲各国存在大量的基金会以及国家的资助，独立制片在欧洲非常普遍，同时欧洲各国对本土文化的重视也给予这些纪录片从业者相当的自由，他们基本上不受时间和长度的限制，又没有播出的压力。其制作步骤大体如下：首先确定一个拍摄主体，然后拍摄者就在那里呆上相当长的一段时间。在这段时间里，一边观察一边拍摄，最后返回到剪辑室里进行剪辑。“这些纪录片制作者不做大量的准备工作，整个拍摄的过程就像一个不断有新事物发生的旅程。对这些创作者而言，如果预先想好了影片的主题，那将是非常乏味的。”[14] 这与中国 90 年代以来大量的“原生态纪录片”的制作方式如出一辙。

如果说中国哲学观、中国美学观构成了中国纪录片人集体无意识的心理结构的话，那么，欧洲纪录片的制作方式则直接促成了中国纪录片在制作方式上的革新。这与中国纪录片界极力摆脱新闻片和专题片影响的反叛心理遥相呼应、互通款曲。

谈及中国纪录片的真实问题，几个最主要的关键句子是：(1) 素材必须来自现实生活；(2) 创作过程是非虚构的；(3) 采用纪实手法；(4) 关注人的生存环境、生存状态及人性；(5) 开放性思维，避免主题先行；(6) 具有认知和审美功能。这是中国纪录片经过多年摸索总结出来的对纪录片的理解。其中最重要的是第 1 条、第 2 条、第 3 条和第 5 条，第一条保证了信源的真实性；第二条和第三条保证了信息编码过程的真实性；第五条保证了其结果的真实性。由于纪录片和专题片、新闻片长期的纠缠不清的关系，使得中国纪录片创作者特别注重信源的真实和编码过程的真实，而且前三条是紧密联系在一起的。

“素材必须是真实的”可以被读解成：(1) 事件或人物是现实生活中的；(2) 事件是正在发生的，而不是已经发生或将要发生的；(3) 事件或人物是可以被同步纪录的。

“创作过程是非虚构的”可以被读解成：(1) 创作者的创作心态是超然的，没有加入主观的因素；(2) 没有人为地改变事件发展的顺序和事件展开的环境；(3) 没有人为改变人物存在的生活状态和心理状态；(4) 没有人为添加情节和人物。

“采用纪实手法”可以被解读为：(1) 利用摄像机同步纪录正在发生的事件；(2) 纪录过程是完整的；(3) 摄象机只是旁观者和纪录者，而不是事件的参与者和干扰者。[15]

不难看出，在这样一种真实观的指导下，中国纪录片确实通过信源和编码的真实而保证了结果的真实，确实与新闻片和专题片划清了界限。但这种真实观也带来很多问题：(1) 过分强调事件和人物的可纪录性使得大量已经过去的、无法再现的历史事件、历史人物，或者是肉眼无法捕捉的事物难以进入纪录片的选题范围，比如中国的纪录片大量集中在人文和“原生态纪录片”，像人体科学纪录片、太空纪录片、动植物纪录片、海底世界纪录片等领域涉足极少。(2) 过分强调纪录过程的完整和真实、强调创作过程的非虚构，使得纪录片很容易陷入自然主义的泥淖，使得长镜头、跟拍被滥用，单位时间信息量减少，节奏拖沓、缓慢，无法根据观众的兴奋点进行节目顺序和节奏的调整。同时，过分强调创作过程的非虚构，电视媒体的优势无法得到发挥，比如本来可以进行摆拍或者用电脑制作完成的画面，因受到观念制约，只能用采访或解说词去弥补；本来需要补光的场景，因受到观念的制约，只好采用自然光拍摄，使得画面显得非常脏乱；本来可以用一句解说词交代的信息，同样因受到观念的制约，却要用大量冗余的镜头去交代。最重要的是，过分强调过程的真实，使得纪录片缺乏历史的参照和深度，而缺乏历史参照和深度的真实便容易走向肤浅。西方纪录片同行在评价中国纪录片时，有几个词是使用频率最高的：(1) 节奏缓慢；(2) 没有冲突，没有悬念；(3) 同期采访多；(4) 解说词多；(5) 不是用影象讲故事；(6) 人物不真实；(7) 音乐缺乏个性。这些词语本身无褒贬之义，事实上，纪录片本无所谓的“国际标准”，只是因势而成。但若以目的为导向，便存在合适不合适的问题。对于急需打开国际市场的中国纪录片业来说，由于观念上的定势，必然导致行动的惯性和反思的缺位。一些长期在海外做节目销售工作的纪录片同行便谈到：“中国纪录片的创作思维比较保守，不够活跃，大家习惯于用纯观察式手法做纪录片，仿佛用其他手法就不是纪录片。国际上的纪录片创作，从来不受手法的限制，手法是为主题、为内容服务的。”[16]

反观西方哲学，我们可以看到，“真”是西方哲学中最重要的一个命题，从古希腊的德谟克利特、赫拉克利特、亚里士多德到近代德国古典哲学的谢林、黑格尔、胡塞尔，从古代的毕答哥拉斯学派到近代的科学哲学，无不把追求真知当作第一要务。在“真”、“善”、“美”的关系中，真是最基本的、也是最根本的命题，“真”是“美”的前提，甚至“真”即是美。因此，对探求真，西方纪录片在前期会做大量的工作，比如 1995 年，法国一家公司为拍摄有关中国黄河源头的纪录片，从法国请来了 60 多个专家，其中包括气象学家、生物学家等，还带着热气球，阵容相当强大。同样，美国拍摄 13 集纪录片《文明》，摄制组用了两年时间行程八万公里，足迹遍及 11 个国家的 117 个文化遗址、118 个博物馆和 18 个图书馆。由此可以看出，在“真“的追寻上，西方纪录片是不惜血本、不遗余力的。也许有人会说中国纪录片缺钱，有钱也能做到真实。但笔者认为这不是钱的问题，或者钱不是根本问题，观念或者说整个民族的文化心理定势才是症结所在。

正是基于这样的真实观，欧美学界更多是将纪录片称为“非虚构片”，它是和故事片相对而言的。由于西方文化的源头是《圣经》，是《伊利亚特》，是《奥德赛》，因此，西方文化深受戏剧传统和叙事传统的影响，艺术中更讲求矛盾、对抗、冲突和解决，即使是纯纪实的作品，也会强调其中的故事性和戏剧性。这种传统同样形成西方纪录片同行和西方观众的集体无意识和审美心理定势。我们可以从学界公认的几部最早的纪录电影中发现这个特点。卢米艾尔的《水浇园丁》是电影史上最早的纪录电影之一，在短短的几分钟内，也有矛盾冲突：园丁浇水——小孩踩住水管，水管不再流水——园丁看究竟，小孩松开脚，水浇了园丁一身——园丁追小孩，小孩逃跑。同样，弗拉哈迪的《北方的纳努克》为了吸引观众，不仅采用了“悬置结构”，实际上在拍摄过程中，还采用了很多导演手法，比如将主人公纳努克拔高，有意回避爱斯基摩人生活中的现实问题，而是去重建爱斯基摩人心目中的传统生活“乐园”；为拍摄重建冰屋，从冰洞里拖出早已事先安排好的死海豹等等，事实上都不是纯粹的纪录。同时，他还将自己拍摄的胶片放给当地的爱斯基摩人观看，根据他们的反映来决定取舍。尽管这些手法也遭人诟病，比如他的学生约翰·格里尔逊便讥讽其为“浪漫主义的纪录片。”但《北方的纳努克》作为世界第一部真正的纪录片，它对西方纪录片产生的深远影响是勿需讳言的。

另一方面，西方哲学中的人本思想和自由意志也对纪录片产生了深刻影响。“欧美纪录片总是将取材视角落到‘人’上，着力表现人与自然、人与社会的搏斗……”，表现人的内心冲突，与他人、与体制、与宗教的冲突，强调对个体生命、意志的尊重，也即我们常说的“人性”。这种尊重不仅体现在与人有关的题材上，也体现在有关动物、科学等纪录片之中。比如 1997 年，法国各大影院上演了一部名叫《微观世界》的纪录片。这部纪录片以直接电影手法直接纪录了一片森林里的蚂蚁、毛毛虫、蟑螂、蜗牛、蜜蜂等小字辈生物的生存状态，生动真实、感人肺腑，特别是两只蜗牛之间的恋爱，让观众热泪盈眶，小小生物也有它们的感情和生命。2001 年法国导演雅克·贝汉拍摄的《迁徙的鸟》同样如此，但是这部在法国出尽风头的纪录片在中国却遭到冷遇，原因是这部片子尽管很美，但没有故事，观众无法获得轻松和娱乐。事实上，无论中外，对故事的依赖和消费都是一样的。

可以看出，西方纪录片同样受到求真的哲学传统、人本思想和戏剧传统的深刻影响。因此，当西方学者将纪录片界定为“非虚构片”时，他们更多是强调纪录片的前提必须是真实的，而并不排斥故事片的讲述手法、导演手法和结构方式。对西方纪录片同行来说，纪录片和故事片最根本的差异是在“前提”上：故事片的前提是虚构的，纪录片的前提则必须是真实的。特别是进入 90 年代以后，西方兴起了“新纪录电影”理论，对 50 年代盛行的“真实电影”和“直接电影”理论中所强调的纪实手法给予猛烈抨击。美国纪录电影史学家埃里克·巴尔诺认为：“纪录电影工作者在否认发明创造的同时，实际上也束缚了自己的手脚。”[17] 美国学者林达·威廉姆斯总结道：“对真实和虚构采取过于简单的二分法，是我们在思考纪录电影真实问题时遇到的根本困难。选择不是在两个完全分离的关于真实和虚构的体制之间进行，而是存在于为接近相对真实所采取的相对的虚构策略上。”[18] 实际上，由于多媒体技术的运用和市场对娱乐的需求，纪录片早已跨越了真实和虚构这样简单的二分法的标准。现在应该争论的不再是能否用电脑再现过去的场景和人物、创作者能否借用故事片的叙述手法的问题，而是这些手法应该如何运用的问题。英国 BBC 纪录片部监制艾里克斯·霍姆先生认为，现在国际市场上流行的新纪录片模式，基本上都和虚构有关：(1) 第一种是架构式模式。导演用电视剧、娱乐片或游戏的设置方式，事先设计好模式、设计好场景，用真人去表演，故事本身也是真的，人也是故事中的当事人，但它却是重新的搬演。(2) 第二种模式是肥皂剧式的纪录片，它将肥皂剧的元素引入了纪录片，而且也经过人为设计。比如 BBC 拍的机场，它是一个公众环境，摄制组从公众环境中找一个人物，通过他来给观众讲许多故事。(3) 第三种模式是用计算机制作的纪录片，已经过去的、无法复现的或摄影机无法实拍的，借助计算机来进行复制和再现。这种手法在 Discovery 中用得很普遍，中国拍摄的大型纪录片《故宫》也采用了这种方式。(4) 第四种是揭秘式纪录片，利用微型摄象机，深入到社会的阴暗面，或者是人的肉眼无法感知的领域，进行拍摄，从而满足观众的窥视或求知心理。[19]

由以上论述不难发现，中国纪录片要进入西方市场，可能面临的最大的“文化折扣”便是沿袭下来并被纪录片人奉为圭臬的真实观，以及那些由跟拍、长镜头、同期录音等各种专业术语组成的一整套话语体系。这些话语体系既让纪录片人找到了自己的位置，借以建构了自我身份，但同时也束缚了自己，使中国纪录片无法真正进入西方主流市场，无法像 Discovery 那样，以全世界人都喜欢的故事为载体，获取世界各种文化体系中的最大公约数，从而风靡世界。

三、文化隔阂与心理距离

面对一个来自不同文化语境的电视节目，观众首先会有一种文化隔阂和心理距离，这种心理距离是长期的地理、语言、文化和生活习性差异形成的，也是一种心理防御机制在自动起作用。对于中华文化来说，韩日及东南亚具有儒家和东方文化的传统，从人种、语言、地缘上具有对中国文化的亲近感。相反，因近代以来，中国文化在国际文化传播中的弱势地位，使得西方观众对中国文化非常陌生和隔阂，也没能形成对中国文化、艺术作品的消费偏好。

那么，这种文化隔阂和心理距离体现在哪些方面呢?

1. 人种

众所周知，颜色具有民族性，比如中国人偏好黄色和红色。这种民族性甚至形成集体无意识的心理结构，同肤色的人种具有天然的亲近感，其次是与他相近肤色的人，而肤色差别最大的人种相互排斥的心理最为强烈，比如黑人和白人，潜意识中便相互排斥。第二，这种排斥还来自于长期的文化熏染，特别是媒体所形成的刻板印象，比如在西方人眼里，中国人矮小、不守信用、贫穷、不干净等刻板印象便来自于西方电影中的中国人形象以及媒体的渲染，它自然而然便形成一种排斥心理。

2. 语言与潜台词

传播学者爱德华·霍尔认为，文化最重要的功能之一，就是在人与外部世界之间设置一道具有高度选择性的屏障。文化以多种形态决定我们该注意什么、不注意什么，从而保护我们的神经系统免于“信息过载”。在日常生活中，人们的交流通常遵循“从简原则”，即以最少的语言代码去传达尽可能多的信息。[20] 结婚已经 35 年的夫妻与新婚夫妇相比，他们日常生活中更少用语言进行交流，一个动作、一个眼神对方已经心领神会，而新婚夫妇却不得不用语言进行反复沟通，还要加上各种肢体语言。因此，人与人之间沟通的顺畅与否，与双方所共同依存的语境强弱有关系，强语境下更多是用潜台词进行交流，弱语境下则更多依赖语言代码进行交流。西方观众看中国纪录片，完全是在弱语境下进行交流，而事实上，在纪录片里，人与人又是在一种强语境下进行交流，更多是依赖于潜台词进行。因此，如果完全按照纪录片中人物的对白或纪录片的解说词进行直译，必然导致交流上的障碍，从而使得“信息过载”。西方观众为避免“信息过载”导致系统崩溃，唯一的选择便是拒绝。

比如我们说“兵马俑”，凡是稍有历史知识的中国人都能理解，但外国人却理解不了，除非我们将其翻译为“国王的地下军队”。由于中国纪录片常年自产自销形成的制作惯性和制作惰性，我们常常采用直译的方式，打上字幕，而且还由中国人自己来完成，这必然会带来“文化折扣”。在字幕方面，我们的纪录片在画面上运用外语字幕时节奏处理不当，采用的是电视剧译制“对口型”的方式，结果因外语字幕出现和转换的时速太快而让国外观众无法理解。亚洲地区一些其他国家在电视纪录片的译制上采取翻译“解说词及现场对白声”大意的办法，在相对应的画面上以每次二、三行外语字幕排列出现，让观众有将画面和解说词兼顾看完的停留时间，这些经验是值得借鉴的。而 Discovery 为迎合不同文化观众的需要，仅在亚洲，就分别有英语、日语、韩国语、泰语、广东话及印第语广播，更有中文、马来文和日文字幕，其目的都是为了减少文化折扣。我们应该尊重目标市场观众的收看习惯和偏好，聘请他们喜欢的公众人物进行配音或翻译。当然，为尽量避免语言上的“文化折扣”，我们也可以借鉴英国喜剧《憨豆先生》，完全依赖于动作，而不是语言，毕竟“动作是无声的世界语”。

3. 价值观或宗教信仰

文化差异最根本的差异便是价值观和宗教信仰的差异，因而文化冲突的核心便是价值观和宗教信仰的冲突。价值观决定着人们的思想体系和行为模式。当然，价值观并非抽象之物，纪录片中的人物便是价值观的直接体现者。跨文化传播最大的奥秘便是寻找不同文化体系之间的最大公约数。Discovery 最大的成功，便是涉足那些中性的、没有意识形态色彩的领域。我们看到 Discovery 频道内容涵盖了科技、自然、历史、探险和世界文化等领域，向人们展示整个自然界的变迁、科学、历史发展、人类文化的特点以及人类征服自然的各种冒险经历，以此来满足人们对自然界的好奇心以及对自然界最基本的认识。最关键的是，人文科教知识一般不受意识形态的阻碍，面对世界多元和复杂的政治、法律、宗教制度，Discovery 频道可以降低制片和交易风险，减少各种不确定性。同样，好莱坞最大的成功总是选择那些具有普适价值的主题进行挖掘，比如正义、战争、自由、平等、博爱等宏大主题，由于这些主题本身的普适性，很容易引起不同文化体系的观众共鸣。

一方面，中国纪录片常年受到现实主义文艺思潮和集体主义价值观的深层次制约，难以在科教领域和普适价值中去寻找立足之地，但在另一方面，中国丰富的历史文化和复杂多变的现实生活，又为中国纪录片提供了源源不断的素材。人文历史纪录片由于是对过去历史的展现，可以策略性地回避西方观众对中国当前意识形态的误解，同时也能够满足西方观众对中国历史文化的好奇。而中国20多年的转型和变迁，已经对中国普通老百姓的家庭、情感 、伦理造成了剧烈的震荡，并使每个人都可能成为故事的承载者和讲述者。事实上，自2002年起，Discovery在中国启动的“新锐导演计划”，其最终目的便是借助中国自己的纪录片人才，为全世界制作属于中国老百姓“自己的故事”。

但中国从事电视纪录片的制作者多是从事新闻、杂志式专栏的导演，他们的知识积累和经验积累，很容易使他们形成一种制作惯性和惰性，在纪录片的叙事方法上更注重新闻性、真实性、纪实性和社会教育功能的体现，容易将人物形象人为拔高，使得本来很简单的个人行为被泛化成社会道德行为，社会矛盾被有意识淡化，从而引起西方观众的反感。

4. 题材和人物

尽管有如此众多的内容供中国纪录片同行去选取，但由于西方观众生活在与中国观众完全不同的文化语境之中，因此他们之间的关注点和兴奋点有着很大的区别。即使面对同一个题材，甚至同一堆素材，因观众不同，也必须进行取舍。因此，中国纪录片要进入西方市场，在一定程度上就不能再按照中国观众的兴趣点去选择题材，而必须顾及西方观众的兴趣。广告学上喜欢用差异化策略进行诉求，对于完全熟悉和完全陌生的诉求策略，都难以引起观众的兴趣，只有那种介乎于熟悉与陌生之间的策略，才可能产生最强的记忆点。比如自行车对中国城市居民司空见惯，几乎没有人去考虑车胎没气了怎么办，或者去体育馆看球时如何在一大堆自行车中找到自己的自行车等问题，即使我们制作有关自行车的节目，可能也不会意识到将这些内容拍摄进去，但外国观众却正是对这些内容感兴趣，一是因为新奇，二是这些内容刚好把中国老百姓的生存状态体现了出来。[21]

即使我们试图从历史中寻找纪录片的素材，也同样面临取舍的问题。Discovery在中国制作的《新少林方丈》具有启发性。毫无疑问，少林功夫、佛教、佛学对西方观众来说已具有一定知名度，也就是说已具有一定的市场基础。Discovery亚洲网络总监维克然·昌纳介绍道：“《新少林方丈》以方丈一天的活动为主，舍弃其他的内容，这就是我把新闻、信息拍成故事片的方式，从故事片的空间进入纪录片的空间，在两个空间来回打转。人们喜欢看故事，需要讲故事的能力，我尽力创造新的东西进去，观众在片中看到的方丈要赚钱，有手机、有汽车，像生意人，这就是故事。”[22] 这就是 Discovery 对同一题材的取舍，节目没有去介绍佛教的历史，没有介绍少林功夫，而是选择新少林方丈作为生意人的一面进行故事化处理。这使得节目具有了很强的悬念和可看性，因为它一定程度上颠覆了人们心目中少林方丈的形象。

除了题材，选取人物也是降低“文化折扣”的关键环节。由于中国特殊的政治和文化语境，中国纪录片在人物选取上总是从一个极端走向另一个极端。90 年代以前，存活在纪录片里的人物多是各条战线的精英和楷模，90 年代后，因纪实观念的盛行，边缘人物又成为纪录片的主角，而真正的中国的“沉默的大多数”却被遗漏掉了。中国纪录片学会会长陈汉元对此深有感触：“这些年，由于工作关系，在与海外同仁打交道的过程中，感受最深刻的就是，由于中国改革开放 20 多年的成功，海外特别是西方主流媒体迫切需要购买中国主流社会群体生存状态的纪录片。换句话说，外国的平头百姓渴望了解中国的寻常人家生活过得怎样？想什么？干什么？碰到问题是怎么解决的。遗憾的是，目前这样的片子实在不多，量少而且质量也不高。”[23]

无论是选取题材，还是人物，最好的方式是改变目前中国纪录片的运作流程，学习借鉴好莱坞、Dicovery 或者广告业的流程，在选题策划阶段便对目标市场进行调研，通过调研来了解目标市场观众的喜好憎恶，通过调研来决定题材、人物的取舍，决定叙述的重点和方式。Discovrey 探索亚洲有限公司中国副总裁罗百鸿便说：“能够运作好这样的大制作和高投入，关键是要了解完整的市场体系。Discovery 要投入一个节目，一般在概念构思过程里就已经跟每一个播出地区的前线工作人员或者广告的销售人员去研究这一类节目是否有市场，是否有广告，甚至细致到各个推广地区是否会买节目版权。所以，我们的产品必须是能为 Discovery 主流市场接受的节目，这样投资才会有保证。”下面我们看一看中国和海外在纪录片制作流程上的差异：我们国内电视台大部节目的制作流程是：（1）确定栏目，（2）寻求投资，（3）电视制作，（4）贴片广告；而国外的流程是：（1）市场调研，（2）筛选主持，（3）预算投资，（4）前期推广，（5）样片制作，（6）观众评价，（7）正片制作，（8）贴片广告，（9）品牌管理。从这个流程上可以看出，中国纪录片基本上是依靠创作者的经验和主观判断在进行制作，前期没有调研，后期没有一个样片预映，说得不客气一点，等于是在闭门造车。如果在国内市场，因生于斯长于斯，经验和直觉还比较有效的话，那么，一旦进入国际市场，经验和直觉带来的常常是失败和教训。

5. 叙述方式和节奏

中国纪录片因受到新闻片和专题片的影响，很容易将故事做成新闻。即使讲述故事，也由于受到中国评书、戏曲叙述方式的影响，喜欢从根源讲起，然后再慢慢进入正题，喜欢将故事的前因后果交代得清清楚楚，同时也喜欢采取单线索的叙述方式，即使是双线索，也几乎采取“平行蒙太奇”手法，就像戏曲中的“花开两朵，各表一枝”。因缺乏悬念，故事讲述娓娓道来，容易使节奏变得拖沓。另一方面，在影象叙述语言上，纪录片的画面处理也因受到中国书画传统的影响，强调意境，强调弦外之意，画面以静见长，沉静中见诗意，见哲理，但缺乏流动的美感。因此，中国纪录片多以固定镜头、中全景镜头居多，长镜头运用得比较多。毫无疑问，这些都会使中国纪录片的节奏趋于缓慢。同时，中国纪录片因受到所谓纪实观念的约束，以及资金的制约，对于已经过去的历史事件和人物，不敢利用电脑技术进行复原和再现，而是采用同期采访的方式去弥补，使电视的直观优势得不到发挥；也不敢大胆借用故事片的导演手法，对某些不适于电视表现的场景进行搬演，或对生活中发生的事件进行必要的重新组织安排，以制造戏剧悬念和冲突。

西方创作者因受到戏剧传统的影响，更喜欢从高潮讲起，先将故事结果中的一部分告诉观众，引起观众的兴趣，然后才交代原因，最后再把另一部分结果告诉观众。同时，由于戏剧本身强调冲突、对抗，西方创作者更喜欢采用多条线索齐头并进，每条线索间相互交织，相互冲突；即使是单线索发展，也有一条副线同步进行。比如我们看《全美超级模特大赛》(从宽泛意义上讲，它也算是一种“真人秀”纪录片)，明线是来自全美的模特在同一舞台上竞技、闯关，以及相互间如何包容或拆台，而暗线却是每一位参与者在竞技过程中人格的不断完善，或个人愿望的自我达成，或个人心理障碍的自我克服，心理线和情节线在同步发展。也就是说，西方纪录片更多采用“交叉蒙太奇”的手法。在影象叙述语言上，西方纪录片因受到现实主义绘画传统的影响，同时也为了控制信息，制造节奏，比较强调信息的单纯性，依靠信息的不断累积来传达完整的含义。因而西方纪录片有大量的快速移动镜头，也采用短镜头、小景别、多角度镜头进行组接，从而使节奏加快。同样，《全美超级模特大赛》便采用了这样的镜头切换方式，大量的低角度、高角度拍摄的局部特写镜头，配合快速移动的、小范围的运动镜头，再利用声画分离，将模特的赛后采访制作成音轨，和画面相互叠加，节奏便加快了。反观中国同类型的节目，几乎都是大摇臂拍摄的大全景镜头，或者是多人镜头，很少用单人镜头、局部特写镜头交叉剪辑，节奏自然便缓慢下来。

叙述方式的另一方面便是解说词的问题。中国纪录片的解说词因受到专题片和新闻片的影响，还是摆脱不了“播音腔”的痕迹，解说词总在一定程度上去拔高主题，而不是推动情节发展，一般也不注重解说者与纪录片之间的内在关联。而西方，比如美国的电视节目就非常注重这一点，比如美国一档关于癌症的纪录片，便是由一个丈夫死于癌症的妇女做解说词。这些解说者更像观众身边的邻居、叔叔或阿姨，而不是权威人士，从而也就增加了节目的亲和力与可信度。

中国纪录片要想在叙述方式和节奏上减少“文化折扣”，必须适应西方观众的审美需求。一是可以制作两个版本，亚洲版和欧美版。第二点也是最重要的一点，可以借鉴 Discovery 的做法，聘请目标市场国的同行做主创人员，至少是艺术顾问，同时也要在目标市场做市场预映和节目推广。

6. 技术导致的“文化折扣”

由于中国纪录片在国际市场上的交易刚刚起步，因此，交易失败除了节目本身的“文化折扣”以外，没有按照国际通行标准进行节目的后期制作也是一个重要原因。比如电视剧《橘子红了》，就是因为没有做成国际声道而使海外交易流产。在这方面，众多纪录片研究者都已有过介绍，这里可以将其归纳为以下几点：

（1）国际通用的母带形式：Betacam Sp；Digital Betacam；High Definition Betacam。

（2）配有国际声道（I 声道是混合声道：动效 + 音乐 + 中文解说；Ⅱ声道是国际声道：动效 + 音乐）

（3）无字幕版。母带上除了片头和片尾有制作人名称外，不能带有任何名称或符号，就是同期声也应该在解说词中体现。这些都是根据各个国家播放时使用的语言、字体相配来要求的。

（4）中、英文字幕简介和分集简介、反映节目剧情的宣传照片，与节目母带相符的中、英文解说词。

（5）国际上认可的每集纪录片的长度为 30 分钟、52 分钟和 60 分钟。应该按照这样的标准来进行节目的策划和后期制作。

四、结　语

中国纪录片的商品化过程才刚刚起步，原先那种自产自销，围绕电视栏目，或者小圈子的独立制片的生产方式，在一定程度上已无法适应产业化时代的需要。特别是随着中国电视数字化工程改造的完成，国家地理频道、Discovery 频道这些国际强势纪录片频道已经进入中国家庭的收视系统之中，并将最先占有那些能够支付得起月租费的优质的广告诉求对象和消费群体。对于中国纪录片来说，尽管无法在短期内实现 Discvory 那样的“买全世界、卖全世界”的经营理念，无法真正完成节目的类型化生产，实现规模经济效益和范围经济效益，但中国电视纪录片的从业者必须从观念上深刻认识到“文化折扣”是中国纪录片打进西方市场的最大障碍，从而能自觉地由先前的“产品导向”逐步过渡到“市场导向”，逐步将市场调研、选题策划、样片试映，以及整合营销传播等营销手段引入纪录片的制作流程中，并通过严格的程序管理来保证产品的质量。因此，研究并理解“文化折扣”及其表现，仅仅是中国纪录片走出国门的一个开端而已。

注：本文为国家对外文化贸易理论研究（深圳）基地课题（项目编号 B0516）“国际电视节目市场研究”的研究成果。

注释：

[1] 引自《国产剧海外不乐观　什么剧最有“海外观众缘”？》http：//www.qianlong.com/ 2005 年 10 月 31 日，13：09：39。

[2] 引自考林・霍斯金斯等，《全球电视和电影——产业经济学导论》，刘丰海等译，新华出版社，2004 年，第 48 页。

[3] 参见唐顺荣，《戛纳国际电视节：影视产品海外市场还有多远？》http：www. Hexun.com，2005 年 12 月 4 日。

[4] 引自《探索世界　讲好故事——访探索频道亚洲网络节目总监维克然・昌纳》，《中国广播电视学刊》2004 年第 3 期。

[5] 参见冷冶夫，《读画面　少评论　找看点——国际纪录片评委如何评比中国纪录片》，《青年记者》2006 年第 1 期。

[6] 引自中国社会科学院语言研究所词典编辑室编，《现代汉语词典》，商务印书馆，2001 年，第 1255 页。

[7] 参见考林·霍斯金斯等，《全球电视和电影——产业经济学导论》，刘丰海等译，新华出版社，2004 年，第 45 页。

[8] 参见鲁佑文，《把镜头对准社会及其主流人群》，《声屏世界》2004 年第 5 期。

[9] 参见夏倩芳，《电视纪录片意义检讨》，《新闻与传播研究》，1994—2006 年，China Academic journal Electronic Publishing House，http：//www.cnki.net

[10] 转引自石屹，《电视纪录片——艺术、手法与中外观照》，复旦大学出版社，2000 年，第 195 页。

[11] 冷冶夫，此观点请参看《读画面　少评论　找看点——国际纪录片评委如何评比中国纪录片》，《青年记者》2006 年第 1 期。

[12] 参见石屹，《电视纪录片——艺术、手法与中外观照》，复旦大学出版社，2000 年，第 229 页。

[13] 李赍，《中国纪录片如何与世界接轨》，《中国电视》，1994—2006 年，China Academic journal Electronic Publishing House，http：//www.cnki.net

[14] 王谦，《美国探索频道节目与欧洲纪录片节目比较研究》，中国传媒大学硕士学位论文。

[15] 以上观点请参看欧阳宏生主编，《纪录片概论》，四川大学出版社，2004 年，第 242—243 页。

[16] 《中国纪录片面对国际化和市场化问题的探讨》，《中国广播电视学刊》2002 年第 7 期。

[17] 转引自林少雄主编，《多元文化视阈中的纪实影片》，学林出版社，2003 年，第 291 页。

[18] 转引自林少雄主编，《多元文化视阈中的纪实影片》，学林出版社，2003 年版，第 287 页。

[19] 参见程春丽，《略论中国纪录片的国际化策略》，《电视研究》2003 年第 2 期。

[20] 信息过载，是用来说明信息加工系统的一个专业术语，它指的是一种环境，在这种环境下，当加工系统无法处理接收来的巨大量信息时，该系统就会瘫痪。参见爱德华 T. 霍尔，《语境与意义》，载《文化模式与传播方式——跨文化交流文集》，北京广播学院出版社，2003 年。

[21] 参见李赍，《中国纪录片如何与世界接轨》，《中国电视》，1994—2006 年，China Academic journal Electronic Publishing House，http：//www.cnki.net

[22] 《探索世界　讲好故事——访探索频道亚洲网络节目总监维克然·昌纳》，《中国广播电视学刊》2004 年第 3 期。

[23] 转引自鲁佑文，《把镜头对准社会及其主流人群》，《声屏世界》2004 年第 5 期。

（原载《现代传播》2007 年 3 期）

香港免费报纸的经营策略

刘劲松

2006 年 6 月 10 日，号称“京城第一份免费日报”的“竞报第一杯”在北京面世。此前，2004 年上海《解放日报》、2005 年《广州日报》相继推出免费报纸。在香港报业市场上，免费报纸比内地出现更早、竞争也更加激烈，因而分析和借鉴香港免费报纸的经营策略，对内地报业竞争会有所启发。

在过去的十年里，免费报纸已经成为全球出版产业中发展最迅速的部分之一。在报业竞争十分激烈的香港市场上，继 2002 年创办地铁报《都市日报》之后，2005 年又有两份免费日报《头条日报》、《am730》相继在香港问世，加上周末免费报纸《快线周报》，多份免费报纸的创办，加剧了报业市场竞争。

由地铁报而起，香港三份免费日报改变了香港报业市场的竞争关系。据香港出版销数公证会提供的数字，三份报纸每天总计有 100 万份的发行量，遍布全港。而香港传统收费报纸市场每日总销量约 120 万份。在发行数量上，免费报纸几乎占据报业市场的半壁江山。多份免费报纸的出现加剧了市场竞争，传统付费报纸很快对此做出回应，东方报业集团属下的《太阳报》于 2005 年 10 月中旬宣布零售价由原来的六元减至三元。

香港免费报纸怎样进入市场并确立自己的市场地位？其经营策略对内地报业竞争有哪些启示？本文试对此进行分析。

一、香港免费报纸的创办

事实上，当 2002 年《都市日报》进入市场时，香港报业市场上的其他传统付费报纸对其采取了容纳的态度，或许因为当时并没有多少人看好这张报纸。3 年多来，《都市日报》跟它的原型——瑞典地铁报一样，已经取得了市场空间，并确立了自己的品牌形象。《都市日报》创办 14 个月后即实现了收支平衡，2005 年底全部收回投资——而该报正是瑞典地铁报国际公司在香港的全资子公司。

文章短小、简洁易读，让读者在20分钟内知晓国内外大事，这是香港《都市日报》传承源自瑞典的地铁报（metro）的办报方针。

《地铁报》于1995年在瑞典诞生，目前共有57个不同版本，在欧洲、美洲、亚洲等81个城市免费派发。《地铁报》隶属于地铁国际（metro international）公司，这是一家上市公司。香港的《都市日报》创刊于2002年4月，现在每日发行量35万份，每周一至周五在地铁沿线独家派发，是香港首份免费日报。

据香港《都市日报》出版公司亚太区业务发展总监周榕介绍，目前该报的年广告额在2—3亿元，利润达30%。正是看好免费报纸的盈利空间，香港星岛新闻集团有限公司投资创办了《头条日报》，稍后又推出全港唯一的周末免费报纸《快线周报》；著名地产大王施永青投资一个亿创办《am730》，欲共同做大免费报纸这块蛋糕。

《头条日报》于2005年7月12日创刊，由星岛报业集团出版，逢周一至周五派发。《头条日报》的派发点约600个，其中包括九广铁路车站、地铁站外、大学校园、连锁快餐店以及近500个楼宇发放，每日发行量40万份。

《am730》于2005年7月30日创办，每日发行量超过25万份，有包括楼宇、大学等300个派发点，在发行渠道上与《头条日报》正面竞争。创办人施永青是中原地产老板，为此报投资一亿元。

在两份新的免费日报（《头条日报》和《am730》）诞生前，截止到2004年底，香港报业市场上共有21份中文日报、13份英文日报、7份中英文双语日报和5份其他语言报纸。

二、免费报纸的经营策略

1. 独特的发行渠道

为了进一步方便读者，特别是吸引那些没有时间读报纸的年轻的上班族，《都市日报》采取了在地铁沿线让读者免费取阅的方式发行报纸。这样，在一个特定的空间里——每日上班的交通工具地铁里，那些没有时间读报的年轻人，可以更方便地随手取阅，在20分钟时间内就可以读完报纸并随手扔掉。《都市日报》为了占有这个独家渠道，在2002年创办伊始，就与地铁公司签订了独家出版及发行免费日报的合约，三年内独家在地铁内发送报纸；2005 年，该报又与地铁公司续签了 5 年合约，继续在香港 43 个地铁站内独家派发。《头条日报》和《am730》创办后，《都市日报》又增加了地上大约 50 个派发点。

香港地铁人流频密，又是上班族首选的交通工具，所以成为一个理想的报纸发行渠道。但值得注意的是，同样是地铁报，在一些国家创办却没有收到良好的效果，遇到了渠道不理想的困境，但在撤出地铁后，却开始赢利。因此可以看出，发行渠道对于免费报纸是十分重要的。

《头条日报》的发行实行全覆盖，共有 600 个派发点，其中包括九广铁路车站、地铁站外、大学校园、连锁快餐店以及近 500 个楼宇，每日发行量 40 万份。派发时间是每周一至周五早晨 7 时—9 时 30 分，街头有专人派发，商场、九广、东铁等则摆于报纸架上供取阅；《am730》也选择 300 个派发点，其中也包括楼宇、大学等，与《头条日报》正面竞争。这些免费报纸选择人群密集的热闹地区派发，行人可以随手取阅，并形成密集覆盖。

《头条日报》和《am730》虽然没有《都市日报》那样独特的发行渠道（地铁），但是也注重发行渠道的选择，雇专人在热闹街道派发，形成一种全城覆盖的模式，其发行成本相对较高。目前看来，这两家报纸在发行上还没有找到一个独有的渠道，全覆盖的模式与传统付费报纸的差别不大，因此目标读者群并不是很清晰。

2. 明确的目标读者群

免费报纸追求有效的读者——目标瞄准那些城市里的年轻上班族。他们是最先尝试新产品的人，有较好的文化教育背景，没有时间读报纸，更喜欢通过网络了解新闻。这群人是广告商感兴趣的，同时也是传统报纸想要吸引却无力做到的。《都市日报》就主张办给最活跃的城市居民看，办给大城市里时间紧张的上班族看。

来自《都市日报》的一项数据表明，64%《都市日报》读者年龄介于 15—44 岁，32% 的读者拥有大学学历，76% 的读者为上班族。[1] 在该报的读者中，88% 的人拥有手机；24% 的人拥有照相机；62% 的人每天上网。《am730》报纸的名字取意“清早 7 点半”，目标读者也是年轻人。

香港中文大学传播研究中心于 2005 年 10 月对免费报纸进行了随机抽样调查[2]，结果显示，喜欢看《都市日报》读者的教育程度比其余两份免费报纸较高：最经常收看《都市日报》的受访者中，有 31.2% 的受访者持大学学士或以上的学位，最经常收看《am730》的受访者中，也有 24.4% 的受访者持大学学士或以上的学位。而最经常收看《头条日报》的同类读者则只有 18.8%。总体来看，香港免费报纸的读者受教育程度都比较高。

美国学者的一项调查也显示，免费报纸的读者比传统付费报纸更年轻；大多数免费读者会读一种或更多的付费报纸；而大部分免费报纸读者都是忠诚读者。据美国《福布斯》杂志报道：以免费报纸《am 纽约》为例，推出两年，每天发行量已增至 31.8 万份，击败了主流大报《纽约时报》，荣登纽约发行量最多的报纸，吸引了 62% 的从不买报的青少年阅读，广告量大增。报纸由每日 20 版增至 48 版。

从读者特征上看，相对于传统付费报纸的读者主要是经常性读者来说，免费报纸的目标读者是偶尔读者和非读者群。那些只看免费报纸的读者，大多是缺少时间的上班族。

3. 巧妙的内容定位

免费报纸在传统报纸林立的报业市场上，选择了差异化生存。这表现在免费报纸的巧妙定位上。免费报纸不与主流报纸正面交锋，《都市日报》市场部有关人士称，免费报纸目标锁定“窄众”，不会对主流报纸带来毁灭性的冲击。

从内容定位上看，免费报纸将新闻作为广告的载体，与原有的传统付费报纸定位显示出很大的差异。免费报纸注重资讯（广告内容也是一种资讯）和娱乐，不同于传统报纸强调独家消息和观点。免费报纸的文章简洁、易读；偏重年轻人，为特定人群服务。《都市日报》为每天八开 24 版，其中新闻内容只有十个版左右，多刊登精简易读的新闻。该报编辑部只有 20 个采编人员。主要借助通讯社、网络及其他媒体的稿件。编采人员少，低成本运作。其他两份免费报纸也是小报形式，内容上关注快速新闻，涉及当地新闻、国内、国际新闻，以及娱乐、体育、电影、天气服务等内容。这种简单易读甚至是导读式的内容定位，是与传统付费报纸的厚报形象有很大差异的。

从广告定位上来说：《都市日报》注重客户的品牌，广告质量比较高。比较注重吸引那些全球的、以年轻人为对象的广告主——比如，该报的主要广告客户是银行、金融机构等，会刊登一些适合年轻人群追求创新生活方式的心理的广告。抓大品牌是该报广告营销的特色。《头条日报》的广告客户多数是实用性质的，如电讯、财务公司；《am730》的广告客户则比较广泛，但是都集中在为年轻人服务的产品上，这与免费报纸的目标读者有关。

免费报纸在定位上不与传统付费报纸趋同，也不在市场上与主流报纸正面交锋，甘愿生活在缝隙里。

三、免费报纸对报业竞争的启示

1. 进入市场：差异化策略

产品的差异化是指本企业产品与竞争者产品之间存在的重要差别。免费报纸出现前，香港报业市场结构属于寡头垄断结构，这通常是一种相对稳定的市场结构。原有的日报，除几份英文报纸外，基本上以同样的价格出售（每份六元）。各报之间产品差异不大。特别是《苹果日报》出现后，办报完全随着市场走、过度渲染、头条新闻庸俗化、高薪挖角等手段被争相模仿，出现了报纸"苹果化"的倾向，内容上、形式上出现同质化。

免费报纸的创办者利用产品差异实施创新进入，创造了一种全新的商业模式。并在香港报业市场上取得了一定的市场地位。其差异化策略表现为绝对低、以至为"零"的价格差异。媒介经济学者罗伯特·G. 皮卡特指出："媒介产业与众不同之处在于它在一个双重产品市场中运行，它生产出一种产品，却将它同时销售给读者和广告商。"[3] 免费报纸完全放弃了在其中一个市场上的利益，即对消费者是免费的，而只靠广告来赢利。实际上，免费报纸是通过吸引读者眼球，将读者的阅报时间（注意力资源）出售给广告商。但是，免费报纸由于不需要读者付出金钱交换产品，所以在一定程度上避免了报纸与读者的利益冲突，也得到了广告商的青睐。

免费报纸的差异化策略还表现为其独特的发行时间、发行渠道、发行对象的选择。它是在最合适的时间、最合适的地点将报纸送到目标读者手中，免费报纸这种经营思想与传统付费报纸是有很大差异的。免费报纸锁定的目标读者是家中不订报、每日乘地铁上班、年轻而爱时髦的白领上班族。这些免费报纸的读者，正是传统大报想方设法都无法吸引的读者。这批年龄在 25 到 35 岁之间城市人的"眼球"，对于广告商来讲可谓价值连城。

新产业组织理论所主张的策略性行为认为，"通过影响竞争对手对该厂商行动的预期，使竞争对手在预期的基础上做出对该厂商有利的决策行为。"[4] 在香港报业市场上，免费报纸的特殊定位使得绝大多数传统报纸并没有把它们作为强大的竞争对手，对其进入市场采取了容纳的策略。而免费报纸正是借此快速在激烈竞争的报业市场上站稳了脚跟。《都市日报》创办四年来，不仅很快达到收支平衡，而且取得了较高的利润。《头条日报》、《am730》作为《都市日报》的模仿者，以较高的资金投入也顺利进入市场。三份免费日报的竞争使得公众提升了对免费报纸的认识，扩大了免费报纸的影响，更容易说服广告商，《都市日报》的广告额不降反升。《am730》的老板施永青预计 2006 年第三季度前，个别月份该报已可达到收支平衡。

因此，免费报纸对付费报纸的冲击是不可避免的。据法国媒体市场顾问公司的统计："在发行的头一年里，免费报纸会使发行城市中付费报纸的发行量平均下降 5% 到 7%。经过发行之初的猛烈冲击后，免费报纸造成的损失通常在第二年便会有所减少，但每家报纸随后受到程度不同的影响。以往的经验证明，受害最大的一般是大众化报纸。"[5]2005 年，香港出现两份新的免费报纸后，虽然对主流报纸的影响不大，但是香港二线报纸的发行量明显滑坡，《太阳报》被迫采取降价措施，以争取保持市场地位。其他报纸没有跟风降价，是不是默认了免费报纸的市场地位？或者是认为免费报纸不会对他们产生影响？《都市日报》的周榕认为："其他报纸的反应还要继续观察，不排除他们会选择更为激进的行动。他们也可能采取走着看的态度，看新的免费报纸是否真的能生存下去。"香港中文大学传播研究中心的随机抽样调查结果显示，自免费报纸出现后，有 20% 的受访者减少了购买收费报纸。受访者中有 46% 的人有阅读免费报纸的习惯，有 20% 的人更是一星期看五天。超过一半（57.2%）受访者满意免费报纸的质量。[6]

2. 管理准则：严格控制成本

由于广告是免费报纸唯一的赚钱方式，所以免费报纸十分注重成本管理。这也是免费报纸成功的关键之一。

瑞典的地铁国际公司在全球 81 个城市发行自己的免费报纸，除香港的《都市日报》外，在全球还有四到五家盈利的子报。该公司创办的免费报纸追求商业利润，不拘泥于一城一地，目前已经做到了全球收支平衡。地铁国际要求子公司三年内做到收支平衡，否则就会减少发行量、转让甚至关闭。目前已经关闭了在英国、瑞士、阿根廷的三家免费报纸。原因是当地的发行渠道不理想，或者市场容量有限等。

免费报纸办报成本不低，除了纸张费、印刷费，还有编采人员工资、发行公司的费用和各种支出，有香港业内人士估计平均每份报纸成本不会少于1港元。每天30万份的成本最少也需30万港元。

因此，主张严格成本管理的《都市日报》注重与发行公司、印刷商谈判，以求降低发行和印刷的成本。因为它是一个国际化的公司，在纸张采购上也实行整体采购，以求实现规模经济；由于地铁报的前期投入比较大，往往十分注重选择进入市场的时机，注重选择当地合作伙伴等，以求控制成本。

发行量的控制，报纸版面数量和大小的控制及人力成本的控制，也是《都市日报》成本管理的主要内容。当市场上出现另外两份免费报纸之后，《都市日报》有扩大发行量、扩版的想法吗？该报的负责人说："我们报纸的版数主要是受广告量的影响决定，我们不会随意增加或减少，我们的广告版面比例控制在50%左右。"这种做法是对媒体经营中的边际分析方法的实际运用。它追求的正是发行的经济效益最大化，求得最有效的发行量。在具体的经营手段上，《都市日报》的发行是外包给发行公司的，没有自己的发行队伍，但是报纸对发行公司的管理比较严格，配合也比较严密。相比之下，业内对《北京广播电视报》从2005年1月6日开始的赠报事件记忆犹新，该报通过街道、居委会每周给北京五环以内的每个家庭赠送一份报纸，号称240万份的发行量，成为事实上的免费报纸。但是由于没有控制发行量、没有选择好发行渠道，造成很高的发行成本，最后不得不以失败告终。

《都市日报》的编采人员只有20人，并多采用网络及其他报纸的消息，降低了人力成本。《头条日报》和《am730》也借鉴了《都市日报》的成本管理经验，严格控制成本。《am730》甚至挖走了《都市日报》多名编采人员，报社目前约有50名编采人员。《头条日报》的采编队伍也只有20人。在信息爆炸时代，免费的新闻资讯俯拾即是，新闻网站和传统付费报纸的新闻都成了免费报纸的新闻来源，而免费报纸却不必为新闻来源付出很大的成本。

3. 清晰定位：做"导读报"不做"观点报"

免费报纸对于未来的发展也有自己的考量：地铁报正在寻求与其他媒体形式的结合——该公司在瑞典与诺基亚公司合作，创办手机报纸；在法国，该报还和当地电视台进行合作；在美国，地铁国际与《纽约时报》合作，原本要自己创办一张免费报纸的《纽约时报》最终选择了收购地铁国际的免费报纸，并在经营管理上给地铁报留下空间。

免费报纸对未来的判断是媒体的融合，《都市日报》提出要有能力引导读者的注意力从一个媒体到另一个媒体。加拿大的地铁报主要刊发新闻摘要，并在报纸上注明有关内容详见传统报纸；更多的免费报纸希望做一个网络导读者，引导只上网不看报的年轻一代阅读免费报纸的精彩导读，然后再去上网。所以，当传统付费报纸拘泥于对新闻的深入阐释时，免费报纸则定位于引导读者阅读，而不是给读者“观点”。免费报纸只做导读报、不做观点报的根本原因，还在于其降低成本的需求。

四、结　语

免费报纸进入报业市场，为报业竞争提供了很好的启示：凭借差异化策略进入市场，凭借严格的管理降低成本，凭借清晰的定位避免与传统付费报纸正面竞争。而出于对未来媒体融合走势的判断，免费报纸在与其他媒体的合作上也走在了传统付费报纸的前面。免费报纸下一步怎样走？《都市日报》计划发行免费杂志，并充分利用网络的作用。网络已成为免费报纸的重要发展平台，免费报纸将会借助这个低成本的平台来提供更系统的信息服务，扩大服务内容，提高读者的满意度。免费报纸正把一种全新的商业模式进行复制，以求不断壮大实力。

注释：

[1] 见《都市日报》网站（www.metrohk.com.hk)：TNS Readership Survey（Dec 2004)。

[2][6] 张静怡、张杏，《免费报冲击报业 两成读者减买报纸》，香港《大学线》2005 年 11 月第 70 期。

[3] 〔美〕罗伯特·G. 皮卡特，《媒介经济学》，赵丽颖译，中国人民大学出版社，2005 年，第 13 页。

[4] 杨公朴、干春晖主编，《产业经济学》，复旦大学出版社，2005 年，第 125 页。

[5] 张书卿，《法国报纸发行备受冲击》，《传媒》2005 年第 3 期。

（原载《当代传播》2006 年 5 期）

澳门居民的信息处理机制及传媒影响
——2003年非典期间之调查报告

● 王　旭　张荣显

概　述

本研究检视2003年非典期间在澳门进行的一项用单一样本重复访问方式搜集的实证数据，发现非典病例出现前后，澳门居民在处理非典相关信息和对非典疫情的反应方面有些不同——对澳门传媒的评价升高了、对非典的恐惧不安降低了、对特区政府的表现更加肯定了。澳门居民在心理和行为上的反应，与他们处理信息的方式有所关联。不过，传播变项和反应变项之间的关系，不只是前者影响后者而已，而是一段相互影响的过程，先前受到传播变项影响的反应，会在稍后对传播变项产生作用。本研究就四种传播变项——媒介接触、注意程度、信息反刍、媒介评价——的可能作用，分别进行检视。

调查研究之缘起

2003年上半年，一场非典疫情搅乱了国人的生活步调。

非典是个“怪病”，以前没出现过。既然不知道这病怎么来的，一时间也不知道怎样有效防治。非典有传染性，从广州到北京到内蒙，好像人人都有染上这病的可能。更要命的是，非典可能致命。在这些非典本身的特质之外，再加上一些外力型塑，例如世界卫生组织宣布中国为旅游高风险区、各方面以慷慨赴义的场面加诸抗击非典的医护人员，以及种种高规格的防治措施带来生活上的不便等，整个社会在某段时间里呈现混乱状态。

大众媒介的功能之一，就在提供充分信息，厘清混乱局面。应然面是如此，实然面又是如何？本研究拟就此进行探讨。

非典期间，不少研究机构进行了问卷调查，从方方面面了解一般民众在非典期间的心理、态度、行为反应。中国人民大学、南京大学、中山大学还组织跨学科的研究团队，从公共行政、预防医学、大众传播的角度切入，搜集实证数据，凝聚研究结论，提供决策单位参考。在澳门，澳门大学新闻与传播专业也进行了相关研究。和其他地区不同，尽管2003年初开始，澳门附近的广东和香港地区非典病例频传，但澳门境内没有出现任何病例，直至五月中旬。对于澳门居民而言，原本虽然近在咫尺、但并不构成直接冲击的威胁，顿时出现在自己生活周围。这种环境氛围和突然而至的变化，使得澳门居民有关非典的认知、态度和行为，可能和其他地区居民有所不同。而澳门的非典病例也就仅此一例，自然形成时间上明确的切割点。澳门大学的研究人员于是顺势采取单一样本重复访问法（panel study），在非典病例出现前后对同一样本进行访问，搜集实证数据，回答“澳门出现非典病例前后，澳门居民对非典信息的处理以及对非典疫情的反应有何异同？”这个研究问题，同时，也将就传播变项有无影响、如何影响进行检视。

研究方法

本研究采用问卷调查法中的单一样本重复访问方式，在澳门出现非典病例之前和之后，针对同一批受访者进行电话访问。

抽样及调查执行

第一波调查在5月7—10日进行。在抽样上，以全澳电话数据库和计算机加二方式，配套组成家户样本框，再从各抽出的样本户中年满15岁、会说中文的澳门居民里，找出最近一位要过生日的成员接受访问。在执行上，利用计算机电话访问辅助系统，由40名经过训练、就读于澳门大学新闻与传播专业的本科生进行访问。访问期间，调查员共随机拨号1914次，成功接通1636个号码，成功访问526名受访者。在95%信心水平下，抽样误差为±4.36%。依美国民意协会（AAPOR）的成功率公式三（RR3）及合作率公式三（COOP3）计算，第一波调查的回应率为45.7%，合作率为63.3%。

第二波调查在5月20—23日进行，以第一波调查成功访问的526名澳门居民为样本，由同一批访员进行访问。在4天的工作期间里，共成功访问407名受访者，成功率为77.4%。

问卷设计

在问卷设计上，两波调查的问卷基本相同，只在有关非典病例出现的时间叙述上略做调整。第二波访问时，在确认受访者之后，不再就个人基本数据以及世界观等应不至于在短时间之内出现较大变化的题项进行询问。

如前所述，本研究主要回答“澳门出现非典病例前后，澳门居民对非典信息的处理以及对非典疫情的反应有何异同？”

关于“对非典信息的处理”，问卷里有 10 个题项涉及。

1. 媒介接触

询问受访者每天平均花多少时间看电视新闻和报纸新闻。

2. 注意程度

在从 1 到 5（分数愈高表示愈注意）的量表上，请受访者指出当看到电视新闻播出关于非典的报导时的注意程度。受访者对报纸上非典报导的注意程度，采用同一测量工具。

3. 信息反刍

请受访者就“当您看完非典型肺炎的新闻之后，您会用一些时间去想一下这件事”、“典型肺炎事件发生至今，您经常同朋友谈论这件事”、“您从多种途径获取更多有关非典型肺炎讯息”这三个题项，在从 1 到 5（分数愈高表示愈同意）的量表上，指出各个陈述与自己情况是否类似。

4. 媒介评价

在从 1 到 10（分数愈高即表现愈好）的量表上，请受访者就澳门电视和澳门报纸对非典型肺炎报导的表现给予评分。另外有个题项，请受访者就澳门传媒提供的非典相关信息是否足够，在从 1 到 5（分数愈高即愈充足）的量表上进行评价。

关于“对非典疫情的反应”，问卷里有 19 个题项涉及。

1. 关注程度

对于 4 类非典信息——各地每日疫情发展、预防或因应方法、专家意见分析、医疗研究进展，请受访者在从 1 到 10（分数愈高表示愈关注）的量表上，指出对各类非典信息的关注程度。

2. 政府表现评价

问卷列出三项陈述——特区政府提供民众足够的防疫信息、对于澳门医疗系统因应非典有信心、特区政府已尽力采取有效防疫措施，请受访者在从 1 到 5（分数愈高表示愈肯定）的量表上，对特区政府的表现作出评价。

非典疫情出现后，对民众的心理和行为产生了各个方面的影响。本研究在问卷设计上，将可能的影响依个人/社会、心理/行为两个维度，大致分为四类—— 个人心理、社会心理、个人行为、社会行为。每一类分别用数个题项，请受访者在从1到5（分数愈高表示受到非典影响愈大）的量表上，分别指出所受到的影响程度。

1. 个人心理

有三个题项对此进行测量。非典疫情出现后，是否担心随时受到感染、是否经常觉得紧张焦虑、是否害怕去医院看病或探病。

2. 社会心理

有两个题项对此进行测量。非典疫情出现后，是否担心自己或家人收入减少、是否担心许多人会失业。

3. 个人行为

有三个题项对此进行测量。非典疫情出现后，是否增加洗手次数、是否多留意自己身体状况变化、是否增加了清洁防炎用品的支出。

4. 社会行为

有四个题项对此进行测量。非典疫情出现后，是否减少参加团体活动或聚会、是否增加与家人相处的时间、是否减少与朋友碰面、是否减少外出休闲娱乐的支出。

问卷里用于本研究的题项还有受访者个人基本资料和世界观量表。世界观量表由5个题项组成，都是在从1到5（分数愈高表示愈同意该陈述）的量表上，询问受访者对各个题项陈述的同意程度。这五个陈述是：

- 一般来讲，许多看来简单的事情，实际上很复杂；
- 有许多社会问题，根本找不到实际解决的办法；
- 所有国家或地区都以照顾自己利益为先；
- 世界上其他地方发生的事情，对本地也有影响；
- 世界上许多事情的发生，都是有原因和目的的。

分析架构

本研究既然采取的是单一样本重复访问法，且第一波调查成功访问的受访者不是全部都成功地进行了第二波访问，因此，应该先就是否成功访问两次的受访者进行比较。这样，当第二波的调查结果与第一波出现差异时，才较有把握判别这些差异是出自于研究主题的时移势易，还是两波调查的样本偏差。

上述问卷设计里的各个概念，多以数个题项指标进行测量。在统计分析时，本研究采用因素分析方式，将指涉单一概念的各个指标进行整合。媒介接触、注意程度、信息反刍、媒介评价、关心程度、政府表现评价、个人心理、社会心理、个人行为、社会行为、世界观，均各自整合成单一指标。

本研究的主要研究问题是：澳门出现非典病例前后，澳门居民对非典信息的处理以及对非典疫情的反应的异同。对非典信息的处理和对非典疫情的反应，基本上是种刺激反应（即 S—R）的关系。也就是说，对非典信息的处理——媒介接触、注意程度、信息反刍、媒介评价——等传播变项是刺激，对非典疫情的反应——关注程度、政府表现评价、个人心理、社会心理、个人行为、社会行为——等心理及行为变项是反应。

本研究先检视个别调查里，各个刺激和反应变项之间的关系。统计检验时，会控制住受访者的个人基本资料和世界观的可能影响。

传播是个持续的、累积的过程。在检验单次调查里传播变项的可能影响时，受限于调查数据的性质，研究者较难触及传播的持续的性质，也少有机会追溯传播变项受到哪些因素的影响。本研究采用单一样本重复访问法，能对这两个难题进行实证探索。分析架构如图所示。S1 表示第一波调查的传播变项，R1 表示第一波调查的反应变项。S2 表示第二波的传播变项，R2 表示第二波的反应变项。S2 之于 R2 的可能影响，就如同 S1 之于 R1 的关系。不只如此，S2 是 S1 的延续，R2 也是 R1 的延续，且 R1 也可能对 S2 产生作用。在检视了 S1 之于 S2、R1 之于 S2、R1 之于 R2 的影响后，再比较 S2 之于 R2 以及 S1 之于 R1 这两种关系，比较能够明确知道传播变项的潜在效果及其由来。

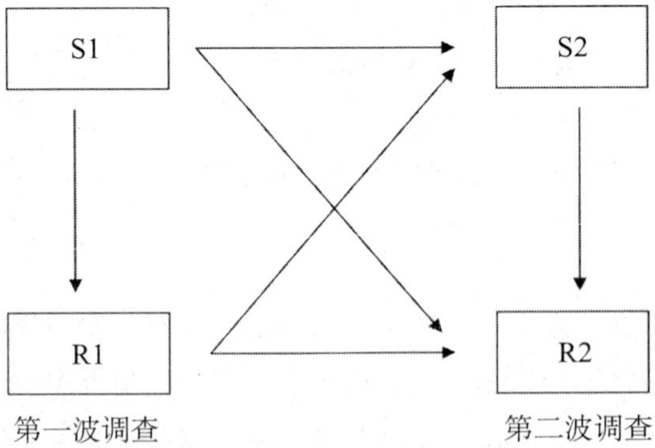

两时间点上对非典信息的处理（S）与对非典疫情的反应（R）之间的交互作用

调查结果

第一波受访者的基本数据请见表 1（表 1—表 4 见本文最后）。

表 1 同时显示了第一波受访者里，没有接受第二波访问的和继续接受访问的受访者，在个人基本资料上的异同。尽管两组之间在各测量上多多少少出现差距，不过，经统计考验，这些差距都没有达到显著程度。

不只如此，第一波受访者里的这两组之间，在对非典信息的处理和对非典疫情的反应的各项指标上，彼此之间的差距也都不显著，如表 2 所示。

也就是说，尽管第一波调查的受访者并非全部后来都接受了第二波调查的访问，前者里有七成七接受了第二波访问，不过，第二波调查的样本基本上与第一波调查的没有不同。

表 2 还就接受了两次调查的受访者，对于同样一份问卷前后两次的回答结果进行比较。

——在媒介接触上，第一波调查受访者平均每天花 64.2 分钟看电视新闻，到了第二波访问时，看电视新闻时间降到每天 54.9 分钟，两者之间差距显著。

——在信息反刍里，有两个题项前后两次的测量结果差距显著。第二波调查时，受访者明显较第一波时少与朋友谈论非典疫情，也不常通过多种渠道搜集有关非典的信息。

——另一方面，在第二波调查时，受访者对于澳门的电视以及澳门传媒整体表现的评价，明显较第一波时为高。

——在政府表现评价上，和第一波调查时相较，受访者在第二波时明显地更加认为特区政府提供了充分信息、对澳门的医疗体系更有信心、也更加肯定特区政府在尽力做事。

——在个人心理方面，受访者在第二波调查时明显不像第一波时那么经常感到紧张焦虑。

——在社会行为方面，受访者在第二波调查时，较第一波时明显减少参加社交聚会，外出娱乐的支出也减少了。

两次调查之间，澳门出现了第一个非典病例。两次调查结果之间的差距，可初步认为是此一事件直接或间接影响所及。经由初步比较，得到这么一幅图像：澳门出现第一个非典病例之前，报纸版面和电视新闻满是广东、北京、香港方面的非典疫情的报道，其间当然也有澳门特区政府防治非典的相关报导，澳门居民每天花好些时间关切这些林林总总的消息。经过一段暴风雨中的宁静，澳门出现了第一宗非典病例，澳门传媒关于非典的报道有了焦点，澳门居民对于非典的关注也集中在自家的疫情。由于关注点集中，不再花许多时间浏览其他地区的情况，因此每天用来看新闻的时间减少。此时，澳门传媒的报道详尽，澳门居民只要接收本地媒体就可满足需求。因此，澳门传媒的表现受到澳门居民较高的肯定，澳门居民通过多种渠道搜集非典相关信息的需求降低，减少了与朋友就此耳语的情况，因非典而来的焦虑感也随之降低。既然非典出现在澳门境内，当地居民自然减少外出活动，相关支出随之降低，这也就减少了与朋友谈论非典的机会。由于澳门传媒的表现，居民对于特区政府的表现更加肯定，对于医疗体系也就更有信心。

这些初步分析有待进一步检视。

澳门传媒究竟产生哪些影响，本研究先就两次调查进行个别分析。表3显示两次调查里媒介接触、注意程度、信息反刍、媒介评价这四个信息处理变项，在控制住个人背景资料和世界观的可能影响后，之于关注程度、政府表现评价、个人心理、社会心理、个人行为、社会行为这六个反应变项的作用。

在第一波调查时：

——就关注程度而言，媒介接触与此没有显著关联，注意程度（beta=0.22，$p < 0.001$）、信息反刍（beta=0.39, $p < 0.001$）和媒介评价（beta=0.30，$p < 0.001$）对此则有显著的预测能力。

——就政府表现评价而言，信息反刍（beta=0.14，$p < 0.01$）和媒介评价（beta=0.49，$p < 0.001$）对此有显著的预测能力。

——就个人心理而言，对此有显著预测能力的是注意程度（beta=0.17，$p < 0.001$）和信息反刍（beta=0.24，$p < 0.001$）。

——就社会心理而言，情形与个人心理类似，同样是注意程度（beta=0.14，$p < 0.05$）和信息反刍（beta=0.11，$p < 0.05$）这两个信息处理变项有显著的预测能力。

——就个人行为而言，对此有显著预测能力的是注意程度（beta=0.14，$p < 0.05$）、信息反刍（beta=0.32，$p < 0.001$）和媒介评价（beta=0.14，$p < 0.01$）。

——就社会行为而言，只有信息反刍（beta=0.17，$p < 0.01$）对此有显著的预

测能力。

第二波调查的结果，与第一波类似：

——就关注程度而言，注意程度（beta=0.33，$p < 0.001$）、信息反刍（beta=0.25，$p < 0.001$）和媒介评价（beta=0.33，$p < 0.001$）同样地都对此有显著的预测能力，此外，媒介接触（beta=0.13，$p < 0.05$）对此的预测能力也达显著。

——就政府表现评价而言，同样地也是信息反刍（beta=0.24，$p < 0.001$）和媒介评价（beta=0.43，$p < 0.001$）对此有显著的预测能力，此外，注意程度愈高、对政府表现的评价有愈低的倾向（beta=–0.10，$p < 0.05$）。

——就个人心理而言，与第一波调查相同，对此有显著预测能力的是注意程度（beta=0.20，$p < 0.001$）和信息反刍（beta=0.18，$p < 0.001$）。

——至于社会心理方面，信息反刍（beta=0.10，$p < 0.05$）对此的预测能力仍然显著，不过，注意程度的预测能力则不显著。

——就个人行为而言，与第一波调查相同，对此有显著预测能力的是注意程度（beta=0.17，$p < 0.001$）、信息反刍（beta=0.25，$p < 0.001$）和媒介评价（beta=0.16，$p < 0.01$）。

——就社会行为而言，除了信息反刍（beta=0.24，$p < 0.001$）对此仍有显著的预测能力外，注意程度（beta=0.13，$p < 0.05$）的预测能力也呈显著。

表 3 仅检视了控制住受访者个人基本资料和世界观后，各个对非典信息的处理变项之于各个对非典疫情的反应变项的关联，且两次调查个别进行检视。表 4 则是将同一批受访者前后两次接受访问的数据同时进行检视，依前述分析架构的设计，在不同阶段控制住前置变项的可能影响。

表 4 的第一栏显示的是在第一波调查时，各传播变项（S1）之于各反应变项（R1）的可能影响。由于是第一波调查，检视时只控制住受访者个人基本资料和世界观，所以这一栏显示的标准回归系数与表 3 相同。

表 4 的第二和第三栏检视的是第二波调查时传播变项（S2）可能受到的影响。同样控制住受访者基本资料和世界观的可能影响后，同时检视第一波调查时的传播变项（S1）和反应变项（R1）的可能作用。

就 S1—S2 而言：

——不论同时控制住的是第一波调查时的哪个反应变项，第一波调查时传播变项的测量结果能相当稳定且显著地预测第二波调查时的传播变项。在分别控制住6个不同的反应变项时，媒介接触S1之于S2的标准回归系数都是0.10，注意程度S1之于S2的标准回归系数从0.37到0.41，信息反刍S1之于S2的标准回归系数从0.31到0.33，媒介评价S1之于S2的标准回归系数从0.54到0.58，这些系数都相当显著。

就R1—S2而言：

——受访者在第一波调查时愈关注非典情形，在第二波调查时的媒介接触（beta=13，$p < 0.05$）有愈趋频繁、注意程度（beta=0.15，$p < 0.01$）有愈见升高、媒介评价（beta=0.09，$p < 0.05$）有愈来愈好的倾向。4个媒介变项里，只有信息反刍没受到关注程度的显著影响。

——受访者在第一波调查时对于政府处理非典的表现有愈高的评价，在第二波调查时信息反刍（beta=0.16，$p < 0.01$）有愈趋活络的倾向。同样地，在第一波时愈担心社会可能受到的影响，在第二波调查时也倾向有较活络的信息反刍（beta=0.11，$p < 0.05$）程度。

——受访者在第一波调查时愈少参与社交活动，在第二波时对大众媒介的注意程度（beta=0.12，$p < 0.05$）有愈高的倾向。

表4的第四到第六栏检视的是第二波调查时反应变项（R2）可能受到的影响。控制住受访者基本资料和世界观的可能影响后，同时检视第一波调查时的反应变项（R1）和两波传播变项（S1及S2）的可能作用。

就R1—R2而言：

——不论同时控制住的是两波调查时的哪个传播变项，第一波调查时反应变项的测量结果能相当稳定且显著地预测第二波调查时的反应变项。在分别控制住4类不同的传播变项时，关注程度R1之于R2的标准回归系数从0.45到0.51，政府表现评价R1之于R2的标准回归系数从0.48到0.59，个人心理R1之于R2的标准回归系数从0.42到0.45，社会心理R1之于R2的标准回归系数都是0.44，个人行为R1之于R2的标准回归系数从0.31到0.34，社会行为R1之于R2的标准回归系数从0.42到0.45，这些系数都相当显著。

就S1—R2而言：

——受访者在第一波调查时的信息处理情形，都无法显著预测其在第二波时对

非典疫情的反应。

就 S2—R2 而言：

——就关注程度而言，注意程度（beta=0.21, $p < 0.001$）、信息反刍（beta=0.18, $p < 0.001$）和媒介评价（beta=0.19, $p < 0.001$）对此有显著的预测能力，与之前的 S1—R1 的分析结果类似。

——就政府表现评价而言，与之前的 S1—R1 相同，信息反刍（beta=0.15, $p < 0.01$）和媒介评价（beta=0.23，$p < 0.001$）对此有显著的预测能力。

——就个人心理而言，除了注意程度（beta=0.14，$p < 0.01$）和信息反刍（beta=0.12，$p < 0.05$）同样地对此有显著的预测能力外，媒介接触愈频繁、受访者的恐惧程度有降低的倾向（beta=–0.09，$p < 0.05$）。

——就社会心理而言，与之前的 S1—R1 很不一样的是，4 个传播变项对此的预测能力全都不显著。

——就个人行为而言，注意程度（beta=0.12，$p < 0.05$）、信息反刍（beta=0.20, $p < 0.001$）和媒介评价（beta=0.15，$p < 0.01$）对此有显著的预测能力，与之前的 S1—R1 的分析结果类似。

——就社会行为而言，除了信息反刍（beta=0.19，$p < 0.001$）对此仍有显著的预测能力外，媒介接触愈频繁、受访者有愈少参与社会活动的倾向（beta=0.09，$p < 0.05$）。

研究发现及讨论

大众媒介的效果具有的性质之一是累积性。格伯纳力言阅听人长期看电视，会将电视呈现的媒介实况作为社会实况。也就是说，电视的涵化效果来自长时间地接触电视。此外，诺尔·纽曼提出沉默的螺旋理论，在申明民意受到大众媒介的影响呈现变动时，也指出媒介经由长期积累对民意的影响。尽管如此，相关研究在验证这些理论假设时，绝大多数仅检视单一时间点的调查数据。在这样的研究设计下，就算分析结果显示传播变项确实与若干依变项有显著关联，这种关联也只是某一时间点上的传播变项的可能作用，较难彰显媒介的累积性质。本研究检视前后两个时间点所搜集的实证数据，发现同一传播变项前后两次的测量之间（即 S1—S2）有显著且稳定的关联，也就是说，单一时间点所测量的信息处理情形，在相当的程度上，是能够反映其累积性的。

本研究的另一个分析结果也能对这一结论提供佐证。研究发现，若干对非典信息的处理变项能显著预测受访者对非典疫情的反应，不过，当同时控制住前后两波调查的传播变项的可能影响时，对第二波反应变项（R2）呈现显著关联的只有第二波的传播变项（S2），第一波的传播变项（S1）在此的解释能力均不显著。若干第一波的传播变项之于第一波反应变项呈现显著的解释能力（S1—R1），正如同第二波的传播变项之于第二波的反应变项（S2—R2），第一波传播变项的“累积”的作用，有被第二波传播变项吸收的倾向。因此，在单一时间点上检视传播变项与反应变项之间的关联，在某种程度上是能够将媒介使用情形的累积性质纳入分析的。

不过，这一解释并不意味在检验媒介使用情形的可能影响时，只要就单一时间点做分析即可，不用考虑该时间点之前的使用媒介的情形。首先，本研究的分析结果显示，两波传播变项之间有显著且稳定的关联，尽管第一波传播变项之于第二波反应变项的解释能力不显著（S1—R2），但第一波传播变项仍可经由影响第二波传播变项（S1—S2），进而间接地对第二波反应变项产生作用（S2—R2）。其次，第一波传播变项还可经由影响第一波反应变项（S1—R1），由后者影响第二波反应变项（R1—R2）或再经由第二波传播变项（R1—S2）对第二波反应变项产生作用（S2—R2）。换言之，媒介使用情形的累积性质或许对研究所欲检视的反应变项没有显著的直接关联，但仍能产生显著的间接影响。

第一波反应变项受到第一波传播变项的影响，其中有些后来会对第二波传播变项产生作用。本研究在这方面有两点较有意思的发现。

其一是，和注意程度、信息反刍、媒介评价相较，媒介接触之于各个对非典疫情的反应似乎没有显著影响。不过，在第一波调查时，受访者对非典疫情的关注程度受到传播变项的刺激而升高后，会在第二波调查时呈现更为频繁的媒介接触。在同时控制住第一波反应变项的可能影响后，受访者媒介接触愈频繁，有愈不担心害怕非典疫情、或愈少参加社交活动的倾向。本研究前后两次调查的结果相较，媒介接触、个人心理和社会行为在两个时间点上的测量有显著差距。这些差距不是个别现象，而是有其内在结构。

其二是，在第一波调查时对政府表现的评价愈高、或愈担心整体社会会受到非典负面影响的受访者，后来在处理有关非典信息时，其信息反刍有愈趋活络的倾向。认为政府表现得愈好、愈关心整体社会的发展，会愈常和他人讨论非典疫情、从较

多渠道搜集非典相关信息。对政府表现所做评价和对整体社会的担心，都是涉及社会层面的个人心理状态或认知。这种非亲身（impersonal）的作用，对于阅听人后续的媒介使用或信息处理情形的影响，不在于是否更加频繁地接触媒介，也不在于是否更加注意媒介的相关报导，而在于处理信息的策略。

究竟传播变项能否有效预测受访者的反应变项？在单独检视第一波调查的数据时，对于各个反应变项，总是有一个或多个传播变项于此呈现显著关联。在单独检视第二波调查数据时，也出现类似情形。不过，在检视第二波调查数据的同时也控制住第一波反应变项的可能影响后，原先呈现显著的标准回归系数就算仍呈显著，其绝对值多有降低的倾向，甚至在预测受访者社会心理这一反应上，不论是媒介接触、注意程度、信息反刍或媒介评价等媒介变项，没有一项于此呈显著关联。也就是说，受访者担心非典疫情危害社会的程度，并不会直接受到其处理非典信息的情形的直接影响。传播变项对反应变项有直接和间接的影响，就算直接影响不显著，其间接影响仍较可观。

传播变项之于受访者的社会心理之所以没有直接影响，一个较可能的原因是，对后者会产生作用的因素相当多，影响过程复杂。本研究未就此做进一步的分析。

本研究在非典期间，就同一样本两次调查的数据，检视传播变项的可能影响。发现澳门居民在非典病例出现后，对澳门传媒有较高的评价，紧张焦虑感较前降低，对特区政府表现的评价较前升高。这些变化可能出自多重原因，传播媒介的表现正是其中之一。虽然检视实证数据后初步得出上述结论，不过，澳门传媒在非典期间的文本内容究竟如何，本研究没有进行内容分析。日后若要再次运用单一样本重复访问法验证传播效果，同时就传媒内容进行分析，应是较为妥善的办法。

表1　两次调查受访者基本资料及世界观的比较

	全体	只接受一次调查	又接受二次调查
性别			
男	42.4	43.7	42.0
女	57.6	56.3	58.0
年龄			
15—24岁	32.4	28.2	33.7
25—34岁	17.1	16.3	17.3
35—44岁	27.0	29.9	26.2
45—54岁	14.0	11.1	14.9
55—64岁	4.3	7.7	3.2
65岁以上	5.1	6.9	4.7
教育程度			
小学以下	10.2	11.3	9.9
小学	14.0	13.9	14.0
初中	33.4	30.4	34.2
高中	30.3	31.3	30.0
大专及以上	12.2	13.1	11.8
家庭月收入			
6000元及以下	38.4	37.9	38.5
6001—12000元	35.2	29.8	36.6
12001—21000元	17.6	21.8	16.4
21001—30000元	4.9	5.6	4.8
30001元以上	4.0	4.6	3.8
世界观			
许多事看似简单其实复杂	3.8	3.8	3.8
社会有许多问题没法实际解决	3.9	4.0	3.9
各国都以照顾自己利益为先	4.0	4.2	4.0
其他地方的事情会影响本地	2.4	2.5	2.3
事出必有因	2.7	2.9	2.7
受访人数	526	119	407

注：

1. 性别、年龄、教育程度、家庭月收入横列数字为百分比。
2. 世界观里各题项横列数字为平均数，为5级量表。
3. 只接受一次调查和又接受二次调查两组之间的差距均未达显著程度。

表2　两次调查里对非典信息处理和对非典疫情反应变项的比较

	第一波调查			第二波调查
		只接受	又接受	
	全体	一次调查	二次调查	
媒介接触				
每天看电视新闻时间	65.8	71.6	64.2	54.9**
每天看报纸新闻时间	53.8	36.4	58.7	40.3
注意程度				
看电视非典新闻注意程度	4.0	4.1	4.0	3.9
看报纸非典新闻注意程度	3.9	3.9	3.9	3.9
信息反刍				
会思索非典新闻的内容	3.7	3.5	3.7	3.7
会与朋友讨论非典议题	3.7	3.6	3.7	3.6*
会从多种途径了解非典	3.8	3.8	3.8	3.6*
媒介评价				
澳门电视	6.5	6.3	6.5	6.7*
澳门报纸	6.4	6.3	6.5	6.7
澳门传媒	3.3	3.3	3.2	3.5***
关注程度				
每日疫情发展	7.2	7.1	7.3	7.3
预防因应方法	7.3	7.4	7.2	7.4
专家意见分析	7.1	7.1	7.1	7.1
医疗研究进展	7.2	7.2	7.1	7.2
政府表现评价				
澳门政府提供充分防疫信息	3.4	3.4	3.4	3.5**
对澳门医疗系统有信心	3.2	3.2	3.2	3.4**
澳门政府已尽力防疫	3.9	4.0	3.9	4.0*
个人心理				
担心随时受感染	3.1	3.0	3.1	3.1
常感觉紧张焦虑	2.8	2.8	2.8	2.6*
害怕去医院看病探病	3.3	3.3	3.3	3.2
社会心理				
担心自己或家人收入减少	3.3	3.2	3.3	3.3
担心多人会失业	3.9	3.9	3.9	3.9
个人行为				
比以往常洗手	4.2	4.2	4.1	4.0
常留意自己身体变化	3.9	3.9	3.9	4.0
增加清洁防炎用品支出	3.9	3.9	3.9	3.9
社会行为				
减少社交聚会	3.4	3.5	3.3	3.2*
增加与家人相处	3.3	3.3	3.3	3.4
减少与朋友碰面	2.8	2.9	2.8	2.8
减少外出娱乐支出	3.4	3.6	3.4	3.2*
受访人数	526	119	407	407

注：

1. 表中数字均为平均数。媒介接触横列数字单位为分钟，媒介评价中澳门电视和澳门报纸，以及关注程度为10级量表，其余为5级量表。
2. * = $p<0.05$，** = $p<0.01$，*** = $p<0.001$

表3　各次调查里传播变项之于反应变项的回归分析

	第一波调查	第二波调查
关注程度		
媒介接触	−0.01	0.13*
注意程度	0.22***	0.33***
信息反刍	0.39***	0.25***
媒介评价	0.30***	0.33***
政府表现评价		
媒介接触	−0.02	0.03
注意程度	−0.02	−0.10*
信息反刍	0.14**	0.24***
媒介评价	0.49***	0.43***
个人心理		
媒介接触	0.02	−0.07
注意程度	0.17***	0.20***
信息反刍	0.24***	0.18***
媒介评价	−0.04	−0.05
社会心理		
媒介接触	0.03	−0.01
注意程度	0.14*	−0.02
信息反刍	0.11*	0.10*
媒介评价	0.03	0.01
个人行为		
媒介接触	0.04	0.02
注意程度	0.14*	0.17***
信息反刍	0.32***	0.25***
媒介评价	0.14**	0.16**
社会行为		
媒介接触	−0.05	0.08
注意程度	0.09	0.13*
信息反刍	0.17**	0.24***
媒介评价	−0.02	0.01

注：

1. 表中数字为控制住受访者基本资料和世界观的可能影响后，个别传播变项之于个别反应变项的标准回归系数。
2. * = $p < 0.05$，** = $p < 0.01$，*** = $p < 0.001$

表4 时间序列中对于传播变项和反应变项的回归分析

	S1—R1	S1—S2	R1—S2	R1—R2	S1—R2	S2—R2
关注程度						
媒介接触	−0.01	0.10*	0.13*	0.51***	0.02	0.06
注意程度	0.22***	0.37***	0.15**	0.46***	0.02	0.21***
信息反刍	0.39***	0.31***	0.07	0.50***	0.04	0.18***
媒介评价	0.30***	0.55***	0.09*	0.45***	0.05	0.19***
政府表现评价						
媒介接触	−0.02	0.10*	0.03	0.59***	−0.05	0.02
注意程度	−0.02	0.41***	−0.03	0.59***	−0.01	−0.08
信息反刍	0.14**	0.32***	0.16**	0.57***	−0.08	0.15**
媒介评价	0.49***	0.54***	0.06	0.48***	0.07	0.23***
个人心理						
媒介接触	0.02	0.10*	0.05	0.45***	0.02	−0.09*
注意程度	0.17***	0.40***	0.05	0.42***	0.03	0.14**
信息反刍	0.24***	0.32***	0.09	0.43***	−0.03	0.12*
媒介评价	−0.04	0.58***	0.04	0.44***	−0.06	−0.03
社会心理						
媒介接触	0.03	0.10*	0.07	0.44***	0.02	−0.04
注意程度	0.14*	0.41***	0.00	0.44***	0.08	−0.08
信息反刍	0.11*	0.33***	0.11*	0.44***	0.04	0.02
媒介评价	0.03	0.57***	0.04	0.44***	−0.00	−0.02
个人行为						
媒介接触	0.04	0.10*	−0.01	0.34***	0.04	0.02
注意程度	0.14*	0.41***	0.00	0.33***	0.09	0.12*
信息反刍	0.32***	0.32***	0.05	0.31***	0.01	0.20***
媒介评价	0.14**	0.56***	0.08	0.33***	−0.07	0.15**
社会行为						
媒介接触	−0.05	0.10*	0.02	0.44***	−0.04	0.09*
注意程度	0.09	0.39***	0.12*	0.44***	0.00	0.06
信息反刍	0.17**	0.33***	0.06	0.42***	0.00	0.19***
媒介评价	−0.02	0.57***	0.02	0.45***	−0.02	0.03

注：

1. 表中数字为控制住受访者基本资料和世界观的可能影响后的标准回归系数。S1—S2 和 R1—S2 里，S1 和 R1 的可能影响同时受到控制。R1—R2、S1—R2、S2—R2 里，R1、S1 和 S2 的可能影响同时受到控制。
2. * = $p < 0.05$，** = $p < 0.01$，*** = $p < 0.001$

（原载《中国互联网发展报告 2003—2004》，2004 年）

五 广告与品牌传播研究

广告存在的理论假设

● 李新立

一、问题的由来

广告为什么会存在？这个“不言而喻”的问题首先来自广告实践活动中的现实困惑。在全球范围内，无孔不入的广告受到越来越多人士的指责和批评。有些批评言辞凿凿、理正据实。特别引人注目的是所谓广告与环保的冲突。在极端环保主义者看来，广告简直是“十恶不赦”。在中国，由于发展的欲望占有压倒性的优势，普罗大众对广告大致上持比较宽容的态度，但社会精英人士的指责开始出现。由于中国的特殊环境，虚假广告的普遍存在，使得对广告的责难正在获得越来越多消费者的认同。这种趋势可能会导致中国法律制度的变迁，对中国广告业产生潜在的深远影响。

其次，广告学理论界对这一问题却有意无意地给忽视了。很多学者都认为广告的存在是理所当然的，但也不乏少数学者对这一问题的关注。如金定海教授就对广告存在的合理性提出了大胆的质疑。他的解决方式是逆向求证：“如果没有广告，会发生什么问题？”反向思考虽然不失为一种选择，但难以涉及本质问题。吴予敏博士提出了广告“聚集需求”的存在理由，但这也只是表达了广告的其中的一个功能，未能从本质上触及广告的核心价值。

笔者小心翼翼地梳理了广告学的相关理论文献，大致上可以看出：截止目前，对广告存在的理论探讨基本上围绕广告的“正面作用”与“负面作用”展开，或广告的“益处”与“害处”等，没有从更广阔的领域追问广告存在的本质意义。

广告作为市场的伴生物，它的历史与市场制度的拓展几乎是同时发生、相辅相成的，所以，要回答“广告为什么存在”这一问题，还必须从市场入手，从市场交换入手。

二、由市场交换引出的假设

广告的演进历史表明，广告的出现几乎与人类的市场交换活动同时发生，但广告作为一个产业则是工业革命之后发展起来的。工业革命以来的经济发展状态显著区别于它之前的经济发展状态。这主要体现在两个方面：一是推动经济增长的方式发生了改变，主要表现为技术进步率的显著提高；二是市场秩序的不断扩展，或市场边界的不断扩大[1]。两者之间可谓互为因果。

市场的扩展与专业化分工是密切相联且相互促进的。市场的不断扩展加速了专业化分工，专业化分工所带来的效率也加速了市场的扩大。然而，按照理论逻辑推导，专业化分工必然导致产品生产效率的提高，同时，也会导致产品品种数量的增加和交换数量的增加，换言之，即产品交换的规模扩大和交易频率的提高。假如市场本身是“无摩擦力”的，那么，任何数量的交易量均不会导致市场效率的损失。但是，现实的市场是一个非完全信息市场，亦即有摩擦力的市场，交易的内容和频率的增加会导致整个市场的信息成本的增加。随着市场的不断扩大，信息成本也会不断增加。信息成本的增加必然导致销售效率的损失。这就构成了一种市场压力，迫使市场的参与者寻求更有效率的销售方式来减少信息成本增加所引发的损失，其中商业广告作为一种主要方式被市场参与者们所选择。简而言之，是市场选择了广告。

然而，对广告的非议、责难与广告的历史一样久远。人们总是有大量的事实和理由批判广告，揭示广告的危害性，但往往又流于形式或附加着过多的价值标准。如果我们不能把对广告的批判纳入对整个市场制度的批判的框架内，那么，这种批判只能是肤浅的或触其表皮。

市场制度发展到今天，其优势和缺陷都显现在世人面前。它能够保证资源配置的有效性从而促使经济高效率地运行（相对说来）。这一点已被历史逻辑所验证。然而，市场制度又是有着其本身不可克服的严重缺陷的制度。茅于轼的观点代表了一部分经济学家的认识[2]：

> 依我看来，市场制度最大的毛病在于消费的巨大浪费。它（市场制度）只是从生产方面保证了高效率，而同时造成了物欲横流，挥霍无度，人以过度消费为荣，更不用说浪费于广告、竞争、包装等方面的资源，它丝毫不增加人们对真实而不是虚荣的需求的满足。

然而，厂商并不认为做广告是在浪费资源，广告是能够给厂商代来实实在在的收益的。那么，问题出在哪里？为什么从微观层面来看有效率的决策行为而在宏观层面上却是浪费资源呢？对此存在着两种截然相反的解释。其一，我们可能陷入了被逻辑学家称之为“合成推理的谬误”；其二，与之相反，微观层面的有效性在宏观层面依然存在。

本文所提出的问题无疑是一个宏观层面的问题，其目的是要从理论上回答广告的存在意义。从对理想市场和现实市场交换的初步分析中笔者提出如下假设：

理想市场不存在广告，现实市场“摩擦力”的存在是广告存在的前提。广告凭借大众传媒技术能够使市场的参与者通过广告活动节约（减少）信息成本，从而降低市场交易费用，提升市场的运行效率。

三、新古典的解释及评价

新古典经济学认为，广告是企业在定价决策之外获得市场势力的一种方法。完全竞争市场结构下的厂商是没有理由做广告的。对大多数有市场势力的厂商而言，都面临着一个共同的问题：应该花多少钱做广告。因此，新古典经济学对广告的研究主要集中在两个问题：第一，广告是否给厂商带来利益；第二，厂商应花多少钱做广告。对于这两个问题，Robert S.Pindyck 和 Daniel L.Rubinfeld 的解释最能体现新古典的分析方法[3]。下图是有和没有广告的厂商的需求和成本曲线。

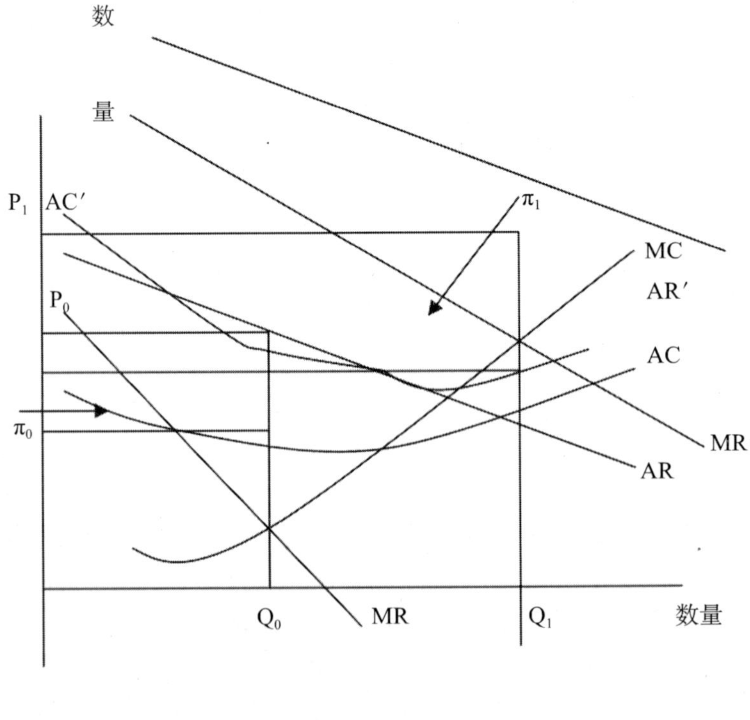

AR、MR、AC、MC 分别表示厂商不作广告时的平均收益曲线、边际收益曲线、平均成本曲线、边际成本曲线。厂商生产 Q_0，得到价格 P_0，总利润 π_0。假设厂商作广告，导致其需求曲线向外向右移动，新的平均和边际收益曲线为 AR′ 和 MR′ 。广告是一种固定成本，所以厂商的平均成本曲线上升到 AC′ ，但边际成本不变。此时，产量为 Q_1，得到价格 P_1，总利润为 π_1，远大于 π_0。

在这个典型的新古典模型中，有一个显著假设条件，即厂商给其产品只定一个价格并且已经知道 Q（价格，广告支出）。在此基础之上，Pindyck 和 Rubinfeld 进一步分析了厂商应该花多少钱做广告的问题，即什么是厂商的利润最大化广告支出？其结论是，正确的决策是不断增加广告支出直至单位货币增加的广告的边际收益 MR_{ads} 恰好等于广告的全部边际成本。其全部的边际成本是直接花在广告上的单位货币之广告带来的增加的销售所引起的边际成本之和。因此，厂商应该做广告直到其满足下列等式[4]：

$MR_{ads}=P\triangle Q/\triangle A=1\quad MC\triangle Q/\triangle A=$ 广告的全部边际成本

同时，为了便于在实践中应用，由上式可进一步导出：

$A/PQ=-(E-a/E_p)$，其中 Ep 为厂商需求的价格弹性；E_a 为需求的广告弹性。

由此可见，新古典经济学认为广告可以进一步增加厂商的利润。利润最大化的广告与销售的比率，在数值上等于需求的广告和价格弹性的比率。

在新古典的分析框架内，广告只是一种非价格的竞争的手段。厂商期望通过广告使其所面对的需求曲线向上移动，从而使购买者在每一价格水平上都比以前购买较多的数量，或者说，通过广告使需求曲线更富有弹性，从而使购买者为该产品支付稍高些的价格。

按照新古典经济学的假设，完全竞争的市场结构下厂商的任何广告行为都是多余的，追求利润最大化的厂商不会做任何广告；而完全垄断市场结构下的厂商也没有理由做广告，因为从理论上讲，完全垄断厂商不需要采用除价格之外的任何竞争手段就可获得最大化利润。因此，上述模型仅仅适应垄断竞争和寡头垄断市场结构下的厂商。即便如此，该模型仍然存在明显的缺陷。因为引起厂商的需求曲线向外向右移动的原因并不完全取决于此厂商是否做广告，还应取决于市场上的其他厂商是否也做广告。如果其他厂商采取同样的广告决策，在市场的需求总量一定的情况下，则只会使厂商的平均成本曲线向上移动，而需求曲线保持不变。然而，广告作为一种非价格竞争的手段如果能够给厂商带来更多的利润，则其他同样追求利润最大化的厂商必然积极跟进，市场在新的基础上达到均衡。所以，新古典经济学的贡献在于仅仅解释了做广告的厂商为什么能够获得高出比之不做广告时的短期利润，并没有对广告的长期存在给予合理的解释。

那么，问题出在哪里呢？根本的原因还在于新古典经济学对广告的处理方法。它仅仅将广告视为厂商的一种非价格竞争的手段，而完全忽视了广告作为一种信息传播方式的功能。从广告的演进路径来看，它首先是一种信息传播的有效方式，其次才是一种被厂商广泛利用的竞争手段。换言之，即信息传播是广告的基础功能。然而，在新古典经济学构筑的大厦里却找不到可以用来分析这一基础功能的任何工具或方法。因为新古典经济学本身隐含着一个假设条件：信息是完全的，即所有信息在市场上对称分布，逻辑上自然没有作为信息传播方式的广告的位置。由此可见，新古典经济学对广告的分析过于狭窄，其理论意义十分有限。虽然目的是为了阐述广告对厂商经济利益的影响，以期对厂商的广告决策做出理论上的指导，但由于其自身的假设排除了广告的基本功能，使得新古典的分析与现实相去甚远，缺乏实际意义。

四、作为厂商竞争手段的广告

对经济学家而言，评价广告的关键不在于它是否增加厂商的利润，而在于它是否使市场的运行更有效率。倘若价格机制能够有效地配置资源，那么，广告存在的意义仅仅在于它是一种厂商可以利用的市场竞争的手段。这种手段之所以在短期内有效，是因为广告能够起到相当于增加产品附加值的作用。如果此市场内所有厂商做出同样的广告决策，如前所述，这种在短期内对厂商有效的手段在长期内将对所有厂商失去效用，而且使得所有产品的成本上升，市场在比之以前价位要高的基础上运行，对市场的运行效率毫无改善。现在的问题是，市场上的厂商会做出同样的反应吗？博弈论的分析方法可以用来帮助我们研究寡头垄断厂商的广告行为[5]。

现在我们假设市场上只有两家厂商，并且它们之间无法通过协商达成某种形式的用来约束彼此行为的协议，两家厂商处于非合作性的博弈之中；为了使问题简化，还假定决策者只有两种选择——多做广告和少做广告，且决策者是厌恶风险的，他们的目标是在所获的最低利润中求最大。即他们采用的是最大最小规则。结果会怎么样呢？请看下表：

单位：百万人民币

		厂商2	
		少做广告	多做广告
厂商1	少做广告	40，40	20，50
	多做广告	50，20	30，30

此表显示出广告策略的四种可能组合的收益矩阵。若厂商1少做广告，厂商2也少做广告，其利润为4000万元；若厂商1少做广告，厂商2多做广告，其利润为2000万元。所以，厂商1少做广告的最低利润为2000万元。此表显示多做广告能保证厂商1至少获得3000万元的利润。因此，最大最小策略要求厂商1多做广告。同理，厂商2也会如此。

如果两家厂商都选择多做广告，则每家厂商均可获得3000万元的利润。但值得注意的是，若它们都选择少做广告，则每家厂商可获得4000万元的利润。对比之下，双方多做广告的所得利润反而不及少做广告的所得利润。但是，任何一家厂商都不敢贸然行事，因为彼此都无法保证对方不做出多做广告的决策，使自己只能得到2000万元的最少利润。其结果只能是两家都选择多做广告，少得利润，资源浪费在互相抵消的广告上。这个例子类似博弈论中著名的“囚犯的困境”。它证明了过多的广告会导致社会资源的浪费。这一点与本文上一部分的长期广告效果分析的结论是一致的。但是，这里面隐含着一个问题，即怎样才算过多的广告？或何种程度叫多做广告，多做与少做的界线在哪里？

在新古典经济学的理论方法体系中，信息被假设是对称的。所以，在应用新古典的方法分析广告时，预先就隐含了厂商与购买者之间的信息对称的假设。因此，新古典只是分析厂商做广告或不做广告对厂商的影响，把广告视为是一种纯粹的竞争手段。当我们应用博弈论来分析和预测厂商的行为时，可以使用较为灵活的处理方法。具体而言，我们可以假设厂商选择多做广告或少做广告（如上例），也可以假设其做广告或不做广告。如果假设厂商选择多做广告或少做广告，实际上是肯定了做广告的必要性，亦即肯定了信息性广告对市场效率的贡献。如果厂商将广告作为一种竞争手段、其投放量超出购买者所需的有效信息量之外时，就宏观层面而言，则必然导致社会资源的浪费，从而降低资源配置的效率。

五、传媒技术与信息成本

前面的分析表明，如果市场信息成本为零，则作为厂商竞争手段的广告无益于社会资源配置效率的提高，只是有利于厂商短期利润的提高；如果市场信息成本不为零，则过多的广告也会引起社会资源的浪费。无论怎样，当厂商将广告作为一种市场竞争手段时，都会导致社会资源的浪费。

然而，现实的市场并不是一个零信息成本市场。为了完成一项市场交易，必须弄清楚谁是交易者，必须通告市场上可能的参与者，这是完成交易的前提。不可否认，完成一项交易所需的信息的传播方式有多种多样（如人员走访），厂商选择何种传播方式本质上是一个效率问题。追求利润最大化的厂商必然选择某种（或几种）成本最低的信息传播方式。那么，与其他传播方式相比较，广告的优势究竟在哪里呢?

如果我们对广告的发展历史稍作考察，就不难发现广告与媒体之间共生共荣的互助关系。每一次大众传媒技术的革命性突破，都创造了一种全新的广告形式。从报纸、无线电、电视到互联网，直接产生了报纸广告、广播广告、电视广告和网络广告。由于媒体技术的每一次进步都极大地提高了信息的传播速度和传播质量，其经济意义在于可以降低信息传播的平均成本，因此，随着新的广告形式的出现，使得市场的扩展成为可能。而市场的扩展必然导致交换规模的扩大和市场信息成本的提高从而产生对更有效率的传播技术的需求，进一步促进传媒技术的进步。

在前工业社会时期的商业活动中，商业信息主要靠人际传播，仅有的几种广告形式（如广告牌、传单等）由于没有大众传媒技术的支持，使得信息的传播速度极其缓慢，传播面十分狭窄，辐射半径也相当有限。工业革命的兴起，尤其是二战之后，电子技术的突飞猛进导致传媒技术发生了革命性的变化。商业信息凭借可以有的放矢的广告形式、依靠现代大众传媒技术即时地向更为广阔的区域乃至全球传播，为厂商的市场扩张创造条件。相反，如果不借助现代传媒技术和广告，商业信息的传播必然受到地域和时间的限制，实质上是市场的扩展受到约束，从而限制了厂商规模的扩大，规模经济的好处得不到体现。这对某些类别的企业的规模生产可能是致命的。比如像保洁公司之类的直接为大众消费者生产日常消费品的企业，或各个行业的连锁企业，其企业规模的大小取决于其市场规模的大小而不是生产技术的要求，如果没有现代大众传媒技术和广告，企业的产品信息将无法有效地传送至广泛分布的大众消费者，企业只能占有一个范围十分有限的市场，企业规模必然受到限制。

市场对企业规模的限制，在本质上是市场交易成本（包含信息成本）对企业规模的扩展构成阻力，我们形象地称其为“市场摩擦力”。凭借大众媒体技术的现代广告能够通过大范围的产品信息的传播而有效地减少这种市场摩擦力，为企业创造更大的市场空间。

然而，如果广告诱使购买者购买他们实际上并不需要的产品。那么，这种广告实际上就是对市场效率的损害。因此，对广告的经济分析应该分类处理。信息性的广告包含了有关产品、价格、质量、销售地点和可用性等信息，它有助于消费者做出理性的选择；相反，诱导性的广告几乎不包含客观的信息，它只是使用某种精巧的手段力图使购买者相信自己是想得到某种产品的。

信息性广告使市场功能更有效率，因为它似乎是一种向消费者提供信息的低成本手段，这些信息是消费者制定满足其偏好的购买决策所需要的。按照新制度经济学派的观点，诱导性广告则可能传播错误信息，人为地增加了市场的交易成本，有损市场运行的效率。然而，困难之处在于大多数广告既包含信息因素，又包含诱导因素。所以，我们只能简单地得出广告的信息因素节约了信息成本。

广告的诱导因素通常是一个商业道德范畴内的问题，但有时也是由于过度竞争所致。当厂商想利用广告来达到某种竞争目的时，往往就会诱导消费者。正如加尔布雷思所说，广告创造了欲望[6]。显然，追求利润最大化的厂商是不可能通过一种自觉行为来减少或根除这一问题的。

综上所述，广告对市场具有双重作用。信息性广告能够降低信息成本、提高市场的运行效率，而广告的诱导因素却降低了市场效率。因此，就整个广告行业而言，只要广告所带来的信息成本的节约能够弥补或大于广告的诱导因素所导致的市场交易成本的增加，作为一种产业的广告就能提升不断扩展的市场的运行效率。

六、总　结

作为一种信息传播方式的广告，是市场不断扩展的选择。新古典经济学的分析仅仅表明，广告在作为一种纯粹的竞争手段时对厂商短期利润的贡献，但对厂商的长期利润贡献为零；博弈论则进一步论证了在寡头垄断的市场结构下，过多的广告投入会导致社会资源的浪费。实际上，凭借大众媒体技术的广告能够降低信息成本、提高市场的运行效率，并为其产品直接面向大众消费者的厂商的规模生产创造条件。但是，广告的诱导因素也会引发市场交易成本的增加，降低市场的运行效率。

（本文所说的广告仅指商业性广告，不包含公益性广告。）

注释：

[1] 诺斯在《西方社会的兴起》一书中描述了市场制度由亚平宁半岛南部的几个城邦向全球拓展的路径，并对其背后的原因进行了独树一帜的、开拓性的阐释。

[2] 参见迈克尔·迪屈奇，《交易成本经济学》，王铁生、葛立成译，经济科学出版社，1999年第1版，第5页。此书属新制度经济学名著译丛中的一本，茅于轼先生在该书的"丛书序言"中表达了这一观点。

[3] 参见平狄克、鲁宾费尔德，《微观经济学》，张军等译，中国人民大学出版社，1997年版，第318页。

[4] 同上，第319页。

[5] 有些经济学家曾应用博弈论的分析工具对厂商的广告行为作过类似的分析，如H.Craig Petersen/W.Cris Lewis等。

[6] Galbraith, John Kenneth, 1958. *The Affluent Society*, Boston: Houghton Mifflin.

媒体集团化与广告业的困境

葛 岩 李新立

背景与问题

20多年来，中国广告产业经历了戏剧化高速发展。论者几无例外地相信，作为一类依附性产业，广告产业经营额增长与国内产品总值等宏观经济指标的增长密不可分（黄升民、邵华东，2006：pp. 423–435）。宋建武与其合作者在对“代表媒体产业发达程度的广告经营额、代表媒介成长经济环境的国内生产总值与社会消费品零售总额”等三个数据进行的分析中发现，从1981年到2003年，广告经营额与GDP、社会消费品零售总额的皮尔森相关系数分别高达0.976和0.986，且统计意义十分显著（宋建武等，2005：pp. 26–31）。对三个指标逐年增长率检验时宋等人还发现，在1982到2003年度区间里，广告经营额与两大宏观指标年均增长率之间的相关系数分别为0.723、0.599，有中等偏高的正相关性。当对年度区间做更细致的划分，将1982到1995年作为第一个观察区间、1996到2003年作为第二个观察区间后，宋等人发现，在第一个区间里，广告经营额与GDP、社会消费品零售总额之间的相关系数分别为0.541、0.431；而在第二区间里，两相关系数分别为0.753和0.811（宋建武等，2005：pp. 39–40），正面相关性显著提高。“从中我们可以得出这样的结论：其一，在广告经济由空白点起步时，由于起点低，其增长速度远远大于国民经济的增长速度，其发展更多来自于自身的刚性成长，在这个补足发展阶段，广告经营额的增长与国民经济的增长相关程度不高（指1982到1995区间——笔者注）；其二，在广告经营发展到一定程度、进入常态之后，也就是在1995年之后，同时，在中国市场经济体系初步建立、商业经济逐步活跃的大背景下，广告经营额的增长情况与国民经济发展情况表现出很强的正相关性，其中社会消费品零售总额的增长与其增长的相关性更强（指1996到2003区间——笔者注）。”宋等人做如是说（宋建武等，2005：p. 40）。

从利用宋建武等人提供的数据制作的曲线图中不难看到（宋建武等，2005：

p. 37)，1982 到 1995 年，广告经营额与其他两项指标增长率间时而紧密，时而大幅度偏离。在 1996 年前后，二者间距离趋于稳定，且比前一时期接近（图 1）。宋建武等人依据广告经营额与两大宏观经济指标增长关系对产业发展所做的划分，大体上符合该曲线图的变化。

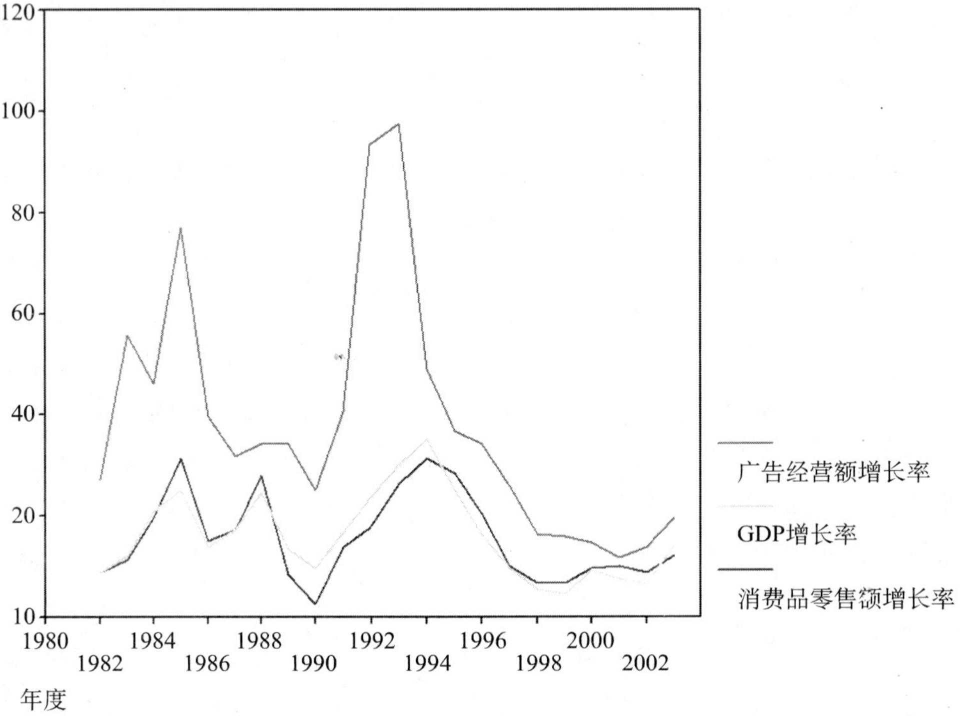

图 1　广告经营额、GDP 和社会消费品零售额增长率比较（1982—2003）（单位：%）

其他研究者还另有一些划分方法[1]，但无论怎样划分，广告产业和两大宏观经济指标的增长正面相关是广为接受的看法。这一成果为本文提供了一个观察广告产业发展、提出问题的角度：当广告经营额与两大宏观经济指标变化幅度出现显著不同时，就有理由追问其中的原因。仍以上面的图示为例，从中不但可以看到三条曲线运动趋势大体相仿，还可以追问为什么，例如，1984 年广告经营额增长率出现明显下跌而另外两项指标却在上扬？从中不但可看到从 1990 年起三项指标一起上扬，还可以追问，为什么广告经营额增长在 1993 年抵达增长率尖峰而另外两大指标的登峰期却晚至广告曲线已垂直下跌 1994 年？这类追问，如果足够幸运的话，或许能发现广告产业内部因素、广告产业与宏观环境之间更具体的互动关系在产业发展中所起的作用，从而加深对广告产业变迁动力的理解。

遵循这样一种提问和思考的方式，本文尝试揭露和解释上图中显示的一个现象：从 1998 到 2001 年，广告经营额增长率与其他两条曲线作长达四年的逆向运动，且在 2001 年空前靠拢，几近重叠，[2] 为所观察的 1982 至 2003 年区间中绝无仅有。这一时期究竟发生了什么？

思路与假说

范鲁斌把 1992 年到 2002 年看作广告产业的“快速发展阶段”，认为传媒集团化是这个阶段中的“十大变革”之一。他描述道：“1996 年 9 月，《广州日报》拉开了报业集团化的序幕。至 2000 年底，全国已有南方、光明、经济、文汇、新民、深圳特区、北京日报等 16 家报业集团相继组建完毕，并均取得了不凡的业绩。据中国广告协会公布的年度传媒广告经营排序，2000 年报业前五名均系报业集团的成员。2001 年报业集团继续稳步发展，又有湖北、湖南、重庆、吉林、河北、四川日报等 10 家报业集团成立，报业集团至今已 30 家，显示出媒体改革力度的加快。继报业之后，电视广播传媒‘世袭领地’也在动摇，广播电视开始‘扩军应战’。全国第一家省级广播影视集团——湖南广播影视集团——，在经过一段时间试运行之后，于 2000 年 12 月 27 日在长沙正式挂牌。”“2001 年 4 月 9 日，拥有广播、电视、多家电视台、传媒网络和报刊为主的多媒体、多品种、多功能、跨行业结合的大型传媒集团——上海文化广播影视集团成立”。“5 月 29 日，北京广播影视集团也挂牌成立”。“其他一批上星的地方台也在紧锣密鼓地筹划并台重组，通过整合组成一批广电‘航空母舰’，握成拳头，对（国外——笔者注）传媒‘巨鳄’构成巨大威胁。”“2001 年 12 月 6 日，由中央电视台与中央人民广播电台、中国国际广播电台联合组建的我国最大的广电集团——中国广播电影电视集团宣告成立。这次整合营造了中国最大的传媒‘航空母舰’”。“至 2001 年底，已有 8 家广电集团成立，传媒集团化成为传媒改革的又一大亮点。这既是应对‘入世’竞争的需要，也是发展的必然，更是一种挑战”（范鲁斌，2004：pp. 61–62）。

从范说中可以了解到，（1）报业和电视业的集团化是 1998 到 2001 年间媒体市场上发生的重大事件，在 2001 年，报业和广电集团化均处于高潮期；（2）集团化导致了竞争加剧，令广告市场上“硝烟弥漫”，以致“推动了广告业加速发展”。其中“推动了广告业加速发展”的陈述让人难免生出疑问，因为2001年广告经营额增长率分明遭遇下滑，而且是在GDP和社会消费品零售额增长率一起上扬的条件下出现下滑。

按照简单逆向思维的方法，我们建立起一个工作假说：从1998年到2001年，报业和广播电视业的集团化是广告经营额增长率滑落的主要原因。启示做如此假说的是产业经济学中对市场结构的一般性分析：市场结构的变化会引起企业行为的变化，而后者又会引起市场绩效的变化（戴伯勋、沈宏达，2001：p.108）。具体到我国媒体集团化问题，集团化多利用行政手段整合分散的媒体，提高产业集中程度，从而改变了地方市场结构，减少竞争，结果是强化媒体在与广告主、广告代理公司交易中的地位，获得超额利润，导致广告产业整体绩效降低。

所谓工作假说是指一种并不完全值得信赖的看法。但为了思考的方便，工作假说可当作探讨的起点，从可能想到的种种角度去检验它，修正它，以求获得一种更经得起追问，也更接近事实的观点。由于无法得到更具体的数据，对上述工作假说的检验只能停留在行业和广告经营门类的宏观水平。即便如此，上述假说至少需要在以下几个方面得到检验：

第一，在广告产业较长的发展过程中，如从1992到2003，媒体广告经营单位——主要是报纸、电视广告经营单位——与其他广告经营者的营业额增长率有较显著的正面相关性。这样，正面相关性可被视为基线（baseline）或常态（norm），偏离常态的变化才能构成问题，造成解释的必要。

第二，在所欲特别观察的年度区间，如报业集团化高潮期的1998到2003年[3]，电视集团化高潮期的2000到2003年，报纸、电视广告经营单位与其他广告经营者营业额增长率之间的关系偏离基线。如果这种偏离表现为两者的负相关性，可能说明媒体广告经营与其他门类广告经营者的利益出现不一致。

第三，在所欲特别观察的年度区间，广告产业经营额平均增长率应该低于媒体广告经营单位。如果是这样，说明媒体市场格局的改变可能伤害到行业整体的利益。

第四，与长程的数据相比较，在所欲特别观察的年度区间，GDP等宏观经济指标增长率与广告经营额增长率相关性减弱，说明宏观指标不足以用来解释后者的变化，应该从其他更具体因素——如媒体集团——中寻找解释。

第五，在所欲特别观察的年度区间，无法发现集团化之外的其他因素可用来全面有效地解释上述数据的变化。

我们从多种来源搜集了相关数据。其中特别要提到的是范鲁彬在《中国广告25年》中搜集、整理的不同门类广告经营单位的数据。没有这些数据，本文中工作假说的检验和修正是不可能的。

发 现

从第一个角度的检验中我们发现，自1992到2003年，不同门类营业额增长率之间，门类与和行业经营额增长率之间都存在正相关性。其中，专业公司与广告行业经营额增长率之间高度正相关，皮尔森相关系数高达0.959，且统计意义十分显著；专业公司与电视、报纸广告经营单位营业额增长高度正相关，系数为0.809、0.845，统计意义也十分显著。而且，电视、报纸广告单位营业额与广告行业经营额增长率也高度正相关，系数为0.813、0.894，统计意义十分显著（表1）。换言之，在观察区间内，不同门类营业额增长之间没有冲突，一门类的增长不以他门类或行业总体的不增长或过低增长为代价是行业发展的“常态”。

此外，我们还对前集团化时期——1992到1997年——的营业额增长率做了相关性分析。专业公司与电视、报纸广告经营单位营业额增长率之间的相关系数分别为0.733和0.821。其中，专业公司与报纸广告经营单位营业额增长高度相关，且统计意义显著。换言之，前集团化时期，专业广告公司与报纸、电视广告经营单位营业额增长率有着和谐的正面相关性。

当从第二个角度即对集团化时期的数据进行检验时，分析结果偏离“基线”。1998到2003年六年间，专业公司与报纸广告经营单位营业额增长率间的皮尔森相关系数为–0.601，中等程度负相关，只是统计意义不甚显著。2000到2003年四年间，专业公司与电视广告经营单位营业额增长率间的相关性为–0.967，高度负相关，且统计意义十分显著（表2、表3）。这似乎表明，媒体和专业公司处于你赢我输的关系之中，电视广告经营者和专业广告公司的关系几近零和游戏。

表 1　广告行业经营额，不同广告经营门类营业额增长率相关性分析（1992—2003）

	广告产业经营额增长	广告公司营业额增长	电视广告营业额增长	报纸广告营业额增长	广告广告营业额增长	杂志广告营业额增长	其他广告营业额增长
广告产业经营额增长 Pearson Correlation Sig.（2-tailed） N	1 . 12	0.968* 0.000 12	0.813* 0.001 12	0.887* 0.000 12	0.793* 0.002 12	0.234 0.465 12	0.580* 0.048 12
广告公司营业额增长 Pearson Correlation Sig.（2-tailed） N	0.968* 0.000 12	1 . 12	0.809* 0.001 12	0.845* 0.001 12	0.745* 0.005 12	0.163 0.613 12	0.503 0.095 12
电视广告营业额增长 Pearson Correlation Sig.（2-tailed） N	0.813* 0.001 12	0.809* 0.001 12	1 . 12	0.489 0.106 12	0.525 0.080 12	0.424 0.170 12	0.279 0.380 12
报纸广告营业额增长 Pearson Correlation Sig.（2-tailed） N	0.887* 0.001 12	0.845* 0.001 12	0.489 0.106 12	1 . 12	0.828* 0.001 12	0.001 0.998 12	0.600* 0.039 12
广告广告营业额增长 Pearson Correlation Sig.（2-tailed） N	0.793* 0.002 12	0.745* 0.005 12	0.525 0.080 12	0.828* 0.001 12	1 . 12	0.005 0.987 12	0.449 0.143 12
杂志广告营业额增长 Pearson Correlation Sig.（2-tailed） N	0.234 0.465 12	0.163 0.613 12	0.424 0.170 12	0.001 0.998 12	0.005 0.987 12	1 . 12	0.367 0.241 12
其他广告营业额增长 Pearson Correlation Sig.（2-tailed） N	0.580* 0.048 12	0.503 0.095 12	0.279 0.380 12	0.600* 0.039 12	0.449 0.143 12	0.367 0.241 12	1 . 12

. Correlation is significant at the 0.01 level（2-tailed）.

*. Correlation is significant at the 0.05 level（2-tailed）

表 2　专业广告公司与报纸广告经营单位营业额率增长率相关性分析（1998—2003）

		广告公司营业额增长	报纸广告营业额增长
广告公司营业额增长	Pearson Correlation Sig.（2-tailed） N	1 . 6	−0.601 0.207 6
报纸广告营业额增长	Pearson Correlation Sig.（2-tailed） N	−0.601 0.207 6	1 . 6

表 3　专业广告公司与电视广告经营单位营业额率增长率相关性分析（2000—2003）

		广告公司营业额增长	电视广告营业额增长
广告公司营业额增长	Pearson Correlation Sig.（2-tailed） N	1 . 4	−0.967* 0.033 4
电视广告营业额增长	Pearson Correlation Sig.（2-tailed） N	−0.967* 0.033 4	1 . 4

*. Correlation is significant at the 0.05 level（2-tailed）

第三个角度的检验发现[4]，1998 到 2003 年间，广告经营总额、专业公司营业额和电视、报纸广告营业额平均增长率为 15.21%、14.91%、14.54% 和 17.00%；2000 到 2003 年，四项指标平均增长率为 14.79%、12.55%、14.39% 和 21.65%。换言之，从 1998 到 2003 年报业集团化期间，报业广告营业额增长超出广告产业经营总额和专业公司营业额增长。在 2000 到 2003 年广电集团化期间，电视广告营业额增长超过专业公司营业额增长，但低于广告产业经营总额（表 4）。这些数据表明，在媒体集团高潮期，报纸广告经营明显有出色表现。电视广告经营表现良好。广告经营总额增长差强人意，专业公司营业额增长疲软。

表 4　广告产业经营额，专业公司、报纸、电视广告营业额增长（1992—2003）

年　度	产业经营额增长	广告公司营业额增长	电视广告经营额增长	报纸广告经营额增长
1992	93.94	169.12	105.36	68.25
1993	97.57	147.74	43.28	133.02
1994	49.35	52.90	52.04	34.03
1995	36.46	51.73	45.17	27.96
1996	34.17	13.38	39.72	20.12
1997	26.00	23.83	26.02	24.63
1998	16.42	18.53	18.55	7.77
1999	15.66	20.73	15.12	7.64
2000	14.57	14.37	8.17	30.39
2001	11.54	16.76	6.19	7.76
2002	13.62	6.65	28.80	19.52
2003	19.44	12.43	10.39	28.94

第四个角度的检验显示，1998 到 2003 年，广告产业经营总额与两大宏观指标增长率之间相关性不显著。其中，与 GDP 增长的相关系数为 0.526，与社会消费品零售总额的相关系数仅为 0.188，只是两系数的统计意义均不显著，仅有参考价值（表 5）。然而，同期报纸广告营业额与两大宏观经济指标增长率的相关性则有所提高，相关系数达 0.799，统计意义水平 0.056，接近显著意义标准（0.05）。但报纸广告较高增长幅度（17%）未能在其与广告产业经营额的相关性中获得体现，二者的相关系数仅为 0.389（表 6）。换言之，报纸广告增长对于行业经营额增长未有显著贡献。分析也显示，从 2000 到 2003 年，电视广告经营额与 GDP 和消费品零售总额增长幅度的相关系数为 – 0.373 和 – 0.546，与广告产业经营总额增长的相关系数为 – 0.71，但统计意义均不显著（表 7）。

表 5　广告经营额增长与两大宏观经济指标增长相关性分析（1998—2003）

		广告经营额增长	GDP增长	消费品零售总额增长
广告经营额增长	Pearson Correlation	1	0.526	0.188
	Sig.（2-tailed）	.	0.284	0.722
	N	6	6	6
GDP增长	Pearson Correlation	0.526	1	0.927*
	Sig.（2-tailed）	0.284	.	0.008
	N	6	6	6
消费品零售总额增长	Pearson Correlation	0.188	0.297*	1
	Sig.（2-tailed）	0.722	0.008	.
	N	6	6	6

**. Correlation is significant at the 0.01 level（2-tailed）

表 6　GDP、消费品零售总额、广告经营额和报纸广告营业额相关性分析（1998—2003）

		GDP增长	消费品零售总额增长	广告产业经营额增长	报纸广告营业额增长
GDP增长	Pearson Correlation	1	0.927	0.526	0.799
	Sig.（2-tailed）	.	0.008	0.284	0.056
	N	6	6	6	6
消费品零售总额增长	Pearson Correlation	0.927	1	0.188	0.692
	Sig.（2-tailed）	0.008	.	0.722	0.128
	N	6	6	6	6
广告产业经营额增长	Pearson Correlation	0.526	0.188	1	0.389
	Sig.（2-tailed）	0.284	0.722	.	0.446
	N	6	6	6	6
报纸广告营业额增长	Pearson Correlation	0.799	0.692	0.389	1
	Sig.（2-tailed）	0.056	0.128	0.446	.
	N	6	6	6	6

**. Correlation is significant at the 0.01 level（2-tailed）

表7 GDP、消费品零售总额、广告经营额和电视广告营业额相关性分析（2000—2003）

		GDP增长	消费品零售总额增长	广告产业经营额增长	电视广告营业额增长
GDP增长	Pearson Correlation	1	0.928	0.947	−0.373
	Sig. (2-tailed)	.	0.072	0.053	0.627
	N	4	4	4	4
消费品零售总额增长	Pearson Correlation	0.928	1	0.782	−0.546
	Sig. (2-tailed)	0.072	.	0.218	0.454
	N	4	4	4	4
广告产业经营额增长	Pearson Correlation	0.947	0.782	1	−0.071
	Sig. (2-tailed)	0.053	0.218	.	0.929
	N	4	4	4	4
电视广告营业额增长	Pearson Correlation	−0.373	−4590.546	−0.071	1
	Sig. (2-tailed)	0.627	0.454	0.929	.
	N	4	4	4	4

第四角度的检验表明，媒体集团化时期，报业和电视广告对行业经营增长贡献甚小，或许有负面贡献。报业广告增长与两大宏观指标有较显著的正面相关，而电视广告与两大宏观指标增长呈负相关。

四个角度检验勾勒出这样一幅图景：广告产业增长与两大宏观指标增长之间稳定的正面相关关系被打破（第一角度检验），媒体广告增长超出产业与专业广告公司（第三角度检验），但前者并不总是对产业增长做出明显贡献（第四角度检验），甚至，和产业与专业广告公司增长有负相关关系（第二角度检验）。媒体广告的出色表现无法直接用宏观经济指标或产业增长来加以解释（第四角度检验）。概而言之，由于宏观指标不能解释的因素，媒体广告经营表现出色，但这并未给产业整体发展带来明显益处，甚至还伤害了专业广告公司的利益。这些发现支持我们的工作假说。

尚有一些现象未能由工作假说解释。例如，报业广告与电视广告的表现有相当明显的差别。就平均增长率来说，前者的表现超过后者；就对于行业的贡献来说，前者是正面的，后者是负面的；就和宏观指标的关系来说，两者也有正面和负面之别。因此，需要寻找其他可能的解释因素。第五个角度的检验设想了一组或许拥有解释力的因素：

第一，由于2000年国家税务局颁布《企业所得税税前扣除办法》，国家药监局颁布有关不得刊播处方药品广告的规定，导致广告主投入的减少，致使行业经营额增长率降低。该因素具有相当的解释力，特别是对2001年广告经营额增长出现的低谷而言（见图1）。然而，它难以解释整个考察区间的数据变化的因素。例如，它可以解释广告行业经营总额增长在2001年的跌落，但无法解释媒体广告营业额在本区间平均增长率不降反升的现象。

第二，由于营销战略的转变，广告投入的份额减少，导致广告经营额增长疲软。该因素的解释力十分有限。假定整合营销中促销、公关等支出中降低了媒体广告部分的投入，本因素的确可以解释广告经营总额增长幅度降低，但却无法解释门类营业额的变化。在该因素产生影响下，专业广告公司营业额或许降低（减少媒体广告策划、制作和代理业务），报纸、电视广告营业额降低的可能性会更大（减少了投放业务）。这样一来，本因素也就难以解释媒体广告营业额增长率上扬的现象。

第三，由于户外、因特网等广告发布渠道的成长，广告支出分流到新兴发布领域，导致传统广告部门营业额降低。如这一假定成立，传统媒体广告将成为首当其冲的受害者。该因素的解释与观察到的数据不符。

第四，由于广告代理制度的动摇，广告投放者直接与媒体广告经营单位交易，导致专业广告公司业务范围缩小，增长变缓，而媒体广告经营者营业额增幅加大。这一因素有一定解释力。然而，执行伊始，广告代理制就遭遇到此类问题。如果以往这一问题没有导致广告经营额与专业公司营业额增长率跌落，在媒体集团化时期却带来了如此结果，可能说明集团化导致的市场结构变化使广告代理问题凸现出来。这种理解倘若能够成立，它与工作假说并不矛盾。

第五个角度的检验说明，2000年颁布的《企业所得税税前扣除办法》和不得在媒体刊播处方药品广告的规定可能是有解释力的因素，应加以考虑。

讨　论

根据上述发现和分析，可以观察一下1998到2001年的中国广告业究竟发生了什么。

从图2去观察，报业集团化伊始，报纸广告几乎没有出现增长。这可能和机构变化后的适应期有关。只有当集团覆盖了足够的市场后，报业广告增长才成为可能。同时期，专业公司营业额增长稳健，行业经营额稳中略降。接着在2000年，报业广告营业额增长一举上扬，幅度约20%。但由于报业广告的发展并未能给行业整体带来利益，专业公司营业额的增长率明显滑落，乃至行业经营额亦现下滑。此时尚未经历集团化的电视广告领域增长下跌到谷底。也在此时，第一个广电集团出现。

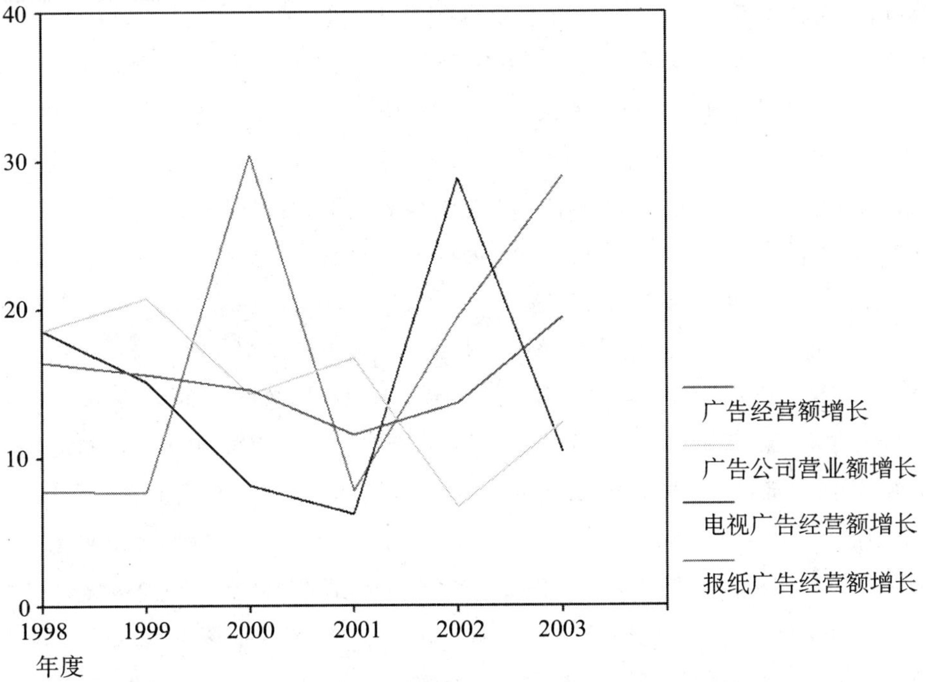

图 2　广告经营额、专业公司、报纸、电视广告营业额增长示意（1998—2003）

2001 年，一组广电集团的出现并没有为电视广告带来福音。相反，该门类增长率滑落到历史最低水平。对此有一种可能的解释：广电集团化类似于报业集团化，需要一定时间才能显示其竞争能力。但这一解释没有考虑其他共生现象：报业广告、行业经营额增长一起下跌，其中，报业广告增长下跌几乎将 2000 年所获全数失去。共生现象迫使寻找能够对产业整体产生影响的其他因素，2000 年颁布的《企业所得税税前扣除办法》和不得刊播放处方药品广告的规定责在难逃。令人诧异的是，该年专业广告公司营业额增长却呈上升状态。为什么来自管理部门的打击没有造成该门类营业额增长率下落？我们尚没有可信赖的解释方法。

甚至在颁布伊始，《企业所得税税前扣除办法》就遭到广告业界和研究者的尖锐批评，责其违背了广告活动的常识（作者不详——甲，2005）。有调查表明，2001 年后，广告投放普遍超过《办法》中的限额。以 2002 年为例，“在医药保健品行业，广告投入占销售额的百分比平均达到近 20%，化妆洗涤用品在 17% 左右，IT 类也超过了 10%，食品饮料类大多超过 8%。尽管目前国家出台了 2% 或 8% 的限额纳税措施，但显然没有阻止广告主的实际广告投放量。”（作者不详—乙，2003）。如果真是这样，就不难理解2002年报业、电视广告营业额增长率的迅速上升；由于这两门类在广告产业整体中所占的巨大比例，也不难理解当年产业经营额明显增长的现象。不过，广告投入的回升不能解释专业公司营业额增长率何以大幅度下跌。报业、电视广告与专业公司营业额增长率的负相关性提示，在2002年的产业结构中，专业公司面临不仅有报业，而且有广电这两个因集团化而难以对付的交易伙伴。

至此，本文开始时提出的问题有了一个答案：1998到2001年，由于媒体集团化对于广告产业结构的改变，在整个产业收入中占有“半壁江山”的专业公司营业额增长受阻，产业经营总额增长率因此逆两大宏观指标增长而滑落；其间，政府税收与广告管理政策的变化减少了广告投入量，使广告产业面临的困难加剧，以致在2001年出现广告经营额增长十分接近两大宏观经济指标增长的罕见现象。

需要说明的是，结合图I和图II去看，从2002到2003年，虽两大宏观经济指标增长乏力，广告经营额却开始回扬并稳定拉开和宏观指标的距离。报业广告继2002后在2003年持续增长。专业公司营业额则在2002年探落谷底后于2003年回扬。电视广告增长率在2002年戏剧化地登峰后，次年又以同样戏剧化的方式下跌。虽然这组现象已经不包含在本文讨论的中心问题——广告经营额增长与两大宏观指标增长靠拢——之内，对广告产业经营额增长的逆势回扬和电视广告增长率下跌似有必要做一分析。

先看电视广告增长幅度的下跌。虽然报业与电视业都迅速地走向集团化，以改变产业结构来强化市场势力对于两大媒体的意义或许不同。报纸依政府行政体系板块来划分市场。跨地区经营会遭遇强大的行政壁垒。在如此的市场格局中，以地方党报为首的报业集团可能迅速提高地方报业市场集中度，获得市场势力。另一方面，依行政管理体系划分市场也是电视业的现实，但卫星传输技术推动着跨地区乃至全国市场的形成。对于电视产业来说，利用集团化来提高产业集中度的效果相对有限。2002到2003年间，地方的、区域的、全国的市场都面临广电集团之间的竞争，为广告主和专业公司提供更多的选择。黄升民和张豪评论说：“（电视媒体）增长势头在2003年明显放缓（在四大传统媒体中最低）。”“在此背景下，电视广告经营者不得不思索进一步拓展市场的出路”。“电视广告全国收视市场争夺加剧，重点区域收视市场开始成为争夺焦点。2002年以来，卫视频道的频繁改版与全国性频道的增设是电视媒体发展的一大特点”，“这直接导致电视台之间对全国收视市场的争夺进一步加剧，**而给广告主则提供了更多的全国性投放平台**（笔者加重）”。“2003 年，省级卫视广告联播第三次走向舞台。推出省级卫视联播是各卫视频道为与中央台这一全国性的强势媒体争夺全国电视广告市场的产物”（黄升民、张豪，2005）。

再看广告产业经营额在 2003 年的上扬。显然，在行业经营额中份额巨大的专业公司和报纸广告营业额的增长对带动行业经营额增长起到重要作用。还须提到的是户外广告营业额的大幅度增长。据范鲁彬记载：“至 2002 年底，户外广告载体总数已达 1756026 块，经营单位 62257 户，实现广告额 998664 万元，较 1999 年增长 72.93%，户外广告已与报业、电广形成三架马车的格局，成为传媒广告市场三大主要竞争对手”（范鲁斌，2004：p.63）。一般认为，户外广告的迅速发展和消费者户外活动的增加，三大“黄金周”的制度化有关，但黄升民对此做过独具一格的评论：“我认为，户外媒体的胜利，其实不是效果的胜利，而是体制的胜利，为什么这么说？在种种广告媒体之中，户外媒体是唯一一个不受意识形态部门管理的媒体，是一个基本依照市场规矩操作的媒体，而且，是唯一可以直接进入资本市场的媒体”（黄升民，2005）。从本研究的角度去看，由于户外广告的发布无须经过具有“喉舌”性质的媒体机构，户外广告经营者面对的是不具备集团化势力的交易伙伴，行为更具市场化性质，容易取得较好的市场绩效，虽然营销策略的变化可能也在户外广告的崛起中扮演着重要角色。

在我们使用的数据中，户外广告、新媒体广告和有线电视广告经营者被划分在一个门类，统称“其他广告经营单位”，因此无法对户外广告、新媒体广告乃至直邮广告的表现做具体分析。但下面的图示似可说明，这些门类的营业额在 2002 到 2003 年间开始出现令人瞩目的增长（图 3）。随着其对行业整体影响力的不断增加，媒体集团的市场势力可能会遭遇进一步的消解。

结　语

至此可以将本研究的工作假说做如是修正：报纸、广播电视媒体的集团化是造成 1998 到 2001 年前后广告经营额与 GDP、社会消费品零售总额增长率逆向运动的主要成因。集团化改变了广告产业的市场结构，使媒体得以利用行政权力带来的市场势力在广告交易中获利，造成其他广告经营者的损失，并减慢了广告行业的增长，而 2000 年政府颁布的涉及广告管理的法规则加剧了广告行业的困境。

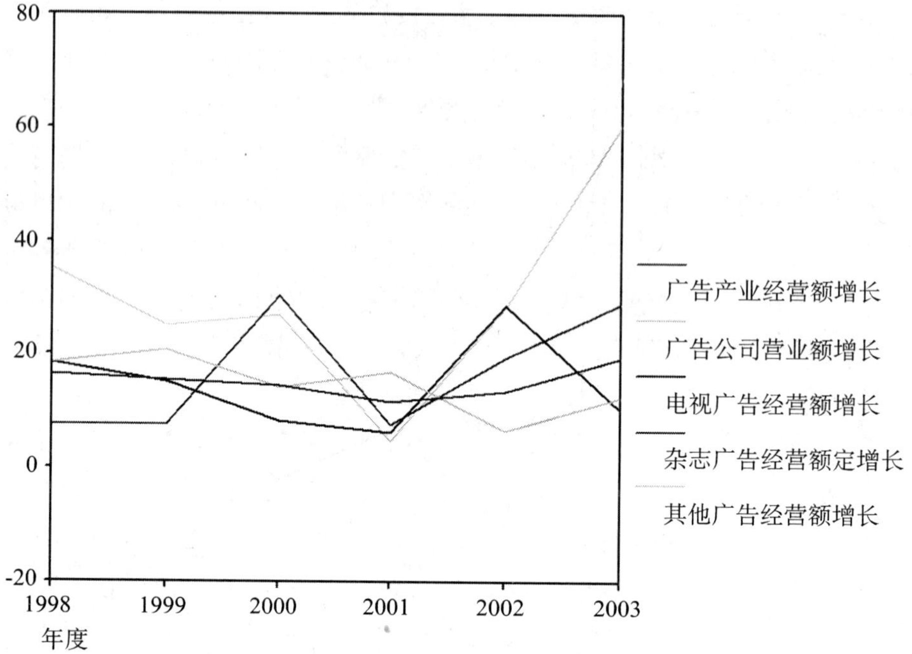

图 3　产业经营额、专业公司、媒体及其他（含户外）广告营业额增长（%）（1998—2003）

需要说明的是，上述认识是对数据曲线呈现的一种罕见现象的分析结果。它不是，也无意成为对我国媒体集团化的最终评价。笔者充分意识到，媒体集团化的经济和社会功能是复杂的。例如，中国媒体的“喉舌”性质使媒体市场中的行政权力至关重要，一些依靠行政权力进入市场的媒体又通过行政权力在市场上生存（如摊派订阅），造成社会资源的无效甚至有害配置。在我国目前的媒体管理体制下，这类媒体只有通过行政权力才能够兼并或被清除。集团化则可能成为有效的清除手段之一。再如，本研究所考察的是一个不长的年度区间，从长程发展去看，尚不知道媒体集团化的后果会是如何。媒体集团化倡导者的主要论据之一是，中国需要拥有与“国际传媒大鳄”对抗的“航空母舰”，集团化因此常被理解为我国全球化发展战略的一部分（卢嘉杰，2005：pp.23，30—31）。目前还没有足够证据来评判集团化是否逐步接近实现其宏伟目标。“航空母舰”的说法是否只是“拿政治说故事，在市场上得利益”，尚需时日来检验。

就近期出现的数据来看，没有或较少意识形态色彩和行政权力背景的传播渠道。

户外媒体、网络媒体、分众或聚众媒体等，为广告投放提供了更多的选择。正在推广的数字化电视将会改变投放渠道稀缺的现象，弱化媒体集团的交易地位。据此我们有理由推测，这些传播生态的变化可能会消解集团化提高产业集中度的努力，为我国广告业带来较公平的竞争环境。

[致谢]：

本文写作中，上海交通大学新闻与传播系阎峰副教授曾提供了大量数据和其他参考资料，北京大学社会学系侯猛博士曾提供了有价值的建议，在此表示感谢。

[基金项目]：

本文写作得到2004年国家社会科学基金重大项目（048ZD013）子项目《广告产业：现状与选择》资助。

注释：

[1] 对广告产业发展另有其他的一些划分方式，如范鲁斌方式和《中国广告猛进史：1979—2003》方式。在范鲁斌眼里，1979年到1982年，是所谓“恢复与复苏阶段”，1982到1992年，是“发展初级阶段”，1992到2002年，是“快速发展阶段”，这之后，是“新经济增长”周期。见范鲁斌（2004）。《中国广告猛进史：1979—2003》的作者们把1979到1982年称为“萌动发展期”，1983到1985是“高速发展期”，1986到1991是“快速发展期”，1992到1994是“超高速发展期”，1995到1997是“（第二）快速发展期”，1998到2003是“稳步发展期”，见国际广告杂志社、北京广播学院广告学院、IAI国际广告研究所（2004）。从图2来看，自1982年到2003年广告经营额、GDP和社会消费品零售额年度增长率的变化曲线有五个明显的区间。在1982到1985期间，广告经营额增长率和另两个指标的增长率之间发生大幅度偏离。这种偏离在1986到1991年期间获得一定程度的校正，然而在1992年却有更大幅度的偏离出现，达到整个观察时期的尖峰。这一偏离在1994年再次被校正。从1995到1997年三年间，三条曲线几乎平行下滑，彼此距离少有变化。之后，从1998年到2003年，广告曲线继续下滑至2001年后上扬，另两条曲线波动上扬，曲线间距离虽不规则，但相对稳定，没有以往的大幅度偏离出现。由于缺乏数据，无法考察1979到1981期间的情况，但所能观察到的曲线变化与《中国广告猛进史》中所划分的“五大发展期”中的后“四大发展期”大体吻合。

[2] 2001年，广告经营额增长率与GDP增长幅度差为4.24，与社会消费品零售总额差仅为1.46。见宋建武等（2005），37页。

[3] 虽然第一个报业集团，广州日报报业集团，在1996年1月成立，选择1998年作为观察的起点是因为新闻出版署在1998年2月制定出《新闻出版业2000年及2001年发展规划》，全面推动报业的集团化进程。

[4] 1992年到1997年，各广告门类增长率都很高，最高者达169.12%，最低者在20%以上。1998之后，各门类增长率普遍下跌，最高者低于21%，最低者仅有6.19%，符合《中国广告猛进史：1979—2003》将1992到1994划分为是"超高速发展期"，1995到1997为（第二）"快速发展期"，1998到2003为所谓"稳步发展期"。

参考文献（依文中出现次序排列）：

1. 黄升民、邵华东，变革与冲突：2005年广告市场现状与趋势分析，载崔保国主编，《2006年：中国传媒产业发展报告》，社会科学文献出版社。2006年，第423—435页。
2. 宋建武等，《中国媒体经济的发展规律与趋势》，中国人民大学出版社，2005年。
3. 范鲁斌，《中国广告25年》，中国大百科全书出版社，2004年。
4. 戴伯勋、沈宏达主编，《现代产业经济学》，经济管理出版社，2001年。
5. 国际广告杂志社、北京广播学院广告学院、IAI国际广告研究所，《中国广告猛进史：1979—2003》，华夏出版社，2004年。
6. 作者不详——甲，《广告市场风云突变》，《中国经营报》，2005年5月3日，http：//www.china.org.cn/chinese/2001/May/32222.htm，2006-7-15访问，2005年。
7. 作者不详——乙，《2002年中国广告市场生态调查报告摘要》，http：//down.edunw.com/DownLinks.aspx?id=14105，2006-6-30访问，2003年。
8. 黄升民，张豪（2005），《2003—2004中国广告市场回顾与展望》，http：//www.chineseman.net/detail.asp?c_=_cb&id_=_6311&readstyle_=_undefined &table_=_undefined，2006-7-15访问。
9. 黄升民，《中国广告业五大忧思》，http：//www.woxie.com/article/list.asp?id_=_19066，2006-7-15访问，2005年。
10. 卢嘉杰，《中国媒体集团化研究的论域与争论盲点》，《新闻界》2005年第6期，第23—25，30页。

（原载《新闻大学》2007年春季号，原文标题为《1998至2001年发生了什么？》）

软文广告的形式、危害和治理

——对《广告法》第13条的研究

◉ 应飞虎　葛　岩

一、背景与问题

“软文”是广告行业的一个流行术语，指大量存在于大众媒体中，以新闻报道形式发布的广告。在我国的语境中，“软文”就以报道形式发布广告主所需要的信息而言，其意义与近年来英语中的拼接词“advertorial”（advertisement+editorial，大体上可译为“付费文章”）相似。但“软文”掩盖其付费服务性质，混淆广告和新闻报道之间的界限，以达到使读者将付费服务误以为客观报道的目的，而advertorial则通常是标明的，多出现在广告栏目之中。

由于软文刻意掩盖其广告身份，界定软文广告便会有一定难度。在对广告的理解中，最具影响力的是美国营销协会在1963年对广告所下的定义：“广告是由可确认的广告主，以任何方式付费的，对其观念、商品或服务所作的非个人性陈述和推广。”[1] 由此可以得知，凡是直接或间接付费的，面向消费者的、从事有利于付费者的宣传活动就具有了商业广告的性质。的确，新闻报道有时也可能有利于某一企业、某一类产品或服务，但新闻报道和软文广告有一种根本性的区别，即前者是不收费的，包括直接与间接。有了这样的界定标准，无论软文采取什么样的形式，其广告性质均可由其后经济活动的性质来界定。

软文广告的危害是明显的。首先，以欺骗的方式，软文可能比合法的广告获得更强的宣传效果，进而使软文广告主比合法广告主获得更多的交易机会，属不正当竞争。其次，软文以虚假的第三方身份蒙骗读者，促使读者产生原本不会产生的消费需求，损害读者利益；从而造成资源配置的错误和社会福利的损失。因此世界上大部分国家都视之为违法。我国《广告法》第13条也明确禁止这类广告行为。在现实中，虽然此类广告对消费者的危害不在普通虚假广告之下，但却少见对之予以查处的案例。与此同时，对之的深入分析也少见于法律研究的文献中。

2006年6月3日，南方某报（以下简称“X报”）发布了一份题为“别让爸妈妻子倒在厨房油烟里”的广告，广告推介的产品是无油烟锅[1]。从其风格处理到传播方式，该广告都属软文广告。以之为对象，本文试图通过描述和分析的方法回答下列问题：发布软文广告的媒体是如何规避法律的？软文广告具有什么样的内容和传播方式？软文广告的模糊身份对于读者的消费意愿有什么样的影响？为什么软文广告能够在广告业盛行？广告监管部门为何不积极查处？在对这些问题作较深入讨论的基础上，本文将就软文广告的制度治理提出一些建议。

二、个案的描述与分析

（一）个案如何获得报道形式

1. 版面处理。个案出现于2006年6月3日X报B16版，占据整个版面，标题为“别让爸妈妻子倒在厨房油烟里”，并采用了醒目的48号的黑体字。虽然版面的最上方有汉语“广告”及英语“Advertisement”字样，唯其提示性并不明显，而广告醒目的大字标题以及在版面中出现的大面积彩色图片更能吸引读者注意力。这样，《广告法》中必须标明广告性质的限制很大程度上被以视觉操纵的方式规避。值得注意的是，B16版最上方的“广告”两字的字号比版面上其他的栏目标题略小一些。与该报2006年6月8日D5版分类广告版中的“广告”两字相比，个案出现的版面中的“广告”提示也小一些。这些细节透露，个案试图利用视觉操纵和缩小广告标识的方式使受众误读，从而模糊广告与新闻报道间的差别。

2. 链接处理。个案文本中附有两个链接。由于附加链接是目前新闻报道中常用的形式，这里的链接进一步制造出报道感。若有读者怀疑该文的报道身份时，链接中的信息可以起到一些补救作用，因为这些链接在编排上独立于该“报道”，也因为链接可使读者感觉其内容来源于专家的意见。有理由相信，链接在此起到进一步隐藏广告身份的作用。

3. 文字处理。由于成本和受众接受等方面的考虑，大部分广告在文字处理上都是采取言简意赅方式，乃至利用简短但富于创意的口号来达到商业诉求的目的。与之相比，新闻报道则需要更多的篇幅，满足基本的叙事、评价和分析等新闻要素的要求。个案放弃了典型广告的文字处理方式，长达2970余字。结合对上述版面编排的分析，这种篇幅安排的目的，起码在一定程度上，旨在进一步模糊广告与新闻报道的风格界限。公平而论，比之与其他软文广告，个案中的文字处理方式并非过分之举。其他一些软文中频繁使用“本报记者走访了XX小区”、“记者看到”、“据记者观察”一类更为典型的报道话语，以强化虚假的报道感。

4．作者处理。上述广告的定义中曾提到，广告应有“可确认的广告主”。而软文为达到隐藏其广告身份的目的，往往会着意模糊自己是在为谁讲话。从行文风格去看，软文广告通常以记者口吻或广告主、广告公司以外的客观作者口吻写作，以隐藏软文作者的真实身份。在署名时，软文往往采取暧昧不清的方式，如该个案中，仅在结尾有“（智为）”两字，似乎是作者姓名或笔名。

通过对报业和广告业从业人员的访问，笔者获知，报社人员可为广告主代劳，某些报纸还可将为广告主服务的广告公司、公关公司人员、甚至广告主下属营销部门写作的软文直接拿来发表。

（二）个案如何诱导读者

1．信源可信度的滥用。将广告“化妆”为报道的目的是利用增加信源的可信度（source credibility）来诱导读者消费。根据说服心理学研究，信息源在公众中的形象是否公正、严肃、中立从而具有权威性，是决定信息接受者能否被说服的一个重要变量。[2] 本个案中，政府管理下的报纸通常比产品生产厂家和广告商更具权威性，利益卷入相对间接。因此，将由广告主传递的广告信息“化妆”为由报纸传递的“报道”，有可能获得虚假的可信度。个案的文中频繁使用诸如 “调查表明”、“世界卫生组织和联合国开发计划署”、“专家”、“专家大声疾呼”、“专家感叹”等词语，其目的均在于强化信源的可信度效应。公平而论，利用这一心理效应进行广告宣传是广告行业常见的说服策略。但当广告被“化妆”为报道后，读者更容易被这些信息引导进入交易环境。

2．恐吓诉求的滥用。恐吓诉求（fear appeals）是说服过程中另一种常用手段。半个多世纪以前，霍夫兰等人已通过实验方法证明适度的恐吓是达到说服的有效手段。[3] 必须承认，无论在日常生活中还是在广告宣传里，恐吓诉求在说服中屡见不鲜。[2] 然而，为实现商业目的，利用似是而非的证据来引发恐惧则是不道德乃至违法的。在个案中，这种应用并不少见。

（1）关于油烟与吸烟的类比

个案在引言中说：“世界卫生组织和联合国开发计划署发表联合声明指出：厨房

里的油烟相当于每天抽 2 包烟！”但在正文中，表述则变成了“家庭主妇每天做一次饭所受到的油烟危害，相当于每天吸两包烟。”显然，两句陈述所表达的意思并不一致。第一句陈述是说每天在厨房中产生的油烟的危害相当于每天抽 2 包烟。第二句陈述却是说每天做饭一次所受到的油烟危害相当于每天吸两包烟。和第一句陈述相比，第二句陈述所表示的厨房油烟对家庭主妇的危害高出两至三倍。个案称第一句陈述来自世界卫生组织和联合国开发计划署，却没有表明第二句陈述的来源。然而，由讨论的问题和语言结构方式所构成的语言和语气“框架”（framing）却暗示读者推想第二句陈述也出自世卫组织。[3] 的确，世界卫生组织和联合国开发计划署在 2004 年 10 月 14 日发表过相关内容的联合声明。该声明指出，目前，世界上约有一半的家庭做饭时使用诸如粪便、木头、农业生产残渣和煤炭为燃料，这类燃料会产生有毒的混合气体，其危险是支气管炎和肺炎等传染性疾病的两倍。使用这种炉子做饭吸收的有毒气体相当于每天抽两包香烟。[4] 与原文相对照，个案中“家庭主妇每天做一次饭所受到的油烟危害，相当于每天吸两包烟”的表述，曲解了声明中对于危害原因的解释。

（2）关于死亡人数

个案谈到油烟危害时声言，“（这）导致每年在全球有数百万人死亡。”笔者推测这一数字也应来自于世界卫生组织有关油烟危害的声明。查检相关文献，中国一些媒体曾简要报道说，据世界卫生组织日前公布的数据显示，每年大约有 160 万人因大量吸入厨房炉灶产生的烟气而患病致死。[5] 世卫组织声明的原文则说：“全世界有半数以上人口依靠家畜粪、木柴、庄稼秸秆或煤来满足其最基本的能源需求。用此类固体燃料在明火或没有烟囱的开放炉灶上做饭和取暖导致室内空气污染。这种室内烟雾含有一系列损害健康的污染物，包括能深入渗透到肺部的烟尘微小颗粒。在通风不良的住所，室内烟雾中超过可接受的微小颗粒含量，比室外空气高 100 倍。在妇女和儿童中暴露极高，他们大多数时间在炉边度过。每年室内空气污染造成 160 万人死亡。”[6] 这里可以看到，世卫组织提到的致死原因包括燃料、炉具、烟尘和厨房的通风条件等，油烟仅仅是因素之一而非全部原因。个案文字仅对油烟强调，退一步说，或许可以被理解为“适度夸张”行为，但个案将数字“160 万”说成“数百万”却与世卫组织声明大相径庭。个案因此夸大了厨房油烟的危害。

（3）关于“头号杀手”

位于个案正文之外的两个链接中，“链接二”题为“油烟六大害，警示深圳人”。

该链接声称："厨房油烟被称为健康的'头号杀手'，会导致油烟综合征，导致慢性角膜炎、鼻炎、气管炎；导致女性皮肤干燥、出皱纹、长色斑等；导致损伤体内免疫系统；导致长期接触者更易患肺癌、乳腺癌，中老年人更易患心脑血管疾病等。"与此对照，世卫组织声称："世界卫生组织已评估一系列危险因素对疾病负担所起的作用并显示室内空气污染为第八位最重要的危险因素，占全球疾病负担的2.7%。"[7]虽然世卫组织的这一结论是基于危险因素而对疾病负担而作出的排序，但一般而言，疾病负担也能在很大程度上表示危险因素的危险程度。很显然，厨房油烟对人体健康是有很大危害，但并没有达到如个案中所说的"头号杀手"的境地。

社会心理学研究成果表明，能唤起听众强烈情感体验（尤其是恐惧）的信息能提高说服的效果，尤其是当说服者能提供如何避免恐惧的信息时，其效果更佳。[8]个案正是运用了这种说服策略以吸引更多的交易机会。

（三）个案如何扩大传播范围

X报是一份区域性的报纸，刊登的广告以某市为基本市场，通常不会对其他地区产生影响。然而，个案具有某种新闻报道的形式，而新闻报道可能比地区性销售广告有更大的传播范围。如果真是这样，则意味着个案可能在更广大的区域中得以传播。调查结果表明，的确发生了这种情形。

1. 扩大传播的范围

2006年6月9日15：00，笔者在百度输入"别让爸妈妻子倒在厨房油烟里"，获得结果94个。转载网站出现顺序依次为新浪网、保定在线、抗癌网、X报网站、综合娱乐网、北青网、牟平信息港等。值得注意的是，个案出现的位置是这些网站的新闻和健康知识栏目。换言之，由于个案具有新闻报道或准新闻报道的形式，在互联网中，就可能被当作报道和知识小品来传播。而在这种传播中，个案完全摆脱了原来所属的广告版，成为更具典型性的软文。依此可见，软文广告的危害不仅在于其报道形式误导读者，也在于报道形式可能使之在新媒体环境中获得更大的传播范围，从而误导更多的读者。下面是笔者搜索到的本个案在新浪网扩散传播的例证。新浪网是中国目前最大的门户网站之一，具有广泛的社会影响力。个案在该网站中出现的栏目为：新浪首页 > 新闻中心 > 社会新闻 > 个案正文。网址http：//news.sina.com.cn/s/2006-06-03/03509105339s.shtml。和个案放置于一起的各种新闻有："行窃败露扬言要跳五楼警民30分钟劝哭小偷"、"别让爸妈妻子倒在厨房油烟里"、

"初二男生患肺炎入院疑输错液致死"、"两名加拿大男子攀登长城迷路"等10多个。依据信源权威性在说服中作用的理论，真正的信息源获得彻底掩藏，对于读者的误读力度因此加强，又由于网络无区域的传播功能，个案误导读者的危害范围也会随之扩大。类似的情况同样存在上述其他所有网站对个案的转载中。这种情形是如何发生的？

2. 扩大传播的成因

个案是如何进入更多网站从而扩大传播范围的呢？在刊发个案的X报网站上，笔者发现，在报纸广告栏目刊出的文件"别让爸妈妻子倒在厨房油烟里"，在该媒体的网站上出现在"深圳新闻"栏目下，链接为首页＞新闻大观＞深圳新闻＞个案。网站主页左面是报纸的各栏目菜单，分别为要闻、深圳新闻、世界新闻、中国新闻等。点击深圳新闻栏目，有包括个案的17条新闻出现，排列顺序为"别让爸妈妻子倒在厨房油烟里"、"警营开放日"、"外资热捧节能项目"、"深圳众多行业领跑全国"等，个案在当地社会新闻中被排第一位。仔细检查可发现，网络版个案和报纸版个案并不完全一致。报纸版中较明显的广告性文字，如购买联系电话等，没有同时出现在转载文本中。因此，无论从文字加工还是从栏目安排去看，网络版个案都更像新闻报道，这为彻底隐藏广告身份，为被其他网站的新闻或科普知识栏目转载创造了条件。如果X报在网站上明示该文的广告性质，其他网站根本不会把它作为一个新闻转载。很显然，彻底地将软文广告转换为新闻报道身份将有助于广告的广泛传播，并且这种传播几乎是没有成本的。

综上，报纸软文广告的制造者往往通过版面形式、文字内容、说服方式、传播渠道等方式的处理，把广告制造成软文广告，从而使广告主吸引更多交易机会。

三、软文广告的现状分析

基于对现实的观察，我们可以依据隐蔽性程度把报纸软文广告分成两类：第一类，采用专题报道等新闻形式。报道中多涉及企业的历史、生产、管理、企业竞争力、行业优势、企业文化等内容，采用通讯、评论、消息、人物专访、专家访谈、纪实报道、专家咨询、科普宣传等样式。这类软文具有一般新闻报道的外在形式，通常没有明显的产品销售信息，且不在标有"广告"字样的版面中，因此是最具隐蔽性、最为典型的一类软文广告。第二类，采用新闻报道和广告的混合形式。这类软文可分两个子类：其一，新闻报道与广告是分开的。这种分离可能是版面上的分离，如把蜂皇浆功能的软文报道放置在新闻版，而把蜂皇浆广告放置在广告版中；也可能是时间上的分离，如把软文报道与广告安排在不同日期的报纸中；还可能是报纸的分离，即把广告置于报纸 A 中，而把软文报道放置于报纸 B 中。其二，软文报道与广告同在一个版面上，或合二为一。在这种组合中，广告属性的隐蔽性较差。常见弥补手法有将软文安排在"特别报道"、"健康专栏"等版面，或者，虽将软文安排在"广告版面"，但使用减弱广告标识的视觉吸引力，并在行文中着意采用新闻报道风格等方式，使读者忽略版面标记和软文的推销性质。可以说，这一类软文的形式游走在广告和新闻报道之间，进而也游走在违法和合法之间。

（一）现状的严重性揭示

前文已大体说明了发布软文广告是误导性强、传播范围广、利用不当方式激发消费者购买欲望的非法行为。软文广告的严重性不仅在于其明显的欺骗性质，也在于这类广告普遍地、较大规模地存在于我国的大众媒体中。笔者之一于 2007 年 1 月 27 日在上海一报摊购买了该摊上非文摘类的所有其他报纸共 10 种，涵盖晚报、晨报、周报和每周两至三次出版的报纸类型。在这些报纸中，发布了软文广告或疑似软文广告者有 4 种，占 40%。10 种报纸中出现广告的版面计为 183 版，出现软文或疑似软文的版面 13 版，约占 7%。这种现象出现在素以监管严格闻名的上海市场上，其他市场上的情况想来也不容乐观。更令人忧虑的是，2003 年 5 月，笔者之一曾参加一国内著名的广告专业本科生毕业策划的答辩会。令人吃惊的是，学生将软文发布堂而皇之地列为媒体策划的一部分，并为之列出预算。软文广告竟登堂入室，成为广告传播和营销学习内容的一部分[4]，这在其他国家大概是闻所未闻的。

（二）现状成因揭示

为什么软文广告如此盛行？本文从市场主体对利益的追求，以及公权监管及处罚的不足等方面对广告生产、流通和监管的诸多主体作一初步分析。

1. 广告主、广告公司与媒体

对以利润最大化为企业目标的广告主，如果软文能够获得更大的经济效益，包括吸引更多的消费者和打击采用合法广告的竞争者，他们自然会有相应的利益驱使的冲动。广告公司服务于广告主，前者的广告投入是后者的收入来源。如果广告主需要软文，广告公司便可能会为之服务。笔者之一在百度中输入关键词“软文广告”后，共出现相关网页40000余篇。排在最前面，很可能也是点击率最高的文档多以探讨软文广告写作技巧、传授软文广告传播经验为内容，如“如何撰写软文广告”、“如何让软文广告没有广告味”、“什么是软文广告”、“软文操作之我见”、“软文广告操作八大技巧”等。这一结果透露出广告从业人员，进而以广告公司为代表的广告行业对软文的积极采用的态度。就媒体来说，虽然在法律上媒体仍然是所谓“事业单位”，但自改革开放以来的“企业化经营”方式已经使媒体行为在很大程度上企业化，赢利成为媒体的基本经营目的之一。在这种条件下，媒体自然有刊登软文的利益动机。在此情形下，如果没有外在力量的制约，广告主、广告公司和媒体很可能令结合成利益同盟，共同参与并促成软文广告的泛滥。

2. 公共权力层面

《广告法》禁止以新闻报道形式发布广告。即便这种报道式广告的内容是真实的，也要依《广告法》第13条受到处罚；如果报道失实，除了要依《广告法》第13条受到处罚外，还要作为虚假广告受到处罚。然而，从笔者所能查到的查处新闻报道形式广告的极少案例来看，被查处者大都存在信息严重失实的事实，即有明显的虚假广告性质，少见单纯采用了新闻报道形式而受到处罚的广告案例。我们还观察到的一个现象是：公权机构对软文广告的打击力度随着新闻报道的真实性的增加而减弱，也随着新闻报道形式广告中广告性质隐蔽性的提升而减弱。为何公权频频缺席？笔者以为，软文广告危害的隐蔽性、对软文广告的执法难度以及执法主体某些情形下的弱势是三大重要原因。

（1）软文广告危害的隐蔽性

虚假广告的危害一般是可以直接感觉到的，因此消费者、消费者组织和监管部门比较容易作出反应；而一份软文广告，假定其信息是真实的，或难以确定真伪的，[5] 消费者就难以直接感受自己所受到的危害。如上所述，软文广告的危害体现在两个层面：第一是它解除了消费者对商业广告的警惕，可能催生消费者原本不会有的消费欲望，从而产生原本不应该有的交易；第二是它对合法的广告构成不公平竞争，伤害了合法广告主的利益。再深追究，这类广告还可能挑战一个社会中新闻公正的基本标准，将新闻报道变成媒体和广告主出于金钱考虑而勾结一气的共谋行为，瓦解媒体作为社会“公器”的社会信誉。这里，软文广告对消费者的危害是消费者不易察觉的；它对社会的长远危害在短期内感受不到并难以测量。因此，与虚假广告相比，那些信息相对真实的软文广告的危害具有隐蔽性，易为消费者乃至执法机关所忽略。另外，由于我国目前处于社会转型期，面对较高发的违法行为以及执法资源短缺的约束，公权机构常根据违法行为的危害性大小来安排执法资源，对危害性大小的认定往往偏向于显性的、现期的（或近期的）危害，而相对轻视隐性危害和远期危害。如上所述，软文广告比一般虚假广告具有更隐蔽的危害性，执法机关也会相对更注重查处虚假广告而轻视软文广告。

（2）对软文广告的执法难度

与虚假广告比，软文广告更不容易被识别，这往往构成执法机构对软文广告进行执法的障碍。如媒体常常会对某些企业的事迹进行专门的报道，这种报道中的某一些可能就是软文广告。如为获取更多的广告收入，各媒体之间会存在竞争。为争取广告大客户，有的媒体可能会向企业允诺，如果企业一定期限内选择该媒体而不是与其有竞争的媒体发布广告，就可以对该企业进行专门的报道；有的媒体可能会向企业允诺，如果企业在该媒体发布广告达到一定金额，媒体也可以安排对该企业作专门的报道。这种报道无论是否具有倾向性，都是软文广告。但对执法机构而言，要认定这种类型的软文广告就具有极大的难度，正确的认定有赖于更多的执法资源。一般而言，在其他条件相同的情形下，对软文广告的执法比对一般的虚假广告的执法需要有相对更多的执法资源，这在执法资源较为短缺的情形下，对软文广告的执法缺位也就变得很正常了。

（3）执法主体某些情形下的弱势

在一般情形下，相对于执法对象而言，执法机构是强势主体。但在对软文广告的法律执行中，执法机构与作为执法对象的媒体之间的关系却要复杂一些。这是因为在我国的媒体制度下，媒体既从事企业式经营，同时又是国家机器的一部分，是党和政府的“喉舌”，负担着传播党和政府决策、引导舆论等十分重要的政治任务。媒体的这种特殊地位和重要功能是执法机构在执法时不能不考虑的。同时，媒体影响社会舆论乃至政府决策的力量也可能使执法机构惧怕媒体，如担心某些不当执法行为会被媒体广为传播、过度报道等。当然，在实践中，执法机构在执法时的考虑对象更多地限于所在区域的主流媒体，因为区域性的主流媒体在区域内具有相当的影响力。这一分析可以解释为何广告监管部门对所在区域的媒体，尤其是最有影响力的媒体的软文广告行为的处罚总是极少。

3. 受害者的权利主张层面

虽然从理论上说，任何冲突和纠纷都可以用私法规范加以解决，微观的市场失灵和宏观的市场失灵也能被私法所克服，但之所以会产生非私法性规范，是因为私法规范解决冲突存在自身缺陷。如过高的交易成本、预防功能的缺乏、没有直接受害人而导致的对低效率行为的放任以及信息的缺乏等。[9] 其中因信息的缺乏而导致受害者无法主张权利，是某些私法规范不能产生预期功能的重要因素。我们不能把无法主张权利仅仅看作是受害者的损失，从不法利益获取者的角度看，这种权利主张的障碍正是他们能够安全获取不法利益的前提。如果受害者能够及时有效地主张权利，从而导致不法利益的获取者无利或少利可图，这种非法获利的行为也不会如此盛行。如 2004 年前的几年中，航空意外保险领域中的手写假保单这种欺诈行为在我国某些区域较为盛行，其重要原因就在于众多乘客没有能力发现欺诈。因为乘客投保后大多随身携带保单乘机，如果飞机坠毁，保单与人一起消失，乘客家属无法主张权利；如果飞机正常，因没有出现事故，乘客自然不会主张保险权利。我们从受害者权利主张的层面考察软文广告，可以发现其盛行也有这方面的原因。因为在现实生活中，软文广告的受害者对其自身受害往往少有感知的能力，尤其对于“高明”的软文广告，受害的消费者几乎感觉不到其受害。这构成了在私法层面抑制软文广告的障碍。如果公权又处于缺位状态，则软文广告的盛行是必然的。

四、治理的制度对策

（一）制度完善

为抑制软文广告，出台有效的治理对策是必要的。审视目前的《广告法》条款、《广告法》所有的实施细则以及绝大多数的地方条例，广告标记、法律责任等问题是需要重点关注的。

1. 广告标记问题

《广告法》第 13 条规定：“广告应当具有可识别性，能够使消费者辨明其为广告。大众传播媒介不得以新闻报道形式发布广告。通过大众传播媒介发布的广告应当有广告标记，与其他非广告信息相区别，不得使消费者产生误解。”这一条款的主要目的在于使消费者能够区别广告与非广告。该条款规定的广告标记的设定责任主要想禁止两种行为：第一，不设定广告标记；第二，在广告版面设定其它标记，如“特别报道”等。但对广告标记的如何设定则没有规定，各种实施细则也没有对此作出详尽的规定。这不能不说是一个缺憾。因为不同方式的设定对消费者来说效果是不同的，如对“广告”两个字设定很小字号、很淡的印刷，而对“新闻报道”的题目往往通过字体、字号、印刷等方面的设定使其特别显眼；或者在“新闻报道”的正文中设置几个鲜艳的漫画等，从而造成绝大多数读者对“广告”两个字熟视无睹，法律的强制性规定被广告主体巧妙地运用非语言信息规避了。我们很难判定这种规避的违法性，但其结果与不设定广告标记相差无几。

因此，我们建议对广告的版面在字体、大小、位置、色彩等方面作出较为详尽的规定，目的在于强势告知读者该版面的广告性质，也在于在读者已被告知版面性质的前提下，允许广告在创意方面的合理的言论与表现自由。[6] 考虑到媒体广告的差异，《广告法》可仅作原则性的规定，具体的规定可设定在实施细则和地方条例中。具体的设定可考虑从字体、字号、字的颜色、深度等方面展开。但这一问题还须从广告标记和“新闻报道”的正文两个维度考虑，因为对广告标记的熟视无睹往往缘于标记太弱而正文的安排在形式上又具有很强的吸引力，所以还可考虑作出如下规定：广告标记深度应该不低于正文中最高深度。如果正文中出现彩色，广告标记应该选用最强的色彩，如红色等。这一问题被现有的立法所忽视。从《广告法》的功能看，保障广告信息的真实性是其主要所追求的，但现有的广告规范对真实性的追求更多地针对语言信息，较少针对非语言信息，而非语言信息在广告所传递的信息中往往也占有相当大的比例。所以《广告法》在这方面的改进是必须的，但我们同时必须指出，对这种运用非语言信息规避法律的行为，法律很难作出比较有效的规制。因为各种规避的办法总是能被广告主体找到，法律的规制要把所有的运用非语言信息的规避路径都堵住，似乎也不太可能。从规制的角度看，对非语言信息的规制本身就是一个难题，其难度可能要远远大于对语言信息的规制。这也表明，简单的法律虽然可能容易被规避，但通过多次博弈后而形成的复杂的法律也并不就好。从长远看，这一问题的彻底解决还是有赖于广告主体的诚信行为。

2. 法律责任问题

虚假广告与软文广告是两个在内涵与外延上有差异的概念。这种差异表现为两个集合的相交，即两个集合有共同之处，也有互不相属的东西。具体言之，虚假广告的一部分来源于以新闻报道形式发布广告，但较多以新闻报道形式发布的广告中的所有信息都是客观真实的，这一部分广告就不属于虚假广告。下文如无特别说明，软文广告仅指信息真实的那一类。

（1）虚假广告与软文广告法律责任及其设定基础

《广告法》对虚假广告和软文广告的法律责任作出了明确规定。对虚假广告的法律责任，《广告法》第 37 条规定："违反本法规定，利用广告对商品或者服务作虚假宣传的，由广告监督管理机关责令广告主停止发布、并以等额广告费用在相应范围内公开更正消除影响，并处广告费用一倍以上五倍以下的罚款；对负有责任的广告经营者、广告发布者没收广告费用，并处广告费用一倍以上五倍以下的罚款；情节严重的，依法停止其广告业务。构成犯罪的，依法追究刑事责任。"对软文广告的法律责任，《广告法》第 40 条第 2 款规定："发布广告违反本法第十三条规定的，由广告监督管理机关责令广告发布者改正，处以一千元以上一万元以下的罚款。"从条文上看，软文广告的法律责任要远远轻于虚假广告。这种设定应该基于如下的共识：软文广告的危害性要轻于虚假广告。果真如此吗?

（2）究竟谁的危害更大?

究竟谁的危害更大？由于涉及的因素很多，我们很难对这一问题作一个非此即彼的回答，但可以作一个初步的判断：对文化水准不高的人而言，虚假广告的危害性很大，而对有较高文化水准的人而言，虚假广告的危害性较小，当然不同的虚假广告对同一受害群体的危害程度也会有差异；而软文广告的受害群体一般不受或少受受害者文化水准的影响。

从现实的情形看，目前虚假广告的危害性容易被夸大，软文广告的危害性则经常被轻估。常识认为，虚假广告的普遍性与危害大小成正比，虚假广告越普遍，其危害性也越大。这一常识是有问题的，因为当虚假广告泛滥到一定程度时，民众对广告就会有一定的免疫力，这种免疫力主要缘于对广告的不信任。我们可以看一看目前民众对广告的信任程度，但这方面的调查极少，我们选择近两年作为公益性机构的消费者协会和作为营利性机构的零点调查公司所作的调查来揭示这一问题。浙江省湖州市消费者委员会于 2005 年 5 月 1 日至 7 日对湖州市药品、化妆品、医疗、保健食品、美容5个方面和报纸、电视、广播、网络4个载体的广告的公信度情况进行了一次较大规模的调查。调查结果显示，民众对药品、化妆品、医疗、保健食品、美容等广告的相信度仅在5%左右，列为参考的在35%—55%左右，而列为不相信和怀疑的则在40%—60%左右。整体而言，民众对药品、化妆品、医疗、保健食品、美容等广告的接受度是极低的。对媒体公信度的调查结果也不容乐观。网络媒体上的广告的相信度仅为4.4%，不相信度则为40.3%。著名的零点调查和指标数据2004年对北京、上海、广州、武汉、成都、沈阳、西安、济南、大连、厦门10个城市3212名18—60岁常住居民就消费者广告接受度及其影响因素问题进行了入户调查，调查结果显示，不相信广告内容的消费者群体比例（56.1%）比相信广告内容的群体比例（38.9%）高17.2%。如果将消费者对广告"非常相信"赋值为4分、"比较相信"为3分、"不太相信"为2分、"一点都不相信"为1分，则该次调查结果表明，消费者对广告的信任度得分的平均值仅为2.3分。很显然，消费者对广告的不信任必然会导致对广告产品的不交易或少交易，虚假广告的受害者由此会大为减少。

与此相对，软文广告的危害性则被大大低估。广告的目的在于说服，在一般的广告中，广告的说服目的是很显然的，广告受众能够轻易获得有关自己将成为说服目标的信息。研究表明，事先知道说服目的会促使我们抵制说服信息，因为知晓说服目的能影响对说服起重要作用的认知加工过程。首先，知晓说服目的使我们有更多机会形成反面证据，它能减少说服信息的作用。此外，知晓说服目的也使我们有更多时间回忆相关事实及有关信息以反驳说服。[10]这种预先警告能够在很大程度上抑制广告信息的作用。而软文广告则是一种隐性说服，它不存在预先警告的问题，说服的目的被隐藏，并且越"高明"的软文广告，其说服的目的就隐藏得越深。软文广告的受众会丧失基本的防备心理，从而更容易全盘接受广告中的信息。社会心理学的研究表明："凡不是专门来说服的东西，我们往往听得更加起劲，而专门说服我们的话往往不易改变我们的立场。"[11]"不试图改变我们态度的信息比起刻意改变态度的信息往往更能改变我们的态度。"[12]这一观点提示我们应该重新审视以往对软文广告危害的认识，即软文广告仅仅只是采用新闻报道形式而已，其内容是客观真实的，所以其危害也就很小。从社会心理学的立场去看，由于软文广告的说服目的被深深地隐蔽，使得软文广告容易被更多的人所接受，从而也就容易使更多的人受害。基于这种理解，我们曾假设，同样的信息含量，如果采用普通广告形式与软文广告形式两种不同的方式发布，更多的软文广告的受众会成为广告商品的消费者。为初步了解软文广告对激发受众的购买欲望影响并检验上述假设，2006 年 6 月 9 至 10 日，笔者之一以上述个案为调查资料做过一次探索性调查，即利用便利的小规模样本，对关注的问题所进行的初步调查。调查的对象是 19 位成人。调查中，要求样本阅读刊登个案的 X 报 B16 版，然后回答一组问题。问题及调查结果如下：

1. 你原来了解厨房油烟对人体健康的危害吗？非常了解（6 人），一般了解（10 人），不了解（3 人）。

2. 你看了这份报纸后，有什么感觉？如内疚或很内疚（对下厨的家人）、害怕或很害怕（如果自己下厨的话）、没感觉等。其中，非常内疚或非常害怕（9 人），内疚或害怕（5 人），没感觉（5 人）。

3. 你看了这份报纸后是否有购买该产品的想法？立即想买（2 人），有空去买（5 人），不买（9 人），本来就有买的想法（2 人）。（此问题的有效样本为 18 个）

4. 你认为这是一个广告吗？不是（5 人），是（8 人），像广告又不像广告（6 人）。

5. 这是一则广告，你刚才为何认为这不是一个广告或像广告又不像广告？看起来不像广告（6 人）；说不清楚（7 人）。

6. 你有没有看到版面最上方的“广告”标记？没看到（11 人），看到（8 人）。

7. 你为何没看到版面最上方的“广告”标记？最先看到题目，后来就看内容去了（6 人）；没看栏目名称的习惯（2 人）；就是没看到，原因说不清楚（3 人）。

8. 如果给你很长时间如一个小时看这个版面的内容，你有能力确认这是一则广告吗？能（8 人），不能（3 人）。

9. 如果你了解这是一个广告，是否会放弃你先前的购买意愿？会（4 人），不会（2 人），本来就没有购买计划（5 人）

以上第 5、7、8、9 四个问题主要针对不能肯定这是一个广告的 11 人。从以上调查可以看出：被访者看了这个报道后，有 7 人会有不同强度的购买欲望；只有 8 人能够非常肯定地确认这是一则广告，如果把看报道的时间延长到一小时，有 16 人能够肯定这是一则广告；在受访的 19 人中，有 11 人不能很快地看到广告标记；在不认为是广告或不能肯定是广告的 11 人中，如果告诉他们这是一则广告，有 4 人会放弃原先的购买意愿，有 2 人的购买意愿不变。虽然本调查是非常初步的，但也可以据此而初步地表明，软文广告可以使广告主获取更多的交易机会。当然，调查所选用的软文广告并不太“高明”，其对受众消费欲望的激发力度也不甚强烈。可以肯定的是，“高明”的软文广告会使大量的广告受众受害。

在软文广告对其受众的购买欲望产生不利的影响之外，软文广告对媒体的影响也不容忽视。虽然这种影响可能是远期的，但其一旦形成就不易消除。当软文广告泛滥至一定程度，且民众对软文广告的横行有了一定的了解后，将会对新闻这种媒体的主要产品的可靠性产生怀疑，此时，巨大的消极影响就可能产生。因为当新闻的受众需要区分软文广告和客观新闻报道但缺乏能力来进行区分时，许多人将更愿意相信新闻背后隐蔽着倾向性的目的，从而把新闻当作软文广告。当这种情形反复发生时，新闻报道应有的公正客观的宣传功能就会遭受伤害，在极端情形下，这将意味着媒体正常功能在某些领域的消亡。而软文广告对社会的这种深度危害性尚未见有严肃的估量。当然，当虚假广告泛滥到一定程度时，其对媒体公信力的消极影响也会存在，但这种消极影响的产生路径及其影响程度与软文广告有重大差异。如前所述，虚假广告会影响到民众对广告的信任度，而过低的信任度则可能会使广告主体合法的广告发布行为受到民众的怀疑，这虽然也是很严重的，但它的负面影响主体表现于此，它对媒体公正报道的消极影响是间接的，一般不会如软文广告那样导致民众对正常的新闻产生怀疑。

通过以上调查与研析，我们可以得出初步结论，软文广告的消极影响是很大的。虽然不能肯定在所有时候、所有领域、所有区域，软文广告的危害性会大于虚假广告，但可以肯定：在较多的广告领域和广告所在的区域，软文广告的危害性会大于虚假广告，原有的对软文广告危害的认识是不足和错误的，在这种错误认识基础上确定的有关软文广告的法律责任需要做出修正。

（2）广告发布者的责任

很明显，从危害的角度看，目前对发布软文广告的责任设定是过轻的；从获利的角度看，目前对违法媒体的惩罚力度也是不够的。只有发布软文广告所受到的惩罚明显大于所获得的利益时，惩罚才是有效的。我们认为，对软文广告发布者的法律责任可作如下规定：以新闻报道形式发布广告的，由广告监督管理机关责令广告发布者停止发布、公开更正，没收广告收入，并处广告收入一倍以上五倍以下的罚款。当然在实践中可能会出现操作中的难度，即并不是每个软文广告都有与之完全相对应的广告收入。如某些报纸对年广告费最多或较多的广告主予以特别优惠，这种特别优惠除了广告费的折扣外，还可能以通讯、评论、消息等方式对企业进行报道。这种软文广告在实践中很难认定，如果认定了，也很难对其以广告收入为基准进行罚款。因此，罚款的设定标准除了广告收入外，还应该设定一个固定的标准，如五万元至十万元等。除了对媒体的处罚外，对负有责任的相关人员在相关法律中也应该设定相应的责任，如根据严重程度而设定受公开谴责、暂停工作、调换岗位等责任。

（3）其他广告主体的责任

《广告法》中对以新闻报道形式发布广告，只对广告发布者设定罚款的责任，广告主和广告经营者则不承担任何责任。在软文广告风行的今天，这不利于打击这种不当广告行为。软文广告行为是广告发布者与广告主之间（有的情形下也包括广告经营者）不当交易的结果，所以对交易所涉主体的处罚是必要的。另外，在目前较多地方的广告监督管理机关对所在区域重要媒体的处罚往往表现得过度谨慎的情势下，这种针对广告主、广告经营者的责任就显得更为必要。具体可考虑作如下规定：对以新闻报道形式发布广告负有责任的广告经营者，广告监督管理机关应当对其处以广告费用一倍以上五倍以下的罚款。对以新闻报道形式发布广告负有责任的广告主，广告监督管理机关应当对其处以广告费用一倍以上五倍以下的罚款；如果获利所得超过广告费用，则应当对其处以获利所得一倍以上五倍以下的罚款。

（4）私法层面的责任

对软文广告的法律责任问题，《广告法》的设定存在缺陷。《广告法》对软文广告仅设定了“责令改正”和“罚款”的责任，没有设定软文广告受害者的民事赔偿问题。《广告法》仅在第37条中设定了民事责任，这一责任也仅仅只是针对虚假广告的。依据现有的法律，看了软文广告而交易的消费者，除非软文广告的内容存在虚假，否则就不能主张民事权利。但问题在于，“高明”的软文广告虽然不是交易活动中典型的欺诈，但也是欺诈行为。如果没有貌似新闻的广告的引诱，相当部分的消费者不会作出消费决策。所以对这部分消费者而言，其民事权利的主张应该予以保障。设定民事责任不仅能保障消费者的利益，还可经由消费者的维权行为抑制软文广告，从而减轻执法机构的执法压力。在具体的责任设定方面，因为最“高明”和最“低劣”的软文广告的危害性可能会有天壤之别，所以责任的设定需要体现这一点。具体可以根据软文广告的隐蔽程度，对其予以分等，对高等级的软文广告设定较重的民事责任，如可对最高等级的软文广告设定惩罚性赔偿的责任等。如何进一步配置这些责任，还需要在实践中作深入的考量。

（二）实施层面的多种路径

制度的实施和制度的制定同等重要。就目前而言，《广告法》第 13 条的实施仅仅表现为广告监督管理机关的处罚，而在实践中广告监督管理机关又很难较好地履行职责。因此，有必要考虑实施《广告法》的多种路径。在此，我们初步建议如下：第一，完善现有制度，激励广告监督管理机关加强法律执行。第二，采用悬赏举报制度。对第一个有效举报的举报者予以较多金额的奖励。第三，建立公益诉讼制度。除了直接的受害者外，消费者组织等社会团体以及经营同类产品或服务的合法广告主有权对违反《广告法》第 13 条的媒体向法院提起诉讼。为消除法院或法官对涉案媒体事后运用其强势予以“报复”的担忧，可在区域上扩大受理案件的法院的范围。

（三）媒体自律和社会责任

为了尽可能地消除软文广告对社会的危害，制度的完善、多种实施路径的确立是十分必要的，但也是不足的。例如，A 报纸采用以对某企业负责人访谈为形式的软文广告，为企业做形象宣传。作为报酬，该企业可以向与 A 报同属一报业集团的 B 报投放大量广告。这使判定软文广告、追究违法者的法律责任变得十分困难，对广告执法机构而言，这种困难不是表现为信息不足，就是表现为执法资源障碍。因此，软文广告的彻底消除还有赖于媒体逐步在遵循职业道德的基础上自律，成为具有强烈社会责任感的社会“公器”。如果做不到这一点，姑且不论媒体在我国现行体制中的强势地位，仅就执法信息而言，广告监督管理机关在较多情形下处于信息劣势，很多违反或规避《广告法》第 13 条的行为往往不能受到查处。例如，为企业形象而非产品所作的软文广告，在无法获得金钱交易证据的条件下，就难以被认定是违反了《广告法》第 13 条，因此也就无法对这种行为予以处罚。又如，假定制度加重了对软文广告的处罚，明显的软文广告的行为可能会减少，但更隐蔽、更“高明”的软文却会依然存在，甚至会更多，其隐蔽性可能反倒加大消费者受损程度。“魔高一尺，道高一丈”，媒体与广告监督管理机关之间的多次博弈不仅会造就更为复杂的制度，还将使制度的实施成本不断攀升。正因如此，我们在对“软文广告”的治理提出制度对策的同时，也指出需要关注促进媒体的行业自律和社会责任的问题。这一点在软文广告治理过程中显得不可或缺，这缘于对“高明”的软文广告的执法的难度。

五、余　论

本文主要研究软文广告的问题，其中也涉及到虚假广告。由于软文广告的隐蔽性，对其尤其是“高明”的软文广告进行打击有相当难度，所以如果执法部门没有有效的打击软文广告的能力，对虚假广告的大力打击可能会出现更严重的损害消费者的后果，当然这种后果更多的是隐性的。这一观点并不表明我们不主张对虚假广告的打击，我们只是提示执法部门，在大力打击虚假广告的过程中，需要同时加重对软文广告的执法力度。因为对虚假广告的大力打击会使部分有能力的广告主体转而更多地选择软文广告，在某些情形下，这种广告的致害能力要远远大于一般的虚假广告，而普通消费者对软文广告的识别能力又很弱，故会有更多的人因之而受害。这只是我们基于对虚假广告和软文广告的研究以及对现实的观察得出的一个初步判断，没有经过专门调查和量化研究。我们期望有人能够对这一判断进行证实或证伪，并进一步调查、研究如下问题：执法部门在严厉打击虚假广告后，哪些企业会选择软文广告？哪些行业和区域更容易出现软文广告？哪些人会成为政府严厉打击虚假广告的受益者？哪些人会成为因此而较多出现的软文广告的受害者？执法部门对“高明”的软文广告的打击能力有多大？

[基金项目]:

本文写作得到2004年国家社会科学基金重大项目（048ZDD13）子项目《广告产业：现状与选择》资助。

注释:

[1] 本文对该产品的广告方式提出批评，并不必然表明该产品本身存在问题。

[2] 例如，医生会告诉患者，如果你不按时服药，病情将恶化。再如，牙膏广告会表现患牙病后的痛苦。

[3] “框架”的概念来自心理学，但广泛应用于大众媒体的传播效果研究之中。根据“框架”研究者的看法，提出问题的角度、语词结构的方式等传播手段会为受众的思考提供诱导性框架，进而实现传播者的目的。

[4] 需要说明的是，据笔者所知，我国高校典型的广告策划和营销课程中尚未见教授软文写作者。然而，受到流行广告作业方式的影响，学习广告的学生已开始将软文作为“正常”广告传播活动的一部分。

[5] 例如，一篇为某房地产开发商所作的软文可以将某小区吹捧为“在中国的腹地，你却实在地体会到威尼斯水乡的风情”。这类司空见惯的文字描述的是一种几乎是纯粹主观的感受，很难用“真”“伪”之类的概念来加以判断，即便我们知道它是一种不负责任的“忽悠”。

[6] 例如，企业的形象广告可能完全没有任何产品或服务信息，像一段愉悦耳目的短片或图画，甚至，笔者之一还曾于2004年在美国见到一个看似是故事短片的电视广告。笔者也注意到，播放该片的美国电视频道同时在屏幕下方打出“Paid Advertisement”（付费广告）的字样。

参考文献：

1. 丁俊杰，《广告学导论：现代广告运作原理与实务》，中南大学出版社，2003年。

2. W.Seveverin, J.Tankard Jr., *Communication Theories: Origins, Methods, and Uses in the Mass Media*, 5th ed., New York: Longman, 2001, p.154.

3. C. Hovland, I. Janis, H. Kelley, *Communication and Persuasion*, New Haven: Yale University Press, 1953, pp.78–80.

4. 5. 肖洁，《世卫组织呼吁谨防“厨房杀手”》，《科学时报》，2004年10月20日。

6. 7. 世界卫生组织，《室内空气污染与健康[EB/OL]》.http：//www.who.int/mediacentre/factsheets/fs292/ zh/index.html. 2006年06月10日。

8. 10.12. 〔美〕R. A. 巴伦、D. 伯恩，《社会心理学》，黄敏儿等译，华东师范大学出版社，2004年，第173、177、172页。

9. 应飞虎，《为什么需要干预》，《法律科学》2006年第3期，第58页。

11. 〔美〕墨顿·亨特，《心理学的故事：源起与演变》，李斯等译，海南出版社，1999年，第617页。

（原载《现代法学》2007年3期）

中国公益广告的运作机制

● 华　薇

中国公益广告发展状况

中国广告行业自1979年恢复之后发展迅速，目前已经成为一个颇具规模的产业，其中公益广告的发展也十分引人注目。

早在80年代初期，各地电视媒体就开始零星出现一些公益内容的广告作品。其中的代表作品是1986年，贵阳电视台播出的一条关于节约用水的公益广告。这则广告由贵阳市节水办公室与贵阳电视台合作摄制，在当年的广告评奖中获得了优秀广告奖。

从1987年10月26日开始，中国中央电视台开办了公益广告栏目，在每晚的黄金时间播出《广而告之》节目。这是中国第一个以栏目形式出现的公益广告。《广而告之》是一个两分钟的栏目，每天在中央电视台《新闻联播》后播出，每次播出一到两条公益广告。之后，很多其他媒体也开始发布公益广告，其中比较著名的包括北京电视台《广角镜》系列公益广告栏目。

1992年，在国家政策的带动之下，在整体经济环境不断繁荣的局面之下，广告行业也进一步加快了发展的步伐。公益广告活动也逐渐带上了商业化的色彩，其中最典型的就是企业参与公益广告的运作。

第一部企业赞助的公益广告是中央电视台广告部同青岛海尔集团合作的《海尔小兄弟》系列公益广告。自1993年底开始到1996年初，一共制作了三十二集。《海尔小兄弟》是以海尔商标中的两个小男孩为主角的系列动画公益广告，这部系列公益广告不仅宣传了观念，同时也加速了海尔集团产品和商标的传播。至今仍有不少人对《海尔小兄弟》这套系列片有着深刻的印象。

1996年3月，中国国家工商行政管理局发出通知决定于当年9月1日至10月1日，在全国范围内开展“中华好风尚”主题公益广告月活动。1997年3月，再一次发起了主题为“自强创辉煌”公益广告活动月。

1997年8月，中共中央宣传部、国家工商行政管理局、广播电影电视部以及新闻出版署下达《关于作好公益广告宣传的通知》。《通知》中规定了大众媒介发布公益广告的时间与比例，并对企业赞助公益广告进行了相关规定。至此，公益广告成为了一项“长期化、制度化”的日常工作。

上面提到的通知，一方面规定了广告经营单位应该为了社会效益而开展公益广告活动；另一方面也在制度上认可了企业赞助公益广告这一事实。与此同时，在市场的大潮中有过一番跌宕腾挪的媒体，也已经深谙市场的规则。制度的规范和认可与实践中积累起来的经验使得媒体的广告部门在坚持播出公益广告的同时逐步建立起了兼顾社会效益与经济效益的公益广告运作机制。于是媒体改变了最初发布公益广告时承担一应成本的做法，将公益广告的运作推上了商业化的轨道。

进入21世纪以来，更多的政府机构与社会团体积极主动地就自己所主管或负责的领域有关公益的议题向社会积极地进行宣传。这些主体对于他们所宣传的公益主题更加熟悉，有更正确与更明确的行动指引，因此制作出来的公益广告也更接近真正意义上的公益目标。

目前来讲，中国的公益广告已经有了一定的发展，但是仍然存在以下问题：

1. 题材不规范。目前公益广告选题比较混乱，计划性、系统性、针对性较差，带有很大的盲目性和随意性。

2. 数量不足。虽然有关规定要求了公益广告播出的时间和数量，但是由于没有制度化的监测手段而导致了实际上无法严格实施，至于制作数量，更是远远不足。

3. 质量不高。公益广告的创意多数流于表面化、概念化、公式化。相对于商业广告，公益广告的制作也比较粗糙。

面对这种情况，很多人呼吁社会各界增加对公益广告的投入，但是仅仅通过呼吁让各种主体主动自觉地参与到公益广告活动，实在是一个不现实的想法。因此建立起能够明确各方权利与责任的公益广告运行机制，才是真正改变中国公益广告发展现状的有效手段。

中国公益广告的运作机制

广告运作的环节主要包括创意、制作与发布。公益广告不同于商业广告，后者的主题直接与广告主的产品服务相关，而对于公益广告运作来说，选题则成为了一个重要的环节。广告运作的主体主要包括广告主、广告经营者与广告发布者。公益广告活动的参与者则在不同时期有着不同的主体。所以公益广告运作机制的四个核心问题就是公益广告的选题、制作、发布和参与主体。其中，制作与发布主要关注的是谁来承担成本。中国公益广告在发展的过程中，其运行机制不断地随着外界环境的变化进行着调整。

最初把公益广告引入中国的是电视媒体，他们自己出资制作公益广告，并且运用自身媒体来发布，而选题也往往是自己讨论与规划出来的。可以说，媒体在中国公益广告发展的早期完整地承担了公益广告运作各个环节的责任。至今这种运作模式仍然存在，特别是在报纸媒体这种模式还具有一定的普遍性。

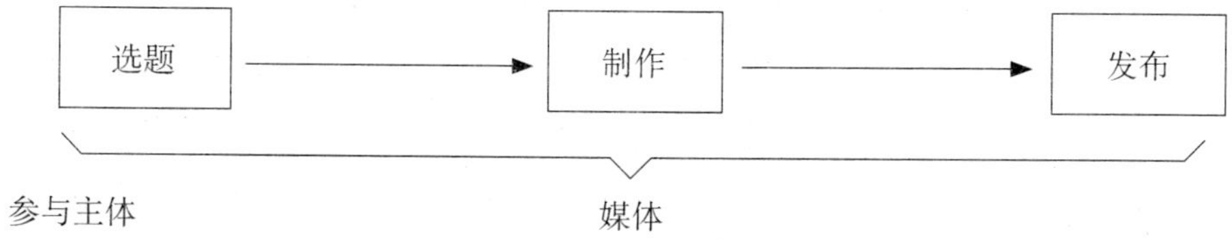

公益广告发展一段时间之后，出于经济利益上的考虑，媒体开始主动寻找公益广告运作的合作对象。最早进入这一体系的是广告公司，他们主要负责公益广告的制作，并且在广告片上标出公司名称。媒体因此而节省了公益广告的制作费用，广告公司也因此而有了一个自我宣传的途径。

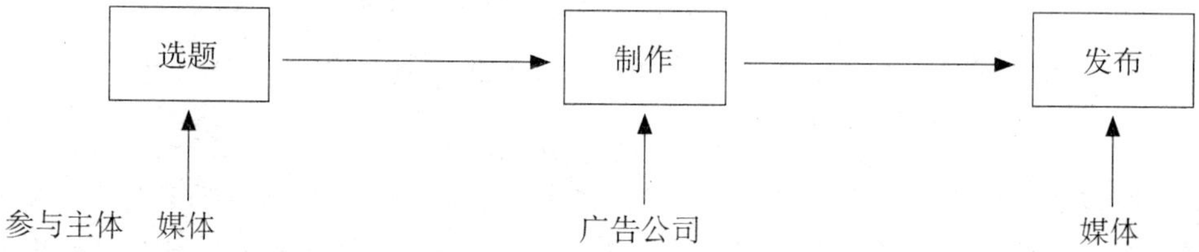

之后，以上运作模式进一步发展，又有一个新的主体，企业，进入公益广告运作的领域，他们以公益广告赞助人的身份资助公益广告的制作。之后这种模式进一步发展变化，变得更加丰富，例如企业也会根据自己的需要建议选题，有时也在发布费用上对媒体进行补偿。而广告公司也会在整个运作机制中扮演协调与组织者的角色，并且参与选题事宜。

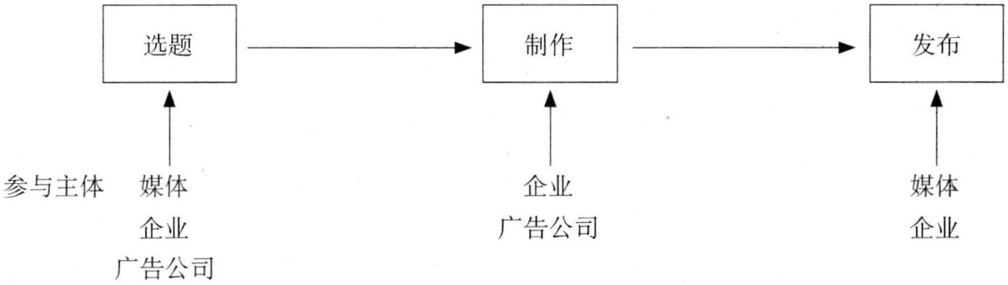

近年来，越来越多的代表特定公共利益的机构与团体通过公益广告的形式向社会表达自己的主张，这种情况又促进了运作模式的进一步演化。在这种新的模式中，公益组织决定选题，并且自己出资制作，再经媒体发布。有时，媒体或合作的广告公司会赞助制作的费用，如果获得了企业的支持，也有可能由企业赞助制作费用。

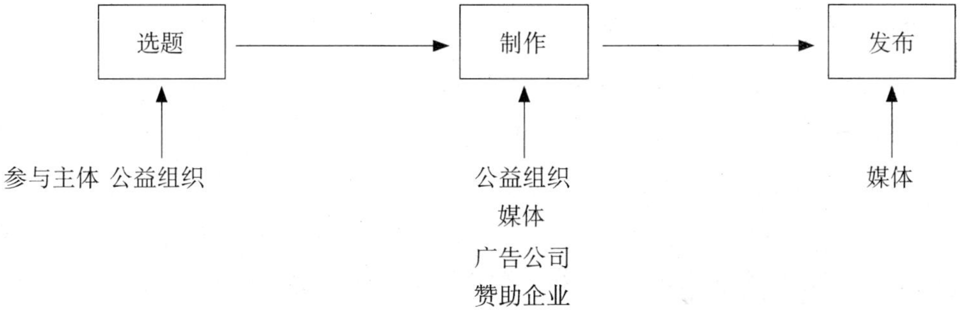

上述四种运作模式，虽然出现的时间有先后差异，但在当前的公益广告运作中则是同时存在的，其中比较占主流的是第三种和第四种。此外，以上四种模式，只是对实际情况进行的概念式简化。在实践中，运作中各个环节所涉及的内容还相当丰富；此外，由于各个参与主体的不同地位与权属以及其他方面的考量，公益广告的实际运作模式还存在着丰富的变化形式，例如由广告公司代理公益广告的运作等。在这样复杂的运作体系中，促变因素丰富，因此在执行上往往有着比较大的自由度与随意性。而正是后面这种情况，造成了以下不利于公益宣传的结果。

1. 公益广告运作渠道不够畅通

前面介绍的四种运作模式中的最后一种，从形式上讲，本身已经比较完善了。但是由于实际运作中没有一个合适的协调者，这种模式只是目前公益广告运作机制中的一种形式而已。

公益广告的管理规定中最明确的部分就是针对媒体发布广告的时间与数量的内

容。因此，媒体在实际中不仅承担着公益广告发布者的职责，更多的时候还扮演着公益广告活动组织者的角色。可以说，总体而言，到今天，媒体仍然是公益广告运作的主导者。这一主导者由于与其他参与主体，如公益组织、广告公司和企业，处于基本平等的地位，很难有效地调动他们。

因此，由于缺乏统一明确的运作机制，公益广告各主体之间也就缺乏明确的责权利关系及约束手段。具体到公益组织，其常规运作与媒体特别是其广告部门的接触较少，因此相互之间基本不存在常规的联系。这样一种局面造成的最集中的问题就是，一方面，按照国家规定需要播出一定数量的公益广告的媒体在实际的运作中无米下炊，另一方面则是大量需要进行公益宣传的机构或组织没有足够的资源制作公益广告，也没有常规途径可以获得媒介时间空间发布公益广告。

2. 公益广告运作的过度商业化

媒体在相关行政管理机构的要求之下需要发布一定量的公益广告，为了降低成本甚至获得收益，在公益广告的运作中也引入了一些商业化的运作手段，其中比较常见的就是企业以公益广告赞助人的身份来参与运作。在中国公益广告发展的过程中，企业赞助公益广告曾经极大地促进了公益广告的发展。但当过多考虑媒体与企业的利益使得公益广告运作过度商业化的时候，公益广告一方面存在着沦为企业公关广告的危险，另一方面又常常以“滚动播出”的名义出现在媒体没有售出的时段或版面中。

3. 公益广告选题的空洞与内容表达的表面化

当以上两类问题成为事实，媒体关注的是能否完成规定的任务，企业想的则是能否借力于公益广告进行宣传。于是，选题要么牵强应景，要么过多考虑企业需要。而为达到公益宣传目标的创意也就无从谈起了。随之而来的是，我们看到的公益广告中不少都是大而化之的公益主题，模糊教条的宣传内容。这样一来，公益广告的公益性也就相应地被弱化了。

当公益广告的选题由媒体或企业而非代表着某一公共利益的机构或团体决定时，确实很难保证选题符合当时的社会需要，也很难保证公益广告可以达到切实的效果。例如前几年有不少关于下岗再就业的公益广告，包括刘欢与那英的MTV版本，和著名的《我的爸爸》，虽然受到广泛关注，然而仅仅泛泛地鼓励下岗工人重新振奋、更新观念，是无法取得任何具有实际意义的效果的。当志得意满的刘欢高亢地唱出“不过是从头再来”时，创作者们是否真的想到过下岗职工心里如何看待这样的宽心话呢？相比之下，同样存在沉重的就业压力的香港社会，也发布过一些有关职业的公益广告，包括职业训练局发布的如何申请免费职业训练的广告，平等机会委员会发布的“唯才是用”，而不要有年龄歧视的广告等等。这些公益广告，广告信息明确，创意简单，但是却能够提供清晰的行动指引，确实是可以给特定公众群体带来利益。这些公益广告的效益，便是得益于各公益机构与团体可以通过有效的机制来向社会传播相关的信息与观念。

要改变中国公益广告运作中存在的状况，必须要建立统一的、责权利明确的公益广告运作机制。

中国公益广告运作机制建议

1. 建立公益广告专门管理机构

目前我国公益广告的管理机构众多，工商行政机构、宣传部门、新闻出版部门，乃至城管部门都有责任管理公益广告。这种情况反而造成没有一个部门是专门负责管理公益广告的局面。往往是在某一阶段，各管理部分通过联席会议或者联合发布通知的方式对公益广告进行一种阶段性的、机动性的管理，而没有建立协调统一的公益广告的长效运作机制。这种情况势必导致参与公益广告运作的各主体之间的关系松散，并且因而无法达到对公益广告活动进行整体统筹规划的目的。

反观其他公益广告运作已经比较成熟的国家和地区，基本上都存在一个专门的公益广告管理机构总体上组织与协调公益广告的运作。例如美国与日本，都有专门管理公益广告的机构，分别是美国广告理事会（Advertising Council）和日本公共广告机构。这两个组织都是由广告公司、企业和媒体三方组成，以促进公益广告的实施为目的而设立的非盈利性民间组织。再如我国的香港地区，公益广告的广告主主要是政府各机构、各社会团体，他们自己负责出资制作公益广告。广播事务管理局负责商业电台的发牌，可以间接控制在电视台播放的内容，包括公益广告。

因此，中国也可以借鉴其他国家的先进经验，建立由媒体、企业和广告公司共同组成的公益广告管理机构，或者由目前广告的管理机构工商行政管理机构建立专门机构。无论性质如何，它的任务是规划公益广告活动，协调公益广告的具体运作。其具体职责范围则主要包括：

选题

选题是公益广告运作的关键步骤。在社会生活中，政府机构、社会团体、群众组织乃至于个人都可以有自己的公益主张，但是可以利用的免费媒介资源却是一定的，因此相关管理机构对选题的管理，主要是接受各方的选题申请，进行审批与规划。获得批准的公益广告，才能免费在媒体发布。相关管理机构可下设非常设专家委员会及咨询委员会专门从事选题审批事宜。这种选题方式的优点主要有两个方面：其一，对于社会公益标准的掌握比较统一，可以避免各种“借公益之名行商业之实”的情况出现；其二，对公益广告的选题实行整体控制，根据实际需要选择主题，最大化社会公众利益。

此外，在对选题进行批准的时候，可以同时审查公益广告的创意，控制质量。

未获批准的公益广告，则可自行与媒体联系，通过付费方式在媒体发布。

制作

选题获得批准的主题，则可以开始进入制作环节。

在制作这一环节，可以有两种途径：一是申请人自行制作并保证质量；另一种是由相关管理机构组织一批乐于从事公益事业的具有一定资质水准的广告公司，义务参与制作入选的公益广告，当成本过高的时候，可以给予一定的补贴。

目前公益广告制作中存在的主要问题是制作质量的低劣。这主要是由于在制作过程中压缩成本的结果。在制作环节如此运作，可以对这种情况在一定程度上带来改善。

发布

目前对媒体发布公益广告的数量有明确的规定，但是当媒体没有足够作品进行发布的时候，就会拿一些质量低劣的作品充数，或者寻求一些商业合作以公益的名义进行发布。为改变这种情况，可以规定出媒介免费发布公益广告的时间或者空间的上限。当批准制作播出的公益广告数量不足的时候，媒体不需承担责任，在获批作品过多需要媒体拿出更多媒介资源的情况下，则可以给媒体付出部分补贴。

此外，公益广告专门管理机构还需为获批的公益广告制定发布计划，并要对媒体的执行情况严格进行监测。

2. 设立公益广告专项基金

公益广告管理机构的任务之一，还包括为公益广告专项基金募集款项。募集渠道可以包括热心公益的企业、其他的社会组织或个人以及政府拨款等。

基金的用途除了维持机构日常运营之外，主要用于补贴公益广告的制作与发布，组织各种专项活动，奖励优秀会员单位等。

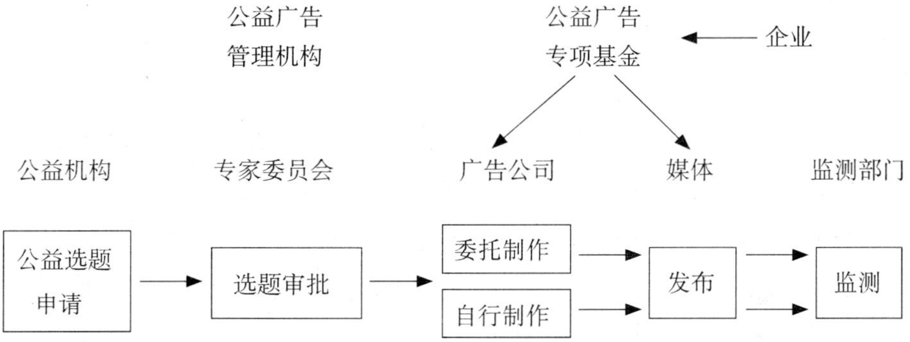

在这样的模式之下，参与公益广告运作的各主体被纳入了一个统一的机制当中，而且广告公司、媒体与企业所扮演的角色均比较明确，从而可以避免原有公益广告运作中责权利不清的问题。

这一模式本身从形式上来看并不复杂，但是在实际实施中仍然存在一些需要注意的地方。其中，一个比较重要的问题是如何募集会员。因为作为这一机构的会员需要承担相应的义务，因此企业、广告公司等参与的积极性可能不是很高。对此，可以通过协调相关管理机构给予会员单位相应的政策优惠来增加吸引力，但应避免采用行政强制手段。

本模式是基于对中国公益广告运作的认识给出的一个尝试性建议，其中尚有极大不完备的地方，有赖于进一步的理论探讨与实践探索。

参考文献：

1. 陈刚、崔彤彦、季尚尚，《变革运行机制——重塑中国公益广告发展构架》，《广告大观(理论版)》2007 年第 2 期，第 18—24 页。
2. 王云、冯亦驰，《公益广告十五年》，《新闻大学》，夏，2003 年，第 76—79 页。
3. 陈家华、程红，《中国公益广告：宣传社会价值的新工具》，中华传播学会，2001 年，论文研讨会所提交论文，2001 年。
4. 程爱晶，《企业在公益广告中扮演的角色》，《现代传播》2000 年第 5 期，第 123—125 页。

品牌个性对消费者心理认知的影响研究

● 薛　可　余明阳　刘春章

近年来，对品牌个性的研究引起了越来越多学者的兴趣和关注。通过给品牌一种和消费者交流的方式，品牌被赋予了人的特征，有些时候也被说成有“个性”。品牌个性与个性本来分别是属于营销学和心理学两个学科的概念，但营销界普遍认为，品牌个性就是心理学上“个性”的概念在品牌管理中的延伸。品牌个性理论为品牌赋予了人性化的生命和性格，使得品牌不再只是一个名字那么简单，使得品牌本身的内涵得到进一步充实，品牌与消费者之间的关系更加密切，品牌管理工作也变得更加丰富多彩，更加具有挑战性。

一、关于品牌个性研究的探索

从管理角度看，品牌个性能够帮助公司更有效地与客户交流，并且在广告和促销上也扮演了重要的角色（Plummer，1985；Batra et al，1993；Aaker，1996）。因此，市场营销的从业人员更加认识到建立一个“清晰并且个性分明的品牌”的重要性（Yaverbaum，2001，p. 20）。对研究品牌个性的人来说，要清晰地理解品牌个性，有几个重要的方面是必须的：（1）品牌个性的含义；（2）品牌个性的测量方法；（3）品牌个性在不同文化中的内涵；（4）品牌的关系。

1. 品牌个性的含义

D. Aaker 曾经把品牌个性定义为“与一个品牌相关的所有个性特征”。菲利普·科特勒（Philip Kotler）则把品牌个性定义为“可被人类的个性特征所吸引的一个品牌特质的组合体。”1997 年 Jennifer Aaker 把品牌个性定义为“与品牌有联系的一系列的人类性格特征”。为了解释定义，她举例说，人性化的品牌伏特加倾向于被描述成酷的、赶时髦的 25 岁当代青年。因此她定义的品牌个性，既包括品牌气质、品牌个性，又包括年龄、性别、阶层等排除在人格、性格之外的人口统计特征。她又进一步指出，和产品相连的属性倾向于向消费者提供实用功能，而品牌个性则倾向于向消费者提供象征性或自我表达功能。自此，这种对品牌的定义被学界广泛接受。

一个性格分明的品牌可以帮助产品（或服务、公司）在消费者的头脑中建立其独特、正面的形象，从而建立并加强了品牌资产（Keller，1993；Johnson et al.，2000；Phau and Lau，2000）。因此，Biel（1993）指出，品牌个性被认为是成功品牌的一个主要因素。事实上，一个成功品牌个性的建立，可以使得消费者对品牌有一个很强的感情纽带，并且也会产生更强的信任感和忠诚度（Siguaw et al.，1999；Johnson et al，2000），为品牌的差异性提供了坚实的基础（Aaker and Fournier，1995；Halliday，1996；Haigood，1999），是非常难以复制的（Aaker，1996）。

2. 品牌个性的测量

目前对品牌个性的测量主要有两个方向的研究流派。其一是因国家而划分的品牌个性研究测量，其代表性的研究论文有对美国的研究（Aaker 1997），对日本和西班牙的研究（Aaker et al. 2001），对法国的研究（Koebel et al. 1999，Ferrandi et al. 2002），对新西兰的研究（van den Berge 2002），对德国的研究（Hieronimus 2003，Maeder 2005）。其二，通用的品牌个性研究和品牌个性实用研究，代表性的研究有 Hayes（1999）、Siguaw et. Al（1999）、Wysong（2000）、Villegas et al.（2000）、Weis et al.（2000）、Kim（2000）、Phau/Lau（2000）、Kim et al.（2001）、Bauer et al.（2002）、Austin et al.（2003）、Kressmann et al.（2003）、Gierl/Bitz（2004）等。

我们在这里不再一一列举其研究的内容，仅对我们比较关注的几篇重要文章做一些讨论。1995 年，斯坦福的博士生 Jennifer Aaker 在其毕业论文中对品牌个性进行了探讨。两年后，她的文章“Dimensions of brand Personality”登载在 *JMR* 上，第一次就品牌个性维度进行了系统的研究，该论文应该说是测量品牌个性的一篇非常有影响力的文章。这篇文章无论是在研究方法上，还是在理论上，都为后来研究品牌个性的学者提供了很多可供学习和借鉴的地方。

Jennifer 的研究目的就是为了认知在消费者的头脑中品牌个性的维度。她的研究基于心理学众多学者比较认可的性格的“Big five dimension”。因而，要理解对品牌个性的研究，我们有必要回顾一下对人的个性的研究。

（1）“大五”因素模型（Big Five Mode）

由于人类个性特征的复杂性、抽象性、多重性和易变性，个性研究一直处于探索状态。大五模型（Big Five Model）是所有这些研究中到目前为止得到较为普遍认同的一个个性结构。Tepus 和 Christal（1961）利用电脑对有关空军个性特征的成千上万份数据资料进行分析，结果发现所有的个性特征都可以被归入五种个性要素的集合。Costa 和 McCrae（1985，1989）、McCrae 和 Costa（1987）、Goldberg（1990）、John（1990）等人对个性要素集合不断进行研究和完善，最终形成了人类个性的大五模型，并建立起一套完备的测量量表体系。大五模型将各种个性特征都划归到敏感性（Neuroticism）、外向性（Extraversion）、开放性（Openness）、和悦性（Agreeableness）以及谨慎性（Conscientiousness）五大个性维度及其 30 个维度特征内：

表 1　人格的五大维度

主要个性特征	个性维度
外向性因素（Extroversion）	热情，社交，专断，活跃，寻求刺激，积极
和悦性因素（Agreeableness）	值得信任，直率，利他，顺从，谦虚，脆弱
谨慎性因素（Conscientiousness）	能干，讲次序，忠实尽职，追求成就，自律，深思熟虑
敏感性因素（Emotional Stability）	焦虑，愤怒，沮丧，自我，冲动，易受伤
开放性因素（Openness to experience）	幻想，艺术，敏感，实践，思考，有价值

应该说，心理学对人类性格早已作了很多的深入研究，并且对每个维度的意义的研究也是很到位的。可是，在消费者行为学中对品牌个性的探索方面，当时并没有作出这样的平行研究。Jennifer Aaker 关注到这一重要的学术空白，并进行了严谨深入的研究，为我们后续的品牌个性研究提供了理论支撑。

（2）品牌个性的五维度模型

Jennifer Aaker 使用的研究尝试运用归纳法来对品牌个性维度进行系统的研究。她使用了形容词个性词汇研究方法。取样是按 1992 年美国人口局公布的数据，从五个人口统计值，即性别、年龄、家庭收入、道德和地理地域，而取样的。她的研究有效样本有 631 个，对 337 条人类性格进行试验筛选，最终确定用 114 条测试品牌个性特质的词汇对 37 个品牌进行了研究。从抽样到最后的统计数据的检验，Jennifer 都作了很仔细的工作，最终得到的品牌个性的框架是有效且可靠的。整个框架有五个主要维度，包括：纯真（Sincerity）、刺激（Excitement）、称职（Competence）、教养（Sophistication）、粗犷（Ruggedness）。

五个维度的框架包括了 20 个品牌个性特质的品牌个性维度。对于品牌个性特征的测量，则是通过 Likert 量表完成的。整个完整的框架包括：

表 2　品牌个性的五个维度

个性维度（dimension）	品牌个性特质词语（Trait）
纯真Sincerity	爱家，诚实，真诚，快乐
刺激Excitement	勇敢，精力充沛，幻想，时尚
称职Competence	值得信赖，负责，可靠，成功
教养Sophistication	迷人，炫耀，有魅力，浪漫
粗犷Ruggedness	结实，强壮，户外，坚固

Jennifer 的论文所得到的结果，为后来的实证研究中研究其他潜在变量的测量提供了一种方法，也为从理论和实践上研究品牌个性的量表提供了一些可资借鉴的方法。

3. 品牌个性的文化维度

2002 年，Jennifer Aaker 又从文化的角度对品牌个性作了进一步的研究。她在"consumption symbols as carriers of culture：a study of japanese and spanish brand personality constructs"一文中，对来自拉丁文化区的西班牙和来自东方文化区的日本品牌进行了个性维度的研究。 比如，在集体主义的文化中，如果品牌自身的性格能够融入这种文化就更具有实用性。然而，在美国这样的个人主义的文化中，品牌更可以用来区别自己与其他人，可以表达自己，也可以表达一种自己的理想和愿望。对美国人来说，这是很重要的，因为美国对个人主义文化的强调高于任何其他的一种文化（Hoffstead ctd. in Keegan and Green，2003）。

Phau and Lau（2001）认识到美国这种文化对品牌个性的重要性。Phau and Lau 通过细致的调研，提出了关于在新加坡市场上占领导地位的 Tiger 啤酒的系列假设。这种啤酒有 65% 的消费者忠诚，占有 60% 的市场份额。通过一系列的统计分析，Phau and Lau 发现，该品牌确实拥有高度的消费者偏好，并发现消费者的性格确实对品牌个性的感知产生了一定的影响。

至于中国本土研究，在由学者卢泰宏主持的国家教育部十五规划项目(OIJA630018)"品牌测试基础方法的本土化创新"中，就曾对品牌个性维度的本土化进行过专门的研究。该项目组于 2001 年 11 月至 12 月，在中国三个一线城市北京、上海和广州以及两个二线城市成都和长春进行了一次自填问卷方式的测试，最后回收有效样本 552 个，其中男性 258 人，占 47%，女性 294 人，占 53%，年龄从

17到40岁，平均为24.3岁。该研究认为，中国品牌个性维度在个数方面与Jennifer L. Aaker的研究一样，也存在着五个方面，它们是：仁、智、勇、乐、雅。

虽然品牌可能确实是拥有一定的性格的，但是这种性格对不同的文化来说，并不总是一致的，而是与消费者的感知相关的。因此，国际品牌总是很努力地要在跨国界中保持他们的品牌形象，并且有一个稳定的定位。然而，在1991年David Aaker就指出，这种"树立国际品牌的诱惑"通常是很难成功的。从本质上说，一个国际品牌首先必须是有着国际需求的国际产品，这些产品是很难与性格伴随的。

4. 品牌个性的关系

1992年，Research International（RI）市场研究公司的Max Blackston根据人际关系交往的原理首次提出了"品牌关系"（Brand Relationship）的全新概念，以实证研究提出了"品牌看待顾客方式"的存在。在"品牌关系"的概念中，消费者与品牌被视为一个关系体中同等重要的两个部分，并且彼此之间会有互动反应，就像两个人之间的交往。良好品牌关系其实就是品牌与消费者之间通过互动而形成一系列令双方满意的关联状态。

1998年，哈佛大学的学者Susan Fournier的文章"consumer and their brands：developing relationship theory in consumer research"发表在JCR上，文章指出，消费者和他们所选的品牌是有"关系"的。这听起来好像有点傻气，并且在实际生活中，一些消费者也不太愿意承认他们和自己喜欢的品牌是有"关系"的。Susan Fournier关于"品牌关系"的研究表明，消费者与品牌的联系实际上有更深入的水平。她的取样对象很有意思，三个背景完全不同的女人，研究方法是"讲故事"，目的是得到消费者与品牌的各种关系的框架。

Susan Fournier的样本是：Jean，59岁的波士顿市民；Karen，39岁的单身妈妈；Vickie，23岁的硕士生。Susan的文章显示出：消费者与品牌的真实的关系确实在很多层面都是存在的。在她的文章中，品牌的性格是在受试者的话语中表现出来的，例如"我就是象牙（香皂）女孩"、"真正的意大利酱"等。品牌个性是了解消费者与品牌关系的关键。Susan Fournier文章的理论模型中，消费者与品牌"关系"的稳定性和持久性是最终的考虑。由于忠诚的消费者是很有价值的消费者，像Susan Fournier这样把品牌关系和性格联系起来的这类研究是很有意义的，并且也将会是未来一个重要的研究领域。

二、消费者心理认知的概念界定

消费者心理认知即品牌认知是指消费者对品牌的认识、了解、把握的程度。然而，国内学者对品牌认知却有不同的理解。这些不同的理解分别来自于对英文Awareness、Recognition、Perceived的不同翻译。其中Brand Awareness被不同的学者译成“品牌认知”、“品牌知晓”、“品牌知名度”、“品牌意识”，Brand Recognition被译成“品牌认知”、“品牌再认”、“品牌识别”，Perceived Quality则被译成“品质认知”。

David Aaker认为，Awareness是品牌资产的一个重要组成部分。其它的品牌资产组成部分有Perceived Quality、Brand Loyalty和Brand Association。按Aaker的解释，Brand Awareness是指品牌在消费者头脑中存在的牢固程度。Brand Awareness有两个水平，即Brand Recall和Brand Recognition。Brand Recall又被称为Unaided Awareness，当让被调查者说出某类产品的品牌时，那些被说出来的品牌就具有Brand Recall；Brand Recognition又被称为Aided Awareness，当给出特定产品种类的一系列品牌名称，要求被调查者说出他们以前听说过哪些品牌时，那些被说出来的品牌就具有Brand Recognition。可见把Brand Awareness和Brand Recognition都译成品牌认知是值得商榷的。虽然同一学者并不会把Brand Awareness和Brand Recognition同时译成品牌认知，但这确实造成学术上的不便。

Perceived Quality经常被学者译为品质认知或认知质量，这一点争论的意义不大。品质认知可以定义为消费者根据特定目的、与备选方案相比，对产品或服务的全面质量或优越程度的感知情况。Brand Loyalty和Brand Association分别译作品牌忠诚和品牌联想也存在共识。品牌忠诚度用于反映顾客转向其他品牌的可能性，尤其是当品牌在价格或产品性能等方面发生变化时顾客转向其他品牌的可能性。可能性越小，品牌忠诚度越高，竞争活动对顾客群的攻击力越弱。品牌联想是与品牌记忆相联系的所有的事情。Aaker认为，品牌形象（Brand Image）通常是按照一定目的组织的一系列联想。

按Aaker对品牌联想的理解，品质认知就应是品牌联想的一部分，因为对产品或服务的认知也是与品牌记忆相联系的事情，但Aaker想说的显然不是这回事。Kevin Lane Keller则把品牌形象作为品牌知识的一部分，他似乎也认为品牌形象（Brand Image）通常是按照一定目的组织的一系列联想。但他在品牌联想的类型中加入了属性的因素，其中包括非产品的相关属性和产品相关属性。可见 Keller 所定义的品牌联想包含了 Aaker 所定义的品牌联想与品质认知。Keller 同时把品牌联想中的非产品相关属性区分为价格、使用者和用途形象化描述、品牌个性及感觉与体验。在构建品牌资产框架时，Aaker 并没有将品牌美誉考虑在内，Keller 则把品牌美誉作为品牌形象的一部分。

笔者比较倾向于 Keller 的理论，但不赞成把把品牌美誉作为品牌形象的一部分。这是因为品牌美誉是消费者对基于品牌联想的品牌形象的赞誉程度。品牌形象是品牌留给消费者的一个总体印象，而品牌美誉则是消费者在对品牌有所认知后，对品牌的态度。同时，笔者认为，Keller 所提到的品牌知识，就是我们所定义的品牌认知，或消费者认知。其框架如下图所示：

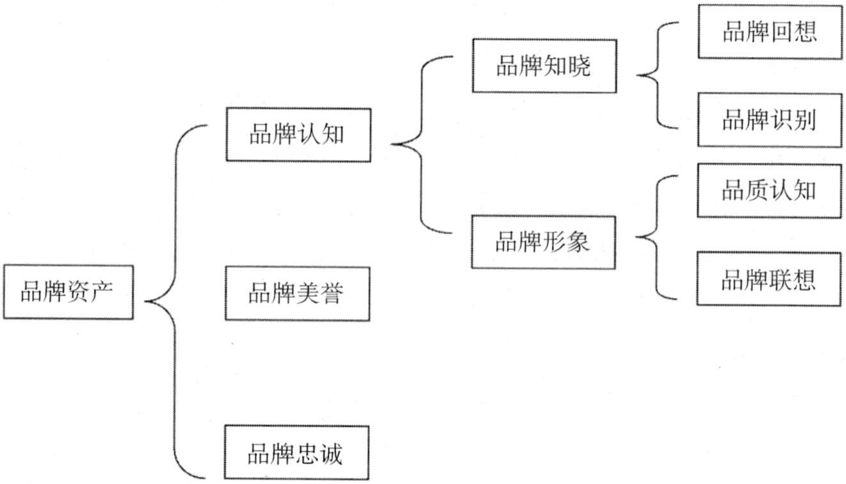

图 1　品牌资产框架（资料来源：本人绘制）

笔者认为，品牌资产来源于三个方面：一是消费者对品牌的认知程度（Brand Knowledge），二是消费者对品牌的美誉程度（Brand Reputation），三是消费者对品牌的忠诚度（Brand Loyalty）。其中品牌美誉来自于品牌的认知，而品牌忠诚则来自于品牌美誉。本文的侧重点在于界定品牌认知的内涵，以探讨品牌性格对消费者心理认知的影响。

品牌认知是消费者对品牌的认识、了解和把握的程度。首要的是消费者知道不知道该品牌，即品牌知晓（Brand Awareness）。品牌知晓有两个水平，其一是品牌回想（Brand Recall），其二是品牌识别（Brand Recognition），这与 Aaker 和 Keller 的定义是一致的。其次是消费者对品牌了解的程度，或是品牌留给消费者的印象，即品牌形象（Brand Image）。品牌形象来源于产品的相关属性即品质认知（Perceived Quality）和非产品相关属性即品牌联想（Brand Association）。这里的品牌联想和Aaker的品牌联想定义是一致的，或只是Keller所定义的品牌联想中的一部分，即非产品相关属性。

品牌的品质认知包括产品性能、产品特色、可靠性、耐用性、适用性、完美性。以手机为例，产品性能是指手机实现通话、发短信等功能的质量；产品特色是指产品在功能或外形的设计上是否与其他品牌手机有不同之处；产品可靠性是指每次使用手机时，手机是否正常工作；产品耐用性是指手机的可使用年限；适用性是指手机对于使用者来说是否有效、胜任、方便；完美性是指手机看上去是否像高质量的商品。

Aaker和Keller都认为品牌个性是品牌联想的一个因素。如果说品牌联想是“提到品牌，消费者想到了什么”，那么品牌个性则是“提到品牌，品牌所有者希望消费者能想到什么”。但品牌个性不仅仅影响到消费者对品牌的联想，还会对品牌知晓、品质认知产生影响，这正是本文所要讨论的。

三、理论模型与研究假设

按笔者对品牌认知的阐释，品牌个性是属于品牌联想的范畴，品牌联想也在很大程度上被品牌个性所解释。另外一方面，如果没有一个基本的品牌识别，就无从谈起品牌形象，因而品牌联想与品质认知都是建立在品牌识别的基础上的。本研究不会停留在品牌个性对品牌回忆和品牌识别这种比较浅层次的相关研究上，因为品牌个性对品牌知晓产生影响，正如一位个性鲜明的人容易给人留下印象一样，个性鲜明的品牌同样会给消费者留下深刻的印象，这已经被Aaker和Keller所证实。本文所要深入研究的是，品牌个性是否对品质认知产生影响。笔者认为，个性鲜明的品牌容易引起人们的好奇心，使人们进一步去了解该品牌；或受品牌性格的影响，使人们认为品牌个性所表达的就是品质。

对品牌个性与品质认知之间的关系进行研究，涉及三个方面的变量。其一是品牌个性，我们可以用Jennifer Aaker的品牌个性的五大维度来表达；其二是品质认知，可以用消费者对产品性能、产品特色、可靠性、耐用性、适用性、完美性的认知来表达，由于产品性能与产品可靠性在市场调查时容易让消费者混淆，可以把可靠性因素并到产品性能中；其三是消费者人格，可以用 Tepus 和 Christal 的五大维度来表达。研究关系到消费者人格，是因为在对品牌个性与品质认知的关系进行研究时，需要对消费者进行调查才能获得可研数据，而可研数据又和被调查者的人格有着深刻的关系，比如一个具有更多外倾性因素的消费者可能会更欣赏具有刺激个性的品牌，作为被调查者，他可能会忽视或贬低具有其他个性的品牌从而使调查结果带有个人情感因素。为此，我们特做如下假设：

假设 H_0：品牌个性对品质认知无显著影响

其中品牌个性有五个水平，即纯真、刺激、称职、教养、粗犷，消费者人格有五个维度，即外向型、和悦型、谨慎型、敏感型、开放型。可以用下图来表示品质认知和品牌个性、消费者人格之间的关系：

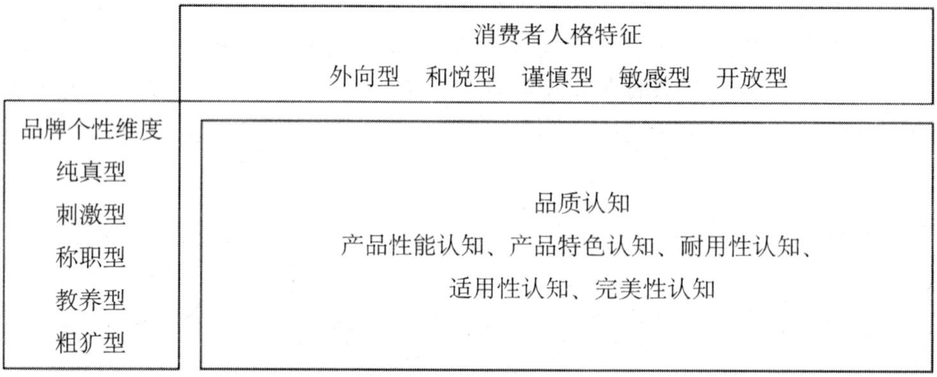

图 2　品牌个性对消费者心理认知影响研究框架（资料来源：本人绘制）

以上模型框架可以用下表来表示：

表 3　数据集框架

C_1	C_2	C_3	C_4	C_5	B_1	B_2	B_3	B_4	B_5	Q_1	Q_2	Q_3	Q_4	Q_5
c_{n1}	c_{n2}	c_{n3}	c_{n4}	c_{n5}	b_{k1}	b_{k2}	b_{k3}	b_{k4}	b_{k5}	q_{nk1}	q_{nk2}	q_{nk3}	q_{nk4}	q_{nk5}

其中 C_n 表示第 n 个消费者人格的 5 个维度，B_k 表示第 k 个品牌个性的 5 个维度，Q_{nk} 表示第 n 个消费者对第 k 个品牌的认知。

由于品牌往往表现为多重个性，我们很难找到完全在某一个性水平下的品牌，而不同品牌的个性表现显然不会一样。但我们知道，品牌个性是品牌所有者依据其希望消费者能想到什么而赋予的，所以消费者所给出的品牌个性向量是近似于品牌个性的，我们可以把对 N 个消费者调查所得的品牌个性向量的平均作为品牌个性向量的无偏估计。假设被试人 n 给出的被试品牌 k 的个性隶属度向量为

$$\vec{b}_{nk}=(b_{nk1},b_{nk2},b_{nk3},b_{nk4},b_{nk5}),\ \sum_{i=1}^{5} b_{nki}=1;$$

则

$$\bar{\vec{b}}_{k}=\frac{1}{N}\sum_{n=1}^{N}\vec{b}_{nk}=(b_{k1},b_{k2},b_{k3},b_{k4},b_{k5}),b_{nki}$$

N 个被试消费者评价了 K 个品牌的认知度，共得到 NK 个数据。我们做如下假设：

（1）消费者的品质认知对消费者人格和品牌个性是线性的；

（2）消费者人格和品牌个性是相互独立的；

（3）消费者人格和品牌个性均服从五元正态分布

为得到研究结果，我们将控制 C_n，来研究 B_k 和 Q_{nk} 之间的关系。

四、品牌个性对消费者心理认知的影响调查

1. 刺激物的选择

在本研究中，刺激物即被调查产品的选择十分重要。若被调查产品的品牌集中程度很低，产品分散在多个消费群中，那么研究结果的有效性与可靠性就会比较低。同时，受研究经费、研究时间等客观条件的约束，我们研究的消费者是中国在校大学生，这就意味着被调查产品必须是对大学生来说有消费能力、消费意愿的产品。

综合考虑上述因素，我们选择了一种购买频率相对较低，但品牌集中度相对较高的产品——手机。据初步了解，目前在大学生中手机的普及率在迅速上升。无论是实际需要，还是追逐潮流，手机已成为大学生们的新宠，其精巧美观的外形设计，个性化的自我设定，使其成为最能体现消费者个性的产品之一。同时，从目前手机的生产和营销战略来看，手机生产者走的也是一条展现手机品牌的个性特征，满足消费者个性要求的个性化营销道路。因此以手机作为研究产品，既满足了研究可行性的要求，也使本研究更具商业应用的实际意义。

2. 市场预调查

目前手机市场主要有以下各品牌：诺基亚、摩托罗拉、三星、索爱、飞利浦、

联想、LG、NEC、西门子、夏新、波导、海尔、康佳、TCL、惠普、神达、华硕、苹果、多普达、CECT、阿尔卡特、UT斯达康、奥克斯、英华达、金立、夏普、三菱、酷派、泛泰、大显、天时达、松下、万利达、东芝、华为、京瓷等。

预调查的主要目的是验证手机产品的品牌集中度，并为后续研究确定具体的手机品牌。我们采用方便抽样，在校园现场发放问卷100份，回收率为100%，有效问卷95份，有效率95%。

在调查手机品牌回忆时，在无提示的情形下，被调查者按熟悉程度从深至浅的顺序列出5个手机品牌。在调查品牌识别时，提示了以上36个品牌，要求被调查者从中挑选出自己听说过的品牌，并要求被调查者按自己对所挑选出来的品牌的手机品质的了解程度（相对于手机品质的实际情况，满分为5分）进行打分。为避免对品牌回忆的调查与对品牌识别的调查互相干涉，调查分为两阶段进行（如在同一阶段进行，被调查者在进行品牌回忆调查时可能会去翻阅进行品牌识别调查的问卷，使品牌回忆失去意义）。

在计算各手机品牌的回忆度时，我们将第一个品牌赋予分值5，第二个品牌分值4，依次类推，第五个品牌分值为1。各手机品牌的识别率，以能识别出该品牌的被调查者人数占总被调查者人数的比率来衡量。

结果显示，品牌回忆度排在前10的手机品牌为诺基亚、摩托罗拉、西门子、NEC、阿尔卡特、波导、松下、多普达、三星、索爱，总分分别为88、81、70、65、61、57、51、40、35、34。品牌识别率排在前10的手机为诺基亚、摩托罗拉、西门子、NEC、波导、三星、阿尔卡特、多普达、松下、UT斯达康，识别率分别为100%、100%、100%、100%、100%、100%、100%、80%、75%、65%。为能在正式调查中得到可调查数据，我们选取了识别率为100%的手机进行调查，从中选取诺基亚、摩托罗拉、西门子、阿尔卡特、波导五个品牌进行正式调查，作为本次研究的对象。

从预调查结果中可以看出，手机是品牌集中度比较高的产品，这也为正式调查提供了便利。

3. 正式市场调查

在正式调查中，我们发放问卷400份，回收387份，去掉有缺失数据缺失的样本，有效样本为350份。调查包括：

（1）消费者人格调查

按调查目的，我们需要每一个被试者的人格个性。在调查中，我们设计了如下问题：

请从以下 30 个词汇中选出 10 个最适合您的词汇，并排序：

> 热情洋溢，善于社交，专断专行，言行活跃，寻求刺激，积极向上，值得信任，坦诚直率，利他主义，容易顺从，比较谦虚，心理脆弱，精明能干，讲究次序，忠实尽职，追求成就，严于自律，深思熟虑，焦躁不安，容易愤怒，心情沮丧，自我中心，易于冲动，容易受伤，时常幻想，热爱艺术，比较敏感，乐于实践，肯于思考，自我实现

按被试者挑选并排列的 10 字词汇，第一个设定为 10 分，第二个设定为 9 分，依次类推，最后一个设定为 1 分，并归并到外向型、和悦型、谨慎型、敏感型、开放型五个维度中加总，然后归一化，便可得到被试者的人格维度向量。

（2）品牌个性调查

我们让被调查者针对诺基亚、摩托罗拉、西门子、阿尔卡特、波导五个品牌，根据 Aaker 的品牌个性五大分类模型的 20 个特征对手机的品牌个性进行评价。在调查中，我们设计了如下问题：

当您看到以下几个手机品牌时，您会想到什么？请从以下 20 个词汇中选出 7 个最能表达相应品牌的词汇，并排序：

> 爱家，诚实，真诚，快乐，勇敢，精力充沛，幻想，时尚，信任，负责，可靠，成功，迷人，炫耀，魅力，浪漫，结实，强壮，户外，坚固

我们把排在第一个的词汇设定为 7 分，最后一个设定为 1 分，同理得到相应品牌的个性维度向量。

（3）品质认知调查

我们要求被调查者对手机品牌的品质认知程度进行评价。对品牌的品质认知程度的调查，我们调查了消费者对产品性能、产品特色、耐用性、适用性、完美性的了解程度。设计问卷如下：

如果

> 产品性能是指手机实现通话、发短信等功能的质量；每次使用手机时，手

机是否正常工作

产品特色是指产品在功能或外形的设计上是否与其它品牌手机有不同之处；

产品耐用性是指手机的可使用年限；

产品适用性是指手机对于使用者来说是否有效、胜任、方便；

产品完美性是指手机看上去是否像高质量的商品。

那么您对以下品牌的相应方面的了解程度如何?

我们把完全了解设定为 10 分，完全不了解设定为 0 分，要求被试者给出自己对品牌的了解程度。

五、数据处理及结果

1. 消费者的心理认知

调查发现，同一消费者对同一手机品牌的产品性能、产品特色、产品耐用性、产品适用性、产品完美性几乎保持了相同的认知。这可能是因为：被调者正在使用某一品牌的手机且被调者不太关注其他手机品牌。下表是经 SPSS 计算的各品牌的相关认知度，从表中可以看出，诺基亚手机在各方面都具有较高的认知度，而国产的波导手机认知度比较低。另外，诺基亚手机不但有较高的认知度，而且方差也是最低的，说明诺基亚手机在消费者中保持了较为稳定的认知度。

表 4　品质认知向量

Report

brand		性能认知	特色认知	耐用认知	适用认知	完美认知
诺基亚	Mean	6.814286	7.614286	8.600000	8.285714	8.400000
	Std. Deviation	3.5398.62	2.9551863	2.0028965	2.1477515	1.7228221
摩托罗拉	Mean	6.085714	7.314286	7.242857	7.571429	7.342857
	Std. Deviation	3.2913715	2.1301348	2.5675552	2.2104589	2.3767333
西门子	Mean	5.000000	5.942857	5.985714	6.071429	6.200000
	Std. Deviation	3.1253985	2.5188318	2.8462681	2.6828572	2.8771967
阿尔卡特	Mean	3.871429	3.971429	4.114286	4.028571	4.571429
	Std. Deviation	3.0830130	2.8077090	2.9856801	2.8025425	2.7164098
波导	Mean	3.314286	3.314286	3.642857	3.285714	3.628571
	Std. Deviation	3.0433718	3.1325447	2.9193791	2.6980554	2.7880253
Total	Mean	5.017143	5.631429	5.917143	5.848571	6.028571
	Std. Deviation	3.4615767	3.2221717	3.2606876	3.1735721	3.0655280

由于各品牌手机在品质各方面的认知相差不大，我们把各认知加总作为总体认知水平后再进行分析。下表是加总后的总体认知水平的统计描述：

表 5　加总后的品质认知

Report

品质认知

brand	Mean	Std. Deviation
诺基亚	39.714286	9.2346902
摩托罗拉	35.557143	9.6858416
西门子	29.200000	11.9680735
阿尔卡特	20.557143	12.3225206
波导	17.185714	12.9953089
Total	28.442857	14.1694976

2. 品牌个性与品质认知

经调查，各手机品牌的个性维度如下表所示：

表 6　手机品牌的个性维度

	纯真型	刺激型	称职型	教养型	粗犷型
诺基亚	0.1098	0.2121	0.3220	0.0227	0.3333
摩托罗拉	0.2161	0.3672	0.2604	0.1302	0.0260
西门子	0.2169	0.2757	0.1801	0.2022	0.1250
阿尔卡特	0.2062	0.3162	0.1375	0.2027	0.1375
波导	0.1871	0.3561	0.0468	0.2086	0.2014

从表中可以看出，各手机品牌均不同程度地显示出多维的品牌个性，如诺基亚表现得更为粗犷一些，但也不失称职；而摩托罗拉更表现为刺激；西门子表现不十分明显，阿尔卡特和波导也表现为更多的刺激个性。总体来说，手机品牌的个性基本表现为刺激，这和我们选取的刺激物——手机这种产品有关。

我们对品牌个性和品质认知做相关分析，得到如下结果：

表 7 品牌个性和品质认知的相关矩阵

Correlations

		Sincerity	Excitement	Competence	Sophistication	Ruggedness	品质认知
Sincerity	Pearson Correlation	1	0.731**	−0.492**	0.825**	−0.922**	−279**
	Sig.（2-tailed）		0.000	0.000	0.000	0.000	0.000
	N	350	350	350	350	350	350
Excitement	Pearson Correlation	0.731**	1	−0.571**	0.624**	−0.750**	−0.321**
	Sig.（2-tailed）	0.000		0.000	0.000	0.000	0.000
	N	350	350	350	350	350	350
Competence	Pearson Correlation	−0.492**	−0.571**	1	−0.875**	0.187**	0.592**
	Sig.（2-tailed）	0.000	0.000		0.000	0.000	0.000
	N	350	350	350	350	350	350
Sophistication	Pearson Correlation	0.825**	0.624**	−0.875**	1	−0.555**	−0.517**
	Sig.（2-tailed）	0.000	0.000	0.000		0.000	0.000
	N	350	350	350	350	350	350
Ruggedness	Pearson Correlation	−0.922**	−0.750**	0.187**	−0.555**	1	0.096
	Sig.（2-tailed）	0.000	0.000	0.000	0.000		0.074
	N	350	350	350	350	350	350
品质认知	Pearson Correlation	−279**	−0.321**	0.592**	−0.517**	0.096	1
	Sig.（2-tailed）	0.000	0.000	0.000	0.000	0.074	
	N	350	350	350	350	350	350

**. Correlation is significant at the 0.01 level（2-tailed）.

这是一个非常有趣的结果，我们发现，消费者对手机品牌的品质认知与手机品牌的纯真、刺激、教养个性均表现为负相关。也就是说，手机品牌的纯真、刺激、教养个性表现得越明显，对手机品牌的品质认知度反而会更低。对手机品牌的品质认知和粗犷个性几乎不相关，但对称职个性却表现出了强相关，难怪品质好的就是更称职的。或许刺激个性是为了让消费者更容易认知它，而称职个性是为了让消费者更容易了解它。下表是品质认知与手机个性的相关分析。

表 8 品牌个性和加总后的品质认知的相关矩阵

Correlations

		纯真	刺激	称职	教养	粗犷	认知
纯真	Pearson Correlation	1	0.731	−0.492	0.825	−0.922*	−0.461
	Sig.（2-tailed）		0.161	0.399	0.086	0.026	0.435
	N	5	5	5	5	5	5
刺激	Pearson Correlation	0.731	1	−0.571	0.624	−0.750	−0.531
	Sig.（2-tailed）	0.161		0.314	0.260	0.144	0.357
	N	5	5	5	5	5	5
称职	Pearson Correlation	−0.492	−0.571	1	−0.875	0.187	0.978**
	Sig.（2-tailed）	0.399	0.314		0.052	0.763	0.004
	N	5	5	5	5	5	5
教养	Pearson Correlation	0.825	0.624	−0.875	1	−0.555	−0.854
	Sig.（2-tailed）	0.086	0.260	0.052		0.332	0.066
	N	5	5	5	5	5	5

续表

粗犷	Pearson Correlation	-0.922*	-0.750	0.187	-0.555	1	0.158
	Sig.（2-tailed）	0.026	0.144	0.763	0.332		0.800
	N	5	5	5	5	5	5
认知	Pearson Correlation	-0.461	-0.531	0.978**	-0.854	0.158	1
	Sig.（2-tailed）	0.435	0.357	0.004	0.066	0.800	
	N	5	5	5	5	5	5

*. Correlation is significant at the 0.05 level–2-tailed）.

**. Correlation is significant at the 0.01 level–2-tailed）.

这一结果强化了前一分析结果，我们发现，消费者对手机品牌的认知与手机的称职个性的相关度达到0.978。为进一步验证相关分析的结果，我们用SPSS的逐步回归功能，对认知作品牌个性五个维度的逐步线性回归。

表9　品质认知对品牌个性的逐步回归结果

Variables Entered/Removed

Model	Variables Entered	Variables Removed	Method
1	称职		Stepwise（Criteria：Probability-of-F-to-enter<=0.050，Probability-of-F-to-remove >=0.100）.

a. Dependent Variable：认知

Model Summary

Model	R	R Square	Adjusted R Square	Std. Error of the Estimate	Change Statistics				
					R Square Change	F Change	df1	df2	Sig. F Change
1	0.978[a]	0.956	0.942	2.31406	0.956	65.562	1	3	0.004

结果显示，只有称职个性进入了回归，决定系数为0.956。

3. 消费者人格与品质认知

在以上分析中，我们并没有考虑消费者的人格因素。“性相近，习相远”，我们有必要对消费者人格与品质认知之间的关系作一下分析。

从分析结果中可以看出，消费者对手机品牌的认知均和消费者的外向型人格表现正相关，而与其他人格因子表现为负相关或不相关。这说明，具有外向型人格个性的消费者更愿意去了解手机产品的品质。下表是消费者人格与总体认知之间的关系。

表 10　消费者人格与品质认知的相关矩阵

Correlations

		外向型	和悦型	谨慎型	敏感型	开放型	性能	特色	耐用	适用	完美
外向型	Pearson Correlation	1	-0.415**	-0.393**	-0.286*	-0.188	0.298*	0.275*	0.316**	0.375**	0.252*
	Sig.（2-tailed)		0.000	0.001	0.016	0.120	0.012	0.021	0.008	0.001	0.035
和悦型	Pearson Correlation	-0.415**	1	-0.148	-0.027	-0.507**	-0.059	-0.141	-0.190	-0.216	-0.097
	Sig.（2-tailed)	0.000		0.222	0.824	0.000	0.626	0.244	0.114	0.073	0.424
谨慎型	Pearson Correlation	-0.393**	-0.148	1	-0.185	-0.295*	0.001	-0.064	-0.044	-0.108	-0.072
	Sig.（2-tailed)	0.001	0.222		0.125	0.013	0.994	0.596	0.719	0.372	0.556
敏感型	Pearson Correlation	-0.286*	-0.027	-0.185	1	0.204	-0.419**	-0.288*	-0.316**	-0.156	-0.235
	Sig.（2-tailed)	0.016	0.824	0.125		0.090	0.000	0.016	0.008	0.198	0.050
开放型	Pearson Correlation	-0.188	-0.507**	-0.295*	0.204	1	-0.134	0.006	0.004	-0.024	-0.029
	Sig.（2-tailed)	0.120	0.000	0.013	0.090		0.270	0.963	0.973	0.841	0.812
性能	Pearson Correlation	0.298*	-0.059	0.001	-0.419**	-0.134	1	0.528**	0.490**	0.351**	0.373**
	Sig.（2-tailed)	0.012	0.626	0.994	0.000	0.270		0.000	0.000	0.003	0.001
特色	Pearson Correlation	0.275*	-0.141	-0.064	-0.288*	0.006	0.528**	1	0.725**	0.657**	0.700**
	Sig.（2-tailed)	0.021	0.244	0.596	0.016	0.963	0.000		0.000	0.000	0.000
耐用	Pearson Correlation	0.316**	-0.190	-0.044	-0.316**	0.004	0.490**	0.725**	1	0.775**	0.829**
	Sig.（2-tailed)	0.008	0.114	0.719	0.008	0.973	0.000	0.000		0.000	0.000
适用	Pearson Correlation	0.375**	-0.216	-0.108	-0.156	-0.024	0.351**	0.657**	0.775**	1	0.846**
	Sig.（2-tailed)	0.001	0.073	0.372	0.198	0.841	0.003	0.000	0.000		0.000
完美	Pearson Correlation	0.252*	-0.097	-0.072	-0.235	-0.029	0.373**	0.700**	0.829**	0.846**	1
	Sig.（2-tailed)	0.035	0.424	0.556	0.050	0.812	0.001	0.000	0.000	0.000	

**. Correlation is significant at the 0.01 level（2-tailed）.

*. Correlation is significant at the 0.05 level（2-tailed）.

表 11　消费者人格与加总后的品质认知的相关矩阵

Correlations

		外向型	和悦型	谨慎型	敏感型	开放型	品质认知
外向型	Pearson Correlation	1	-0.415**	-0.393**	-0.286*	-0.188	0.365**
	Sig.（2-tailed)		0.000	0.001	0.016	0.120	0.002
和悦型	Pearson Correlation	-0.415**	1	-0.148	-0.148	-0.507**	-0.163
	Sig.（2-tailed)	0.000		0.222	0.222	0.000	0.177
谨慎型	Pearson Correlation	-0.393**	-0.148	1	-0.185	-0.295*	-0.065
	Sig.（2-tailed)	0.001	0.222		0.125	0.013	0.595
敏感型	Pearson Correlation	-0.286*	-0.027	-0.185	1	0.204	-0.353**
	Sig.（2-tailed)	0.016	0.824	0.125		0.090	0.003
开放型	Pearson Correlation	-0.188	-0.507**	-0.295*	0.204	1	-0.050
	Sig.（2-tailed)	0.120	0.000	0.013	0.090		0.683
品质认知	Pearson Correlation	0.365**	-0.163	-0.065	-0.353**	-0.050	1
	Sig.（2-tailed)	0.002	0.177	0.595	0.003	0.683	

**. Correlation is significant at the 0.01 level（2-tailed）.

*. Correlation is significant at the 0.05 level（2-tailed）.

从这个表中我们发现了一个相同的结论，即消费者的外向型人格因子对品牌的品质认知有较大的相关关系。

4. 消费者人格、品牌个性与消费者心理认知

(1) 品牌个性与品质认知的偏相关

通过以上分析，我们看到消费者的人格因素影响了消费者对品牌的品质认知。我们拟控制消费者的人格因素变量，对品牌个性和品质认知做偏相关分析如下。

表 12　控制消费者人格变量的消费者人格与加总后的品质认知的偏相关矩阵

Correlations

Control Variables			Sincerity	Excitement	Competence	Sophisticat	Ruggedness	品质认知
Extroversion & Agreeableness & Conscientiousness & Emotional Stability & Openness To Experience &	Sincerity	Correlation	1.000	0.731	−0.492	0.825	−0.922	−0.289
		Significance	.	0.000	0.000	0.000	0.000	0.000
		(2-tailed) df	0	343	343	343	343	343
	Excitement	Correlation	0.731	1.000	−0.571	0.624	−0.750	−0.333
		Significance	0.000	.	0.000	0.000	0.000	0.000
		(2-tailed) df	343	0	343	343	343	343
	Competence	Correlation	−0.492	−0.571	1.000	−0.875	0.187	0.614
		Significance	0.000	0.000	.	0.000	0.000	0.000
		(2-tailed) df	343	343	0	343	343	343
	Sophisticat	Correlation	0.825	0.624	−0.875	1.000	−0.555	−0.536
		Significance	0.000	0.000	0.000	.	0.000	0.000
		(2-tailed) df	343	343	343	0	343	343
	Ruggedness	Correlation	−0.922	−0.750	0.187	−0.555	1.000	0.099
		Significance	0.000	0.000	0.000	0.000	.	0.066
		(2-tailed) df	343	343	343	343	0	343
	品质认知	Correlation	−0.289	−0.333	0.614	−0.536	0.099	1.000
		Significance	0.000	0.000	0.000	0.000	0.066	.
		(2-tailed) df	343	343	343	343	343	0

从表中我们发现，在控制消费者人格因素的情况下，消费者对品牌的品质认知仍然和品牌的称职个性保持较大相关关系，但有所减小，即消费者人格确实影响了消费者对品牌的品质认知。

(2) 协方差分析

如果品牌个性对消费者对品牌的品质认知是无影响的，那么消费者对各品牌的品质认知是无差异的，即使它们的个性维度各不相同。从数据的直观来看，这显然是不正确的。我们把消费者的人格因素作为协变量，来分析品牌个性对消费者的品牌品质认知的影响。

表 13 把消费者人格变量作为协变量的协方差分析结果

Correlations

brand	Mean	Std. Error	95% Confidence Interval	
			Lower Bound	Upper Bound
诺基亚	39.714[a]	1.291	37.174	42.254
摩托罗拉	35.557[a]	1.291	33.017	38.097
西门子	29.200[a]	1.291	26.660	31.740
阿尔卡特	20.557[a]	1.291	18.017	23.097
波导	17.186[a]	1.291	14.646	19.726

a. Covariates appearing in the model are evaluated at the following values: Extroversion = 0.203751, Agreeableness = 0.342311, Conscientiousness = 0.233219, Emotional Stability = 0.037499, Openness To Experience = 0.183206.

从中可以看出，消费者对各品牌的品质认知是不同的：对诺基亚品牌的认知明显要高于对其他品牌的认知，之后依次是摩托罗拉、西门子、阿尔卡特和波导。这也恰好是这五者在称职个性维度上的排序。

六、结 论

通过调查分析，我们可以得出以下结论：对于手机品牌，(1) 消费者的外向型因子对品牌的品质认知有正向的影响；(2) 品牌的称职个性对品牌的品质认知具有正向的影响；(3) 消费者的人格因素对品牌的品质认知具有影响；(4) 品牌个性对品牌的品质认知具有影响。

我们还可以推出其他结论，如我们所选择的刺激物的特点与消费者的心理认知有一定影响，对于手机来说，我们发现称职个性起主要作用，但对于其他产品，可能是另外一种性格。比如洗发水，起主要作用的可能会是给人以纯真的个性或称职的个性，如果是粗犷的个性，可能并不能为人所接受。

另外我们在数据分析中还发现，无论是消费者还是品牌，五维度的个性之间具有高度相关性，对各因素的认知水平之间具有高度的相关性，这种相关性如何影响研究结果，没有进行分析。但总的来说，调查研究取得了很好的效果，假设得到了较好的证实。对于不同产品，品牌个性的哪些维度会对消费者的心理认知产生影响，将是本研究进一步深入方向。

（注：本研究课题来源为：广东省普通高校人文社会科学“十五”规划研究重大项目。编码：04JDXM86002）

参考文献：

1. Aaker, David A. (1991), *Managing Brand Equity*, New York: The Free Press.
2. Aaker, J.L., Benet-Martinez, V., Garolera, J., 2001, “Consumption symbols as carriers of culture: a study f Japanese and Spanish brand personality constructs”, *Journal of Personality and Social Psychology*, 81, 3, pp.492-508.
3. Aaker, Jennifer (1997), “Dimensions of Brand Personality,” *Journal of Marketing Research*, 34 (3), pp.342–52.
4. Aaker, J.L., 1999, “The malleable self: the role of self-expression in persuasion”, *Journal of Marketing Research*, 36, pp.45–57.
5. Aaker, J.L., Fournier, S., 1995, “A brand as a character, a partner and a person: three perspectives on the question of brand personality”, *Advances in Consumer Research*, 22, pp.391–5.
6. Batra, R., Lehmann, D.R., Singh, D., 1993, “The brand personality component of brand goodwill: some antecedents and consequences”, Aaker, D.A., Biel, A.L., *Brand Equity and Advertising*, Lawrence Erlbaum Associates, Hillsdale, NJ, pp.83–96.
7. Birdwell, A.E., 1968, “A study of influence of image congruence on consumer choice”, *Journal of Business*, 41, 1, pp.76–88
8. Evans, F.B., 1959, “Psychological and objective factors in the prediction of brand choice”, *Journal of Business*, 32, 4, pp.340–69.
9. Evans, F.B., 1962, “Correlates of automobile shopping behavior”, *Journal of Marketing*, 26, 4, pp.74–7.
10. Ferrandi, J.M., Valette-Florence, P., Fine-Falcy, S., 2000, “Aaker’ s brand personality scale in a French context: a replication and preliminary test of its validity”, *Developments in Marketing Science*, 23, 7–13.
11. Fournier, Susan (1998), “Consumers and Their Brands: Developing Relationship Theory in Consumer Research,” *Journal of Consumer Research*, 24 (March).
12. Grubb, E.L., Hupp, G., 1968, “Perception of self, generalized stereotypes, and brand selection”, *Journal of Marketing Research*, 5, February, pp.58–63.

13. Haigood, T.L., 1999, "The brand personality effect: an empirical investigation", *Proceedings of the American Marketing Association Winter Educators' Conference*, Vol. 10, American Marketing Association, New York, NY, pp.149–50.

14. Halliday, J., 1996, "Chrysler brings out brand personalities with' 97 ads", *Advertising Age*, 67, 40.

15. John, Oliver (1990), "The 'Big Five' Factor Taxonomy: Dimensions of Personality in the Natural Language and in Questionnaires," in *Handbook of Personality: Theory and Research*, L.A. Pervin, ed. San Francisco: Harper, pp.66–100.

16. Johnson, L.W., Soutar, G.N., Sweeney, J.C., 2000, "Moderators of the brand image/perceived product quality relationship", *The Journal of Brand Management*, 7, 6, pp.425–33.

17. Kassarjian, H.H., 1971, "Personality and consumer behavior: a review", *Journal of Marketing Research*, 8, November, pp.409–18.

18. Keller, Kevin L. (1993), "Conceptualizing, Measuring, and Managing Customer-Based Brand Equity," *Journal of Marketing*, 57 (January), pp.1–22

19. Kim, C.K., Han, D., Park, S.B., 2001, "The effect of brand personality and brand identification on brand loyalty: applying the theory of social identification", *Japanese Psychological Research*, 43, 4, pp.195–206.

20. Lowe, C.M., 1961, "The self-concept: fact or artefact?", *Psychological Bulletin*, 58, 4, pp.325–36.

21. Musante, M., Milne, G.R., McDonald, M.A., 1999, "Sport sponsorship: evaluating the sport and brand image match", *International Journal of Sports Marketing and Sponsorship*, 1, 1, pp.32–47.

22. Plummer, Joseph T. (1985), "How Personality Makes a Difference," *Journal of Advertising Research*, 24 (December/January), pp.27–31.

23. Phau, I., Lau, K.C., 2000, "Conceptualising brand personality: a review and research propositions", *Journal of Targeting, Measurement and Analysis for Marketing*, 9, 1, pp.52–69.

24. Siguaw, J.A., Mattila, A., Austin, J.R., 1999, "The brand-personality scale", *Cornell Hotel and Restaurant Administration Quarterly*, June, pp.48–55.

25. Westfall, R., 1962, "Psychological factors in predicting product choice", *Journal of Marketing*, 26, 4, pp.34–40.

26. Wysong, S., Munch, J., Kleiser, S., 2002, "An investigation into the brand personality construct, its antecedents and its consequences", *Proceedings of the American Marketing*

Association Winter Educators'Conference, American Marketing Association, New York, NY, pp.512–18.

27. Yaverbaum, E.,2001, "The right touch", *Adweek*,42,4,20.
28. 黄胜兵、卢泰宏，《品牌个性维度的本土化研究》《南开管理评论》2003年第1期。
29. 何佳讯，《品牌形象策划——透视品牌经营》，复旦大学出版社，2000年，第308—309页。

（原载《深圳大学学报》2007年4期）

简论区域品牌创新体系及其政策策略

● 马春辉　李新立　陈振旺

一、区域品牌创新体系及其理论基础

区域品牌创新体系是指一个国家或一个地区各企业、政府部门和有关机构之间相互协调、良性互动，促进品牌创新资源合理配置、高效利用，融创新执行机构、创新基础设施、创新资源、创新环境等创新要素于一体的系统。在这一体系中，政府、企业、高等院校、科研机构、中介机构、金融机构等创新主体良性互动，制度、政策和环境相互协调，技术、人才、资金等创新要素协同作用，从而实现品牌资源有效集成和合理配置。区域品牌创新体系是提高企业竞争力和优化区域资源所必须的社会环境，是区域经济、社会可持续发展的基础。

产业集群理论是深圳区域品牌创新体系的理论基础。区域品牌的形成是随着产业集群的产生、成长而逐步形成的，这是因为大小相互关联的企业及机构的发展和企业的持续创新所致。正是产业集群这种集聚、竞争、合作、学习和创新的内在机制和弹性专精的生产方式，创造了产业集群的营销优势，从而促进了区位品牌的形成。因此，区域品牌是产业集群发展壮大的内在要求；区域品牌是塑造产品和服务文化理念的重要体现；区域品牌代表了区位企业的形象和产品的声誉；将区域文化、生活等与产业相联系，将区位品牌战略融入文化、生活中。

在全球环境下，更加需要建立品牌的核心竞争力。本文将从两大类（外部要素、内部要素）四个层次（政府、核心能力、社会、消费者）分析影响深圳区域品牌创新体系的因素，品牌发展的关键因素。一个地区的要形成有特征的区域品牌创新体系，需要一些支持条件，见下图：

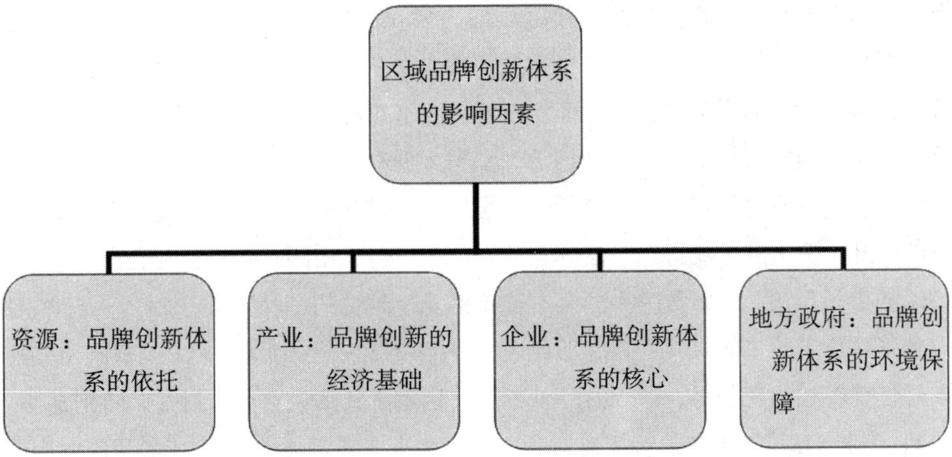

二、深圳建立区域品牌创新体系的因素

深圳推进区域品牌创新体系，已经具有了相当的基础。从整体经济实力分析，2005 年深圳的经济总量在全国各大中城市中，各项指标均排在前四位。其中地方财政收入已经多年排在第一位。这种强大的经济实力是深圳实现区域品牌创新体系的后盾。

深圳已经形成了一个区域品牌体系。根据世界品牌大会发布的 2006 年《中国 500 最具价值品牌》排行榜，其中有深圳特区报和商报、华为、招商银行、康佳、中集、中兴、万科、海王、创维、平安保险、金地、太太、金蝶、比亚迪等。[1]“2006 年中国名牌产品”评选中，深圳 17 个产品被评为“中国名牌称号”（两个为复评），深圳的中国名牌总数达到 58 个，超过上海、青岛，位列全国大中城市首位。深圳新增加的中国名牌产品和企业包括，中兴通讯的 CDMA 手机，中科诺和创维的激光视盘机，怡宝的纯净水，达能益力的矿泉水，周大生、姚氏、百爵、意大隆、金大福、雅福、晶永恒的珠宝首饰（玉石饰品），斯达高的工艺陶瓷，喜德盛的自行车，安吉尔的饮水机，大富豪和天诚的板式家具。其中，中兴通讯的 CDMA 手机和达能益力的矿泉水为到期后复评。[2]

深圳区域品牌创新体系中存在的问题包括：

第一，品牌竞争力不强。品牌竞争力是指某一品牌开拓市场、占领市场的能力。一个品牌，只有它所代表的产业不断扩大市场的份额，并能巩固自己的市场，才算有竞争力。所以，一个品牌究竟有没有竞争力，主要就是看它在同类产品或相关产品（即可由其所替代的产品）中的销售份额。品牌竞争力的衡量要考虑两个方面：静态地看，品牌的竞争力表现为一定时期内（通常为一年）的销售额和盈利额。由于市场竞争的结果可能会使品牌的盈利水平大致稳定在一个区间内，这样，销售额就成为品牌竞争力的主要解释变量。动态地看，品牌的竞争力应表现为市场份额的不断上升。按照国际流行的对品牌竞争地位的评价，中国企业只有在全国市场占据25%的市场份额，才能称为中国具有稳定的竞争地位的名牌。假定某一产品的市场需求量是稳定的，如果某一品牌所代表的产品市场份额有明显的上升趋势，就说明该品牌有较强的竞争力。深圳的品牌不少，但是主要集中在几个行业，特别是集中在IT产业、印刷产业等。确实有竞争力的品牌也主要是集中在IT产业和印刷产业，如华为、中兴等公司。很多中小企业品牌尚谈不上有什么竞争力。

第二，品牌竞争力形成的环境资源缺乏。品牌竞争力的决定因素一般是由价格、质量、服务、信誉等基本要素所决定的。品牌竞争力是在激烈的竞争环境中，企业谋求长远发展的必然结果，也是企业对其内部资源有效配置的结果；品牌竞争力也是企业综合实力的表现和企业发展的重要资源。因此，品牌竞争力的产生也无法超越企业的可控资源，这是培育品牌竞争力的基点。由于深圳各种营商成本不断提高，加大了企业创立品牌的成本，在资源方面就表现为资源的不足。缺乏资源，也就难以形成品牌竞争力。

第三，缺乏区域品牌整合的平台。经过20多年的发展，深圳的品牌已在国内有一定的知名度，很多品牌已成为深圳区域品牌的形象。如华为、中兴通讯、招商银行、深圳发展等。但是，深圳的区域品牌，相对于深圳的经济总量在全国的地位，就有一点不相对称了。占全国进出口15%的深圳，其区域品牌并没有占到全国的15%。一个关键问题就是，深圳的很多品牌没有得到很好的宣传，品牌知名度不高。深层的原因则是没有区域品牌整合平台。如果能建设一个区域品牌整合的平台，对于整个深圳区域品牌创新体系的建设将会起到较大的推动作用。

第四，区域品牌创新意识薄弱。品牌对一个企业和一个地区的发展都是十分重要的，但是，深圳很多企业并没有明确认识到品牌的重要性，特别是一些企业到现在为止，还没有认识到品牌价值，不知道如何做好企业的品牌；对于工业设计与品牌的关系也不清楚。政府虽然在区域品牌创新方面做了大量的工作，但是，效果并不明显，政府也没有一个区域品牌创新的规范性文件。企业和政府在区域品牌创新方面的意识都比较薄弱。这种情况不利于提高一个地区的产品竞争力和品牌竞争力。

三、未来深圳区域品牌创新体系的定位

未来深圳区域品牌创新不能依靠传统的思维方式，而要以发展的眼光，研究品牌创新的定位。深圳的品牌创新体系如何定位？根据深圳的实际状况和世界品牌发展趋势，深圳品牌的定位在于科技创新和创意。

深圳的区域品牌体系的建立，是因为深圳有一大批创新科技企业。没有科技创新就没有深圳的品牌，更不可能形成区域品牌效应。深圳的区域品牌有两个重要的支持体系，一是科技创新体系；二是在国内较为领先的工业设计。但是，这两个方面也仅是限于国内比较，如果把深圳的区域品牌放入世界体系中分析，深圳在这两方面还有待进一步加强。特别是在工业设计方面，明显落后于国际工业设计水平。工业设计又需好创意的支持。没有好的创意，不可能有好的设计。

工业设计在企业中处于何种地位、发挥什么作用，是随企业环境的变化和企业的重视程度而不同的。从日本工业设计发展的历史，能够比较清晰地看出这种变化。日本真正导入工业设计，是从进入高度经济成长期开始的。1951 年松下电器率先设立制品意匠课，此后，家电企业和汽车企业陆续设立了设计部门。当时工业设计的目标是外观造型和人体工程学，而且是在产品开发的后期才参与；是以形式为中心，受技术制约大，在经营上没有发言权。在高度经济成长期，人们追求的是提高物质生活，希望以合适的价格购得产品。随着三种电器（电视机、冰箱、洗衣机）的普及，进入了大众消费社会。企业的重点是提高生产效率、降低生产成本、提高质量。60 年代工业设计的目标是进行标准化、合理化的设计，以适合大量生产、降低成本，并显示生产品的品质感。设计部门与技术部门的关系密切，并开始参与市场调查和产品计划。这时期的产品大多缺乏个性，一当出现畅销产品，就会有一批形态、色彩相类似的产品跟进市场。70 年代日本转入经济稳定成长期，耐用消费品普及率高，消费者意识转向生活质量。这时工业设计的目标是体现产品的本质价值，关心生活和环境。80 年代很多产品领域的市场成熟化，多品种小批量生产成为主流。人们的消费方式是从丰富的商品信息中选择适合自己生活类型和感性的产品。工业设计被作为商品附加价值化和差别化的方法，强调形态和色彩的变化，产品在市场上的生命周期缩短。企业打出以设计为中心的营销战略。设计部门的作用扩大到商

品计划业务和销售流通业务，对市场动向和销售战略保持高度的敏感，提案型商品开发、系列商品开发对开拓市场发挥了很大作用。进入90年代以后，由于技术高度化、市场饱和化、消费者价值观的多样化、产品开发竞争的国际化等急剧进展，企业更加寄希望于工业设计。企业开始调整开发机制，不少企业设立了生活文化研究所，通过研究生活趋势提高中长期的开发能力。设计部门的作用扩大，注重在企业战略基础上的商品战略和设计战略的研究，使设计活动扩展到企业经营活动的各个方面，包括战略立案、产品计划、技术开发、产品开发、生产、营销等方面。从以上过程可以看出，工业设计的概念和作用是一个动态的发展过程，是不断改变、不断丰富、不断成熟的。深圳的市场经济是在近20多年时间内发展起来的，促进了经济高度增长，但是工业设计并没有像经济那样迅速发展。因为与发达国家存在差距，深圳的很多产品是同技术一道引进的，大量的“中外合资”、“技术合作”带来了大量的仿制品，甚至把人家淘汰的模具直接用来制造产品。多年保持的商品需求的强劲势头、知识产权方面的漏洞则掩盖了设计发展不足的问题。即使到了市场饱和、产品卖不动的时候，还是指望引进新的产品，或者采用广告轰炸、降价促销的战略。这样一来，势必阻碍工业设计在企业的健康发展。

四、区域品牌创新体系的构想

由于区域（城市）品牌建设具有异质性、保值增值性、可积累性、针对性、效用多层次性、权益可分割性，因此，区域品牌建设强调内外结合和过程建设。内为区域内部自身质量建设，外为区域对外营销，即区域行销的策划。光有“内”的建设或者光有“外”的策划都不是完整意义上的区域品牌建设，同时，区域品牌建设应当是一个战略过程，因而在其建设的过程当中应当实行过程管理。

在区域品牌建设中，政府具有从全局上驾驭和组织经济活动的优势和从宏观总体上把握经济信息的优势，从而可以超越个体利益的局限，从区域整体和全局利益出发整合区域资源，进行优化配置。因此，政府具有培育区域品牌的三大优势：组织优势、公正优势和信息优势。这三大优势决定企业或市场做不了或做不好的事情可以由政府来做。对产业集聚的区域而言，政府重在把区域内名牌的单个优势集中到整体优势，以形成区域名牌化，完成名牌区域建立的全过程。因此，政府必须把区域形象品牌建设当作当地政府的一个重要公共工程，投入资金进行媒体宣传和公关活动，树立良好的区域品牌形象，为本地企业品牌的成长提供一个良好的外部环境；地方政府应严格要求企业遵守国家法规和地方规章制度，对生产假冒伪劣产品的企业要坚决严惩，以免破坏区域形象品牌。

深圳建立区域品牌创新体系的构想，从实现出发，重点还是要建立科技创新平台体系、工业设计体系、产品国际营销体系和城市国际营销策略体系。

（1）科技创新平台体系

深圳的科技创新能力是比较强的，与国内其他城市比较，主要特点是科技创新是以企业为主，政府仅是起引导作用。90%的研究机构建立在企业；90%的科研投入在企业；90%的科研人员在企业。这就决定了深圳科技创新的市场化程度高。但是，应当看到深圳在科技创新方面存在天生的不足。这种不足：一是缺少创新人才的培养基地；二是科技创新过于市场化，没有发展后劲；三是难以建立创新平台。如果地区缺少科技创新平台体系，要把区域品牌建立起来是不可能的。因此，为了发展深圳区域品牌创新体系，首先是要建立深圳的科技创新平台体系。这一点可以学习台湾省工业研究院。台湾省工研院其实就是一个科技创新平台体系。这个平台体系促进了台湾省区域品牌体系的建立。台湾工研院以配合、推动台湾工业技术和产业的加速发展为导向，强化前瞻技术研发，为建立新科技产业和协助传统产业升级提供技术支持，增强台湾产业竞争力，促进产业迈向知识经济。从长远目标看，工研院致力于打造享誉全球的技术开发与服务支持平台，成为“以科技创新促进产业迈向知识经济达成世界级竞争力”的卓越研发机构。工研院为产业界、政府及研究机构提供各种咨询、辅导等服务，按照不同的服务收取不同的服务费，服务点包括台北、基隆、宜兰、花莲、新竹、台中、台南、高雄等地区。具体的服务项目包括：为产业界提供产业评析（企业有关经营、研发、投资、生产、行销的产业信息、产业发展现状与动态）、采购信息、鉴定服务（各种研究领域的分析、检验、量测、保固、评估、加工或试量产等）、市场调查、技术分析、投资评估、知识辅导（如新产品开发、制程技术升级与引进、品质强化、国际合作等辅导）、开放产业重大议题数据库、IEK会员服务、数字图书馆等业界服务；协助政府促进整体产业升级、研拟产业政策及方向；协助研发机构确认技术研发与产业服务方向。开放实验室、中小企业育成中心。开放实验室和育成中心是工研院服务产业界的一项重要机制，均是具有商务服务、管理训练、资金投注、技术支持等多项功能的整体服务中心。开放实验室可供厂商进行技术开发与试验，育成中心为处于创业期间的中小企业分别提供各种技术协助、软硬件支持，除了提供高水平的研究大楼硬件空间，进驻企业还能同时享有各项行政服务、工程维修以及工研院的研发人力、设备、市场与技术信息服务，包括环境清洁维护管理、小会议室使用、固定时段法律事务咨询等不需付费的服务和食宿、交通车、医疗、休闲、金融、邮电、大型会议室、计算机网络使用、技术设备支持、实验室施工、进阶法律、信息与图书服务及资料检索等依成本计价的其他服务。

（2）工业设计体系

设计主要是指对所有的工业产品进行的设计。其核心是对工业产品的功能、材料、构造、形态、色彩、表面处理、装饰诸要素从社会的、经济的、技术的、审美的角度进行综合处理，既要符合人们对产品的物质功能的要求，又要满足人们审美情趣的需要，还要考虑经济等方面的因素。这是人类科学性、艺术性、经济性、社会性有机统一的一项创造性活动。

从国家的角度而言，工业设计会影响一个国家的经济竞争力，也即影响到一个国家的国力。著名科学家杨振宁博士说过："21 世纪是工业设计的世纪，一个不重视工业设计的国家将成为明日落伍者。"美国政府在一份关于国家科学技术政策的文件中，将设计列为"美国国家关键技术"。文件中共列入 22 项国家级的关键技术，其中 17 项指出产品设计与制造工艺的重要性。文件还指出："美国在未来的竞争中取胜的关键，在于从根本上改变美国工业在市场上的竞争方式……国家的关键技术特别要创造新产品及其生产工艺。这需要一种制造工艺与产品设计、性能、质量和成本一体化的方法。"由此可见，美国政府已将关于工业设计视为能否在未来国际竞争中取胜的关键手段。

二次世界大战一结束，日本的产品很快便从摹仿过渡到引入工业设计。60 年代后，日产的录音机、电冰箱、洗衣机、彩电、空调机、小汽车等产品以其新颖、精良、美观、经济占领了国际市场，经济总产值跃居世界第二位。工业设计制造了日本的经济神话。在 80 年代，时任英国首相的撒切尔夫人，面对每况愈下的英国经济，提出设计是复兴英国工业的根本途径。她认为："设计是英国前途的根本。如果忘记优秀设计的重要性，英国工业将永远不具备竞争力，永远占领不了市场。"她甚至强调："工业设计对于英国来说，在一定程度上甚至比首相的工作更为重要。"由于英国政府的重视，设计业在 80 年代得到了迅猛的发展，并促成了英国经济的复苏和发展。

对企业而言，面对愈演愈烈的市场竞争，工业设计已成为企业在竞争中谋求发展的根本手段和致胜武器。只有设计取得领先才能赢得市场，据美国1990年的统计，在工业设计上投入1美元，其产出就会增加2500美元。据日本的日立公司统计，每年工业设计创造的产值占全公司总产值的51%，而技术改造所新增加的产值只占总产值的12%。通讯是现在信息时代经济的一大热点，其明星企业诺基亚公司诞生于地少人疏的欧洲国家芬兰，几年前其主要生产线尚包括尿布和橡胶鞋，但在短短时间内就在无线通讯业务上取得“无线之王”的桂冠。1998年，它超越了摩托罗拉成为世界移动电话的头号制造商。1999年，诺基亚所占的市场份额持续上涨至27%，比居于第二位的摩托罗拉超出10%。诺基亚成功的“神秘密诀”是什么？只要看它每次推出的产品：只需一只手就能接通的电话，可更换的外壳，可改变的铃声，更易被人接受的界面，恰到好处的漂亮外形……这些不仅仅是技术上的领先，更重要的是领先别人的设计，使产品更符合市场的需求，从而也带来了诺基亚神话般的成功。

随着全球化的市场竞争愈演愈烈，每个企业都力求能在竞争中求生存、求发展。目前，许多企业的产品构成要素除设计要素外，其他大都日趋雷同。因而，产品的设计是否成功，对企业已成为生死攸关的重要问题，设计水平与能力成了企业竞争力的重要标志；同时，世界已进入信息时代，企业对市场需求的反应速度也是决定竞争成败的另一重要因素，即企业对市场的响应度已成为衡量当今企业竞争力的另一重要标志，这就要求设计是高质量的同时也要是高效率的，对某一市场的需求要以最快的速度完成所需的设计。由于工业设计的重要性，兄弟省市相继建立了工业设计体系，北京市成立了北京工业设计中心，组织制定并实施了北京工业设计发展“九五计划及2010远景规划”；上海市组织实施支援“百项工业设计创新项目”计划；无锡市举行一年一度的工业设计周活动、工业设计竞赛活动；香港几十年前就开始举办“总督”杯（现在叫工总杯）工业设计大奖赛。深圳虽然提出要建设计之都，但是，设计之都的内含主要体现在工业设计方面。工业设计应成为深圳建设设计之都的切入点。在近期可以考虑的政策包括，第一，建立深圳工业综合设计中心，协调政府、企业、高校、机构等各方面的资源，将深圳市工业设计中心建成全国著名的工业设计及促进机构。 第二，建立专门的工业设计促进基金，对有困难的企业，政府予以先期投入，待有效益后才予回收；也可建立合作开发股份制度，以技术入股或资金入股的方式促进企业的工业设计。

（3）产品国际营销体系

国际营销是营销观念在地域和空间上的顺延和拓展，是指企业跨越国界在更大范围内以更广阔的视野和更高的目标实现企业营销的过程。它可以是企业经营的国际化，即企业的产销活动和市场范围跨越国境，也可以是以国际需求为导向、在全球范围内制定营销战略并进行产品开发、生产、销售、投资等一系列活动，更加合理地优化资源配置，实现全球范围内的利润最大化的跨国公司。跨国公司是国际营销发展的高级阶段。从国内市场扩展到国际市场，是商品经济的内在属性，是生产力发展的必然结果。本世纪特别是上世纪第二次世界大战以后，跨国公司得以迅猛发展，其全球一体化的经营战略，使得各国经济之间的依存和联系日益密切，形成了世界经济一体化的趋势。

（4）城市国际营销策略体系

经济全球化的发展，使城市不断具有国际化的特征：一是城市更深刻地参与国际化的分工；二是参与国际化分工的形式，这一方面表现为跨国公司与城市产业簇集，另一方面则表现为城市所依赖的区域与城市体系或城市集团。城市的国际化发展要求城市政府的视野从国内转向国际，要求城市政府制定城市发展战略时要有国际化的长远眼光，建立国际化发展战略模式。同时城市政府要充分运用各种营销手段，通过传播城市形象、宣传城市文化、提炼城市品牌等方式把城市推向世界，“卖给”跨国公司和其他利益相关组织。

而在当前提升城市竞争力的角逐中，城市各界均需树立营销意识，运用市场经济手段经营城市资产，以顾客为中心，对城市产品进行设计、创造和包装，切实提高每一位城市顾客的满意度。城市政府更要站在城市整体的角度深入把握城市顾客的行为特征，将政策制定建立在对市场的深入理解上，以营销理念建设和管理城市。树立“整体营销”观念，通过城市确立并推行相应的、合理的城市理念，积极有效地引导城市企业、社会组织和市民等城市营销参与主体，并调动他们的积极性和创造性，以合力来促进城市的发展和城市营销的效率最优化。

十多年前，深圳就提出建设国际化城市，经过十多年的努力，现在的深圳已经具有了一定的国际知名度，深圳产品也遍布世界各地。但是，就深圳的国际贸易发展趋势来看，深圳并没有形成国际营销体系，深圳的区域品牌也没有在国际贸易中产生扩散效应。因此，深圳还要进一步改革开放，发展外向经济，需要建立城市国际化营销体系。

为了实现城市发展目标，城市营销行为也应在理念、体系、策略、方式等方面进行不断的更新，加强城市政府营销能力的培育，积极推行城市营销创新活动。城市营销不单单是营销城市的物质产品或服务，更确切地说是在营销一种观念，一种城市独到的价值理念。城市营销应积极开展营销文化的创新，努力克服传统文化对城市营销效率的消极影响。

城市政府的城市营销行为主要表现为一个制定和执行营销策略的过程，制定和实施营销策略实际上成为城市政府营销能力的输出方式和表现形式。要提升城市政府的执行能力，首先必须改革城市政府的决策体制，提升决策能力。

为了发挥政府在城市营销中的主导作用，就要转变政府职能，由直接经营企业转为间接经营企业，以经营城市为主要任务。把城市看成一个企业，城市政府就是城市企业的主要经营者和管理者，应行使企业家的职能。戴维·奥斯本和特德·盖布勒在《重塑政府》一书中提出作为企业家的政府的代表性特征：企业家政府是起催化作用的政府，是掌舵而不是划桨；是以市场为导向的政府；是竞争性政府；是讲究效率的政府；是受顾客驱使的政府，要满足顾客的需要，而不是官僚政治的需要。城市政府营销能力的培育，应充分发挥政府企业家职能，要求树立良好的城市形象，树立经营城市品牌的理念，要求进行有效的城市营销，建立良好的制度环境和市场环境，满足城市顾客的广泛需求，取得城市顾客的满意，要求城市培育一个有魅力的市长和市长团队。

2003 年“非典”期间，法国拉法兰总理带着庞大商队来华访问，给中国人民留下深刻印象。那次访问，法国收获的不仅是一份重要合同，而且极大地促进了中法两国的合作和交流，可以说是一次极为成功的城市营销。

面对各地营销国际化的态势，深圳建立城市国际营销体系可以考虑的策略有：第一，将海外招商处扩大为招商与国际贸易、海外投资指导处，帮助深圳企业走出去，发展海外投资和国际贸易；第二，利用政府的品牌帮助企业建立国际营销体系和网络，形成深圳区域品牌在国际贸易中的影响力；第三，政府帮助企业培养国际贸易人才；第四，政府支持中介机构多办一些国际性的产品博览会，从总体上提高深圳的国际营销水平，以博览会为纽带，形成国际营销体系；第五，大力宣传高交会、文博会，延伸两会的区域品牌效应。

注释：

[1] 本文是马春辉副教授主持的深圳大学2005年校级项目研究成果之一。课题组成员有：马春辉，李新立，陈振旺。传播学院2005级研究生江亦双、高尔夫学院肖华同学等参与了资料收集和相关讨论。

[2] 《深圳特区报》，2006.6.17 A7。

[3] 《深圳特区报》，2006.9.7 A1。

参考文献：

1. 胡大立等，《区域品牌形成机理与构建分析》，《产经论坛》2005年第4期。
2. 蒋廉雄等，《区域竞争的新战略：基于协同的区域品牌资产构建》，《中国软科学》2005年第11期。
3. 江振娜，《我国区域（城市）品牌研究综述》，《福建行政学院福建经济管理干部学院学报》2005年第4期。
4. 涂山峰等，《基于产业集团的区域品牌经济增长》，《中国软科学》2005年第12期。
5. 洪文生，《区域品牌建设的途径》，《发展研究》2005年第3期。
6. 洪文生，《产业集群区域品牌建设构想》，《华东经济管理》2005年第9期。
7. 冯鑫明等，《区域品牌建设的实证分析》，《江苏科技大学学报（社会科学版）》2005年第3期。
8. 蒋建业，《优化产业集群，创建区域品牌》，《广东经济》2005年第7期。
9. 刘衍桥等，《试论区域经营与区域品牌创建》，《兰州学刊》2004年第2期。
10. 夏春阳等，《概念创新与区域品牌制胜》，《政策与管理》2001年第8期。
11. 吴程或等，《区域品牌的发展策略》，《企业改革与管理》2004年第11期。
12. 张挺等，《论区域品牌的营销》，《管理现代化》2005年第6期。
13. 张义、宋日辉，《城市营销》，《中经评论网》
14. 《创新与学习——工业集群与经济增长》，中国经济出版社，2003年10月。
15. 《透视深港发展与大珠江三角洲融合》，中国经济出版社，2005年8月。
16. 张冰，《大陆品牌面临的广告问题》，《突破杂志》2001年第12期。
17. 乔扬，《品牌创意》，《销售与市场》1995年第2期。
18. 叶茂中，《品牌营销大误区》，《销售与市场》2001年第2期。
19. 陈刚，《家族管理——民营企业蜕变中的痛》，《发展》2003年第1期。
20. 《当前民营企业面临的五大优势四大缺陷》，《泰安师专学报》2002年第1期。
21.22. 《中国企业国际化管理课题组》，《企业企划国际化管理系统》2002年第6期。
23. 任天飞，《中外经典营销案例评析》，中南工业大学出版社，1999年1月。

24. 任天飞等，《市场营销学》，中南工业大学出版社，1999 年 10 月。
25. 菲力普·科特勒，《营销管理》，上海人民出版社，1997 年。
26. 严勇，《国外核心竞争力理论综述与启示》，《经济学动态》1999 年第 4 期。
27. 吴添祖等，《论我国企业核心竞争力的提升与发展》，《中国软科学》2001 年第 6 期。

企业赞助的市场效益

● 葛　岩

一、背景与问题

民间赞助是文化娱乐活动的重要资金来源。从动机角度来看，赞助行为可分为两类：没有市场效益动机的恩赐性赞助，即英文中所谓 Patronage；有市场效益动机的商业赞助，即所谓 sponsorship。依据米那格汉（Meenaghan）的定义，商业性赞助是以“现金或其他形式”为手段，以“活动、人群或事件”为对象的一类投资。其回报形式是“接触”（access）到“具有可供开发的商业潜力的活动、人群或事件”（Meenaghan，1991）。随着社会商业化程度不断提高，商业赞助行为日趋普遍。据国际赞助研究机构统计，1998 年全球赞助支出为 174 亿美元（Quester，Thompson）；2000 年增长为 220 亿美元（Lardinoit，Quester）。在各类赞助中，体育和艺术是主要的赞助对象。其中，体育事件收到的部分约占 75% 到 80%，艺术事件部分约占 10% 到 15%（Quester，Thompson）。

媒体为赞助企业提供接触大规模受众的机会，进而提供大幅度增加回报的可能。因此，如何利用媒体是企业赞助时的基本考虑。赞助也分为对事件本身的“现场赞助”和对媒体转播的“媒体赞助”。对媒体经营者来说，理解企业赞助现象有现实和未来的双重意义。在现实层面上，赞助收入对于媒体经营至关重要。从未来层面去看，由于新型影像录制设备 TiVO 的出现，观众可能完全避开常规广告收看。企业赞助或许将成为节目制作融资的最基本方式（Harvey）。由于这些原因，赞助研究正在获得传播学界越来越多的重视。

流行看法相信，赞助会增大品牌知名度，使消费者对企业产生友好的态度，最终达到扩大销售的目的。从实证的角度去看，这些说法是否可信？如果可信，什么样的方法可用来测量赞助的市场效果？基于近年来的研究结果，本文试图说明，赞助研究采用传统的市场调查和认知测量方法，同时也引入了金融市场上使用的事件效果分析技术。这些研究显示，善于运作赞助的确可以为企业带来市场效益。同时，赞助研究也进一步提出了有关整合营销、广告认知过程等方面的新问题，在企业营销实践和传播理论层面挑战成说，深化了对赞助行为的理解。据笔者所知，我国尚不见针对商业赞助的专门研究，本文引用的实验报告和调查结果均来自西方学者，讨论范围也因此受到这些第二手数据的局限。

二、赞助的市场效益研究

商业赞助是广义广告的一部分（Meenaghan，1983）。如同对待广告一样，企业需要知道商业赞助的市场效果，包括受众态度的变化，品牌认知程度的提升，购买愿望的激发，乃至购买行为的发生。销售增长是企业的最终目标，因此也最为赞助人所关注。然而在营销活动中，广告创造的销售效果很难被从其他促销行为的作用、企业内外部环境变化的结果，以及大范围经济走向的影响等多种变量中分离出来，难以准确测定。目前对于赞助行为之市场效果的实证研究，也大体集中于探究态度变化、品牌认知和愿望激发等方面的问题。

（一）态度变化

在实验室测定和市场调查中，研究者发现赞助行为可以使受众产生利于赞助企业的态度变化。奎斯特（Quester）和汤普森（Thompson）对澳大利亚阿迪雷迪艺术节赞助的调查（简称Q/T调查，见Quester，Thompson），拉迪诺特（Lardinoit）和奎斯特对欧洲篮球赞助的模拟实验（简称L/Q实验，见Lardinoit，Quester）直接涉及了这一类态度变化的问题。

Q/T调查选择了A、B、C、D四家赞助阿迪雷迪艺术节的企业。其中A的赞助支出最多。A不但赞助了一系列节目，还以1 ∶ 0.75的支出比例同时进行其他营销活动，如悬挂公司旗帜、发送传单等。从B到D，赞助费用依次减少。其中D仅赞助了一个节目，且没有任何辅助营销手段。Q/T调查的对象分为实验组和控制组。实验组成员均购买了节目入场券，为艺术爱好者。控制组从当地电话查询本上随机抽出，代表一般公众。调查采用传统的问卷方式，在艺术节之前和之后分别进行。各组的两次回答被分别加以比较。

通过对问题“我对赞助艺术的公司感觉挺好”的答案统计，研究者发现，实验组中同意者比例（91%）比控制组（82.9%）为高。但艺术节之前和之后的两次调查结果变化微小。在其他相关问题的回答中（“赞助公司关注社区事务”；“赞助人的帮助使阿迪雷迪艺术节办得更好了”；“赞助艺术的公司似乎是成功的公司”），控制组的回答在艺术节后有了显著的变化（51.4% 比 72.7%；72.2 比 85.3%；41.7% 比 47.1%）。实验组的态度未见明显变化。研究者认为，赞助有助于一般公众对赞助公司产生良好的印象。

L/Q 实验的目的在于观察“现场赞助”和“电视赞助”两种方式对受众态度的影响。实验材料是经过专业处理、长约 20 分钟的职业篮球比赛的录像带。同意参加实验，充当模拟赞助企业的是 X 和 Y 两家公司；其中 X 的市场占有率为 4%，公众知晓率为 5%，属于市场上的非主导公司；Y 市场的占有率为 21%，公众知晓率为 22%，属于市场主导公司。被测对象是欧洲篮球赛的主要受众类型，占篮球比赛转播受众 28% 的十几岁的年轻人。事前，实验对象没有看过该场球赛，也不了解实验的目的。L/Q 实验建立了四种待测假说：

1. 现场赞助和电视赞助的结合会正面影响受众对赞助企业的态度；

2. 现场赞助——例如在赛场周围布置和赛事气氛相符的商标、广告牌等——会使受众对赞助企业的态度产生正面变化；

3. 电视赞助中关于赞助企业的提示——例如插播“可口可乐骄傲地为您赞助了本次赛事”——会使受众对赞助企业的态度产生正面变化；

4. 就受众态度变化而言，赞助企业在市场上已有的主导地位会从负面影响赞助的效果。

实验中，材料被处理为四种版本：仅有现场赞助信息呈现，仅有电视赞助信息呈现，两类赞助信息均有信息呈现，无任何赞助信息呈现。实验对象分成四个小组。每组观看不同的版本。A 组为控制组，其观看材料中既无现场赞助也无电视赞助信息呈现。版本分配如下所示：

电视转播赞助		无	有
现场赞助	无	A 组	C 组
	有	B 组	D 组

从对四个小组的实验结果所作的 MANOVA 和 ANOVA 统计分析中，研究者发现：实验支持假说 2、假说 3（可信度均为 90%），即现场赞助和电视转播赞助分别对受众态度有正面影响。同时，实验结果显示两种赞助的结合并未带来更多的正向态度变化，从而否定了假说 1。实验还显示，不具市场主导地位的公司 X 在各种结果中

都较 Y 为优。这一结果支持假说 4。流行看法认为：(1) 现场赞助和提示转播赞助结合运用是整合营销的战术之一，对于受众态度的正向变化，品牌记忆提升有积极作用；(2) 在市场上占支配地位的公司的赞助行为常会带来更强的效果。L/Q 实验对假说 1 的否定和对假说 4 的支持，挑战了这些看法。

（二）品牌认知

广告研究者大多相信，品牌知晓率会对购买行为产生影响，二者成正比关系。但一些调查表明，赞助行为带来的品牌知晓效果并不令人满意。例如，1994 年在挪威举办的冬季奥运会中，57% 的电视观众误以为温迪（Wendy's）是正式赞助公司，只有 37% 的观众知道同为快餐公司的麦当劳才是正式赞助公司。1994 年，仅有 12% 的美国人知道可口可乐是奥运会赞助商。事实上，可口可乐从 1928 年便开始赞助奥运会（Miyazaki，Morgan）。因此，如何改善品牌知晓率是企业在赞助时需加考虑的问题。

Q/T 调查在艺术节之前和之后测量了参测公司 A、B 和 D 的品牌知晓率的变化。结果如下所示：

Q/T 调查结果表明，赞助可能提升品牌知晓率，但也可能效果不彰。因此，必须对赞助之外的多种因素加以考虑。如上节所述，A 和 D 在赞助策略上——包括赞助支出的数量，赞助节目的多寡，是否有其他辅助营销活动等——有显著不同。A 不但总投入高出 D，而且 A 将赞助作为整合营销的一部分来实施，因此有充足理由获得较好的效果。然而，细作考虑，调查结果也提出了新的问题。就品牌认知角度而言，D 的赞助投资完全失败。如果要有所回收，D 最低限度应该投入多少？就 A 来说，其赞助支出和辅助营销活动支出的比例为 1 比 0.75。如果两者之比为 1 比 1，是否会有更好的效果？如果比率为 1 比 0.5 时，是否可以获得同样的效果？换言之，赞助行为面临投资分配优化的问题。从事 Q/T 调查的研究者承认，在获得大量的数据之前，还无法建立这种优化模型。

Q/T 调查中还包含另一个问题。如上表显示，即便在艺术节前，A 的公众品牌知晓率已远远高于 D（13 比 0）。艺术节后，A 获得的较好的品牌知晓效果是否与其艺术节前的知晓率相关？而艺术节前的知晓率是否和 A 的市场地位相关？如果答案是肯定的，结合 Q/T 调查和 L/Q 实验的结果会导致两个有意义的假说：(1) 在投资规模和分配相似的情况下，赞助造成的品牌知晓率正向变化和品牌事前的知晓率成正比；（2）在同样条件下，赞助导致的受众态度正向变化和赞助企业的市场地位成反比。这两个假说涉及品牌知晓率和态度变化的边际效益问题。其中假说2是对L/Q实验中假说4的延伸。由于Q/T调查对象是艺术现场赞助，L/Q实验的对象为体育现场赞助和电视转播赞助，故不可从对二者的简单综合中得出任何结论。对上述假说的检验有待专门设计的实验来完成。

（三）购买愿望

未来世纪媒体（Next Century Media，NCM）是美国一家媒体市场研究机构。其有关网络营销的调查涉及到赞助是否激发购买愿望的问题（简称NCM调查，见Harvey）。

NCM调查设定若干假说，其中包括："常规广告改变消费者对于特定产品的感受，赞助则改变消费者对于赞助人的感受。就购买特定品牌而言，后者会对赞助人产生正面效果。"根据调查设计，访问者进入一个接受赞助的网站时，必须表示是否愿意在离开时回答少量问题。愿意者获得价值为15元的礼品证或免费杂志。愿意者和不愿意者都可以进入网站，只是后者不会收到网上问卷。愿意者进入后，专用程序将其中一半人随机抽出，构成控制组。该组进入的网站/页中赞助企业不被提及。另一半人为实验组，该组进入的网站/页中显示赞助企业信息。除此之外，两个小组进入的网站/页完全一致。无论哪个小组的成员离开时，屏幕都会显示问卷。问卷首先询问对编辑工作的建议，然后再询问与赞助效果相关的问题。

参加NCM调查的赞助企业为一家制作半成品食品的公司。在接受赞助的网站/页中，内容大多是有关未加工食品，且只字未提赞助企业的产品。半加工和未加工食品属于可部分替代产品。依照常识，可以预期赞助后者将对前者的销售有消极影响。但NCM调查的发现却和预期相反。问卷中列出一组类别相同，并且在价格、广告频率/新近度、性能等多方面相似的产品，其中包括赞助企业的四种产品。被调查对象均未使用过问卷中的任何一种产品。问卷要求被调查对象回答是否考虑购买这些产品。实验组明显表现出对赞助企业产品有着更强的购买愿望。

下表对比了实验组和控制组的答案，显示出赞助企业四种产品购买考虑率分别增长15%到120%：

赞助商的产品	实验组（%）	控制组（%）	提升（%）
品牌 A_4	52	6	+76
品牌 B_{11}	25	1	+120
品牌 C_3	92	0	+93
品牌 D_{24}	721	4	+15

利用同样的方法，NCM 调查还对汽车网站进行了研究。汽车销售经验证明，消费者在决定购买车后，平均会考虑六种品牌，试开三种，最后购买一种。因而，进入消费者考虑范围的车便有了六分之一的销售可能。NCM 调查显示，实验组对参与赞助的企业的产品的购买考虑率比控制组高出一倍之多。

NCM 调查证明了赞助有着类似广告的说服效果。调查者进一步推测，就受众认知过程而言，赞助和以产品销售为焦点的传统广告有所不同。赞助不能带给受众有关品牌 / 产品的理性的具体知识。它所能改善的是受众对赞助企业的感受。在对于品牌 / 产品知识不变的情况下，赞助仍然能激发受众对于该品牌 / 产品的购买愿望。这里，对赞助企业的信赖、喜欢和尊重可能是推动正面变化的心理因素。

在广告研究甚至在广义的说服研究中，情绪感染和理性陈述在受众认知过程中各自扮演的角色一直是受到关注的问题。研究者想知道，受众究竟更多地在感受还是在思考、感受和思考的相互关系是怎样的。霍尔（Hall）在最近发表的一篇论文中质疑在业界广为接受的“AIDA”模式，即认为受众首先改变对产品的看法，接着改变态度，然后产生愿望，最终采取购买行动的所谓“认知—感染—行为的模式”。在他看来，强调理性认知的决定性是这一模式的弱点。他相信，神经心理学的研究说明理性认知不是行为的根本推动力；行为是知觉（perception）、经验（experience）和记忆（memory）等要素交互作用所导致的结果；其推动力主要是情绪（emotion）和感受（feeling）。霍尔试图建立一个从知觉、经验和记忆互动关系来解释广告效果形成的新模型（Hall）。在该模式中，理性认知的作用被弱化了。NCM 调查显示，在对赞助企业产品毫无所知的情况下，对象表现出对这些产品的好感。NCM 调查者用感受性因素来解释对象的反应。或许，这种解释可看作是对霍尔的一类支持。

（四）金融市场价值估算

赞助创造的直接利润是效果测量中的难题。为能将赞助投资转换为可计算的现金价值，研究者引进金融学中事件效果分析的技术。事件效果分析建立在一个简单的假定之上：当与相关企业有密切关系的某一事件——如政府法规的更改、并购消息的披露、企业从事大规模投资等——发生后，敏感的金融市场会对事件作出迅速反应。如果能搜集到事件前后相关企业的价值在股票市场上的变动，分辨出其中正常和反常波动，事件后立即产生的反常变化便可视为事件为企业创造的或正或负的价值。

在营销研究领域，阿格拉沃（Agrawal）和镰仓（Kamakura）利用事件效果分析技术对明星加盟创造的市场价值做过开创性的研究（简称 A/K 研究，见 Agrawal，Kamakura）。A/K 研究追踪了 110 起明星加盟事件，发现相关公司的股票市场价值在加盟宣布当天平均呈现约 0.44% 的反常正向波动，用量化手段证明了一个长期流行的假说，即投资者将明星加盟视为企业的合理投资。

受到 A/K 研究的启发，米亚扎可（Miyazsaki）和摩根（Morgan）以 1996 年亚特兰大奥运会的赞助公司为对象，采用事件分析技术研究了 27 个公司在美国金融市场上的记录（简称 M/M 研究，见 Miyazaki，Morgan）。M/M 研究对赞助公司宣布赞助前 120 天的反常波动做了统计，计算出各参测公司价值和整个市场价值之间的关系，并利用这些数据来比较事件发生期间（即公司宣布赞助后）公司价值的变化。研究者发现公司价值没有呈现负值反常波动。人所共知，赞助奥运会耗资不菲。1996 年，顶级奥运会赞助公司加盟费最少为 4000 万美元。可口可乐、麦当劳、通用汽车等公司各家支出约 3 亿美元。M/M 研究结果显示，如此大量支出对赞助公司的价值并无消极影响，表明投资市场对赞助奥运会持正面态度。

在赞助行为中，赞助公司的产品 / 服务和所赞助的事件之间有不同种类的联系：紧密、一般和无联系。紧密联系者如："从事这项运动要求奔跑迅速；阿迪达斯的运动鞋让你能奔跑迅速；阿迪达斯赞助。"一般联系者如："您通过录像带看到这次比赛；是菲利普录像机记录了它；菲利普赞助。"无联系者如："这是男子汉的运动；男子汉抽万宝路香烟；万宝路赞助。"一些研究者就产品 / 事件联系对市场效益的影响做过分析。其中麦克丹尼尔（McDaniel）试图说明股票投资人的确关注赞助方产品和被赞助事件的联系。克里敏斯（Crimmins）和霍姆（Hom）则反对这种看法。后者认为产品 / 事件本身的联系并不重要，关键在于如何在广告宣传中建立和诠释这一联系（Cornwell，Pruit，Ness）。

延续上述思考线索并采用事件效果分析技术，康威尔（Cornwell）、普鲁特（Pruitt）和内斯（Ness）选择了著名赛事"印地安那波利斯 500"来研究赛车事件（简称 C/P/N 研究，见 Cornwell，Pruitt，Ness）。研究者注意到，由于体育比赛中有胜利者和失败者，因此在产品和事件的联系之外，企业还可能面临赞助了失败者或胜利者的问题。C/P/N 研究的焦点是观察赛车胜利对赞助企业股票价值可能产生的影响。

通过多元回归分析，C/P/N 研究发现，虽然赞助胜利者可能是企业在金融市场上获得收益的基本原因，但这种收益还取决于其他多种因素，例如，胜利者领先的程度（margin）、胜利者是否是新手、胜利选手在资格赛中的速度记录、赛事是否有电视现场转播、赞助企业的规模等等。在这些因素中，资格赛中的选手的速度记录和选手是否为新手直接和投资人的市场预期相关。具体来说，对于资格赛中名列前茅者或是赛场上的常胜老将，市场对其决赛中的表现早有预期，决赛后市场调整能并不明显。如果胜利者是新手，且没有充足的表现记录供市场预测，赛事结束后，赞助公司的价格可能会有较明显的波动。再如，企业市场价格的波动通常以百分比计算。如果赞助企业的规模大，经营范围广泛，市场很难期待该企业价值有明显的正向波动，或者说，较大的企业规模在此是一类明显的消极因素。和这些因素相比，胜利者领先的程度是一个更难把握的因素，它可能带来积极或消极的影响。一方面，遥遥领先的胜利者可能为赞助企业提供极好的宣传机会，因为一些研究已经证明，领先赛车得到媒体更多的追踪报道，赞助企业的名称或 LOGO 因此获得更高的受众回忆率；另一方面，如果若干赛车在终点附近彼此仍紧咬不放，戏剧化地险胜可能会强化受众印象，对赞助企业产生积极影响。总之，胜利者领先程度是一个需要以个案为基础加以具体分析的因素。

从上述赛事特点和股票市场反应惯例出发，C/P/N 研究分析了 1963 年到 1998 年“印地安那波利斯 500”赞助企业的股票市场记录。其分析揭示，当上述各种因素都具备且处于优化状态时，赞助胜利者的企业在市场上将有可观的收益。其中最为突出的是 STP 公司的一例。该公司生产改善汽车运行状态的汽油添加剂，是一类和汽车赛事有紧密联系的产品。STP 赞助的运动员曾四次赢得胜利。根据该公司股票反常波动来推算，每一次胜利使 STP 增值约 3350 万美元，合计增值约 1.34 亿美元。C/P/N 研究不但细化了对于导致赞助效果的种种因素的理解，而且对赞助比赛胜利者的市场收益也做出了十分具体的量化估算。

三、结　语

本文试图说明，实证研究在整体上显示，商业赞助是一种能够产生正面市场效益的营销手段。研究还证明，赞助行为对于受众的作用过程很复杂。其复杂性涉及如何在企业所处的不同市场环境中利用赞助、如何将赞助当作整合营销策略的一部分、如何理解被赞助事件的特点而能对赞助方式善加运用，乃至如何从受众认知过程的角度把握传统产品广告和赞助各自的特点及其适用范围。

商业赞助研究的意义并不仅限于理解一类营销手段。历史上，许多甚至大部分重要文化娱乐事件，都是由王室、贵族、宗教组织或地方富豪构成恩赐性赞助系统支持。进入现代市场化社会后，商业赞助、广告销售和政府行为逐渐成为这类事件的主要资金来源。在非市场经济的国家中，政府行为则几乎是资金的惟一来源。由于一些文化/娱乐事件有着公共产品的性质，政府有责任在其生产中扮演重要的角色。然而，在支持这类事件的同时，政府可能会强力推行其文化政策，造成文化选择上的垄断，进而瓦解公共产品应具备的最基本品格：服务的公共性（葛岩）。解决的方法包括协助商业赞助成为社会赞助系统的一个活跃的组成部分。以企业利己的效益追求为动机，通过市场规律和合理的法规调节，商业赞助可能和政府行为及仍然存在的恩赐/慈善性赞助行为一起形成合理的文化/娱乐资源配置机制，使社会有可能对公众的文化/娱乐需求作出更有效和多元的反应。在这样一种理解的框架中，赞助实证研究的意义在于理解赞助企业怎样才能实现其效益追求动机，进而理解如何有效利用企业赞助行为，以求实现赞助和被赞助双方利益的最大化。

[致谢]:

笔者感谢卡内基—梅隆大学心理学系研究员秦裕林博士在本文写作时提供的帮助。

参考文献:

1. Agrawal, Jagdishi, and Kamakura, Wagner, The Economic Worth of Celebrity Endorsement: An Event Study Analysis. *Journal of Marketing*, 59, 3 (1995), pp. 56–62.
2. Cornwell, Bettina, Pruit, Stephen and Ness, Robert, The Value of Winning in Motorsports: Sponsorship-linked Marketing, *Journal of Advertising Research*, 2001 (1/2), pp. 17–31.
3. Hall, Bruce, A New Model for Measuring Advertising Effectiveness, *Journal of Advertising Research*, 2002 (3/4), pp. 23–31.
4. Harvey, Bill, Measuring the Effects of Sponsorship, *Journal of Advertising Research*, 2002 (1/2), pp. 59–65.

5. Johar, G, and Pham, M, Relatedness, Prominence, and Constructive Sponsor Identification, *Journal of Marketing Research*, 36 (1999), pp. 299–312.

6. Lardinoit, Thierry, and Quester, Pascale, G., Attitudinal Effects of Combined Sponsorship and Sponsor' s Prominence on Basketball in Europe. *Journal of Advertising Research*, 2001 (1/2), pp. 9–15.

7. Miyazaki, Anthony, and Morgan, Angela, Assessing Market Value of Event Sponsoring: Corporative Olympic Sponsorship. *Journal of Advertising Research*, 2001 (1/2), pp. 9–15.

8. Meenaghan, J., The Role of Sponsorship in the Marketing Communication Mix. *International Journal of Advertising*, 1991 (1), pp. 35–47.

9. Meenaghan, J., Commercial Sponsorsihip.European Journal of Marketing, 1983 (7), pp.5–73.

10. Quester, P., and Thompson, B., Advertising and Promotion Leverage on Arts Sponsorship Effectiveness.*Journal of Advertising Research*, 2001 (1/2), pp.33–47.

11. 葛岩，《走在两条轨道上的博物馆》，《读书》，2003 (10)，第 142—149 页。

(原载《现代传播》2003 年 4 期)

本集作者简介

（按照文集刊载先后顺序排列）

吴予敏，教授，中国社会科学院研究生院文学博士，现任深圳大学传播学院院长，传媒与文化发展研究中心主任。博士生导师。主要研究领域为传播理论、美学理论、文化研究、中国传播思想史。

王琛，讲师，中山大学人类学博士，现任职深圳大学传播系，传媒与文化发展研究中心研究员。主要研究领域为传播民族志、中国传播思想史、公共关系学。

黄春平，讲师，中国社会科学院研究生院新闻学博士，现任职深圳大学传播系，传媒与文化发展研究中心研究员。主要研究领域为中外新闻传播史、新闻学理论。

刘晓燕，讲师，中山大学文艺学博士研究生，现任深圳大学传播系教师，传媒与文化发展研究中心研究员。主要研究领域为文化研究、文艺美学、图像传播理论。

韩水仙，讲师，广东外语外贸大学世界文学博士研究生，现任深圳大学传媒与文化发展研究中心研究员。主要研究领域为文化研究、文艺美学、中法比较文学。

孙海峰，讲师，山东大学文学博士，现任职深圳大学传播系，传媒与文化发展研究中心研究员。主要研究领域为文化研究、传播美学、网络传播。

杨莉莉，讲师，鲁迅美术学院摄影学硕士，现任职深圳大学广告系，传媒与文化发展研究中心研究员。主要研究领域为文化研究、视觉传播、摄影艺术。

李蕾蕾，教授，北京大学文化地理学博士，现任职深圳大学广告系，传媒与文化发展研究中心研究员。主要研究领域为文化地理学、文化研究、文化产业、景观符号学。

田少煦，教授，四川美术学院艺术学硕士，现任职深圳大学广告系，传媒与文化发展研究中心研究员。主要研究领域为视觉传播、艺术设计学、数字图形创意。

陈振旺，讲师，江南大学艺术设计学硕士，现任职深圳大学广告系，传媒与文化发展研究中心研究员。主要研究领域为视觉传播、艺术设计学。

吴俊忠，教授，北京师范大学文学硕士，现任职深圳大学传播系，传媒与文化发展研究中心研究员，城市文化研究所所长。主要研究领域为比较文学与比较文化、城市文化。

丁未，教授，复旦大学新闻学院传播学博士，现任职深圳大学传播系，传媒与文化发展研究中心副主任。主要研究领域为传播理论、中西方传播思想史、媒体与社会理论。

王晓华，副教授，北京大学社会学硕士，现任深圳大学传播学院副院长，传媒与文化发展研究中心研究员。主要研究领域为传播研究方法论、媒体与广告传播效果。

蒋淑君，香港城市大学英文与传播学系博士研究生。主要研究领域为媒体与社会、传播学研究方法论。

周裕琼，讲师，香港城市大学英文与传播学系博士。现任职深圳大学传播学院传播系，传媒与文化发展研究中心研究员。主要研究领域为舆论学、政治传播、网络与新媒体传播。

潘晓慧，副教授，香港城市大学英文与传播学系博士候选人。现任深圳大学传播学院传播系副主任，传媒与文化发展研究中心研究员。主要研究领域为跨文化传播、媒体与全球化。

严丽娜，深圳大学传播学院传播学硕士研究生，传媒与文化发展研究中心研究助理。

黄玉波，讲师，武汉大学新闻与传播学院传播学博士。现任职深圳大学传播学院传播系，传媒与文化发展研究中心研究员。主要研究领域为广告学、媒体经济与文化产业。

刘劲松，高级编辑（正高职），中国人民大学新闻学院新闻学硕士。现任深圳大学传播学院传播系主任，传媒与文化发展研究中心研究员。主要研究领域为新闻学、报业经营与管理。

刘辉，讲师，中国传媒大学电影学博士。现任职深圳大学传播学院传播系，传媒与文化发展研究中心研究员。主要研究领域为电影电视学、电影发展史。

张晗，深圳大学传播学院传播学硕士。现任深圳大学传媒与文化发展研究中心助理研究员。主要研究领域为新闻传播理论。

何道宽，教授，现任深圳大学传媒与文化发展研究中心研究员。主要研究领域为媒体环境学、跨文化传播。

陈世敏，台湾政治大学新闻与传播学院荣休教授。主要研究领域为传播理论、新闻学、媒体环境学、媒体素养。

胡翼青，讲师，南京大学社会学博士，现任职南京大学新闻与传播学院，深圳大学传媒与文化发展研究中心研究员。主要研究领域为传播理论与社会理论。

李明伟，讲师，中国社会科学院研究生院新闻学博士，现任职深圳大学传播学院传播学系，传媒与文化发展研究中心研究员。主要研究领域为新闻传播理论、媒体环境学。

林晓光，教授，日本中央大学社会传播学博士，现任职深圳大学传播学院传播学系，传媒与文化发展研究中心副主任。主要研究领域为国际政治传播、跨文化传播、亚太新闻传播、人际传播。

John Oetzel，现任美国新墨西哥大学传播系副教授，传播与新闻系主任，主要研究领域为跨文化传播、冲突管理。

Stella Ting-Toomey ，美国加州大学 Fullerton 分校传播学院教授，主要研究领域为跨文化传播、冲突管理。

Tomoko Masumoto，日本神田外国语大学国际研究学科研究员。

何建平，副教授，北京师范大学电影艺术学博士，现任职深圳大学传播学院传播学系，传媒与文化发展研究中心研究员。主要研究领域为电影电视学、媒体与文化产业。

王旭，教授，美国威斯康星州立大学传播学博士，现任职深圳大学传播学院传播学系，传媒与文化发展研究中心研究员。主要研究领域为国际政治传播、传播研究方法论、传播效果研究。

张荣显，助理教授，香港浸会大学传理学院传播学博士，现任职澳门大学传播学系。主要研究领域为传播研究方法论、传播效果研究、文化产业。

李新立，副教授，南开大学经济学院经济学硕士，现任深圳大学传播学院广告系主任，传媒与文化发展研究中心研究员。主要研究领域为广告学、媒体经济、文化产业、品牌传播。

葛岩，教授，美国匹兹堡大学建筑与艺术史学博士，现任职上海交通大学媒体与设计学院，深圳大学传媒与文化发展研究中心研究员。主要研究领域为传播认知理论、广告学。

应飞虎，教授，西南政法大学法学博士，现任职深圳大学法学院。主要研究领域为经济法学、法理学、法律经济学。

华薇，讲师，香港中文大学新闻学院广告学硕士，现任职深圳大学传播学院广告系，传媒与文化发展研究中心研究员。主要研究领域为广告学、传媒与广告法规。

薛可，副教授，复旦大学管理学院管理学博士，现任职上海交通大学媒体与设计学院。主要研究领域为广告学、公共关系学、品牌传播。

余明阳，教授，复旦大学管理学院管理学博士，现任职上海交通大学管理学院，博士生导师。主要研究领域为广告学、公共关系学、品牌管理。

刘春章，上海交通大学管理学院管理学博士研究生。主要研究领域为品牌管理。

马春辉，副教授，南开大学经济学院经济学博士，现任职深圳大学传播学院广告系，传媒与文化发展研究中心研究员。主要研究领域为广告学、品牌管理、传播统计学。

编后记

本书主要收录了深圳大学传媒与文化发展研究中心各位学者近年来的学术论文，其中部分论文在国内外学术期刊发表过，收入本文集时又请作者作了订正或补充。也有部分论文是第一次发表。

2001年，我们曾经编辑出版了《多维视界：传播与文化研究》第一辑文选。当时，我们是以“深圳大学文学院传播系”的名义编辑的。本文集可以作为同一系列的第二辑，改由“深圳大学传媒与文化发展研究中心”组织编辑。深圳大学传媒与文化发展研究中心是2005年经广东省教育厅批准建立的广东省高等学校人文社会科学重点研究基地。基地建立后，整合相关学术力量，在传播理论与文化研究、媒体与社会研究、跨文化传播与亚太传播研究、广告与品牌传播研究等方向上开展学术研究。本文集所反映的就是在这些方向上进行学术探索的部分成果。今后我们还将分不同的专题编辑相关论文，欢迎国内外学者赐稿支持。

2007年11月1日